栾丰实考古文集

（三）

栾丰实　著

文物出版社

第三册目录

海岱地区史前农业的产生、发展及相关问题…………………………………………… 795

海岱地区早期农业的几个问题………………………………………………………… 814

海岱地区史前时期稻作农业的产生、发展和扩散…………………………………… 824

山东龙山文化社会经济初探…………………………………………………………… 835

试论富河文化的社会经济形态………………………………………………………… 845

牙璧研究………………………………………………………………………………… 849

连璧试析………………………………………………………………………………… 862

大汶口和良渚…………………………………………………………………………… 871

简论晋南地区龙山时代的玉器………………………………………………………… 884

二里头遗址出土玉礼器中的东方因素………………………………………………… 896

海岱地区史前绿松石研究

　　——兼谈与二里头遗址出土绿松石的渊源关系……………………………… 909

中国古代陶器概论……………………………………………………………………… 926

海岱地区史前陶器的精华——彩陶、黑陶和白陶…………………………………… 977

海岱地区彩陶艺术初探………………………………………………………………… 989

海岱地区史前白陶初论………………………………………………………………… 1013

中国史前文化中的八角星图案初探…………………………………………………… 1032

论大汶口文化的刻画图像文字………………………………………………………… 1050

海岱龙山文化的陶器成型技术研究…………………………………………………… 1075

山东省莒南县薛家窑村快轮制陶技术调查…………………………………………… 1095

山东省泗水县柘沟镇快轮制陶技术调查……………………………………………… 1104

试论新石器时代石器的定名及其用途………………………………………………… 1112

尹家城遗址石质工具的考古学观察…………………………………………………… 1119

大汶口文化的骨牙雕筒、龟甲器和獐牙勾形器……………………………………… 1125

简论桓台史家岳石文化木构遗迹…………………………………………… 1144

论"夷"和"东夷"…………………………………………………………… 1154

太昊和少昊传说的考古学研究……………………………………………… 1160

商时期鲁北地区的夷人遗存………………………………………………… 1175

关于连云港地区东夷文化研究的几个问题………………………………… 1185

海岱地区史前农业的产生、发展及相关问题

一　前言

海岱地区的空间范围以黄河和淮河下游地区为主，西抵鲁西、豫东，东至大海，北到渤海之滨，南达淮河沿岸，分布面积达20余万平方千米。海岱系文化产生于新石器时代早期，经过长时期的发展，到商周两代逐渐融入中华古代文化的洪流之中，前后经历了五千多年的时间。海岱地区是中国新石器时代至青铜时代早期的几个主要区系之一，对中华文明的形成和发展做出了突出的贡献。

海岱地区的纬度大致在北纬33°～39°之间，属温带季风性气候。按中国传统的自然地理区分，其在淮河—秦岭一线的北侧，属于广义上的北方地区。从温度和降水等主要环境指标分析，海岱地区的南北、东西之间都存在着较大差别，并且这种差别往往是交织在一起的，一定程度上影响了海岱地区不同时期人们的生业类型和经济形态。

海岱地区东邻大海，中部及胶东半岛为低山丘陵，北、西、南三面为湖沼、低地和平原，与其他地区之间形成地理上的间隔。海岱地区的地貌大势是中间高四周低，呈三个环状分布：中部是以泰山、鲁山、沂山、蒙山等为中心的沂蒙山区，平均海拔在500米以上；周围为海拔在200米以下环山丘陵；再向外围为海拔50米以下的平原。基于上述地貌特点，海岱地区的河流多源于中部山区，向周围方向分流，最终形成南北两大水系：泰沂山南侧是以淮河为主的入黄海水系；北侧的黄河及独流入海的诸河为入渤海水系，而胶东半岛则为一个相对独立的地理单元。

海岱地区目前所知最早的史前文化属旧石器时代，如20世纪以来发现的沂源直立人及一系列的旧石器时代晚期文化、细石器文化遗存[1]。新石器时代早期遗存尚未发现，目前所知最早的新石器时代遗存为距今8000年前后的后李文化，然后依次为北辛文化（距今7000～6100年）、大汶口文化（距今6100～4600年）、龙山文化（距今4600～4000年）和岳石文化（距今4000～3400年）。这一系列文化构成了海岱地区自成序列的文化体系，也是我们探讨包括社会经济在内的海岱史前社会方方面面问题的基础。

二　海岱地区史前农业的考古发现

农业是海岱地区史前时期社会经济的基础，它经历了一个产生和发展的过程，其在社会经济中的地位在不同时期有所差别。一般说来，早期阶段，农业产生时间不久，其在人们经济生活中的

---

[1]　栾丰实：《东夷考古》，山东大学出版社，1996年。

作用和地位不高，随着人口的增加和社会的发展，农业的作用日益凸现，特别是到了距今5000年前后，农业生产已达到相当高的水平，为文明社会的产生奠定了坚实的物质基础。以下从农作物和生产工具两个方面来分析当时的农业发展状况。

（一）关于农作物

海岱地区史前时期发现的农作物种类不多，究其原因当与重视不够和发掘手段较为落后密切相关。随着浮选技术的利用和普及，相信这一现象将会在较短时间内迅速改变。史前时期农作物的种类主要有两大类别，即北方地区旱作农业主要作物粟和黍与南方地区稻作农业的水稻（表一）。

表一　海岱地区发现的史前农作物遗存一览表

文化	遗址	农作物种类				大体年代 B.C	资料来源
		粟	黍	稻	其他		
北辛文化	北辛	钵底粟痕				5000～4300	考古学报84-2
	二涧村			稻壳印痕		4600～4300	农业考古85-2
	大墩子	炭化粟				4600～4100	文物考古工作三十年
大汶口文化	王因			水稻花粉		4200～3500	山东王因
	北庄	粟壳	黍壳			4200～3500	考古87-4
	大仲家			稻植硅体		2955±76	胶东环境考古
	朝阳			稻植硅体		4000～3000	农业考古99-1
	傅家	炭化粟				3200～2800	考古85-9
	建新	炭化粟				3200～2600	枣庄建新
	三里河	炭化粟				3200～2600	胶县三里河
	于家店	粟壳				3000～2600	胶东考古
	尉迟寺	粟植硅体		稻植硅体、稻壳		3000～2600	尉迟寺
龙山文化	两城镇	炭化粟	炭化黍	炭化稻	小麦、野大豆	2600～2000	考古04-9
	尧王城			炭化稻		2600～2000	文报94-1-23-1
	桐林			炭化稻及植硅体		2600～2000	考古99-2
	杨家圈	粟壳、茎叶	黍壳、茎叶	稻壳、茎叶		2600～2300	胶东考古
	于家店	粟壳				2600～2300	胶东考古
	教场铺	炭化粟	炭化黍	炭化稻	小麦、野豆类	2300～2000	据赵志军2004

	庄里西		炭化黍	炭化稻	野大豆粒	2300～2000	考古99-7
龙山文化	二疏城	炭化粟				2600～2000	农业考古00-3
	西吴寺				小麦花粉	2600～2300	西吴寺
	藤花落			炭化稻及水田		2600～2000	2000中国重要考古发现
	后大堂			炭化稻		2600～2000	东南文化05-1
	盐仓城			炭化稻		2600～2000	农业考古85-2
	郭家村		炭化黍			2600～2300	大嘴子附二
	尉迟寺	粟植硅体		稻植硅体		2600～2000	尉迟寺
	濠城镇			炭化稻谷			考古59-7
商代	大嘴子		炭化黍	炭化稻	炭化高粱粒（或鉴定为黍）		大嘴子附二、三、四、五

1. 粟、黍类作物

旱作农业种植的农作物以耐旱的粟和黍为主，这两类作物在海岱地区史前文化中均有发现。具体情况如下：

目前发现时代最早的粟类作物遗存是北辛文化时期的有（图一）：

北辛遗址，在一个陶钵的底部发现有粟糠印痕[1]，或认为北辛遗址一个窖穴内还发现过炭化粟，但查无出处。

大墩子遗址，属于北辛文化的苏北邳州大墩子遗址下层曾发现过炭化粟米[2]。

大汶口文化发现的粟、黍类农作物的主要遗址有（图一）：

北庄遗址，位于渤海之中的庙岛群岛，在大汶口文化早期的红烧土墙皮中发现有粟壳和黍壳[3]。

傅家遗址，位于鲁北的广饶县，在属于大汶口文化中期偏晚的彩陶鼎内发现有炭化粟粒[4]。

建新遗址，枣庄建新大汶口文化中期偏晚到晚期的灰坑和房址内，浮选出炭化的卵圆形籽实，经鉴定是粟[5]。

于家店和三里河遗址，莱阳于家店和胶州三里河分别发现了大汶口文化晚期的粟壳[6]和炭化粟粒，后者在一个大汶口文化房址（F201）内的窖穴中（H203），发现1.2立方米已经灰化炭化的粟粒，这是一座专门用于储存粮食的窖穴[7]。此外，三里河遗址出土的红烧土上也发现粟叶的印痕[8]。

[1] 中国社会科学院考古研究所山东队等：《山东滕县北辛遗址发掘报告》，《考古学报》1984年第2期，第159～191页。

[2] 南京博物院：《江苏文物考古工作三十年》，《文物考古工作三十年（1949～1979）》，文物出版社，1979年。

[3] 北京大学考古实习队等：《山东长岛北庄遗址发掘简报》，《考古》1987年第5期，第385～394页；严文明：《杨家圈农作物遗存发现的意义》，《农业发生与文明起源》，科学出版社，2000年，第32～34页。

[4] 山东省文物考古研究所等：《山东广饶新石器时代遗址调查》，《考古》1985年第9期，第769～781页。

[5] 孔昭宸、杜乃秋：《建新遗址生物遗存鉴定和孢粉分析》，《枣庄建新——新石器时代遗址发掘报告》，科学出版社，1996年，第231～234页。

[6] 北京大学考古实习队等：《莱阳于家店的小发掘》，《胶东考古》，文物出版社，2000年，第207～219页。

[7] 中国社会科学院考古研究所：《胶县三里河》，文物出版社，1988年。

[8] 中国科学院植物研究所：《三里河遗址植物种籽鉴定报告》，《胶县三里河》，文物出版社，1988年，第185页。

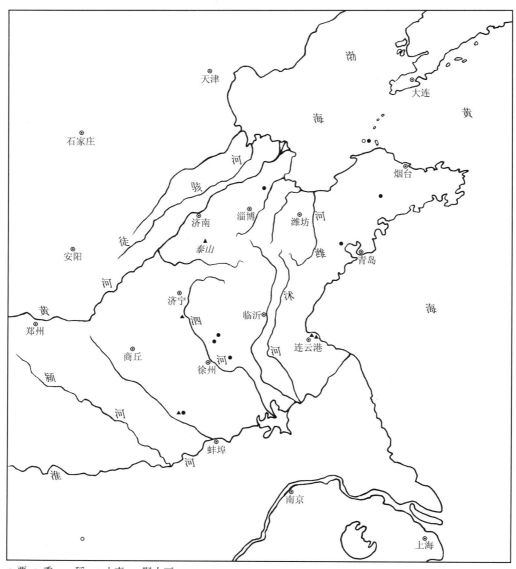

● 粟 ○ 黍 ▲ 稻 ◎ 小麦 ■ 野大豆

图一 北辛、大汶口文化的农作物分布图

尉迟寺遗址，皖北蒙城尉迟寺大汶口文化晚期，发现数量较多的粟壳植硅体，其所占比例明显大于同期的水稻[1]。

此外，通过对莒县陵阳河M12出土人骨的碳-13检测发现，其食谱中有约四分之一为C_4成分，一般认为，这一时期的C_4成分应该是来自粟类植物[2]。

龙山文化时期的发现较之大汶口文化有所增加，主要有（图二）：

两城镇遗址，位于鲁东南沿海日照市，经过系统采样浮选，发现一定数量的炭化粟粒和炭化黍粒[3]。

[1] 王增林：《尉迟寺遗址植物硅酸体分析报告》，《蒙城尉迟寺——皖北新石器时代聚落遗存的发掘与研究》，科学出版社，2001年，第442~449页。

[2] 蔡莲珍、仇士华：《碳十三测定和古代食谱研究》，《考古》1984年第10期，第952、953页。

[3] 凯利·克劳福德、赵志军、栾丰实等：《山东日照市两城镇遗址出土龙山文化植物遗存的初步分析》，《考古》2004年第9期。

杨家圈和于家店遗址，位于胶东半岛腹地的栖霞杨家圈发现了龙山文化的粟壳、粟叶和黍壳、黍叶[1]；莱阳于家店也发现粟壳遗存。

教场铺遗址，位于鲁西地区的茌平教场铺，2000年以来经过数次发掘，浮选出大量植物遗存，其中有炭化粟和炭化黍等[2]。

庄里西遗址，滕州庄里西遗址的发掘中对13个灰坑进行了浮选，发现大量植物遗存，在H41中发现2粒炭化黍[3]。

二疏城遗址，枣庄二疏城的发掘中，在一龙山文化陶罐内发现炭化粟粒[4]。

尉迟寺遗址，蒙城尉迟寺龙山文化堆积中发现了一定数量的粟类皮壳植硅体。

郭家村遗址，辽东半岛旅顺郭家村上层（属龙山文化）一座房址内出土了一篓炭化谷物，或认为是炭化黍粒[5]，或认为是粟[6]。

2. 稻类作物

海岱地区目前最早的稻作遗存发现于连云港市郊区的二涧村遗址，在红烧土中发现有稻壳印痕[7]，按该遗址的墓葬推断，时代应属于北辛文化中期。

大汶口文化时期稻作遗存有所增加，但仍然不多，有以下几处（图一）：

王因遗址，兖州王因只对T4016探方采集的6个样本进行了孢粉分析，发现"有可能属于稻"的禾本科植物花粉[8]。

大仲家遗址，位于胶东半岛北部沿海，在该遗址属于大汶口文化的第2层中，确认了1个水稻的植硅体[9]。

朝阳遗址，这一遗址位于新浦和连云港之间，通过对该遗址出土的距今6000～5000年的陶片进行的植物硅酸体分析，检测出水稻植物硅酸体[10]。

尉迟寺遗址，在红烧土墙体中发现稻壳印痕，同时在两个探方系列样本的植物硅酸体分析中，检测出水稻的植物硅酸体[11]。

到龙山文化时期，海岱地区发现的稻作遗存无论是地点还是稻谷数量均明显增多，分布也遍及各个地区（图二）。

[1] 北京大学考古实习队等：《栖霞杨家圈遗址发掘报告》，《胶东考古》，文物出版社，2000年，第151～206页。

[2] 赵志军：《两城镇与教场铺龙山时代农业经济特点的对比分析》，《东方考古（第1集）》，科学出版社，2004年。

[3] 孔昭宸、刘长江、何德亮：《山东滕州市庄里西遗址植物遗存及其在环境考古学上的意义》，《考古》1999年第7期，第59～62页。

[4] 石敬东：《从出土文物看枣庄地区的史前农业》，《农业考古》2002年第3期，第45～52页。

[5] 沈阳农业大学：《大嘴子等遗址出土炭化谷物籽粒初步鉴定结果》，《大嘴子——青铜时代遗址1987年发掘报告》，大连出版社，2000年，第277页。

[6] 辽宁省博物馆等：《大连市郭家村新石器时代遗址》，《考古学报》1984年第3期，第287～328页；许明纲：《大连地区古代农业考古概述》，《农业考古》1992年第3期，第81～89页。

[7] 李洪甫：《连云港地区农业考古概述》，《农业考古》1985年第2期，第96～107页。

[8] 孔昭宸、杜乃秋：《山东兖州王因遗址77sywT4016探方孢粉分析报告》，《山东王因——新石器时代遗址发掘报告》，科学出版社，2000年，第452、453页。

[9] 中国社会科学院考古研究所：《胶东半岛贝丘遗址环境考古》，社会科学文献出版社，1999年，第152页。

[10] 宇田津彻朗等：《江苏省新石器时代遗址出土陶器的植物蛋白石分析》，《农业考古》1999年第1期，第36～45页。

[11] 王增林、吴加安：《尉迟寺遗址硅酸体分析——兼论尉迟寺遗址史前农业经济特点》，《考古》1998年第4期，第87～93页。

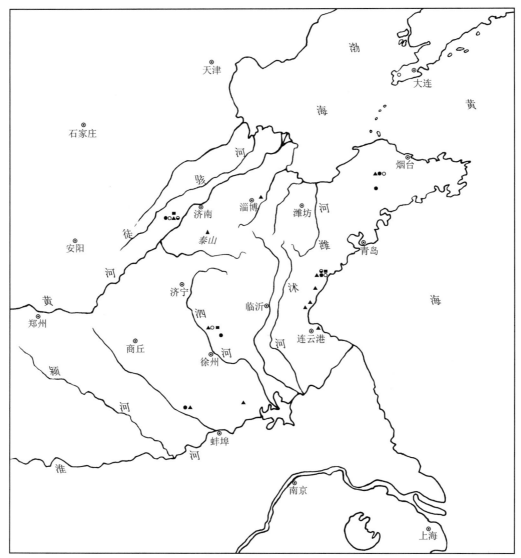

●粟　○黍　▲稻　◎小麦　■野大豆

图二　龙山文化的农作物分布图

　　尉迟寺遗址，发现的水稻植硅体的数量明显增多。

　　濠城镇遗址，位于安徽北部的五河县，在灰土层中发现炭化稻粒[1]。

　　藤花落遗址，位于连云港开发区之内，经过数年来的发掘，发现了内外两圈龙山文化早中期的城址，同时，不仅浮选出稻米遗存，还发现有水田的迹象[2]。

　　后大堂遗址，位于赣榆县北部沿海，在发掘中浮选出龙山文化的炭化稻[3]。

　　盐仓城遗址，位于赣榆县北部沿海，在属于龙山文化的下文化层中采集到炭化稻粒[4]。

　　尧王城遗址，位于日照市南部沿海，1992～1993年的发掘中，浮选出龙山文化时期的炭化稻

[1]　修燕山、白侠：《安徽寿县牛尾岗的古墓和五河濠城镇新石器时代遗址》，《文物》1959年第7期，第371、372页。

[2]　林留根：《江苏连云港藤花落遗址》，《2000中国重要考古发现》，文物出版社，2001年，第1～7页。

[3]　林留根、张文绪：《黄淮地区藤花落、后大堂龙山文化遗址古稻的研究》，《东南文化》2005年第1期。

[4]　李洪甫：《连云港地区农业考古概述》，《农业考古》1985年第2期，第96～107页。

米，经鉴定为粳米[1]。

两城镇遗址，1998～2001年的中美联合发掘中，发现了数量较多的炭化稻粒，并检测出大量水稻的植硅体[2]。

丹土遗址，东南距两城镇遗址仅4千米，2000～2001年发掘采集的样品中，检测出大量水稻的植硅体[3]。

庄里西遗址，在5个灰坑内浮选出炭化稻280余粒，多保存较好，经鉴定为粳米。

桐林遗址，位于泰沂山系北侧的淄河流域，1997年从路沟断崖上发现的10个灰坑中采样，并对其中8个灰坑的土样进行植物硅酸体分析，其中有7个灰坑检测出水稻植硅体。几个水稻植硅体特别多的灰坑，研究者认为可能是贮存或加工稻谷的场所[4]。

教场铺遗址，在浮选出来的植物遗存中有少量的炭化稻粒。

杨家圈遗址，1981年的发掘在草拌泥红烧土中发现许多谷物草叶和少量谷壳，经鉴定有稻壳、稻茎、稻叶的印痕，并可能是粳型稻种。

3. 其他农作物

除了粟、黍和稻类作物以外，还发现了少量其他种类的农作物。

20世纪80年代，在兖州西吴寺遗址龙山文化层中曾发现有许多与小麦花粉很相似的禾本科花粉，被研究者定为"小麦相似种"[5]。由于其不确定性，很长时间并未引起人们的重视。最近几年，在两城镇和教场铺的龙山文化堆积中都发现了少量炭化小麦，证明海岱地区至迟在龙山文化时期已经开始种植小麦。以往的小麦以中国西部发现的略多，而中原地区及其以东的发现，数量少而且年代较晚。两城镇和教场铺以及西吴寺小麦遗存的发现，应是海岱地区乃至于中国史前农业考古的一个重要突破。

在部分遗址中发现有龙山文化的豆类植物，如庄里西遗址发现数十粒炭化野大豆，教场铺和两城镇遗址都发现有相当数量的炭化野大豆。

此外庄里西还发现疑似高粱穗的颖片。

（二）与农业相关的因素

农作物的发现可以证明农业的存在，但它们是在当地种植所获得还是由其他途径（如交换等）而来，则应该结合其他因素来分析，而与农业生产直接相关联的因素还有许多，如农田、农业工具等。农田的发现难度较大，虽然在中国南方地区已有水田遗存的报道，而江苏连云港藤花落遗址也发现了水田遗存，但毕竟十分有限。所以，农具的分析应该是研究史前农业的一条重要途径。

[1] 中国社会科学院考古研究所：《尧王城遗址第二次发掘有重要发现》，《中国文物报》1994年1月23日第1版。
[2] 靳桂云等：《山东日照市两城镇遗址土壤样品植硅体研究》，《考古》2009年第9期。
[3] 靳桂云等：《山东丹土和两城镇龙山文化遗址水稻植硅体定量研究》，《东方考古（第2集）》，科学出版社，2006年。
[4] 靳桂云、吕厚远、魏成敏：《山东临淄田旺龙山文化遗址植物硅酸体研究》，《考古》1999年第2期，第82～87页。
[5] 周昆叔、赵芸芸：《西吴寺遗址孢粉分析报告》，《兖州西吴寺》，文物出版社，1990年，第250页。

新石器时代制作工具选取的材料主要有石、骨、蚌三类，其中石器是最多的。按照常规，我们把石骨蚌器分为几个用途不同的组合，如木加工类工具（斧、锛、凿、锤等）、农业工具（铲、镰、刀、犁、耒耜、磨盘、磨棒等）、渔猎工具（镞、矛、镖、钩、石球等）、家内制作和加工工具（锥、针、纺轮、梭等）以及武器（钺、矛、镞等）和装饰等。新石器时代延续的时间很长，而且不少工具或多或少存在着一器数用的问题，如弓箭用于狩猎就是渔猎工具，而用在了战争就是武器；再如，不少人把石斧看作是农业生产工具，从伐树垦荒这个意义上说，可以认为石斧为农具，但其主要功能是砍伐树木和整治木材的，所以从主要功能上说石斧应该是加工工具。

后李文化时期的农具主要是石铲，也有少量的齿刃石镰，此外，还发现不少的石磨盘和石磨棒，如果后二者用于加工粮食，也可以认为其与农业经济活动有关（图三）。

北辛文化发现的与农业有关的工具，无论是种类还是数量均显著增多。农具的类别有石铲、石镰、石刀、磨盘、磨棒、骨铲、蚌镰、蚌刀等。如北辛遗址，仅发现的石铲及其残片就多达1000余件（图四）。

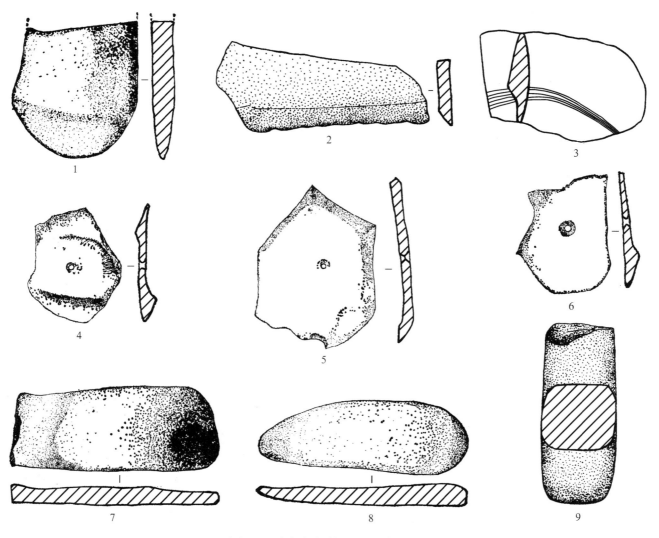

图三　后李文化的农业生产工具

1. 石铲　2. 石镰（西河F63：22）　3. 蚌刀（小荆山H109：11）　4～6. 犁形石器　7、8. 石磨盘　9. 石磨棒　（未标地点者均为小荆山采集）

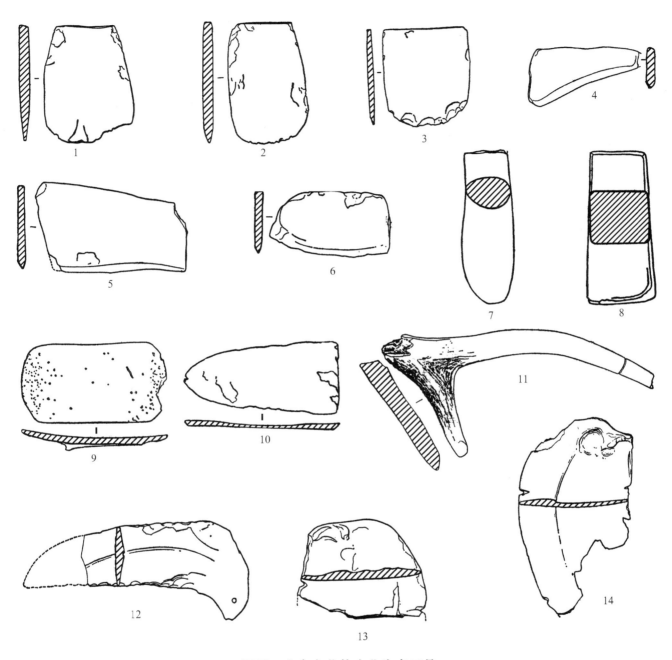

图四　北辛文化的农业生产工具

1～3. 石铲（H304：14、H401：4、H507：1）　4、5. 石镰（H710：10、H21：1）　6. 石刀（H1001：15）　7、8. 石磨棒（T605：20、T705：8）　9、10. 石磨盘（采集）　11. 角锄（H304：29）　12. 蚌镰（H305：5）　13、14. 蚌铲（H505：17、H202：9）（均为北辛遗址出土）

　　大汶口文化时期农业工具的种类较之北辛文化又有所变化，如新出现了鹿角锄、牙刀和牙镰等，磨盘和磨棒则迅速减少，以至退出了历史舞台，铲的形制发生明显变化，北辛文化那种大型石铲逐渐消失，代之而起的是一种小石铲，并且这种小型石铲一直持续到青铜时代。同时，主要用于收获的工具如镰、刀等，随着时间的推移而不断增多，当与农业发展导致收获量增加有密切关系（图五、六）。

　　龙山文化的农业工具与大汶口文化在总体上变化不大，新出现了长条形石锸，但数量不多，也

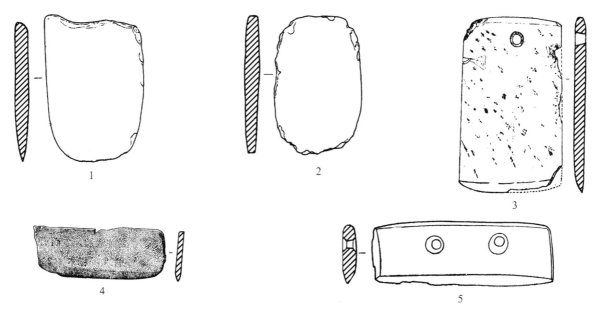

图五　大汶口文化的石质农具

1、2. 铲（王因H12：1、T109：3）　3. 有孔铲（建新M17：1）　4、5. 刀（大汶口M1：46、三里河H203：4）

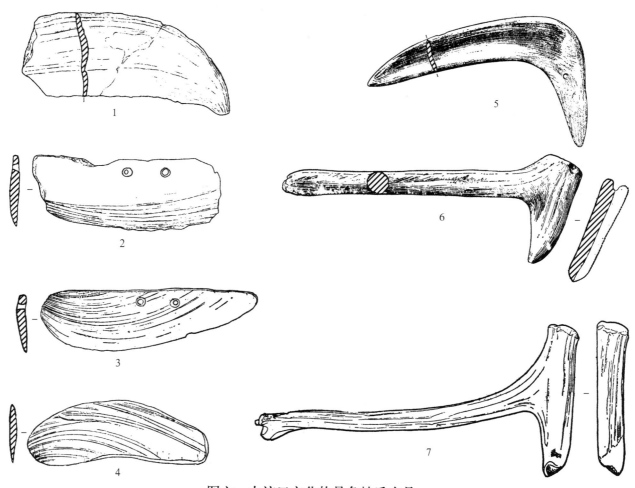

图六　大汶口文化的骨角蚌质农具

1～4. 蚌刀（尉迟寺H42：36、T3209：3、三里河M275：7、M2110：2）　5. 骨镰（大汶口M87：8）　6、7. 角锄（三里河M2110：34、5）

仅见于个别遗址。小型石铲和长方形（多呈一端略宽另一端略窄的形态）双孔石刀是最基本的农业工具。这一时期的变化还表现在农具的数量上，即农具在全部工具中的比例不断提高，表明农业生产较之大汶口文化又有了一定发展（图七、八）。

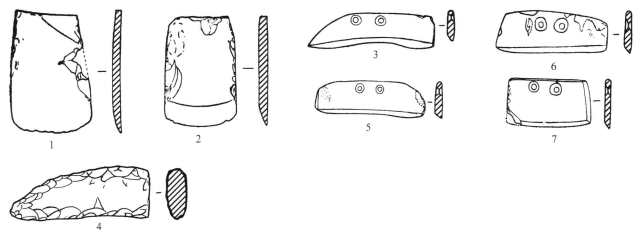

图七　龙山文化的石质农具

1、2. 铲（T265：8、T219：10）　　3、4. 镰（H73：6、T289：20）　　5～7. 刀（H532：2、H28：1、T277：37）　　（均为尹家城遗址出土）

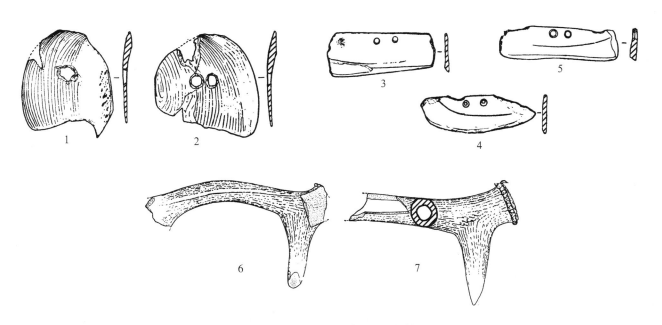

图八　龙山文化角蚌质农具

1、2. 蚌铲（H45：7、T267：22）　　3～5. 蚌刀（H807：1、H28：4、H234：1）　　6、7. 角锄（H563：3、T257：15）　　（均为尹家城遗址出土）

　　岳石文化农业工具较之龙山文化时期的发展，主要表现在两个方面：一是出现了一些新的工具类型，最典型的是作为岳石文化指征类器物的镢类（或锄类）器物，其特点是平面为方形或长方形，两侧或三侧有双面刃，中部有长方形大孔，这类器物的形体较大，或认为是翻土的工具。而作为主要收获工具的刀，也由龙山文化时期的长方形演变为半月形；二是农业工具在全部工具中所占比例大大增加，如各种铲、刀、镰的数量大增（图九、一〇）。这些现象表明岳石文化时期的农业生产较龙山文化时期有了相当发展。

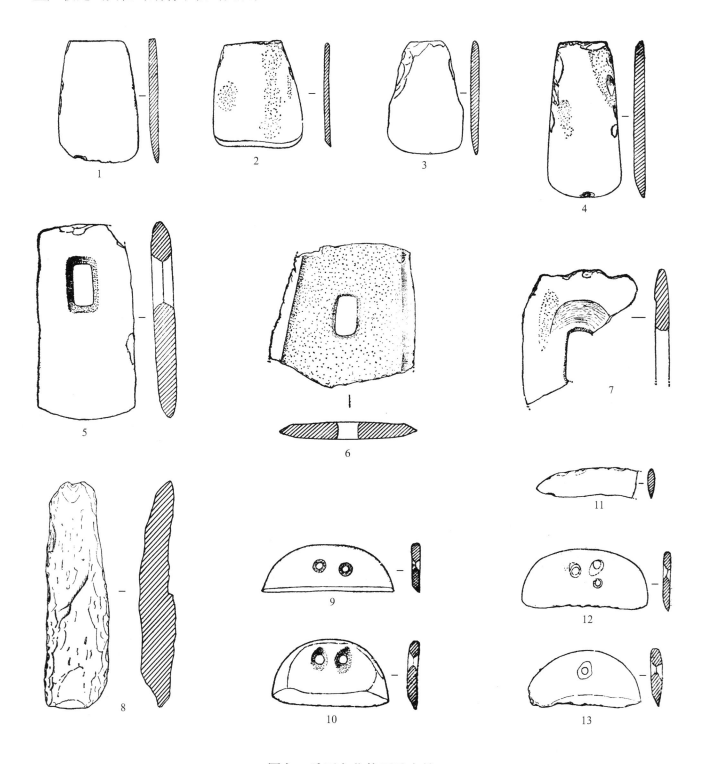

图九　岳石文化的石质农具

1～4. 铲（F14：2、T228：81、T218：17、T249：34）　　5～7. 长方形孔石器（T302：10、T196：12、T226：20）　　8. 镢（T277：31）　　9、10、12、13. 刀（T288：7、T209：14、T277：8、T332：7）　　11. 镰（T267：16）　　（均为尹家城遗址出土）

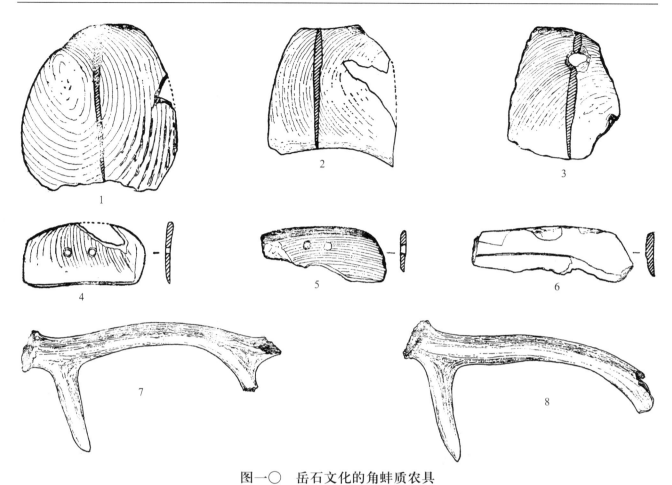

图一〇 岳石文化的角蚌质农具

1～3. 蚌铲（T222：14、H230：1、T224：27） 4、5. 蚌刀（T205：44、T232：24） 6. 蚌镰（T222：39） 7、8. 角锄（H714：17、T222：13） （均为尹家城遗址出土）

三 海岱地区史前农业的产生、发展及其特点

海岱地区从旧石器时代晚期到新石器时代早期的文化序列尚不完备，目前已知的情况是：年代较早的是以沂源千人洞和上崖洞为代表的旧石器时代晚期遗存，年代约在距今2万年前后；接下来是以临沂凤凰岭和马陵山细石器遗存为代表的文化，我们曾称之为凤凰岭文化，年代约在距今16000～11000年前后；之后就是海岱地区目前所知最早的新石器遗存——后李文化，年代大约在距今8500～7000年之间。在后李文化和凤凰岭文化之间大约存在2000多年的文化空白，从各种迹象分析，新石器、农业、家畜饲养、定居聚落和陶器的产生都应该是在这2000多年的时间内诞生的。所以，追寻早于后李文化和晚于凤凰岭文化的考古遗存就成为今后海岱地区考古学的一项重要任务和突破口。

后李文化目前尚未发现农作物遗存，但其他因素如聚落的建筑和布局、各种质料工具的制作等，均已达到相当的水准，所以，其绝不是刚刚产生的新石器文化。同时，后李文化也发现了用于农业生产的工具，联系到与其邻近的豫北冀南地区的磁山文化已经发现了较高水平的旱作农业，我们推定后李文化也应该存在一定水平的旱作农业。

北辛文化时期的农业有了相当发展，但各个地区之间并不平衡。泰沂山南北两侧及苏北地区，农业肯定已经产生，这里不仅有种类丰富的农业生产工具，而且还发现了粟类和稻类遗存。所以我们认为，泰沂南北两侧地区当是以种植粟类作物为主，而纬度偏南的苏北地区（特别是东部沿海一带）开始出现稻作农业，但也有粟，可能两类作物混作。至于这一地区的稻作是本地起源还是由外地传入，尽管目前尚难定论，但以下情况是明确的：一是本地的稻作遗存的年代相对较晚，并且相关的考古工作开展得较少，虽然有人认为此地发现了野生稻遗存，但就目前所知仍不足以断定这里是一个稻作农业的原生起源地；二是与苏北毗邻的江淮东部地区，已经发现了以高邮龙虬庄为代表的丰富的稻作文化，其年代较早，数量甚多，并且稻作的演化也十分清楚；在北辛文化时期，苏北和苏中甚至长江以南地区已经有了文化上的接触和往来，南方的一些文化因素开始在苏北地区出现。基于以上几点，我们倾向于苏北地区的稻作遗存是从南方即淮河下游地区直接传播过来的。胶东半岛地区的情况比较特殊，这一时期的遗址多数分布在沿海地带，并且主要表现为贝丘遗址的形式，贝丘遗址的专题研究显示，这一时期尚未发现农业遗存[1]。所以，我们倾向于认为北辛文化时期的胶东半岛地区尚未产生具有一定规模的农业，仍停留在以渔猎采集经济为主的阶段。

大汶口文化是海岱地区农业的一个发展时期，因为大汶口文化延续的时间很长，所以这一时期农业的发展表现为一个渐进的过程。

从农作物方面看，大汶口文化的农业与北辛文化没有本质区别，如除了南部地区可能有水稻遗存外，其他地区仍然是以旱作的粟类为主，但新发现了黍（但不能说北辛文化时期肯定没有黍类作物，只是目前尚未发现）。其变化主要表现在：包括胶东半岛在内的整个海岱地区都发现了农业遗存，如在长岛北庄遗址就发现了较多的粟壳和黍壳；农业的生产技术有了一定发展，这在已发现的农业工具的种类和数量上都有所体现，如锄类工具的出现，农具在各类工具中所占比例不断提高，制作农具所使用的原材料的范围也不断拓宽，不仅是石骨蚌类，也扩展到了角牙类等，当然，可能还存在着大量的木质工具；农业的收获量也大大提高了，如在三里河遗址一个大汶口文化晚期的房址内，发现一个贮存粟的窖穴，形状近似圆形，直径1.7～1.85、深1.4米，体积约3.5立方米，发现时贮存在里面的粟均已炭化或灰化，其体积已大大减少，但其数量仍有1.2立方米之多（图一一）。

龙山文化的延续时间虽然只有大汶口文化的三分之一强，但我们获知的相关农业信息量却增加了很多。首先，龙山文化时期明确发现有农作物的地点增加到了16处，超过此前几个文化期的总数；其次，除了继续发现有粟、黍、稻等主要农作物之外，还第一次明确发现有小麦；第三，在数个地点发现有数量可观的野大豆（如教场铺遗址发现近万粒之多），据研究，这些野大豆的粒长和粒宽的平均值略小于现在的野大豆尺寸，从而为了解大豆的驯化和产生增添了新的资料，此外还有高粱的线索。

小麦在商周时期已经成为最主要的农作物"五谷"之一，甲骨文中就有麦字。前些年我们曾根据生产工具的变化推测龙山文化时期已经出现了小麦，但一直没有找到确实的证据[2]。如果说前些年

---

[1] 中国社会科学院考古研究所：《胶东半岛贝丘遗址环境考古》，社会科学文献出版社，1999年。

[2] 栾丰实：《试论新石器时代石器的定名及其用途》，《纪念山东大学考古专业创建20周年文集》，山东大学出版社，1992年，第83～93页。

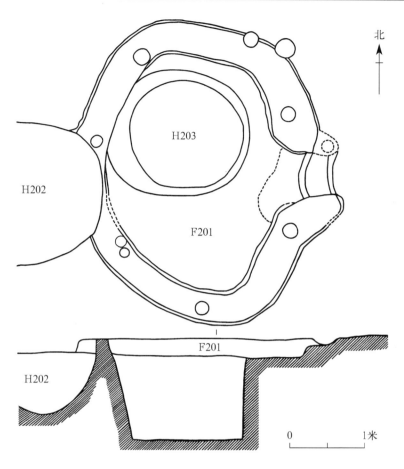

图一一　三里河遗址F201平、剖面图

西吴寺发现的与小麦相似的花粉，尚不足以证明海岱地区已经开始种植小麦的话，那么，近几年两城镇和教场铺的发现应该能够说明问题，并且可以说这只是一个开始。目前中国发现的早期小麦并不多，见诸报道的有甘肃民乐东灰山，东灰山遗址的主要遗存属于四坝文化，其年代大约与二里头文化同时，使用东灰山炭化小麦标本做的加速器碳-14测定，校正年代为公元前2280±225年[1]。其次是洛阳皂角树，在属于二里头文化第二、三、四期遗存中均发现炭化小麦[2]，众所周知，二里头文化的年代为公元前1900～前1600年之间，时代晚于龙山文化。两城镇和教场铺遗址发现的小麦属于龙山文化中期或略晚，绝对年代约在公元前2300～前2400年前后，明显早于皂角树，也早于东灰山。当然，我们并没有据此证明小麦是在当地驯化繁殖的意思，但今后应该给予适当的关注则应该没有什么疑问。

　　稻作遗存的大量发现是龙山文化时期农业经济的一个显著特点。其数量较之此前的大汶口文化有较大增长，如大汶口文化时期只有4处遗址发现有水稻遗存（包括王因遗址只发现可能是水稻的花粉），而龙山文化时期增加到了12处。龙山文化稻作遗存的分布地域，也由苏北、皖北和鲁南拓展到了鲁北和胶东半岛地区[3]，而且沿海地区的数量明显多于内陆。从出土稻谷的概率上看，东部沿

[1]　甘肃省文物考古研究所等：《民乐东灰山考古——四坝文化墓地的揭示与研究》，科学出版社，1998年。
[2]　洛阳市文物工作队：《洛阳皂角树——1992～1993年洛阳皂角树二里头文化聚落遗址发掘报告》，科学出版社，2002年。
[3]　发现者认为，由于只是在大仲家遗址发现了1个水稻的植硅体，所以不能据此肯定当时这里已有稻作农耕。

海地区高于西部的内陆，南部地区高于北部。如两城镇遗址稻谷的出土概率为49%（据2001年的144份土样统计），即约有一半的浮选土样中包含有稻谷遗存，而教场铺这一比例仅为3%（据276份土样的统计）。相反，两城镇遗址粟的出土概率为36%，而教场铺遗址的粟的出土概率达到了92%[1]。因为两城镇和教场铺遗址均为随机的系统采样浮选[2]，所以这一比例关系应该能够代表当时的实际情况。同时，在皖北的尉迟寺遗址，大汶口文化晚期以种植粟类作物为主，而到龙山文化时期，稻类作物的种植规模和面积明显大于大汶口文化晚期，水稻的比重明显大于谷子[3]。基于上述，可以认为龙山文化时期海岱地区农业经济的形态有了较大变化。除了新出现小麦等农作物外，水稻遗存大量增加，在东部沿海地区还发展出以种植水稻为主的新的稻作农业类型，而西部内陆地区则仍然属于以种植粟、黍类等为主的旱作农业类型（图一二）。

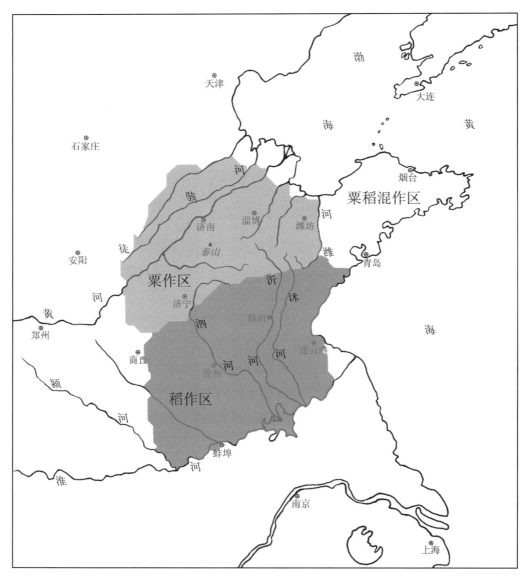

图一二　龙山文化时期稻作、粟作和粟稻混作农业区分布图

[1]　赵志军：《两城镇与教场铺龙山时代农业经济特点的对比分析》，《东方考古（第1集）》，科学出版社，2004年。

[2]　所谓系统采样，是指在发掘区内所有的编号遗迹中随机采集一定量的土样，土样的数量有5升、10升、20升不等。

[3]　中国社会科学院考古研究所：《蒙城尉迟寺——皖北新石器时代聚落遗存的发掘与研究》，科学出版社，2001年，第311页。

四　关于中国北方旱作农业的起源

中国地域辽阔，不同纬度地区的气候、环境、植被等方面存在着巨大的差别，正是这种差别造成了南北方地区早期农业社会的不同经济类型。一般认为，中国的南北方地区存在着三个不同的经济类型地带，即长城以北的北方草原地区、黄河流域地区、长江流域及华南地区。由于北方的草原地区一直是以游牧为主，长时期没有或较少农业活动，所以这一地区不是农业的原发地，而余下的黄河流域和长江流域则是探索早期农业的起源和发展的主要地区。近年来的考古发现和研究已经初步证实，长江流域（主要是其中下游及周围地区）是世界上最早产生稻作农业的区域，而旱作农业的起源则由于种种原因进展不大，这一现象已逐渐引起人们的重视。

由于黄河流域地处半干旱地带，无霜期相对较短，气候和环境都比较适宜于耐旱的谷类作物生长。所以，一般认为以华北地区为中心的黄河流域应该是旱作农业的起源地和主要分布区，主张应从这一地区中追寻旱作农业的起源。例如：严文明认为："至少从6500B.C以降的新石器时代中期起，华北地区便已逐步形成以种粟和黍为主体的旱作农业体系，其中粟的种植很明显是以中原地区为中心的"，因此，其"源头首先应该从当地即中原地区去寻找，而不大可能在别的地方"[1]。石兴邦认为：粟作农业的起源和传播是以黄河中上游地区为中心的，而其起源地最有希望在"中条山、太行山麓和北山山系的南沿、山麓与台原之间的地带"获得解决[2]。张之恒则认为探索粟作农业的起源应该明确两个问题，一是应从已知粟作农业最发达且年代最早的地区中去找，二是应是新石器时代早期文化的产生地。根据以上条件，他提出"太行山东麓的磁山文化分布区及其邻近地区，有可能是粟作农业的发源地"[3]。

综观黄河流域的新石器文化，距今8000年前后主要有四支，即黄河下游的后李文化、黄河中游的磁山文化和裴李岗文化、黄河中上游的大地湾文化。这四支文化中除了后李文化发现的时日尚短，其他三支都发现了粟和黍类遗存。特别是河北武安磁山遗址，在发现的300多个窖穴中有88个储存有粮食，经鉴定为已经炭化和灰化了的粟，如果折合成鲜粟，其数量在6万公斤以上[4]。由此可见当时的农业生产规模是相当宏大的，这种规模的农业决不会处于农业经济产生的初始阶段，当是经过了一个比较长时期的发展后才可以达到的水平。所以，北方地区旱作农业的产生在这之前是毋庸置疑的。

早于这一阶段的新石器时代遗存，目前发现不多，主要集中在华北地区北半部的河北北部和北京一带，如河北徐水南庄头[5]、阳原于家沟[6]和北京东胡林[7]、转年[8]等遗址。这一类遗存的年代大约在距今1万年前后，发现的文化遗存都不甚丰富，有简单的陶器、石器和骨器等，东胡林还发现了墓

[1]　严文明：《中国农业和养畜业的起源》，《辽海文物学刊》1989年第2期，第22～30页。

[2]　石兴邦：《下川文化的生态特点与粟作农业的起源》，《考古与文物》2000年第4期，第17～35页。

[3]　张之恒：《黄河流域的史前粟作农业》，《中原文物》1998年第3期，第5～11页。

[4]　佟伟华：《磁山遗址的原始农业遗存及其相关问题》，《农业考古》1984年第1期，第194～202页。

[5]　保定地区文物管理所等：《河北徐水县南庄头遗址试掘简报》，《考古》1992年第11期，第961～970页；郭瑞海、李珺：《从南庄头遗址看华北地区农业和陶器的起源》，《稻作　陶器和都市的起源》，文物出版社，2000年，第51～63页。

[6]　河北省文物考古研究所：《河北省考古五十年》，《新中国考古五十年》，文物出版社，1999年，第40～62页。

[7]　周国兴、尤玉柱：《北京东胡林村的新石器时代墓葬》，《考古》1972年第6期，第12～15页。

[8]　北京市文物研究所：《北京市考古五十年》，《新中国考古五十年》，文物出版社，1999年，第1～27页。

葬。遗憾的是，这些遗址都没有发现明确的农业迹象。而在黄河流域的主要地区迄今尚未发现1万年前后的新石器文化遗存。

由上述考古现状分析，可以认为，黄河流域距今8000年前后普遍发现了原始农业遗存，而早于这一时期的遗存，除了个别地区和地点，基本上都没有发现。所以我们推测，以粟、黍类为主的旱作农业可能产生于距今1万年前后的黄河流域，但目前尚无法确指是在哪一个具体的地区。因此，我认为包括黄河上、中、下游和华北一带在内的广大地区都有可能找到更早的旱作农业遗存，从而为解决中国北方旱作农业的起源问题贡献力量。

五 关于稻作农业的东传

由以上分析可知，海岱地区的稻作农业除了苏北、皖北地区出现于北辛文化或大汶口文化时期外，多数地区产生于距今4600～4000年之间的龙山文化时期。当然，随着在田野考古工作中重视发现农业遗存和浮选方法的推广，稻作遗存的发现将会进一步增多，在时间上也有进一步提前的可能，但不会有大幅度的变化。可以肯定，至少在龙山文化时期，海岱地区东部沿海一带的稻作农业已经形成一定的生产规模，甚至已经取代了粟作的地位，成为最主要的农业耕作方式。这一现象的认定具有极为重要的价值，它不仅对于认识和了解当时的经济形态具有重要意义，而且也为研究中国东北、朝鲜半岛和日本列岛稻作农业的产生提供了一个重要的支点。

朝鲜半岛和日本列岛的稻作农业系由中国大陆地区传播而来，学术界向无争议，问题是传播的路线与方式。

关于稻作的东传路线，学术界一直存在着不同的意见，粗分有三条，即南路说（或称为华南说，经台湾、琉球群岛、冲绳群岛至日本九州）、中路说（或称为华中说，由长江下游地区直接东渡至日本九州和朝鲜半岛南部）和北路说（或称为华北说，经由辽东半岛至朝鲜半岛和日本九州）。

南路说的基础是以云贵高原一带为水稻的起源地，随着水稻最初产生于长江中下游地区的日益确定，并且此路中途的琉球群岛、冲绳群岛很晚时期还处在渔捞经济阶段，没有产生稻作农业，所以华南说的立论根据越来越不充分。

余下的两说各有学者坚持。安志敏力主中路说，并认为其他两说的理由均不充分[1]。严文明等则支持北路说，并根据近年来胶东半岛和辽东半岛的新发现，主张由山东半岛经辽东半岛传至朝鲜半岛，再到日本列岛[2]。在赞成北路说的学者中，还有一种直接由山东半岛东传朝鲜半岛中部的观点[3]。日本九州大学宫本一夫鉴于朝鲜半岛北部极少发现稻作遗存，而南部较多的实际情况，进一步论证了稻作由山东半岛直接东传至朝鲜半岛中南部的可能性[4]。

[1] 安志敏：《中国稻作文化的起源与东传》，《文物》1999年第2期，第63～70页。

[2] 严文明：《杨家圈农作物遗存发现的意义》、《东北亚农业的发生与传播》、《中国古代农业文化的东传对日本早期社会发展的影响》，均载《农业发生与文明起源》，科学出版社，2000年，第32～46页。

[3] 林华东：《中国稻作农业的起源与东传日本》，《农业考古》1992年第1期，第52～60页。

[4] 宫本一夫：《朝鲜半岛新石器时代の农耕と绳文农耕》，《古代文化》第55卷第7号，第1～16页。

　　根据海岱地区近年来的一系列新发现，我们认为至迟到龙山文化时期，海岱地区东部沿海一带，如苏北连云港地区、山东日照地区和青岛地区以及胶东半岛的部分地区，已经形成了相对稳定的稻作农业经济。这些掌握着稻作技术的居民因各种原因向外地迁徙的时候，把稻作技术一起带到新的居住地，在当地发展起新的稻作农业。

　　在辽东半岛南部的大连地区，目前发现的早期稻作遗存共有两处：一处是文家屯遗址第三层出土的红烧土中，检测出水稻的植硅体[1]；二是大连大嘴子遗址第三期遗存中发现的炭化稻，经鉴定为粳稻[2]。大嘴子三期属于双砣子三期文化，其时代晚于岳石文化，大体相当于商代晚期。该遗址出土的炭化粮食的碳-14测定年代，高精度校正值为公元前1157～前923年，F14和92F1、92F4出土木炭测定的碳-14数据，高精度校正值分别为公元前1431～前1264年、公元前1691～前1459年、公元前1373～前1051年[3]。而文家屯遗址的情况比较复杂，发现水稻遗存的第三层在文化性质上属于小珠山二期文化，年代与大汶口文化中晚期的时代相当，明显地早于龙山文化。考虑到该遗址的发掘是在60年以前进行的，并且在经过检测的24个样本中只有一例发现了水稻的植硅体，所以，就目前材料而言，我们还不能贸然地把辽东半岛南部地区稻作遗存出现的时间提前到大汶口文化中晚期，即距今5000年前后。但这一发现提供了辽东半岛南部地区早期稻作遗存的一个重要线索，值得学术界今后加以关注。

　　至于朝鲜半岛稻作农业的直接来源，在北路说中又有经辽东半岛中转和由山东半岛直接东传朝鲜半岛两种说法。鉴于朝鲜半岛的稻作遗存主要发现于中南部地区，所以，其由胶东半岛直接渡海传播过去的可能性是存在的，需要新的发现和研究来加以确定。

　　（原载《二十一世纪的中国考古学——庆祝佟柱臣先生八十五华诞学术文集》，文物出版社，2006年）

　　[1] 澄田正一、冈村秀典等：《文家屯——1942年辽东先史遗迹发掘调查报告书》，京都大学，2002年。
　　[2] 大连市文物考古研究所：《大嘴子——青铜时代遗址1987年发掘报告》，大连出版社，2000年，附录二～五。
　　[3] 中国社会科学院考古研究所：《中国考古学中碳十四年代数据集（1965～1991）》，文物出版社，1992年，第70页；大连市文物考古研究所：《大嘴子——青铜时代遗址1987年发掘报告》，大连出版社，2000年，第269页。

海岱地区早期农业的几个问题

随着中国主要地区新石器时代考古学文化谱系的逐步建立，考古学研究的取向和重心发生变化，研究的领域不断拓宽，人们越来越关注环境、资源、经济、技术以及人与它们之间的关系。其中农业是大家共同关注的重点领域之一。

作为中国新石器文化主要区系之一的海岱地区，近几年关于农业考古的新资料成倍增长，研究工作也获得了较大进展。这是因为：一方面，在前述的大环境背景下，人们对古代农业的重视程度空前提高；另一方面，得益于研究方法的更新和提取资料的技术的改进，这里主要是指浮选法的广泛运用和植硅体检测技术的成熟以及相关实验室的建立。随着新发现和新资料的增多，近几年关于海岱地区古代农业研究出现了一些以前未曾遇到或者需要讨论的问题，有些甚至与传统的认识产生冲突。

一 关于早期的稻作农业

稻作农业的研究是最近十几年来中国考古学和农史学共同关注的课题，在一系列问题上取得了丰硕成果。如稻作起源和发展、稻田的考古发现和研究、稻作的演化和扩散、水稻植硅体检测分析技术的逐渐成熟等。从总体上说，中国新石器时代的稻作呈现南方早北方晚的态势。所以，北方地区的稻作农业是从南方传播过来的，已经成为学术界的共识。稻作传播到北方特别是扩散到海岱地区的时间，以往的认识是，北辛文化和大汶口文化时期，大约到达苏北北部皖北一线，如连云港郊区的二涧村北辛文化遗址、朝阳和尉迟寺等大汶口文化遗址稻作遗存的发现，为此说提供了有力的证据。而山东地区，一般认为是在龙山文化时期才开始出现稻作的，这也是因为近几年在这一地区相当多的龙山文化遗址中发现了炭化稻或相关遗存，如两城镇、丹土、赵家庄、杨家圈、桐林和教场铺等。

2003年春，山东大学东方考古研究中心考古队发掘了济南西部的长清区月庄遗址（图一），在属于后李文化的H124中浮选出26粒炭化稻（图二）。这一发现对传统认识产生了很大冲击。就是说，人们一般认为，泰山北侧地区通常是以旱作的粟、黍等为主要农作物，出现少量水稻也是晚到龙山文化时期的事情。至于时代比龙山文化早一点的大汶口文化晚期阶段，也有可能会发现稻作遗存。而时代更早的大汶口文化早中期甚至北辛文化时期，则不可能存在稻作。

所以，当在时代更早的后李文化中发现炭化稻，确实是出乎我们的意料。出于稳妥考虑，我们首先对月庄发现炭化稻的灰坑进行了严格的甄别。月庄遗址的堆积情况十分明确，文化堆积只有两个大的时代，即下层为后李文化，上层为东周时期。与其他遗址不同的是，月庄遗址上下两个大的

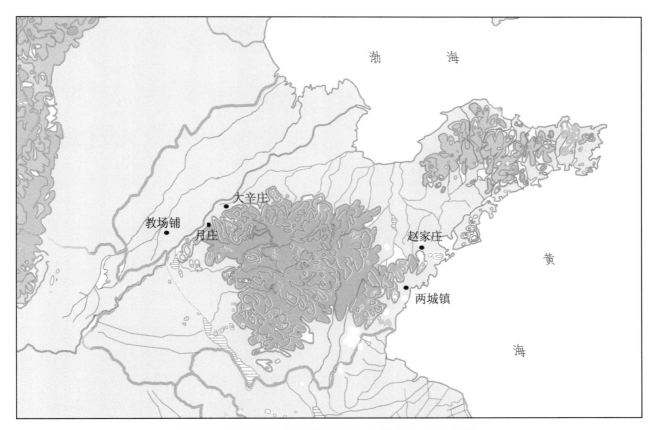

图一　月庄位置和海岱地区出土炭化小麦分布图

文化堆积层之间，还有厚度达30～40厘米的自然堆积。这一堆积在东南区域还可以进一步划分为两层，均为质地坚硬的黄褐色和棕褐色黏土，堆积均匀纯净，其中没有任何文化遗物[1]。北京大学夏正楷先生考察后认为，这一堆积应该是水成的自然堆积。另外，月庄遗址的后李文化堆积共有6层，即第⑦～⑫层，出土炭化稻的H124开口于第⑩层之下。也就是说，H124之上还有数层后李文化时期的堆积。所以，根据以上堆积情况

图二　月庄出土的炭化稻

可以排除由于扰乱等人为或自然因素导致后李文化的灰坑中出现炭化稻的可能。为了获得更为可靠的内证，我们同意加拿大多伦多大学克劳福德教授的意见，直接用破碎的炭化稻进行AMS方法测年。测年工作在加拿大多伦多大学 ISOTRACE 实验室进行，测年数据为7050±80年，经高精度树轮校正后的年代为公元前6060～前5750年[2]。至此，我们可以确认月庄遗址出土的炭化稻属于后李文化。

　　月庄发现的稻作遗存，对学术界传统的稻作扩散到北方的时间提出了挑战。或者说，我们需要解释水稻为什么会北方地区出现的这么早。当然，这之中有一些问题目前还无法做出确切的结论。例如，这些炭化是栽培稻还是野生稻？如果是栽培稻那么是水稻还是旱稻？还有，它们是在当地种

[1]　山东大学东方考古研究中心等：《山东济南长清区月庄遗址2003年发掘报告》，《东方考古（第2集）》，科学出版社，2005年，第365～456页。

[2]　Gary W. Crawford、陈雪香、王建华：《山东济南长清区月庄遗址发现后李文化时期的炭化稻》，《东方考古（第3集）》，科学出版社，2006年，第248～251页。

植的还是由南方输入的？等等。

所以，我们认为有必要对月庄后李文化遗存进行文化因素方面的分析。

月庄遗址的后李文化遗存，与其东不远的章丘西河、小荆山等遗址相比，存在着一定的差别：如后二者的房子很规整，面积较大，并且成片成组分布，月庄则没有发现像样的房屋遗存；西河等发现有大量石支脚，这与其存在大量组合灶密切相关，而月庄则基本上没有石支脚，并且陶支脚也不见；西河和月庄都存在相当数量的石磨盘和石磨棒（图三、四），其中月庄发现有带足的石磨盘，西河则没有。有足石磨盘以中原地区的磁山、裴李岗文化最为常见，而月庄地处后李文化分布区的西部，带足石磨盘的出现，有可能是受到了中原同期文化的影响；陶器方面，西河和月庄均以筒形釜为主，不过西河的釜多数较深，形式多样，而月庄的釜则较浅，比较单一。过去，我们曾发现后李文化和裴李岗文化都存在多乳足陶器。由此看来，后李文化和中原地区的磁山文化、裴李岗文化之间，似乎存在着文化上的联系。众所周知，裴李岗文化的一些遗址，如贾湖等已经发现了相当多的稻作遗存，那么，月庄后李文化中发现炭化稻也就可以有一个合理的解释。

图三　月庄出土的有足石磨盘
1. 石磨盘（T6150⑨：3）

图四　月庄出土的有足石磨盘和其他石器
1. 石磨棒（T6053⑩：6）　2. 石斧（T6152⑧：1）　3、6. 石磨盘（采）　4. 石球（采）　5. 石锛（T5933⑧：3）

当然，我们这里只是从文化联系的角度说，月庄后李文化出现炭化稻的现象能够得到解释。也就是说月庄的炭化稻有可能是从裴李岗文化传播过来的。但是，这种传播或者扩散，究竟只是物品交流或交换，还是后李文化时期的月庄一带已经开始了水稻生产，这一问题还有待于今后就后李文化的农田考古开展针对性的田野工作。

二　关于研究早期农业的方法和技术

最初我们研究新石器时代的农业经济状况，主要是依靠一些间接的资料加以推定。如把定居聚落的出现，家畜的饲养和工具的分类等情况作为研究早期农业的主要依据。中国考古学诞生至20世纪80～90年代，就是这种状况，可以说具体的农业考古资料甚少。故一些论著在论及新石器时代和青铜时代的农业经济时，绝大多数是笼统的讲述多，准确的论述少，其原因即在于此。

最近十余年来，这种情况开始有了明显的改变。首先是获取直接农业考古资料的方法有了极大的拓展。如浮选法的发明并被引进到中国，使我们过去发掘中用肉眼看不到的小植物化石（炭化植物种子等），可以被科学地提取出来，并通过专家的鉴定后成为相关领域研究的基础资料。

其次是获取、检测和分析鉴定微观植物遗存的技术也日益成熟和发展。这主要表现在植硅体的技术方面。植硅体技术的发明和运用对于古代农业研究可以说是一项重大突破。目前已经在不同的领域得到运用，在早期农业方面，运用得最成功或者说是效果最明显的还是稻作农业。我们不仅可以根据植硅体的分布情况找到不同时期水田的线索。而且也可以比较准确地知道不同的聚落遗址中是不是存在水稻遗存。同时，对于进一步研究早期农业的发展状况也有用武之地。例如，水稻不同部位的植硅体的形状不同，据此可进一步发现和找到水稻加工、储存的场所，甚至于分配和食用等方面的证据。

还有孢粉分析技术的推广使用，也在一定程度上丰富了古代农业的研究。孢粉检测分析技术在中国使用较早，主要是用来对古代植被、环境和气候等进行复原研究。这对于古代农业的研究当然也有一定意义。但在有些方面，也可以直接讨论古代农业的发展情况。如水稻花粉、小麦花粉等统计和分析等。如兖州王因遗址就发现过水稻的花粉，而兖州西吴寺遗址则发现过龙山文化小麦的花粉，许多人不太相信这样的分析结果。但随着近年来在一些时代较早的遗址发现稻作遗存和龙山文化遗址发现炭化小麦，一定程度上证明了这一方法对于研究古代农业的作用。当然，这一方法目前在古代农业的研究中运用的还比较少，可能与检测的准确性相关。

当然，农业的存在和发展的证据，首推农田的调查和发掘。在古代农业的研究中，农作物和农田是古代农业发展状况最重要的直接证据。近年来，稻田的发掘方法首先被引入中国，在南方的一些新石器时代遗址中发现了早期稻田，如江苏苏州草鞋山、湖南澧县城头山等。近年来，在海岱地区也陆续发现一些龙山文化时期的稻田遗存，如江苏连云港藤花落、山东胶州赵家庄等遗址。旱田的调查和发掘工作也逐渐提上了考古研究的日程。

间接研究古代农业的方法也有了很大发展，例如同位素和微量元素食性分析方法的引入和使用。众所周知，植物是人类最重要的食物，植物又可以分为C_3类植物和C_4类植物两大类别。其中我们经常食用的水稻、小麦、荞麦等栽培植物均为C_3类植物，而玉米、稗子、粟、黍、高粱等则为C_4类植物。据此，我们如果检测到与人的生活或与经济活动有关的遗存中，哪一类植物多，或者哪一类植物少，则可以大体推断古代人类的食物构成和当时农作物的主要类别，进而探讨当时的农业生产状况。

例如，通过人骨的碳同位素检测，可以获知人们生前的食物主要类别是C_3类植物还是C_4类植物。张雪莲对山东茌平教场铺遗址10个龙山文化人骨标本进行了碳-13分析，其结果显示，当时人们食物中的C_4类植物的百分比为96%，据这一检测结果，可以推知当时居民的饮食结构以小米类植物为主[1]。如果再结合发掘时的浮选资料，即在系统采样的270份土壤样品中，粟和黍类的出土概率达到了92%[2]，而稻、小麦等其他类作物的数量和比例都极少。我们就可以有更为充分的根据得出这样的

---

[1]　张雪莲：《碳十三和氮十五分析与古代人类食物结构研究及其新进展》，《考古》2006年第7期，第54页。

[2]　赵志军：《两城镇与教场铺龙山时代农业生产特点的对比分析》，《东方考古（第1集）》，科学出版社，2004年，第213页。

结论：粟和黍在教场铺龙山文化居民的植物类食物结构中占绝对优势。采用同样方法对两城镇的人骨标本进行了检测分析，龙山时代的人们是以食用稻米为主的[1]。

仇士华、齐乌云等对山东省东南部莒县小朱家村和陵阳河的大汶口文化人骨进行了碳-13检测分析。结果发现，属于普通聚落的小朱家村的大汶口人，C_4类植物的百分含量为65.1%，C_3类植物的百分含量为34.9%；而沭河上游地区的中心聚落陵阳河遗址，属于陵阳河大汶口文化早期的M12，为一中型墓葬[2]，其墓主人骨的碳-13分析结果，C_4类植物的百分含量为33.6%，而C_3类植物的百分含量则为66.4%。与小朱家村的大汶口人正好相反[3]。从当时这一地区的农业结构来看，粟类旱作作物是主要农作物，而稻谷即使是当地生产也不会太多，所以应是稀少品种。由以上检测分析结果可知，普通聚落的居民食物以粟类作物为主，而中心聚落的贵族阶层则比较多地食用大米等C_3类植物。这种现象是否从食物结构方面反映了当时已经存在的社会分化，我们不好依据这一孤例遽定，但至少为我们今后的考古学研究提供了有益的线索和一个新的视角。

同样的方法也可以运用到其他领域。最近几年，我们与日本九州大学的学者合作研究海岱地区东部的新石器时代农业，就将这一方法运用到了龙山文化的黑陶研究之中。其基本原理是，黑陶的形成，是因为在烧制过程中进行了渗碳，这里的碳是从没有充分燃烧的植物类遗存中获取的。而用作燃料的植物中应该存在不同的栽培作物的C_3类或C_4类植物。如果我们检测出黑陶中的碳-13值并加以比对，就可以大体知道当时烧制黑陶所使用的主要植物类别，由此可以间接地知道当时这一地区的栽培植物中，大体哪一类的植物数量更多一些[4]。由此，为我们研究当时的农业经济增加一个新的视角。有意思的是，我们采用不同的分析方法和途径研究海岱地区古代农业结构时，得出了大体一致的结论或者认识。所以，这是一个可以继续尝试的研究领域。

三　关于农业经济结构问题

中国幅员辽阔，南北方无论是地理环境还是气候条件，都存在着巨大的差异。所以，从宏观角度看，中国南北方新石器时代的农业经济结构也完全不同，即南方以稻作为主，北方则以旱作为主。表现在主产农作物上，南方是水稻，北方则为粟和黍，后来才陆续出现麦、大豆和高粱等作物。不可否认，南北方各自内部的情况并非完全一致，即南方也有以旱作为主的区域，北方也存在稻作农业的地区。特别是南北方交汇的地带，更是呈现比较复杂的面貌。

学术界通常认为，中国南北方自然地理和气候的分界在秦岭－淮河一线，远古时期尽管气候与当今有所差别，但也相去不远。所以，一般的论著和研究都维持着这一基本看法。根据近年来考古发掘中有关古代农业的新资料，有学者对南北交界区域的经济结构和形态，提出了"稻旱混作农业经济"的观点[5]。我们赞同这样的观点，即在新石器时代或者更晚一些时期，中国的农业经济结构中

[1] Lanehart Rheta E.Tykot Robert H. 方辉、栾丰实等：《山东日照市两城镇遗址龙山文化先民食谱的稳定同位素分析》，《考古》2008年第8期，第55～61页。

[2] 王树明：《陵阳河墓地刍议》，《史前研究》1987年第3期，第50页。

[3] 蔡莲珍、仇士华：《碳十三测定和古代食谱研究》，《考古》1984年第10期，第952页；齐乌云等：《山东沭河上游出土人骨的食性分析研究》，《华夏考古》2004年第2期，第41～47页。本文中陵阳河的数据依据齐乌云换算后的数据。

[4] 三原正三等：《海岱龙山文化黑陶碳素的稳定同位素分析》，《东方考古（第3集）》，科学出版社，2006年，第299～305页。

[5] 赵志军：《海岱地区南部新石器时代晚期的稻旱混作农业经济》，《东方考古（第3集）》，科学出版社，2006年，第253～257页。

除了稻作农业和旱作农业之外，还大面积地存在着稻旱混作农业经济结构。

首先，稻旱混作农业不仅仅是存在于秦岭－淮河一线的两侧，而且在更北或者更南地区都有。比如今天的四川、重庆、贵州、云南等地区，恐怕大部分区域普遍存在的是稻旱混作农业，而非相对单一的稻作农业。在稻旱混作农业经济区，地势较低和水源充足的地段，一年中可能有一段时间种植水稻，而另外一些时间则种植其他类农作物，如小麦、玉米、土豆、地瓜及其他经济类作物等，这在当地被称为"大春"和"小春"。而一些地势较高并且缺水的地段，只能辅助种植一些旱作作物。北方也是一样，尽管多数地区是旱作农业，但也有局部区域实行以水稻为主或者稻旱混作。

其次，稻作遗存在旱作农业区域的出现和增多，这种现象的主要原因或者说其前提，与其说是自然环境的变化所导致，不如看作是社会文化因素作用的结果。新石器时代晚期，随着不同区系之间文化交流的加强，南北方之间的农业经济结构也伴随着人口迁徙和文化交流发生了或大或小的变化。比如说，北辛文化和大汶口文化早期阶段，海岱地区的中北部基本上是以旱作农业为主，发现的稻作遗存较少。而到龙山文化时期，情况产生了很大变化，在经过浮选的遗址中，多数或多或少发现了稻作遗存，有的遗址甚至还发现了稻田。这种情况恐怕不太适合用气候和环境的变化来加以解释。这是因为，学术界公认距今6000年前后的全新世中期，温度达到了末次冰期结束以来的最高，整个气候变得温暖湿润，但这一时期海岱地区的农业经济结构并没有产生大的变化。而是到了开始降温的龙山文化时期，稻作遗存才开始大量出现。这一时期，恰恰是不同区域之间的文化联系和交流走向高潮的阶段。

这里还存在一个问题，就是如何估计稻作农业成分和旱作农业成分在古代农业经济结构中的比重和份额。现在的分析主要是基于以下两点。一是根据浮选出土的炭化农作物的种类和数量来加以确定，这里所说的数量通常是指颗粒数。如果一个遗址或者一个区域出土的粟、黍类植物数量较多，稻类植物较少，那么就认为其古代农业可能是以旱作农业为主，反之亦然。二是看浮选样品中各种农作物的出土概率，即在全部浮选样品中，出土粟、黍类植物和稻类植物的样品数量及比例，由此来进一步判断这一遗址甚至这一区域是以旱作农业为主，拟或以稻作农业为主，还是属于稻旱混作农业经济结构。

在目前情况下，这应该算是一个有数理统计根据并且看起来比较科学的分析方法。因为经过这样的统计分析后，进一步确定某一遗址或某一区域的古代农业结构，比空泛地议论农业经济中是以稻作为主还是旱作为主，显然是前进了许多，并且有了一定的证据。但其中也存在一些需要讨论和解决的问题，这里抛开古代农作物在遗失过程、炭化机率、堆积和埋藏过程以及考古学者发掘时将其提取出来等方面所存在的一些不确定因素[1]。就是从方法论的角度来看，似乎也存在一些问题。如用炭化农作物的颗粒数量作为统计的基准，并以此来进行分析和比较，能否代表当时农业经济结构的实际构成。众所周知，大米的颗粒较大较重，经山东大学东方考古研究中心植物考古实验室随机测算，大米的千粒重是19.704克，体积是23毫升；粟的颗粒较小较轻，其千粒重是2.440克，体积是3.1毫升。两者的千粒重之比为8.08：1，两者的千粒体积之比为7.42：1[2]（图五）。换言之，人们分

---

[1] 赵志军：《考古出土植物遗存中存在的误差》，《文物科技研究（第一辑）》，科学出版社，2004年，第78～84页。

[2] 这一数据由山东大学东方考古研究中心第四纪环境和考古实验室实测提供。采用标本分别为辽宁盘锦大米和山东章丘龙山小米。

别食用大米和小米，要达到同样的程度，消费的颗粒数量存在着近十倍的差别。所以，如果要通过炭化农作物来分析和研究古代农业经济的构成时，只统计不同农作物的颗粒数量，并且以此来进一步分析当时不同农作物在农业生产中的比重，进而确定当时农业经济的结构和性质，是存在较为明显的缺陷的。所以，我认为在统计颗粒数量的同时，也应该按千粒重换算成重量进行分析，然后再结合出土概率等因素综合分析，这样可能会更接近于当时农业经济结构的实际。

图五　大米、小米千粒体积

四　关于小麦的出现和发展

　　小麦是中国古代居民的重要食物之一，但在较早的新石器时代则不然，在绝大多数时间内，中国南北方分别以稻和粟、黍为最重要的食物。一般认为，麦类作物最先是从西亚地区驯化和栽培的，然后随着时代的推移而逐渐地扩散到世界各地。至于扩散和外传的时间，则有先有后。如果我们接受麦类作物是从西亚起源的观点，那么它又是从什么时间开始出现在中国腹心地区的呢？

　　目前中原及其以西地区考古发掘中发现的麦类作物数量不多，时代较早的主要有五处，即位置偏西的甘肃民乐东灰山遗址和天水西山坪遗址，中原地区的扶风周原王家嘴和洛阳皂角树、登封王城岗遗址。此外，在山西襄汾陶寺遗址龙山晚期的浮选标本中，发现了似为炭化大麦的遗存[1]。

　　东灰山遗址位于甘肃河西走廊中部的民乐县。1986年，有关学者在这一遗址调查时，就采集到炭化的大麦和黑麦等农作物，并将其定为新石器时代[2]。1987年，甘肃省文物考古研究所等对东灰山遗址进行了正式发掘，确定了遗址的文化性质为四坝文化。同时，在四坝文化层内采集到一批炭化小麦标本，经中国植物研究所孔昭宸先生鉴定为普通小麦[3]（图六）。四坝文化属早期青铜文化，年代大体与中原地区的二里头文化相当。而对遗址出土的炭化小麦标本的测年数据，经树轮校正后为公元前2280±250年，相当于龙山文化偏晚阶段。

　　西山坪遗址位于甘肃东部的天水县。1986～1990年，中国社科院考古所甘青队数次发掘该遗址，发掘面积达1500多平方米，发现了从距今8000年前后的大地湾一期文化至距今4000年前后的齐家文化早期的连续堆积[4]。最近，李小强等在西山坪遗址北部的一个厚达6.5米的剖面采样，浮选和

　　[1]　赵志军、何驽：《陶寺城址2002年度浮选结果及分析》，《考古》2006年第5期，第77～86页。
　　[2]　中国科学院遗传研究所李璠等：《甘肃省民乐县东灰山新石器遗址古农业遗存新发现》，《农业考古》1989年第1期，第56～65页。
　　[3]　甘肃省文物考古研究所等：《民乐东灰山考古——四坝文化墓地的揭示与研究》，科学出版社，1998年，第140页。
　　[4]　中国社会科学院考古研究所：《师赵村与西山坪》，中国大百科全书出版社，1999年，第222～226页。

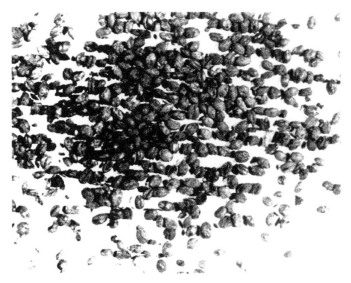

图六　东灰山出土炭化小麦

检测出不同时期的农作物遗存。炭化农作物除了粟、黍、稻和野大豆之外，在上部地层中还发现了炭化小麦（出自8个样品）、大麦和燕麦。报告者认为其最早出现的绝对年代约为距今4650年[1]。

如果西山坪遗址发现的炭化麦类遗存的年代真实可靠，则是中国目前所知最早的小麦，这一发现对于中国北方地区小麦的出现时间、产生途径和早期农业经济结构等学术问题，均是十分重要的资料。但细读全文，西山坪的工作似乎存在一些问题。

首先，研究者依照地质学中自然剖面的采样方法，只是按深度划分了7个堆积层，除了耕土层之外，其余6层每层厚度均在80厘米以上，最厚者达130厘米。由常规可知，作为考古地层学基础单位之一的文化层，特别是史前时期，文化层的厚度似乎不可能有这么厚，其中每一层必然包括了不同时期的堆积。同时，每个文化层也未必水平，按水平层进行考古发掘或在遗址剖面取样的方法，早已被考古学家所摈弃。

其次，在剖面上采样所做的8个测年数据中有3个年代倒置，与剖面的地层层序不符，其数量几乎占到全部数据的一半，这似乎不能简单地用后期人类活动扰动或动物挖洞扰乱来解释。如果是这样的情况，在剖面上是能够清楚地辨认出来的。另外，文化层的形成与自然堆积的形成原理不同，堆积的厚薄和所历年龄之间并不成正比。所以，上下限年代之间采用等值分割，进而得出上层出土炭化小麦的年代为距今4650年似乎也不足为凭。

第三，在考古遗址的剖面采样，不依据出土遗物来确定所划层次的文化属性，也不能不说是一个很大的遗憾。

当然，尽管西山坪遗址的工作存在一些问题，但我们还是认为这一发现应该引起考古界的重视，希望今后能够有针对性地、系统地开展工作，在相应的考古学文化中甚至更早的时期，找到确凿证据，以推进黄河流域的早期农业考古研究。

王家嘴为周原遗址的一个地点，位于扶风县城之南。2001年，周原考古队在周原遗址王家嘴地

[1] 李小强、周新郢等：《考古生物指标记录的中国西北地区5000 a BP水稻遗存》，《科学通报》第52卷第6期，2007年3月，第673～678页。

点的发掘中，对14份龙山时代土样进行了浮选，结果发现了6000多粒炭化农作物种子。其中鉴定出1粒炭化小麦。年代在距今4000年前后[1]。

　　皂角树遗址位于河南洛阳市南郊，1992～1993年，洛阳市文物工作队对其进行了发掘。发掘成果之一就是采用浮选法发现了数量可观的炭化植物遗存，其中第二、三、四期文化的16个样品中发现有炭化小麦（图七），但出土概率明显低于粟、黍和大豆而高于水稻[2]。按报告的分析，皂角树一期文化大约相当于二里头遗址二期晚段，出土炭化小麦的第二、三、四期文化遗存大体与二里头遗址第三、四、五期相当[3]。故其绝对年代大约在公元前1700～前1500年前后。

　　位于嵩山之阳的登封王城岗遗址，因为发现了龙山文化时期的大小城址而闻名于世。2004年的发掘经过系统采样浮选，在龙山文化晚期到春秋时期的连续堆积中发现了大量炭化农作物遗存。其中，在属于二里头文化的样品里浮选出1粒炭化小麦。这是继皂角树之后中原地区又一次发现二里头文化时期的小麦。稍后的二里冈文化时期，不仅小麦的绝对数量明显增多，而且所有浮选单位均有出土[4]。

　　1999年以来，由于对考古发掘中系统采集的土壤样品进行了浮选，在一些龙山文化遗址中发现了炭化小麦。目前确知的有日照两城镇、茌平教场铺和胶州赵家庄三处（图八）。

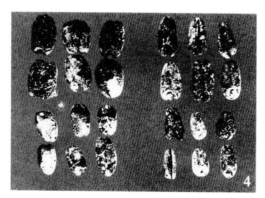

图七　皂角树出土炭化小麦

图八　两城镇和赵家庄出土炭化小麦

　　日照两城镇遗址位于鲁东南的黄海之滨，由于其曾出土过大量精美黑陶和工艺精湛的玉器而蜚声海内外。1999年以来，山东大学东方考古研究中心和美国耶鲁大学、芝加哥自然历史博物馆合作，对两城镇遗址进行了为期三年的发掘工作。发掘的收获之一就是发现了大量炭化植物遗存，其中就有小麦[5]。但两城镇遗址的小麦数量很少，据2002年的统计资料，炭化小麦的出土概率约为4%[6]。1999年以来发掘的两城镇遗址的龙山文化遗存，在龙山文化的分期中属于第2～5期，绝对年

　　[1]　周原考古队：《周原遗址（王家嘴地点）尝试性浮选的结果及初步分析》，《文物》2004年第10期，第89～96页。
　　[2]　皂角树遗址的浮选样品中，42个有炭化粟，26个发现炭化黍，21个发现炭化大豆，16个有炭化小麦，只有6个有炭化稻。洛阳市文物工作队：《洛阳皂角树——1992～1993年洛阳皂角树二里头文化聚落遗址发掘报告》，科学出版社，2002年。
　　[3]　洛阳市文物工作队：《洛阳皂角树——1992～1993年洛阳皂角树二里头文化聚落遗址发掘报告》，科学出版社，2002年，第121、122页。
　　[4]　赵志军、方燕明：《登封王城岗遗址浮选结果及分析》，《华夏考古》2007年第2期，第78～89页。
　　[5]　凯利·克劳福德等：《山东日照市两城镇遗址龙山文化植物遗存的初步分析》，《考古》2004年第9期，第74～78页。
　　[6]　赵志军：《两城镇与教场铺龙山时代农业生产特点的对比分析》，《东方考古（第1集）》，科学出版社，2004年，第213页。

代大约在公元前2500～前2100年前后[1]。

茌平教场铺遗址位于鲁西地区，2001年以来，中国社科院考古所山东队连续对其进行了发掘。发掘工作中系统采集土样进行了浮选，结果发现了极为丰富的炭化植物遗存。如2002年发掘采集土样270份，每份10升左右，浮选出各种炭化植物7万余粒，农作物有粟、黍、稻、小麦和大豆等五种。农作物以粟、黍和大豆最多，稻和小麦较少，并且小麦和水稻的比例也相近，如它们的出土概率均为3%[2]。教场铺遗址的龙山文化遗存，以龙山文化晚期较为丰富，其延续的绝对年代大体上在公元前2300～前2100年之间。

小麦最初起源于西亚，这已为考古学的研究成果所证实，但是否还存在其他的起源地则不明确。有学者认为中国具有小麦独立起源的条件，所以也应该是小麦独立起源的地区之一。由于中国的小麦出现较晚并且发现的也少，故这一说法似乎没有得到学术界的重视和认可。近年来，随着位置偏东的海岱地区陆续发现时代相当或更早的小麦遗存，如何认识中国小麦的来源就成为今后应该注意的一个新问题。

小麦在海岱地区新石器时代晚期出现之后，相当长时间似乎没有大的发展，即其在当时的农业经济结构中的比重并不突出，农作物的构成种类没有太大的变化。龙山文化中晚期的日照两城镇、胶州赵家庄[3]和茌平教场铺遗址，小麦的数量和出土概率均不高，如三处遗址小麦的出土概率分别为4%、6%、3%。这一状况一直持续到商代。距离教场铺不远的济南大辛庄遗址，2003年经过系统浮选的发掘资料显示，小麦的出土概率为3.6%[4]，大体与教场铺和两城镇维持在同一水平上。

同时我们也发现，处于同一地理气候区域的教场铺和大辛庄，尽管时代相差了大约1000年，但农业经济结构基本一致。由表一的粗略统计可以看出，教场铺龙山文化时期和大辛庄商代中晚期，两地均以旱作的粟黍类农作物为主，而稻类和小麦的存量相对甚少。所以，这一地区的农业生产似乎经历千年而未有什么显著变化，农业经济结构表现为一种稳定的连续发展状态。

表一　两城镇、教场铺、赵家庄和大辛庄主要农作物的出土概率统计表

遗　址	粟、黍	稻	小麦
两城镇	36%	49%	4%
赵家庄*	62%（粟）	54%	6%
教场铺	92%	3%	3%
大辛庄	70.5%	11.4%	3.6%

* 王春燕：《山东胶州赵家庄遗址龙山文化稻作农业研究》，山东大学考古系2007年硕士学位论文。

（原载《庆祝何炳棣先生九十华诞论文集》，三秦出版社，2008年）

[1]　中美日照地区联合考古队：《山东日照两城镇遗址1999～2001年发掘简报》，《考古》2004年第9期。

[2]　赵志军：《两城镇与教场铺龙山时代农业生产特点的对比分析》，《东方考古（第1集）》，科学出版社，2004年，第210～216页。

[3]　燕生东、兰玉富：《山东胶州赵家庄先秦聚落考古获重要收获》，《中国文物报》2006年4月28日第8版；靳桂云等：《山东胶州赵家庄遗址4000年前稻田的植硅体证据》，《科学通报》2007年第18期。

[4]　陈雪香：《海岱地区新石器时代晚期至青铜时代农业稳定性考察》，山东大学考古系2007年博士学位论文，第187页。

海岱地区史前时期稻作农业的产生、发展和扩散

一　海岱地区史前文化的变迁

海岱地区新石器文化的起源和形成尚不清楚，迄今为止，考古发现的最早的新石器时代遗存为距今8000年前后的后李文化。后李文化只发现了10余处遗址，主要分布于泰沂山系以北地区，东起潍河流域，西至济南以西的大沙河流域，东西长200多千米。泰沂山系以南地区，前几年在安徽省东北隅的宿州小山口和古台寺两处相距不远的遗址下层，发现了与后李文化相似的文化遗存，而其他地区目前尚无线索。

后李文化之后是距今7000～6100年的北辛文化，这一时期的考古发现比较丰富。遗址的数量达到100多处，空间分布也基本上遍及大运河和南四湖以东的山东省及江苏省的淮河故道以北地区。尽管各个地区的文化面貌有所差异，但在总体上呈现出较为一致的特征。

继北辛文化而起的是大汶口文化，其存续时间为距今6100～4600年前后。大汶口文化是海岱地区史前文化一个大的发展时期，随着社会经济的全面发展，社会组织和社会结构也由平等社会开始走向分层社会，最终导致了早期国家的诞生。

距今4600～4000年的龙山文化是海岱地区史前文化的一个重要历史阶段。这一时期的海岱地区方国林立，社会矛盾空前激化，战争频繁，催化和刺激了社会的迅速发展。作为社会经济基础的农业，也出现了一些重大的变化，如稻作农业的广为扩散等[1]。

龙山文化之后是岳石文化，其存续时间大约为距今3900～3400年。岳石文化已经进入青铜时代，年代也与历史上的夏代和早商大体相当。但其一直保持着较为单纯的东方文化的特色。故可以认为是东方史前文化的最后一个重要阶段。

岳石文化之后，东方大地发生了重大分化，中西部地区开始与中原商周文化融合，东部则又保持了一段时间，主要表现为分布于胶东半岛及其沿海岛屿地区的珍珠门文化。东周以后，最终全部融入到了中华远古文化的洪流之中。

二　稻作遗存的考古发现

稻作遗存包括炭化稻米、红烧土中遗留下来的稻壳及茎叶等印痕、土壤和陶片等遗存中的水稻植硅体以及种植水稻的农田等。下面我们按时代来考察海岱地区稻作遗存的考古发现。

---

[1]　靳桂云：《海岱地区史前稻作农业研究的回顾与展望》，《农业考古》2001年第3期，第91～96页。

（一）北辛文化时期

就目前公布的资料，海岱地区最早的稻作遗存发现于北辛文化，江苏省东北部的连云港市郊区二涧村遗址，在红烧土中发现有稻壳印痕[1]，按该遗址发现的墓葬推断，其时代可以早到北辛文化中期，即距今6500年前后。

（二）大汶口文化时期

大汶口文化时期海岱地区的稻作遗存在数量上虽然有所增加，但仍然不多，目前发现的有以下几处（图一；表一）：

（1）王因遗址

兖州王因遗址的发掘和研究中，只是对属于大汶口文化早期的T4016采集的6个样本进行了孢粉分析，发现了"可能属于稻"的禾本科植物花粉[2]。

（2）大仲家遗址

位于胶东半岛北部的蓬莱市，通过对该遗址第2层土壤样品的检测，确认了1个水稻的植硅体[3]，时代为大汶口文化早期。

（3）集西头和段家河遗址

位于沭河上游的莒县盆地，1999年，中国社会科学院考古研究所在这两处大汶口文化晚期遗址中，检测出水稻的植硅体[4]。

（4）陵阳河和小朱家村遗址

这两处遗址未发现直接的水稻遗存，但经人骨的食性检测分析，发现属于大汶口文化晚期的陵阳河人（材料仅是M12的人骨）和小朱家村人（一成年男性人骨），食谱均主要为C_3和C_4为主，但在数量结构和比例上则相反，即陵阳河人以稻米为主的C_3类最多（占66.4%），以小米为主C_4类较少（占33.6%）；小朱家村人以C_4类最多（占66.5%），C_3类较少（占34.9%）[5]。

（5）朝阳遗址

位于江苏省新浦和连云港之间，南京博物院和日本宫崎大学农学部联合对该遗址出土的陶片进行了分析，检测出水稻的植硅体。据报道，陶片的时代为距今6000～5000年，文化属性不详，若依上述年代分析，应该属于大汶口文化时期[6]。

（6）尉迟寺遗址

1990年以来，中国社会科学院考古研究所安徽队多次发掘安徽蒙城尉迟寺遗址，在属于大汶口

[1] 李洪甫：《连云港地区农业考古概述》，《农业考古》1985年第2期，第96～107页。

[2] 中国社会科学院考古研究所：《山东王因——新石器时代遗址发掘报告》，科学出版社，2000年，第452、453页。

[3] 中国社会科学院考古研究所：《胶东半岛贝丘遗址环境考古》，社会科学文献出版社，1999年，第152页。

[4] 齐乌云等：《山东沭河上游出土人骨的食性分析研究》，《华夏考古》2004年第2期，第41～47页。

[5] 蔡莲珍、仇士华：《碳十三测定和古代食谱研究》，《考古》1984年第10期，第949～955页；齐乌云等：《山东沭河上游出土人骨的食性分析研究》，《华夏考古》2004年第2期，第41～47页。

[6] 宇田津彻朗等：《江苏省新石器时代遗址出土陶器的植物蛋白石分析》，《农业考古》1999年第1期，第36～45页。

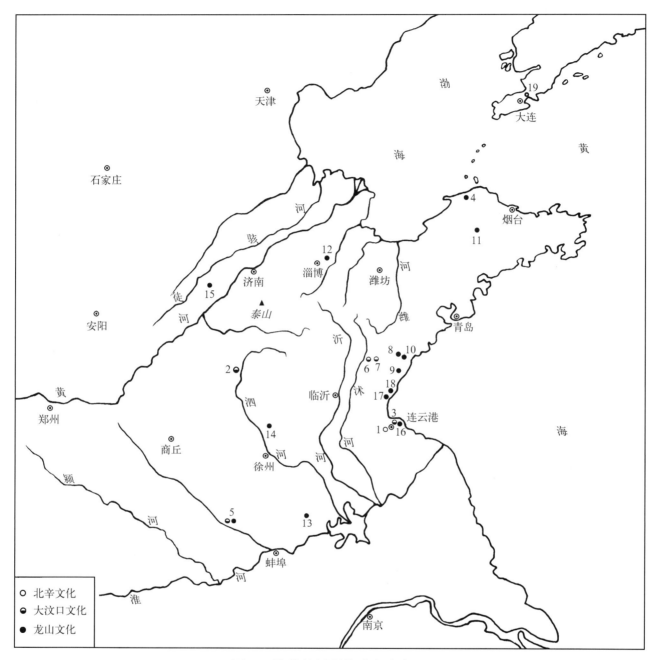

图一　海岱地区稻作遗存分布图

1. 二涧　2. 王因　3. 朝阳　4. 大仲家　5. 尉迟寺　6. 集西头　7. 段家河　8. 丹土　9. 尧王城　10. 两城镇　11. 杨家圈　12. 桐林　13. 濠城镇　14. 庄里西　15. 教场铺　16. 藤花落　17. 盐仓城　18. 后大堂　19. 大嘴子

文化晚期房屋墙壁的草拌泥烧土中，发现有稻壳等印痕，同时对两个探方的系列土样进行了植硅体分析，检测出水稻的植硅体[1]。

　　此外，在辽东半岛南部的大连市西部沿海的文家屯遗址出土的红烧土中，也检测出水稻的植硅体，这一新的发现已被作为稻作农业东传过程中途经辽东半岛的一项证据[2]。对此，我认为有必要加

---

[1]　王增林、吴加安：《尉迟寺遗址硅酸体分析——兼论尉迟寺遗址史前农业经济特点》，《考古》1998年第4期，第87~93页。

[2]　澄田正一、冈村秀典等：《文家屯——1942年辽东先史遗迹发掘调查报告书》，京都大学，2002年，第94~106页。

以检讨。发现水稻遗存的文家屯遗址第3层，出土遗物与相距不远的郭家村遗址第4层相近，其文化性质属于小珠山二期文化。而小珠山二期文化在年代上与大汶口文化是平行的。郭家村第4层属于小珠山二期文化的中期或略晚，所以，它的时代与大汶口文化中期至迟与晚期相当，显然早于龙山文化。考虑到文家屯遗址的发掘工作是在60年以前进行的，并且在经过检测的24个样本中，只有1个样本发现了水稻的植硅体。因此，我们应该谨慎对待这一资料。但考虑到在隔海相望的胶东半岛北部大仲家遗址也发现了一个同时期或略早的水稻植硅体，这一发现不失为辽东半岛南部地区早期稻作遗存的一个重要线索，值得学术界今后加以关注。

表一　海岱地区东部发现稻作遗存一览表

遗　址	所在地区	发现遗存	大体年代
二涧村	连云港市郊区	稻壳印痕	BP6100～6600
朝　阳	连云港市郊区	水稻植硅体	BP5500～6000
藤花落	连云港市郊区	稻田、炭化稻等	BP4600～4300
盐仓城	江苏省赣榆县	炭化稻米	BP4600～4000
后大堂	江苏省赣榆县	炭化稻米	BP4600～4000
尧王城	山东省日照市	炭化稻米	BP4700～4300
两城镇	山东省日照市	炭化稻米和水稻植硅体	BP4600～4000
丹　土	山东省日照市	水稻植硅体	BP4700～4300
赵家庄	山东省胶州市	稻田、炭化稻米等	BP4700～4300
桐　林	山东省淄博市	炭化稻米和水稻植硅体	BP4600～4000
杨家圈	山东省栖霞市	稻壳和水稻植硅体等	BP4600～4300
大仲家	山东省蓬莱市	水稻植硅体	BP5500～6000

（三）龙山文化时期

龙山文化时期，海岱地区发现稻作遗存的地点迅速增多，它们在分布上遍及了海岱地区的各个小区（图一）。

（1）尉迟寺遗址

在文化层的土壤中检测出水稻的植硅体，并且其数量较之大汶口文化晚期阶段明显增多。

（2）濠城镇遗址

位于安徽省淮河以北的五河县，早年在遗址的灰土层中发现炭化稻粒[1]。

---

[1]　修燕山、白侠：《安徽寿县牛尾岗的古墓和五河濠城镇新石器时代遗址》，《文物》1959年第7期，第371、372页。

（3）藤花落遗址

位于连云港市开发区，1998年以来南京博物院数次发掘该遗址，发现了内外两圈龙山文化早中期的城址。同时，发掘时浮选出炭化稻粒遗存，在城外还发现了稻作的水田遗迹[1]。

（4）后大堂遗址

位于赣榆县北部沿海，南京博物院在该遗址的发掘中浮选出龙山文化炭化稻粒[2]。

（5）盐仓城遗址

位于赣榆县北部沿海，在属于龙山文化的下文化层中曾采集到炭化稻粒[3]。

（6）尧王城遗址

位于日照市南部沿海，1992~1993年，中国社会科学院考古研究所山东队在发掘中浮选出龙山文化时期的炭化稻粒，经鉴定为粳米[4]。

（7）两城镇遗址

1998~2001年，山东大学和美国芝加哥自然历史博物馆对这一遗址进行了联合发掘，发现大量农作物遗存，其中有数量较多的炭化稻粒。同时，还检测出大量的水稻植硅体[5]。

（8）丹土遗址

2000年，山东省文物考古研究所对丹土遗址进行了两次发掘，在一些遗迹的土样中检测出水稻的植硅体[6]。

（9）庄里西遗址

位于鲁南的滕州市，山东省文物考古研究所在该遗址的发掘中，对5个灰坑的土样进行了浮选，发现炭化稻280余粒，多数保存较好，经鉴定为粳米[7]。

（10）桐林遗址

位于泰沂山北侧的淄河流域，1997年从路沟断崖上的10个灰坑中采样，并对其中8个灰坑的土样进行了植硅体分析，从7个灰坑的土样中检测出水稻植硅体。几个水稻植硅体特别多的灰坑，研究者认为可能是贮存或加工稻谷的场所[8]。

（11）教场铺遗址

位于鲁西的荏平县，2000年以来，中国社会科学院考古研究所山东队多次发掘该遗址，经系统浮选发现大量植物遗存，其中有少量的炭化稻粒[9]。

（12）杨家圈遗址

位于胶东半岛中部，1981年，北京大学和山东省文物考古研究所等单位联合发掘该遗址，在草

[1] 林留根：《江苏连云港藤花落遗址》，《2000中国重要考古发现》，文物出版社，2001年。

[2] 林留根、张文绪：《黄淮地区藤花落、后大堂龙山文化遗址古稻的研究》，《东南文化》2005年第1期。

[3] 李洪甫：《连云港地区农业考古概述》，《农业考古》1985年第2期，第96~107页。

[4] 中国社会科学院考古研究所：《尧王城遗址第二次发掘有重要发现》，《中国文物报》1994年1月23日第1版。

[5] 凯利·克劳福德、赵志军、栾丰实等：《山东日照市两城镇遗址龙山文化植物遗存的初步分析》，《考古》2004年第9期；靳桂云等：《山东日照市两城镇遗址土壤样品植硅体研究》，《考古》2004年第9期，第81~86页。

[6] 刘延常、王学良：《五莲县丹土大汶口文化、龙山文化城址和东周时期墓葬》，《中国考古学年鉴·2001》，文物出版社，2002年，第182~184页。

[7] 孔昭宸、刘长江、何德亮：《山东滕州市庄里西遗址植物遗存及其在环境考古学上的意义》，《考古》1999年第7期，第59~62页。

[8] 靳桂云、吕厚远、魏成敏：《山东临淄田旺龙山文化遗址植硅体研究》，《考古》1999年第2期，第82~87页。

[9] 赵志军：《两城镇与教场铺龙山时代农业生产特点的对比分析》，《东方考古（第1集）》，科学出版社，2004年。

拌泥红烧土中发现许多谷物草叶和少量谷壳，经鉴定有稻壳、稻茎、稻叶的印痕[1]。

三 稻作遗存的产生、发展及其特点

由于海岱地区东南部的连云港发现了时代较早的稻作遗存，而且这一地区近年来也发现有野生稻生存。所以，有人认为这一地区的稻作是在当地发明的，进而把连云港一带作为中国早期稻作农业的起源地区之一来看待[2]。

海岱地区的稻作农业产生于北辛文化时期，即距今7000～6100年之间。从分布地域上看，稻作的分布只是局限于海岱地区南部的个别地点。从中国早期稻作农业的分布和出现时间来看，海岱地区的稻作农业不仅出现的时间晚（长江中下游地区都在距今10000年前后），而且发现的地点也极少，缺乏系统的考察和研究。所以，就目前发现的情况而言，不宜把海岱地区作为中国稻作农业的起源地区来对待。至于海岱地区稻作农业的来源，我们认为应该是外来的，即由长江和淮河中下游地区传播过来。在苏北地区的北辛文化中，发现了浓厚的来自南方龙虬庄文化和马家浜文化的文化因素。如典型的南方系统的腰檐陶器、小型玉器装饰等，而使用陶钵盖头的习俗，也共见于苏北和苏中南地区，尽管目前我们还不能准确地判定这一文化习俗的原生地，但两地之间存在着文化上的联系则是毋庸置疑的。因此，南方地区出现较早的稻作农业，随着两地的文化交流甚至人口迁徙而传播到海岱地区，是顺理成章的事情。

大汶口文化时期，海岱地区的稻作农业有所发展。这一时期的稻作遗存发现不多，加上王因遗址的水稻花粉资料和陵阳河、小朱家村的人骨碳-13食谱检测结果，达到了8处，当然，这一数量仍然偏少，当与工作开展得不充分相关。水稻遗存的分布地域包括了除鲁北以外的整个海岱地区，比较集中的则是在鲁东南、苏东北沿海和皖北地区。由于在胶东半岛和辽东半岛发现了这一时期偏晚阶段的水稻植硅体的线索，所以，今后在海岱地区的北半部发现大汶口文化水稻遗存的可能性是很大的，这需要以后的考古工作给予重视。

龙山文化时期，是海岱地区水稻的大发展时期，并呈现出以下几个特点：首先是发现水稻遗存的地点数量明显增多；其次是出土稻作遗存的地点遍及到海岱地区的大部分地区，其分布不再局限于南部地区和东南沿海，鲁西北、鲁北和胶东半岛一带都有发现；第三是不仅发现了炭化稻和稻壳、稻茎、稻叶的印痕等遗存，还发现了水田遗迹，这可以说是北方地区稻作农业研究的一项突破性进展。

龙山文化时期海岱地区的农业经济结构、类型和布局也产生了巨大变化。近几年来，在部分遗址的发掘中开始采用系统采样进行浮选的方法。所谓系统采样，就是在田野发掘过程中，从所有编号单位中普遍采集一定量的土壤样品进行浮选，然后进行分析统计，从而为我们认识当时农业经济的结构和类型提供了较为可靠的依据。

经过系统采样浮选的遗址，目前主要有日照两城镇和茌平教场铺两处。两城镇遗址位于东南部沿海地区，教场铺遗址则在西部的内陆平原一带，两者所在地区的生态环境、气候、地理地貌等均不相同，代表了两个不同的地理气候小区。两处遗址都浮选出大量的植物遗存，其中农作物占有相

[1] 严文明：《杨家圈农作物遗存发现的意义》，《农业发生与文明起源》，科学出版社，2000年，第32～34页；北京大学考古实习队：《栖霞杨家圈遗址发掘报告》，《胶东考古》，文物出版社，2000年，第151～206页。

[2] 鲁金武、李洪甫：《连云港的古代农业与稻作文化起源》，《农业考古》2002年第3期，第42～54页。

当数量。据初步统计，两城镇遗址稻谷的出土概率为49%（据2001年的144份土样统计），即约有一半的浮选土样中包含有稻谷遗存，而两城镇植硅体的检测结果为，包含水稻植硅体的样品比例达70%[1]。教场铺遗址的稻谷出土概率非常低，仅有3%（据276份土样的统计）。相反，两城镇遗址粟的出土概率为36%，而教场铺遗址的粟的出土概率达到了92%[2]。由此可知，两城镇水稻较多，而教场铺则是以粟类作物为主，两者在农业的结构和类型上存在着明显差别。

其他一些遗址虽然没有做过系统浮选，但也可以发现一些相似的迹象。如位于鲁南南部的滕州庄里西遗址，5个灰坑土样的浮选结果表明，水稻的出土数量达280余粒之多，占绝对优势，而粟类旱作农业的作物较少，只发现了2粒炭化粟和类似高粱穗的颖片及野大豆等。再如位置更偏南部的蒙城尉迟寺遗址，龙山文化时期水稻的植硅体较之大汶口文化晚期明显增多，成为主要的栽培作物，而粟类作物的植硅体，从大汶口文化晚期到龙山文化时期，则呈现出逐渐减少的趋势。由此看来，海岱地区龙山文化时期出土稻谷的概率，总体上说是东南部沿海高于西部的内陆，南部高于北部。据此我们推测，龙山文化时期的农业经济结构已经开始产生重大变化，即除了保持以传统的旱作粟类作物为主的农业区（如西部和北部地区）之外，出现了新的以种植水稻为主的稻作农业区（如东南部和南部地区），并且在与以上两区邻近的胶东半岛地区还可能存在着粟作、稻作混合的农业区（图二）。

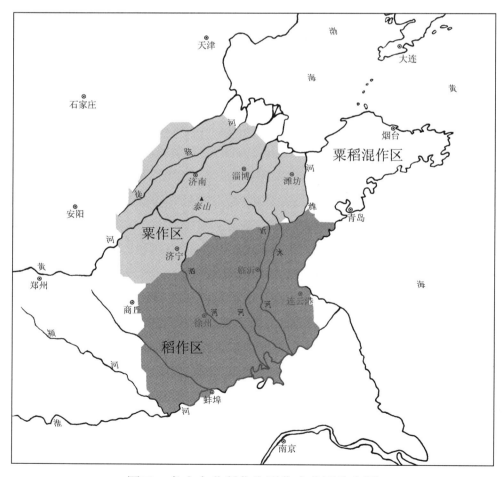

图二　龙山文化稻作和粟作农业区分布图

[1]　靳桂云等：《山东日照市两城镇遗址土壤样品植硅体研究》《考古》2009年第9期，第81～86页。
[2]　赵志军：《两城镇与教场铺龙山时代农业生产特点的对比分析》，《东方考古（第1集）》，科学出版社，2004年。

四　稻作农业的扩散和传播

关于稻作农业的扩散和传播问题，指的是稻作在海岱地区内部的扩散和向海岱地区以外区域的传播，这实际上是两个既有区别又有联系的问题。对于海岱地区来说，稻作技术和文化是一种外来的因素，所以从接受的角度讲它是受体；对于海岱地区以外的区域（这里特指包括中国东北、俄罗斯远东、朝鲜半岛和日本列岛在内的东北亚地区）来说，海岱地区又是传播的主体或者起点。因此，应该分为两个层面来讨论。

（一）关于稻作农业在海岱地区内部的扩散

就目前公布的资料，海岱地区的稻作农业始见于北辛文化时期，分布范围只限于南部的少数地区，并且数量也不多。如前所述，这一时期稻作在海岱地区的出现，应该是随着北辛文化与南方地区诸文化之间有了文化上的交流而引进来的。

大汶口文化时期，稻作遗存的数量有所增加，分布的区域向北有所推进，可能越过苏北扩散到了鲁南一带。早期发现不多，如鲁南地区仅在王因遗址发现一例，而且还是水稻花粉，存在一定的不确定性。到晚期，这种情况有所改变，鲁东南的莒县盆地，不仅在数处遗址发现了水稻的植硅体，而且还出现了不同等级聚落的人们食性方面的差别。当然，由于以往的田野考古中对植物遗存的收集重视不够，收集此类资料的手段比较落后而不易发现，所以，植物类资料总体上过少。随着浮选法的推广和植硅体分析方法的广泛使用，相信有关农作物方面的资料和信息会大量增加。所以，这里所得到的结论还只是根据现有资料做出来的，会与实际存在一定的出入。

龙山文化时期，农业经济结构产生了很大变化，最突出的一点就是稻作扩散到了包括鲁北和胶东半岛在内的整个海岱地区，从而成为当时农业经济的一个重要组成部分。在海岱地区内相当一部分地方，甚至还形成了以稻作为主的农业经济区，这就为稻作技术的进一步向外传播奠定了基础。

稻作在海岱地区内部的扩散，是通过自南而北的传播实现的。具体说来，这一扩散过程大致存在着东西两条路线（图三）。

1. 东线

东线为沿海路线，也是稻作向北扩散的主要路线。这条路线的起点应该是已发现丰富的稻作遗存的淮河下游地区，其中包括江苏东北隅的连云港一带。稻作沿着海边和沂、沭河谷北上，经江苏赣榆、山东日照，进一步向北到达包括青岛和烟台在内的胶东半岛地区，鲁北中部的稻作（如桐林一带），也可能是由此路传播过来。而辽东半岛南部地区的稻作无疑也是这一路线的延伸，并最终导致了稻作农业向更为遥远的中国东北北部和俄罗斯远东地区的传播。位置略西的沂、沭河谷平原地区，即山东省临沂市辖区，虽然尚未发现稻作遗存，但从大汶口、龙山文化时期稻作遗存的发现和分布情况看，这一带应该有稻作遗存，其发现只是一个时间问题。

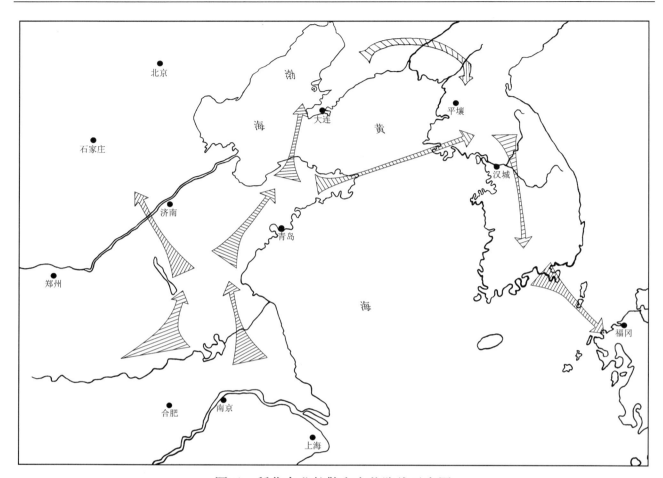

图三　稲作向北扩散和东传路线示意图

2. 西线

西线为内陆路线。因为此线的沿途发现的稻作遗存不如东线多，稻作扩散的距离也不如东线远，所以应该是相对次要的一条路线。此线的起点应该是同样发现了丰富的稻作遗存的淮河中游地区，经皖北和苏北西部，沿泗河流域北进，滕州庄里西、荏平教场铺的发现，可能就是这一条路线扩散的产物。从稻作遗存的数量看，偏南部地区较多，越是向北稻作遗存的数量越少，整个龙山文化时期向北可能没有超出海岱地区的范围。

（二）关于稻作的东传

稻作农业的东传是一个比较老的研究课题，它特指稻作向朝鲜半岛和日本列岛的传播。关于稻作农业东传的途径，学术界一直存在着不同的意见，一般认为有三条路线，即南路说（或称为华南说，经台湾、琉球群岛、冲绳群岛至日本九州）、中路说（或称为华中说，由长江下游地区直接东渡至日本九州和朝鲜半岛南部）和北路说（或称为华北说，经由辽东半岛至朝鲜半岛和日本九州）。

关于稻作的起源，过去曾认为是在中国西南至缅甸一带，南路说以此为基础。近年来关于稻作起源的考古发现和研究，逐渐把稻作起源于长江中下游地区确定下来。而南路说中途的琉球群岛、冲绳群岛很晚时期还处在渔捞经济阶段，没有产生稻作农业，所以华南路线可能存在问题，至少不是一条主要的传播路线。

余下的两说各有学者坚持。安志敏力主中路说[1]。严文明等则支持北路说，并根据近年来胶东半岛和辽东半岛关于稻作的新发现，主张由山东半岛经辽东半岛传至朝鲜半岛，再到日本列岛[2]。在稻作东传的北路说中，还有一种直接由山东半岛东传朝鲜半岛中部的观点。日本九州大学宫本一夫鉴于朝鲜半岛北部极少发现稻作遗存，而南部较多的实际情况，进一步论证了稻作由山东半岛直接东传至朝鲜半岛中南部的可能性[3]。

根据前述，最迟到龙山文化时期，海岱地区的南部和东部沿海一带，如苏北连云港地区、山东日照地区和青岛地区以及胶东半岛的部分地区，已经形成了相对稳定的稻作农业经济，其中某些地区甚至已经超过粟类作物成为当时农业的主体。掌握着稻作技术的居民因各种原因向外地迁徙的时候，把稻作技术一起带到新的居住地，进而在当地发展起稻作农业。

稻作技术外传的区域首先应该是与胶东半岛隔海相望的辽东半岛南部。两个半岛之间，自距今6000多年前的大汶口文化早期就开始了文化上的联系，胶东半岛的各种技术（如制陶、工具制作、粟类作物的栽培等）源源不断地通过海上交通传播和扩散到辽东半岛地区，这在辽东半岛南部甚至海岛中的遗址都有明确反映。

辽东半岛南部的大连地区，目前发现的早期稻作遗存共有两处。一处是文家屯遗址，其发现已如前述。二是大嘴子遗址，在该遗址第三期遗存中发现了炭化稻粒，经鉴定为粳稻[4]。大嘴子第三期属于辽东半岛地区双砣子三期文化，其时代晚于岳石文化，大体相当于晚商时期。该遗址出土的炭化粮食的碳-14测定年代，高精度校正值为公元前1157～前923年，F14和92F1、92F4出土木炭测定的碳-14数据，高精度校正值分别为公元前1431～前1264年、公元前1691～前1459年和公元前1373～前1051年[5]。除了一个偏早，其余均在晚商的积年之内。辽东半岛南部发现的这两处稻作遗存，早的太早，晚的又过晚（平均比胶东半岛的龙山文化要晚1000年），并且数量也甚少。考虑到龙山文化和岳石文化时期胶东、辽东两个半岛之间密切的文化联系，所以，我们认为在辽东半岛南部地区发现比大嘴子时代更早的稻作遗存的可能性是很大的。

朝鲜半岛稻作遗存的考古发现，是探讨这一地区稻作农业来源的基础。随着发现的增多，除了主张朝鲜半岛稻作源自中国大陆的传统意见之外，近年来又出现了本地起源的新观点。1997和2001年，在韩国中南部的忠清北道清原郡小鲁里发现了古生稻和似稻遗存，其中古生稻的时代为距今10000年以前，并且可以区分为粳稻和籼稻两种[6]。由于年代久远，并且缺乏一系列的中间环节，所以此说受到不少学者的质疑。在新石器时代，朝鲜半岛发现稻作遗存的遗址已有十余处。分析这些遗址，存在两个显著特点：一是分布地域主要集中于朝鲜半岛的中部和南部，北部甚少；二是年代相对较晚，绝大多数在距今4500年以内（表二）。

[1] 安志敏：《中国稻作文化的起源与东传》，《文物》1999年第2期，第63～70页。

[2] 严文明：《东北亚农业的发生与传播》，《农业发生与文明起源》，科学出版社，2000年，第35～43页。

[3] 宫本一夫：《朝鲜半岛新石器时代的农耕与绳文农耕》，《古代文化》55～7. P1～16.

[4] 大连市文物考古研究所：《大嘴子——青铜时代遗址1987年发掘报告》，大连出版社，2000年，第279～284页。

[5] 中国社会科学院考古研究所：《中国考古学中碳十四年代数据集（1965～1991）》，文物出版社，1992年，第70页；大连市文物考古研究所：《大嘴子——青铜时代遗址1987年发掘报告》，大连出版社，2000年，第269页。

[6] 李隆助、禹钟允：《韩国清原小鲁里旧石器时代遗址泥炭层出土的稻米》，《华夏文明的形成与发展》，大象出版社，2003年，第57～66页。

表二　朝鲜半岛发现的稻作遗存统计表

遗　址	所在位置	发现内容	年　代
佳岘里	京畿道金浦市	稻米	BP4010±25
城底里	京畿道高阳市	稻壳	BP4070±80
大化里	京畿道高阳市	稻壳	BP4330±80
注叶里	京畿道高阳市	稻壳	
早洞里	忠清北道忠州市	稻米	
大川里	忠清北道沃川郡沃川邑	稻壳、稻米	（BP4590±70～BP4240±110） B.C3502～B.C2658，中朝鲜V期
注叶里	京畿道高阳市	陶胎内水稻植硅体	BP4220～4700
早洞里	忠清北道忠州市	陶胎内水稻植硅体	中朝鲜V期
农所里	庆尚南道金海市	陶胎内水稻植硅体	南海岸新石器影岛期
牛岛贝冢	京畿道江华郡	稻壳印痕	?
佳兴里	全罗南道罗州	水稻花粉	BP3500
礼安里	庆尚南道金海市	水稻花粉	BP3000

说明：本表据《韩国清原小鲁里旧石器时代遗址泥炭层出土的稻米》表四制成。

关于稻作农业东传的北路说，近年来已经不再有人坚持由渤海湾西、北侧经辽宁中部传入朝鲜半岛的看法。胶东半岛是稻作东传的通道的观点，得到越来越多的学者的支持。鉴于朝鲜半岛的稻作遗存主要发现于中南部地区，并且年代也与胶东半岛出现的时间相当或略晚，所以，稻作农业由胶东半岛直接渡海东传至朝鲜半岛中部的可能性大大增加。

（原载《文史哲》2005年第6期，因期刊性质原因，只保留了一种表格，插图和其他表均未予登载，现按原文刊出）

山东龙山文化社会经济初探

从1928年吴金鼎先生发现龙山镇城子崖遗址算起，关于龙山文化的发现与研究已经历了半个多世纪的时间。在这期间，随着对龙山文化遗存的考古调查和发掘工作的开展，在龙山文化的分布范围、所处年代、分期与类型、来源与去向、社会性质和居民族属等问题的研究方面，取得令人瞩目的进展。由于受资料的限制，对"龙山文化的社会经济，研究的较少。"[1]为了推动这一领域的研究工作，本文试对现有的资料加以综合，进而来探讨龙山文化（指山东龙山文化，下同）的社会经济活动。不当之处，敬希各位读者批评指正。

一

四十多年以前，梁思永先生曾推测龙山文化的经济基础是农业，并有家畜、狩猎和捕鱼捞蚌作为补充[2]。大量的资料证明这一推测是正确的。农业、家畜家禽饲养业、狩猎与渔捞、采集等各种经济成分并存于龙山文化之中，因此，有学者曾称之"综合经济"[3]。

1. 农业

目前已发现的龙山文化遗址有数百处，这些遗址绝大多数分布在浅山丘陵和河岸湖滨地带。就遗址的面积而言，大者可达几十万平方米，如著名的日照两城镇遗址，总面积超过五十万平方米；小的只有数千平方米。从经过发掘的二十余处遗址看，龙山文化遗址大部分都发现有人们居住的房屋基址、储存物品的窖穴和取土扔弃垃圾的灰坑等遗迹。如潍县鲁家口遗址，在仅三百平方米的范围之内，就发现房屋基址十一座，灰坑二十九个[4]。这种现象在日照东海峪、泗水尹家城、荏平尚庄和南陈庄、诸城呈子等遗址中都有发现。此外，在许多龙山文化遗址居住区的附近，还发现属于同一时期的墓地，墓地内的墓葬分布密集，多有一定的排列次序，系事先经过筹划和安排。这一切说明，龙山文化时期的人们，生前在村落中过着定居生活，死后则葬入统一的墓区之内。从较大范围看，龙山文化时期的村落分布比较密集。例如，在我们调查的泗河支流尹家城河沿岸5千米的范围内，发现龙山文化遗址4处[5]，而滕县境内的龙山文化遗址，据不完全统计就有32处之多[6]。稳固的

[1] 邵望平：《对龙山文化的再认识》，《新中国的考古发现和研究》，文物出版社，1984年，第102页。

[2] 梁思永：《龙山文化——中国文明的史前期之一》，《考古学报》第七册，1954年。

[3] 刘敦愿：《龙山文化若干问题质疑》，《文史哲》1958年第1期，第46页。

[4] 中国社会科学院考古研究所山东队等：《潍县鲁家口新石器时代遗址》，《考古学报》1985年第3期。

[5] 据山东大学考古实习队调查资料。

[6] 中国社会科学院考古研究所山东队等：《山东滕县古遗址调查简报》，《考古》1980年第1期。

定居生活，是龙山文化时期农业发展的基础。

　　龙山文化的农业生产工具，主要有石质的镢、铲、镰、刀，骨质的铲、镰，蚌质的铲、镰、刀等。其中用于翻土、挖土和松土的工具有长条形石镢、磨制精细的扁薄梯形石铲、骨铲和蚌铲。收获工具主要有镰和刀两类，镰一般为尖头宽尾、弧背凹刃的窄条形，单面刃，与商周时代及其以后的镰已无区别，刀类最常见者为长方形或一端略窄的梯形，单面刃，背端穿双孔，与今日农村还在使用的长方形铁刻刀无论是形状，还是大小，均甚为一致，只是质料不同而已。石斧亦为龙山文化常见之工具，从为垦荒而伐树的意义上说，也可以认为是农具，但察其主要用途，应为手工业加工工具。

　　农业生产工具在石骨蚌器中所占比例的大小与变化，可以从一个侧面反映出农业在社会经济中所占比重的情况。这种方法固然有其局限性，但在目前情况下，较之笼统的估计，还是有其可取之处。大汶口文化时期，农具在石骨蚌器中所占比例较低。如江苏邳县刘林大汶口文化遗址出土的200多件石骨牙质工具之中，明确属于农具的只有5件石刀和10余件石磨盘和石磨棒[1]。诸城呈子一期文化共出土石骨蚌工具59件，农具仅发现1件[2]。属大汶口文化中期的潍县鲁家口遗址出土石骨蚌工具55件，其中有农具7件，约占13%[3]。尚庄大汶口文化晚期地层内共出土石骨蚌工具18件，其中有4件为农具，约占22%[4]。到龙山文化时期，农具不但在器具种类方面增加了各种质料的镰、梯形扁薄单刃石铲和石镢等新的器形，而且在石骨牙蚌工具中所占的比例方面，较之以前的大汶口文化也有较大幅度的提高。例如，在潍坊姚官庄遗址发现的238件龙山文化工具中，有72件为农具，约占30%[5]。呈子二期文化共出土166件石骨蚌工具，其中农具有41件，约占25%[6]。鲁家口遗址发现的159件龙山文化石骨蚌工具中，农具有49件，约占30%[7]。泗水尹家城遗址第二、三次发掘时，在龙山文化地层内出土的石质工具中，农具约占34.4%[8]。茌平尚庄发现龙山文化石骨蚌工具256件，其中农具为111件，约占43%[9]。综合以上各主要遗址的统计资料，大致可以认为，大汶口文化时期，农业工具在全部工具中所占的比例在25%以下，而到龙山文化时期，这一比例则提高到了25%～40%。农具种类的增加和农具在全部工具中所占比例的提高，充分说明龙山文化时期的农业，无论是耕作和管理技术，还是生产水平，较之其前身大汶口文化，均有较大的发展。

　　龙山文化时期种植的谷物种类，目前发现较少，除了从大汶口文化继承下来的粟和黍为主之外，在栖霞杨家圈遗址还发现了稻，这是目前所知龙山文化时期稻子分布的最北地点[10]。这一时期发现的各种质料的镰，其数量虽不及刀那么多，但也占有一定比例（龙山文化时期的镰与裴李岗文化的齿刃镰有所不同）。镰的出现，应是"出现了不需要割取谷穗的作物"[11]，这种作物，就是商周及

[1]　南京博物院：《江苏邳县刘林新石器时代遗址第二次发掘》，《考古学报》1965年第2期。
[2]　昌潍地区文物管理组、诸城县博物馆：《山东诸城呈子遗址发掘报告》，《考古学报》1980年第3期。
[3]　中国社会科学院考古研究所山东队等：《潍县鲁家口新石器时代遗址》，《考古学报》1985年第3期。
[4]　山东省文物考古研究所：《茌平尚庄新石器时代遗址》，《考古学报》1985年第4期。
[5]　山东省文物考古研究所等：《山东姚官庄遗址发掘报告》，《文物资料丛刊·5》，文物出版社，1981年。
[6]　昌潍地区文物管理组、诸城县博物馆：《山东诸城呈子遗址发掘报告》，《考古学报》1980年第3期。
[7]　中国社会科学院考古研究所山东队等：《潍县鲁家口新石器时代遗址》，《考古学报》1985年第3期。
[8]　山东大学历史系考古专业：《泗水尹家城遗址第二、三次发掘简报》，《考古》1985年第7期。
[9]　山东省文物考古研究所：《茌平尚庄新石器时代遗址》，《考古学报》1985年第4期。
[10]　山东省文物考古研究所、北京大学考古实习队：《山东栖霞杨家圈遗址发掘简报》，《史前研究》1984年第3期。
[11]　安志敏：《中国古代的石刀》，《考古学报》第十册，1955年，第187页。

其以后在黄河中下游地区常见的麦类。

龙山文化时期的聚落遗址中，多发现有相当数量的窖穴。这些窖穴绝大多数为圆形，其他形状者较少。圆形窖穴又有袋状和筒状两类，其中以筒状者居多。各种窖穴的周壁比较光滑，底部平整，有的还经火烘烤、拍打或涂抹草拌泥等特殊加工，有的还在底部铺设木板。少数窖穴的外缘还挖有柱子洞，当是立柱架顶的小型仓储。这些造型规整、加工讲究的窖穴，应是储存粮食以及其他物品而使用的，这一点可从此前的三里河大汶口文化一窖穴中尚遗有一立方米的炭化粟得到佐证[1]。此外，龙山文化还发现有相当数量的大型器皿，如瓮、缸、罐、盆等，许多高度都在50厘米以上。这些大型的陶容器，尤其是口小腹大的瓮一类器形，其用途当与存放粮食有关。

大汶口文化晚期已相当发达的酿酒，到龙山文化时期进一步发展，其主要表现在饮酒器具大量存在方面。鬶可盛酒温酒，各类杯子可做饮酒器，而已成为礼器的薄胎高柄杯，更是直接来自饮酒器。酒的大量生产和饮用，是农业生产发展到一定程度的结果。

稳固的定居生活和农业生产工具种类的创新以及数量的增加，为龙山文化农业的进一步发展创造了条件。

家畜饲养业的发达，尤其是狗的数量的增多，酿酒饮酒之风的盛行，窖穴和大型陶器皿的增加，等等。表明龙山文化时期，人们生产的粮食确已有了剩余，进而为其他经济活动的开展奠定了基础。

2. 家畜家禽饲养业

畜禽的驯养，在中石器时代到新石器时代之初业已开始。到龙山文化时期，随着农业的发展，以家畜家禽饲养为主的畜牧活动空前繁荣起来。"马牛羊、鸡犬豕"六种主要家畜家禽均已具备。从各遗址出土的动物骨骼数量分析，龙山文化时期饲养的家畜家禽，以猪的数量最多，狗次之，牛羊再次，马和鸡的数量较少。

养猪在龙山文化时期的家庭饲养业中，占据着最重要的位置，是人们肉食的主要来源。猪骨被视为财富的象征的风尚，在这一时期依然存在。尹家城、三里河和呈子等遗址的龙山墓葬，都有随葬猪下颌骨的习俗。例如，在呈子87座龙山墓葬中，有随葬品的共34座，其中9座随葬数量不一的猪下颌骨[2]。尹家城遗址随葬猪下颌骨的现象，只见于部分大、中型墓葬之中。这种习俗既间接反映了当时养猪业的情况，又表明了猪在人们心目中的地位。经过发掘的龙山文化遗址，都发现有大量被人们食余抛弃的猪骨，其数量在各类动物骨骼中占据首位。例如潍县鲁家口遗址，在可鉴定到种属的315件标本中，有猪骨201件，约占64%[3]。潍县狮子行遗址还发现了很可能是猪舍的陶畜舍模型[4]。此外，猪的形象作为工艺装饰和造型艺术的题材而得到较广泛的应用。例如，在龙山文化中常见一种泥质陶三足盒，其三足为猪头形象，尤其是嘴部，制作的十分逼真。尹家城遗址还发现一件圆雕的小石猪。这一切都说明，猪的形象已经渗透到人们生活的各个领域，这是以前所未见到的现象。

[1] 昌潍地区艺术馆等：《山东胶县三里河遗址发掘简报》，《考古》1977年第4期。
[2] 中国社会科学院考古研究所山东队等：《潍县鲁家口新石器时代遗址》，《考古学报》1985年第3期。
[3] 中国社会科学院考古研究所山东队等：《潍县鲁家口新石器时代遗址》，《考古学报》1985年第3期。
[4] 潍坊市艺术馆等：《山东潍县狮子行遗址发掘简报》，《考古》1984年第8期。

养狗在龙山文化时期也相当普遍，其数量在家畜中仅次于猪。狗与猪有所不同，经过训练可以成为人们格斗攻敌、追击猎物的助手，也可以充作看家护院、保护人财安全的警卫。其肉可食，其皮可用，生长迅速，适应性强，这些可能是狗一直被人类看重的原因。龙山文化遗址中发现的动物骨骼，数量最多的是猪，其次就是狗，表明龙山文化时期的养狗之风是比较盛行的。

牛与羊均为食草类动物，适合于人类饲养。除了供肉食之外，牛还可以为人类提供畜力，羊则有毛皮，可制成衣物，供人们防寒保暖。这两类家畜骨骼在龙山文化遗址中也有较多的发现。例如鲁家口遗址发现牛骨标本共30多件，占全部标本的9.5%。姚官庄龙山文化遗址中则"常见到猪、狗、羊等的骨骼。"[1]

马与鸡的骨骼标本在龙山文化诸遗址中发现数量较少。马骨在城子崖遗址曾有发现，其数量次于猪和狗，而多于牛和羊，这可能是由于上（东周）下（龙山）层混合统计所致[2]。鸡骨在鲁家口遗址的统计资料中有15件，占总数的4.8%。此外，在有的遗址还发现过少量猫的标本。

以养猪为主，兼养狗、牛、羊、马和鸡的家畜家禽饲养业，在龙山文化时期获得长足的发展。其既可以稳定地提供肉食，丰富人们的物质生活，也可以供人驱役，以至成为当时经济生活中不可缺少的一部分。饲养业的发达是以农业的发展为基础的，并以其自身的繁盛，将狩猎经济成分挤到了更为次要的位置。

3. 狩猎与捕鱼

具有经济意义的渔猎活动在龙山文化时期依然存在。但是，由于农业与家畜家禽饲养业的迅速发展，渔猎经济在整个社会经济中的地位不断下降，居于相当次要的位置。

狩猎活动在龙山文化时期比较盛行，但这一时期的狩猎，可能已经超出了通常所认为的经济活动的范畴，赋予了新的含义。"打猎在从前曾经是必需的，如今也成为一种消遣了。"[3]如果把镞、矛等看作是专业狩猎工具的话，那么，龙山文化各种质料的镞，不仅数量多，式样也繁杂。因此有人曾认为这时"渔猎经济不仅没有减弱，相反的更增强了。"我们认为，龙山文化时期镞类器物的增多，应是与社会发展、阶级与国家产生，从而导致战争频繁密切相关的。龙山文化时期的狩猎对象，从鲁家口、尚庄和尹家城公布的材料可知，主要是鹿，还有獐、四不象、獾、貉等动物。鲁家口遗址在经过鉴定的315件标本中，有野生动物标本67件，约占21%，"说明狩猎经济所占比重不大。"[4]

捕鱼活动是龙山文化时期渔猎经济成分中的一个重要组成部分。这一时期的捕鱼工具，主要发现有石、陶质的网坠、骨鱼镖和骨鱼钩等。网坠多系用废陶片磨成长条形，在其两端刻上凹槽而成，也有用泥条或石块做成圆柱形或梭形，并在两端刻上凹槽的。鱼镖一般比较长，尾端穿孔或刻出环形槽，前锋锐利，镖身部有2～4个倒刺。上述三种工具的发现，可确证这一时期已经使用了鱼网、垂钓和刺鱼等捕鱼方法。此外，从其他原始文化发现的鹳鱼图和我国源远流长的"竭泽而渔"

[1] 山东省文物考古研究所等：《山东姚官庄遗址发掘报告》，《文物资料丛刊·5》，文物出版社，1981年。

[2] 傅斯年、李济、董作宾、梁思永等：《城子崖——山东历城县龙山镇之黑陶文化遗址》，中央研究院历史语言研究所，1934年。

[3] 恩格斯：《家庭、私有制和国家的起源》，人民出版社，1972年。

[4] 中国社会科学院考古研究所山东队等：《潍县鲁家口新石器时代遗址》，《考古学报》1985年第3期，第350页。

的传统分析，龙山文化时期还应该存在着用鱼鹰捕鱼和围水后排水捉鱼等捕鱼方法。经过发掘的龙山文化遗址中，大都发现有鱼骨、鱼刺和鱼鳞等遗物，表明各种鱼类是龙山文化居民的食物组成部分之一。

龙山文化时期的狩猎与捕鱼活动，作为一种补充经济成分，既可补助农业经济之不足，也是改善人们的物质生活，提供高质量食物的一个重要来源。相对来说，由于家畜家禽饲养业的发展，狩猎的经济作用可能更小一些。这一时期的狩猎活动，已具备了军事演习的性质，开商周此风之先河。

4. 采集

《淮南子·脩务训》云："古者民茹草饮水，采树木之实，食赢蚘之肉。"龙山文化时期，由于农业和家畜家禽饲养业的发展，采集经济在社会经济活动中早已退居到从属和次要的地位。不过，地处暖温带的海岱地区，可供人们食用的采集品种类繁多。况且，从事采集活动，既不需要什么特殊的工具，也不要具备专门的技术，劳动强度也小，男女老幼皆可为之。靠近湖泊河流海洋的地区，富有蛤、蚶、蚌、螺蛳等各种贝类资源，这些软体动物理所当然成为当时人们采集的对象。许多龙山文化时期遗址都发现大量的贝类介壳。例如，茌平尚庄遗址的龙山文化地层堆积内蚌壳甚多，"有的成堆发现"[1]，尹家城遗址还发现龙山文化时期的方形介壳堆，并出土较多的螺壳。据观察，相当数量的螺蛳壳尾端已被敲掉，表明当时的食用方法已与今日相同；鲁家口遗址则多见蛤壳。上述三处遗址采集的水生贝类动物各有侧重，当与各自的地理环境和物产资源有关。

此外，陆地上可供人们食用的植物和小动物，也是采集和捕捉的对象。例如，地上生长的各种野菜与菌类，树上的野果与种籽（许多遗址发现过炭化的果核），地下的植物根茎，以及各种鸟卵、昆虫、蛙类、刺猬、田鼠等小动物。可惜目前缺少这方面的考古资料，这也是我们今后在田野考古中应予以重视的一个方面。

二

农业的发达，使龙山文化时期社会分工的规模和范围都达到了前所未有的程度，手工业也空前繁荣起来。这一时期比较重要的手工业部门有制陶、工具制作、建筑、冶铜、纺织和玉雕等。

1. 制陶业

陶器制作是龙山文化时期成就最为突出的手工业部门。这一时期的制陶技术达到了前所未有的高峰，其进步性主要表现在以下四个方面。

（1）技术先进

当时的制陶已普遍采用了快轮制陶技术，这在制陶史上是一个巨大的进步。快轮制陶包括在快速运转的陶轮上拉坯成型和修整定型两个方面。这一技术的广泛运用，不仅使劳动效率得到大幅度

---

[1] 山东省文物考古研究所：《茌平尚庄新石器时代遗址》，《考古学报》1985年第4期，第500页。

提高，而且制作出来的陶器外形规整，厚薄均匀，棱角分明，纹饰简洁，造型美观典雅，这些特点令后世人叹为观止。

（2）工艺合理

陶器原料均经特殊处理，并根据器物用途的差异而配制不同比例的原料。如杯、盒类，尤其是薄如蛋壳的高柄杯，采用反复淘洗过的细泥，从而使制成的器物光洁明亮，薄如蛋壳。鬶类器物则多取高岭土为原料，烧成后多呈白、桔黄等颜色。许多器类系采用分体制作然后粘接的方法，如圈足器、三足器和复杂的平底器等。

（3）烧制工艺复杂

龙山文化陶器的火候较高，尤其是用高岭土为原料的白陶，烧成温度更高，一般都在1000℃以上。龙山文化陶器以黑陶为主，黑陶的烧造技术比红陶和灰陶都要复杂，不但要封窑，而且要渗碳，处理不好是烧不出里外透黑的标准黑陶的。

（4）器形型式多样化

龙山文化的陶器，器类众多，型式复杂，达到制陶史上空前绝后的境地。按用途分类则有：炊煮用的鼎、甗、鬶、鬲、甑、箅子；饮食用的盆、豆、碗、盘、杯、匙；盛储用的瓮、缸、罐、大盆、壶、簋、尊、盒、圈足盘、带足（三足、圈足）盆，此外，还有形形色色的器盖。龙山文化陶器上的附件甚多，如耳、鼻、钉、条、突等，并且多为随手而作，配置的也十分合理，如无技艺高超的陶工则莫能为之。

龙山文化制陶技术的高度发展，当与专业化生产的程度较高有密切关系。现已发掘的20余处龙山文化遗址中，尚未见到陶窑遗迹，这是否暗示我们，龙山文化时期的制陶业已脱离了家庭小规模生产状态。龙山文化陶器的同类器形，在相当大的区域之内都具有较大的一致性，尤其是像鬶、高柄杯等工艺要求较高，造型独特的器形，没有经过专业训练的技工是无法完成的。笔者曾到山东泗水县的现代制陶之乡柘沟镇进行过实地考察，在一个小型制陶工场（实际上就是一个手工作坊）中，能够熟练掌握快轮技术的仅有一、二个师傅，而能把握窑温和烧成火候者，仅一人而已。这些现代制陶工场所制作和烧制的陶器质量之粗劣，和龙山文化陶器相比，简直不可同日而语。因此，我认为龙山文化时期的制陶业已产生了规模较大的手工作坊，并且有在其内部进一步分工的可能。

2. 玉石骨蚌器制造业

龙山文化时期的玉器制造业较之大汶口文化有很大发展。日照两城镇遗址出土过成坑的玉器或半成品玉材，其规模之大实属罕见。这一遗址出土的两面刻有纤细的兽面花纹玉圭，玉质墨绿，厚度仅0.6～0.85厘米，显然是一件有特殊用途的礼器[1]。这里出土的玉器，很多在解放前流散到海外，有相当一部分保存在台湾故宫博物院中[2]。此外，泗水尹家城遗址发现的穿孔玉铲，胶县三里河出土的鸟形、鸟头形、玉珠等相配合的成组玉器，都体现了这一时期制玉业的发展水平。特别是后者，显然出自专业玉工之手。不过，龙山文化时期的制玉业范围比较狭小，只是为显贵们服务的一个专业，其制成品主要用作礼器。

---

[1] 刘敦愿：《记两城镇遗址发现的两件石器》，《考古》1972年第4期。

[2] 林巳奈夫：《先殷式の玉器文化》，载"MUSEUM"334号，1979年。

石器是龙山文化时期人们遗留下来的主要生产工具。据观察研究，这一时期的石器制作程序，大致经过了选择石料、打制成坯、琢制成型和磨制成器等四道工序，部分器类还施以钻孔。人们在石器的制作过程中，已经能够根据工具的不同性能要求对石料加以选择。例如，厚重的石斧多采用辉绿岩和闪长岩等，扁薄石铲多选用板状泥灰岩和页岩等，而石锛石凿则取材于质地坚硬的燧石、页状泥灰岩、闪长岩和辉长岩等。这一时期的磨制石器大体上可区分为通体磨光和局部磨光两种情况。前者多见于小型石器，如小石铲、锛、凿、刀、镰、镞和纺轮等，后者常施于大型石器，如斧、铲类器物，仅刃部磨制，器身往往保留着打制或琢制的疤痕。龙山文化石器的种类主要有：横断面呈椭圆形或圆角长方形、平面略呈梯形的石斧，其腰部偏上位置往往有凹痕，当是安装器柄所致，刃部多向一面倾斜；石锛大小皆有，横断面呈长方形、平面呈梯形者居多；石凿则多为长条形，单面刃；石镰为尖头，拱背，宽尾，单面刃；石刀略呈长方形，或一端略宽，背部多穿有双孔，过去认为属于龙山文化的半月形石刀，实属岳石文化时期之物；石铲以小型者居多，扁薄长方形或梯形，单面刃；石镢仅在呈子发现2件，均为打制，平面做上窄下宽的长条形，两侧微呈亚腰状；石镞形式多样，以镞身断面为菱形和三角形者较多，铤部明显，有的还出现双翼。此外，还有少量的石矛、石杵和细石器。

骨器（包括角、牙器）在龙山文化遗址中也较常见，多半是用动物的长骨经劈、截、切割、刮削等工序制成粗坯，再经磨制而成。角器多为鹿角经加工磨制产生。牙器原料多采自獐牙和猪獠牙，其数量不多，并且只见于锥类器形。骨器的种类以锥、镞、笄、针最多，其他还有铲、镰、刀、凿、鱼镖、鱼钩、匕、钻和一些装饰品。骨锥一般是将劈裂的骨片或小块完整骨头的一端磨成锐尖，另一端则仅经粗略加工；骨针均为通体精磨，一端穿有细孔眼；骨镞与石镞类似，有铤、镞身横断面多为圆形和三角形；骨笄均磨制光滑，型式也比较多；骨匕多用动物肋骨经通体磨制，一端略宽，器身微弧，另一端或穿一孔，是一种具有特殊用途的生活用具。

龙山文化蚌器的数量比较可观，尤其是在鲁中和鲁西一带。如茌平尚庄遗址，共发现龙山文化蚌器99件，约占石骨蚌器总数的39%，分别超过了石器和骨器的比例[1]。蚌器的质地较软，其制作较之玉石骨器相对容易一些，但坚固程度也较差。蚌器的制作程序一般是先把原料打制成型，然后砥磨成器，也有一定数量仅将蚌壳薄边一侧略加磨制即行使用者。蚌器可分为生产工具和装饰品两类。生产工具主要有铲、刀、镰、镞、锥等器形。蚌铲多是将厚大蚌壳的前端截去一小部分，磨成平直的单面刃，背顶也略加打制，器身上部穿孔者有一定数量；蚌刀则是先把蚌壳从中部纵向截断，两端略加打制，在外侧边磨刃，于内中较薄部位穿有双孔；蚌镰多把前端打成尖头，尾端较宽，拱背直刃，平面略呈三角形；蚌镞均采用厚大蚌壳的脊背部分磨制而成，有铤，镞身横断面呈三角形者居多。装饰品均磨制精细，种类有蚌环、蚌玦、蚌条和穿孔蚌片等。此外，还有少量蚌匙等生活用具。

3. 建筑业

龙山文化时期的建筑技术成就比较突出。首先是出现了城防设施。这一时期的城址共发现两

---

[1] 山东省文物考古研究所：《茌平尚庄新石器时代遗址》，《考古学报》1985年第4期。

座。一座是20世纪30年代在城子崖发现的城址，"城墙南北长约450公尺，东西长约390公尺，为一正方位的长方形。"[1]由于层位关系问题，学界对该城墙的时代有一些不同看法。1984年，山东省益羊铁路考古队在寿光边线王发现了一座古城址，其时代属龙山文化中晚期阶段。这座古城平面近似圆角梯形，东边长175、西边长220、中部宽225米，面积约44000平方米。对古城墙东南角和东北角试掘之后，知城墙基槽口宽4~7米不等，深2~3米左右。基槽内填土经过夯打，夯层厚薄不匀。基槽填土内还发现奠基的猪、狗和人骨架[2]。边线王古城是解放后继河南登封王城岗古城堡和淮阳平粮台古城堡之后，发现的第三座龙山时代的古城遗址，也是山东龙山文化发现的第二座古城址。龙山文化时期出现的古城，撇开其政治意义，在中国建筑史上也是一个重要的里程碑。

其次是房屋建筑。较为完整的龙山文化聚落遗址尚未发现。不过，从已发现的情况分析，如东海峪发现的9座方形房基皆向西南，鲁家口遗址的11座圆形或椭圆形房基，门道均开在南边，尹家城遗址的10余座房基亦皆为南向。说明这一时期的聚落建设似有一定的布局。龙山文化时期的房屋建筑多数为单间，双间和多间相连的较少，房内多有灶坑遗迹，有的还有隔墙。房基的建筑结构可分为土台式、地面式和半地穴式三大类别。土台式建筑主要见于东海峪遗址，这里发现的9座龙山房基均为长方形土台式建筑。这种房屋的建筑程序是先分层筑起高于地面的台基座，并将四周修成漫坡状以利散水，然后在台基座上直接或挖槽起墙建屋。这种采用了夯筑技术，由台基、护坡、土墙和室内地基构成的房屋，在技术上已开后来中国台基式建筑的先河[3]。地面式建筑系指平地起建的房屋，在龙山文化中最为常见。其建造程序是，先平整地面，然后在其上按设计的要求挖槽立柱，或在经过夯打的地面上直接起墙。鲁家口遗址发现的11座房基中有7座是平地起墙，墙用黄土或草拌泥筑成，有的内外还涂抹墙皮[4]。日照尧王城遗址有5座房屋采用土坯砌墙，土坯个体较大，用黏土加黄沙做成。墙的砌法是平铺横砌，层与层之间错缝，中间涂黏泥以连接，墙的内外皮也用粘泥涂抹[5]。挖槽构筑方法运用较为普遍。其做法是在规划好的房屋范围内先挖基槽，基槽的深浅不一，视柱子的负荷量而定，一般四角较宽较深。然后立柱，并用土将基槽填充，层层夯打结实。柱子底部有的加垫石块，或砸碎陶片、石块等铺垫，整体呈巢形。此类墙内多半柱洞密集，当为木骨泥墙结构，而槽内不见或少见柱洞的，则应是荷重墙。半地穴式建筑数量较少，一般为浅穴，有方形、长方形和圆形几种，墙壁多为生土，地面则垫一薄层土，然后筑打坚实，有的还用火烘烤。门道多伸出室外，呈窄长方形，有斜坡状和台阶状两种。这类房基在尹家城和呈子等遗址均有发现，多属龙山文化早期。

许多龙山文化遗址中还发现有石灰。如尚庄、尹家城和南陈庄[6]等遗址均发现地面和墙壁涂抹白灰的房屋建筑，表明龙山文化时期的人们已掌握了烧制和使用石灰的技术，这在建筑史上也是一项具有重大意义的发明。

[1] 傅斯年、李济、董作宾、梁思永等：《城子崖——山东历城县龙山镇之黑陶文化遗址》，中央研究院历史语言研究所，1934年。

[2] 《山东发现四千年前的古城堡》，《人民日报》1985年1月3日；张学海：《寿光县边线王龙山文化城堡遗址》，《中国考古学年鉴·1985》，文物出版社，1985年。

[3] 山东省博物馆、日照县文化馆东海峪发掘小组：《一九七五年日照东海峪遗址的发掘》，《考古》1976年第6期。

[4] 中国社会科学院考古研究所山东队等：《潍县鲁家口新石器时代遗址》，《考古学报》1985年第3期。

[5] 临沂地区文管会等：《日照尧王城龙山文化遗址试掘简报》，《史前研究》1985年第4期。

[6] 山东大学历史系考古专业等：《山东省茌平县南陈庄遗址发掘简报》，《考古》1985年第4期。

4. 冶铜业

我国铜器的发明可能早于龙山文化时期，但至少到龙山文化早期，铜器尚不多见。龙山文化的铜器标本，早年有唐山大城山遗址出土的2件铜牌，含铜率分别为99.87%和99.63%～99.87%。对大城山出土铜器地层的时代，学术界尚有不同看法。20世纪70年代在胶县三里河遗址发现的2件黄铜锥则确属龙山文化。经北京钢铁学院冶金史组鉴定，"两段铜锥都是铸造而成，锌的平均含量达23.2%"，这2件黄铜锥"所用原料是不纯的，熔炼方法是比较原始的，因此，很可能是利用含有铜、锌的氧化共生矿在木炭的还原气氛下得到的。"经实地调查，在山东的潍坊、临沂、烟台等地区，铜锌或铜锌铅共生矿资源十分丰富。并通过多次模拟试验证明，"早期黄铜的出现是可能的。"[1]此外，在日照尧王城和栖霞杨家圈遗址的龙山文化层中，也发现过铜块或铜渣等。尽管对此尚有不同的看法[2]，但我们认为，龙山文化时期的居民已经掌握了高超的烧陶技术，能自如地控制炉温和把握火候，确已具备了冶铜所必需的高温条件。加之山东地区铜矿资源分布较为普遍，并在若干处遗址发现了龙山文化的铜器或残块。因此，我们应对龙山文化，至少是其晚期阶段冶铜业的存在加以肯定。同时，大家都注意到，曾显赫一时的制陶业到龙山文化晚期明显衰退，"黑、光、亮"的陶器急遽减少，蛋壳陶已不复存在，而灰陶和厚胎陶器的比例大增。这是否表明，一种新兴产品已开始取代曾有着无与伦比高超技术的制陶业的兴盛地位。

5. 纺织业

龙山文化时期发达的纺织业，首先表现在纺线工具（纺轮）方面。较之大汶口文化，龙山文化的纺轮不仅数量多，质量好，型式也多样。例如，茌平尚庄遗址大汶口文化层仅见到2件纺轮，而龙山文化层则出土纺轮42件。鲁家口遗址大汶口文化层共出土2件纺轮，均系废陶片改制而成，龙山文化层中则发现纺轮25件之多。姚官庄遗址出土龙山文化纺轮50多件，尹家城遗址超过100件，其他遗址也有类似情况。龙山文化的纺轮多数比较轻巧，制作精致，以一面平、另一面鼓起的钺形纺轮居多，还有扁圆柱形、圆台形、鼓形以及用陶片改制而成的。此外，还发现一定数量的石纺轮。其次，龙山文化用布垫底的器物发现较多，这种布纹也较大汶口文化进步。例如姚官庄遗址龙山文化陶器上发现的布纹紧密纤细，每平方厘米有经纬线10至11根，而野店遗址发现的大汶口文化同类布纹，每平方厘米的经纬线只有7至8根[3]。当然，至今我们尚未发现龙山文化的纺织品实物，而陶器上的布纹显然不是当时的纺织精品。从而，影响了我们对龙山文化时期的纺织业做出确切评价。

另外，在龙山文化遗址中还发现许多小巧纤细通体磨制光滑的穿孔骨针，据此可推知当时的缝纫技术达到了相当高的水平。这从一个侧面反映了龙山文化时期纺织业的情况。

分布于黄淮下游海岱地区的龙山文化，是大汶口文化的继续和发展。较之大汶口文化，龙山文化的社会经济在各个方面都有较大规模的发展，社会生产水平有较大幅度的提高。

农业是龙山文化最重要的经济部门。这一时期的人们居住在较为稳定的聚落里，使用石骨蚌质

[1] 北京钢铁学院冶金史组：《中国早期铜器的初步研究》，《考古学报》1981年第3期。
[2] 安志敏：《中国早期铜器的几个问题》，《考古学报》1981年第3期。
[3] 山东省文物考古研究所等：《山东姚官庄遗址发掘报告》，《文物资料丛刊·5》，文物出版社，1981年。

的铲、镰、刀等农具开展农业生产活动，种植着粟、黍、稻，很可能还有麦类等农作物。收获工具镰和刀的增加，大型陶容器和窖穴的普遍出现，表明农业的收获量在不断增长。

龙山文化的家畜家禽饲养业相当发达。当时已饲养有猪、狗、牛、羊、马和鸡等，其中最重要的猪可能已经圈养。牛则既可提供肉食，也是最早供人们驱役的家畜。

渔猎和采集经济成分，尤其是狩猎，在龙山文化时期社会经济中的作用与地位显著下降，但作为农业经济的一种补充依然存在。

手工业作为社会经济的一个重要方面，在龙山文化时期获得了长足的发展。

首先是制陶业，快轮制陶技术的推广、选土配料和控制窑温技术的进步，使龙山文化陶器呈现出千奇百态的繁盛面貌，尤其是代表当时最高水平的蛋壳黑陶，使龙山文化的制陶术登上了制陶史的巅峰。

冶铜业在龙山文化时期已经出现，尽管发现尚少，但它标志着龙山文化，至少是在其晚期阶段，已经踏进了一个新的时代。

石骨蚌器的制作，无论是器物的种类、数量，还是制作技术均有较大的发展。这与龙山文化时期农业和建筑业的进步是相适应的。

龙山文化的建筑技术尤为进步。挖槽立柱建筑方法的广泛运用、夯筑技术的发明、台基式建筑的出现、利用土坯并采用错缝垒叠砌墙技术的产生和石灰作为建筑材料的使用等，这一切都表明，建筑业在龙山文化时期获得重大发展。这些技术后来被不断充实和发展，形成了中国古代建筑的独特风格。

由于农业与手工业的分离，部分手工业部门如制陶业、冶铜业等，应已发展到专业化商品生产的程度，这必然导致商品交换活动的活跃与发展。龙山文化时期产生原始商业应没有多大问题，但限于材料，目前还难以对这个问题作出详细论述。

（原载《山东龙山文化研究文集》，齐鲁书社，1992年）

试论富河文化的社会经济形态

富河文化是我国东北地区一支重要的新石器时代考古学文化，最初因缺乏了解而被笼统地归到北方草原"细石器"文化的范畴。20世纪50年代末至60年代初，随着考古调查工作的展开与深入，尤其是1962年对内蒙古昭乌达盟富河沟门等数处遗址的发掘，使我们对这一类文化遗存的认识有了突破，其出土遗物"无论陶器的器形和纹饰，石器的器形和制作技术以及骨器等都表明这是一个有独自特征的器物群"[1]。后来被称为富河文化（也有人称之为富河沟门类型等），遂为考古界接受和沿用。

富河文化主要分布在辽西的西拉木伦河以北地区，以乌尔吉木伦河流域较为集中，其分布区的南部与红山文化有所重叠。这一文化在富河沟门和金龟山等遗址发现有村落遗址，房屋多建筑在高出现代河流水面几十米的山岗南坡，分布密集，以方形最多，也有圆形者，一般面积在十几平方米，最大的可达35平方米。目前尚未发现墓地。

富河文化的陶器均为夹砂陶，质地疏松。陶色以黄褐色最多，灰褐色次之。制作方法皆采用泥片围筑手制而成。器形简单，仅有罐、钵、圈足器和小杯等，其中绝大部分为筒形罐，腹部往往饰有横压的"之"字形篦点线纹。生产工具有石器和骨器两大类。石器可分为磨制石器、打制石器和细石器三类。磨制石器数量甚少，且多是在器物的刃部稍加磨光。打制石器数量较多，器形有斧、锛、凿、铲、尖状器、砍砸器和刮削器等，其中以砍砸器和刮削器最多，各约占全部打制石器的四分之一。细石器大多数是采用间接打击法制成条形石片，继之以压挤法进行剥片。器形有镞、锥、钻、圆刮器、尖状器、长条形石片石器以及石片、石核等。有使用痕迹的条形石片数量最多，约占全部细石器的三分之一以上。镞的数量也很多。骨器的种类有锥、镞、针、刀柄、有齿骨条、鱼钩、鱼镖、匕等，其中以锥最多。有齿骨器则是用来压制陶器纹饰的工具。另外还发现有灼无钻的卜骨[2]。

由于材料发表得不多，目前还没有对富河文化的文化特征、社会经济形态、社会性质及其相关问题展开深入的讨论。这里我想利用已发表的资料，就富河文化的社会经济形态问题谈谈自己的看法，请关心这一问题的同志指正。

关于富河文化的社会经济类型，在许多同志的文章中曾涉及：一种意见认为"锅撑子山类型（赤峰林西），发掘的典型遗址有昭乌达盟的富河沟门，经济类型以农业为主"[3]；另一种意见认

---

[1] 中国科学院考古研究所内蒙古工作队：《内蒙古巴林左旗富河沟门遗址发掘简报》，《考古》1964年第1期。

[2] 中国科学院考古研究所内蒙古工作队：《内蒙古巴林左旗富河沟门遗址发掘简报》，《考古》1964年第1期。

[3] 曾骐：《中国新石器时代文化的特点和发展序列》，《考古与文物》1983年第1期。

为，富河文化除了有定居的农业之外，渔猎在经济生活中占有重要地位[1]。而比较稳妥的看法则认为富河沟门类型只是"有一定程度的农业经济因素存在"[2]。总之，大家或是认为富河文化是以农业经济为主，或是限于材料，只是比较笼统地提到定居农业，暂时避开农业在社会经济生活中的地位这一问题。但在对富河文化存在农业这一点上则是一致的。我认为有必要对这一问题进行全面的分析讨论。

富河文化的陶器，陶质全为夹砂陶，陶色绝大部分为褐色，制作方法均为手制，器表多饰"之"字形篦点纹，器物种类简单。从以上五个方面看，均与我国新石器时代较早时期的磁山文化、大地湾文化、新乐下层文化以及处于渔猎经济阶段的黑龙江密山新开流文化等相同或相似[3]，呈现比较原始的特征，而与毗邻地区的以农业经济为主的红山文化相去颇远（见表一）。并且，富河文化"在陶器上为缀合裂痕而钻孔的现象很普遍"[4]。这在同时期其他遗址中极少见，由此可见当时的人们对陶器的珍惜。而另一方面，是否也告诉我们，当时的制陶尚处于初级阶段，或者这里的人们常常外出活动，因实际生活的需要而不得不在离家较远的地方临时缀合破碎的陶器来将就着使用呢？从以上陶器对比可以认为：富河文化虽然在绝对年代上时间较迟（碳-14测定的桦树皮标本，为距今4735±110年，树轮校正值为5300±145年[5]），但在文化发展阶段上，尚处在较原始的时期。这种现象直到近现代时期在某些地区还有遗存。

东北地区新石器时代的石器，依其制作方法的不同可分为磨制石器、打制石器和细石器（亦称压制石器）三类。富河文化的代表遗址富河沟门，一共发现石器2700多件[6]，以细石器最多，约占全部石器的三分之二以上。而余下部分绝大多数的打制石器中，有一半是砍砸器和刮削器。至于磨制石器数量甚少。与富河文化紧邻而时间可能稍早的红山文化（以赤峰西水泉遗址为例），在发掘到的197件石器中，有51件是细石器，约占26%，余下的146件全为磨制石器，约占全部石器的74%，未见打制石器。一般地认为，红山文化细石器的比例约为30%左右[7]。新乐下层文化的资料尚未全部公布，1973年试掘发现石器234件，其中细石器120件，约占51%。磨制石器78件，约占33%。打制石器36件，约占16%。第三次发掘细石器的比例下降，详情不得而知。一般认为，新乐下层文化中细石器所占比例约为三分之一左右[8]。地处大小兴凯湖之间的密山新开流遗址，上下两层共出土石器398件，其中细石器为348件，约占全部石器的87%。打制石器5件，磨制石器47件，约占12%[9]。

[1] 刘观民、徐光冀：《辽河流域新石器时代的考古发现与认识》，《中国考古学会第一次年会论文集》，文物出版社，1980年；中国社会科学院考古研究所：《富河文化的发掘与研究》，《新中国的考古发现与研究》，文物出版社，1984年；高青山：《从新乐文化的发现论辽河流域诸文化类型的关系》，《新乐遗址学术讨论会文集》，沈阳市文物管理办公室，1983年。

[2] 佟柱臣：《试论中国北方和东北地区含有细石器的诸文化问题》，《考古学报》1979年第4期。

[3] 孙德海等：《河北武安磁山遗址》，《考古学报》1981年第3期；张朋川、郎树德：《甘肃秦安大地湾遗址1978至1982年发掘的主要收获》，《文物》1983年第11期；王仁湘等：《陕西临潼白家村新石器时代遗址发掘简报》，《考古》1984年第11期；沈阳市文物管理办公室：《沈阳新乐遗址试掘报告》，《考古学报》1978年第4期；曲瑞琦：《试论新乐文化》，周阳升：《沈阳新乐遗址第三次发掘主要收获》，均载《新乐遗址学术讨论会文集》，沈阳市文物管理办公室，1983年；黑龙江省文物考古工作队：《密山县新开流遗址》，《考古学报》1979年第4期；中国社会科学院考古研究所内蒙古工作队：《赤峰西水泉红山文化遗址》，《考古学报》1982年第2期。

[4] 中国科学院考古研究所内蒙古工作队：《内蒙古巴林左旗富河沟门遗址发掘简报》，《考古》1964年第1期。

[5] 中国社会科学院考古研究所：《中国考古学中碳十四年代数据集（1965～1981）》，文物出版社，1983年，第24页。

[6] 中国科学院考古研究所内蒙古工作队：《内蒙古巴林左旗富河沟门遗址发掘简报》，《考古》1964年第1期。

[7] 中国社会科学院考古研究所内蒙古工作队：《赤峰西水泉红山文化遗址》，《考古学报》1982年第2期。

[8] 沈阳市文物管理办公室：《沈阳新乐遗址试掘报告》，《考古学报》1978年第4期；曲瑞琦：《试论新乐文化》，周阳升：《沈阳新乐遗址第三次发掘主要收获》，均载《新乐遗址学术讨论会文集》，沈阳市文物管理办公室，1983年。

[9] 黑龙江省文物考古工作队：《密山县新开流遗址》，《考古学报》1979年第4期。

表一　富河文化与其他几处遗址的陶系对比表

遗址名称	陶　质	陶　色	制　法	纹　饰	器　型
武安磁山下层	夹砂陶占90%以上，细泥红陶不到10%	褐色占50%以上，红陶次之	泥条盘筑与手捏	绳纹最多，编织纹、篦纹次之	有盂、支架、罐、杯、盘、豆、钵等
大地湾一期	以夹砂陶者为主，仅有少量的泥质陶	均为红陶	敷贴模制	交叉绳纹最为常见	圜底钵、三足钵、深腹罐、三足罐、壶、碗等
临潼白家村	均为夹砂陶	褐色为主，少量为灰色或灰黑色	手制	大部分外表饰有绳纹	圜底钵、三足钵、罐、三足筒形罐、碗等
沈阳新乐下层	夹砂陶占90%以上，泥质陶很少	红褐色占90%以上	手制	以压印之字纹带最多	深腹罐、钵、斜口器、杯
密山新开流	夹砂陶占90%以上，泥质陶约占6%	灰褐色最多，黄褐色次之，红褐色最少	泥条盘筑	纹饰繁缛，有鱼鳞纹、菱形纹、篦点纹等	罐、钵
富河沟门	均为夹砂陶	黄褐色最多，灰褐色次之	用长条泥条围筑	主要是压印纹，又以横之字纹形篦点纹最多	罐、钵、杯
赤峰西水泉	泥质陶占54%以上，余者为夹砂陶	泥质陶以灰色和红色较多，夹砂陶多呈褐色	皆手制	主要有压纹、划纹、附加堆纹、彩陶，以压印纹最多	有钵、盆、罐、瓮、盘、器盖等

　　分析一下由以上四个遗址所代表的四种文化的石器情况，不难看出，细石器在整个石器群中所占的比重，依次是新开流文化、富河文化、新乐下层文化和红山文化。而磨制石器的比重则依次是红山文化、新乐下层文化、新开流文化和富河文化。红山文化的社会经济，是以农业经济为主、渔猎经济为辅的形态，这一点似乎没有什么疑问。新开流文化目前虽然还没有发现居住遗址，但是从公共的氏族墓地和储藏鱼类用的鱼窖的发现，说明当时的人们是过着定居的"以捕鱼为主兼营狩猎的生活"[1]。新乐下层文化，出现了石铲，并伴出较多的石磨盘和石磨棒，还有被初步鉴定为黍的农作物，磨制石器的比例相对较大，综合这些情况，可以说这时农业已经产生了。但从这里细石器仍占较大比重（51%），并有大量的镞、网坠以及植物果实遗骸来看[2]，农业在经济生活中尚未占据主导地位。所以，我认为还是"除渔猎外，会有一定农业"的提法似较稳妥[3]。

　　显而易见，富河文化的社会经济类型与红山文化差别甚大，而与新开流文化和新乐下层文化相类似。从细石器的比例、磨制技术的运用、各类器物的数量差别和动物骨骼的发现情况方面细察，富河文化则更接近于新开流文化。如果富河文化与新开流文化在细石器的比重上还有所差别的话，那么把前者还存在大量的砍砸器和刮削器这一因素考虑在内，并且后者在运用磨制技术上也远超过

[1]　黑龙江省文物考古工作队：《密山县新开流遗址》，《考古学报》1979年第4期。
[2]　孟方平：《新乐拾羽》，《新乐遗址学术讨论会文集》，沈阳市文物管理办公室，1983年。
[3]　徐光冀：《东北地区的新石器文化》，《新中国的考古发现与研究》，文物出版社，1984年。

前者，合并起来观察，两者的共同性是明显的。另外，富河文化与新开流文化都发现较多的骨器和大量的动物骨骼，均未见到人工饲养的家畜，这种情况在其他文化中也是少见的。但是由于新开流遗址较多见鱼骨和捕鱼类工具，而富河沟门遗址则多见兽类骨骼，所以这两种文化在捕鱼和狩猎上应各有所侧重，这大概与当地的地理环境有关。

分布在乌尔吉木伦河流域和西喇木伦河上游地区的富河文化，地处山陵地带。发现的动物骨骼，"经鉴定其种类有野猪、鹿类（包括麝、麃、麋）、黄羊、狐、松鼠、狗獾以及洞角类、犬科、鸟类动物等。其中鹿类最多，约占一半左右，野猪、狗獾次之，分别为17%、9%，洞角类数量很少，仅占2%左右"[1]。从以上富河沟门动物群的组成成分看，全系现今尚生存于东北地区的山地森林动物，占总数三分之二的鹿类和野猪均属偶蹄类，而不见草原型奇蹄动物。因此，当时的自然环境，应属于山地森林景观，这种良好的采集狩猎环境，对原始的人们来说是颇为难得的。但从另一方面说又大大延迟了社会的进展，这种现象在从猿到人的转化时期一直到近代原始部落都不乏其例。富河沟门的人们遗留下来的骨骸，或经火烧烤，或经敲击折断，多留有食后的痕迹，其中好者则用来制作骨器。从发现的鱼钩、鱼镖等渔具分析，捕鱼在当时经济生活中也占有一定的地位。

综上所述，可以认为富河文化的社会经济形态，是一种以采集狩猎捕鱼为主要内容的经济类型。至于农业，似乎还没有发生。但因为富河文化自身经过了一个相当长的发展过程（富河沟门遗址发现的房基，多经过几次建筑，有的重叠达四次之多[2]），将来随着材料的增多，如能完成其分期与类型的研究，也不排除其在晚期阶段和接近红山文化等农业文化的地区发生农业的可能性。那么，对于这里出土的石斧、"石锄"、石磨盘、石磨棒等又作何解释呢。我认为，石斧主要是一种砍伐工具，而不是农业工具（对此尚有不同看法），新开流文化和日本史前时期的绳纹文化都曾出土过不少石斧可做旁证。所谓"石锄"，应是有肩的铲一类器物，鉴于其厚度与身长，既可用来建屋造房，也可用其挖掘、修理木材等。严格地说，锄类器物在新石器时代尚未产生，它的出现是与金属的发明和推广相联系的。石磨盘与石磨棒，确切地说是研磨加工类工具。如果把它的存在与其他方面联系起来考虑，是可以作为推定农业经济情况的根据之一的。不过从整个生产程序观察，粮食生产过程可分为两个阶段，即生产阶段，从耕、种、管到收获；加工阶段，主要是脱粒、去壳以至于粉碎等。因此石磨盘与石磨棒（与包括杵、臼、磨等）应是研磨加工工具。它们可以用来加工粮食，也可以加工采集的植物果实和种子等。日本史前时期的绳纹文化前期就已经出现石磨盘，而新开流遗址也曾出土过两件研磨器（其中一件在报告中直接称为磨盘），但并不能据此就说那里已产生了农业。然而，富河文化与农业文化部落紧邻，我们也不能排除他们相互之间有和平交换、馈赠和战争掠夺的可能性，富河沟门遗址就出土过一件可复原的细泥红陶钵，"它与红山文化的红陶钵完全相同"[3]。

（原载《史前研究》1987年第4期）

[1]　徐光冀：《富河文化的发现与研究》，《新中国的考古发现与研究》，文物出版社，1984年。
[2]　徐光冀：《富河文化的发现与研究》，《新中国的考古发现与研究》，文物出版社，1984年。
[3]　中国科学院考古研究所内蒙古工作队：《内蒙古巴林左旗富河沟门遗址发掘简报》，《考古》1964年第1期。

牙璧研究

　　中国古代玉器中有一种形状特殊的器形，整体近似圆形，周边一般有三个向同一方向旋转的牙，有的牙和牙之间还雕刻出单个或成组的齿状突起，中间则为或大或小的圆形孔。吴大澂最早把这种特殊的玉器与《尚书·舜典》中的"璇玑"联系起来，认为是浑天仪中所用的机轮[1]。后来，也有人把这种玉器称为"璇玑"，不少人相信和附合这一说法。1984年，夏鼐先生撰文探讨这一类玉器的形制和演变源流。采用考古学的方法，将其正名为"牙璧"[2]。这一意见逐渐被多数人所接受。此后，陆续有学者对牙璧进行过有益的讨论，不断提出一些新的看法[3]。

　　从总体上看，牙璧是玉璧的一种变体形态，其数量不多，但延续流传的时间比较长，而发现牙璧的地点也颇多。此外，藏有中国古代玉器的世界各大博物馆和个人的收藏品中，或多或少地收藏有玉质牙璧。以下将分析和讨论那些有确切出土单位或出土地点明确的牙璧，没有明确出土地的传世品不在本文的讨论范围之内。

一　牙璧的分类

　　按照传统意见，一般将按同一方向旋转的较大齿牙称为"牙"，或曰"机牙""玑牙"，而牙与牙之间的突起则称为"齿"。为了叙述方便和不易造成误解，这里遵从以上意见，并将牙和牙之间外缘上的齿状突起，称之为"扉齿"。截至目前，有确切出土单位或明确出土地点的玉质（个别为石质）牙璧共51件，另有1件蚌质和2件陶质牙璧，合计54件，其中已发表照片或者线图的47件。根据出牙的数量多少，牙璧可分为二牙璧、三牙璧、四牙璧和五牙璧等四大类，其中三牙璧的数量最多，其他种类的数量甚少。此外，还有少量与牙璧相似的璧类器物，即有扉齿而无旋转的牙，对此，笔者将予以讨论。

1. 二牙璧

　　只发现1件，出自辽宁大连四平山积石冢。平面较扁长，两牙的头部均为宽大的平面，与一般较尖的牙不同（图一，1）。

---

　　[1]　（清）吴大澂：《古玉图考》，中华书局，2013年。

　　[2]　夏鼐：《所谓玉璇玑不会是天文仪器》，《考古学报》1984年第4期，第403～410页。

　　[3]　邵望平：《海岱系古玉略说》，《中国考古学论丛——中国社会科学院考古研究所建所40年纪念》，科学出版社，1993年，第137～138页；栾丰实：《辽东半岛南部地区的原始文化》，《海岱地区考古研究》，山东大学出版社，1997年，第391～393页；安志敏：《牙璧试析》，《东亚玉器》第一册，香港中文大学中国考古艺术研究中心，1998年，第37～44页。

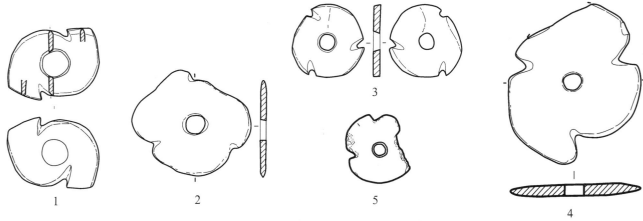

图一　二牙及A型三牙璧

1. 二牙璧（四平山M35C：401）　　2~4. A型（四平山M35A–B：403、M37：397、M35C：400）　　5. A型（呈子T1：1）

2. 三牙璧

包括蚌、陶质者在内共41件，是牙璧中数量最多的一类，数量占到全部牙璧的85％以上。所以，不加特别说明的牙璧往往是指三牙璧。此类牙璧依三牙的形态和扉齿的有无及多少，分为五型。

A型　共4件。三牙的形状近似于V字形缺口，牙尖及外伸现象均不明显，璧孔甚小。

辽宁大连四平山积石冢出土3件[1]。一件整体近似圆形，填平缺口之后，两侧就可以平顺连接，缺口的方向略偏向一侧，旋转不明显。一件平面近似椭圆形，缺口较大，旋转不明显，孔极小。一件平面近椭圆形，缺口较小，孔亦小（图一，2~4）。

山东诸城呈子遗址龙山文化地层中出土1件蚌质同型牙璧（T1：1）[2]。平面呈圆形，一牙残失，牙为缺口状且略向同一方向倾斜，中孔较小。直径3.3厘米（图一，5）。

B型　16件。形状比较规整，三牙细而尖锐，牙与牙之间或有齿状扉齿装饰。依齿的有无和多少，分为四式。

Ⅰ式　10件。牙与牙之间无扉齿。

辽宁长海吴家村采集1件[3]。二牙明显，另一侧外突并于其上钻一小孔，状似兽头，中孔较小且向上方突出，上端有系绳痕迹。直径6.5厘米（图二，1）。

山东海阳司马台遗址1979年农民挖土发现1件[4]。黄白色玉质，牙尖细小，周缘为刃状，孔大，

[1]　四平山积石冢的发掘资料尚未全部发表，历年来对四平山积石冢出土的牙璧数量有不同说法。当年的发掘者澄田正一说是9件，参见澄田正一、秋山进午、冈村秀典：《1941年四平山积石冢的调查》，《考古学文化论集（四）》，文物出版社，1997年，第40页；山中一郎认为是8件，参见安志敏：《牙璧试析》，《东亚玉器》第一册注39，香港中文大学中国考古艺术研究中心，1998年，在同文中，安志敏公布了6件四平山牙璧的照片，其中1件（图版5.1~7）疑为文家屯东大山所出。孙守道亦认为是9件，在《中国史前东北玉文化试论》一文中公布了其中7件牙璧的线图，参见《东亚玉器》第一册，第111页，图11.5、48、49、54~58，香港中文大学中国考古艺术研究中心，1998年。补记：据四平山发掘报告，四平山积石冢共出土8件牙璧，四平山近侧（西）的高丽城出土1件，合计9件。所以，澄田正一说的9件和山中一郎说的8件，都可以认为是正确的。参见澄田正一、小山野节、宫本一夫：《辽东半岛四平山积石冢的研究》，柳原出版株式会社，2008年。

[2]　昌潍地区文物管理组、诸城县博物馆：《山东诸城呈子遗址发掘报告》，《考古学报》1980年第3期，第373、374页。

[3]　辽宁省博物馆等：《长海县广鹿岛大长山岛贝丘遗址》，《考古学报》1981年第1期，第72、86页。

[4]　王洪明：《山东海阳县史前遗址调查》，《考古》1985年第12期，第1061、1062页；王永波：《关于刀形端刃器的几个问题》，《故宫文物月刊》135，1994年，第21~23页。

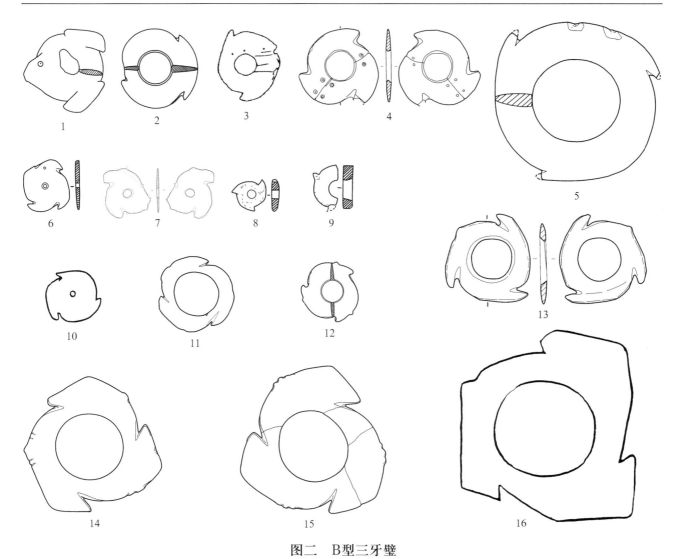

图二　B型三牙璧

1.ＢⅠ式（吴家村征集）　　2、3.ＢⅠ式（三里河M273：1、M259：21）　　4、7.ＢⅠ式（四平山M35B：402、M36Q：404）　　5.ＢⅠ式
（司马台征集）　6.ＢⅠ式（下靳）　8、9.ＢⅠ式（郭家村T9③：15、T8③：17）　10.ＢⅠ式（辛村M1：133）　11.ＢⅣ式（石峁
征集）　12.ＢⅡ式（三里河M113：1）　13.ＢⅡ式（高丽城M48：399）　14、15.ＢⅢ式（西朱封征集）　16.ＢⅢ式（丹土征集）

系对钻而成。直径12.9～13.9、孔径7.2厘米（图二，5）。

　　山东胶县三里河大汶口文化墓葬出土2件[1]。M273：1，形状圆整，三牙中有一牙的方向相背，
边缘为刃状，孔较大系对钻而成。直径6.4厘米（图二，2）。M259：21，形状不甚规整，一牙残
失，牙小而尖，孔略小且不居中（图二，3）。

　　辽宁大连四平山积石冢出土2件。一件折断后缀合，牙略大，尖部明显；另一件残，牙相对较
大，小孔（图二，4、7）。大连郭家村遗址还出土了2件陶质牙璧[2]，均为夹砂红陶，个体较小，三
牙向外突出。T9③：15，牙相对较大，直径2.3厘米（图二，8）；T8③：17，残，牙甚小，直径3.3
厘米（图二，9）。

　　[1]　中国社会科学院考古研究所：《胶县三里河》，文物出版社，1988年，第44页。
　　[2]　辽宁省博物馆等：《大连市郭家村新石器时代遗址》，《考古学报》1984年第3期，第304、305页。

在山西临汾下靳陶寺文化墓地采集1件[1]。青绿色玉质，平面呈方圆形，三牙小而尖锐，分布不均等，孔极小，系对钻而成，一牙上有一未穿透之小孔。直径3.6、孔径0.5厘米（图二，6）。

河南浚县辛村周墓出土1件（M1∶133）[2]。三牙甚小而尖锐，孔极小（图二，10）。

II式　2件。牙与牙之间有突起。

山东胶县三里河遗址出土1件（M113∶1）。三牙小而较短，三牙之间各有一个突起的齿，孔略大，系对钻而成。直径4.5厘米（图二，12）。

辽宁大连四平山近侧的高丽城48号积石冢出土1件。牙细长，有规整的大孔，牙之间有不甚明显的突起（图二，13）。

III式　3件。边缘较直，牙与牙之间有扉齿。

在山东五莲丹土遗址1976年采集1件[3]。就形状分析，似用方形璧加工而成。青黄色玉质，是目前发现的牙璧中较大的一件。牙之间有不明显且数量不一的扉齿，孔大而规整。最大径16.3、孔径13厘米（图二，16）。

在山东临朐西朱封遗址采集2件[4]。一件器体略大，淡绿色玉质，三牙之间各有一组由中间高两侧低的三齿组成的扉齿（图二，15）。另一件器体略小，淡绿色玉质，三牙之间各有一组由1～2个齿构成的扉齿。直径10.8厘米（图二，14）。

IV式　1件，20世纪70年代后期征集于陕北神木石峁遗址[5]。乳白色玉质，大孔，整体近似环，牙的割痕较长，三牙之间有较宽的突起，突起两端有下凹的刻缺。直径6.1、孔径3.45厘米（图二，11）。

C型　8件。个体较小，平面形状近似三角形。可分四式。

I式　1件，出自山东胶县三里河大汶口文化墓葬（M126∶7）。平面呈三角形，三牙较小而不明显，朝相同的方向外伸，切割痕迹不显，孔较小，系对钻而成，外径3.8厘米（图三，1）。

II式　4件。三牙较宽大，小孔，切痕较浅[6]。

辽宁瓦房店三堂村遗址一期地层出土1件（T203⑤∶10）[7]。墨绿色玉质，残存一牙，较宽平。复原最大径8厘米（图三，4）。

辽宁大连文家屯东大山五号积石冢出土1件（M3∶37）[8]。黄绿色玉质，平面近似圆角三角形，三牙为近似向同一方向倾斜的缺口，孔径1厘米，系单面钻成。直径4～4.4厘米（图三，2）。

四平山36号积石冢也出土了一件此式牙璧。

山东胶县三里河龙山文化墓葬出土1件（M203∶9）[9]。平面不规则，孔系单面钻成，位置略偏

[1]　山西省临汾行署文化局等：《山西临汾下靳村陶寺文化墓地发掘报告》，《考古学报》1999年第4期，第476、477页。

[2]　郭宝钧：《浚县辛村残墓之清理》，《田野考古报告》第一册，1935年，第192页，图版九。

[3]　杨波：《山东五莲县丹土遗址出土玉器》，《故宫文物月刊》158，1996年，第88页。

[4]　山东省文物考古研究所等：《山东临朐县史前遗址普查简报》，《海岱考古（第一辑）》，山东大学出版社，1989年，第205页。

[5]　戴应新：《神木石峁龙山文化玉器》，《考古与文物》1988年第5、6期合刊，第241页；戴应新：《神木石峁龙山文化玉器探索——完结篇》，《故宫文物月刊》130，1994年，第72页。

[6]　补记：大连四平山积石冢M36出土1件此式牙璧。

[7]　辽宁省文物考古研究所等：《辽宁省瓦房店市长兴岛三堂村新石器时代遗址》，《考古》1992年第2期，第110页。

[8]　澄田正一、冈村秀典等：《文家屯——1942年辽东先史遗迹发掘调查报告书》，2002年，第76、78页。

[9]　中国社会科学院考古研究所：《胶县三里河》，文物出版社，1988年，第88页。

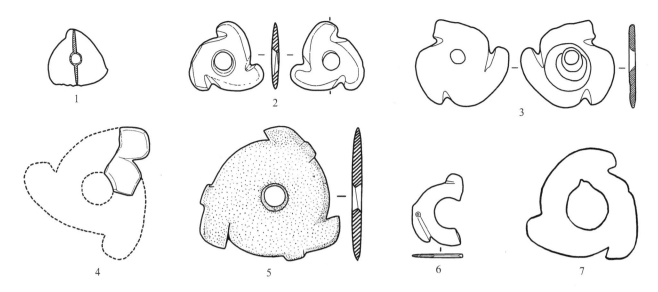

图三　C型三牙璧

1. C I 式（三里河M126：7）　2. C II 式（文家屯M3：37）　3. C II 式（三里河M203：9）　4. C II 式（三堂村T203⑤：10）　5. C III 式（台西M112：25）　6. C III 式（大甸子M454：27）　7. C IV 式（妇好墓M5：1029）

向一边。直径5.2～5.8厘米（图三，3）。

Ⅲ式　2件。三牙外凸，牙之间或有扉齿。

河北藁城台西商代墓地出土1件（M112：25）[1]。牙之间有略宽的方形扉齿，孔较小，系对钻而成。直径7.4、孔径约1厘米（图三，5）。

敖汉旗大甸子夏家店下层文化墓地出土1件（M454：27）[2]。近三分之一部分残失，牙尖较钝，孔较大系对钻而成，边缘有一对钻小孔。直径4、孔径1.9厘米（图三，6）。

Ⅳ式　1件，出自河南安阳殷墟妇好墓（M5：1029）[3]。绿色玉质，形制与文家屯东大山积石冢的牙璧近似，但三牙更明显一些，孔的一边呈乳状突出，孔径较大。直径6.1、孔径2.3厘米（图三，7）。

D型　4件。肉部较宽，孔相对略小，三牙部位切割较大，系由璧之边缘向璧心方向垂直切割（或微斜），故牙尖不明显。牙之间各有一组扉齿。

河南安阳小屯出土1件（M232）[4]。三牙所在位置切割相对较小，三牙之间各有一组扉齿，每组由两小组（每一小组包括两个小齿）组成（图四，5）。

河南安阳小屯西北地出土1件（M11：3）[5]。淡绿色玉质，较宽的扉齿两端各有两个一组的矮小突齿。直径12、孔径6.7厘米（图四，10）。

山东滕州庄里西遗址采集1件[6]。制作相当规整，三牙部位切割得较宽较短，故显得对比突出，

[1] 河北省文物研究所：《藁城台西商代遗址》，文物出版社，1985年，第141、143页。

[2] 中国社会科学院考古研究所：《大甸子——夏家店下层文化遗址与墓葬发掘报告》，科学出版社，1996年，第171、174页。

[3] 中国社会科学院考古研究所：《殷墟妇好墓》，文物出版社，1980年，第119页，图版八六，4。

[4] 石璋如：《小屯一本丙编三：南组墓葬》，台北"中研院历史语言研究所"，1973年，第55～57页，图版叁陆，1。

[5] 中国社会科学院考古研究所安阳工作队：《1976年安阳小屯西北地发掘简报》，《考古》1987年第4期，第301页。

[6] 中国社会科学院考古研究所山东队等：《山东滕县古遗址调查简报》，《考古》1980年第1期，第36页；夏鼐：《所谓玉璿玑不会是天文仪器》，《考古学报》1984年第4期，第408、409页，图版贰，1。

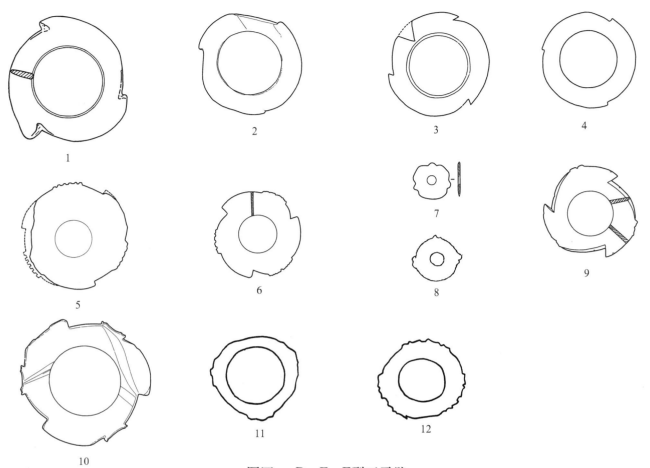

图四　　D、E、F型三牙璧

1. E型（老峒峪征集）　2. E型（石峁征集）　3. E型（天湖M43：6）　4. E型（鲁台山M36：19）　5. D型（小屯M232）　6. D型（庄里西征集）　7. FⅠ式（野店M31：4）　8. FⅡ式（周河M4：21）　9. D型（建昌征集）　10. D型（小屯M11：3）　11. FⅢ式（丹土征集）　12. FⅣ式（长武征集）

牙之间的扉齿最为复杂，系由两大组四小组12个小齿组成，这在具有明确出土地点的全部牙璧中，是扉齿装饰最为复杂的一件。直径8厘米（图四，6）。

辽宁建昌和尚房子采集1件[1]。三牙相对较尖，牙之间各有由两小组组成的扉齿，牙之上下位置各刻有一个极小的三角形缺口（图四，9）。

E型　4件。环形，窄肉，大孔，无扉齿。

山东安丘老峒峪采集1件[2]。三牙短而较钝，周缘较薄。最大直径11.8、孔径6.3厘米（图四，1）。

陕西神木石峁遗址发现1件。灰白色玉质，孔甚大，边缘较窄，应是在环的基础上切割而成。直径10、孔径5.7厘米（图四，2）。

河南罗山天湖商代墓葬出土1件（M43：6）[3]。灰白色玉质，孔之周边正反两面有突起的棱，三牙较小而尖。直径9.7、孔径5.7厘米（图四，3）。

[1]　孙守道：《中国史前东北玉文化试论》，《东亚玉器》第一册，香港中文大学中国考古艺术研究中心，1998年，第112、115页。

[2]　郑岩、徐新华：《山东安丘老峒峪遗址再调查》，《考古》1992年第9期，第780页。

[3]　信阳地区文管会等：《罗山蟒张后李商周墓地第三次发掘简报》，《中原文物》1988年第1期，第16、17页。

湖北黄陂鲁台山西周墓葬出土1件（M36：19）[1]。灰褐斑色玉质，形制基本上与石峁牙璧相同，只是三牙所在位置切割的部分更小，牙则内勾较尖。直径9、孔径5.4厘米（图四，4）。

F型　5件。异形三牙璧，无牙，璧之周缘有三组扉齿。依齿的数量和复杂程度，分为四式。

Ⅰ式　2件，均出自山东邹城野店大汶口文化墓葬（M31：4、5）[2]。璧之周缘有不甚对称的三齿，齿之两侧下凹。直径3.4、孔径0.9厘米（图四，7）。

Ⅱ式　1件，出自山东平阴周河遗址大汶口文化墓葬[3]。黄绿色，璧的周缘不等距分布着三组扉齿，每组2齿，齿的大小不甚一致。直径4.2、孔径1.1厘米（图四，8）。

Ⅲ式　1件，发现于山东五莲丹土遗址[4]。环形，孔甚大而规整，外缘的三组扉齿略显复杂，每组由中间高两端低的三个突齿组成。直径8厘米（图四，11）。

Ⅳ式　1件，1974年征集于陕西长武县[5]。璧之外缘的三组扉齿最为复杂，每组由两大组、四小组、八齿组成（图四，12）。

3. 四牙璧

数量较少，共2件。应是三牙璧的一种变体。

山东沂水刘家店子春秋墓出土1件（M1：133）[6]。四牙小而尖，牙之间有四组扉齿，每组由两小组（每小组各有二齿）组成。直径11、孔径4.8厘米（图五，1）。

此外，在陕西延安芦山峁征集到1件变体四牙璧[7]。浅绿色玉质，环形，外缘有四处对称的宽浅凹缺，在凹缺之间的璧上还刻有近似长方形的痕迹。直径10.3、孔径6.2厘米，凹缺长2.3、深0.3厘米（图五，2）。

4. 五牙璧

数量较少，共发现3件，也是三牙璧的一种变体。

陕西神木石峁遗址出土1件，系征集品[8]。青绿色透闪石软玉质，平面略呈椭圆形，五牙，其中一牙较小，附在一大牙的身后，小牙与前面的大牙之间无扉齿，全器共有四组扉齿，各组均由两小组组成，长边的每小组有二齿，短边的每小组有三齿，近椭圆形大孔系对钻而成。长径11、短径8.5、孔径5.5～6.5厘米（图五，4）。

陕西西安张家坡西周墓葬出土1件（M129：21）[9]。豆青色透闪石软玉质，圆形，牙较小，五牙之间各有一组扉齿，每组由三齿组成，孔径1厘米，系对钻而成。直径4.3厘米（图五，3）。

[1]　黄陂县文化馆等：《湖北黄陂鲁台山两周遗址与墓葬》，《江汉考古》1982年第2期，第51页，图版伍，23。

[2]　山东省博物馆、山东省文物考古研究所：《邹县野店》，文物出版社，1985年，第94、95页。

[3]　山东大学考古系等：《山东大学文物精品选》，齐鲁书社，2002年。

[4]　山东省文物管理处等：《山东文物选集普查部分》，文物出版社，1959年，图版17。

[5]　夏鼐：《所谓玉璿玑不会是天文仪器》，《考古学报》1984年第4期，第409页，图版贰，2。

[6]　山东省文物考古研究所等：《山东沂水刘家店子春秋墓发掘简报》，《文物》1984年第9期，第7页。有明确出土单位的四牙璧仅此一件，另外，在某些博物馆收藏的传世玉器中有少量四牙璧，形制基本上与刘家店子出者相同。

[7]　姬乃军：《延安市发现的古代玉器》，《文物》1984年第2期，第84～86页，图四。

[8]　张长寿：《论神木出土的刀形端刃玉器》，《南中国及邻近地区古文化研究》，香港中文大学出版社，1994年，第59～62页，图版9-1、2。

[9]　张长寿：《记张家坡出土的西周璿玑——怀念夏鼐先生》，《文物天地》1994年第2期，第17、18页。

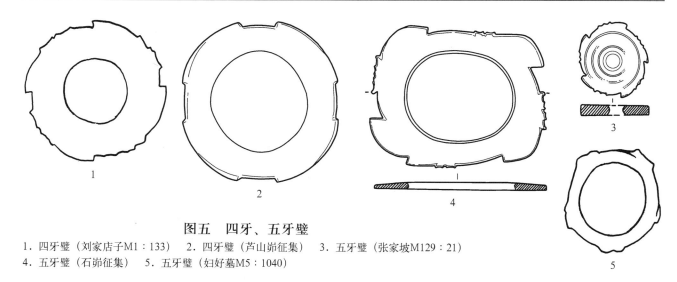

图五　四牙、五牙璧

1. 四牙璧（刘家店子M1∶133）　　2. 四牙璧（芦山峁征集）　　3. 五牙璧（张家坡M129∶21）
4. 五牙璧（石峁征集）　　5. 五牙璧（妇好墓M5∶1040）

此外，河南安阳小屯妇好墓出土1件变体五牙璧（M5∶1040）[1]。黄绿色玉质，环形，外缘有五组扉齿，每组分别由两小组组成。直径7.4～8、孔径5.7厘米（图五，5）。

除了以上分类中所涉及的47件，目前已知有明确出土地点的牙璧还有7件。四平山积石冢出土的9件牙璧中，还有2件没有公布线图、照片。五莲博物馆还另外收藏有2件牙璧，均出自丹土遗址[2]。此外，1995年我们到丹土遗址实地调查时，村民告诉我们，他们村里前几年挖出来1件三个齿的玉器，此事得到县文管所的证实，三齿玉器被文物贩子收购走了，后来把贩卖玉器的人找到了，但文物已不知去向。山东五莲董家营遗址大汶口文化晚期墓葬中出土1件[3]。此外，据说大连王家村遗址也出土过1件玉牙璧[4]。

二　牙璧的分布、年代、起源和演变

牙璧的分布范围比较广泛，目前已发现牙璧的地点，北起内蒙古东南部，南到湖北长江北岸，东起黄海之滨，西到陕西西部。其中最集中的分布区域为辽东半岛和山东地区（图六）。据统计，在有出土地点的54件牙璧中，辽东半岛地区发现了16件，约占全部的30%，其中四平山和文家屯积石冢就出土了10件。山东地区的发现多达21件[5]，约占全部的39%，其中三里河和丹土两处遗址就发现10件。辽东和山东两个地区发现的牙璧之和，便超过已发现牙璧总数的三分之二。而且，辽东半岛和山东地区的牙璧出现时代较早，绝大多数为新石器时代，属于历史时期的只有2件。而其他地区发现的牙璧，多数属于夏商和西周时期。另外，辽东半岛还发现有陶质牙璧，山东地区则有用蚌壳

[1]　中国社会科学院考古研究所：《殷墟妇好墓》，文物出版社，1980年，第122页，图版九三，2。

[2]　五莲县博物馆共收藏有3件牙璧，均出自丹土遗址，现已公开发表1件，另外2件牙璧中，1件的形制与本文中引用的一件相似，只是形体更大，最大径超过20厘米，是目前发现的牙璧中最大的一件。另1件个体略小，形制与西朱封遗址出土的类似。参见：山东博物馆、良渚博物院编：《玉润东方：大汶口－龙山・良渚玉器文化展》，文物出版社，2014年。

[3]　2001年发掘出土，现已收藏于山东省文物考古研究所。

[4]　孙守道：《中国史前东北玉文化试论》，《东亚玉器》第一册，香港中文大学中国考古艺术研究中心，1998年，116页。

[5]　补记：山东诸城前寨遗址1981年的发掘，在大汶口文化晚期墓葬中出土4件牙璧。参见山东博物馆、良渚博物院编：《玉润东方：大汶口－龙山・良渚玉器文化展》，文物出版社，2014年。

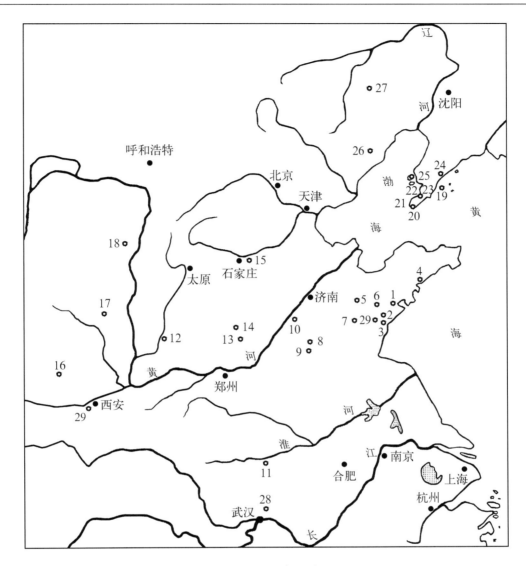

图六 牙璧分布示意图

1. 三里河 2. 呈子 3. 丹土 4. 司马台 5. 西朱封 6. 老峒峪 7. 刘家店子 8. 野店 9. 庄里西 10. 周河 11. 天湖 12. 下靳 13. 辛村 14. 小屯 15. 台西 16. 宁武 17. 芦山峁 18. 石峁 19. 吴家村 20. 郭家村 21. 北海 22. 四平山 23. 文家屯 24. 高丽城 25. 三堂 26. 建昌 27. 大甸 28. 鲁家台 29. 董家营

做成的牙璧，这是其他地区所未见到的现象。因此，可以认为，牙璧是首先产生于山东和辽东半岛南部地区，后来才逐渐地向外传播，扩散到了其他地区，其传播和扩散的方向以西部地区为主。

有明确出土单位或地点的牙璧，多数可以大体确定年代。为了进一步追溯牙璧的源流关系，需要弄清楚牙璧的准确年代或年代范围。

大连地区发现的16件牙璧，有具体的层位关系并公布了资料的只有4件。即三堂村1件、文家屯东大山1件和郭家村2件陶质牙璧。三堂村新石器时代遗存分为两期，其中第二期与郭家村上层、老铁山积石冢等等时代相当，属于龙山文化前期；而第一期的时代更早，大体与小珠山二期文化偏晚和大汶口文化晚期相当。所以，出土于三堂村一期的牙璧，时代应该与大汶口文化晚期相当。发现2件陶牙璧的郭家村遗址，文化堆积分为上下两大层，上层为龙山文化，下层属于小珠山二期文化，而牙璧出自下层堆积最晚的地层之中，所以，其时代应为小珠山二期文化晚期，相当于大汶口文化晚期。文家屯东大山出土牙璧的墓葬时代比较明确，同出的筒形杯、平折沿罐、折盘豆等属于龙山文化前期偏晚。四平山是出土牙璧最多的一处墓地，由已公布的资料可知，四平山积石冢的时代不超出小珠山二期文化晚期至龙山文化早期的年代范围。此外，在广鹿岛吴家村遗址还采集到1件形制较为特殊的牙璧，吴家村的文化层只有两层，均属于小珠山二期文化，如做横向比较，则与大汶口文化早中期相当，如是，则吴家村采集的牙璧有可能早到大汶口文化中期，当然，这只是一种推论，成立与否还有待于今后进一步证实。

由此看来，大连地区发现的牙璧，时代为大汶口文化晚期至龙山文化前期，绝对年代约在距今5000～4300年。

山东地区发现的21件牙璧中，11件有明确的出土单位。野店遗址发现的2件，均出自M31，该墓的时代比较明确，为大汶口文化中期偏早。三里河遗址共发现5件牙璧，其中4件属于大汶口文化晚期，1件为龙山文化前期偏晚阶段。周河的1件和董家营的1件为大汶口文化晚期。呈子遗址的时代属于龙山文化前期，1件蚌质牙璧出自该遗址龙山文化地层之中。刘家店子的1件最晚，发现于春秋时期的墓葬之内。其他几件牙璧，可以参照出土遗址的时代加以推定。丹土是发现牙璧较多的遗址，该遗址的新石器时代遗存，起自大汶口文化末期，连续发展到龙山文化晚期偏早阶段；采集到2件牙璧的西朱封遗址，主要遗存属于龙山文化前期；发现1件牙璧的安丘老峒峪遗址，延续时间较长，从最早的大汶口文化晚期经龙山文化到岳石文化，从牙璧的形制分析，不会晚于龙山文化时期；采集1件牙璧的海阳司马台遗址，从大汶口文化晚期开始经龙山文化一直延续到岳石文化，据出土牙璧的位置和同出的陶器推断，应属于龙山文化时期；最后1件采集于滕州庄里西，该遗址既有龙山文化堆积，也有商周时期遗存，以往，夏鼐先生等许多学者都把庄里西采集的牙璧确定为龙山文化[1]。其实不然，这一件牙璧的形制特征，如十分复杂的扉齿装饰，垂直切割的加工方法等，均与龙山文化及其以前的牙璧相去甚远，所以，其时代不可能早到龙山文化时期，应为商周时期之物。

如上所述，山东地区的21件牙璧，除了庄里西和刘家店子发现的2件之外，均应属于大汶口文化和龙山文化，准确地说，在大汶口文化中期到龙山文化前期之间，绝对年代约为距今5400～4300年。

其他地区出土的牙璧，最早的一件应该是山西临汾下靳遗址的采集品，从该遗址的现有情况看，这件牙璧出自被破坏的墓葬的可能性很大。下靳遗址主要为陶寺文化的墓葬和文化堆积，据已公布的资料，主要遗存属于陶寺文化早中期，年代在距今4500年前后，下靳遗址牙璧的造型也显示出较为原始的特征，应与时代较早有关。在地理位置更偏西部的陕北神木石峁和延安芦山峁两处遗址征集到4件牙璧。结合这两处遗址发现的大量其他玉器来看，一般认为时代在龙山文化晚期至二里头文化时期，从两处遗址4件牙璧的特征看，其时代不会早于这一时期。内蒙古敖汉旗大甸子墓地出土的1件，时代为夏家店下层文化晚期。而其他地点出土的牙璧，如台西1件、建昌1件、殷墟4件、天湖1件、鲁台山1件、张家坡1件、长武1件、辛村1件，时代均不出商代至周初之间。

综上所述，目前所发现牙璧的时代，始于距今5500年以来的大汶口文化中期，以距今5000～4300年之间的大汶口文化晚期和龙山文化前期数量最多，并且集中分布在山东和辽东两个地

---

[1] 1980年发表的调查简报将其时代定为龙山文化，后来的研究者在引用时均沿袭这一看法。夏鼐先生在其绘制的牙璧发展谱系图中，曾在这一件的时代后面加了一个问号，可能有些怀疑的意思。参见夏鼐：《所谓玉璇玑不会是天文仪器》，《考古学报》1984年第4期，第406页。

区。至夏商周三代，以上两个地区牙璧的数量骤然减少，但分布范围却有较大的扩展。东周以后，牙璧基本上退出了历史舞台。

根据以上年代关系可以明确，三牙璧中，A型是最原始的一种，形状不甚固定，制作比较粗疏，三牙不明显，孔也较小，主要见于新石器时代。B型是三牙璧的主要形态，其演变关系也较清楚，如三牙由较小渐大，扉齿从无到有，并趋于复杂等。此型牙璧延续的时间较长，以新石器时代数量最多，夏商时期虽有，但数量很少。C型三牙璧的形制较为特殊，平面近似三角形，旋转感较强，新石器时代至商代均有发现。D型三牙璧目前发现数量不多，其个体较大，形态十分规整，制作方法是先做好一个环，然后再加工而成，其中，两两对称而工整的扉齿装饰已形成固定模式，这种现象在同时期的其他玉器上（玉璋、玉戚、玉刀等）也有所见。C型三牙璧的形制较为特殊，平面近似三角形，旋转感较强，新石器时代至商代均有发现。D型牙璧虽然目前发现数量不多，但制作精致，个体较大，牙和齿均以对称的形式出现，整齐划一，是最为规范的牙璧形制，时代主要属于商代。E型牙璧与环的关系密切，窄肉大孔，形制规则而简单，应是牙璧的另一种形态，既发现于时代较早的安丘老峒峪，也见于时代略晚的石峁和更晚的西周时期。其他类别的牙璧数量甚少，如四牙璧、五牙璧等，应该是三牙璧在其发展过程中衍生出来的变体，不仅数量很少，时代也相对较晚。

我们还注意到，中国史前玉器最发达的两个地区，即南方的太湖地区（良渚文化）和北方的燕辽地区（红山文化），都没有发现牙璧（还有一些别的器种，如玉璋、玉石戚等）。据此，我曾认为这是海岱地区具有自己的独立的玉器工业的重要证据[1]。现在看来，牙璧无疑是起源于山东和辽东地区，说得更准确一些，应该是起源于山东东部和辽东半岛南部地区，而其最初的产生地究竟是山东还是辽东，目前还难下结论。

三 关于牙璧的特点、功能和用途

作为璧的变体的牙璧，除了具备璧的特征之外，还存在一些自身特点。概括起来，主要有以下几个方面。

牙璧的分布以山东和辽东半岛地区最为密集，时代则集中发现于新石器时代晚期的龙山时代，夏、商两代和西周时期也有，但数量相对较少。

牙璧尽管有二牙至五牙等多种形态，但三牙是最基本的形制，数量也最多，据统计，三牙璧所占比例几近90%，而二牙、四牙和五牙合计仅占12%。

牙璧之牙的旋转方向是一致的，即同向旋转，而向相背方向旋转的牙璧，仅在三里河遗址发现一例，当属例外。

牙璧的个体大小相差较为悬殊，最大的一件出自五莲丹土，直径超过20、最小的则只有3～4厘米，郭家村下层发现的一件陶牙璧，直径只有2.3厘米。从总体上看，大小牙璧在不同时期都有发现，不过，其发展有逐渐增大的趋势，如大汶口文化时期的牙璧个体多半较小，基本上在7厘米以下，龙山文化时期开始出现超过10厘米的大牙璧，商周时期的牙璧则基本上稳定在7～12厘米之间。

[1] 栾丰实：《论大汶口文化和崧泽、良渚文化的关系》，《中国考古学会第九次年会论文集》，文物出版社，1997年，第72页。

牙璧中孔的大小也相差甚大。最大的孔超过10厘米（如丹土采集品，孔径为13厘米），最小的孔不足1厘米（如下靳采集的牙璧的孔径只有0.5厘米）。一般说来，大汶口文化时期牙璧的孔径相对较小，龙山文化及其以后的孔径较大，但也不尽然。如台西商代墓葬和辛村周墓的牙璧，孔径均在1厘米之内。当然，不排除这些出自晚期墓葬的牙璧在当时是传世品。

牙璧基本上出自墓葬。如目前所知有具体出土单位的牙璧共34件，其中30件出自不同时期的墓葬，而余下的4件中，只有1件为玉质牙璧，且仅残存一牙（三堂村），其他3件则为不完整的陶质或蚌质牙璧。

出土牙璧的墓葬差别较大。早期（大汶口文化时期）均为一般性墓葬，这类墓葬既不显赫也不是小墓、贫墓。龙山文化时期情况不详，但从丹土和西朱封的情况看，有可能出自较富有的墓葬之中。商周两代，牙璧大部分出土于等级较高的墓葬之中，殷墟妇好墓自然不用说，像台西M112、张家坡M29、鲁台山M36、天湖M43和刘家台子M1等，均为规模较大、等级较高的墓葬。而小屯西北地M11，尽管是一座墓室面积不大的小孩墓，但该墓在人骨周围铺有朱砂，出土的16件玉器中有2件精致的雕花玉戈，还有玉牛、玉燕、玉鱼等，其生前显然也不会是寻常人家的孩童。

牙璧的出土位置比较一致。在30件出自墓葬的牙璧中，有11件大体可以明确其在墓葬中的位置，分别为：位于头部及周围者4件（野店2件，三里河1件，鲁台山1件），胸部者4件（三里河3件，小屯1件），墓葬中部者2件（台西1件[1]，文家屯东大山积石冢1件），二层台上者1件（张家坡M29）。此外，大甸子墓地发现的1件残牙璧，也出于墓葬的葬具之内，具体位置不详。由此看来，牙璧在墓葬中的位置主要在死者的上半身，属于贴身佩戴的物件。

关于牙璧的功能和用途，学界多有论述。最早提出这一问题的是晚清学者吴大澂，他怀疑牙璧是《舜典》中的"璇玑"，这种观点一度被许多中外学者所接受。20世纪80年代初，夏鼐先生指出，所谓的"璇玑"只是玉璧环的一种，与天文仪器完全无关，并做出了牙璧的演化谱系图，进而认为"不管是简单的三牙璧或多齿三牙璧，都是装饰品，可能同时带有礼仪上或宗教上的意义"[2]。近年来，安志敏先生除了再次否认牙璧是天文仪器的观点之外，重申了其"属于佩饰的一种，而不像有些推想的那样复杂"[3]。

牙璧延续的时间很长，分布的区域也比较广阔，特别是牙璧的形制具有相当大的差别，所以，笼统地认为牙璧只有一种功能和用途就显得不太确切和恰当。根据前面的分析，我认为牙璧至少存在着三种功能和用途。

（1）装饰

从总体上讲，把牙璧归于璧环类器物是正确的，而璧和环最早的功能也主要是用于装饰。牙璧中有不少个体较小，制作也不甚规整者，并且多出现在女性墓葬之中，这一部分牙璧主要是装饰品。如三里河墓地出土牙璧的5座墓葬，墓主均为女性，其中M126的墓主还只是一名十三四岁的少女。这些墓葬的墓室面积中等，在1.28～2.6平方米之间，均无葬具，但都有相当数量的随葬品。此外，殷墟妇好墓也发现了2件牙璧，其中1件就是那种不甚规整C型牙璧。所以，把这一类牙璧定为装

[1]　台西M112系1972年农民取土挖出，原报告说位于身侧和腰间。
[2]　夏鼐：《所谓玉璇玑不会是天文仪器》，《考古学报》1984年第4期，第403～410页。
[3]　安志敏：《牙璧试析》，《东亚玉器》第一册，香港中文大学中国考古艺术研究中心，1998年，第39页。

饰品应该是可以成立的。

(2) 用于祭祀和宗教的礼器

已发现的牙璧之中，有相当一部分（如前述B、D型中的大部分）个体较大，器形规整，制作精良，应该是用于宗教和祭祀活动的礼器。牙璧同向旋转的造型与旋涡有相似之处，而发现牙璧最多的山东东部和辽东半岛之间，两地居民至少从大汶口文化早期阶段就开始了穿越渤海海峡的航海活动，浩瀚大海中的风浪给航海水平不高的当时人们造成的困难是不言而喻的。所以，牙璧这种特殊器物在跨越大海的两个半岛地区出现，应该不是一种偶然的现象。

(3) 其他特殊的用途

牙璧中有一部分中部的圆孔甚大且十分规整，可能是与其他的器物套叠在一起使用的。如海阳司马台发现的黄白色牙璧，出土时与一件墨绿色有领玉环严密地套接在一起（图七）。所以，尽管学者们已经证明牙璧不是一种用于实测的天文仪器，但能否最终否定牙璧和有领玉环就是古代文献中所记述的用来"以齐七政"的"璇玑玉衡"，还需要假以时日。汉代及其以后的学者们把"璇玑玉衡"解释为天文仪器，是完全误解了先人的本义。换言之，这一类牙璧似乎还有我们目前的认识水平所无法解释的功能和用途，需要以后加以注意和求证。

图七　海阳司马台遗址出土的牙璧和有领玉环
1. 有领玉环　2. 牙璧　3. 牙璧和有领玉环套合（正面）　4. 牙璧和有领玉环套合（背面）

（原载《文物》2005年第7期）

连璧试析

　　环和璧是史前和历史时期玉器中的常见器形，特别是主要用于装饰的环，数量更多。如果把环或者璧连接起来，即把一块玉石做成两个或两个以上的环或璧相连的形式，则称为连环或者连璧，连环、连璧与环和璧相比，分布范围相对较狭窄，发现的数量也要少得多。环和璧的区分并不十分严格，实际中也无法按《尔雅》的记述提出一个量化标准进行划分。从总体上看，已发现的连环和连璧，形态上多数更接近于璧，所以，本文在后面的论述中一并称之为连璧。

一　连璧的分类

　　截至目前，有明确出土地点的连璧（包括有出土层位或具体单位的发掘品和没有层位关系的采集品）共有36件。依其形态可以分为二连璧、三连璧和四连璧三种，其中以二连和三连璧的数量最多，四连者仅发现1件。

　　1. 二连璧

　　共发现22件。依纵横联结的方式分为两型：

　　A型　21件，其中16件公布了线图或者照片。上下相连，依据上下两璧的大小和形态可分为四个亚型。

　　Aa型　3件。为上下两部分基本相等的"8"字形。

　　牛河梁第五地点一号冢发现1件（Z1：4）[1]，纯白色玉质，下端残失，上下均近似圆角方形，中间分界处形成V字形缺口，上端并排穿有两个单面钻的小圆孔，大孔系对面钻成。残长11.5、宽6.1、厚0.8厘米（图一，1）。

　　山东邹城野店遗址出土1件（M22：8），为墓主头部串饰的组件之一[2]。近白色玉质，上下为两个等大的圆形璧，孔系对钻而成，边缘为尖锐的刃状。长7、宽4、厚0.25厘米（图一，2）。

　　安徽含山凌家滩遗址出土1件（87M15：107）[3]，灰白色玉质，上下为两个标准的圆形璧，上璧略小。长6.7、宽3.6、厚0.2厘米（图一，3）。

　　Ab型　8件。呈上略小下大的"8"字形。

　　牛河梁第二地点1981年采集1件[4]，为白色玉质，上部近圆头三角形，下部为圆形。孔系对钻而

[1]　辽宁省文物考古研究所：《辽宁凌源市牛河梁遗址第五地点1998～1999年度的发掘》，《考古》2001年第8期，第28、29页。
[2]　山东省博物馆、山东省文物考古研究所：《邹县野店》，文物出版社，1985年，第94、95页。
[3]　安徽省文物考古研究所编：《凌家滩玉器》，文物出版社，2000年，第97页。
[4]　李宇峰：《辽宁建平县红山文化考古调查》，《考古与文物》1984年第2期，第22页。

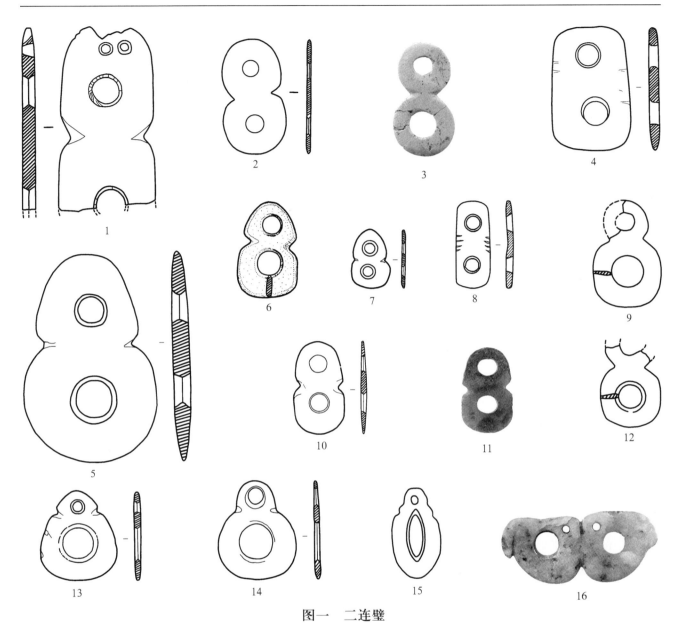

图一　二连璧

1. 牛河梁第五地点（Z1∶4）　2. 野店（M22∶8）　3. 凌家滩（87M15∶107）　4. 大汶口（M47∶11）　5. 牛河梁第二地点　6. 东翁根山　7. 张俭坨子　8. 花厅（M45∶30）　9、12. 毛都西那屯采集　10. 青墩（T10∶20）　11. 营盘山（M5）　13、14. 牛河梁第二地点（M21∶6、7）　15. 亚布力采集　16. 牛河梁采集

成，边缘呈刃状。长13、宽8、厚1厘米（图一，5）。

　　吉林通榆张俭坨子遗址1981年采集1件[1]，浅绿色玉质，上部近三角形，下部近圆角方形。孔系对钻而成，边缘呈刃状。个体较小，长3.6、宽2.3、厚0.2厘米（图一，7）。

　　黑龙江泰来东翁根山一号遗址采集1件[2]，青色玉质，上部近似三角形，下部为圆角方形。孔系对钻而成，周缘呈刃状。长5.9、宽3.8、厚0.3厘米（图一，6）。

　　[1]　王国范：《吉林通榆新石器时代遗址调查》，《黑龙江文物丛刊》1984年第4期，第50～59页。

　　[2]　黑龙江省采集品均见于孙长庆、殷德明、干志耿：《黑龙江新石器时代玉器研究——兼论黑龙江古代文明的起源》，《考古学文化论集（四）》，文物出版社，1997年，第104～134页。

黑龙江杜尔伯特毛都西那屯遗址采集2件。均为青白色玉质，上部残，下部近似圆角方形，孔均为对钻而成，边缘为刃状。其中1件残长6.5、宽4.3厘米；另1件残长5、宽3.8厘米（图一，9、12）。

江苏海安青墩遗址出土1件（T10：20）[1]，淡绿色玉质，上下两端弧，两侧边略直，孔系对钻而成，边缘呈刃状。长5.7、宽3、厚0.2厘米（图一，10）。

南京浦口营盘山M5出土1件[2]，乳白色玉质，顶端略窄，下部呈圆角方形，上下界隔处刻成明显的V字形缺口。上孔为两面钻，下孔为单面钻成。长5.4厘米（图一，11）。

此外，江苏新沂小徐庄遗址大汶口文化早期墓葬出土1件，形制与以上2件相近，资料尚未公布[3]。

Ac型　4件，上甚小下大，又各不相同。

牛河梁第二地点二号冢的M21出土2件[4]，均为淡青色玉质，上下相连的边缘刻成外宽内窄的V字形缺口，上璧的顶端磨有系沟，孔系对钻而成。M21：6，整体近似圆角三角形，上孔小，长5.5、宽4.7、厚0.3厘米。M21：7，上孔略大，近似"8"字形，长6.1、宽4.9、厚0.3厘米（图一，13、14）。

黑龙江尚志市亚布力东北的山坡上采集到2件。平面近椭圆形，上部两侧边磨成凹凸的齿状，上孔位于顶端且甚小，下孔居中，为较长的梭形，两孔均为对钻而成。公布的1件长5.7、宽3.1、厚0.3厘米（图一，15）。

Ad型　4件，平面近似圆角长方形。

大汶口墓地M47出土2件，为头部串饰的组件之一[5]。大理石质，通体磨制。M47：11，长3.8、宽2.5、厚0.3厘米（图一，4）。另一件上部还钻有一个极小的孔，原报告称之为三连璧。

新沂花厅墓地出土1件（M45：30）[6]。白色玉质，器体窄长，两端各有一个大孔，系单面钻成，两侧长边中部正反面各有四道短划纹。长4.8、宽1.9、厚0.3厘米（图一，8）。

蒙城尉迟寺大汶口文化墓葬出土1件，形制与花厅者相近[7]。

B型　1件，横向相连。采集于牛河梁遗址，现藏于辽宁省博物馆[8]。左右对称，制作和排列方法如同后述的C型三连璧，一长边相对较平直，中部分界沟两侧各钻一小孔，另一长边则为双圆弧形，两端各多出一块，状似牙（图一，16）。

2.　三连璧

共发现13件。其中10件发表了线图，依纵横联结方式和形态分为四型。

A型　3件。由上中下三节组成，每节之间两侧均刻成V字形缺口，周缘为刃状，孔系对面钻成。

[1]　南京博物院：《江苏海安青墩遗址》，《考古学报》1983年第2期，第157、159页。

[2]　魏正瑾：《南京市营盘山新石器时代遗址》，《中国考古学年鉴·1984》，文物出版社，1984年，第104页；又见中国玉器全集编辑委员会：《中国美术分类全集·中国玉器全集》1，原始社会，河北美术出版社，1993年，第55页，图版七一。

[3]　南京博物院和江苏省新沂市博物馆发掘资料。

[4]　辽宁省文物考古研究所：《辽宁牛河梁第二地点一号冢21号墓发掘简报》，《文物》1997年第8期，第10、11页。

[5]　山东省文物管理处、济南市博物馆：《大汶口——新石器时代墓葬发掘报告》，文物出版社，1974年，第97、98页。

[6]　南京博物院：《花厅——新石器时代墓地发掘报告》，文物出版社，2003年，第17、179页。

[7]　中国社会科学院考古研究所、安徽省蒙城县文化局：《蒙城尉迟寺（第二部）》，科学出版社，2007年。

[8]　杨美莉：《以日月为连璧　星辰为珠玑》，《故宫文物月刊》127，1993年，第114、116页。

辽宁阜新胡头沟遗址出土1件（M3：4）[1]。淡绿色玉质，上端略小，中下较大，V形槽口较深，上孔较小，顶端有一条纵向系沟，中下两孔较大。长6.4、宽3、厚0.3厘米（图二，2）。

黑龙江尚志亚布力采集1件。上端明显较小，向下依次增大，整体近似于长三角形，三孔的大小与器体成正比。长9.5、宽5厘米（图二，1）。

山东平阴周河遗址大汶口文化墓葬出土1件（M4：17）[2]。浅灰白色玉质，上端微窄，两侧孔之间有V字形缺口，内外边缘均呈薄刃状。三孔较小。长5.5、宽2.6厘米（图二，3）。

另外，在凌源牛河梁第十六地点M1和湖北黄梅塞墩遗址各发现1件同型三连璧[3]。

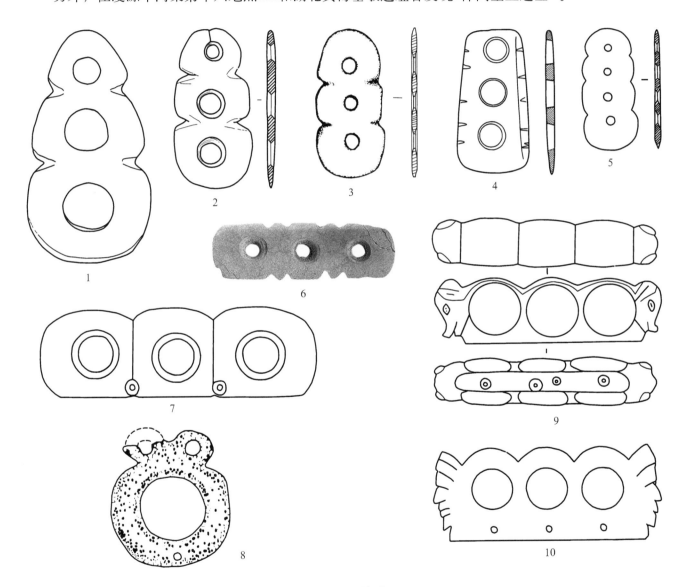

图二　三连璧

1. 亚布力采集　2. 胡头沟（M3：4）　3. 周河（M4：17）　4. 大汶口（M47：11）　5. 野店（M22：4）　6. 傅庄　7. 那斯台采集　8. 刀背山采集　9. 牛河梁第十六地点（79M1：4）　10. 牛河梁采集

[1] 方殿春、刘保华：《辽宁阜新县胡头沟红山文化玉器墓的发现》，《文物》1984年第6期，第4页。

[2] 山东大学考古学系编：《山东大学文物精品选》，齐鲁书社，2002年，图版3。

[3] 中国社会科学院考古研究所发掘资料，参见任式楠：《中国史前玉器类型初析》，《中国考古学论丛——中国社会科学院考古研究所建所40年纪念》，科学出版社，1993年，第115页。

B型　4件。平面为长方形或近似长方形，其上有纵向排列的三个大孔，侧边有V字形缺口或装饰。

大汶口墓地出土3件[1]，平面呈一端略窄的长方形，宽端的刃缘比较明显。M47：11，大理石质，出土时为墓主头部串饰的组件，规整的孔系单面钻成。长5.8、宽2.9、厚约0.3厘米（图二，4）。

安徽亳州傅庄遗址大汶口文化墓葬出土1件[2]，墨绿色玉质，平面呈较长的条形，两长边较直且各刻有两组四个V字形缺口，两端略呈弧状，三孔排列整齐，大小一致，系对面钻成。长4.8、宽1.5厘米（图二，6）。

C型　3件。横向排列的长条形，一长边较直，相对一侧则为连弧形，三联大孔位于主体三个部分的正中，直边一侧穿有2～4个小孔。

牛河梁发现2件。1件出自第十六地点，发现者推测是M1的随葬品[3]。青白色玉质，直边与三大孔内缘之间纵向穿4个小孔，两端为兽首，短圆耳，菱形目，嘴圆而略上翘，状似猪（或认为是熊）。长9.2、宽2.8厘米（图二，9）。另1件系采集，基本形制与上一件相同，直边出榫，并在三大孔的直边一侧，横向穿3个小孔，并分别与三大孔相对应。两端为人首（图二，10）[4]。

内蒙古巴林右旗那斯台遗址采集1件[5]，基本形制与上述两件相同而呈简化形态，即缺少两端的人首或兽首，直边的三大孔相间位置穿出2个小孔。长11.8、宽3.8厘米（图二，7）。

D型　1件，采集于黑龙江鸡西刀背山墓地。淡绿色玉质，此连璧的形制较为特殊，主璧较大，近圆形，大孔，主璧一边并列着两个外凸的小圆形璧，与其相对的主璧边缘有一小孔。通长6.3厘米（图二，8）。

3. 四连璧

仅发现1件[6]，出自山东邹城野店遗址（M22：4），为墓主头部串饰的组件之一。近白色玉质，两侧长边为连弧形，两端为圆弧形，边缘为锋刃状，四个孔略小，排列整齐，系对面钻成。长4.9、宽2.3、厚0.2厘米（图二，5）。

二　连璧的分布和年代

以上我们对连璧的形制进行了分类，接下来讨论它们的类别特征、分布区域、年代范围。

1. 连璧的类别特征与分布区域

如果从形制特征和制作工艺两个方面考虑，上述各种类型的连璧又可以区分为三类，即分界明显的纵向二连、三连、四连璧（包括Aa、Ab、Ac型二连璧和A、D型三连璧及四连璧）、不分界或

[1] 山东省文物管理处、济南市博物馆：《大汶口——新石器时代墓葬发掘报告》，文物出版社，1974年，第97、98页。

[2] 中国玉器全集编辑委员会编：《中国美术分类全集·中国玉器全集》1，原始社会，河北美术出版社，1993年，第55页，图版六九。

[3] 李恭笃：《辽宁凌源县三官甸子城子山遗址试掘报告》，《考古》1986年第6期，第501页。或认为出自M2，参见辽宁省文物考古研究所编：《牛河梁红山文化遗址与玉器精粹》，文物出版社，1997年，图版7。

[4] 杨美莉：《以日月为连璧　星辰为珠玑》，《故宫文物月刊》127，1993年，第118、119页。

[5] 巴林右旗博物馆：《内蒙古巴林右旗那斯台遗址调查》，《考古》1987年第6期，第516、517页。

[6] 山东省博物馆、山东省文物考古研究所：《邹县野店》，文物出版社，1985年，第94、95页。

分界不明显的纵向牌状二连、三连璧（包括Ad型二连璧和B型三连璧）和横向的二连、三连璧（包括B型二连璧和C型三连璧）。

第一类从北到南均有发现，以辽西、吉西到黑龙江南部一带最多，在全部22件中，这一地区发现了17件，其中辽西7件，吉林西部1件，黑龙江东南部9件。而山东、安徽、湖北和江苏合计只发现6件。

第二类共有8件，仅出自山东和安徽北部，不出海岱文化区的分布范围，其他地区尚未发现。这一类与第一类的形制差别较大。

第三类共4件，均发现于辽西和内蒙古东南部，同属燕辽文化区的范围，其他地区均未发现。这一类三连璧不仅造型奇特，如两端雕出人首或兽首，而且为横向排列，其使用方法和功能与前两类明显不同。

由此看来，连璧的分布与类别特征具有密切关系。第一类分布最广，从东北北部的黑龙江，经吉林、辽宁、内蒙古，到山东、江苏、安徽和湖北，遍及东北、黄河和长江下游的中国东方地区（图三）。第二类只见于海岱地区，第三类则局限在燕辽地区。

从形制特征上看，黑龙江、吉林地区与辽宁西部地区的连璧形制完全相同，而前者的类别比较单一，没有发现形制较为特殊的横向连璧，所以，这两个地区的连璧显然存在着密切联系，即可能具有传播和接受的关系。淮河流域及其以南地区，发现的连璧数量少，类别与海岱地区的相同或相似，而且，再往南是良渚文化的分布区，在已发现的大量良渚文化玉器中未见连璧，所以江淮地区的连璧不可能来自太湖地区的良渚文化。鉴于史前时期的江淮地区和海岱地区一直存在着文化联系，并且两者在年代上没有太大差别，所以，江淮地区的连璧很有可能是来自海岱地区大汶口文化。而燕辽和海岱两个地区连璧的关系，则需要和年代分析结合起来考虑。

2. 关于连璧的年代

由于大部分连璧系采集品，所以不能进行准确的定年工作。以下我们主要分析有出土单位的连璧。

辽西地区具有明确出土单位的连璧共计6件，分别出自阜新胡头沟M3、牛河梁第二地点一号冢M21（2件）、牛河梁第五地点一号冢和牛河梁第十六号地点02M1（2件）。另有一件或认为出自牛河梁十六号地点79M1（或M2）。M21在牛河梁各地点中虽然不是中心大墓，但墓室规模和随葬玉器数量均十分可观，特别是明确地被属于红山文化较晚时期的表层墓（M4、M14）打破，提供了为数不多的明确层位关系。因此，M21在红山文化晚期的积石冢中，属于后段偏早时期。1998和1999年牛河梁第五地点的发掘，从层位关系上把积石冢区分为早晚两个时期，一号冢的中心大墓M1属于晚期[1]，这里出土了1件Aa型双连璧，此墓的时代当与M21相当或略晚。2002和2003年牛河梁第十六地点的发掘，再次揭示和验证了第五地点的层位关系，两地的地层堆积具有可比性。出土2件双连璧的M1，属于该地点红山文化上层。阜新胡沟头遗址发现的有石围墙、周围立彩陶筒形器的做法，与牛河梁几个地点的积石冢完全相同，时代也应大体相当。所以，具有明确层位关系的几例连璧，均为红山文化晚期的后段，估计绝对年代在公元前3500～前3000年之间。

---

[1] 辽宁省文物考古研究所：《辽宁凌源市牛河梁遗址第五地点1998～1999年度的发掘》，《考古》2001年第8期，第15～30页。

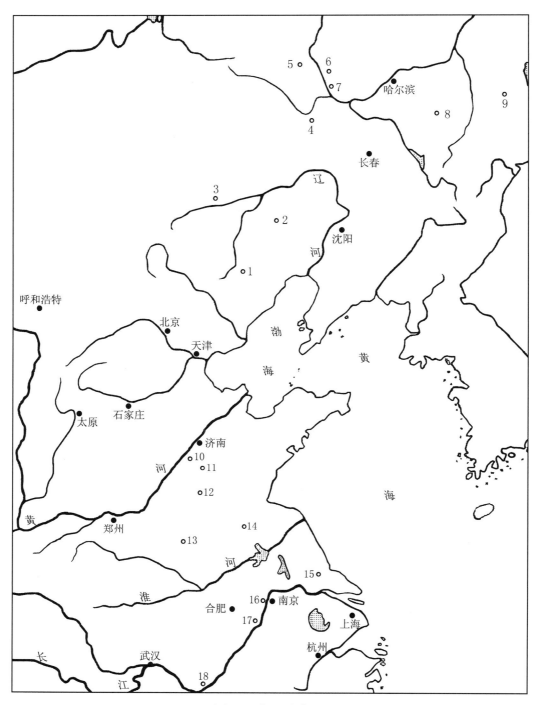

图三　连璧分布图

1．牛河梁　2．胡头沟　3．那斯台　4．张俭坨子　5．东翁根山　6．九扇门　6．毛都西那屯　8．亚布力　9．刀背山　10．周河　11．大汶口　12．野店　13．傅庄　14．小徐庄　15．青墩　16．营盘山　17．凌家滩　18．塞墩

　　海岱地区发现的12件（山东8件，江苏2件，安徽2件，后者其中1件的出土情况不详）连璧，11件有明确的出土单位。出土2件的野店M22，时代属于大汶口文化中期2段，绝对年代约在公元前3400年前后。出自小徐庄墓葬的1件，时代不晚于大汶口文化中期偏早阶段，即至迟与野店遗址发现的连璧代相当。出土5件海岱地区独有的牌式连璧的大汶口M47，时代为大汶口文化晚期1段，绝对年代约为公元前3000年前后。周河大汶口墓地出土连璧的M4，其年代为大汶口文化中期，而花厅

M45的年代，不出大汶口文化中期偏晚和晚期偏早时期，绝对年代也应在公元前3000年前后。尉迟寺遗址的大汶口文化遗存，则明显属于大汶口文化晚期阶段。所以，以上11件连璧的年代范围不出公元前3500～前2600年之间，且以公元前3000年前后者居多。

淮河以南发现的4件连璧，其中凌家滩和青墩的连璧有明确的出土单位并公布了相关资料。凌家滩位于安徽省江淮之间东南部，是一处重要的新石器时代遗址。1987和1998经过三次发掘，发现大量玉器[1]。凌家滩三次发掘共发现44座墓葬，其中87M15出土1件双连璧。由出土的陶器分析，凌家滩墓地的年代与崧泽文化晚期至良渚文化早期、大汶口文化早期偏晚至大汶口文化中期偏早阶段大体相当。现有的两个测年数据分别为5560±195年和5290±185年（均经树轮校正）[2]，与以往估计的年代相仿[3]。87M15是一座大墓，随葬品123件，其中玉器多达90件[4]。如果把87M15随葬的陶器与大汶口文化进行横向比较，其年代大体相当于后者的中期偏早阶段，其年代与野店M22相若。青墩遗址的文化堆积分为上中下三层，时代大体与大汶口文化和崧泽、良渚文化相当，年代范围在公元前4000～前2600年之间，这里出土的1件双连璧没有公布具体层位，但不会超出上述年代区间。由此看来，江淮之间出土的2件双连璧，年代大体上也在海岱地区连璧的年代范围之内。

综上所述，燕辽地区红山文化和海岱地区大汶口文化发现的连璧，所处时代大体相当，除了个别连璧不能明确定年之外，基本上都落在了公元前3500～前2900年前后。此后的龙山文化、岳石文化和夏家店下层文化中，再也没有见到这种器物。由此看来，在中国史前文化中，连璧是一种分布范围较广、但延续时间不长的一种玉器器形。

辽西地区的连璧主要发现于大凌河上游地区，而海岱地区的连璧则主要分布于鲁中南的汶泗流域，从辽西的建平到山东泰山周边的周河、大汶口，最近的陆路直线距离近700千米。在两个地区中间的广大地带，如燕山南侧的京津唐地区和冀东鲁北地区，迄今尚未发现连璧类器物。而且，辽西地区的连璧以上小下大者为主，并有一定数量的横联者，海岱地区则以上下等大和牌状连璧为主，并有四连璧，未见横联者，两地连璧的差别十分明显。此外，截至目前甚少发现两个地区在其他方面存在相同或相似的文化因素，如聚落、墓葬、陶器、石器等。所以，我们倾向于认为辽西和海岱两个地区的连璧是各自独立产生和发展的。但又不可否认，江苏发现的2件连璧（可能也包括湖北黄梅发现的三连璧），形制确实与辽西地区的连璧比较接近，野店发现的连璧在制作技法上（如内外缘呈刃状等）与辽西的连璧有共同之处，目前还解释不清楚这一现象。

三　关于连璧的功能和用途

台湾学者杨美莉曾经引用《战国策·齐策》中关于秦王遣使送玉连环求解于齐君王后，而齐之群臣不知解的故事，说明了解其功能之难，并认为这种连璧"是日月阴阳观念的表现形式"[5]。

[1]　安徽省文物考古研究所：《安徽含山凌家滩新石器时代墓地发掘简报》，《文物》1989年第4期，第1～9页；安徽省文物考古研究所等：《安徽含山县凌家滩遗址第三次发掘简报》，《考古》1999年第11期，第1～11页。

[2]　安徽省文物考古研究所：《凌家滩玉器》，文物出版社，2000年，第1页。

[3]　严文明：《凌家滩玉器浅识》，《凌家滩玉器》，文物出版社，2000年，第155～158页；张忠培：《窥探凌家滩墓地》，《凌家滩玉器》，文物出版社，2000年，第141～153页。

[4]　张敬国：《安徽含山凌家滩新石器时代墓地第二次发掘的主要收获》，《文物研究（第七辑）》，黄山书社，1991年，第259～267页。需要说明的一点是，简报87M15墓葬平面图公布的107号器物是一件玉璜。另外，《凌家滩玉器》一书中有两件87M15：107，一件是玉璜，一件是连璧（参见该书图版67、97及插图说明），其中可能有误。

[5]　杨美莉：《以日月为连璧　星辰为珠玑》，《故宫文物月刊》127，1993年，第112～121页。

就目前所见到的30余件连璧而言，因为形制方面的不同，其功能恐怕也存在着相当大的差别，难求统一。

C型三连璧的形制比较特殊，孔特大而规整，两端雕有人或动物的造型，下端平直，有的呈榫状，并在直边的相应位置钻有小孔。所以，这一类型的三连璧，当是作为镶嵌物的主体而存在，与神灵崇拜等特殊活动有关。

数量最多的其他类别二连、三连和四连璧，因为绝大多数是采集品，其在墓葬中的出土位置不清楚，给判断连璧的功能和用途带来了困难。但综合各方面的因素，可以认为此类连璧的功能基本上属于饰物的范畴，理由如下：一是部分二连、三连、四连璧，出土时明确属于墓主头、颈部串饰的组件，如大汶口M47发现的二连和三连牌形璧，野店M22出土的二连、四连璧，可以确认属于饰物；二是连璧的个体多数较小，长度多在5～7厘米之间，超过7厘米的只有3件，吉林通榆张俭坨子的二连璧长度只有3.6厘米，体量上更近似于饰物；三是部分连璧的上端有纵向系沟，以利于系绳佩戴，如胡头沟M3的三连璧、牛河梁第二地点一号冢M21：6、M21：7等；四是连璧上部的孔一般较小，有的还在上端穿更细的小孔，可以用来穿绳佩戴，如牛河梁第二地点一号冢M21的2件、牛河梁第五地点Z1：4（上部穿一对小孔）和亚布力的采集品等。因此，可以认为连璧的主要用途是一种饰物，有的可能就是坠饰。其实，与连璧同时期的一些小型璧（最小的直径不足5厘米），往往在一端穿有一至三个小孔，有的形状甚至与连璧十分近似（图四），它们也应该是一种饰物，而不具有礼仪活动主要用器的性质。

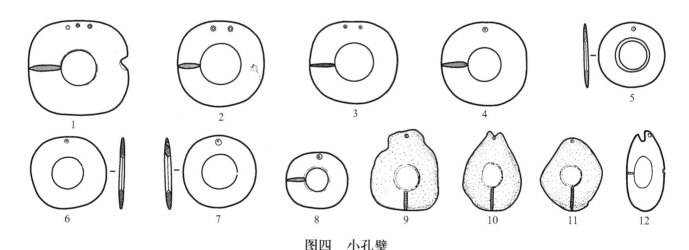

图四 小孔璧

1～8.牛河梁第二地点一号冢（M21：9、18、17、19、4、5、16） 9～11.黑龙江杜尔伯特李家岗子（采集） 12.吉林长岭腰井子（采集）

（原载《中国玉文化玉学论丛（四编上）》，紫禁城出版社，2007年；后收入《玉根国脉（一）——2011"岫岩玉与中国玉文化学术研讨会"文集》，科学出版社，2011年）

大汶口和良渚

一

20世纪二三十年代分别在黄河中下游地区发现了仰韶文化和龙山文化，随后形成的仰韶、龙山文化东西二元对立的认识，作为学界的主流学术观点一直持续到20世纪50年代。随着庙底沟二期文化的发现，中原地区的仰韶文化经庙底沟二期文化直接发展为当地龙山文化这一事实得到确认，动摇了前述观点的根基。而1959年大汶口文化的发现和确立，则为东方地区的龙山文化找到了来源，彻底结束了在学界持续长达20余年的仰韶、龙山东西二元对立的观点。

经过考古学界数十年来的田野考古调查、发掘和研究工作，大汶口文化的基础性问题已经逐渐清晰，社会组织结构和认知领域的研究也取得一系列丰硕成果。

大汶口文化可以划分为早、中、晚三个大的发展阶段及若干期别：早期阶段的绝对年代约在距今6100～5500年之间，典型遗址有江苏邳州刘林、山东兖州王因、泰安大汶口（1974、1978年发掘资料）、邹城野店（1～3期墓葬）和即墨北阡等；中期阶段约在距今5500～5000年之间，典型遗址有大汶口（1959年发掘墓地的早中期）、野店（4期墓葬）、曲阜西夏侯（下层）、广饶五村和傅家、诸城呈子和江苏新沂花厅（早中期墓葬）等；晚期阶段约为距今5000～4600年，典型遗址有大汶口（1959年发掘墓地的晚期）、野店（5期墓葬）、枣庄建新、莒县陵阳河和大朱家村、胶州三里河和江苏邳州梁王城等。

大汶口文化的分布区域在不同阶段有所变化，总体趋势是随着时间的推移而不断扩大。早期阶段大体分布于山东大部和江苏淮河故道以北，中期阶段向西扩展到鲁西南和皖北一带，晚期阶段范围更大，向西发展到豫东的兰考、周口一线。同时，对外影响的区域更为广阔，东北方向跨过渤海海峡，进入辽东半岛南部，向西和西南方向的影响到达豫中西、豫南和鄂北甚至更为遥远的地区，而向南的扩张由于受到强势的良渚文化的阻隔，一直徘徊在淮河故道北岸一线。

从文化特征、分布区域和年代对接程度等方面分析，大汶口文化直接来源于北辛文化，而又为龙山文化所继承。所以，可以认为北辛、大汶口和龙山三支考古学文化，分布区域重叠，所处时间前后紧密衔接，文化内涵和特征则一脉相承，是同一族系的人群在不同时期创造的文化遗存。这三支文化的演变和更替，展现了中国东方远古时期东夷文化偏早阶段的社会，经历了由平等到分层、从原始走向文明的完整过程。

大汶口文化地处暖温带，四季分明，气候适宜，优良的自然环境和历史经验的不断累积，使得大汶口文化的经济基础——农业获得长足发展。概而言之，泰沂山系以北，是以种植粟、黍为主的传统旱作农业区；泰沂山系以南，来自南方的稻作农业成分不断增加，逐渐形成稻作、粟作并重甚至以稻作为主的局面。在此基础上，制陶业、玉石骨角牙蚌等加工业、纺织业、木业加工等手工业经济获得较快发展，从而使大汶口文化在中国的同时期文化中占有重要的一席之地。

大汶口文化是海岱系文化发展过程中的一个重要阶段。虽然我们无法断定如此广袤地理空间的人们在当时是否能够统一地组织起来，但从习俗和物质遗存所反映的文化特征方面考察，可以发现，海岱地区内的各个小区之间在许多方面确有相当大的共性，而且明显不同于周边其他文化区的居民。如人们在青少年成长时期广为流行的拔除一对上侧门牙、死后普遍存在手握獐牙的习俗，墓葬的头向一致，以朝东为主，制作和使用着相同或相似的陶器群和各种生产工具，等等。同时，在分布区域内部，不同的小区之间，文化特征也存在着一定差异，进而可以划分为若干个不同的地方类型。

大汶口文化的聚落资料较多，目前统计的遗址数量在500处以上。分析其区域聚落形态，至迟到大汶口文化中晚期，一些发展较快的区域已经形成大、中、小三级聚落结构，有的中心聚落遗址内发现了城址或环壕。较之聚落内的居住遗迹，墓葬资料数量更多，较为规范的埋葬制度和丰富多彩的风俗习惯，为我们认识大汶口文化时期的社会提供了绝好的材料。如早期单人葬和多人同性合葬并存，中期多人合葬墓趋于消失，成年男女合葬墓增多，晚期又归于单人葬。墓葬面积和体积的差异、棺椁的有无和多寡、随葬品的数量和质量等，无不显示出大汶口文化时期社会内部分化的产生及日益扩大。从社会分化和分层的演变中，我们可以辨析出大汶口文化由原始走向文明的具体发展过程和途径。

二

发现于1936年的良渚文化，几乎是与龙山文化同时面世的，因其存在大量黑陶而在较长时期内被归入到龙山文化之中，即所谓龙山文化杭州湾区或浙江龙山文化。1959年，夏鼐先生将分布于太湖周边和杭州湾地区的这一类文化遗存命名为良渚文化，并认为其"是受了龙山文化影响的一种晚期文化"[1]，遂得到学术界的广泛认可。

以环太湖为中心的苏南、浙中北和上海地区，自新石器时代至青铜时代偏早阶段是一个相对独立的文化区系。由于考古资料、学术视野和传统认识等原因，学界长期保持着良渚文化和龙山文化是大体同时的文化遗存的认识。近年来，随着年代与龙山文化相当的广富林文化（包括以钱山漾下层为代表的广富林文化早期）的认识和确立，填补了良渚文化和马桥文化之间的缺环，最终完善了环太湖地区自马家浜文化以来的文化发展谱系和年代序列。

良渚文化是环太湖地区史前文化发展的鼎盛时期，依据目前的考古资料，可以将其划分为四期。良渚文化的绝对年代争议甚大，传统的观点认为从距今5000年前后到距今4000年，下限甚至更晚。根据良渚文化出土遗物的类型学分析及文化的发展状况，并参照与之有文化交集的邻近文化区系的年代序列，我曾提出良渚文化的年代大体与海岱地区大汶口文化中晚期相当，而上限和下限都可能略晚的观点，故推定良渚文化的绝对年代约在距今5400～4500年之间[2]。

[1]　夏鼐：《长江流域考古问题》，《考古》1960年第2期。

[2]　栾丰实：《良渚文化的分期与年代》，《中原文物》1992年第3期；栾丰实：《良渚文化的分期与分区》，《东方文明之光——良渚文化发现60周年纪念文集》，海南国际新闻出版中心，1996年；栾丰实：《再论良渚文化的年代》，《故宫学术季刊》第20卷第4期，2003年。

良渚文化的分布范围在不同时期有所变化，前期主要分布于环太湖地区，北至长江，南抵杭州湾；后期明显外扩，向北到达苏北的淮河故道一线，向南则越过宁绍平原，进入浙中甚至浙南地区。而良渚文化的影响所及，更是到达了黄河中下游、长江中游和岭南地区等更为遥远的区域。目前发现和统计的良渚文化遗址数量超过了500处，远远多于其前后环太湖地区各史前文化，其中经过发掘的遗址有近百处之多。典型遗址有浙江余杭莫角山、反山、瑶山、汇观山、庙前、茅山和官井头，嘉兴雀幕桥，桐乡普安桥和新地里，海宁荷叶地、小兜里和皇坟头，遂昌好川，江苏吴县草鞋山和张陵山，吴江龙南，昆山赵陵山，无锡邱城墩，常州寺墩，江阴高城墩，上海福泉山、广富林和马桥等。

从文化内涵的各个方面分析，良渚文化与崧泽文化的渊源关系十分明确，即良渚文化是由崧泽文化直接发展而来的，两支考古学文化应是同一族系的人群在不同发展阶段所创造的文化遗存。而良渚文化的发展去向，以往或认为良渚文化急剧衰落而消失，或认为被马桥文化所继承。近年来随着广富林文化的确立，而广富林文化中又有较多的来自北方的文化因素，故认为良渚文化被外来文化所取代。从总体上看，我倾向认为良渚文化末期之后，发展为以钱山漾下层为代表的广富林文化早期，即广富林文化的主源应是当地的良渚文化，而不是来自遥远的北方[1]。

良渚文化时期环太湖地区的文化面貌相对比较统一，但不同地区之间仍然存在着明显的区域特征。据此，可以将良渚文化划分为中心区和外围区两层结构，中心区有杭嘉湖区、太湖东区和太湖北区等三个地方类型，外围区则有宁绍平原区、宁镇区和江淮区等三个地方类型。而各个类型内部，也存在着大小不一的文化小区或聚落群。

良渚文化时期，环太湖地区的气候温暖，雨量充沛，以稻作为主的农业经济达到了前所未有的水平。近年来余杭茅山规模宏大的稻田遗迹、良渚遗址群内大量稻谷实物遗存的发现，加上各遗址出土的成熟型木构石犁，为认识和评估良渚文化稻作农业的发展状况提供了充足的第一手资料。在发达的农业经济的基础上，良渚人创建出面积近300万平方米的大型良渚古城、规模巨大的防洪堤坝设施、各种用于祭祀的祭坛、制作和使用了以玉器为代表的大量高端消费品，为我们展现出一幅良渚文化时期获得充分发展的社会经济、繁荣的物质文化、结构严密的分层社会组织和独特的精神文化等相互交织的画面。据此，我认为良渚文化时期的社会已经进入早期国家的发展阶段。

三

海岱和环太湖两大文化区系同处中国东部的沿海地区，这两个地区之间从很早时期就已经开始了文化上的联系。至迟在北辛－马家浜文化时期，两地各自的文化中互见对方的文化因素。如两地墓葬中共见拔牙习俗等。马家浜文化发现的筒形圆底釜等，与苏皖北部和山东地区的同期文化的同类器十分相像，显然与北方文化因素的南下有关。而北辛文化分布区南部的一些遗址中，墓葬死者头部覆盖陶钵，使用小件玉器随葬，陶器上流行腰檐作风等，则显然是受到了来自南方地区的影响。

到距今6000年之内的大汶口文化早期和崧泽文化阶段，南北两地文化联系的程度进一步加深。

---

[1]　栾丰实：《试论广富林文化》，《徐苹芳先生纪念文集》，上海古籍出版社，2012年。

两地除了继续存在拔牙的习俗之外，都出现了用棺椁等木质葬具埋葬死者的做法，并共同拥有在陶器上刻划或绘画"八角星纹"等文化现象。至于两个区域文化之间的交流和影响，大的趋势比较清楚。淮河以南至环太湖地区的遗址中，发现不少明显受到北方文化影响的因素。如许多遗址发现的陶觚形杯、角状把手的陶鬶等器物及以弧边三角为代表的彩陶装饰等。反观这一时期大汶口文化分布区南部的遗址，来自南方的文化因素也有相当数量，如玉器中的璜，圈足上有对称镂孔的钵形豆、壶和深腹筒形杯等。从整体上判断，这一时期的前半段，双方之间的文化交流和影响势均力敌，到崧泽文化晚期，其对北方地区的影响力度逐渐加大，开始占据上风。

进入大汶口文化中晚期和良渚文化时期，两地之间的关系承接崧泽文化晚期而又有较大发展，具体表现为良渚文化大举北上，分四个梯次对大汶口文化施加了强烈影响[1]。至迟在良渚文化前后期之交，良渚文化的分布区已经推进到苏北的淮河故道一带，即淮河故道以南的广大区域成为良渚文化新的分布范围，淮河故道南侧的阜平陆庄等遗址，出土遗物中典型良渚文化者居多，就是良渚文化北上的确凿证据[2]。

越过淮河故道进入苏北的徐州和连云港地区，大汶口文化遗存中来自良渚文化的文化因素数量众多，内容丰富。以花厅遗址为例，在大、中型墓葬中出现了随葬较多的良渚式玉石器和陶器的现象[3]。对此，有学者认为这是南方良渚文化的一支武装力量远征北方，在异乡战死的英雄的墓葬[4]，或认为这种情况展现了大汶口和良渚两种文化的"文化两合现象"[5]。

再向北，是泰沂山南侧以汶、泗、沂、沭流域为主的鲁南地区，这一地带也能明显感受到来自良渚文化的影响，如许多大汶口文化中晚期遗址之中，都有一定数量的良渚文化因素。如泰安大汶口、邹城野店、枣庄建新、莒县陵阳河等遗址，就发现了有段石锛、陶双鼻壶等良渚式器物。

泰沂山系以北的鲁北地区和胶东半岛，是大汶口文化分布的北部区域，在地理位置上已经远离良渚文化的分布区。这一区域仍然发现有少量良渚文化因素。如西部地区的平阴周河、章丘西河，偏东部地区的诸城呈子、胶州三里河，胶东半岛中部的栖霞杨家圈等遗址，发现过个别的双鼻壶、阔把杯、鼎式甗等良渚式器物。

反观大汶口文化对南方地区的影响则十分微弱。像良渚文化的袋足鬶等遗存，或可认为与大汶口文化有一定关系。到了大汶口文化末期，随着良渚文化的衰微，这种一边倒的文化关系状态开始有所改变。南京北阴阳营遗址H2发现的典型大汶口式陶鬶和刻画图像的大口尊，传递出后来龙山文化向南方强力传播和扩散的信息[6]。

除了上述各自扩散和渗透到对方文化中的文化因素，大汶口文化和良渚文化之间还存在着许多共同因素。如逐渐走向成熟的棺椁制度、盛行光洁朴素的黑陶、硕大陶器大口尊、陶器和玉器上相同或相似的刻画图像、台形薄玉片，等等。这些共同的文化因素，特别是其中一些反映精神文化和

[1] 栾丰实：《良渚文化的北渐》，《中原文物》1996年第3期。

[2] 南京博物院考古研究所等：《江苏阜宁陆庄遗址》，《东方文明之光——良渚文化发现60周年纪念文集》，海南国际新闻出版中心，1996年；栾丰实：《论陆庄新石器时代遗存的年代和文化性质》，《考古》2000年第2期。

[3] 南京博物院：《花厅——新石器时代墓地发掘报告》，文物出版社，2003年。

[4] 严文明：《碰撞与征服——花厅墓地埋葬情况的思考》，《文物天地》1990年第6期。

[5] 高广仁：《花厅墓地"文化两合现象"的分析》，《东南文化》2000年第9期。

[6] 南京博物院：《北阴阳营——新石器时代及商周时期遗址发掘报告》，文物出版社，1993年，第87、88页。

宗教信仰的文化因素的存在，表明两者之间的关系较之其他区系更为密切。这或许就是古史传说中把两个地区的部族和人群都称为"夷"的原因所在。

四

作为史前社会高端消费品的玉器，在海岱和环太湖两个地区出现的比较早，并且都经历了数量慢慢增多、制作技术不断进步、用途和功能渐趋复杂的发展过程。随着两个地区在距今6000年以后社会的贫富分化步伐加快和分层社会的逐渐形成，玉器呈现出向社会上层集中的态势，成为一种特殊的高端消费品，最终成为上层社会权贵们的专用品。就目前的考古发现而言，玉器主要以随葬品的形式见于等级较高的墓葬之中。

中国东部沿海地区由南向北分布着三大文化区系，即南部的环太湖文化区、中部的海岱文化区和北部的燕辽文化区，这里出土玉器的数量明显多于中西部的文化区系。东部三个区系出土的玉器，相比较而言，南部数量最多，北部次之，而中部的海岱文化区玉器数量较少。

南方环太湖地区的玉器始见于跨湖桥文化，当时仅发现个别的璜类装饰玉器。马家浜和河姆渡文化时期略有增加，但仍以装饰玉为主，器形主要是作为耳饰的玦和佩饰的璜，此外还有少量的钺、管、珠、玉片及纺轮等。到崧泽、凌家滩文化时期，包括长江下游在内的环太湖地区，玉器的制作和使用出现了一个爆发式的增长，反映了当时的社会结构开始发生巨大变革。这一时期玉器的功能产生分化并逐渐定型，礼玉、工具类玉和装饰玉已经齐备。如凌家滩遗址的高等级墓葬，每座墓葬出土玉器的数量多达数十件甚至一二百件，种类既有大型的玉人、龙、鹰、龟、玉版、钺、斧等，也有数量众多的各型玉璜及装饰玉器[1]。而张家港东山村的崧泽文化大墓，使用的玉器数量虽不及凌家滩多，但也成组配套使用，相当可观[2]。这些先行文化玉器工业的发展和成熟，为后来良渚文化玉器登上中国史前玉器史的巅峰奠定了坚实的基础。

北方燕辽地区的玉器出现甚早，距今8000年前后的兴隆洼文化时期，玉器的数量和种类虽然不多，但其琢玉工艺已经非常先进。到红山文化阶段，牛河梁积石冢等遗址出土的玉器，形成了玉龟（斜口筒形玉器）、玉鸮（勾云纹玉佩）、玉人、玉龙、玉璧等礼玉和环、镯、玦等装饰玉的玉器组合，代表了燕辽地区玉器制作和使用的最高水平[3]。相对于南方而言，红山文化的玉器制作技术并不比崧泽－凌家滩－良渚文化低，但数量则少得多，纹样也十分简单。这可能与社会发展阶段、玉料的获取及自身文化传统等因素密切相关。

海岱地区时代较早的后李文化时期就开始发现玉器，但数量甚少，均为小型工具和装饰玉器。到大汶口文化早期，玉器虽然有所发展，但数量依然很少。大汶口文化中晚期，这一现象有了较大改变，玉器的数量迅速增多，类别不仅有小件装饰玉器，也有较大的礼仪类玉器。这种现象在随后

---

[1] 安徽省文物考古研究所：《凌家滩——田野考古发掘报告之一》，文物出版社，2006年；安徽省文物考古研究所：《安徽含山县凌家滩遗址第五次发掘的新发现》，《考古》2008年第3期。

[2] 南京博物院、张家港市文广局、张家港博物馆：《江苏张家港市东山村新石器时代遗址》，《考古》2010年第8期；南京博物院、张家港博物馆：《江苏张家港东山村遗址M91发掘报告》，《东南文化》2010年第6期。

[3] 辽宁省文物考古研究所：《牛河梁——红山文化遗址发掘报告（1983~2003年度）》，文物出版社，2012年。

的龙山文化时期得到进一步发展。但从总体上讲，海岱地区史前玉器的数量偏少，尤其是大件玉器较少，并且自身特色也不如环太湖和燕辽两个区域鲜明。

大汶口文化早期阶段的玉器，数量不多，器形主要有钺、璜、刀形器、环、坠等。从玉器的分布区域来看，泰沂山以南地区略多，北部地区极少。到中晚期阶段，玉器的数量明显增多，器物种类也复杂起来，玉器的器形既有礼仪类的钺、琮、璧、牙璧、连璧、冠状饰等，也有装饰类的环、镯、佩、璜、瑗、锥形器、玉鸟、管、珠、坠、指环、玉片等。

大汶口文化的玉器中，能够判明属于自身传统的器形，主要有钺、璧、牙璧、连璧和锥形器、管、珠、坠、玉片等（图一～四）。

中国史前时期的玉石钺，从宏观角度划分，大体有两大类：一类是长方形钺，器体略窄，刃部较为平直，近背部上端有小孔（部分有双孔）；一类器体略宽，长度略短，孔稍大，弧形刃，即所谓"风"字形钺。长方形直刃钺在黄河流域较为流行，而"风"字型钺以长江流域数量较多。后世商周时期的青铜钺，形制上应该主要是继承了南方的"风"字形钺。所以，可以判明大汶口文化中的长方形直刃钺应属于本地的传统形制（图一，1、2；图三，1～4）。

大汶口文化玉器中的璧类器形不多，较具特色的是牙璧和连璧，也有部分遗址出土过方形璧。牙璧或称为旋玑、璇玑，是一种特殊的璧，其周边有三或四个旋转的齿牙。目前发现的牙璧主要集中于山东东部沿海和辽东半岛南部地区，为大汶口文化先民创造的典型玉器（图一，5、6、9；图三，7），并在龙山文化时期得到进一步发展。后来逐渐扩散到中原地区，年代一直延续到两周，但数量始终不多。而出土大量玉器的凌家滩文化、良渚文化和红山文化至今未见牙璧[1]。

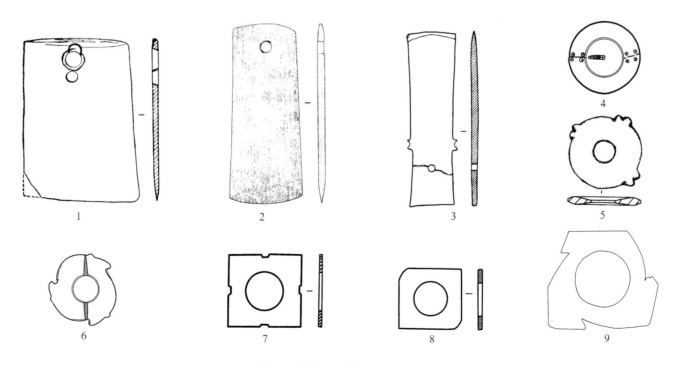

图一　大汶口文化玉器之一

1、2. 钺（大汶口M25：9、M117：8）　3. 石牙璋（罗圈峪采集）　4. 璧（大汶口M73：4）　5、6、9. 牙璧（周河M4：21、三里河M253：1、丹土采集）　7、8. 方形璧（湖台M1：1、M2：4）

[1]　栾丰实：《牙璧研究》，《文物》2005年第7期。

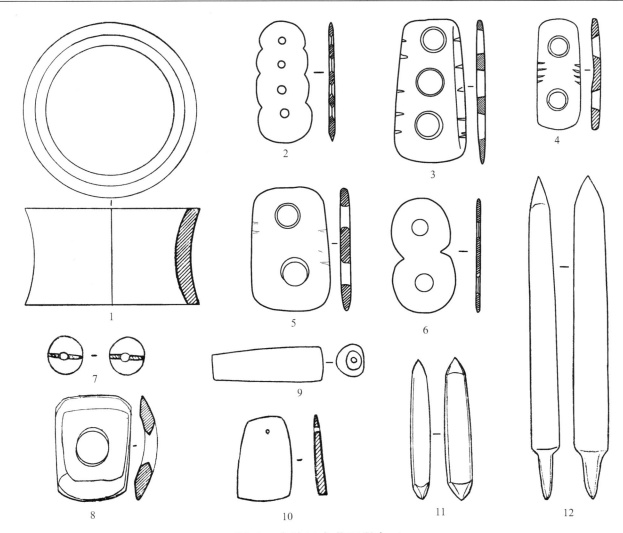

图二 大汶口文化玉器之二

1．镯（三里河M279：14） 2～6．连璧（野店M22：4、周河M4：17、大汶口M47：11、花厅M45：30、大汶口M47：11、野店M22：8） 7、8．穿孔玉片（三里河M103：1、M229：1） 9．管（三里河M267：21） 10．坠（三里河M232：14） 11、12．锥形器（三里河M302：1、M267：26）

　　连璧的情况比较复杂，分布的区域较广，以大汶口文化和红山文化发现数量最多。向北可达黑龙江一带甚至更远区域，向南则延伸到长江北岸，龙虬庄文化、凌家滩文化、薛家岗文化等有零星发现。从连璧的形制上看，大汶口文化既有与红山文化相同的类别（图二，2、6；图四，4），也有自身独特的形制，如大汶口遗址在长方形玉片上钻2～3个圆孔者（图二，3、4、5；图四，5），就不见于红山文化[1]。所以，我认为连璧也是大汶口文化自身的玉器种类。

　　此外还有璋，一般称为牙璋。在没有明确其功能之前，夏鼐先生建议称为刀形端刃器，王永波称之为耜形端刃器。海岱地区发现的牙璋均为采集品，有玉质和石质两类，器形完全相同。分析璋的形制演变和出土遗址的文化内涵及属性，我们认为其有可能早到大汶口文化晚期（图一，3）。这一类在夏商时期有重要影响的玉器，其源头应在海岱地区，并且很可能源于大汶口文化[2]。

　　[1] 栾丰实：《连璧试析》，《中国玉文化玉学论丛（四编上）》，紫禁城出版社，2007年。
　　[2] 栾丰实：《二里头遗址出土玉礼器中的东方因素》，《中原地区文明化进程学术研讨会文集》，科学出版社，2006年；邓聪、栾丰实、王强：《东亚最早的牙璋——山东龙山式牙璋初论》，《玉润东方：大汶口－龙山·良渚玉器文化展》，文物出版社，2014年。

图三 大汶口文化玉器之三

1～4. 钺（陵阳河、大汶口M117：8、M25：9、仕阳） 5. 方形璧（杭头M8：16） 6. 璧（傅家） 7. 牙璧（周河M4：21） 8. 瑗（李寨墓葬）

此外，大汶口文化也有自己的装饰玉器，如镯、瑗、环、坠、珠等（图二，1、7～10；图三，8；图四，1～3）。

需要提出来单独讨论的是锥形器和形制特殊的台形玉片两类玉器。

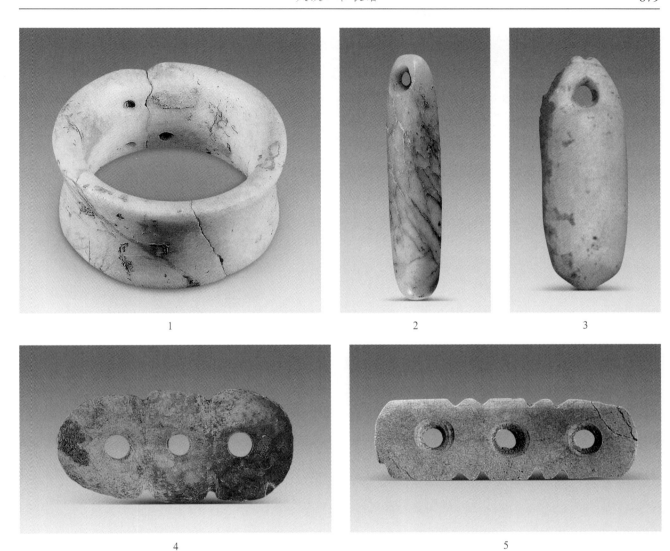

图四　大汶口文化玉器之四

1. 镯（傅家墓葬）　2、3. 玉坠（傅家、李寨）　4、5. 连璧（周河M4∶17、安徽傅庄）

（1）锥形器

整体呈锥形，故名。此外，因为其外形与镞的形制十分相像，所以也有人将其称之为"镞形器"。这一类玉器大汶口文化和良渚文化均十分常见。从形制上区分，锥形器主要有三类[1]：

A类　呈方锥体，前端为尖头，尾部内收成截顶圆锥形，其上或有孔（图五，1、5、7、8）。

B类　为圆锥体，前端和尾部的形制与A类相似，尾部或有孔（图五，3、6）。

C类　平面呈梭形，横断面为圆形或近似圆形，后端略扁，有孔（图五，2、4）。

以上三类锥形器，A、B两类为大汶口文化和良渚文化所共有，C类则仅见于良渚文化。细察大汶口文化的锥形器，明显来自良渚文化者，主要发现于大汶口文化分布区的南部，如苏北的新沂花厅墓地出土的部分A型锥形器，器身下部雕刻有成组的简化神人兽面纹，长短皆有，有的还用玉管套住尾部的铤。大汶口文化发现的多数锥形器（图二，11、12；图五，5～8），既与良渚文化大体相

[1]　此外，也有少量其他类别，如横断面为三角形、扁平长方形、菱形的锥形器等。

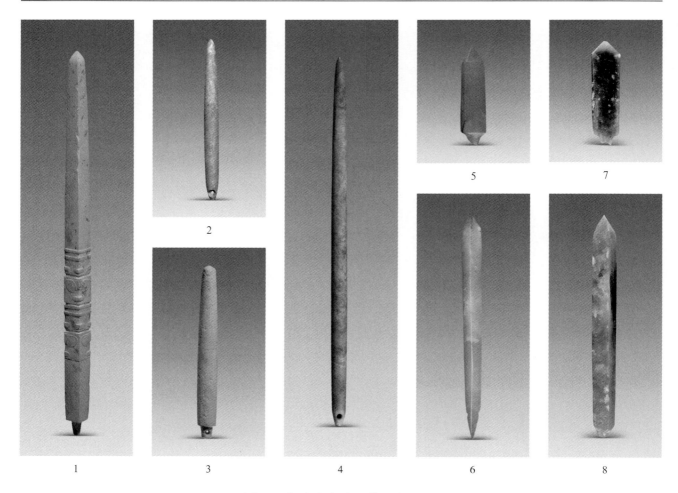

图五　良渚和大汶口的玉锥形器

1、2. 反山（M20：73、M12：47）　3. 瑶山（M9：17）　4. 张陵山（M44：8）　5、7、8. 陵阳河墓葬　6. 大汶口（M117：10）

似，但也有明显区别。如良渚文化的锥形器均在尾部穿孔，而大汶口文化的锥形器绝大多数无孔，表明两者的使用方法有所不同，甚至存在着功能上的差别。大汶口文化的锥形器相对较为粗糙，不像良渚文化制作的那么精细。同时，大汶口文化未见C类锥形器。由于大汶口文化分布区内很多遗址均发现数量不一的锥形器，而且除了玉质之外，也有石质、陶质甚至蚌质者，还有以上三种形制之外的锥形器。所以，除了少量外表刻有典型的良渚文化纹饰及与良渚文化形制完全相同者，可以确定与其他良渚式玉器一起来自于南方，其余大多数应该为大汶口文化自身所有。

（2）台形玉片

陵阳河遗址还发现过一组造型特殊的薄玉片（图六，1）。玉片的形制为，平面近长方形，顶端呈二级阶状上凸，所以也被称为"台形玉片"。玉片厚度甚薄，并且呈纵向内弧的"瓦"状。无独有偶，大汶口文化晚期陶大口尊上的刻画图像中，也有同类图像[1]，两者的涵义应该相同。完全一样的玉片在良渚文化中也有发现，如遂昌好川墓地在数座墓葬中发现过这种玉片[2]（图六，2）。两者之间是否存在着传播关系，目前尚不明确。

[1]　不仅大汶口文化有，良渚文化的玉器中，也有此类图像。

[2]　浙江省文物考古研究所等：《好川墓地》，文物出版社，2001年，图一九三，彩版三一。

1　　　　　　　　　　　　　2

图六　大汶口和良渚的玉片
1. 陵阳河　2. 好川（M60：2）

由此看来，以长方形直刃钺、牙璧和连璧、牙璋等为核心的玉器组合的存在，表明大汶口文化时期不仅存在自己的玉器工业，而且已经形成了独特的玉器体系，是大汶口文化内涵的重要组成部分。

大汶口文化中还存在着一些来自域外文化的玉器。琮、琮形管、冠状饰、冠状佩、璜和有段玉锛等（图七、八），多发现于大汶口文化分布区的南部，它们明确来自南方地区，并且主要属于良渚文化。其中璜类器物可能来自江淮西部、长江两岸的凌家滩等文化。而部分内外侧边缘较薄、略呈刃状的璧，甚至包括连璧，有学者认为是北方红山文化南下开展贸易和交流的产物[1]。

作为环太湖地区史前文化中经济发展水平最高、文化成就最大的良渚文化，各种手工业均十分发达，制陶、制作玉石骨角牙蚌器、纺织和编织、木业加工、制作漆器等手工业门类都达到了前所未有的水准和高度。其中玉器的制作水平和使用频率更是空前绝后，以其数量之众多、种类之丰富、制作之精美、纹样之复杂和涵义之深刻，处于中国史前玉器史的巅峰状态。此后，经过龙山文化和夏、商、周三代的传承，成为中国传统文化的重要来源之一。

承接凌家滩和崧泽文化而来的良渚文化玉器，主要有礼仪宗教类用玉、工具生活用具类用玉和装饰类用玉等三大类别。礼玉类有琮、璧、钺（包括钺的装饰附件瑁和镦）、冠状饰、三叉形器、刻有神徽的玉牌饰等，工具和生活用具类有锛、凿、刀、纺轮、匕、匙、锥等，装饰玉的种类最多，如环、镯、璜、玦、柱形器、锥形器、玉鸟、各种插件、各种管、坠、带钩、各种珠、玉粒和玉片等，其中有的还作为点缀镶嵌在漆木类器物或织物之上。

玉器在良渚文化偏早时期就达到了其最高水平，如瑶山和反山的良渚贵族墓葬：前者发掘的12座墓葬，出土玉器678件（组），单件2582件，平均每座墓葬在200件以上[2]；后者共发掘11座墓葬，其中有2座遭受破坏，其余9座墓葬随葬的玉器，按单件计多达3600余件，平均每座墓葬超过了400件[3]。由此可见，环太湖地区进入良渚文化不久就达到其全盛时期。到了良渚文化后期，虽然也发现

[1]　王时麒、赵朝洪等：《中国岫岩玉》，科学出版社，2007年，第161页。
[2]　浙江省文物考古研究所：《瑶山》，文物出版社，2003年。
[3]　浙江省文物考古研究所：《反山》，文物出版社，2005年。

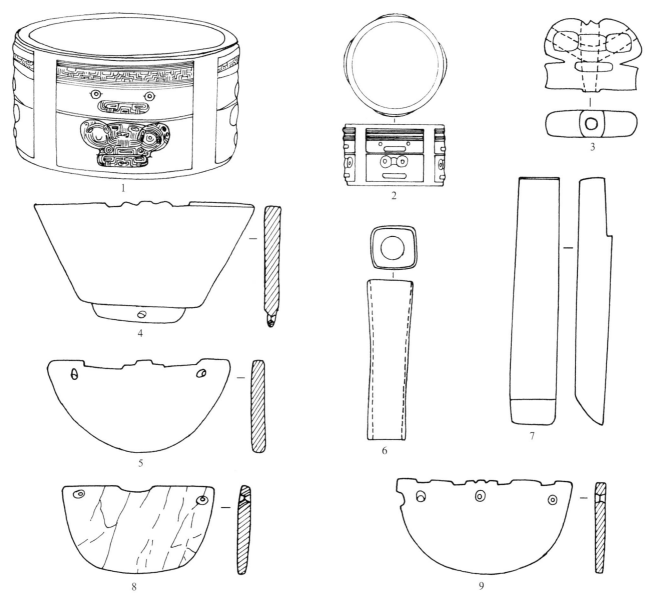

图七 良渚文化因素玉器之一

1、2. 琮（M50：9、M18：13） 3. 冠状佩（M16：5-2） 4、5. 冠状佩（M42：1、M46：6） 6. 套管（M23：12） 7. 有段玉锛（M50：12） 8、9. 璜（M36：11、M61：10） （均为花厅出土）

有少量较大墓葬，如福泉山良渚四期的M65和M74，出土玉器数量分别在百件以上，良渚五期的M9和M40，出土玉器各有百件左右[1]。但这些墓葬不仅玉器的数量明显减少，品质也有所下降，像瑶山、反山那样辉煌的玉器文化似乎已经成为历史。诚然，福泉山的贵族墓葬与瑶山、反山的同类墓葬之间可能存在着等级差别，但良渚文化后期开始走下坡路的发展趋势，从玉器的持有数量和质量上已十分明显。

至于良渚文化玉器的来源，我们认为有两个主源：一是来源于良渚文化的前身——崧泽文化，近年来东山村大型墓葬中成组玉器的发现，表明崧泽文化时期玉器已经比较发达；二是源自江淮中

[1] 上海市文物管理委员会：《福泉山——新石器时代遗址发掘报告》，文物出版社，2000年。

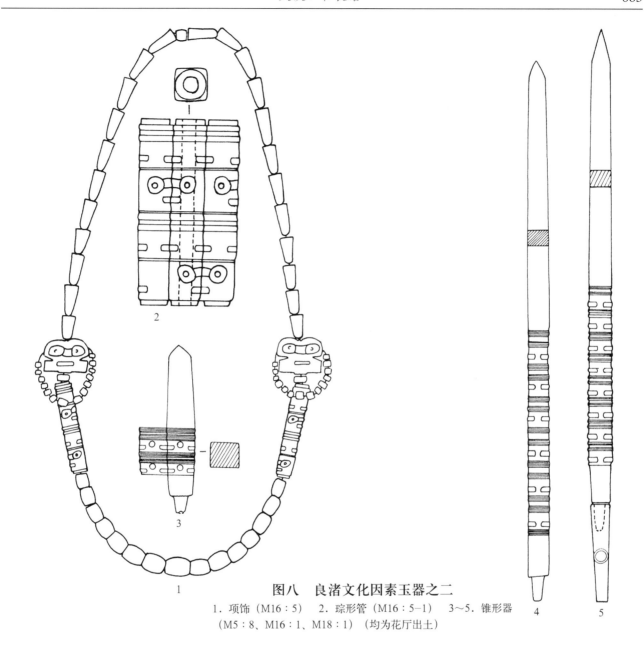

图八　良渚文化因素玉器之二
1. 项饰（M16∶5）　2. 琮形管（M16∶5-1）　3～5. 锥形器
（M5∶8、M16∶1、M18∶1）（均为花厅出土）

部的凌家滩文化和宁镇地区的北阴阳营文化，这两支考古学文化玉石器均十分发达，墓葬随葬品中玉石器占绝对优势。正是这种崇尚玉石的文化传统被良渚文化所接受和继承，并在高等级的贵族墓葬中得到发扬光大。

至于良渚文化玉器的发展去向，就目前的资料而言，似乎没有被某一文化所全面继承。如在环太湖地区承接良渚文化而起的广富林文化中，迄今为止发现的玉器数量极少，完全无法与良渚文化相比。在广富林遗址发现的只有简单凹弦纹的玉石琮，应是对良渚文化玉琮的继承和发展。并且，同样式样的琮也发现于海岱龙山文化、陶寺文化的分布区甚至更远的西北和西南地区，当是间接地接受了良渚文化玉器的因素。

（原载《玉润东方：大汶口－龙山·良渚玉器文化展》，文物出版社，2014年）

简论晋南地区龙山时代的玉器

玉器是中国史前文化乃至历史时期十分重要的一类社会上层文化遗存，它在中国古代文明的起源和发展过程中具有独特的意义和价值，以致有的学者提出并一直坚持着玉器时代的观点。从中国史前时期玉器的发现和分布来看，存在一个明显的特点，即面向海洋的东部地区玉器不仅出现时间较早，而且数量众多、种类丰富、工艺高超；而包括中原地区在内的西部地区则恰好相反，不仅玉器出现的时间比较晚，而且数量较少、种类单调，工艺技术也相对比较原始和落后。这种情况一直没有什么重大突破，似乎在学术界成了定论。但是近年来，陆续在陕西、甘青地区发现了一定数量的玉器，以致有的学者提出了中国存在华西系玉器的观点。但处于中心部位的中原地区玉器比较少见则是一个不争的事实。这种情况近几年开始出现一些变化，除了2005年在河南灵宝西坡仰韶文化中期墓葬中出土了少量玉器之外，近年来在山西南部地区也陆续发现数量可观的龙山时代的玉器。这些考古新发现对于我们认识中原地区玉器文化的产生和发展以及玉器在社会分层产生和发展过程的作用等，无疑具有重要的意义。

一 晋南地区史前玉器的发现及特点

晋南地区发现的玉器，主要集中于庙底沟二期文化晚期到龙山文化时期。并且比较集中地发现于以下三处遗址。

1. 陶寺遗址

位于襄汾东北7.5千米的陶寺村南，面积超过300万平方米。1978年以来，中国社会科学院考古研究所山西队进行过多次发掘，不仅揭露出层级分明、在数量上呈现金字塔结构的大型墓地，还发现了城址和大型建筑遗存[1]。基于上述发现，不少人认为陶寺遗址是一处"进入早期文明时代的华夏族群中某一方国具都城性质的大型中心聚邑"[2]。陶寺是晋南地区出土玉器最多的遗址，在第一轮发掘中，共出土玉石器1000余件，经鉴定，属于软玉系列的真玉有98件。近年来陶寺遗址进行的第二轮发掘，又发现了一定数量的玉器[3]。陶寺遗址分为早、中、晚三期，玉器基本上出自墓葬，早期主要

---

[1] 中国社会科学院考古研究所山西工作队等：《1978～1980年山西襄汾陶寺墓地发掘简报》，《考古》1983年第1期，第30～42页；中国社会科学院考古研究所山西队等：《山西襄汾县陶寺城址祭祀区大型建筑基址2003年发掘简报》，《考古》2004年第7期，第9～24页。

[2] 高炜：《陶寺文化玉器及相关问题》，《东亚玉器》第一册，香港中文大学中国考古艺术研究中心，1998年，第192～220页。

[3] 中国社会科学院考古研究所山西队等：《陶寺城址发现陶寺文化中期墓葬》，《考古》2003年第9期，第3～6页；王晓毅、严志斌：《陶寺中期墓地被盗墓葬抢救性发掘纪要》，《中原文物》2006年第5期，第4～7页；中国社会科学院考古研究所山西队等：《2004～2005年山西襄汾陶寺遗址发掘新进展》，《中国社会科学院古代文明研究中心通讯》2005年第10期，第58～64页。

见于最高等级和次高等级的大、中型墓葬之中，中晚期没有发现像早期那种高等级墓葬，玉器主要出自属于中等贵族的墓葬之中。

2. 下靳墓地

位于临汾市的西南郊区，东南距陶寺遗址仅25千米。1998年，中国社科院考古所和山西省考古所等单位在这里清理墓葬533座，分为A、B两类。其中出土玉器的均为A类墓葬，时代约当庙底沟二期文化晚期，与陶寺早期的时代大体相当。而早于A类的B类墓葬则没有发现玉器。下靳墓地发现的玉器数量较之陶寺要少，第一次发掘的53座墓葬，出土玉石器83件[1]，如果按照玉器占10%的比例，属于软玉系列的真玉不足10件。第二次发掘的480座墓葬的资料尚未公布，从发掘者宋建忠先生相关文章透露的信息看，下靳墓地出土玉器数量不多，不会超过陶寺遗址[2]。在总体特征上，下靳墓地出土的玉器与陶寺墓地基本一致。

3. 清凉寺墓地

位于山西西南部的芮城县，2003～2004年，山西省考古研究所等单位对该墓地进行了发掘，发现庙底沟二期文化时期的墓葬262座[3]。墓葬可以分为三个阶段，均属于庙底沟二期文化分期中的晚期阶段，大体与陶寺遗址早期的时代相当。从第二阶段存在不少规模较大的墓葬（其中有的甚至还有殉人，如M52）的情况看，这一墓地所代表的族群居地，至少也是一个中等级别聚落甚至一个小区域的中心。清凉寺墓地的玉器主要出自第二阶段的大、中型墓葬之中，从玉器的类别和制作工艺等方面分析，与前述的陶寺和下靳遗址有较大的相似性。

归纳以上三处遗址出土的玉器，具有以下特点：一是年代接近，基本上是处于庙底沟二期文化晚期阶段，并且可以延伸到龙山文化时期；二是相对于庞大的墓葬和随葬品数量来说，玉器的总量较少，在陶寺遗址清理的1309座墓葬中，出土玉器的数量只有98件，下靳和清凉寺两个墓地出土的玉器总量也不多，这与年代更早的红山文化和良渚文化简直不可同日而语；三是种类相对比较丰富，可分为礼玉和装饰玉两大类别，其中礼玉主要有钺（包括戚）、琮、璧、刀和圭等五类，装饰玉则有环、璜、梳、笄、珠、管等；四是在玉器中存在不同于其他区域的类别，其中最具特色的是复合环璧类，这类器物在晋南地区出现的频率较高，而在出土玉器较多的东部各大区域较为少见；五是工艺技术方面有一些突破，除了仍然沿用线切割的开料方法之外，也开始出现片切割的方法，厚度极薄的玉器占有相当比例，钻孔运用得较为普遍，既有管钻也有铤钻。

二 晋南地区龙山时代玉礼器分析

由于晋南地区龙山时代玉器的发掘资料尚未完全公布，一些基本问题如玉料鉴定及产地、加工技术和制作工艺、功能以及与社会复杂化的关系等，都没有很好地展开讨论。这里，我们仅就晋南

[1] 山西省临汾行署文化局等：《山西临汾下靳村陶寺文化墓地发掘报告》，《考古学报》1999年第4期，第163页。
[2] 宋建忠：《山西临汾下靳墓地玉石器分析》，《古代文明（第2卷）》，文物出版社，2003年，第120～137页。
[3] 山西省考古研究所等：《山西芮城清凉寺新石器时代墓地》，《文物》2006年第3期，第4～16页。

地区龙山时代玉器的来源问题做一些比较分析。

晋南地区龙山时代的玉器，以礼玉的特征最为明显。礼玉的基本种类有钺、璧、刀、琮和圭等。

1. 钺

钺是晋南地区龙山时代礼玉中数量最多的类别之一（图一）。中国史前乃至青铜时代的玉钺，可以区分为两种基本形态：一种平面近似长方形，其特点是上端略窄，下端稍宽，两端的宽度相差不大，刃部较为平直，孔较小，有的还在正孔的上下或一侧钻一个副孔，用来镶嵌异色美石；另一种是所谓"风"字形钺，器身较短较宽，上下两端的宽度相差较大，刃为中部比较突出的弧形，钺孔也显著较大。第一类钺流行的区域较广，海岱地区的玉石钺基本上属于这一类，并且也存在两种型式：一是器身修长，长宽之比接近2：1，一种是器身较短宽，长宽之比接近1：1。第二类钺则主要见于淮河中下游到环太湖地区诸新石器文化之中。

以上述两类钺的基本形制来衡量和分析晋南地区的玉石钺，可以发现，晋南地区的钺均属于第一种类型。并且，钺的大小、厚度较薄、长宽比例、钻孔位置及施钻方法等，均与海岱地区大汶口、龙山文化的同类钺极为一致（图一）。当然，钺是一种流行区域广泛、使用时间甚长的特殊器

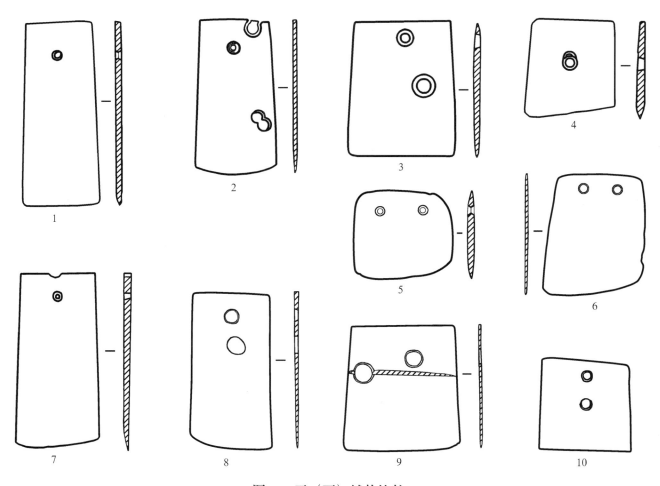

图一　玉（石）钺的比较

1、4. 下靳（M048：3、M410：1）　2、3. 陶寺（M3168：10、M3073：26）　5. 花厅（M20：13）　6. 清凉寺（M79：10）　7. 湖台（M2：3）　8、9. 丹土采集　10. 西朱封（M203：16）

物，因为功能和用途方面的同一性和相似性，不同区域产生出相同的形制也是可以理解的。所以，如果仅凭钺的形制和特点，我们可以说晋南地区的玉钺与海岱地区更为接近，但似乎还不好做出就是从大汶口文化或龙山文化中传播而来的结论。

　　此外，晋南地区还发现一种双孔的宽大石钺，双孔横排于近背端位置。如清凉寺M79∶10，长23～26.5、宽18.5～22.5厘米。同类钺在海岱地区史前遗存中也有发现，如花厅遗址M20∶13，器宽19.3厘米[1]，与清凉寺出土者相仿（图一）。类似的器物在建新遗址大汶口文化晚期墓葬中也有发现，如M47∶2[2]。

2. 刀

　　刀在晋南地区的数量不多，并且多为石质（图二）。刀的形制以近似长方形的双孔者为主，也有多孔刀存在。双孔刀的形制比较固定，为上部略窄的长条形，背部有双孔，器形较大，长度多在20～30厘米之间。说起有孔石刀，人们自然就会联想起地处皖中西南部的薛家岗文化，这里曾发现数量可观的多孔石刀，并且以奇数孔为主，最多者可达13孔。至于双孔石刀，则以海岱地区数量最多，该地区从大汶口文化开始出现长方形有孔石刀，到龙山文化时期成为主要的生产工具之一，进入岳石文化之后，刀的形制由长方形双孔演变为半月形双孔，变化的轨迹十分清晰。从主体形制上看，晋南地区的双孔石刀与海岱地区龙山文化的同类器形相同（图二）。

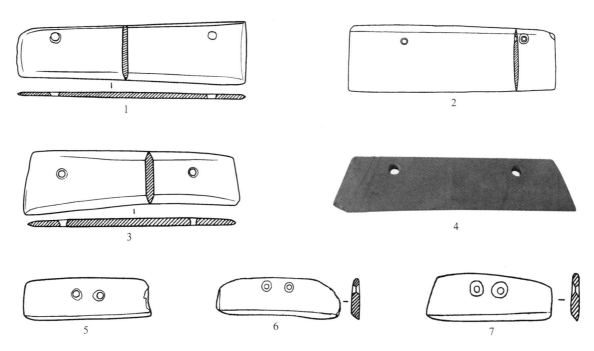

图二　玉（石）刀的比较

1. 陶寺（M3015∶49）　2、3. 下靳（M58∶1、M153∶1）　4. 莒县马鬐山采集　5. 呈子（T7∶8）　6、7. 尹家城（H532∶2、H28∶1）

---

[1]　南京博物院：《花厅——新石器时代墓地发掘报告》，文物出版社，2003年，第180、181页。

[2]　山东省文物考古研究所、枣庄市文化局：《枣庄建新——新石器时代遗址发掘报告》，科学出版社，1996年，第143、144页。

3. 璧

璧在晋南地区龙山时代玉石器中占有一定比例。目前发现的璧类器物形制存在一定差别，如果从大的方面考虑，可以区分为五型（图三）：

A型　常型璧，其中在一些损坏品（加工或使用过程中破裂）上存在钻孔缀合的现象，这种现象是早期陶器经常采用的方法，应该是针对当时比较珍贵的物品采用的方法。

B型　复合璧，系使用不同的小块玉石料分别制作，然后拼合而成，拼合的片数多少不一，少则2片，多者可达6片。

C型　方形璧，数量较少，平面近似方形，中部有大孔，下靳和清凉寺遗址都有发现。

D型　牙璧，形状以圆形者居多，也有个别近似方形者，其特点是在璧的周缘做出齿牙，有三牙和四牙之分。

E型　有领璧，在中孔的周缘有高起的领，或称为"有领环"。

A型璧是璧的主要形态，在各个地区都有发现，并且各个地区出土的璧类器物大同小异，尽管存

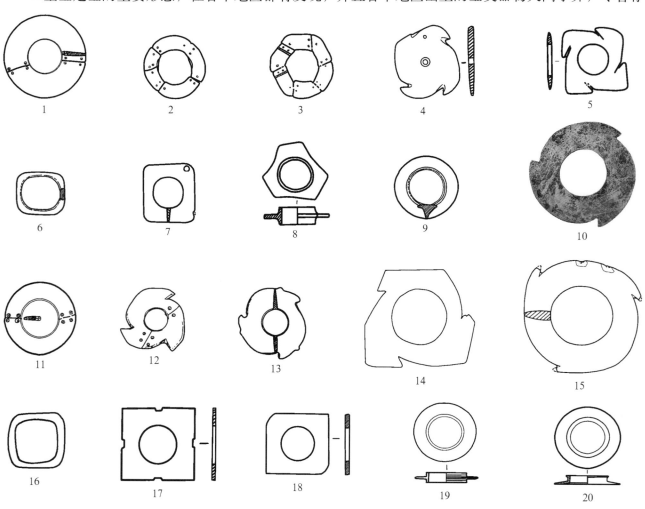

图三　玉（石）璧的比较

1、11. A型璧（下靳M145：1、大汶口M73：4）　2、3. B型璧（下靳M229：1、M483：1）　4、5、10、12～15. D型璧（下靳、清凉寺M100：7、陶寺T7464：7、四平山、三里河M113：1、丹土、司马台）　6、7、16～18. C型璧（下靳、M235：2、清凉寺M50：30、尚庄M26：4、湖台M1：1、M2：4）　8、9、19、20. E型璧（清凉寺M146：3、下靳M279：2、司马台、大汶口M13：17）　（其中20是象牙质，未标明器物号的为采集）

在一些细微的差别，但在探讨源流关系时难以据此做出结论性的意见。其中包括使用缀合的方法进行修复的现象，在燕辽地区的红山文化和海岱地区的大汶口文化中都有发现。

B型复合璧曾被有的学者作为西部地区玉器的特色加以总结。到目前为止，这种现象确实以中西部地区较为多见，而其他出土玉石璧较多的地区反而不见或较为少见。这种现象诚如宋建忠先生所说，可能是出于玉料资源的珍稀才不得已而为之[1]，久而久之，就形成了一种新的区域特色。其实，对使用或制作过程中破裂的玉器进行缀合修补，在新石器时代比较常见，海岱地区也不乏其例，如大汶口和花厅遗址都有发现，特别是花厅遗址，不少破裂的璧、环、镯类玉器都被施加了钻孔缀合技术。

C型璧尽管数量很少，但特色鲜明。这种方形璧在与中原地区有关联的新石器文化中，曾见于北方的红山文化、小河沿文化和东方的大汶口文化、龙山文化。后者如莒县杭头大汶口文化晚期墓葬[2]、临沂湖台大汶口文化末期和龙山文化初期墓葬[3]，均发现过方形玉石璧，湖台M1出土的1件方形璧，四周还有较窄的凹槽，或认为是切割自玉琮。

D型璧造型特殊，过去不少人称其为璇玑或璿玑，夏鼐先生将其定名为牙璧[4]。牙璧的延续时间很长，分布区域也比较广泛，但总体数量不多，有学者对其进行过专门研究[5]。我认为，牙璧最早产生于海岱地区的东部和辽东半岛一带，并且早期的牙璧主要是分布于这一地区，后来随着海岱系文化的向外扩散，牙璧也一起被传播到了其他地区。同时，由于以牙璧为代表的玉器组合的存在，证明了海岱地区存在着自身的史前玉器工业[6]。所以，牙璧像陶器中的鬶一样，可以作为一种指征性的器物，来辨别和判定文化扩散和传播的方向及区域。牙璧在晋南地区玉器中的数量不多，但在目前所知的陶寺、下靳和清凉寺三处遗址中均有发现，形态各具特色，但均未超出海岱地区所见的牙璧型式。

E型璧或可称为"有领环"，数量很少。从领的位置和情况看，有一面有领和两面有领之分。目前发现的几件为两面均有高起的领，如下靳M279：2和清凉寺M146：3。此类璧或环在海岱地区史前文化中曾有发现。如海阳司马台遗址和牙璧一起出土过一件有领的璧或环[7]，与下靳遗址出土的同类器形制相同，大小和孔径也基本一样。而在时代更早的大汶口遗址，曾经发现过一些用象牙制成的"有领环"，当时称为"象牙琮"[8]，或者就是这类器物的前身和来源（图三，19、20）。

4. 琮

琮在晋南地区龙山时代玉器中的数量不多，仅见于陶寺和清凉寺墓地，前者发现13件，分别出自13座墓葬。众所周知，琮是良渚文化最具代表性的玉器类别，在良渚文化中，玉琮一般只见于高等级的墓葬之中。与其不同，晋南地区的琮类器物，有相当部分是石质而非玉，并且在陶寺墓地中

[1] 宋建忠：《山西临汾下靳墓地玉石器分析》，《古代文明（第2卷）》，文物出版社，2003年，第131页。
[2] 山东省文物考古研究所等：《山东莒县杭头遗址》，《考古》1988年第12期，第1061页。
[3] 临沂市博物馆：《山东临沂湖台遗址及墓葬》，《文物资料丛刊·10》，文物出版社，1987年，第16～21页。
[4] 夏鼐：《所谓玉璿玑不会是天文仪器》，《考古学报》1984年第4期，第403～410页。
[5] 安志敏：《牙璧试析》，《东亚玉器》第一册，香港中文大学中国考古艺术研究中心，1998年，第37～44页。
[6] 栾丰实：《牙璧研究》，《文物》2005年第7期，第69～81页。
[7] 王洪明：《山东省海阳县史前遗址调查》，《考古》1985年第12期，第1062页。
[8] 山东省文物管理处、济南市博物馆：《大汶口——新石器时代墓葬发掘报告》，文物出版社，1974年，第102页。

主要见于晚期和三类墓葬。所以，琮在北方已经失去了其在良渚文化中原有的意义和地位（图四，1～3、7）。

晋南地区发现的琮类器物，在整体形制上与良渚文化没有太大差别，只是造型更加简单化，复杂的纹样也消失了，不少变成了素面，有纹饰者也只是一些最简单的凹弦纹之类，象征着人面和兽面的圆圈和长条孔均已消失。这种样式的琮在良渚文化中并没有发现，而只是见于海岱地区大汶口文化末期到龙山文化时期（图四，1）。所以，不排除晋南地区这种玉石琮有来自海岱地区的可能性。

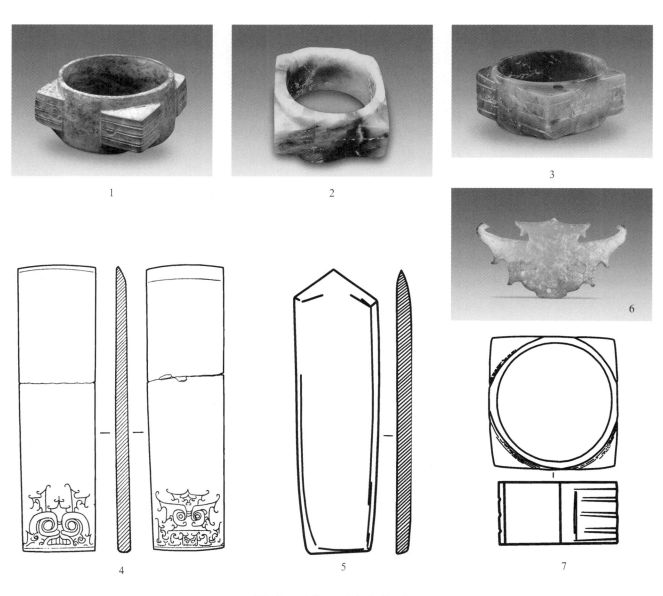

图四　玉琮、玉圭和兽面

1～3、7. 琮（丹土采、清凉寺M52：1、陶寺M3168：7）　4、5. 圭（两城镇采、陶寺M1700：3）　6. 兽面（陶寺M22：135）

5. 圭

圭的数量更少，形制为平首和尖首两种。平首圭在海岱龙山文化已有发现，日照两城镇发现的一件，正反两面各刻有纤细的兽面纹，最初发表时称之为锛，后来多数人认为应是圭[1]，类似的圭也见于其他遗址和部分博物馆的藏品之中。圭的祖型来自于钺类器物，而晋南地区也发现有类似于圭的钺，即长条形钺。至于陶寺遗址发现的2件尖首圭，当是目前该类器物的最早形态，值得注意（图四，4、5）。

6. 其他

陶寺墓葬还出土了1件玉兽面（图四，6）和3组璜形玉佩[2]。玉兽面的造型与两城镇遗址早年采集的玉圭图像上部相同，与西朱封M202出土的冠状玉饰也较为相似。应该说，这类图案均与良渚文化的同类图像有关。但到了龙山文化时期，良渚文化消失了，从距离上说，晋南地区与海岱地区更为接近，并且两个地区之间还存在着许多其他方面的联系。同时要指出的是，海岱地区同类图案不仅见于玉器，而且也发现于较薄的黑陶之上，如两城镇遗址等就有发现[3]。所以，我认为如果这种兽面玉器不是当地文化的构成因素，那么它有可能与海岱龙山文化的同类器物或纹样存在着源流关系。当然，也有学者认为其来自长江中游地区的石家河文化。陶寺发现的有扉齿的玉璜，就扉齿的基本形制而言，与后来二里头文化的同类扉齿完全相同，这类扉齿装饰，最早也是出现于海岱地区大汶口文化晚期到龙山文化时期。

综上所述，晋南地区发现的龙山时代礼器类玉器中，牙璧应该是来自海岱地区的大汶口－龙山文化，而钺、方形璧、有领璧（或环）、琮、圭和玉兽面等，也与东方同期或略早的文化存在着密切关系，所以也很有可能是来自东方。此外，海岱地区大汶口－龙山文化时期还有一种比较重要的玉石器，即玉石璋，以往一般称为牙璋，我们推测在晋南地区也应该存在，这需要在以后的工作中加以注意。

三　与文化因素扩散和传播相关的几个问题

1. 关于扩散和传播的路线问题

海岱地区大汶口－龙山文化时期发现的玉器，以东部沿海地区为多，如出土玉器比较集中的日照两城镇、五莲丹土、胶州三里河、临朐西朱封等遗址，其所在位置明显偏东（图五）。如果像前面所说，晋南地区龙山时代玉器中的一部分可能来源于海岱地区，那么，两者之间联系的通道和路线在哪里呢？

其实，海岱地区与中原地区之间很早就开始了文化上联系，如果暂不考虑时代更早的旧石器时代，在农业产生以来的新石器时代，两个地区的文化联系和交流可以上溯到目前所知比较早的裴李岗文化时期。至于两个地区交流的通道和联系路线，由于黄河的阻隔，我们认为至少存在着南北两条途径。

南线是沿着苏北－鲁南－皖北－豫东－豫中的方向前进，甚至可以到达更为遥远的区域。在早

[1] 刘敦愿：《记两城镇遗址发现的两件石器》，《考古》1972年第4期，第56、57页。
[2] 中国社会科学院考古研究所山西队等：《陶寺城址发现陶寺文化中期墓葬》，《考古》2003年第9期，第5、6页。
[3] 刘敦愿：《日照两城镇龙山文化遗址调查》，《考古学报》1958年第1期。

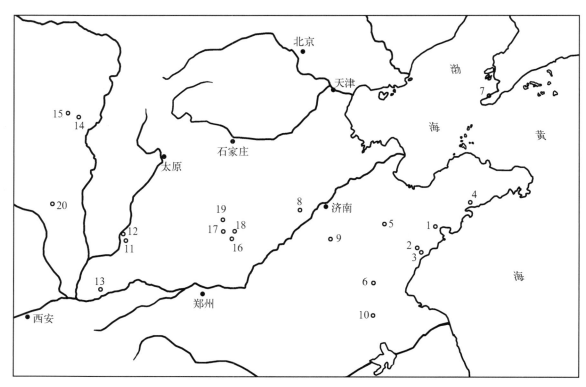

图五　黄河中下游龙山时代出土玉器及相关遗址分布略图

1. 三里河　2. 丹土　3. 两城镇　4. 司马台　5. 西朱封　6. 湖台　7. 四平山　8. 尚庄　9. 大汶口　10. 花厅　11. 陶寺　12. 下靳　13. 清凉寺　14. 石峁　15. 新华　16. 白营　17. 后冈　18. 大寒　19. 下潘汪　20. 芦山峁

期阶段，以贾湖为代表的裴李岗文化遗存在东方海岱地区屡有发现，如墓葬中使用龟甲和兽牙，以狗殉葬，陶器中的鼎、小口双耳罐等因素。到了仰韶文化阶段，这一联系得到了明显加强，至龙山时代，东方对西方的影响达到了前所未有的水平，除了中间有短暂的弱势时期，向西的文化扩散和影响一直持续到夏商时期。这一长时段的文化交流，主要是通过了南侧的路线，即沿着淮河北侧支流西进。因此，在豫东甚至豫中地区留下丰富的来自东方大汶口－龙山文化遗存，这些考古遗存成为两个地区之间文化交流和扩散的重要证据。从目前东西方文化联系的情况看，这一途径是两地交流的主线路[1]。

　　北线的证据较之南线要薄弱一些。较早的磁山文化时期，在海岱地区偏西部的个别遗址中曾发现带足的石磨盘，因为在当地的后李文化中不曾发现同类器物，所以有可能是从西部不远的磁山文化交流而来。后冈一期文化（相当于海岱地区的北辛文化中晚期）阶段，在聊城和济宁地区的部分遗址中发现有重唇口圜底罐、刻纹鼎足等典型的后冈一期文化的因素。而大司空类型典型的横"S"形彩陶纹饰也在同时期的大汶口文化遗存中出现过。这些现象都表明两个地区存在着文化上的联系。到了龙山文化时期，我们看到了相反的情况，即东方的龙山文化因素向西越过黄河，到达豫北和冀南地区，像汤阴白营、安阳后冈和大寒、磁县下潘汪等遗址，都发现过典型的龙山文化遗物[2]（图五）。所以，龙山文化确实有过沿着泰沂山北麓一线向西发展的历史记录。

---

　　[1]　栾丰实：《试论仰韶时代东方与中原的关系》，《考古》1996年第4期，第45～58页；栾丰实：《文化交汇与夷夏东西》，《郑州大学学报》，2005年第2期，第10、11页。

　　[2]　栾丰实：《论城子崖类型与后冈类型的关系》，《考古》1994年第5期，第435～442页。

分析以上两条东西联系的路线和途径，在中原地区发现的证据不多的情况下，我们倾向于晋南地区出现的东方因素是循着北线而来的。

2. 关于其他共有的文化因素

除了玉器之外，晋南地区还存在一些与海岱地区相同或相近的文化因素。如陶寺遗址曾发现过背壶等器物[1]。背壶是大汶口文化指征性器物，海岱地区以外极为罕见，这类器物在晋南地区出现，表明两地的文化联系并不局限于玉器。由于陶寺的发掘资料尚未系统发表，目前还难以就陶器方面的联系做出详细分析。

晋南地区和海岱地区都在墓葬中发现有鳄鱼骨板，两地鳄鱼骨板的放置也基本相同。如陶寺遗址的一些大墓里发现有木鼓，并且在鼓腔里散落有数量不等的鳄鱼骨板和低温烧成的陶质小圆锥体。发掘者高炜先生认为这就是文献中记载的"鼍鼓"[2]。鳄鱼骨板在清凉寺遗址也有发现，只是数量不多，有的发现于陶器之内，发掘者认为拥有鳄鱼骨板的墓葬在墓地中属于等级较高者[3]。与陶寺基本相似的情况在海岱龙山文化中也有发现，如泗水尹家城遗址最大的一座墓葬M15，在内外椁之间和棺椁之间，共发现了130余片鳄鱼骨板，并分三堆放置，其中相近的两堆中间还有50个低温烧制的陶质小圆锥体[4]，与陶寺的发现十分相似。从现场情况看，应该也是鼍鼓的遗留。时代更早的大汶口文化晚期，也有类似的发现。如大汶口墓地最大的墓葬M10之内，也发现有84块鳄鱼骨板，在椁外分两堆放置[5]。

人为扰乱大、中型墓葬的社会现象，在晋南地区和海岱地区的龙山时代均有所发现。晋南地区的陶寺、下靳和清凉寺三处等级较高的遗址，墓葬被扰乱的现象较为多见，并且扰乱的多为大、中型墓葬。如陶寺公布资料的2座大型墓葬M3015和ⅡM22，均被严重扰乱过。下靳墓地规模稍大一些的墓葬均被扰乱，墓内人骨散乱不全，随葬品也所剩无几。清凉寺墓地的大、中型墓葬主要发现于第二阶段，几乎悉数被扰乱。发掘者认为，扰乱这些墓葬的时间当为死者下葬不久，或者说当时地面上还留有类似于封土的标志，这样才会出现掘墓者对墓位的把握十分精确的现象。作为一个旁证，是清凉寺M52中死者尸体尚未完全腐烂时就被扰乱，所以才能够被完整地翻转，由此推测其扰乱时间不会距离下葬太久。人为地扰乱大型墓葬的情况在海岱龙山文化中也有发现。如泗水尹家城遗址发现的65座龙山文化墓葬，等级差别十分明显，从墓室的大小、棺椁的有无和随葬品的质量、数量看，至少存在着四个以上的等级。其中具有一椁一棺的4座墓葬中，有3座被后期扰乱，另外1座被扰乱的墓葬也是一棺墓中最大的。这些被扰乱的墓葬有一个共同特点，就是所扰乱的墓室的位置十分准确，即对准墓葬内棺室的一端向下挖。发掘时我们就推定可能当时有墓上标志指示，所以才能找得如此之准确。此外，唯一的1座重椁一棺墓和余下的1座一椁一棺墓，人骨不全，或只有头骨，或只有肢骨[6]。这种现象显然与当时社会矛盾严重激化有密切关系。至于两个地区为什么大体在

［1］　中国社会科学院考古研究所山西工作队等：《山西襄汾县陶寺遗址发掘简报》，《考古》1980年第1期，第18～31页。
［2］　中国社会科学院考古研究所山西工作队等：《1978～1980年山西襄汾陶寺墓地发掘简报》，《考古》1983年第1期，第30～42页。
［3］　山西省考古研究所等：《山西芮城清凉寺新石器时代墓地》，《文物》2006年第3期，第12、14页。
［4］　山东大学历史系考古专业教研室：《泗水尹家城》，文物出版社，1990年。
［5］　山东省文物管理处、济南市博物馆：《大汶口——新石器时代墓葬发掘报告》，文物出版社，1974年。
［6］　山东大学历史系考古专业教研室：《泗水尹家城》，文物出版社，1990年。

同时出现这些现象，值得深思。

使用绿松石片镶嵌技术来点缀和制作器物，本来是海岱地区大汶口、龙山文化时期较为流行的做法。大汶口文化时期，就出现使用绿松石镶嵌钺的副孔和骨牙雕筒外壁上小孔的现象。进入龙山文化以后，镶嵌的类别又有新的发展。西朱封龙山大墓里曾发现过成堆的绿松石小薄片，如M202在头部左侧发现了980多片绿松石薄片，M203也发现绿松石薄片95片[1]。这些绿松石薄片放置在一起，被认为是粘贴在某些有机质物件上的，只是由于有机质的腐烂而导致绿松石薄片脱落。日照两城镇遗址的M33，是1999～2001年发掘期间发现的最大的一座墓葬，有一椁一棺，墓主是一名身高185厘米的成年男性，其左前臂偏下部有一片呈椭圆形分布的绿松石薄片，应是腕饰一类[2]。以上几种情况近年来在晋南地区都有发现，如有的玉钺存在副孔，可能是镶嵌绿松石一类装饰之用，同样的装饰在下靳玉璧上明确存在。下靳M76墓主的右侧手腕上发现一镶嵌绿松石的宽带状手镯，与两城镇的发现如出一辙，而同类饰物在下靳M136也有发现[3]。这种绿松石镶嵌技术和习俗在晋南地区当地似乎找不到来源，可能与海岱地区存在联系。

3. 与陕北地区同类遗存的关系

引人注目的是，数十年来在陕北地区的部分遗址中也出土了数量可观的玉器，其时代与晋南地区的玉器时代相当或略晚。就目前所知，陕北地区发现的玉器主要集中在三个遗址，即石峁、芦山峁和新华（图五）。

（1）石峁遗址

位于陕西东北部的神木县，时代为龙山文化，下限年代或可晚到二里头文化时期。自20世纪前期以来，这里就陆续出土玉器，据陕西省考古研究所的戴应新先生估计，历年来石峁出土的玉器总数有近千件之多，除了被作为玉料毁坏的之外，余者散落于海内外各博物馆，其中以陕西省历史博物馆收藏最多。石峁玉器的种类较多，其中以璋、刀、钺等器形为主，也发现过几件牙璧[4]。

（2）芦山峁遗址

位于延安市北郊，20世纪60年代以来，在这里陆续发现早期玉器，器形主要有钺、刀、璧、琮等[5]。芦山峁发现的玉器与石峁有诸多相似之处，如器形基本一致，并且一些主要器形如钺、刀、璧等的形制也基本相同，并且这里还发现有与晋南地区相同的复合璧。

（3）新华遗址

亦在神木县，位于石峁遗址的西面，两地相距不远。1987年发现该遗址以来，陕西省考古研究所等单位先后进行过数次调查和发掘，出土和采集玉器数十件。玉器的器形以钺和刀为大宗[6]。新华

[1] 中国社会科学院考古研究所山东工作队：《山东临朐朱封龙山文化墓葬》，《考古》1990年第7期，第587～594页。

[2] 中美两城地区联合考古队：《山东日照市两城镇遗址1998～2001年发掘简报》，《考古》2004年第9期，第9～18页。

[3] 下靳考古队：《山西临汾下靳墓地发掘简报》，《文物》1998年第12期，第4～13页。

[4] 戴应新：《陕西神木县石峁龙山文化遗址调查》，《考古》1977年第3期，第154～157页；戴应新：《神木石峁龙山文化玉器》，《考古与文物》1988年第5、6期合刊，第239～250页；戴应新：《神木石峁龙山文化玉器探索》，《故宫文物月刊》125～130，1992、1993年。

[5] 姬乃军：《延安市发现的古代玉器》，《文物》1984年第2期，第84～87页；姬乃军：《延安市芦山峁出土玉器有关问题探讨》，《考古与文物》1995年第1期，第23～29页。

[6] 陕西省考古研究所等：《神木新华》，科学出版社，2005年。

遗址出土玉器与石峁遗址的同类器基本一致，应属于同一时代和同一文化的遗存。

陕北地区出土的玉器，种类以刀、钺、璋为大宗，也有璧、琮和圭等，从总体特征上看，陕北地区的玉器与晋南地区发现的玉器有许多共同之处：首先两地的钺均有窄长型和宽短型两类，存在少量有副孔的现象。其次，刀的形制相似，均有双孔刀和多孔刀，只是陕北多孔刀的数量较多，双孔刀较少，如果进一步比较，还可以发现陕北多孔刀的形制与二里头遗址的多孔刀十分相似，或可认为陕北的多孔刀的时代要晚于晋南地区的双孔刀。第三，两地均发现有牙璧，陕北所见均为三牙，而晋南地区除了三牙之外还有四牙者，形式更为复杂。第四，两地均有琮类器物。此外，芦山峁遗址发现的一件"V"字带把石刀，也与陶寺、下靳遗址出土的同类刀相同。故已有学者指出两地区的玉器之间"有一定渊源关系"[1]，我们赞同这种看法。过去，我在探讨大汶口文化的族属时曾指出过，石峁发现的玉器与海岱龙山文化的同类器相同，并认为它们之间存在渊源关系[2]，现在晋南地区发现玉器的遗址数量不断增多，并且在内涵上也与海岱地区有诸多相似之处，那么，晋南地区在联结海岱地区和陕北地区之间的联系方面显然起到了桥梁的作用。

（原载《文物》2010年第3期）

---

[1] 宋建忠：《山西临汾下靳墓地玉石器分析》，《古代文明（第2卷）》，文物出版社，2003年，第136页。

[2] 栾丰实：《太昊和少昊传说的考古学研究》，《中国史研究》2000年第2期，第7、8页。

二里头遗址出土玉礼器中的东方因素

二里头文化在国内是被多数人认为已经进入国家阶段的考古学文化，仔细分析二里头文化的文化因素构成，可以发现其包含着来自四面八方不同区域文化的文化因素。二里头遗址是二里头文化中等级最高的具有都城性质的遗址，由于经过长期较大面积的发掘，文化内涵揭示得较为充分，这里多种文化因素汇集的现象表现得更为清晰和明显[1]。二十多年以前，邹衡先生曾经指出，夏文化中最主要的礼器——鬶、爵、鸡彝、瓦足皿，"大都来自东方，或者同东方有着密切的关系"[2]。二里头遗址发掘报告出版之后，我也曾从陶器和石器的角度，对二里头遗址中来自东方的文化因素进行过讨论[3]。其实，二里头遗址中的东方文化因素表现在社会的各个层面和方面，作为社会上层精神文化的载体之一——玉礼器，其东方色彩更为浓厚。

二里头遗址发现的玉器超过100件（不包括绿松石等[4]），已公开发表的有80多件。玉器的种类主要有礼仪用器、装饰用器两大门类，其中多数出自墓葬之中[5]。分析这些玉器的来源，对于理解二里头文化的文化因素构成及其来源、礼仪活动的内容、中国早期国家的多元一体结构等，均具有重要的价值和意义。

钺、戚、刀和璋四类大型礼仪玉器，是二里头遗址出土玉器中的重器，虽然目前发现的数量不多，但在二里头文化中占有重要地位。这四类玉器，均可以在时代更早的东方史前文化中找到来源。以下分而述之。

一　玉钺

二里头遗址发现的玉钺数量不多，共4件，其中二件出自地层，一件出自灰坑，一件出自墓葬。均属于三期。按钺的形制，分为两型。

A型　长方形或梯形直刃钺，单孔或双孔。标本80M3：3，乳白色，平面为略短的梯形，近背部上下竖排两孔，其中下面的孔内嵌绿松石，长9.2、宽9.4厘米[6]（图一，3）。文化层内出土的部分

---

[1] 中国社会科学院考古研究所：《偃师二里头——1959～1978年考古发掘报告》，中国大百科全书出版社，1999年。

[2] 邹衡：《试论夏文化》，《夏商周考古学论文集》，文物出版社，1980年，第165页。

[3] 栾丰实：《二里头遗址中的东方文化因素》，《华夏考古》2006年第3期。

[4] 二里头遗址发现的绿松石饰品较多，最有名的就是出土的几件镶嵌绿松石的铜牌饰，此外，也有在玉器上镶嵌绿松石的现象。镶嵌和粘贴绿松石是东方居民的文化传统，这一技术在东方出现得比较早，至迟在龙山文化前期就已经较为成熟。粘贴绿松石片的做法见于西朱封遗址，M202内人骨头部有绿松石薄片900余片，M203也有90多片。2000年日照两城镇遗址的发掘，在一座较大的墓葬中也发现成一定形状排列的大量小绿松石薄片。这些绿松石片当是粘贴在某种有机质物品上，其腐烂后导致绿松石片散落。而镶嵌绿松石的现象在大汶口、龙山文化中均有发现，以下文中将提到这一问题。

[5] 陈雪香：《二里头遗址墓葬出土器探折》，《中原文物》2003年第3期，第24页。

[6] 中国社会科学院考古研究所二里头队：《1980年秋河南偃师二里头遗址发掘简报》，《考古》1983年第3期，第203、204页。

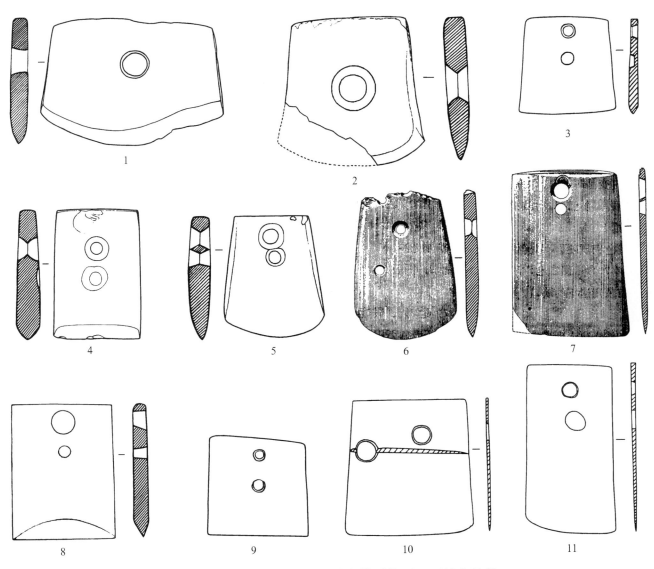

图一 二里头遗址与海岱地区史前时期玉、石钺之比较

1~4. 二里头（H223：2、Ⅱ·VT109④：26、80M3：3、ⅣT5⑤A：13） 5. 王因（M160：1） 6、7. 大汶口（M12：6、M25：9）
8、9. 西朱封（采集、M203：16） 10、11. 丹土（采集）

残破玉钺，多数属于此型。此外，在二里头遗址发现一部分类似的石钺，如属于三期的ⅣT5⑤A：13，为近长方形单孔（另一孔未穿透）石钺（图一，4）。

B型 近风字形弧刃钺，单孔较大。标本H223：2，一角略残，扁梯形，弧刃，长9.9、宽12.8~14.9厘米（图一，1）。同时，在发现的石钺中也有相同类型者，如一期的Ⅱ·VT109④：26，大孔居中，弧刃（图一，2）。

在许多考古文献中，斧、钺、铲的称呼混用，其实三者形制差别十分明显，也极易区分。斧为厚身，无孔，双面刃（正锋）；钺为扁薄体，有孔，双面刃（正锋）；铲为薄体，无孔，单面刃（偏锋）。它们在形制上的这种差别与其功能密切相关[1]。

---

[1] 栾丰实：《试论新石器时代石器的定名及其用途》，《纪念山东大学考古专业创建20周年文集》，山东大学出版社，1992年，第83~85页。

　　钺类器具最早出现于太湖地区的马家浜文化，与其时代相当的海岱地区北辛文化中也有少量发现。大汶口文化早期和崧泽文化开始，钺逐渐成为东方新石器文化石器和玉器的一种重要器形。从形制上看，南北不同地区钺的形制差别比较明显，北部海岱地区流行近长方形近直刃钺，南部太湖地区和江淮之间一带则盛行器身宽短、单孔较大、刃部显著外弧的风字形钺。这样看来，二里头石器中的A型钺与海岱地区流行的风格一致，而B型钺则与太湖地区的常见形制接近。

　　二里头遗址的A型双孔玉钺，近似于海岱系玉器中的同类钺。诚如不少学者所指出的那样[1]，山东临朐西朱封遗址龙山文化大墓出土的一件玉钺（M203：16）[2]，从颜色到形制，与二里头的A型玉钺甚为相同。

　　二里头遗址的玉钺中具有在钺身上穿双孔的现象和用绿松石圆饼镶嵌其中一孔的装饰手法。这两种现象在海岱地区新石器文化中有着悠久的历史传统。

　　双孔钺在大汶口文化早期就已开始出现，之后一直持续不断[3]。如属于大汶口文化早期偏早期的王因遗址，就发现有双孔石钺（图一，5）。大汶口文化中期，双孔甚至多孔钺的数量开始增多，如大汶口墓地M12：6，其上至少有四个穿孔，除了正中的一个略大，可能是用于缚柄之外，近一侧边缘的小孔，虽然没有发现镶嵌实物，但如果按照后来发现的实例推断，显然是作为镶嵌装饰之用（图一，6）。大汶口晚期，不仅有石质双孔钺，如大汶口（图一，7）和陵阳河遗址的发现，也出现了玉质的双孔钺，如花厅M50：10[4]。龙山文化时期，双孔玉石钺也较为常见，如丹土遗址出土的玉钺，至少有三件为双孔（图一，10、11）。两城镇遗址也采集到双孔玉钺等[5]。而西朱封大型墓葬M203出土的三件玉钺中，有两件穿有双孔（图一，8、9）。大汶口文化晚期以来的发现表明，双孔玉石钺均出自等级较高的中心遗址的大型墓葬之中，大汶口、花厅、陵阳河、西朱封等遗址莫不如此，其功能和性质是十分明确的。

　　镶嵌绿松石的技法，至少从大汶口文化晚期开始就较为流行，例如：在大汶口文化晚期骨牙雕筒的器壁圆孔中，发现多例镶嵌绿松石的现象。如大汶口M4：1骨雕筒，出土时还有五个圆孔中镶嵌有绿松石圆饼[6]；五莲丹土遗址出土的一件玉钺，正中上部和一侧的中部各穿一孔，侧边的圆孔中镶嵌有一枚短柱状绿松石[7]，其时代约属于大汶口文化末期到龙山文化早期；两城镇遗址玉坑出土的一件玉钺，除中部偏上部位穿一孔外，在孔的一侧上方还有两孔，每孔内各镶嵌一枚黑石（可能为绿松石）[8]。西朱封遗址M202出土的形似玉佩的透雕冠饰，两面镶嵌有4颗绿松石圆饼[9]。二里头遗址与东方大汶口、龙山文化的这种镶嵌绿松石的技法如出一辙，两者显然存在传承关系。

　　[1]　杜金鹏：《论临朐朱封龙山文化玉冠饰及相关问题》，《考古》1994年第1期，第61、62页；邵望平：《海岱系古玉略说》，《中国考古学论丛——中国社会科学院考古研究所建所40年纪念》，科学出版社，1993年，第131～141页。
　　[2]　中国社会科学院考古研究所山东工作队：《山东临朐朱封龙山文化墓葬》，《考古》1990年第7期，第594页，图版贰，1。
　　[3]　应该指出的是，在玉石钺上穿双孔的现象，其他地区也有发现。
　　[4]　南京博物院：《花厅——新石器时代墓地发掘报告》，文物出版社，2003年，第172页，图一六五，2。
　　[5]　标本现存于山东日照市博物馆。
　　[6]　山东省文物管理处、济南市博物馆：《大汶口——新石器时代墓葬发掘报告》，文物出版社，1974年，第101、102页。
　　[7]　杨波：《山东五莲县丹土遗址出土玉器》，《故宫文物月刊》158，1996年，第89页。
　　[8]　刘敦愿：《有关日照两城镇玉坑玉器的资料》，《考古》1988年第2期，第122页。
　　[9]　中国社会科学院考古研究所山东工作队：《山东临朐朱封龙山文化墓葬》，《考古》1990年第7期，第591页。

二　戚

戚是特指两侧边缘有扉齿的钺，所以，戚也是广义的钺的一种。此外，新石器时代还出现一种较宽的齿刃的钺，这种形态后来经常见于戚，成为一种独具特色的器类。

二里头遗址已公布资料的9件玉戚（其中二件残）和一件石戚，多数出自墓葬之中。二里头遗址出土玉戚的共同特点是，整体呈钺形，两侧边各有两组（每组三齿）对称的扉齿，按其形制又可分为三型。

A型　完整或近似完整者2件。形状近似长方形，刃部平或微弧，孔较小且位于近背部，侧边各有两组对称的扉齿。标本82M4：5，二里头二期，背部残，残长7.6、刃部宽7.7厘米（图二，2）；标本ⅦKM7：2，二里头四期，长11.2、刃部宽6.8厘米（图二，1）。标本Ⅲ采：11石钺属于此型，背部一角残，长13、刃部宽9.7厘米（图二，3），报告定为二里头四期，从两侧扉齿的型式看，时代应略早一些。

B型　1件（81M6：1），二里头三期。器体宽短，平面呈风字形，齿状外弧刃，单孔较大位置近中部。长21、刃部宽23厘米（图二，7）。

C型　3件。璧形戚，近似圆形，圆弧形背，齿状外弧刃，特大型孔居中，大小相若，长度均在10厘米左右。标本ⅥKM3：13和M5：1，属于二里头三期；标本84M11：5，属于二里头四期（图二，4～6）。整体考察之，C型戚有可能是由璧改制而成。

从总体形制上观察分析，A、B型戚应是A、B两型玉石钺的发展或变体，据此推测，它们当有着相同的功能。C型戚的形状特殊，从圆孔大小和位置以及背、刃部弧线与孔中心的关系看，这一类戚很有可能是由璧改制而成。加之圆孔太大和背部为圆弧形，从而不适合于像普通型钺那样缚柄，所以，其可能兼有戚和璧两者的功能。

追寻二里头遗址玉石戚的渊源，除了整体形制之外，应该重点考虑戚的两个特殊因素，一是扉齿装饰的产生和发展，二是齿刃形态在有刃器上的运用。

先分析扉齿。所谓扉齿，是指在器物外表剔地雕出的齿牙状装饰，多成组有规律的排列。扉齿工艺产生于新石器时代晚期，但在工具和武器中使用得不多。扉齿装饰以大汶口文化晚期和龙山文化时期的玉器之上发现较多。在临朐西朱封遗址出土的龙山文化玉器上，至少有三类器物采用了扉齿装饰：如在牙璧三个大牙之间平缓的部位，分别雕出简单的齿牙，这种齿牙是商周时期牙璧上扉齿的祖型；再如西朱封M202出土的冠状透雕周边和玉簪体部外表，分别雕出了形状完整的扉齿装饰[1]；在五莲丹土遗址，不仅发现了最早的明确带有扉齿的玉戚，扉齿位于戚之两侧边的上部，左右对称，各有三组，上下两组均为两个凸出的齿，中间一组则为三齿（图二，8）[2]，其形态比较稚拙，当属早期形态。而且，丹土遗址发现的三件牙璧中，有两件出现简单的扉齿。此外，大汶口文化末期至龙山文化时期的玉石璋上也出现了扉齿装饰。二里头遗址玉器上的扉齿装饰，主要见于玉石戚，刀和璋上也有发现，通常是在相对的两侧边成组出现，每组齿牙有两个一组和三个一组之

[1]　山东省文物考古研究所等：《山东临朐县史前遗址普查简报》，《海岱考古（第一辑）》，山东大学出版社，1989年，第205页；中国社会科学院考古研究所山东工作队：《山东临朐朱封龙山文化墓葬》，《考古》1990年第7期，图版贰，1、3。

[2]　杨波：《山东五莲县丹土遗址出土玉器》，《故宫文物月刊》158，1996年，第84、85页。

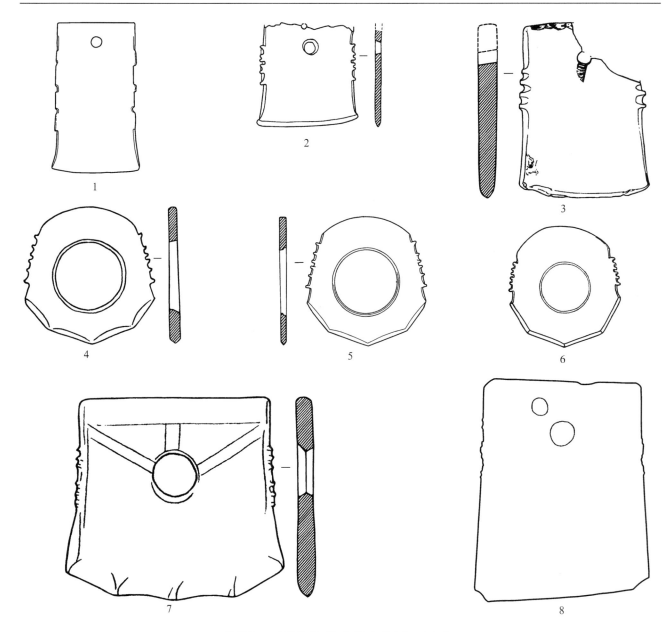

图二　二里头和丹土出土的玉、石戚

1~7. 二里头（ⅦKM7：2、82M4：5、Ⅲ采：11、ⅧKM5：1、ⅥKM3：13、84M11：5、81M6：1）　8. 丹土（采集）

分，戚类器物一般为三个一组，而刀和牙璋则多为两个一组。二里头及其以后时期同类器形上的扉齿装饰显然来源于大汶口、龙山文化的同类装饰方法。所以，上述A型戚当与大汶口、龙山文化的同类器之间存在着明确的传承关系。

　　再讨论齿刃的问题。这里所说的齿刃，系指把工具或武器的刃部做成宽大的齿状刃。齿状刃部的工具最早见于裴李岗和磁山文化的齿刃石镰，不过这一时期的齿刃均为细密的锯齿状，与后来玉戚上的宽大齿刃不同。目前所见最早的宽大齿刃是在大汶口文化早期，如王因遗址第2层出土的一件大型石钺，刃部有意识做成了三齿状，三个齿之间则形成两个较宽大的弧刃[1]（图三，1）。时代为

　　[1]　中国社会科学院考古研究所：《山东王因——新石器时代遗址发掘报告》，科学出版社，2000年，第86页。

大汶口文化晚期的莒县大朱家村遗址，采集到一件四齿三弧刃的石钺[1]（图三，2）。到龙山文化时期，在临朐西朱封遗址发现一件形体较大的五齿四弧刃玉钺[2]（图三，3）。这些发现表明，虽然齿状刃器具的数量不多，但在海岱地区出现较早，并且一直延续下来，应是东方史前文化玉石器的一个重要特征。

综上，二里头遗址以扉齿和齿状弧刃为特征的玉石戚的产生，当与东方史前文化中的这两类工艺传统存在着密切的关系。

图三　大汶口、龙山文化的齿刃钺
1. 王因（T202②∶1）　2. 大朱家村（采集）　3. 西朱封（采集）

三　刀

与新石器时代的发现相同，二里头遗址出土的玉、石刀也主要有两大类：一类是长方形或小半圆形直刃刀，个体较小，长度一般在10厘米之内，长宽比例约为2∶1，单面刃（偏锋），单孔居多，也有双孔者，基本上采用石质材料做成，这一类刀通常认为是用于收获的工具；另一类是个体较大，整体略呈梯形，三孔或有更多的孔，这一类刀均采用较薄的玉材制成，无使用痕迹，显然不是实用器，其均出自中心聚落遗址的大、中型墓葬，当是作为身份和地位象征的礼仪用器。下面着重分析讨论具有礼器性质的玉刀。

二里头遗址的玉刀发现数量不多，已公布的共有六件。从形制特征看，六件玉刀可以分为四型。

A型　1件（82M5∶1），属二里头三期。平面呈梯形，器体宽大，两侧边偏下各有一组对称的扉齿，近背部等距穿三孔。长22～26、宽11.5厘米[3]（图四，1）。

B型　3件。平面呈窄梯形，器体长而窄，两侧边或有扉齿，近背部有孔。标本ⅢKM1∶1，属二里头三期，素面，背部等距穿3个小圆孔，背长46.5、刃长52.3、宽9厘米[4]（图四，3）；标本

　　[1] 苏兆庆等：《莒县文物志》，齐鲁书社，1993年，第167页。

　　[2] 山东省文物考古研究所等：《山东临朐县史前遗址普查简报》，《海岱考古（第一辑）》，山东大学出版社，1989年，第205页。

　　[3] 中国社会科学院考古研究所二里头队：《1982年秋偃师二里头遗址九区发掘简报》，《考古》1985年第12期，第1092、1093页。

　　[4] 原报告记述为背长40.2、刃长52.3、宽9.8～10厘米，经核对插图尺寸，背长46.5厘米，宽度约为9厘米，或文中描述尺寸有误，或测绘有误，现暂以插图为准。参见中国社会科学院考古研究所：《偃师二里头——1959～1978年考古发掘报告》，中国大百科全书出版社，1999年，第249、250页。

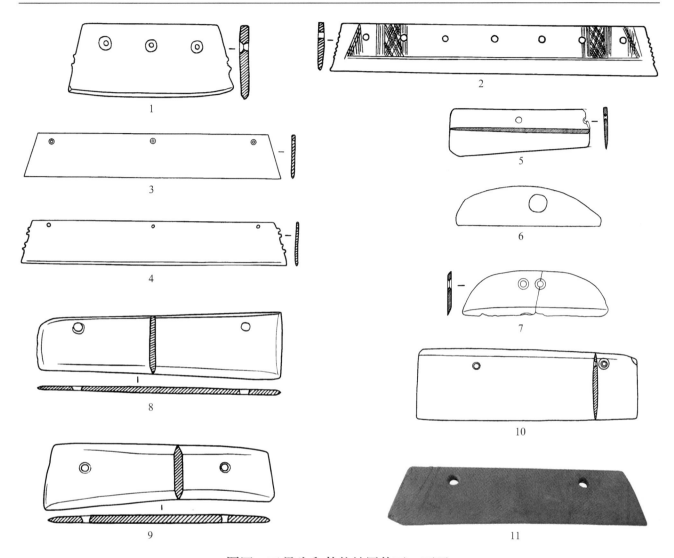

图四　二里头和其他地区的玉、石刀

1～6. 二里头（82M5：1、ⅦKM7：3、ⅧKM1：1、87M57：9、84M11：4、87M57：10）　7. 两城镇（采集）　8. 陶寺（M3015：49）
9、10. 下靳（M153：1、M58：1）　11. 马鬐山（采集）

87M57：9，属二里头四期，两侧边各有两组对称的扉齿，每组两齿，背部等距穿3个小圆孔，刃长
53.5、宽8.8厘米[1]（图四，4）。标本ⅦKM7：3，属二里头四期，两侧边各有两组对称的扉齿，每
组三齿，与戚上的扉齿相同，只是齿牙较小。正反两面均有纤细的刻划纹，纹样除了横、纵直线纹
外，还在两端刻划有四组网格纹。背部偏下等距穿有一排7孔。背长60.4、刃长65、宽9.5厘米（图
四，2）。

　　C型　1件（84M11：4），属二里头四期。一端残，平面呈一端较宽的长方形，一侧端有刃。形
制与龙山文化时期的同类刀相近。残长14.1（复原长度为21厘米左右）、宽4.8厘米[2]（图四，5）。

　　D型　1件（87M57：10），期别不详。乳白色玉刀形器，平面为小于半圆的窄长弧形，中部略

---

　　[1]　中国社会科学院考古研究所二里头工作队：《1987年偃师二里头遗址墓葬发掘简报》，《考古》1992年第4期，第296页。

　　[2]　中国社会科学院考古研究所二里头工作队：《1984年秋河南偃师二里头遗址发现的几座墓葬》，《考古》1986年第4期，第
322、323页。

偏一侧穿一孔，孔内正反两面各镶嵌一枚绿松石圆饼。长8.4、宽2.4厘米[1]（图四，6）。

A型刀在东方地区新石器文化中就开始出现，最初多为石质，后来发展到用玉料制作。

目前所知，最早的A型刀发现于大汶口文化早期，如兖州王因遗址M2406出土的一件大型三孔石刀，形制、大小与二里头遗址的A型玉刀基本相同（图五，1）。时代属于大汶口文化中晚期之际的苏北花厅遗址M42，也发现过一件类似的三孔石刀[2]（图五，2）。

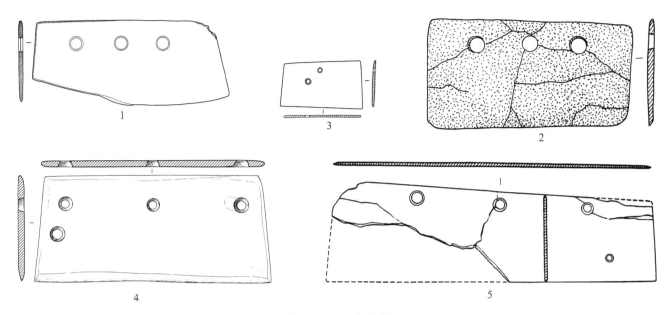

图五　大汶口、龙山文化的玉、石刀
1. 王因（M2406∶4）　2. 花厅（M42∶13）　3. 丹土（采集）　4. 西朱封（M202∶6）　5. 两城镇（采集）

到大汶口文化末期至龙山文化时期，大型玉刀的数量增多。五莲丹土遗址曾经发现大量这一时期的玉器，除了一部分收藏在中国国家博物馆、山东省博物馆和五莲县博物馆外，相当一部分已经流失。除了上述的钺和戚之外，还存有两件玉刀：一件器身短宽，错位穿有两孔（图五，3）；另一件器体甚大，长度估计在50厘米以上，穿四孔，两孔位于刀的背部，两孔位于刀之一侧，均藏于五莲县博物馆。距丹土不足5千米的日照两城镇遗址，早年也发现数量可观的龙山文化玉器，刘敦愿先生曾征集到一件残断的玉刀，器形较大，近背部有等距的三孔，一侧中下部位穿一小孔，长48、宽13厘米[3]（图五，5）。西朱封龙山文化大型墓葬M202，曾出土过一件同型玉刀（M202∶6），墨绿色，长21.7～23.7、宽10.6厘米，背部等距穿有三孔，一侧边缘穿有一孔[4]（图五，4）。时代略晚的西朱封M202玉刀，在形制、大小（包括和宽比例）和穿孔方式等方面更接近于二里头的A型玉刀。

与A型玉刀相似的石刀，在淮河中游、长江下游和太湖地区也有发现。如时代约当大汶口文化中期偏早阶段的安徽潜山薛家岗遗址，就发现过三孔、五孔、七孔乃至更多的奇数孔石刀[5]。南京江宁

[1] 郑光：《二里头玉器与中国玉器文化》，《东亚玉器》第二册，香港中文大学中国考古艺术研究中心，1998年。
[2] 南京博物院：《花厅——新石器时代墓地发掘报告》，文物出版社，2003年，第185、186页。
[3] 刘敦愿：《记两城镇遗址出土的两件石器》，《考古》1972年第4期，第56、57页。
[4] 中国社会科学院考古研究所山东工作队：《山东临朐朱封龙山文化墓葬》，《考古》1990年第7期，第590页；邓聪主编：《东亚玉器》第三册，香港中文大学中国考古艺术研究中心，1998年。
[5] 安徽省文物工作队：《潜山薛家岗新石器时代遗址》，《考古学报》1982年第3期，第309、310页。

县呰庙遗址（时代与良渚文化相若）也采集到三孔石刀。在地理位置更偏南部的太湖东、南两侧地区，如江苏常州寺墩、常熟嘉菱荡、昆山赵陵山、上海青浦福泉山、浙江杭州老和山等良渚文化遗址中，也发现宽大的双孔和三孔乃至五孔石刀。不过，上述遗址发现的石刀，或做一端较宽而另一端较窄的长条形，如薛家岗三期文化的石刀；或做较规则的长方形，如苏沪杭一些遗址的发现，与二里头和海岱地区大汶口、龙山文化的玉、石刀大体相同也存在一些差别。所以，二里头文化的A型刀，如果在当地找不到来源，那么最大的可能性就是来自东方海岱地区的龙山文化。

二里头遗址的B型玉刀，整体呈窄长的梯形，左右对称，多孔。此型刀的形制，从总体上说，与薛家岗三期文化的石刀形似。但薛家岗三期文化的年代约在距今5500～5000年之间，较之二里头文化要早1000多年，两者之间缺乏必要的中间环节。如果拉近距离分析，二里头遗址的B型玉刀，与陕北石峁的同类玉刀更为接近，特别是芦山峁出土的一件同型玉刀，两侧边缘也有齿状扉齿，可能时代比较接近。

C型玉刀虽然是一件残器，但整体形状可辨。它与龙山文化时期的同类较大石刀的形制基本相同，例如：山西襄汾陶寺遗址出土的近长方形双孔石刀，M3015：49，长25、宽4.4～6.8厘米[1]（图四，8）；山西临汾下靳遗址M153：1，双孔玉刀，长22～23.5、宽5.8～7厘米；M58：1，双孔石刀，长22.5、宽6～7厘米[2]（图四，9、10）；陕西芦山峁和神木石峁也采集到相同的双孔玉刀[3]；山东莒县马鬐山鹰窝顶采集的一件长方形双孔石刀，长26.9、宽6.5厘米[4]；长岛大口遗址出土的一件同类石刀，长17.2、宽4.6厘米[5]。

D型玉刀从形制上看与岳石文化的同类刀相同，但龙山文化中也有少量相同形制的刀。如2001年中美联合考古队发掘两城镇遗址期间，就从两城六村村民家中发现一件出自两城镇遗址的玉刀。呈乳白色，平面小于半圆形，弧背直刃，对面钻双孔，长13.4、宽4.1厘米（图四，7）。与二里头的D型玉刀比较相似。

四　玉璋

二里头遗址已公布了四件被称为璋的玉器，均出自中型墓葬之中。关于这一类玉器的定名，学术界存在着很大的争议[6]，就目前情况来看，短期内似乎不可能取得统一的认识。本文的主旨不是讨论此类器物的定名及具体功能，所以，这里仍采用多数人或传统的定名意见，暂称其为璋。

璋的平面形态及厚度与早期的直内戈最为相似，全器由两个基本部分组成，即前部的器身、后部的内（或称为柄，其上有小孔）以及两者之间的阑。主要依据器身和内的关系，可以把二里头遗址的四件玉璋分为两型。

[1]　中国社会科学院考古研究所山西工作队等：《1978～1980年山西襄汾陶寺墓地发掘简报》，《考古》1983年第1期，第38～40页。

[2]　下靳考古队：《山西临汾下靳墓地发掘简报》，《文物》1998年第12期，第9、11页；宋建忠：《山西临汾下靳墓地玉石器分析》，《古代文明（第2卷）》，文物出版社，2003年，第121～137页。

[3]　姬乃军：《延安市发现的古代玉器》，《文物》1984年第2期，第84～87页，图八；戴应新：《神木石峁龙山文化玉器探索（三）——刀形边刃器——多孔器》，《故宫文物月刊》127，1993年，第78～84页。

[4]　苏兆庆等：《莒县文物志》，齐鲁书社，1993年，第172页。

[5]　中国社会科学院考古研究所山东队：《山东省长岛县砣矶岛大口遗址》，《考古》1985年第12期。

[6]　王永波：《耜形端刃器的起源、定名和用途》，《考古学报》2002年第2期，第132～136页。

　　A型　2件，均为二里头三期。器身与内基本等宽。标本80M3：5，阑部有三组对称的扉齿，通长48.1厘米[1]（图六，2）。标本ⅢKM6：8，阑部有两组对称的扉齿，通长49.5厘米（图六，1）。

　　B型　2件。器身部分明显比内部宽。标本80M3：4，属于二里头三期。阑部有四组对称的扉齿，阑体的宽度介于器身和内之间，器身下部一侧边缘有一小圆孔，孔内镶嵌绿松石，通长54厘米（图六，3）。标本ⅦKM7：5，属于二里头四期。阑部两侧有多组对称的扉齿，两侧扉齿之间以纤细的凹线相连，制作甚为精细，器身前端刃部较斜，通长48厘米[2]（图六，4）。

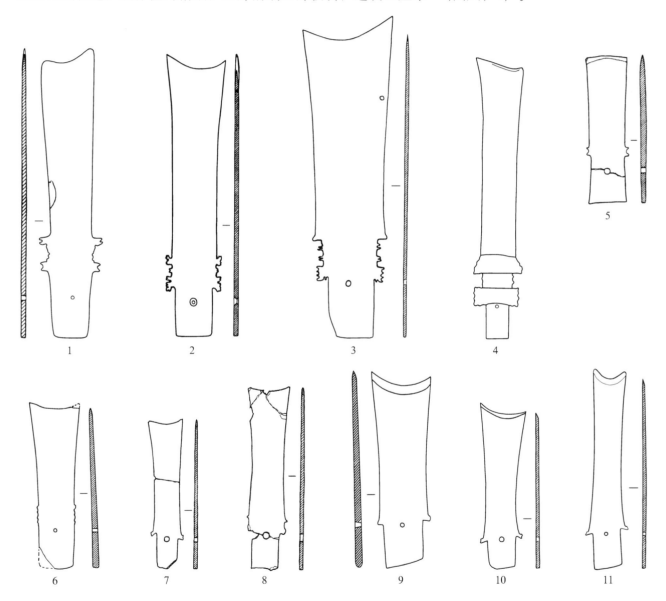

图六　二里头和海岱地区出土的玉、石璋

1～4．二里头（ⅢKM6：8、80M3：5、4、ⅦKM7：5）　5、7、8．罗圈峪（采集）　6、9．大范庄（采集）　10．司马台（采集）　11．上万家沟北岭（采集）

---

　　[1]　中国社会科学院考古研究所二里头队：《1980年秋河南偃师二里头遗址发掘简报》，《考古》1983年第3期，第203、204页。

　　[2]　原发表资料的简报和正式报告均把这件玉璋的宽度记述为4厘米，与线图、照片的测量数据不符（参见偃师县文化馆：《二里头遗址出土的铜器和玉器》，《考古》1978年第4期，第270页；中国社会科学院考古研究所：《偃师二里头——1959～1978年考古发掘报告》，中国大百科全书出版社，1999年，第341、342页）。这里采用郑光先生所记述的尺寸，参见邓聪主编：《东亚玉器》第三册，香港中文大学中国考古艺术研究中心，1998年，彩版270和第351页彩版说明。

以上两型玉璋，从形制上分析，A型显示出更多的原始性。

玉璋的出土地点几乎遍及中国的大部分地区，甚至与中国邻近的外国也有发现，传世品更是被世界各大博物馆所收藏，时代则从新石器时代一直延续到两周时期[1]。要讨论二里头玉璋的来源，只能从与二里头时代相当或更早的区域入手，分析它们之间在形态和功能上的传承关系。

时代与二里头遗址相当或更早的璋类器物，主要发现于海岱地区和陕北地区两个区域。

海岱地区目前至少已在四个地点发现有玉、石璋，共计八件。

临沂大范庄遗址。1977年冬，农民平整土地时发现二件玉璋，较长的一件为灰绿色，略短的一件为灰白色，出土情况不详[2]。大范庄遗址曾进行过两次发掘，不仅发现了一批墓葬，也出土了大量陶器等遗物[3]。将大范庄遗存置于海岱史前文化中予以定位，可将其时代确定在大汶口文化末期至龙山文化前期。所以，该遗址出土的两件璋，时代当在这一年代范围之内。

沂南罗圈峪村。1988年，村民为了建房而炸山取石，在山坡的裂隙中发现一组玉石器，共十余件，除二件玉器外，余者均为石器，其中有四件石璋（一件仅存残破的内部）[4]。这一发现没有共出的陶器，也不知附近是否有同类遗址。据出土的石器分析，均为大汶口文化至龙山文化时期常见器形，而发现的一件玉镯，形体较高，与花厅墓地出土的同类器特别是三里河大汶口文化晚期后段的M279：14较为相似[5]，而龙山文化中尚未发现此类玉镯，所以，其时代有早到大汶口文化晚期的可能。

五莲上万家沟北岭。1986年，当地农民在这里开荒造田时发现一件完整的石璋，没有其他遗物共出，埋藏情况应与罗圈峪的一组石璋相似。据调查，在周围5千米范围内，有一处大汶口文化遗址和数处龙山文化遗址，最近的一处龙山文化遗址位于东南方向的岳疃村。所以，发现者和研究者都推测这件石璋的年代为龙山文化时期[6]。

海阳司马台遗址。1979年，农民在进行农田改造过程中，在距底部1.2米左右的位置发现一件深绿色玉璋，同出的还有玉牙璧、有领玉环和陶罐等[7]。司马台是一处文化内涵十分丰富的古遗址，经试掘，发现有大汶口文化、龙山文化、岳石文化和东周及其以后的遗存[8]。分析与玉璋共出的遗物，推定其时代为龙山文化前期。

以上出土于不同地点玉石璋，也可以按前述标准分为两型，并可与二里头遗址发现的两型璋相比较。罗圈峪YL：10和大范庄77：2属于A型，器身与内等宽，阑为一组或两组对称的低矮扉齿，长度分别为24.8、27.5厘米（图六，5、6）。特别是罗圈峪YL：10，刃部平而微外弧，全器基本等宽，如果不是后半部有一组双齿扉齿，完全可以认为是一件圭。这一类璋的形制特征与二里头遗址A型璋相近，但形态更为原始，器体也比较短小。

[1] 王永波：《耜形端刃器的分类与分期》，《考古学报》1996年第1期，第2～14页。
[2] 冯沂：《山东临沂市大范庄遗址调查》，《华夏考古》2004年第1期，第6、7页。
[3] 临沂文物组：《山东临沂大范庄新石器时代墓葬的发掘》，《考古》1975年第1期，第13～22页。
[4] 于秋苇、赵文俊：《山东沂南县发现一组玉、石器》，《考古》1998年第3期，第90、91页。
[5] 中国社会科学院考古研究所：《胶县三里河》，文物出版社，1988年，图二五、6。
[6] 王永波：《关于刀形端刃器的几个问题》，《故宫文物月刊》135，1994年，第20～22页。
[7] 王洪明：《山东海阳县史前遗址调查》，《考古》1985年第12期，第1061、1062页。
[8] 烟台市文管会、海阳县博物馆：《山东海阳司马台遗址清理简报》，《海岱考古（第一辑）》，山东大学出版社，1989年，第250～253页。

其余五件玉石璋，器身略宽于内，阑部为一对或一组对称的扉齿，长度在25.8～33.5厘米之间（图六，7～11）。这一类璋的整体形态与二里头遗址的B型璋相同，但阑部的制作显然要原始和简单得多，但两者之间存在着源流关系则是毋庸置疑的。

陕北神木县石峁是一个神奇的地方，出土玉器数量之多简直令人匪夷所思，其中仅玉璋就多达近四十件[1]。考察这批玉璋，形制以前述的A型为主，B型的数量较少，式样则有简单和复杂之分。所以，其可能延续了一定的时间。结合遗址发现的陶器分析，大体可以将其定为龙山文化晚期至二里头文化时期。石峁玉器的性质和来源是一个值得深入探讨的学术课题，不是三言两语可以解释清楚的，所以，拟另文予以讨论。

二里头遗址大量来自东方的文化因素，从当时社会的角度考察，具有深刻的文化传统的历史背景和频繁交往的现实基础。

历史地看，中原地区和东方海岱地区之间，从新石器时代偏早的裴李岗文化时期就开始了文化上的联系和人员方面的往来[2]。经过几千年的发展和积累，到仰韶时代后期和龙山时代早期（庙底沟二期文化时期），中原和东方之间的交往出现了一个前所未有的高潮。这种交往不仅限于文化的影响和传播，而且有相当数量的东方居民迁徙到中原地区，他们或者改变了当地的文化，或者与当地居民混居杂处，将自身的文化传统融于当地固有的文化之中，在丰富和发展中原地区古代文化方面做出了自己的贡献。这一人口迁徙大潮的结果，就是我们从考古学上看到的现象：豫东、皖北和鲁西南地区开始逐渐成为东方大汶口文化的分布范围，而豫中甚至洛阳一带，也留下了可以明确辨别的来自东方的大汶口人的墓葬和文化遗存。大汶口文化一些颇具特色的器物，其中包括鬶、高柄杯、觚等具有礼器性质的陶器品种，这些器物被当地仰韶文化或后来的龙山文化居民所接受或略加改造，成为他们自身文化的重要组成部分，并作为遗传基因在当地得到流传和发展。

龙山文化时期，中原与东方之间的联系，虽然在考古学上没有看到像大汶口文化中晚期那种大规模的人口迁徙，但文化上的双向交流和传播则一直存在。特别是到了属于龙山文化和二里头文化之交的新砦期阶段，来自东方龙山文化的文化因素明显增多，昭示了东方文化对中原地区的文化传播和影响的加强。

二里头文化时期的东方海岱地区为岳石文化。由于岳石文化的考古发现和研究工作相对滞后，不仅高等级的聚落资料极少，即使是普通的聚落资料也十分单薄，迄今为止尚未发现岳石文化的墓葬，反映岳石文化礼仪制度、社会组织结构方面的材料更为欠缺。所以，我们还不能全面地归纳和总结出岳石文化的整体文化内涵和特点。也正是由于这一原因，我们在二里头遗址内部发现了不少来自东方岳石文化的生产工具和日用陶器[3]，却无法确指哪一种反映社会上层建筑和意识形态等精神文化内涵的玉器来自岳石文化。不过，从现存不多的夷夏交往的文献来看，有夏一代，中原地区夏王朝和东方海岱地区九夷之间的礼尚往来比较频繁，文化上的联系十分密切。二里头遗址中浓厚的东方文化因素或许就是这些记载的最好佐证。

[1] 戴应新：《神木石峁龙山文化玉器》，《考古与文物》1988年第5、6期合刊，第239～250页；戴应新：《神木石峁龙山文化玉器探索（二）》，《故宫文物月刊》126，1993年，第46～61页。

[2] 栾丰实：《北辛文化研究》，《海岱地区考古研究》，山东大学出版社，1997年，第47、48页。

[3] 栾丰实：《二里头遗址中的东方文化因素》，《华夏考古》2006年第3期。

在上述的历史背景和现实基础上，二里头文化的中心聚落——二里头遗址中，出现相当数量的东方龙山文化时期的玉质、陶质礼器（有些被做成了最早的铜器）和普通的日用生产工具、生活用具就不足为奇了。这些考古发现表明，从二里头文化时期开始，中原地区逐渐成为中国早期历史时期中心的过程中，大量地接受和吸纳来自四面八方不同文化区的优秀文化因素，壮大自身并加快历史发展进程，使我们看到了一条由朦胧到清晰的自多元走向一体的发展之路。

（原载《中原地区文明化进程学术研讨会文集》，科学出版社，2006年）

海岱地区史前绿松石研究

——兼谈与二里头遗址出土绿松石的渊源关系

以不透明的蓝、绿色为主基调的绿松石，或称为松石、松绿石，是铜和铝的磷酸盐矿物集合体，一般硬度为4~6，密度2.6~2.9 g/cm³。自古以来，世界各地的人们就十分喜爱这种颜色艳丽的宝石。在中国，至迟于距今8000年前的贾湖文化时期，人们就能够熟练地加工和使用绿松石，将其制作成人体装饰品等[1]。喜爱绿松石的社会风气经历史时期一直延续到现当代。

海岱地区新石器时代玉器的数量和种类，虽然不及南方的环太湖地区和北方的燕辽地区多，但存在着独立的玉器工业则毋庸置疑，而用绿松石做成的礼仪用器和装饰品是海岱地区玉器文化的重要组成部分。

一　海岱地区史前时期的绿松石

海岱地区发现的新石器时代绿松石，可以追溯到北辛文化时期，经大汶口文化一直延续到龙山文化。

（一）北辛文化

北辛文化时期仅在苏北的大伊山墓地中发现2件，出自一座儿童墓（M41）的头部两侧，发掘报告推测为耳坠。绿松石制品的器体较薄，形制为上端略窄的长方形，上端有一小孔。一件长1.25、宽0.7、厚0.4厘米；另一件长1.1、宽0.5、厚0.2厘米[2]。同一墓地的另一墓葬（M36）发现有玉玦。

（二）大汶口文化

大汶口文化延续的时间较长，通长将其划分为早、中、晚期三个大的发展阶段。

1. 早期阶段

较之北辛文化，大汶口文化早期阶段的绿松石制品明显增多。据统计，在大汶口[3]、野店[4]、王

[1] 孔德安：《浅谈我国新石器时代绿松石器及制作工艺》，《考古》2002年第5期。
[2] 南京博物院等：《江苏灌云大伊山遗址1986年的发掘》，《文物》1991年第7期。
[3] 山东省文物考古研究所：《大汶口续集——大汶口遗址第二、三次发掘报告》，科学出版社，1997年。
[4] 山东省博物馆、山东省文物考古研究所：《邹县野店》，文物出版社，1985年。

因[1]、大墩子[2]等四处遗址共发现29件绿松石制品，其中除了2件出自王因遗址的文化层之外，24件出自20座墓葬之中。墓主性别明确的9座女性墓出土11件；4座男性墓出土5件；1座儿童墓出土1件；另外6座性别不明墓葬出土7件；余下的3件均出自大墩子遗址，报告没有公布其出自哪几座墓葬。由此看来，大汶口文化早期的多数绿松石制品出自女性墓葬，当是女性生前佩戴的装饰物。男性使用绿松石装饰的现象尽管不如女性那么多，但也有相当数量，几近女性的一半。

绿松石制品的形制除了个别为圆形和不规则形，绝大多数为梯形和长方形薄片，长度在1.6～3.3厘米之间，上端均穿一小孔，便于系戴（图一，1～5；图二，1）。使用绿松石装饰的墓主以女性居多，出土位置明确的多数位于头骨两侧，故发掘者认为是耳部装饰，即耳坠。

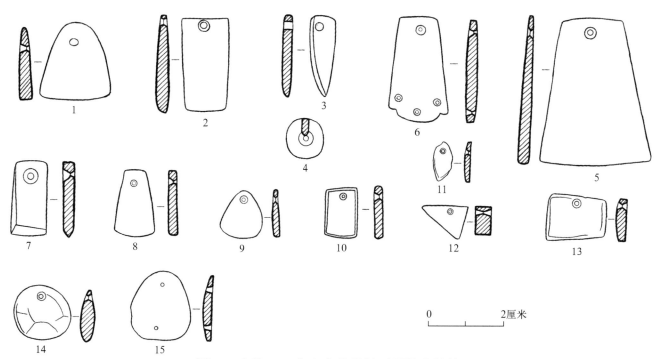

图一　大汶口、龙山文化绿松石耳饰和坠饰

1～5. 耳饰（王因M2511：4、M2300：1、M2304：6、M151：1、M2592：1）　6～9. 耳饰（花厅M18：26-1、M19：3、M20：65-2、M18：25-1）　10. 耳饰（西朱封M1：47）　11～15. 坠饰（大汶口M10：15-4、M10：15-2、M10：15-5、M10：15-6、M10：15-3）

2. 中期阶段

大汶口文化中期阶段的绿松石制品均见于墓葬之中，据统计共36件，见于大汶口[3]、野店、大墩子、花厅[4]、尚庄[5]等5处遗址，出自10多座墓葬之中，1座墓葬一般1～2件。其中5座女性墓出土17件，多为一人2件（其中花厅的M18的二名女性殉人各有2件）；1座男性墓葬共发现1件；2座少年儿童墓葬（其中1座为花厅殉人墓）出土4件；4座性别不明的墓葬出土7件。其中花厅M4的数量最多，

[1] 中国社会科学院考古研究所：《山东王因——新石器时代遗址发掘报告》，科学出版社，2000年。

[2] 南京博物院：《江苏邳县大墩子遗址第二次发掘》，《考古学集刊·1》，中国社会科学出版社，1981年。

[3] 山东省文物管理处、济南市博物馆：《大汶口——新石器时代墓葬发掘报告》，文物出版社，1974年。

[4] 南京博物院：《花厅——新石器时代墓地发掘报告》，文物出版社，2003年。

[5] 山东省文物考古研究所：《茌平尚庄新石器时代遗址》，《考古学报》1985年第4期。

图二　大汶口文化绿松石耳饰
1. 王因（M2592：1）　2. 花厅
（M18：26-1）　3. 李寨

除了墓主有2件耳饰之外，在脚部墓底一侧，有长宽各0.4米的不规则红彩地面，其上镶嵌了8枚圆形小绿松石片。余下的7件均出自大墩子遗址墓葬，但出土绿松石制品的具体墓葬数量及墓主情况不详。

此外，安徽萧县博物馆曾在金寨村遗址征集到27件绿松石坠饰，其中25件为长方形，2件为方形，一端有细孔[1]。从遗址出土的陶器和玉器等推断，其时代为大汶口文化中期的可能性较大，也可能晚到大汶口文化晚期。

这里有一个引人注意的现象，即花厅墓地部分大墓发现的绿松石耳饰，部分位于墓主头骨两侧，应为墓主所有，如M4、M61和M19等。但也有在大墓中的女性殉人头骨两侧的情况，如M18，4件绿松石耳饰分别发现于两名成年女性的头骨两侧；M20的2件耳饰，则位于少年殉人的头骨两侧。此外，已经出现把绿松石饼或珠镶嵌在其他材质器物上的现象，如大汶口M22：10，在一件骨质的指环上镶嵌着3枚绿松石饼或珠（图三，2）。

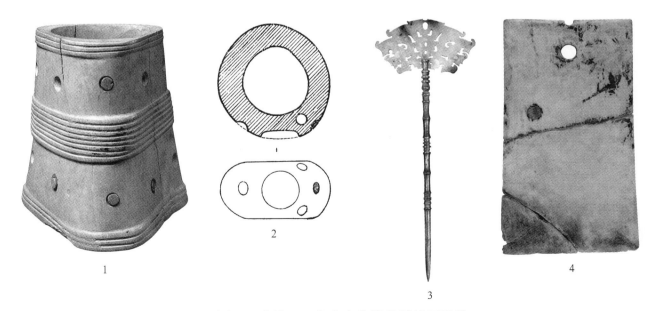

图三　大汶口、龙山文化镶嵌绿松石器物
1. 骨雕筒（大汶口M4：10）　2. 骨指环（大汶口22：10）　3. 玉簪（西朱封M202：2）　4. 玉钺（丹土遗址）

[1]　安徽省萧县博物馆：《萧县金寨村发现一批新石器时代玉器》，《文物》1989年第4期。

这一时期绿松石制品的形制多数与早期阶段相同，除了前述大汶口M20的镶嵌物和花厅M4粘贴在有机质材料上的圆形绿松石片之外，其他均为梯形或长方形薄片，长度在1.3～4厘米之间，并且均在一端穿有小孔（图一，6～9；图二，2）。绿松石装饰主要发现于女性墓葬，男性墓较少。绿松石制品的出土位置仍以头骨两侧居多，故认为其为耳饰的可能性最大。

3. 晚期阶段

大汶口文化晚期阶段发现的绿松石制品数量明显增多，这一现象或许与社会的分化加剧有关。据统计，在大汶口、野店、西夏侯[1]、建新[2]、大朱村[3]、李寨[4]、花厅、梁王城[5]和尉迟寺[6]等9处遗址中，共发现52件绿松石制品，除了建新和尉迟寺遗址各有1件出自灰坑或文化层之外，其余50件发现于13座墓葬之中。其中大汶口M10（出土19件）、M4（出土10件）、花厅M50（出土10件）出土数量较多，其他一座墓葬一般为1～2件。且多在头骨一侧，从形状上看为耳饰的可能性最大，这一现象明显继承于大汶口文化早中期。

在出自墓葬并且可能为耳饰的10座墓葬中，能够鉴定墓主性别的5座均为女性。到大汶口文化晚期阶段，绿松石除了用于耳饰和坠饰之外（图一，11～15），新开发的用途增多，如镶嵌或粘贴在某种特殊的材料之上。如大汶口M4：10为一件极为精致的骨雕筒，顶部、中部和底部各有一组剔地雕刻出来的凸棱纹，上下空白区各有一排5个圆孔，孔中镶嵌有绿松石圆饼（图三，1）。而花厅墓地M50发现的一组10件绿松石制品，1件为圆形，9件为圆角长方形，似粘贴在一件有机质物件之上（图四）。由此看来，产生于大汶口文化中期阶段的绿松石镶嵌和粘贴工艺，到大汶口文化阶段得到进一步发展。

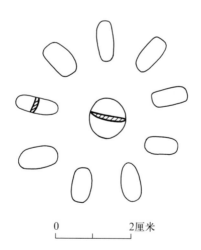

0   2厘米

图四　花厅M50出土一组大汶口文化晚期绿松石片

[1]　中国科学院考古研究所山东队：《山东曲阜西夏侯遗址第一次发掘报告》，《考古学报》1964年第2期。

[2]　山东省文物考古研究所、枣庄市文化局：《枣庄建新——新石器时代遗址发掘报告》，科学出版社，1996年。

[3]　山东省文物考古研究所、莒县博物馆：《莒县大朱家村大汶口文化墓葬》，《考古学报》1991年第2期。

[4]　张连利等编：《山东淄博文物精粹》，山东画报出版社，2002年，第130、131页。

[5]　南京博物院等：《梁王城遗址发掘报告·史前卷》，文物出版社，2013年。

[6]　中国社会科学院考古研究所：《蒙城尉迟寺——皖北新石器时代聚落遗存的发掘与研究》，科学出版社，2001年。

（三）龙山文化

龙山文化时期发现的绿松石制品，以两城镇和西朱封两处遗址最多（以下将分别详述），其他遗址甚少，有明确出土层位的仅见于三里河和大范庄两处遗址。

位于胶莱平原的三里河遗址发现2件管状饰，均出自M228，墓主为女性成年[1]。管状饰的平面近似长方形，横截面为椭圆形或圆角方形，纵向穿孔，对钻而成。从出土位置等分析，为坠饰的可能性较大。

临沂大范庄遗址发现1件片状绿松石饰，出自M12，墓主性别和年龄不详[2]。平面为抹角梯形，长2、宽1.7、厚0.4厘米，上端有一小孔。与大汶口文化时期同类器形的形制、大小十分接近，用途也应当相同，为耳饰的可能性较大。

五莲丹土遗址曾采集到数十件各种类型的玉器，其中1件玉钺的边孔上镶嵌着一枚圆柱形绿松石，两者对接严密（图三，4）。丹土遗址新石器时代遗址的年代为大汶口文化末期到龙山文化中期，故该玉器属于龙山文化的可能性较大。

二　两城镇遗址的考古发现

位于山东省东南沿海的日照两城镇遗址，不仅是目前已知最大的一处龙山文化遗址，而且在80年前的1936年，就由中研院史语所考古组进行过发掘，揭露面积超过400平方米，发现一批龙山文化时期的房址、灰坑和墓葬，出土了大量石器和陶器，其数量特别是完整器物大大超过了此前发掘的城子崖遗址，使学界比较全面地了解和认识了龙山文化的面貌和特征，进而提出龙山文化起源于东部沿海地区的新观点[3]。在发现的50多座龙山文化墓葬中，有1座发现有绿松石装饰。尹达曾这样描述这一发现："有一座墓葬的随葬品特别丰富，就中有玉质的带孔扁平式斧，……这一墓葬中还有绿松石凑成的东西，大约是头部的一种装饰品。"[4]

1998～2001年，山东大学和美国芝加哥菲尔德博物馆组成联合考古队，对两城镇遗址进行了第二轮发掘，揭露面积超过1000平方米。发现内、中、外三圈壕沟和部分城墙，清理了较多的龙山文化房址、灰坑、灰沟和墓葬，揭示出发掘区内的聚落形态及其变迁过程。由于在发掘过程和后续研究中采用多种现代科学技术手段，获取了包括植物类遗存、动物类遗存在内的大量新资料和新信息，为系统研究和深入了解当时的社会奠定了基础[5]。

在新发现的60多座墓葬中，M33是最大的1座，也是迄今两城镇遗址发掘的100余座龙山文化墓葬中最大的1座。墓葬位于聚落居住区之内，形制为土坑竖穴，直壁，平底，方向为正东。墓口东西长2.80、南北宽1.34～1.56米，面积约4.06平方米。在目前已经发现的龙山文化墓葬中属于中型偏小。墓内使用了一椁一棺，虽已腐朽，但痕迹可见。经鉴定墓主为一身材高大的成年男性，人骨长度达185厘米（图五）。

[1] 中国社会科学院考古研究所：《胶县三里河》，文物出版社，1988年。

[2] 临沂文物组：《山东临沂大范庄新石器时代墓葬的发掘》，《考古》1975年第1期。

[3] 刘耀：《山东日照两城镇附近史前遗址》，《两城镇遗址研究》，文物出版社，2009年。

[4] 尹达：《新石器时代》，生活·读书·新知三联书店，1979年，第60页。

[5] 中美联合考古队等：《两城镇——1998～2001年发掘报告》，文物出版社，2016年。

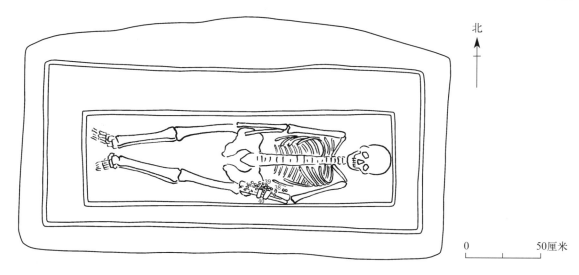

图五　两城镇M33平面图

墓内随葬品以陶器为主，共30余件，器形有鼎、甗、罐、罍、盆、盘、豆、杯、器盖等（图六），其中有2件蛋壳黑陶高柄杯（因破碎过甚而尚未能修复）。

从出土的盆形鼎、甗、罐、罍和盆等陶器的形态特征，可以较为准确地判断M33的年代。如果按龙山文化六期划分方案[1]，此墓属于第三期偏后阶段。绝对年代的推定，如果按传统的龙山文化年代体系（距今4600～4000年），约在距今4400～4300年（靠近4300年一侧）；按探源工程以来新的年代架构（距今4300～3800年），大约在距今4100～4000年（靠近4000年一侧），两者相差约200余年。

M33还有一个引人注目的重要发现，就是在墓主左侧尺骨和桡骨之上发现一大片数量较多的绿松石小薄片和一个近似圆形的石英小珠堆积（图七、八）。

绿松石薄片的分布相对集中，整体形状不甚规则，东西最长31、南北最宽8厘米。发现之后整体提取回室内，已经清理和暴露出来的绿松石薄片共210余片。绿松石片的厚度极薄，多在1毫米左右，两面磨制光滑，个别在一端穿孔。石片形状多样，以不规则四边形和三角形为主，也有长方形、多边形等，个体大小相差较为悬殊。最大的长度接近2厘米，最小的不足5毫米（图八）。

石珠堆的平面近似圆形，呈球状突起。石珠紧密地排列在一起，从表面可以观察到的数量为35枚（内部相互叠压，实际数量更多），单体形状为不规则圆球形，大小差别不大，直径多在4～6毫米之间（图七）。

绿松石遗迹的主体部分略呈弧形分布，弧形的前端（东端，即近人体头端）向下弯曲，中后部向下延伸出两个分支，最前端有不多的绿松石片似游离于主体之外。整体来看，像是有前后肢的动物类。绿松石薄片的铺设，多数为平铺，有的相互之间叠压。推测原来可能粘贴在某种有机质物件之上，如木质、皮革或布类之上，后来有机质物件腐烂之后，绿松石片则从其上散落到近旁，形成今天看到的样态。因为两城镇地区的土壤均为碱性，有机质材料均无法保存下来，所以在现场和整体提取回来的绿松石片之下，也没有发现灰痕或其他可以辨认的材料痕迹。从绿松石遗迹的整体形状，特别是中部偏下部位有一囊状石珠堆，而这种由小石珠集合起来的囊状堆积，表现的可能是鸟

[1]　栾丰实：《海岱龙山文化的分期和类型》，《海岱地区考古研究》，山东大学出版社，1997年。

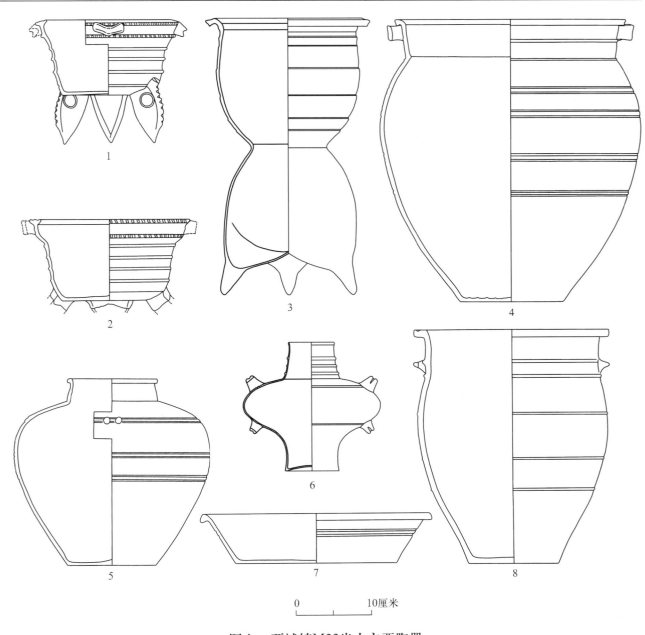

图六　两城镇M33出土主要陶器

1、2. 盆形鼎（M33：8、M33：19）　3. 甑（M33：21）　4. 大口罐（M33：35）　5. 小口罐（M33：32）　6. 鬶（M33：7）　7. 大平底盆（M33：37）　8. 罐（M33：26）

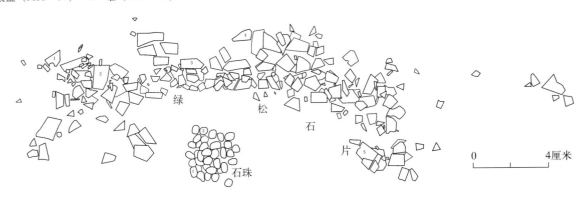

图七　两城镇M33出土绿松石片和石珠

0 —— 1厘米

图八　两城镇M33出土绿松石片

胃内的砂囊石或者胃石，用来帮助消化食物。由此看来，用绿松石片粘贴起来的遗迹为某种鸟的可能性较大，这也和东夷部族一直崇尚鸟和以鸟命官的记载吻合。此外，也有学者认为绿松石遗迹描绘的可能是龙的形象。

　　此外，在两城镇遗址的龙山文化堆积（T2300⑥a∶33）和早年发掘的墓葬（TKTM2）[1]中各发现1件绿松石坠饰。整体近似圆柱形，有纵向对钻圆孔，磨制极精致。前者长1.7、直径0.9厘米，重2克（图一一，6）。

三　西朱封遗址的相关发现

　　在两城镇遗址M33发现较多绿松石片之前，鲁北中部的西朱封遗址也曾发现过数量可观的龙山文化时期的绿松石制品。

[1]　台湾"中研院"史语所：《来自碧落与黄泉——"中央研究院"历史语言研究所历史文物陈列馆展品图录》，1996年，第5页。

西朱封隶属于临朐县城关镇，坐落在沂河上游冲积平原的北端，南、东两侧紧靠沂河干流。经中国社科院考古研究所山东队数次调查勘探，确定遗址面积约为60万平方米。1980年代，山东省文物考古研究所和中国社科院考古研究所先后在西朱封遗址发掘了3座龙山文化大型墓葬，其中2座大墓的随葬品中发现数量较多的绿松石制品[1]。

1. M202

一侧被破坏，墓圹长6.68、残宽2.2～3.15米，复原宽度4.47～4.67米，复原面积约30.52平方米。这是目前国内已经发现的成千上万座新石器时代墓葬中墓室面积最大的1座。墓内葬具为一椁一棺，棺椁之间还有边箱（图九）。墓主为成年，身高1.75米，因骨骼腐朽较甚而无法准确鉴定性别，从

图九　西朱封M202平、剖面图

[1] 中国社会科学院考古研究所山东工作队：《山东临朐朱封龙山文化墓葬》，《考古》1990年第7期；梁中合：《山东临朐西朱封龙山文化玉器的发现与研究》，《临朐西朱封龙山文化玉器研究》，科学出版社，2015年。

随葬品中有2件玉钺、1件大型玉刀和6枚石镞等武器类遗物的情况分析,墓主为男性的可能性较大。墓葬内除了发现成套制作精致的黑陶礼器和钺、刀、冠饰、簪等玉礼器及彩绘木制品之外,还发现了多达1000余件绿松石制品(图一〇)。这些绿松石制品均通体磨制光滑,主要有四类。

图一〇　西朱封M202出土绿松石片

一是管状坠饰,共发现4件,墓主的左嘴角、左腋下和髌骨两侧各1件。整体均近似柱状,横截面或为椭圆形,或为圆角三角形和圆角四边形,同一件管状饰的两端截面形制往往不同,可能是受制于原料的形状。大小不一,最大的1件长3.94、宽2.81厘米,最小的1件长1.89~1.95、宽0.86~1.11厘米。均有纵向穿孔,除了最小的1件为单面钻成外,其余均为对钻(图一一)。

二是串饰,共18件。在墓葬中的具体陈放位置不详。中部有穿孔,最短者只有0.1~0.2厘米。

三是圆饼形饰,共4件。镶嵌于玉冠饰两侧对称分布的圆孔之中,两面镶嵌(图三,3)。

四是绿松石薄片,共980余片。出土时散落于人骨头端一侧,在墓主头骨和玉冠饰之间,形状多不规则,有三角形、四边形、长方形等多种。大小多在1厘米之内,其中有1件钻一圆孔(图一〇)。发掘者认为这些绿松石薄片可能是作为装饰物镶嵌在某种木质的器物之上。而有的学者推测是粘贴在冠状饰之上,后来脱落[1]。

2. M203

墓圹长6.3~6.44、宽4.1~4.55米,面积27.56平方米。墓内葬具为重椁一棺,内外椁均为"井"字形,棺则为箱式。墓主的骨骼保存极差,发现的个别白齿磨耗程度较深,可知墓主为成年。另据随葬品中有3件玉钺、14件石镞和4件骨镞,推测墓主为男性。墓内随葬品有80件(套),分为陶器、石器、玉器和骨器四类,还有疑似彩绘木器制品。其中绿松石制品共100件,均磨制光滑,主要有两类。

一是管状坠饰,共5件。其中4件位于绿松石薄片的周边不同位置,1件位于棺内中部。整体形制均为柱状,横截面多近似椭圆形,也有圆形和圆角长方形者。绿松石管的大小不一,最大的长3.64、直径2.1厘米,最小的长0.85、宽0.86厘米。管内均有纵向穿孔,较长的2件为两面对钻而成,较小的3件则为单面钻(图一一)。从绿松石管所在位置推测,为坠饰的可能性较大。

[1] 王青:《西朱封龙山文化大墓神徽饰纹的复原研究》,《刘敦愿先生纪念文集》,山东大学出版社,1998年。

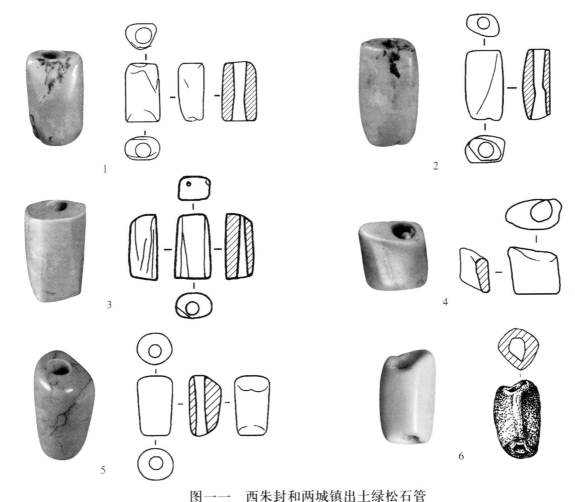

图一一　西朱封和两城镇出土绿松石管

1~5. 西朱封（M202：10、M202：9、M202：4、M203：19、M203：22）　6. 两城镇（T2300⑥a：33）

二是绿松石薄片，共95片。散落于头骨左侧，排列较为凌乱，发掘者推测是头饰或镶嵌于某一件随葬品上的装饰物。

此外M1还发现1件长方形绿松石坠饰，上端有一小孔，长1.65、宽1.1厘米，发现时位于墓主头骨左侧，故认为是耳饰[1]（图一，10）。

综合起来看，西朱封龙山大墓里发现的绿松石数量多，其功能和用途以装饰为主，可以区分为五类，即坠饰，以管状为主，均系单个发现，出土时位于头部和身体两侧；串饰，形制和出土位置不明，均穿孔，多个组合起来使用；耳饰，长方形薄片，个体较小，一端有小孔；辅助性构件，镶嵌于玉冠饰的两侧，起眼睛的作用；粘贴于其他有机质材料之上的绿松石薄片，做成特定的图案，由于有机质材料的腐烂而导致绿松石薄片的脱落，当时所做成的图案目前还无法了解和复原，有可能与两城镇M33的鸟形图案、二里头ⅤM3的龙形器图案等相似。特别是M202的绿松石薄片，数量多达980余片，显著多于两城镇M33和二里头铜牌饰的数量，应做成某种特定的复杂图案。

[1]　山东省文物考古研究所、临朐县文物保管所：《临朐县西朱封龙山文化重椁墓的清理》，《海岱考古（第一辑）》，山东大学出版社，1989年。

四　从绿松石制品看海岱地区史前社会

综合分析海岱地区新石器时代绿松石制品的制作、使用情况，可以发现，其绵延了长达二千余年的时间，经历了一个缓慢的发展演变过程。绿松石的制作技术和工艺，主要由获取原料、切割、打磨、钻孔、抛光、镶嵌和粘贴等工序构成。而这些制作技术和工艺，早在距今8000年前后的裴李岗文化时期就已经基本具备了。海岱地区迄今为止没有发现绿松石矿藏，一般认为其很可能来自有着丰富的绿松石资源的鄂西北等地区。所以，海岱地区的绿松石制作技术和工艺也可能承之时代更早的以贾湖遗存为代表的裴李岗文化。分析绿松石制品的种类、形制和出土位置等状况，可以将其划分为装饰和礼仪用器两大类别。装饰品以人体装饰为主，主要有片状饰、管状饰和串珠三小类，分别对应着耳饰、坠饰和项饰。礼器则以镶嵌和粘贴在其他物体上形成的组合物品为主，或以绿松石为主体，如西朱封和两城镇的绿松石大件；或以原物为主，绿松石嵌件为辅，如大汶口镶嵌绿松石圆饼的骨雕筒、西朱封的玉冠饰和丹土镶嵌绿松石的玉钺等。

北辛文化和大汶口文化早期阶段，海岱地区绿松石制品的器类基本是薄片状的梯形和长方形穿孔耳饰，其他发现甚少。大汶口文化中期阶段，在仍然以耳饰为主的使用环境里，开始出现镶嵌或粘贴绿松石的工艺。到大汶口文化晚期阶段，镶嵌和粘贴技术和工艺已进入较为纯熟的制作和使用时期。进入龙山文化之后，绿松石制作的耳饰已极为少见，镶嵌和粘贴工艺则十分流行，并且能够制作大型贵重物品，如两城镇和西朱封的发现。

从另一个角度即社会发展的层面分析，海岱地区制作和使用绿松石的历史过程不仅具有明显的阶段性，同时也与社会发展阶段密切相关。北辛文化和大汶口文化早期阶段，社会分化不明显，绿松石装饰基本分布于普通的墓葬之中，为一般社会成员所使用和拥有，并且以女性成员为主。大汶口文化中期阶段，随着社会分层的迅速发展，绿松石制品的分布产生了一个重要变化，即向社会上层成员集中。如花厅遗址出土绿松石制品的5座墓葬，其中4座为大型墓葬（2座为大墓中的女性殉人），1座为中型墓葬；同时期野店遗址出土绿松石制品的3座墓葬均为大型墓葬；一般的小型墓葬较少发现。大汶口文化晚期阶段，出土绿松石制品的墓葬均为各自墓地中的大、中型墓葬。如大汶口墓地，3座出绿松石制品的墓葬，2座为大型墓葬，1座为中型墓葬；花厅墓地2座使用绿松石制品的墓葬，1座为大型墓葬，1座为中型墓葬。而到了龙山文化时期，绿松石制品主要发现于第一等级的中心聚落，如两城镇、西朱封、丹土和大范庄遗址；而等级略低的第二、三级聚落，只有零星发现，如三里河遗址。以上归纳的海岱地区新石器时代绿松石制品的变迁过程，清晰地展现出绿松石这一高档消费品，随着社会分层的发展逐渐被社会上层所垄断和独占的发展过程，从一个侧面体现了海岱地区古代社会的复杂化进程和社会发展的阶段性。

五　二里头文化的绿松石制品及其源渊

海岱地区新石器时代绿松石制品的制作和使用情况已如上述。龙山文化之后，中原地区的二里头文化也发现了较多的绿松石制品。

二里头文化的绿松石制品主要发现于二里头遗址，绝大多数出自有一定规模的中型墓葬之中[1]。据统计，二里头遗址发现的面积在2平方米左右的中型墓葬共计23座，其中16座使用了绿松石制品。在没有发现绿松石制品的7座墓葬中，有4座受到严重破坏或盗扰[2]，不排除原来曾有绿松石制品。从另外一个角度看，二里头遗址出土绿松石制品的墓葬共有23座，其中16座为中型墓葬。出土的绿松石制品总量达数千枚之多，其中以各种形状的绿松石薄片最多，其次是串珠，也有管状饰、饼形饰和其他形状的饰物及半成品、原料等。

1. 绿松石薄片

形状有长方形、方形、梯形和三角形等多种，大小多在1厘米之内，最小的仅0.2厘米，厚度很薄，多数在0.1厘米左右。这种薄片主要用来镶嵌或粘贴在不同材质的物体之上，形成外观华丽的礼仪用器。就目前所知，主要有以下几种情况。

（1）龙形器

如二里头ⅤM3的龙形器，全长64.5、中部最宽4厘米。全身用2000多片绿松石薄片粘贴而成，分上、中、下三部分：上部为龙首，呈上端略宽的长方形，绿松石片竖行排列；中部为龙身，向左右两侧微弯曲，尾部向一侧勾起，绿松石的粘贴采用了若干组对顶三角和菱形相间的排列方式，石片的方向不同；龙尾后部为一横置的长条形，绿松石片的排列则采用一横一纵的形式。绿松石龙形器形体宏大，构思巧妙，生动传神，实为一件难得的旷世之作[3]（图一二）。

图一二　二里头出土绿松石龙形器

(2002VM3：5)

[1]　方辉：《二里头文化的绿松石制品及相关问题研究》，《二里头遗址和二里头文化研究》，科学出版社，2006年。

[2]　中国社会科学院考古研究所：《中国考古学·夏商卷》，中国社会科学出版社，2003年，第99～101页；中国社会科学院考古研究所：《二里头（1999～2006）》，文物出版社，2014年，第47～49页。

[3]　中国社会科学院考古研究所：《二里头（1999～2006）》，文物出版社，2014年。

（2）铜牌饰

目前已发现多件，有明确出土单位的至少有3件。如81ⅤM4：5，圆角亚腰长方形，铜牌外弧的一面镶嵌着整齐、婉转、流畅的成排成列绿松石薄片，侧边两端各有一突出的小耳。学界多认为铜牌饰的图案是龙首或兽首形象[1]（图一三，2）。从87ⅥM57：4铜牌饰看，绿松石片并非直接镶嵌在铜牌上，而是中间有依托，只是后来腐烂不存[2]（图一三，1）。

（3）其他铜器

农民挖土发现的ⅤKM4，出土1件镶嵌绿松石的圆形铜牌。铜牌直径17、厚0.5厘米，周边均匀地镶嵌61块大小相同的长方形绿松石片，中部有两圈十字形绿松石片。出土时使用六层四种不同粗细的布包裹着，可见其珍贵程度[3]（图一四）。1975年发掘的ⅥKM3，在南北长25、东西宽6厘米的范围内，整齐地排列着绿松石薄片，应是粘贴在某种有机质材料之上；同一墓内还出土3件圆形铜器，周边镶嵌有绿松石片。1980年发掘的ⅢM4，发现1件青铜尖状器，其上镶嵌数排小绿松石片。

此外，如1975年发掘的ⅤKM11，发现172件绿松石薄片，当是镶嵌或粘贴在某种有机质材料之上的饰物。

1　　　　　　　　　　　　　　　　2

图一三　二里头出土镶嵌绿松石铜牌饰

1．87ⅥM57：4　2．81ⅤM4：5

2. 其他绿松石饰件

（1）绿松石串珠

数量仅次于薄片，历年出土多达600余件，最多的75ⅤKM11，一座墓葬就出土了484件。串珠

[1]　中国社会科学院考古研究所二里头工作队：《1981年河南偃师二里头墓葬发掘简报》，《考古》1984年第1期。

[2]　中国社会科学院考古研究所二里头工作队：《1987年偃师二里头遗址墓葬发掘简报》，《考古》1992年第4期。

[3]　中国社会科学院考古研究所：《偃师二里头——1959～1978年考古发掘报告》，中国大百科全书出版社，1999年，第255页。

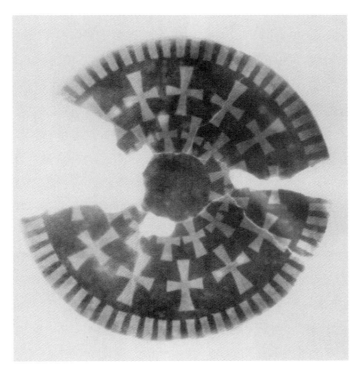

图一四　二里头出土镶嵌绿松石铜牌X光透视
（VKM4∶2）

的形制为管状，多为对面纵向钻孔。1981年发现的87枚串珠，最大的长2.7厘米，最小的只有0.4厘米
（图一五）。

（2）管状饰

数量较少，以平面长方形者居多，或中部外鼓，横截面有圆形、椭圆形、圆角方形或长方形之分，均有对钻的纵向细孔（图一六）。如81ⅤM4∶2，扁体管状饰，两端钻孔，通体精磨，长4、宽1.9、厚0.9、孔径0.4厘米；绿松石管的形制与串饰基本一致，只是个体较大，多单枚分布在墓葬中的

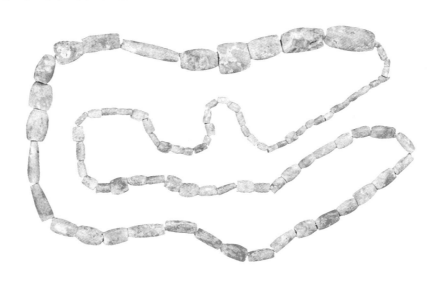

图一五　二里头出土绿松石串珠
（1981年发掘墓葬）

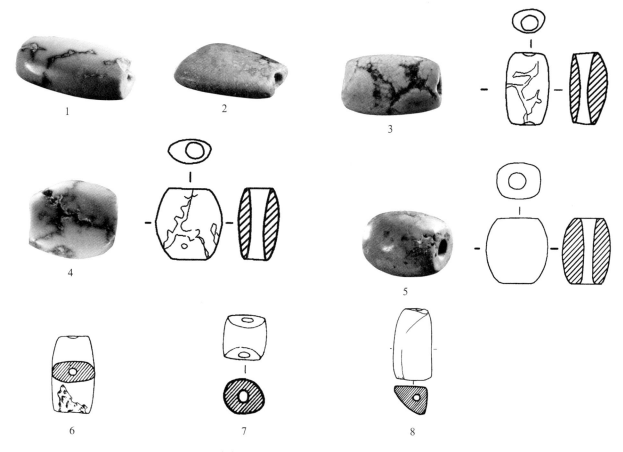

图一六　二里头出土绿松石管

1. 2000Ⅴ采：1（采集）　 2. 2002ⅤH87：22　3. 2002ⅤM3：33　4. 2002ⅤM3：31　5. 2002ⅤM3：32　6. ⅤM22：12　7. ⅡⅤT111⑤B：6　8. ⅡⅤT116④：78

不同位置。其功能一般认为是穿绳系挂的坠饰。

（3）饼形饰

形制多为圆形，略厚，用来镶嵌钺、璋和刀形器物等。如80ⅤM3：3玉钺，背部有上下排列的双孔，其中未穿透的下孔镶嵌圆饼形绿松石；同墓出土的玉璋（80ⅤM3：4），器身的侧小孔镶嵌一枚圆饼形绿松石；87ⅥM57：10玉刀形器，中部的圆孔正背面各镶嵌一枚圆饼形绿松石（图一七）。此外，铜牌饰兽面的双眼也使用绿松石圆饼镶嵌。

从功能上划分，二里头遗址的绿松石制品也可以分为两大类，即礼仪用器和装饰品。绿松石的制作技术和工艺以及功能类别，与龙山文化的绿松石制品大体一致，只是数量更多，制作更精致，在礼仪用器方面有了较大的发展，表现为种类更为丰富，数量明显增多。如在铜器上镶嵌和粘贴绿松石薄片，以形成特定的图案和内容，特别是大型龙形器的制作和使用，应是对龙山文化绿松石的功能、内容和使用范围的延伸和扩展，从而发展到一个新的阶段并形成自己的特色。装饰品方面，海岱地区史前文化曾一度较为流行的梯形、长方形或椭圆形耳饰，二里头发现甚少，实际上在早于二里头文化的海岱龙山文化时期就已经很少见到。而断面或圆、或扁、或方的管状饰，两者都有一定数量，且形制十分接近。所以，二里头遗址的绿松石制品的基本类别和器形，与东方海岱地区有着十分密切的联系。

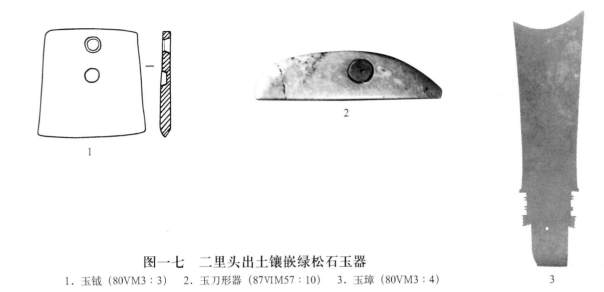

图一七　二里头出土镶嵌绿松石玉器
1. 玉钺（80VM3∶3）　　2. 玉刀形器（87VIM57∶10）　　3. 玉璋（80VM3∶4）

综上所述，作为分布于中原地区的二里头文化及其都邑的二里头遗址，利用自己优越的天下之中的区位和文化优势，广泛吸收了来自四面八方的优秀文化因素，特别是来自东方海岱地区大汶口、龙山文化的基因，不断地发展和壮大自身，在群雄逐鹿中脱颖而出，一枝独秀，成为最早中国的象征和中华文化的代表。

中国古代陶器概论

一 陶器综论

（一）陶器产生的环境和社会文化背景

距今200～300万年前，南方古猿的一支（纤细型南猿）逐渐地演化为最早的人类，即能人。自此，人类开始了漫长的自身发展进程，先后经历了早期猿人、晚期猿人、早期智人和晚期智人等不同阶段，在这一过程中，人类的体质和心智也发生了多次质的飞跃，如直立行走、手脚分工、大脑的逐渐完善（如脑容量不断增加）、语言的产生、思维的形成等。

人类所创造的文化也在不断地发展和进步，先后经历了旧石器时代初期、中期和晚期等不同的发展阶段。以生产工具为标志的生产力水平不断提高（如石器的进步和小型化，工具的多样化），生产规模和结构持续发展（如经济手段的多样化，采集、渔猎等）。人类的社会组织和社会结构也逐渐由简单向相对复杂的方向演进（由前氏族社会发展到氏族社会）。

人类和人类社会产生之后的更新世期间，自然环境的变化十分显著，发生了一系列重大事件，如黄土堆积的形成，多次冰期和间冰期的循环出现等。最后一次冰期结束之后，全球气候变暖，气温上升，雪线北移，海水前进，大片陆地变为海洋，等等。环境的巨大变迁对全新世人类的发展具有重大制约和影响。

在长达数百万年的采集和狩猎的基础上，距今一万之前，人类开始驯化植物和驯养动物，发明了早期农业和家畜饲养业，生存方式由攫取经济向生产经济转变。农业的发明和发展，客观上要求人们采用和以前完全不同的生活方式，即由不固定的移动生活方式向定居生活方式转变。所以，定居聚落的出现，一般被人们作为新石器时代的一项基本标志来看待。

伴随着农业经济的出现和定居聚落的形成，人们对日用器具的需求就不再局限于以往自然界已有的遗物，如植物类遗存等，或者说仅仅依靠自然遗物已经远远不能满足人类定居生活的需要，客观上要求一些更适合人类生活器具，在这一大的背景之下，陶器就应运而生。

（二）陶器在考古学研究中的价值和意义

陶器的发明是人类发展历史上的一项创举，如前所述，它是和定居生活、农业经济所形成的生产、生活方式紧密联系在一起的。陶器在人类古代社会、文化的发展和考古学研究中的意义是多方面的。

（1）由于陶器具有不腐烂并且能够永久保存的特性，它是我们现今考古调查借以发现各种古代人类活动遗存（如各种遗址）、判断各种遗存的分布范围等的基本依据。

（2）不同时代和不同地区的人们所使用的陶器，其器形、基本组合和陶器群均不相同。据此，可以确定和辨认考古学最重要的研究对象——考古学文化。目前，我们确定考古学文化的基本要素有许多，但在实际操作中主要是依据陶器群中的典型陶器来界定。反之，通过分析调查、发掘所获陶器的器形和陶器组合，就可以断定新发现的考古遗存准确的文化属性。

（3）通过陶器的类型学分析，可以对考古学文化进行分期，再结合自然科学方法的测年结果，进而获得整个考古学文化及其每一期别的绝对年代。我们现在对新石器时代和青铜时代考古学文化相对年代关系的认识，基本是依靠陶器的类型学分析建立起来的。所以，在某种意义上可以说不认识陶片就不是真正的考古学家。反过来，我们就可以依据陶器和陶片，来判断遗址和墓地等考古遗存的文化属性和年代关系，为进一步的研究工作奠定基础。

（4）自古以来，不同区域的人们之间就存在着文化联系，表现形式多种多样，如部族和人员迁徙、婚嫁、战争、馈赠、商品交换和流通、文化交流和影响、技术的传播和交流等。通过陶器为主的文化因素分析，可以了解不同区域人们之间进行联系的具体样态，进而探讨其对古代社会变迁的影响。

（5）分析陶器的形制和变化，可以了解不同区域、不同时代人们的饮食方式和生活状况。如煮食还是蒸食（结合石器的分析）、宴飨活动的情况等。

（6）随着社会分层的产生和发展，规范人们行为的礼制逐渐产生，作为礼制的载体——陶礼器应运而生。根据陶礼器的种类、形制、数量、组合关系、出现的范围等，就可以了解不同时期不同区域人们礼仪活动的内容、规格和等级、丧葬习俗和制度等，进而可以探讨各自社会的结构、分层和社会性质等。

（7）分析和研究不同时期不同区域陶器的生产工艺和技术、生产组织和生产方式、流通方式和范围以及商品经济的产生和发展，可以探讨其与社会生产力的发展水平、社会分化、社会分层之间的互动关系。

（三）陶器的起源

陶器产生于新石器时代之初（或认为可以早到旧石器时代末期），其历史迄今已经超过了10000年。一般认为，陶器是人类社会进入新石器时代的几个主要标志之一。

陶器究竟是怎样被人们发明出来的，目前还没有找到确凿的证据。按照过去传统的说法，是涂了黏土的编制或木制的容器，最初经火烧而变硬，且不溶于水。后来人们慢慢地发现并掌握了这一规律，开始有目的和主动地加水调和黏土，并塑造成一定形状，然后进行火烧，从而形成不溶于水且不透水的陶容器。恩格斯曾引用过这一说法，中国晚出的文献中也有此类说法[1]。

一般说来，陶器的发明需要有两个基本条件：一是把黏土塑造出一定形状，这就要有支撑的模

---

[1] 刘敦愿：《从明清时期的煮盐工艺看陶器起源问题》，《文史哲》1987年第5期。

子，如篮子就起这样的作用；二是人们会用火。这两个条件具备了，客观上就具备了制作和烧制陶器的基本条件。而这两个条件，大约在旧石器时代即已出现。

目前世界各地的早期陶器，多出现在距今一万年之前。中国目前最早的陶器发现于江西万年仙人洞遗址，经测年已达到了距今2万年前后[1]，而略晚的湖南道县玉蟾岩遗址的陶器，年代也在距今17000~18000年之间[2]，早于日本和俄罗斯东西伯利亚地区发现的早期陶器。这些较早时期的陶器以造型简单的釜、罐、钵类器物为主，似乎看不出与前面所说的篮子有什么关系，倒是与一些植物类果实，如葫芦等有相似之处。

（四）陶器的制作和使用

1. 陶器的制作程序

陶器的制作流程有两个基本步骤，即制作陶坯和入窑烧成。

（1）制作陶坯

陶坯的制作流程较为复杂，包括选择和开采陶土、加工陶土（包括浸泡、过滤和沉淀、练泥等工序）、制作陶坯（成型）、修整（有时候和装饰同时进行）、装饰（在陶器表面施加纹饰，或在晾干之后进行，如画彩）和晾干等。经过这一系列的程序之后，制作出来的陶坯等待入窑烧制，这时候的陶坯也可以称为土器。这一系列过程可以说是缺一不可，但其中最重要的一道工序是成型。

多数陶器的原料是普通黏土，所谓普通黏土，也并非随便找一些土就可以用来制作陶器。据我们前些年在山东不同地区的数个地点所做的现代制陶调查，发现这些现代陶器的生产者，对陶土是有所选择的，他们采用的是一种黏性较大、相对纯净的黏土为原料，一般埋藏在地下，成层分布。

采集回来的陶土需要晾干、打碎，然后加水浸泡，泡到一定程度时，对湿润的陶土进行加工处理。如果陶土的杂质较多，要先进行过滤和沉淀处理。如果杂质较少，比较纯净，则可以直接练泥，简单的方法就是人们打赤脚在上面来回踩踏，复杂的要用工具来回打压，就像做馒头时要反复揉面一样，揉的时间越长，做出来的馒头越好，制作陶器也是一样。

（2）入窑烧成

是把晾干的陶坯装窑烧成的工序，包括装窑、烧制和出窑等过程。这一过程中最重要的是烧制，只有经验丰富和技术精湛的师傅才能够烧出上等好陶器，这一环节主要体现在陶器成品上。当然，陶窑的结构、燃料的品质等与陶器烧制质量也有密切关系。

从考古发现的陶窑观察，陶窑的发展大体经过了三个阶段：

一是露天堆烧。就是在比较平整、坚实、抹光的地面上先堆放一层柴草，将陶坯置于柴草之上，然后再用柴草覆盖，并用草泥将其涂抹密封，最后点燃其中的燃料。待燃料燃尽，陶器自然烧成，冷却后即可取出陶器。新石器时代较早时期可能采用此法，考古发现中有一些平地呈圆形的红烧土面，其用途有可能就是用于烧制陶器的，20世纪云贵地区的少数民族还使用此法烧制陶器。

[1] 吴小红：《江西仙人洞遗址两万年前陶器的年代研究》，《南方文物》2012年第3期。
[2] 吴小红等：《湖南道县玉蟾岩遗址早期陶器及其地层堆积的碳十四年代研究》，《南方文物》2012年第3期。

二是横穴窑。在长期露天堆烧的基础上，大约在新石器时代中期发明出规范的陶窑。陶窑的基本要素有窑室、窑箅（火眼）、火道、火膛和工作间（图一）。窑室以圆形居多，也有椭圆形、方形和长方形者；窑箅为窑室底部的平面，其上往往有圆形的火眼，像箅子一样；火道是连接火膛和窑室的过火通道，有一条和多条之分，整体上以"北"字形、"非"字形和"川"字形居多；火膛为烧火的部位，通常为圆形或椭圆形坑，前有火门；工作间在火膛之后，为烧窑师傅工作的场所。

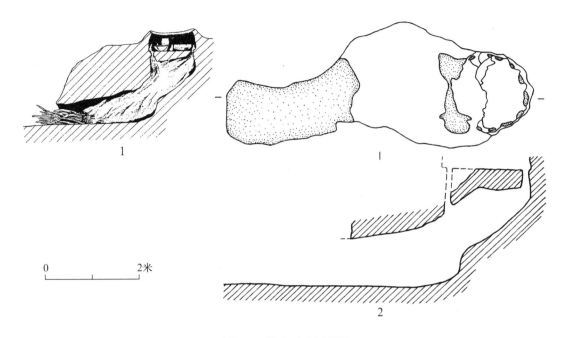

0   2米

图一　横穴窑示例图
半坡3号陶窑：1. 复原图　2. 平、剖面图

横穴窑的特点是，火膛在窑室的前方，两者前后相连。这种结构的陶窑一直使用到夏商时期甚至更晚。

三是竖穴窑。这是一种对横穴窑加以改进而产生的新型窑。如果说横穴窑的火膛通常位于窑室的后方，通过火道把火传送到窑室，而竖穴窑则是将火膛后移到窑室之下，火膛和窑室上下相连（图二）。这样，火膛的火向上直接进入窑室，缩短了火膛到窑室的距离，提高了火的利用率，既节省燃料，又可以提高窑温。

其实由横穴窑向竖穴窑的过渡，经历了一个比较长的发展时期，即最初火膛在窑室之后，后来火膛逐渐向下向前移动，龙山文化时期发现的一些陶窑，实际上就是介于横穴窑和竖穴窑之间的过渡形式。

2. 陶器的使用

陶器的使用不必做过多的论述，想必大家都比较清楚。随着时代的变迁，陶器的用途也在不断地发生着变化，但其最基本的功能和用途是日用生活器皿则没有改变，只是随着社会的发展而有所扩展（如建筑材料方面）和有所收缩（如生活用具方面）。最初的陶器主要是日用生活器具，用于炊煮器、盛储器、饮食器和水器。随着社会的发展，逐渐制作出一些具有新的功能的陶器，如工

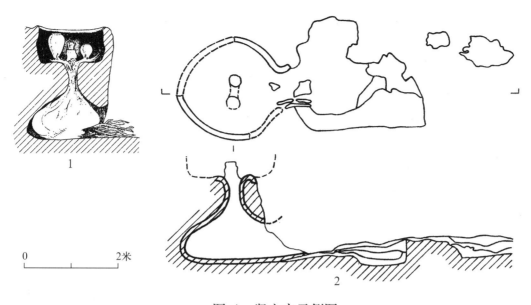

图二　竖穴窑示例图
半坡2号陶窑：1. 复原图　2. 平、剖面图

具（纺轮、拍子、锉等）和武器（镞、矛等）、随葬明器、葬具、礼器和乐器（铃、哨、埙、击打器）、装饰用品、建筑材料（瓦、砖、井圈、排水管道）等。

3. 陶器的废弃和埋藏

陶器在使用过程中，因为各种原因而破损之后一般就会废弃。当然，新石器时代早期陶器比较贵重，陶器破损之后，经常采用钻孔的方法进行修补和缀合，以继续使用，这在许多地区的新石器时代较早阶段是常见的现象。而陶器破裂后进行修补以继续使用，直到近现代也存在，并且修补方面与古代也没有质的差别。

随着制陶技术的进步，特别是轮制技术发明之后，陶器生产变得相对比较容易，人们一般较少做以往那种修补的工作，绝大多数陶器破损后就直接扔弃。所以，我们在考古遗迹中，如废弃的房子、灰坑、灰沟、水井以及文化层中，都可以发现大量破碎的陶片。这些陶片经过专业人员的拼对后，属于同一个个体的可以进行粘对，然后按其原有的形状进行修复和复原。陶器的拼对、粘接和修复也是文物保护工作的一个重要组成部分。

在考古发掘中，也可以见到一些特殊的陶器埋藏现象，某些遗迹中往往存在数量可观的完整或基本完整的陶器。如突然废弃的陶窑，因失火、地震、洪水等灾变和自然因素而未能及时移走各种生活用具的房子，有随葬品的墓葬，各种祭祀坑，陶器窖藏，废弃的水井等。这些特殊的遗迹内往往有数量较多的完整或可复原的陶器，对于考古学研究具有十分重要的价值。

（五）陶器的基本要素

一般说来，考古工作者把陶器细分成若干基本要素，通常划分为质地、颜色、制法、烧成温度、装饰和器形等六项要素。

1. 质地

陶器的质地简称陶质，陶质的区分看似简单，如果细究则十分复杂。从宏观层面的划分，是以加不加羼和料为基准，一般区分为泥质陶和夹砂陶（羼和料以粗细砂料为主）两个大的类别。

（1）泥质陶

是指质地比较纯净而细腻的陶器。最初的时候，制陶原料可能是未经淘洗和过滤沉淀的自然陶土，如果陶土的杂质少，做出来的陶器手感就比较细腻，一般称为泥质陶。后来，随着制陶技术的进步和对陶器质量要求的提高，人们开始将自然陶土先溶解于水，进行过滤和沉淀，把其中的砂粒和其他杂质去掉，获得比较纯净的黏土。用这种经过加工处理的陶土制成的陶器，质地细腻，手感光滑，一般用于制作盛器和饮食器等。有的细泥陶器，如龙山文化的蛋壳陶，最薄处的厚度只有0.3～0.5毫米，则需要经过多次过滤和沉淀方可进行制作。

（2）夹砂陶

是在陶土中人为地加进了各种羼和料，如细砂粒、滑石粉、云母碎屑、碎蚌贝壳、植物秸秆、稻壳、碎陶末等。其中以夹粗细不一的砂粒者最为常见。南方地区习见加植物类羼和料的陶器，经火烧后炭化，遗留在陶胎内，俗称为夹炭陶，这种陶器的重量较之夹砂陶明显要轻。而山东半岛和辽东半岛地区盛产滑石，新石器时代中期阶段常常使用打碎的滑石粉末作为陶器的羼和料，做成的陶器质地光滑，手感较为油腻。从总体上说，夹砂类陶器的质地较粗，通常手感粗糙，肉眼就可以看到陶胎中掺杂的不同物质，做成的陶器一般用于炊煮器和大型存储器等。炊煮器要经火烧，其中包含一定砂粒制成的器物，高温炊煮时不易破裂，就像我们今天用来炖肉和煎药的砂锅，属于同一性质。

2. 颜色

陶色是指陶器烧成以后的颜色，通常称为陶色，可以区分为普通陶色和特殊陶色两类。

（1）普通陶色

在常见的红、灰、黑、褐、白等陶色中，前四种最为常见，这里称为普通陶色。这些不同的颜色主要是由于烧制过程中烧制方法的差别而形成的。如红色是由于不封窑或封窑不严密，在氧化气氛中烧成；灰色是烧到一定程度后将陶窑的出烟口封住，在还原气氛中烧成；黑色是烧到一定程度时密封窑室并且进行渗碳。陶器上往往还有颜色不纯正的现象，如红褐色、灰褐色、黑褐色等，则主要是烧制过程中火候不均匀等原因造成的。当然也有埋藏环境的原因，如果陶器或陶片埋藏在与陶器颜色完全不同的堆积中，时间长了，可能会把陶片浸染成与堆积土相近的颜色，我们在考古发掘中多次发现过类似的实例。

（2）白色陶

一般的不同陶色的形成，基本上是因为烧制的原因，白色陶器是个例外。一些地区在新石器时代和历史时期均发现一定数量的白色陶器，它们是因为所选用的原料与一般陶器所用的黏土不同而形成的。目前国内发现的新石器时代白陶，主要集中分布于两个区域，即长江中游的洞庭湖地区和黄淮下游的海岱地区。两个地区的陶器成分分析结果表明，洞庭湖地区的白陶氧化镁含量较高，所以也被称为镁白陶，主要采用了南方地区常见的青（白）膏泥为原料。海岱地区的白陶氧化铝的含量较高，所以也被称为铝白陶，多采用制作瓷器的高岭土为原料。南方的白陶出现较早，大约在距今7000年之前，到距今6000年前后消失。北方的白陶出现较晚，产生于距今5000年前后，为夏商时期所继承，成为陶器中的珍品，并一直延续到汉代，与后来瓷器的出现关系密切。它们属于两个不同的白陶系统。

此外，偏黄色陶器也是因为陶土的原因，如果陶土中包含的钙、镁、钾等成分较多，烧出来的陶器就有可能呈黄色，甘青地区的类似陶器就属于这一种。

在一般的考古学描述中，往往把陶质与陶色合并在一起，称为陶质陶色，如泥质黑陶、夹砂红陶等。

3. 制法

陶器制作有一个完整的流程，其核心是成型技术，而成型的方法较多，从大的方面可以区分为两大类，即通常所说的手制和轮制。

（1）手制

所谓手制，系指直接用手制作的陶器，而不是借助于机械性或半机械性工具，手制又可细分为各种不同的方法：有捏塑、模制、泥片贴筑、泥条盘筑和泥圈套接等具体的方法。

捏塑法：一般用于小型陶器，用手直接捏塑成需要的器形，这种方法制作出来的陶器往往不甚规整。如石家河文化的各种小动物就是采用捏塑法制成的。

模制法：一些特殊的器类或器物的某些部分，或者较早阶段的陶器，往往采用模制的方法成型，即在做陶器之前先做一个模子。如安阳后冈遗址发现过制作鬲足的内模（图三）。

泥片贴筑法：所谓泥片贴筑是指在陶器成型时，先把调制好的泥切成小块，拍打成薄片状，然后一块一块粘贴起陶器的器形。这样的方法需要有一个预先做好的模子，实际上也可以归入模制方法一类。这种方法目前多见于年代较早的如距今8000年前后及其以前时期的若干考古学文化。已故的俞伟超先生曾提出并探讨了泥片贴筑的陶器成型方法。

泥条盘筑法：这是最重要的一种手制陶器的成型方法，实际上轮制陶器最初的步骤也有采用泥

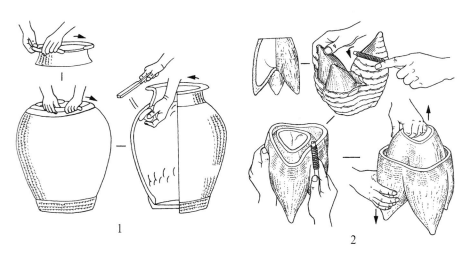

图三　陶器制作工艺示意图

1. 泥条盘筑法及泥圈套接法　2. 泥条盘筑法及模制　（据李文杰：《中国古代制陶工艺研究》改绘）

条盘筑的情况。在陶器成型时，把准备好的泥料搓成细长的泥条，就像包饺子的第一道工序一样，然后把泥条连续地盘绕着向上堆砌起来，最后用手抹平内外壁并加以拍打，做出所需要的器形（图三）。

泥圈套接法：与泥条盘筑类似，只是把预先准备好的泥料搓成一定长度的泥条，围成若干个泥圈，然后把它们叠摞起来，用手抹平内外壁，并加以拍打成器。

以上这些手工成型的方法均可以找到实物证据，一些制作的不太好的器物，损坏时比较容易分辨出制作时是采用了泥片贴筑或是泥条盘筑还是泥圈套接的方法。

（2）轮制

所谓轮制，是在手制的基础上利用了半机械性的轮盘转动，借助其旋转的速度和势能来快速提拉陶坯成型。其实轮制的前半部分也是手制的过程，即用泥条盘筑的方法做出一个筒子，然后利用轮盘旋转的速度进行修整或拉坯（提拉）成型。轮制可以分为两个阶段或类型，即慢轮修整和快轮拉坯成型。

慢轮修整：慢轮修整属于轮制的原始或早期阶段，他所实施的对象基本上是手制出来的。但这种方法的实施，表明已经发明出可以转动的轮盘。把手制成型的陶器置于轮盘之上，转动轮盘，对已经基本成型的陶器进行整形，做局部的修整，使之比较规矩和符合要求，更加美观。因为这一工作是在旋转的轮盘上进行的，所以，往往可以在被修整过的陶器上留下转动时形成的旋痕，只不过因为旋转的速度较慢，轮旋的痕迹也比较粗疏。于是，器物上有无旋转的痕迹是判别是否进行过慢轮修整的直接依据。

慢轮修整的工艺出现于新石器时代后期前段，即距今6000年以前，在北辛文化、仰韶文化半坡类型、马家浜文化的陶器上，都出现了慢轮修整的现象。

快轮拉坯成型：快轮制陶实际上是指利用轮盘转动的速度，用双手提拉陶坯使之形成想要的器物形态。一个熟练的陶匠，在最短的时间内，可以随心所欲地把陶土拉成想要的任何形状，其拉坯的手法之灵活和速度之快，不亲临其境是难以想象的。据我们调查，一个熟练的陶工匠，一天可以制作数百件普通的罐、盆类器物，效率是手工制作的数十倍甚至上百倍。这样，我们就可以理解为什么轮制技术产生之后的龙山时代，遗址上陶器的数量出现了成数十倍的增长。

采用轮制技术生产的陶器，器形规整，棱角分明，器壁薄而匀称，器身从上到下都遗留有平行而细密的轮旋痕迹（特别是内壁，更为清楚，外壁有时候被修整打磨掉），器底则有偏心切割螺线。轮制技术产生于仰韶时代晚期，盛行于龙山时代，特别是海岱龙山文化，是陶器轮制技术水平最高的时期，进入后龙山文化阶段逐渐衰退。

当然，在不同地区，即使是同一时期，轮制方法的使用面和轮制技术的掌握情况也很不平衡，这是我们研究古代陶器时应该加以注意的。

4. 烧成温度

陶器的烧成温度也称为火候，火候的高低决定着陶器的结实程度。一般说来，早期阶段的陶器，烧成温度比较低，随着陶器烧制工艺的发展，陶器的烧成温度逐渐提高，并为以后需要更高温度的瓷器的出现奠定了基础。

陶器的烧成温度与陶窑结构和烧窑技术关系密切。早期的平地堆烧，密封不好，并且也谈不上什么控制窑温的技术，所以陶器的烧成温度都比较低，一般在800℃以下，有的甚至只有600℃左右。随着横穴窑的出现，陶窑的密封性和保温性能明显好于此前的露天窑。所以，陶器的烧成温度也有较大提高，达到了900℃～1000℃，龙山时代的白陶有的甚至超过了1100℃，已经接近瓷器的烧成温度。从这一意义上说，陶器烧制技术的发展为后来瓷器的出现做好了技术上的准备。

5. 装饰

对成型的陶器表面进行适当处理，或者施加一些纹样等装饰，既是实用的要求，也具有装饰美观的意义。陶器表面的装饰主要有三大类别。即素面、纹饰和画彩。

（1）素面

素面是指陶器的表面未施加纹饰和彩绘者，细分也有三种不同的形式：

一是做好的陶坯晾干后，不做任何处理即入窑烧制，这是典型的素面陶器。

二是陶器成型晾晒到一定程度时，用砾石、骨器或动物皮毛等进行打磨，使陶器的表面细密光滑，烧成之后会产生光亮的效果，俗称磨光陶器。这种现象本身也具有一定加固陶器的作用，在新石器时代晚期十分流行。

三是施加陶衣，即选择特定的土加水调成泥浆，然后用刷子一类器具将其涂抹在陶器表面，俗称陶衣。不同化学成分的陶土烧后颜色也不相同，所以会产生不同颜色的陶衣，以红、褐、棕、白色居多。施加陶衣既是陶器装饰的一种形式，也可以用来弥合陶器表面的小裂痕等，故也有修整陶器的作用。

（2）纹饰

在大半干的陶器表面施加各种纹饰，既可以加固和打实陶坯，使之更加坚固，也是美观的需要，可以增加美感。所以，新石器时代和后来的陶器表面多施加各种不同的纹饰。纹饰的划分目前不甚统一，一般说来，常见的施纹方式主要有七种（图四）。

拍印纹：使用刻有各种不同纹饰的陶拍子，和陶垫配合使用来拍打陶胎，这样就在陶器外表留下与拍子相同的纹饰，通常所见的篮纹、方格纹、部分绳纹、几何形纹等，就是采用这样的方法生产出来的。

压印纹：在陶坯表面压印出各种不同的纹饰，如绳纹（通常是滚压）、各种几何形纹等。压划纹可以归于此类。

刻划纹：用细小有尖的工具，在陶坯上刻或划出各种不同的纹饰，通常以几何形纹饰最为多见。

戳印纹：用特定的工具，如圆圈、三角等形状的工具，在陶坯上戳印出各种不同的纹饰，多用于辅助性纹饰。

堆纹：把预先做好的各种泥条、泥索、泥饼、乳丁、小动物等，附加到陶坯的相应位置，用于加固陶胎或装饰陶器，通常称为附加堆纹。

镂孔：在陶器的圈足、柄等部位雕镂出各种不同形状的孔，如圆形、三角形、长条形、方形等，主要起装饰作用。

图四　陶器器表施加装饰示意图

1. 拍印纹饰　2. 压印纹饰　3. 刻画纹饰　4. 戳印纹饰　5. 附加堆纹　（据李文杰：《中国古代制陶工艺研究》改绘）

凹凸弦纹：轮制技术出现之后，在陶器的表面常常会发现一些凹下或凸起的规则弦纹，这是一种利用轮盘转动时做出的纹饰，刻、压、挤等手法兼而使之，形式主要有凹弦纹和凸弦纹两种，竹节纹也可以归入此类。

（3）画彩

在晾干或烧成的陶器上绘制各种颜色的纹样、图案，是陶器装饰中的一个重要门类。根据画彩的时间又可以分为两类，即烧前画彩的彩陶和烧成后画彩的彩绘。前者不易脱落，一般不怕水洗，后者容易脱落，不易保存，切不可用水清洗。

彩陶：彩陶作为一种重要的陶器装饰，产生于新石器时代偏早阶段，即裴李岗时代的大地湾文化，多数地区主要流行于距今7000～5000年的仰韶时代，个别地区到距今5000～4000年的龙山时代还十分流行彩陶，如西北的甘青地带，是中国彩陶最为发达的地区。多数地区的彩陶在龙山时代就已衰落和逐渐消失。

彩陶的颜色主要有红、黑、白、褐（棕、紫等）、黄等五种，其中数量最多的是红、黑两色，白色也有一定的数量，褐色和黄色数量不多。

从绘画技法上划分，彩陶有单彩和复彩之分，即单色彩、单层彩和多色彩、多层彩之别。到目前为止尚未发现绘画彩纹的工具，但从彩陶纹样、图案的笔道分析，绘画的工具应为毛笔。

彩陶纹样、图案的种类、形式极为复杂，不同地区、不同文化均存在着具有自己特色的彩陶纹样和图案。如仰韶文化半坡类型的人面纹、变体鱼纹、几何形纹、动物类纹等；庙底沟类型最为流行的则是由圆点、勾叶、弧边三角组合成的回旋勾连纹、各种花卉纹等；大汶口文化则有八角星纹、斜栅纹、圆圈纹、勾连纹、几何形纹等。彩陶最为发达的马家窑文化、半山文化和马厂文化，彩陶的数量可以占到全部陶器的80%，纹样种类多的不计其数。

彩绘：彩绘的出现要晚于彩陶，数量也相对较少，仰韶时代晚期有一些发现，但数量不多。新石器时代末期和青铜时代早期在部分地区比较流行彩绘陶器，如中原地区的陶寺文化、海岱地区的岳石文化、东北燕辽地区的夏家店下层文化等。东周至秦汉及其以后阶段，在一些地区仍然有彩绘陶存在，特别是汉代，许多墓葬的随葬品中，都发现有各种形式的彩绘陶，如各种陶容器、陶俑等。

彩绘陶的颜色主要有红、白、黑、紫等色，也有少量的黄色。

彩绘的纹样和图案较之彩陶要简单得多，但也不乏彩绘精品，如夏家店下层文化的彩绘陶，纹样图案就比较繁缛华丽，有一些战国、汉代的彩绘，图案也十分逼真漂亮。

由于是陶器烧成之后才绘画各种纹样和图案，其保存和永久保持原样是文物保护的重要课题之一。为此，国家文物局在陕西兵马俑博物馆建立了专门做彩绘陶器保护和研究的基地。

6. 器类和形制

陶器产生之初，器物种类比较少，器物造型也比较简单。随着社会和经济的发展，制作和使用的陶器种类逐渐增多，器物造型也日趋复杂。到龙山文化时期，器物种类达到了数十种之多，即使同一类别的器物，也有多种形制存在。如鼎，就有罐形、釜形、盆形、钵形、壶形、盂形、盘形等，足的形态也多种多样。

陶器类别的划分方法有多种，其中有两种最基本划分方法。

一是按器物底部形态划分：有平底器、圆（尖）底器、三足器、圈足器。

二是按用途和功能划分：有炊煮器、饮食器（包括食器、水器、酒器等）、盛储器、礼乐器、工具和武器、装饰品、明器、建筑材料等。

陶器的器形种类繁多，不同地区有不同的器形和样式，同一地区的不同时期也有不同的器形和样式，有一些被后来的青铜器、铁器、瓷器所继承。常见器形主要有罐、釜、钵、壶、盆、瓮、缸、碗、盘、豆、尊、簋、鼎、鬲、甗、鬶、斝、盉、爵、匜、盒、瓶、杯、甑、觚和器盖等。

出于形态划分的需要，陶器的形制描述一般采用拟人的手法，分为口、唇、沿、颈、肩、腹、底、足。此外，许多器物还有一些附件，有的是实用的需要，如流、耳、把手等，有的则是装饰的意味更重一些，如盲鼻、泥条、泥饼、乳丁等。

二　中国古代陶器概述

（一）中国古代文化的分期和年代

距今一万多年前，随着最后一次冰期的结束，全球进入了一个全新的时代，即地球历史上的全新世，考古学上我们称之为新石器时代。新石器时代有两个基本变化，即环境与人类本身。从环境上说，末次冰期结束之后，全球气候逐渐变暖，气温开始升高，海水由低海面向高海面上升；从人类自身的发展来看，这一时期人类的体质已经与现代人完全一样，被称为现代智人。

上述变化加上人类文化的积累，引发了一系列重大变革和变化，通常有五项新事物先后出现，标志着新石器时代的到来，即：

（1）**农业的发明**

农业生产经济的出现，使人类逐渐摆脱了对攫取经济和大自然的完全依赖，使人类的经济活动进入了一个全新的时期。

（2）**家畜饲养业的产生**

驯养动物改变了人类的生产模式，找到稳定提供肉食的途径，使人类逐渐摆脱了对狩猎经济的依赖，成为人类不可或缺的生产方式之一。

（3）**定居聚落的出现**

定居聚落的出现与农业的产生相辅相成，互为表里，为后来人类社会组织和社会结构的发展奠定了基础。

（4）**磨制石器的制作和使用**

这是生产工具领域的重大变革，使人类征服自然和改造自然的能力迅速提高。磨制技术在旧石器时代晚期已经出现，而新石器时代初期的石器仍然是以打制为主，磨制者较少，随着生产的发展，磨制石器的比例越来越高，到新石器文化中期以后才占据了绝对多数的地位。

（5）**陶器的发明和使用**

陶器的发明和使用极大地方便和丰富了人类的日常生活，使人类的定居模式更加稳固。

经过近百年来的考古发掘和研究，中国的新石器时代可以粗分为四个大的时代，即：

距今10000年前后的新石器文化早期，或称为前裴李岗时代。

距今9000～7000年前后的新石器文化中期，或称为裴李岗时代。

距今7000～5000年之间的新石器文化晚期，或称为仰韶时代。

距今5000～4000年之间的铜石并用时代，或称为龙山时代。

此后进入青铜时代和铁器时代，两者的分界大约在春秋时期。

距今4000～3600年前后为青铜时代早期，或称为二里头时代、夏代。

然后，依次为商代、周代、秦汉时期。

从中国陶器发展史的角度来考察中国古代陶器的产生和发展过程，大体上可以划分为五个阶段，即诞生期、初创期、发展期、鼎盛期和衰退期。如果进一步细分，每一个时期还可以有许多不同的发展阶段。

（二）诞生期——一万年前后的陶器

中国的陶器诞生于前述新石器时代早期，即前裴李岗时代，绝对年代在距今10000年以前。这一时期发现的遗址十分稀少，总体上来说，南方比北方多一些。

南方：主要见于湖南、江西、广东、广西和浙江等省区。重要的遗址有江西万年仙人洞和吊桶环、湖南道县玉蟾岩、广东的部分海边贝丘遗址、广西桂林甑皮岩、浙江浦阳上山、嵊县小黄山等。

北方：主要发现于河北、河南、北京、山东等地，重要遗址有河北徐水南庄头、阳原于家沟、河南新郑李家沟、北京郊区东胡林、怀柔转年、山东沂源扁扁洞等。

这一时期是陶器的诞生期，万年仙人洞的陶片早到了距今20000年。这一时期陶器的特点是均为夹砂粗陶，没有泥质陶，表明尚未掌握淘洗陶土的技术。陶器颜色往往斑驳不纯，以红、褐色为主，也有灰色。皆为手制，陶胎厚重，火候低，质地疏松，完整和可以复原的器物极少。器表多饰各种粗细绳纹，也有素面和少量篮纹。器类少而造型简单，只有罐、釜和钵等几种（图五～七）。

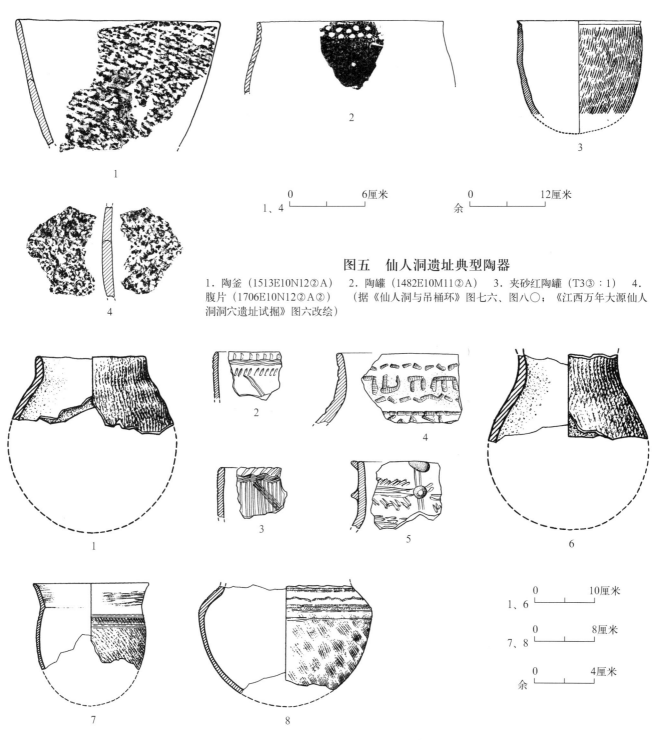

图五　仙人洞遗址典型陶器

1. 陶釜（1513E10N12②A）　2. 陶罐（1482E10M11②A）　3. 夹砂红陶罐（T3③：1）　4. 腹片（1706E10N12②A②）　（据《仙人洞与吊桶环》图七六、图八〇；《江西万年大源仙人洞洞穴遗址试掘》图六改绘）

图六　甑皮岩遗址典型陶器

1. 罐（KDT5：050）　2. 釜（BT⑥：016）　3. 釜（KBT3：007）　4. 高领罐（KDT7西隔梁：007）　5. 高领罐（BT3④：001）　6. 罐（DT4⑫：003）　7. 大口罐（BT3⑨：040）　8. 罐（KAT1②：037）　（据《桂林甑皮岩》图七四、八六、八八、九〇改绘）

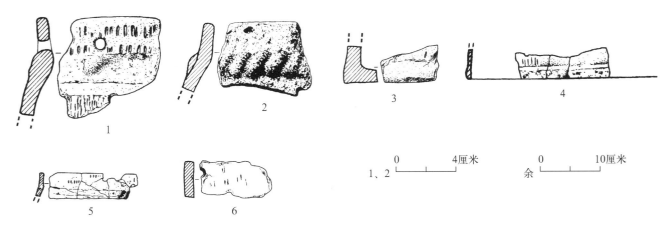

图七　南庄头遗址典型陶器

1. 罐口沿（Z1：3）　2. 罐口沿（Z1：7）　3. 器底（G3：394）　4. 腹片（T6⑤：14）　5. 罐口沿（Z1：10）　6. 腹片（T6⑤：6）　（据《1997年河北徐水南庄头遗址发掘报告》图一六、一七改绘）

（三）初创期——裴李岗时代的陶器

距今9000～7000年前后的裴李岗时代，是中国新石器文化的初步发展时期。一些地区开始出现成片分布的聚落，从而构成了考古学上所说的文化，即考古学文化。就目前发现的资料而言，至少有黄河中游地区的裴李岗文化、磁山文化和大地湾文化（或称老官台文化），黄河下游地区的后李文化，长江中游的地区彭头山文化，环太湖地区的上山文化和跨湖桥文化，燕辽地区的兴隆洼文化等。

从总体上归纳，这一时期的陶器特点是：夹砂陶较多，泥质陶较少，多数地区甚至尚未出现泥质陶，即仍未掌握淘洗陶土的技术；陶器的颜色以红褐色为主，颜色多不纯正；制作方法均为手制，手工捏塑、模制、泥片贴筑、泥圈套接、泥条盘筑等方法均有发现；陶器的烧制火候较低，通常在800℃左右；器表装饰方面，除了大地湾文化和跨湖桥文化发现有少量彩陶之外，多数区域均以素面陶和绳纹陶的数量最多；器物造型比较简单，种类相对较少，以罐、釜、钵、壶、盂、盆、盘等为主。以下着重介绍裴李岗文化、磁山文化、大地湾文化、后李文化、彭头山文化、皂市下层文化、上山文化、跨湖桥文化、兴隆洼文化的陶器。

以豫中、豫南为主要分布区的裴李岗文化，较之同时期其他文化具有明显的先进性，制陶业在同时期文化中最为发达。与其他文化均为夹砂陶不同，裴李岗文化陶器中的泥质陶数量甚至超过了夹砂陶，成为第一大陶系。陶色以红陶和红褐陶为主，灰陶和黑陶较少，不少陶器颜色斑驳不纯，与窑温较低和火候不匀有关。制作方法均为手制，有泥条盘筑法和泥片贴筑法之分，大型器物用泥条盘筑法成型，陶胎厚薄不匀。器表装饰以素面为大宗，纹饰主要有乳丁纹、篦点纹、刻划纹和压印纹等。主要器形有圆底钵和三足钵，圆底、平底和三足的小口双耳壶（罐），有耳或无耳深腹罐，圈足碗，也有少量鼎等（图八）。

以豫北和冀中南为主要分布区的磁山文化，陶器以夹砂陶为主，占比超过90%，而泥质陶数量很少，陶色以褐陶最多，红陶次之，灰褐陶较少。制作方法均为手制，具体则采用泥条盘筑法和用手直接捏塑，器形多不规整，常见变形现象。烧成温度在900℃左右。器表以素面为主，占比超过50%，纹饰以绳纹最多，编织纹和篦纹次之，其他还有附加堆纹、剔刺纹、划纹、指甲纹、篮纹和

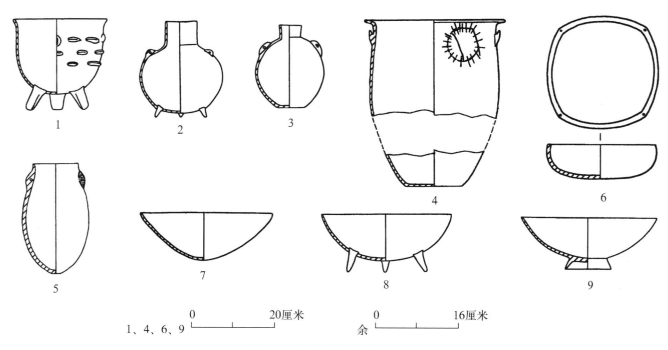

图八　裴李岗文化典型陶器

1、3、7～9.裴李岗（鼎M5：42、双耳壶M38：4、圜底钵M111：5、三足钵M7：3、圈足碗M56：4）　2.沙窝李（三足壶M10：4）　4～6.贾湖（卷沿罐H190：2、罐形壶M104：1、方形盆H77：1）　（据《中国考古学·新石器时代卷》图3-10改绘）

方格纹等。器形种类不多，其中平底直壁的矮筒形盂和与之配套使用的倒靴形支脚数量最多，超过全部陶器的一半，其他还有深腹罐、圜底钵和三足钵、小口双耳壶、碗、盘、杯等（图九）。

主要分布于渭河流域的大地湾文化，陶器以夹砂陶为主，泥质陶数量甚少。陶器的外表颜色主要为红褐色和灰褐色，并且往往斑驳不纯，内里多为灰黑色。制作方法均为手制，陶胎较厚，制作工艺相对较为原始。除了一部分素面，器表装饰以拍印的交错绳纹和斜绳纹最多，还有少量锥刺纹、刻划纹、短泥条堆纹、泥饼、泥圈等。有少量陶器烧前画彩，俗称彩陶，主要见于圜底钵和圈足钵，多在钵口沿外侧饰一周带状红色彩，个别饰于口沿内侧。陶器的器类较少，代表性器形有深腹平底和三足罐、圜底和三足钵、矮圈足碗等（图一〇）。

分布于黄河下游的后李文化，陶器均为夹砂陶，尚未出现泥质陶。陶色绝大多数为红褐色和红色，其他颜色者较少。陶器均为手制，从整体上看规整性较差，烧成温度也偏低，有的陶器质地极为疏松，遇水即溃。器表装饰以素面为主，有纹饰者极少，较大的器物口沿往往反叠成双层，即所谓的叠唇，有的用一周泥条加固，泥条之上再进行装饰，或压成锯齿状，或为波浪状，或压一周细绳纹，或刻划、戳印短线条。纹饰主要有刻划纹、附加堆纹和绳纹等。器物造型比较简单，圜底器最为常见，叠唇的筒形圜底釜数量最多，约占陶器总数的2/3以上。其他器形有罐、钵、盆、壶、碗、匜、杯、器盖和支脚等，其中匜的造型较为复杂，前端有流，后部有高起的把手，表明这一时期的陶器制作已经远离初创阶段（图一一）。

分布于燕辽地区的兴隆洼文化，陶器属于广义的东北亚地区的筒形罐系统。陶器质地均为夹砂陶，没有泥质陶，表明其尚未掌握淘洗陶土的技术。陶色外表以红、褐色为主，陶胎则颜色不一，有灰、黄、红等多种，内里则均为黑灰色。制作方法为手制，数量最多的筒形罐采用泥圈套接法成型。器表普遍施加纹饰，并多通体施纹，以"之"字纹和压印的交叉纹最具代表性，还有弦带纹、附加堆纹、人字纹、交叉纹、蓆纹、波浪纹等。陶器的器形极为简单，最为流行的是深腹平底筒形罐，外表通常施加三段式纹饰。其他器类甚少，如钵、小罐、杯等（图一二）。

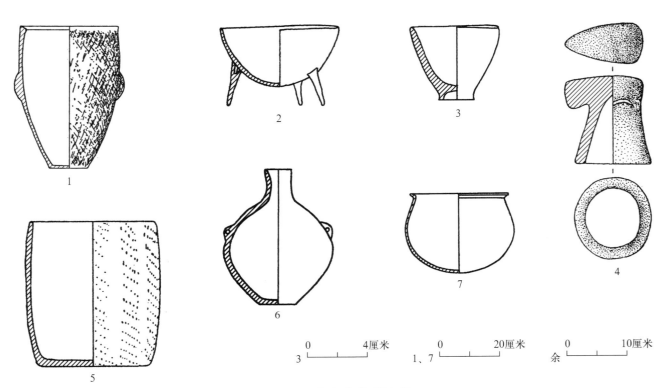

图九 磁山文化典型陶器

1～6. 磁山（直口罐H49：10、三足钵T87②：32、陶杯T93②：1、支脚H12：73、盂H242：1、小口双耳壶T96②：35） 7. 北福地（釜H16：2）（据《中国考古学·新石器时代卷》图3-15改绘）

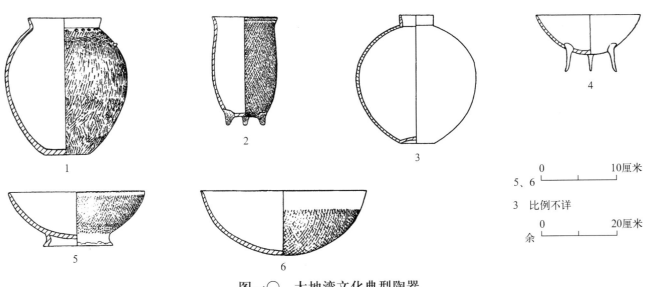

图一〇 大地湾文化典型陶器

1. 师赵村（平底罐T113⑥：118） 2、4. 白家村（三足罐T316②A：6、三足钵T312②A：2） 3. 大地湾（小口鼓腹罐H363：3） 5、6. 西山坪（圈足碗T18④H2：3、圜底钵T18④：37）（据《中国考古学·新石器时代卷》图3-2改绘）

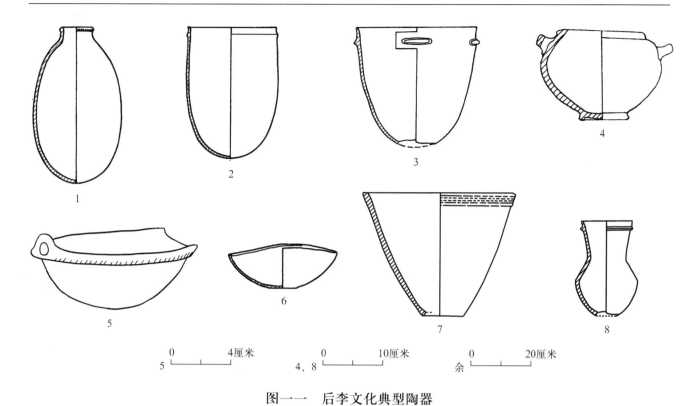

图一一　后李文化典型陶器

1、2.小荆山（壶 H126：2、釜 F12：5）　3、6～8.后李（釜 H2048：1、钵 H2488：1、罐 T1622⑫：5、壶 H2600：2）　4、5.西河（双耳罐 F306：6、匜采）　（据《中国考古学·新石器时代卷》图3-15；《山东临淄后李遗址第三、四次发掘简报》图六；《章丘市西河遗址2008年考古发掘报告》图三六改绘）

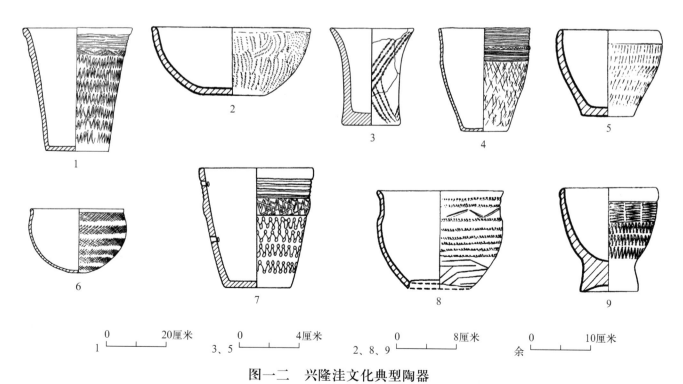

图一二　兴隆洼文化典型陶器

1、4、6.兴隆洼（筒形罐 F123④：77、筒形罐 F3②：48、圜底钵 F2⑤：10）　2、5、7～9.白音长汗（钵 AF17②：6、杯 AF12②：9、筒形罐 AF19：8、盂 AF40②：4、圈足碗 AF12②：8）　3.查海（杯 F4：3）　（据《中国考古学·新石器时代卷》图3-20；《查海》图四一三；《白音长汗》图二二五改绘）

上山文化的陶系以夹砂红陶和夹炭红陶为主，陶胎粗厚，多呈现外表红内胎黑的夹心状态。夹炭陶的羼和料多为稻壳、稻茎等有机质。制作方法均为手制，多采用泥片贴筑和泥条拼接的方法成型。器表装饰以素面为主，涂抹红色陶衣的现象较为普遍。纹饰有戳印纹、刻划网格纹、镂孔、锯齿纹和绳纹等。在陶器的口沿、肩或腹部多安装把手或小耳。陶器造型以平底器和圈足器为主，圜底器较少。器物种类较少，以盆、盘、钵、罐、釜为基本陶器组合，其中盆、盘、钵三类器形的数量最多，造型也比较复杂（图一三）。

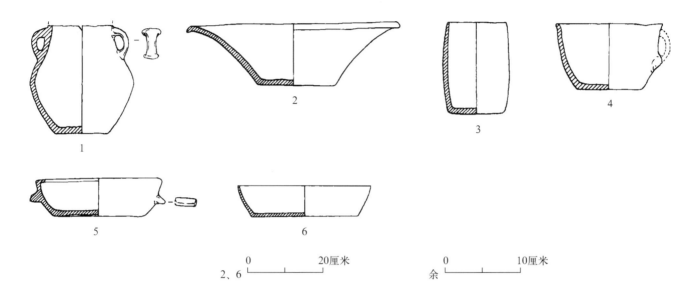

0   20厘米
2、6 |————|————|

0   10厘米
余 |————|————|

图一三　上山文化典型陶器

1．双耳罐（H318：3）　2．大口盆（H302：1）　3．杯（H226：2）　4．杯（H428：1）　5．钵（H278：1）　6．盘（H226：6）　（据《浙江浦江县上山遗址发掘简报》图一一、一二改绘）

跨湖桥文化目前发现的遗址数量较少，从跨湖桥遗址的发现看，陶器制作技术比较进步。陶器的颜色以黑灰色为主，质地有夹砂、夹炭和夹蚌三类，前二者较多，特别是几乎所有的陶胎内都含有炭质，夹蚌者较少，没有纯净的泥质陶。制作技术采用了泥条盘筑、泥片贴筑和分段套接等成型方法，出现慢轮修整的陶器。推测处于露天烧制阶段，烧成温度在800℃左右。器表多施加红陶衣，装饰有两大特色，即施加纹饰和彩陶。纹样以发达的刻划、镂孔装饰和拍印的绳纹、菱格、方格、篮纹为主。彩陶施于罐、圈足盘和豆三类器物之上，内外彩共存和薄厚彩并行为其特点，彩纹以几何形纹为主，也有太阳纹等。陶器造型以圜底器和圈足器为主，基本组合为夹砂陶釜和甑、夹炭的双耳罐、圈足盘、豆和钵等（图一四）。

位于澧阳平原的彭头山文化，陶器均为夹炭陶和夹砂陶，夹炭陶的羼和料主要是稻壳和稻草碎末等。陶色以红褐色和红色为主，表面往往斑驳不纯。制作方法均为手制，陶胎厚薄不匀，成型方法主要为泥片贴筑法和用手直接捏塑。陶器的烧成温度较低，陶质较为疏松。器表多有纹饰，素面者甚少。纹饰以绳纹最多，有粗细两种，因拍印而导致外观较为凌乱，其他还有剔刺纹、戳印纹、刻划纹、镂孔等。器物造型简单，绝大多数为圜底器。器物的种类较少，主要有各种圜底釜和罐、敛口和侈口圜底钵、圜底盘、各种支脚等（图一五）。

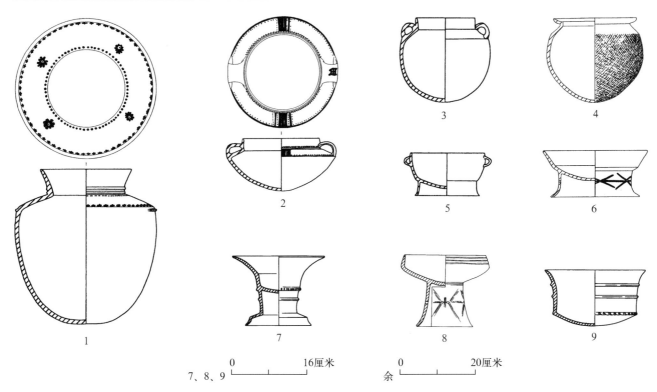

7、8、9　0 _____ 16厘米　余　0 _____ 20厘米

图一四　跨湖桥文化典型陶器

1. 彩陶罐（T0511⑤A：11）　2. 彩陶双耳罐（T0410⑤A：24）　3. 双耳圜底罐（T0410⑥A：38）　4. 圜底釜（T0411⑧A：132）　5. 圈足盆（T0411湖Ⅲ：6）　6. 彩陶圈足盘（T0511⑧A：8）　7. 豆（T0409④：7）　8. 豆（T0410⑧A：10）　9. 钵（T0612⑤A：21）　（据《中国考古学·新石器时代卷》图3-29；《跨湖桥》图一〇二、一〇五改绘）

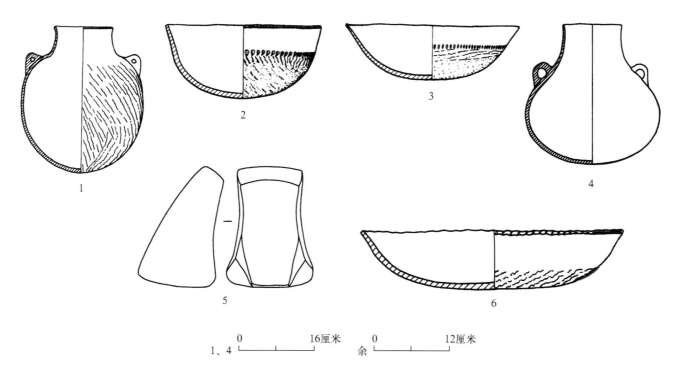

1、4　0 _____ 16厘米　余　0 _____ 12厘米

图一五　彭头山文化典型陶器

1、2、5. 彭头山（双耳罐T3M27：3、盆T11②：6、支座T14⑥：1）　3、4、6. 八十垱（钵T6⑩：57、双耳罐M45：1、盘G3：84）　（据《彭头山与八十垱》图三七、五二、六七、二〇三、二三三、二四五改绘）

皂市下层文化的陶器绝大多数为夹炭陶，夹砂陶的比例逐渐上升，泥质陶的数量较少。陶器的颜色以红陶最多，有少量黑陶和白陶（包括白衣陶），陶胎则多为黑色和灰黑色。制作方法均为手制，多采用泥片贴筑法成型，但陶器的规整性明显提高。器表多施加各种纹饰，有交错绳纹、刻划纹、戳印纹、镂孔和各种压印纹等。陶器造型有圜底器、圈足器和平底器三大类，不见三足器。器形种类不多，数量最多的是高领罐和圈足盘，还有亚腰釜、敛口罐、钵、杯和支脚等（图一六）。

高庙文化的陶器绝大多数为夹砂陶，泥质陶极少。陶器颜色以褐色为主，由于烧制火候的原因，器表颜色往往斑驳不纯。有一定数量的白陶是高庙文化的显著特色。制作方法均为手制，或认为这一时期已经出现轮修工艺，小型器物用手直接捏塑而成。器表装饰较为丰富，纹饰以绳纹最多，也有不少各种刻划纹，如双线或单线网格、带状大方格填叉、鸟纹、兽面和八角星等图案，还有由竹戳篦点纹组成的各种纹样，如形态各异的凤鸟纹、兽面纹、太阳纹和八角星纹、平行带状纹、连线波折纹、连续梯形纹、垂幛纹、圆圈纹等。同时，还出现红、黑两彩绘制的纹样。陶器造型以圜底器最多，圈足器次之，不见三足器。器形主要有釜、罐、圈足盘、钵、簋、碗等，其中罐的数量最多，形制多样，白陶圈足盘的造型和纹饰别具一格，极富特色（图一七）。

高庙文化的白陶出现早，数量多，主要见于圈足盘类器形，其刻划、压划、戳印的纹饰和图案，异常精美，包含的种类繁多，内容多样，被洞庭湖地区后起的汤家岗文化、大溪文化所继承和发展，并通过与区域之间的文化交流，传播和扩散到长江下游及环太湖地区、汉江流域、贵州、岭南和珠三角地区，甚至越过台湾海峡进入台湾西部地区。

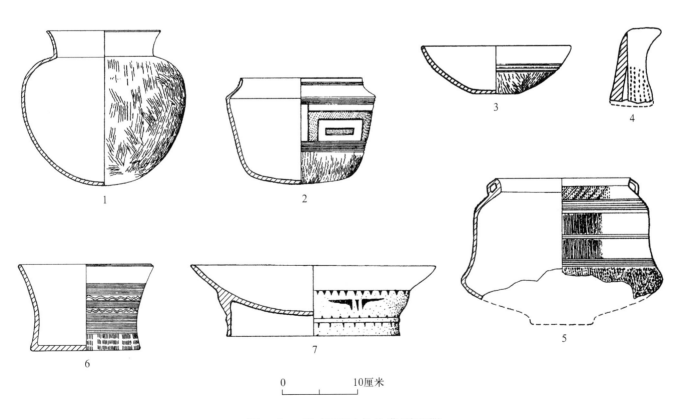

图一六　皂市下层文化典型陶器

1～4、6. 胡家屋场（有领罐T102⑦：43、敛口罐T4②：141、钵T4②：207、支脚T102④：350、杯T102④：313）　5、7. 皂市（亚腰双耳釜T44⑤：26、圈足盘T44⑤：24）　（据《中国考古学·新石器时代卷》图3-25改绘）

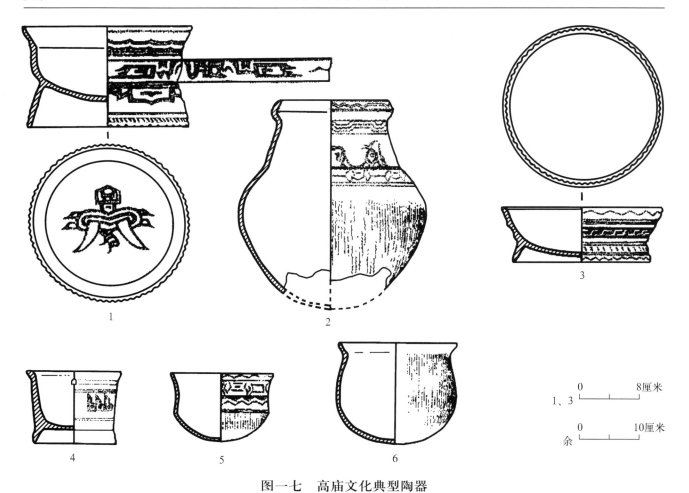

图一七　高庙文化典型陶器

1. 簋（T2003：12）　　2. 罐（T114⑩：32）　　3. 圈足盘（T0913⑭：7）　　4. 碗（T1215⑪：37）　　5. 钵（T2003㉒：6）　　6. 罐（T1115⑩：69）　　（据《湖南黔阳高庙遗址发掘简报》图七、九、一一改绘）

（四）发展期——仰韶时代的陶器

　　仰韶时代是中国新石器文化的重要发展时期。随着生产力水平的不断提高，农业经济得到了较快发展，区域间文化交流的深度和广度超过了以往任何时候，水稻等南方最先栽培的农作物传播到了北方，而北方的彩陶被南方的许多文化所学习和模仿。这一时期聚落数量显著增多，而由聚落所承载的人口数量也不断增长。在这样的发展环境下，聚落形态所反映的社会结构也产生了较大变化，如二级聚落结构和三级聚落结构的聚落群开始出现，少数地区已经开始在中心聚落筑城挖壕，形成所谓的环壕和城垣，如湖南澧阳城头山、郑州西山等城址，就属于这一阶段。这些变化表明当时氏族社会的社会结构已经开始松动和产生变革，社会朝着分化和分层的方向迅速前进和发展，已经来到了文明社会的门口。

　　仰韶时代区域考古学文化获得长足发展，开始出现高于考古学文化层级的文化区，就目前资料而言，中国的主要地区至少可以明确划分为五大文化区，即以黄河中游为主的中原文化区、以黄河淮河下游为主的海岱文化区、以长江中游为主的江汉文化区、长江下游和钱塘江流域之间的环太湖文化区、燕山南北和辽河流域的燕辽文化区。此外，还存在一些级别略低一些的亚文化区，如黄河上游的甘青地区、内蒙古中南部的河套地区、长江上游的川渝地区、岭南地区、闽台地区，等等。各地区的新石器文化形成了一派相互作用、交互发展、欣欣向荣的新景象。

这一阶段生产的陶器各具特色，区域之间的差距十分显著。从总体特征来看，制陶技术得到较快发展。在陶土的选择上，开始普遍采用过滤和沉淀的淘洗技术，其结果是泥质陶大量增加，与夹砂陶一起构成了陶器的两大陶系；同时，在长期使用慢轮修整的基础上，这一时代的后期，部分陶器生产特别发达的地区发明了快轮制陶技术，如大汶口文化、大溪文化、良渚文化等。烧制技术方面，横穴窑十分流行，烧成温度明显提高，灰陶的数量逐渐增多，到后期，取代红褐陶成为陶器的主体。陶器的表面装饰，除了各种普通纹饰之外，彩陶开始流行，特别是以中原地区为主的黄河流域，彩陶十分发达，是这一时期陶器装饰的突出特色。陶器的数量和种类明显增多，这既反映了由于社会经济的发展，人们的生活方式开始产生变化，生活质量不断提高，如酒器的数量明显增多，礼器和明器出现等。也与陶器生产技术的进步和生产规模的扩大有关，在一些先进地区，陶器生产可能已经进入了具有一定规模和层次的专业化生产阶段。下面着重介绍中原地区仰韶文化、海岱地区北辛文化和大汶口文化、江汉地区大溪文化和屈家岭文化、环太湖地区马家浜文化和崧泽文化、燕辽地区赵宝沟文化、红山文化和小河沿文化的陶器。

仰韶文化前后跨越了2000年，一般将其划分为三大期或三个类型（或三个文化）。

早期（半坡类型或文化）：陶系以夹砂红陶和泥质红陶为主，其他颜色的陶器较少。制作方法均为手制，多以泥条盘筑成型。器表处理方式素面和施纹并存，纹饰有绳纹、弦纹、锥刺纹、刻划纹等。有一定数量的彩陶，以黑彩为主，纹样多为几何形的三角、宽带、折线和动物形的鱼纹、鹿纹、鸟纹等，也有少量人面纹。造型多为圜底器、尖底器和平底器，少见和不见圈足器和三足器。器形常见杯形口尖底瓶、深腹罐、圜底和平底钵、盆、细颈壶等（图一八）。

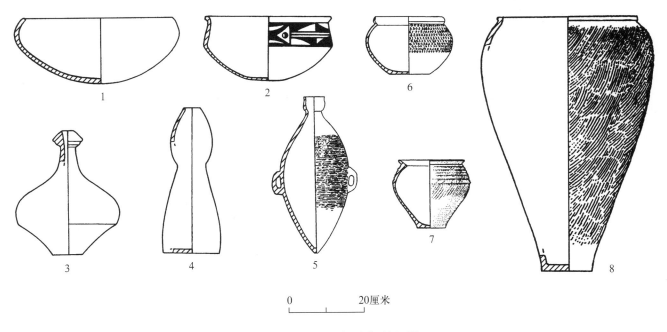

0　　　　20厘米

图一八　半坡类型典型陶器

半坡遗址：1. 钵（P. 1299）　2. 彩陶盆（P. 1162）　3. 壶（P. 4674）　4. 壶（P. 4673）　5. 尖底瓶（P. 4652）　6. 罐（P. 1135）　7. 罐（P. 4712）　8. 瓮（P. 1329）　（据《中国考古学·新石器时代卷》图4-2改绘）

　　中期（庙底沟类型或文化）：陶系以泥质红陶最多，夹砂红陶次之，灰黑陶很少。制作方法采用泥条盘筑法成型，并经慢轮修整，小型器物则直接用手捏塑。器表装饰以弦纹为主，彩陶次之，还有篮纹、刻划纹、附加堆纹、镂孔等。彩陶在全部陶器中所占比例较高，以黑彩为主，也有红彩和白衣彩，纹样和图案复杂且富于变化，由圆点、勾叶和弧边三角等组成的回旋勾连图案和花卉图案最具代表性，还有写实的动物类图案，如鸟纹、蛙纹等。陶器的器类增多，主要有重唇尖底瓶、釜灶、深腹罐、深腹瓮、曲腹盆、曲腹钵、平底碗、甑、器座等（图一九）。

　　晚期（西王村类型或文化）：陶器中泥质陶和夹砂陶的比例大致相同，陶色以红陶最多，灰陶和褐陶次之。制作方法为手制，较为普遍地运用了慢轮修整技术。器表以素面为主，纹饰主要有绳纹、附加堆纹、弦纹、篮纹、方格纹等。有一定数量的彩陶，较之此前的庙底沟类型时期，彩陶数量明显减少，纹样和图案也趋于简约，以条带、圆点、波折、网格等几何形纹为主。器形有所增多，主要有长颈尖底瓶、深腹罐、曲腹盆、曲腹钵、深腹缸、敛口瓮、豆、甑、尊、碗和器盖等（图二〇）。

　　海岱地区的北辛文化，陶系以夹砂陶为主，泥质陶早期较少，晚期增多，陶器以褐色为主，有黄褐色、红褐色、灰褐色之分。陶器制作方法为手制，多采用泥条盘筑法成型，掌握了慢轮修整技术。器表装饰以素面为主，纹饰以刻划纹和附加堆纹的数量最多，还有锥刺纹、指甲纹、乳丁纹、圆饼纹、篦刮纹、戳印纹、压划纹、凸棱和蓆纹等，其中成组的窄条状堆纹和连续刻划纹是其特色。此外，出现少量彩陶，有黑、红两色，纹样有短条、弧线、水波和网格纹等。器形种类增多，特别是各种形制的鼎大量出现，造型较为复杂，是北辛文化最具代表性的器类，此外，还有钵和三足钵、小口双耳罐、釜、壶、盘、器盖、器座、支脚等（图二一）。

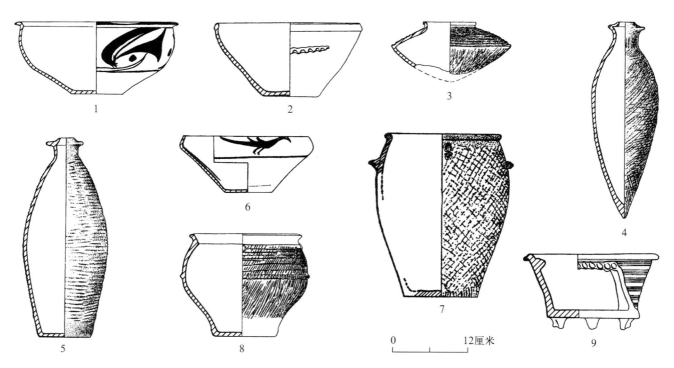

0　　　　　12厘米

图一九　庙底沟类型典型陶器

1～5、8、9．庙底沟（彩陶盆H379：86、钵H340：11、釜H12：112、尖底瓶T203：43、平底瓶H338：10、罐H322：66、灶H47：34）　6、7．泉护村（彩陶钵H14：180、罐H1065：791）　　（据《中国考古学·新石器时代卷》图4-3；《华县泉护村》图39、47改绘）

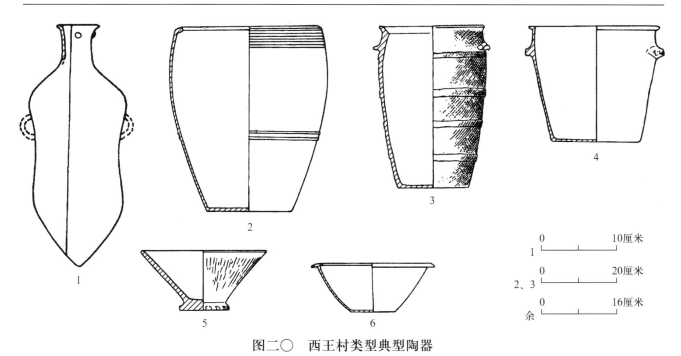

图二〇　西王村类型典型陶器

1、5. 半坡（尖底瓶P. 1109、碗P. 1179）　2～4、6. 西王村（罐H4：2：17、瓮M2：1、盆H8：1：2、盆H4：2：7）　（据《中国考古学·新石器时代卷》图4-4改绘）

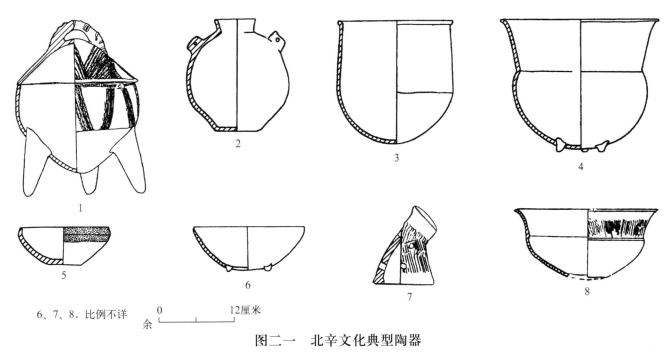

图二一　北辛文化典型陶器

1～5、8. 北辛（鼎H706：7、小口双耳罐H1002：12、釜M702：1、三足釜H601：20、钵H32：26、釜H616：26）　6. 后李（三足钵H2452：1）　7. 大汶口（支脚H29：4）　（据《中国考古学·新石器时代卷》图4-25改绘）

继北辛文化而起的大汶口文化前后延续了1500余年，可以分为早、中、晚三大期。早期陶器以红褐色为主，中期红褐陶和灰黑陶并存，晚期灰陶和黑陶占据多数，并且生产出里外透黑的标准黑陶，还出现了一定数量以高岭土为原料的白陶和橙黄陶。早期的陶器成型方法以手制为主，普遍采用慢轮修整技术，中期后段发明了快轮拉坯成型的新技术，晚期快轮技术逐渐得到推广和普及。

器表装饰以素面为主，有纹饰者一直不多，早期主要有乳丁纹、刻划纹、附加堆纹、镂孔等，中晚期增加了弦纹、篮纹、绳纹等。早中期有一定数量彩陶，颜色有黑、红、白、褐、黄等五种，其中以黑彩最多，红、白彩次之，其他很少。在色彩的运用上，除了单彩之外，还多见用两种和两种以上色彩绘画的复彩图案。彩陶的纹样和图案既有来自中原地区仰韶文化的因素，如由圆点、勾叶和弧边三角构成的回旋勾连图案、花瓣图案等，也有本地特色的花纹和图案，如八角星纹、斜栅纹、回形纹、山字纹、几字形纹等，晚期彩陶趋于消失。大汶口文化晚期，在一种硕大陶器——大口尊上，出现了多种刻划图像文字，有的还在图像上涂朱，学界多认为其为早期文字，意涵深远。陶器的造型比较复杂，以三足器、圈足器和平底器为主，圜底器较少。器物的种类和数量不断增多，基本组合有各种鼎、实足鬶和空足鬶、罐、各种豆、钵和三足钵、觚形杯和高柄杯、壶和背壶、平底盉和三足盉、瓶、尊、匜、尊、器座等（图二二～二四）。

　　洞庭湖周边地区的汤家岗文化，陶系有夹砂陶、夹炭陶和泥质陶三大类，三者所占比例大体相当。陶色以红褐色为主，有一定数量的灰褐陶、酱黑色陶和白陶，常见两种或两种以上颜色集于一器的现象。白陶数量不多，多夹细砂，有白陶和白衣陶之分，经成分检测氧化镁的含量较高。制

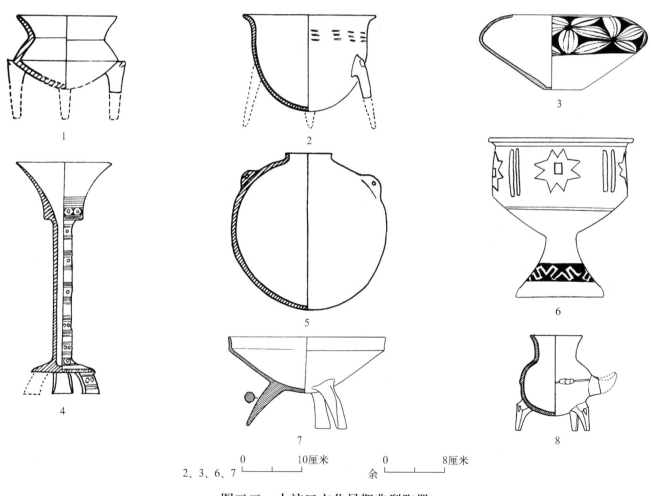

0　　　　10厘米
2、3、6、7
0　　　　8厘米
余

图二二　大汶口文化早期典型陶器

1、2、4～6. 大汶口（釜形鼎H2026：4、盆形鼎H2026：7、觚形杯M1014：10、双耳罐H2003：18、彩陶豆M2005：49）　3、7、8. 王因（彩陶钵M176：7、钵形鼎M2165：1、鬶M323：2）　（据《大汶口续集》图四七、四八、五三、一一五、一一八；《山东王因》图二一一、二一六、二三三改绘）

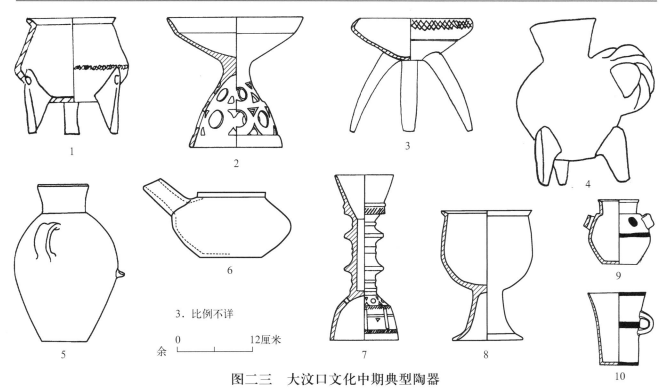

图二三　大汶口文化中期典型陶器

1．釜形鼎（M16：3）　2．豆（M34：1）　3．野店（钵形鼎M15：35）　4．鬶（M129：6）　5．背壶（M81：8）　6．盉（M125：13）　7．野店（觚形杯M15：1）　8．尊（M54：28）　9．壶（M9：38）　10．单耳杯（M98：12）　（未注明者为大汶口遗址出土）　（据《中国考古学·新石器时代卷》图4-27；《大汶口》图四八、六八～七〇改绘）

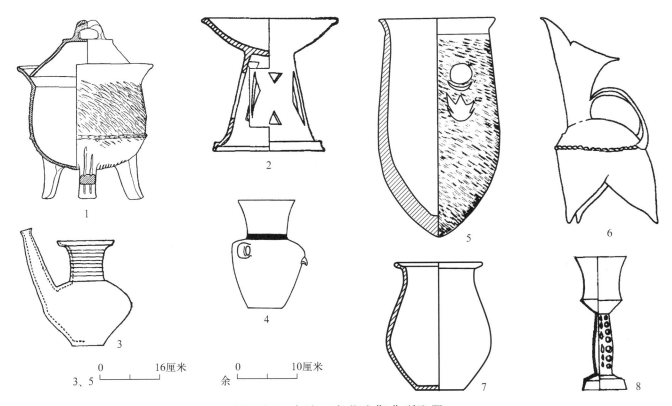

图二四　大汶口文化晚期典型陶器

1．西夏侯（鼎M5：45）　2、3、5～8．大朱家村（豆M34：8、盉M15：52、大口尊采：01、鬶M26：32、罐M3：5、高柄杯M15：55）　4．大汶口（背壶M117：60）　（据《大汶口》图五九；《山东曲阜西夏侯遗址第一次发掘报告》图九；《莒县大朱家村大汶口文化墓葬》图一六～一九、二四、二六改绘）

作方法均为手制，主要采用泥片贴筑法成型，少量使用泥条盘筑法，小型器物直接用手捏成，器物制作得不甚规整。器表处理方式除了素面和施加红色陶衣、酱黑色陶衣之外，纹饰多见绳纹、篦点纹、刻划纹，也有少量指甲纹、锯齿纹、附加堆纹、瓦棱纹、连珠纹等。白陶的装饰工艺较为复杂，先进行打磨，再刻画主体纹样后进行雕刻，通过阴纹和阳纹的结合凸现浅浮雕的效果，最后经过填纹和修整。纹样以几何形题材最多，如带状、水波、弧线、波折、圆圈、垂幛等，也有一部分太阳纹、八角或多角星纹、鸟兽和花叶纹等。有少量黑、红二彩绘制的彩陶，纹样简单，有弧线纹、条带纹等。陶器造型以圜底器最多，圈足器次之，其他甚少。器物种类不多，主要有罐、釜、碗、盘、钵、豆、盆、器座和器盖（图二五）。

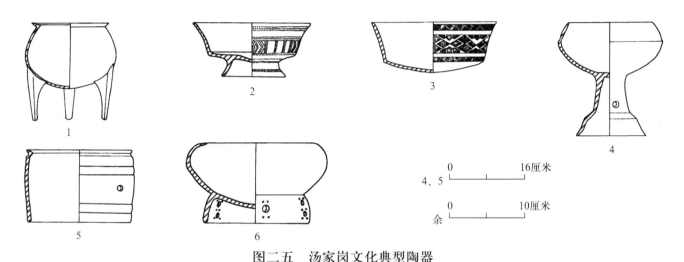

图二五　汤家岗文化典型陶器

1. 划城岗（鼎M34：4）　　2～6. 汤家岗（圈足盘M1：4、圜底钵M4：2、豆H1：3、器座T13②：5、圈足碗M8：2）　　（据《中国考古学·新石器时代卷》图5-4改绘）

分布于长江中游地区的大溪文化，陶系有夹炭陶、夹砂陶、夹蚌末陶和泥质陶等多种，泥质陶的比例明显上升。陶色以红陶为主，有一定数量的灰陶、黑陶、橙黄陶和白陶。纯净细腻的白陶流行于大溪文化早中期，主要用来制作圈足盘类器物，并以通体戳印具有浅浮雕式的复杂纹样和图案为其特色。成型方法主要为泥条盘筑法，并普遍采用了慢轮修整技术，或认为大溪文化末期产生了快轮技术，陶器的规整性明显提高。器表以素面为主，多施加一层陶衣。代表性纹饰为刻划纹和戳印纹，还有篦印纹、弦纹、附加堆纹、镂孔、绳纹、篮纹和彩陶等。彩陶数量不多，以红、黑、白彩为主，其花卉纹、弧边三角纹等显然是受到黄河流域仰韶文化的影响，本地纹饰则有漩涡纹、绞索纹、横人字纹、草叶纹、网格纹等。薄胎器物上具有晕染效果的精美彩陶，则为大溪文化所独有。陶器的器类较为丰富，器形明显增多，有鼎、高领罐和小口罐、瓮、小口细颈壶、盆、釜、钵、碟、豆、簋形器、圈足盘和三足盘、圈足碗、瓶、支脚、器座等（图二六）。

继大溪文化而起的屈家岭文化的陶器中，陶胎细腻、器形规整的泥质陶已占据多数，夹砂陶和夹炭陶次之，陶色以灰陶最多，黑陶次之，红陶和黄陶较少。陶器的制作方法为手制加慢轮修整和快轮成型技术共存。一般而言，大型器物多为泥条盘筑加慢轮修整，中、小型器物则多采用快轮拉坯成型。器表的处理方法以素面为主，纹饰有凹凸弦纹、附加堆纹、镂孔、绳纹、篮纹、划纹和压印纹等。彩陶数量不多，多在泥质红陶或黄陶的器表施一层红色或白色陶衣，再绘黑彩，多为不

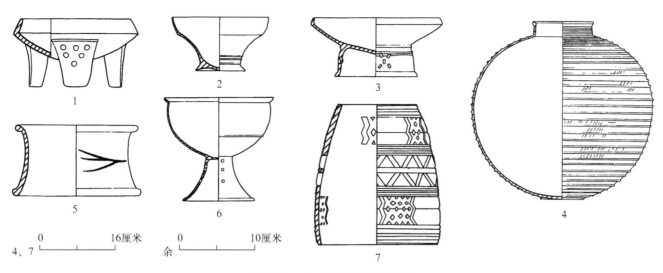

图二六 大溪文化典型陶器

关庙山遗址：1. 鼎（T70⑤G5：19） 2. 曲腹杯（F22：37） 3. 圈足盘（T73④C：46） 4. 小口圆腹罐（H80：1） 5. 器座（T75③G5：19） 6. 豆（G3：32） 7. 器座（T54⑦H57：3） （据《中国考古学·新石器时代卷》图5-4改绘）

同色彩兼施的复彩，薄如蛋壳的彩陶器形和用晕染法绘制的纹样不仅别具一格，也最具特色。纹样有平行条纹、网格、卵点纹、菱形格、漩涡纹等。器物造型以圈足器和三足器最多，器形主要有双腹盆形鼎和短柱状足罐形鼎、甑、大口深腹缸、瓮、高领罐、圈足壶、盆、钵、圈足盘、豆、碗、杯、器座、彩陶纺轮、空心陶球等（图二七）。

分布于浙东宁绍平原的河姆渡文化延续时间较长，早晚期陶器的变化明显。早期以夹炭黑陶和夹砂黑陶为主，没有泥质陶。中、晚期灰陶和红陶的数量增多，出现了泥质陶。制作方法均为手

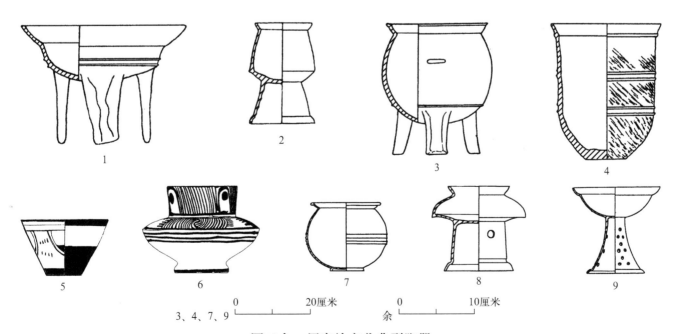

图二七 屈家岭文化典型陶器

1、2、4. 屈家岭（鼎T182：2：13、高圈足杯T138：2：77、大口尊T109：2：2） 3、5、6、9. 青龙泉（鼎F3：3、薄胎彩陶杯T45⑥：49、彩陶壶T10⑧A：88、豆F1：3） 7. 划城岗（圈足罐M48：1） 8. 三元宫（圈足盂M9：4） （据《中国考古学·新石器时代卷》图5-10改绘）

制，主要采用泥条盘筑法成型，大型器物先分段制作然后进行拼接，慢轮修整技术已经得到运用。陶器的烧成温度约在800℃～900℃之间。从总体上看，河姆渡文化的陶器规整性较差，质地疏松，孔隙较多，吸水性强，可能与夹炭陶较多有关。器表装饰方面，早期施加纹饰者较多，以后逐渐减少，纹饰主要有绳纹、旋纹、短线纹、篦纹、贝齿纹、谷粒纹、圆圈纹、叶纹和各种动植物图案等。早期有极少量的彩陶。河姆渡文化还发现了相当数量的陶器艺术品，主要有各种动物的塑像和动植物刻画图像两类。器物造型以圜底器和平底器最多，有少量圈足器，三足器主要见于晚期。器形有釜、罐、盆、盘、钵、盂、豆、盉、甑、灶、鼎、器盖、器座和支脚等。其中敞口和敛口的圜底釜是河姆渡文化最有特色的器形（图二八）。

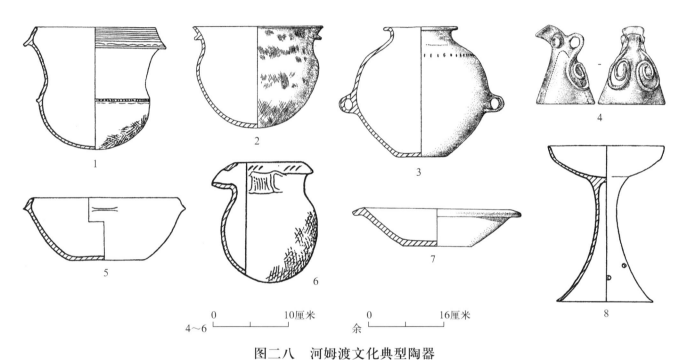

图二八　河姆渡文化典型陶器

河姆渡遗址：1. 敛口釜（T231③B：47）　2. 侈口釜（T28④：52）　3. 双耳罐（T35③：27）　4. 支脚（T18②：85）　5. 带錾钵（T27③：66）　6. 带流釜（T231④A：320）　7. 盆（T18③：20）　8. 豆（T243②B：12）　（据《中国考古学·新石器时代卷》图5-15改绘）

环太湖地区的马家浜文化的陶系区域差别较大，太湖东、南两侧以夹砂陶为主，西、北地区则以夹蚌陶最多。早期泥质陶较少，晚期增多。陶色早期以灰黑色居多，中晚期以红褐色为主。制作方法均为手制，采用泥条盘筑法成型，大型器物分段制作再进行拼接，开始使用慢轮修整技术。陶器的烧成温度不高，一般在800℃～850℃之间。器表装饰多为素面，并且常见在器表施以红色陶衣的做法。纹饰有附加堆纹、弦纹、凸棱、镂孔、刻划纹、圆圈纹、捺窝、绳纹和篮纹等。器物附件如錾、把手、各种器耳、小鼻、流等数量极多，是马家浜文化陶器的重要特色。器物造型以圜底器、平底器为主，晚期三足器和圈足器增多。器形主要有腰沿圜底或平底釜、高圈足豆、侧把平底或三足盂、异型鬶、牛鼻耳罐、平底盆、敛口钵、圈足盘、鼎、盂、缸、杯、支座等。其中腰檐釜的数量最多，形制复杂多变，有直筒形、罐形、尊形等多种，底部也有平底和圜底之分，区域和时代特征明显（图二九）。

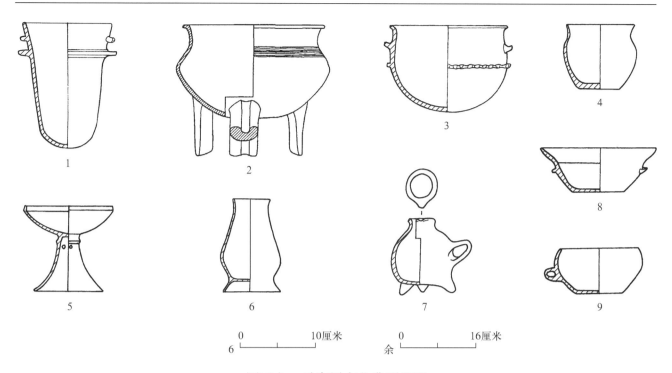

图二九　马家浜文化典型陶器

1、3. 草鞋山（釜M156：1、釜M186：1）　2. 神墩（鼎T1034④：11）　4~6. 圩墩（罐、豆、圈足壶）　7、8. 罗家角（盉T135③：16、盆T140③：21）　9. 吴家埠（单耳钵T42：4）　（据《中国考古学·新石器时代卷》图5-20；《江苏溧阳神墩遗址发掘简报》图三十二改绘）

　　环太湖地区继承马家浜文化而起的是崧泽文化，而崧泽文化的势力范围有较大规模的扩张，向北、向西达到江苏和安徽的江淮之间和皖南地区，北阴阳营文化、龙虬庄文化、凌家滩文化、薛家岗文化等，都可以看作是广义的崧泽文化的组成部分。环太湖地区的崧泽文化，陶器以夹砂红褐陶数量最多，泥质灰陶次之，灰色陶器有增多的趋势。制作方法仍以泥条盘筑法和分段制作再行拼接工艺最为常见，一些实用性和装饰性附件，如鼎足、圈足、各种器耳、把手、流口、乳丁、钮饰、鸟喙等，都是预先做好，最后实施拼合和安装。由于普遍采用慢轮技术进行修整，崧泽文化陶器的陶胎变薄，形态也比较规整。陶器的烧成温度不高，约在800℃~880℃之间。多数器物的表面不施加任何纹饰，习见在器表施加陶衣和进行磨光处理，纹饰有弦纹、附加堆纹、刻划纹、压印纹、锥刺纹、镂孔、瓦棱纹、篮纹、方格纹和绳纹等。有少量彩陶，主要为红、黑两色，纹样有带状纹、圆点和弧边三角纹、波浪纹、索状纹等，显然与来自北方的影响有关。陶器造型以圈足器、三足器和平底器为主，圜底器极少。器形主要有盆形鼎、细柄豆、壶、罐、圜底釜、平底盆、圈足盘、甗、钵、碗、觚、杯、瓶、尊、匜、擂钵和器盖等。其中以鼎、豆、壶、罐为基本的陶器组合（图三〇）。

　　燕辽地区承接兴隆洼文化而来的是赵宝沟文化，这一时期的陶器绝大多数为夹砂陶，泥质陶极少，陶色多为灰褐色或黄褐色。陶器的制作方法为本地传统的泥圈套接法。器表多施加纹饰，以"之"字形压印纹和几何形压划纹为主，而由以上两种纹样组合成的图案极具特色。此外，也有鹿等动物形纹和少量彩陶。陶器种类不多，数量最多的是直壁或弧壁的筒形罐，还有平底和圈足钵、红顶钵、盂、尊形器、器盖等（图三一）。

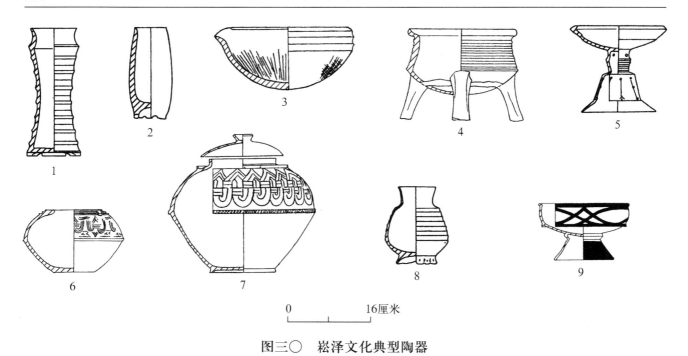

0 　　　　　　　　16厘米

图三〇　崧泽文化典型陶器

1、2、4～9. 崧泽（觚形杯M37：5、杯M87：2、鼎M76：2、豆M60：7、罐M1：2、罐M59：2、壶M52：8、彩绘豆M79：4）　3. 钱底巷（匦T1207④：1）　（据《中国考古学·新石器时代卷》图5-23改绘）

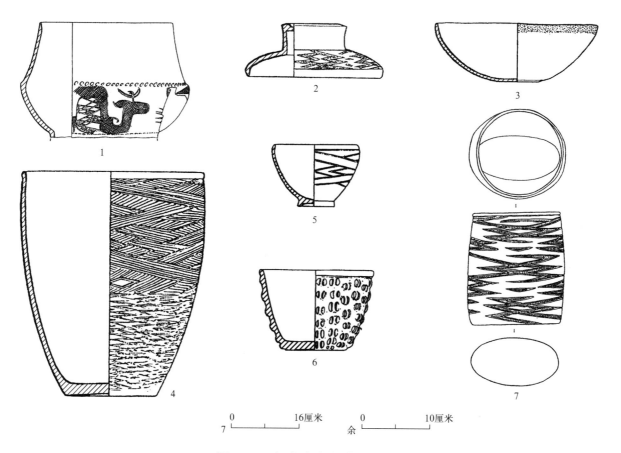

0 　　　　　　16厘米　　　　0 　　　　　　10厘米
7 ├──────────┤　　　余 ├──────────┤

图三一　赵宝沟文化典型陶器

1、4～7. 赵宝沟（尊形器F6①：3、筒形器F101②：4、圈足钵F105②：11、盂F9①：31、椭圆底罐F105②：9）　2、3. 小山（器盖F2②：54、红顶钵F2②：26）　（据《中国考古学·新石器时代卷》图4-51改绘）

红山文化的夹砂陶以灰褐色和黄褐色为主，泥质陶多为红色，胎质较硬，烧成火候较高。制作方法均为手制，以泥圈套接法成型，这一陶器成型技术在当地具有悠久的历史，也与其规整而简单的直筒状器形存在密切关系。夹砂陶的器表多施加各种纹饰，以连续折线的压印"之"字纹最具代表性，还有刻划纹、附加堆纹、戳印纹等。泥质陶器表面多为素面，不少施加一层暗红色陶衣，纹饰有"之"字纹、刻划纹、方格纹、镂孔、泥饼等。彩陶数量不多，有红、黑两彩，纹样有宽窄不一的带状纹、三角纹、垂麟纹、勾连纹、连续涡纹、棱格纹等。器形以筒形罐最具代表性，还有瓮、钵、盆、小口罐、敛口罐、斜口器、筒形器等。特别是彩陶筒形器，大小深浅不一，为红山文化所仅见（图三二）。

小河沿文化的陶器以泥质和夹砂灰陶最多，泥质红陶次之，也有一定数量的泥质黑陶。制作方法均为手制，部分经过慢轮修整，一般形状不甚规整，器壁厚而不匀称。器表除了素面，纹饰主要有绳纹、弦纹、刻划纹、镂孔、方格纹、戳点纹和彩陶。彩陶以红彩为主，黑彩较少，纹样有平行线、三角、半重环、网格等组成的几何形图案，也有回形纹、弧线纹以及动物形纹样等。还有少量烧后画彩的彩绘陶器。夹砂陶以筒形罐最多，也有壶和小口双耳罐；泥质陶有钵、盆、壶、大口罐、豆、尊、器座以及造型特殊的双口壶、鸟形壶等（图三三）。

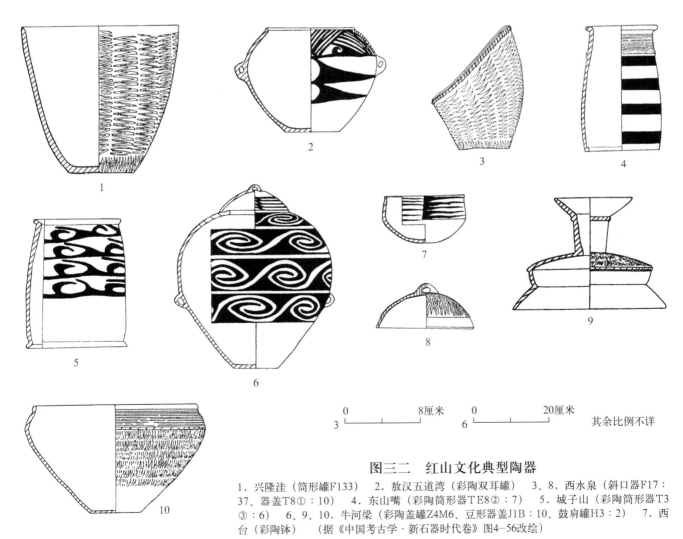

图三二　红山文化典型陶器

1. 兴隆洼（筒形罐F133）　2. 敖汉五道湾（彩陶双耳罐）　3、8. 西水泉（斜口器F17：37、器盖T8①：10）　4. 东山嘴（彩陶筒形器TE8②：7）　5. 城子山（彩陶筒形器T3③：6）　6、9、10. 牛河梁（彩陶盖罐Z4M6、豆形器盖J1B：10、鼓肩罐H3：2）　7. 西台（彩陶钵）　（据《中国考古学·新石器时代卷》图4–56改绘）

0　　　　　8厘米　　0　　　　　20厘米
3　　　　　　　　　6　　　　　　　　　其余比例不详

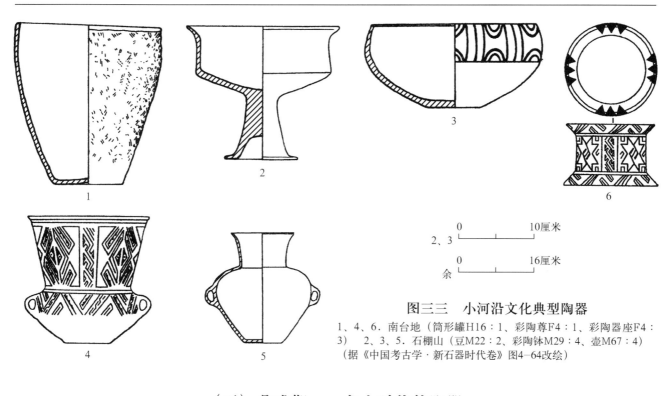

图三三　小河沿文化典型陶器

1、4、6. 南台地（筒形罐H16：1、彩陶尊F4：1、彩陶器座F4：
3）　2、3、5. 石棚山（豆M22：2、彩陶钵M29：4、壶M67：4）
（据《中国考古学·新石器时代卷》图4-64改绘）

（五）鼎盛期——龙山时代的陶器

　　距今5000～4000年的龙山时代，是中国古代社会大分化、大动荡、大改组和大发展的重要时期，中国的早期国家在这一时期出现，从而进入文明时代。

　　与前一阶段相比，这一时期中国的几个主要地区，社会内部产生了侧重点有所差异的重大变化。作为表层现象，如三级结构的聚落群普遍出现，在聚落群的中心遗址筑城挖壕已经迅速普及，形成了一座座有墙有壕的环壕城址；大规模的祭祀场所如祭坛、庙宇等开始在一些地区出现；战争越来越频繁，成为一种重要的社会现象；社会分化进一步加剧，这种分化表现在聚落与聚落、聚落内部的不同层级社群之间，并且成为一种普遍性的现象；礼仪制度向着规范化、制度化的方向发展，考古材料主要表现在宫室制度、作为礼仪载体的高档器具的使用制度、棺椁制度等方面。

　　随着聚落群内社会高度分化基础上的城址的出现，标志着中国古代社会开始进入早期国家即古国阶段，古国阶段的起点在各个地区虽略有早晚，但大体发生在距今5000年前后，这也是我们说中华文明五千年的根据所在。

　　大约在距今4500年以后，部分发达地区开始形成古国的联合体，率先跨入早期国家的第二个阶段，即方国阶段。这一阶段，是中国史前社会历史上最为动荡的时期，一些曾经显赫无比的若干区域性文化，如红山文化、良渚文化和石家河文化等，程度不同地相继衰落下去，等到他们的后身文化再次兴起时，不仅在年代上有了相当的间隔，而且兴起方式和文化内涵也有了巨大差别。

　　在仰韶时代陶器生产不断发展的基础上，龙山时代的陶器又获得长足进步，进入中国陶器生产历史的鼎盛时期，部分区域如海岱龙山文化，则达到人类制陶史的巅峰状态。这一时期陶器的进步性主要表现在：陶器生产进入较大规模较高层次的专业化生产阶段；陶器作为商品可能在较为广泛的区域内进行交换；陶匠对陶土的认识和选择更加科学；快轮制陶技术迅速推广和普及，达到空前的高度，甚至以后在陶器生产上再也没有达到这样的高度和水平；陶器烧制技术高超，出现了里外一致、漆黑光亮的黑陶，有人甚至认为出现了匣钵装烧蛋壳陶的技术；纹饰不求奢华，崇尚简朴典雅，绝大多数陶器外表（有的内里也是）经过了磨光处理，得到光滑油亮的效果；陶器的数量和种类均达到空前绝后的境地；陶器的使用领域包括了所能波及的所有方面。以下着重介绍庙底沟二期文化和中原龙山文化、海岱龙山文化、马家窑文化、石家河文化、良渚文化和广富林文化的陶器简况。

庙底沟二期文化的陶器以夹砂灰陶和泥质灰陶为主，两者所占比例超过80%，红陶和黑陶数量甚少。制作方法早期为手制，采用泥条盘筑法成型，部分器物采用慢轮进行修整，晚期多使用快轮成型。器表绝大多数施加纹饰，数量最多的是横、斜篮纹，部分遗址约占全部陶器的半数左右，绳纹和附加堆纹也有一定数量，还有少量刻划纹、镂孔、方格纹和彩陶。其中附加堆纹多为宽带状，外表为绹索形或波浪形，多见于大型筒状陶器的外表。彩陶数量很少，有黑、红、白三色，有网纹和平行线条纹等。器物种类增多，主要有罐、灶、鼎、甑、斝、盆、擂钵、钵、豆、碗、杯、瓶、箅子和器盖等（图三四）。

分布于黄河中游地区的中原龙山文化与仰韶文化一样，是一个复杂的文化丛体，包含了许多不同的分支，如豫中的王湾三期文化、豫北冀南的后冈二期文化、山西南部的陶寺文化、关中地区的客省庄二期文化等。

王湾三期文化的陶器以泥质灰陶和夹砂灰陶为主，在全部陶器中的比例约为三分之二左右甚至

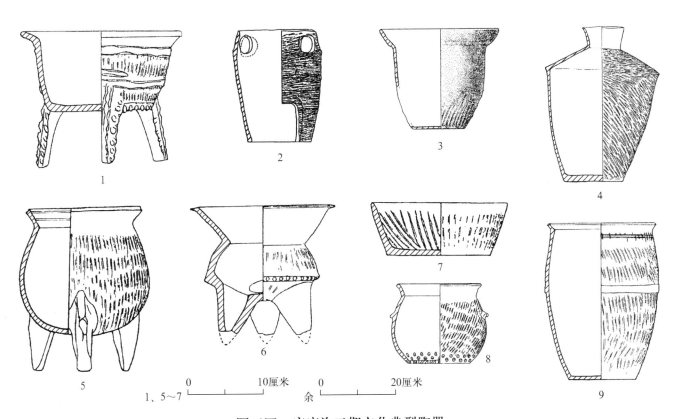

图三四　庙底沟二期文化典型陶器

1~4. 庙底沟（鼎H558：50、灶H35：90、深腹盆H564：24、小口折肩罐H564：23）　5~9. 古城东关（鼎H145：42、斝H91：1、刻槽盆H44：30、甑H91：9、深腹罐H252：112）　（据《中国考古学·新石器时代卷》图6-2改绘）

更多，黑陶有一定数量，红陶很少。陶器的制法以轮制为主，手制较少，器形规整程度显著提高，烧制火候较高，温度可达900℃～1000℃，陶器的质地较为坚硬。器表除了素面磨光之外，多施加纹饰，尤其流行拍印纹，如篮纹、方格纹和绳纹，此外还有附加堆纹、弦纹、镂孔等。器形种类丰富，主要有罐形鼎、釜形斝、中口罐、罐形甗、平流鬶、瓮、双腹盆和大平底盆、擂钵、圈足盘、豆、杯、碗和器盖等（图三五）。

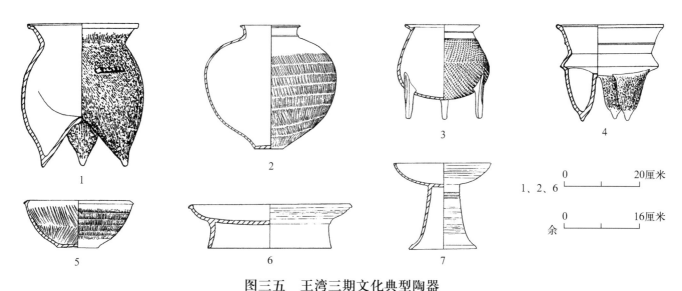

图三五　王湾三期文化典型陶器

1、4. 王湾（鬲H166：158、斝T58④：1）　　2、3、5～7. 煤山一期（小口鼓腹罐T19④：4、鼎T19④：3、刻槽盆T18④：4、圈足盘T25③B：11、豆T18④：3）　　（据《中国考古学·新石器时代卷》图6-9改绘）

　　后冈二期文化的陶器以夹砂灰陶和泥质灰陶为主，有少量黑陶、红陶和白陶，其中黑陶的数量要多于中原地区的其他文化类型。制作方法以轮制为主，手制较少，袋足器的袋足则采用模制法做成。器表装饰除了素面和磨光者之外，纹饰以绳纹为主，其次为篮纹和方格纹，还有弦纹、附加堆纹、刻划纹等。常见器形有深腹罐、袋足鬲、罐形斝、鬲、鼎、甗、鬶、高领瓮、子母口瓮、双腹盆、瓦足盆、大平底盆、圈足盘、碗、豆、杯、钵、器盖等（图三六）。

　　陶寺文化的陶器以夹砂灰陶和泥质灰陶为主，有一定数量橙褐色陶和磨光黑陶。早期以手制为主，以泥条盘筑法成型，陶胎较厚，轮制者较少；晚期以轮制为主，陶胎变薄，器形的规整性提高。模制只见于鬲等器形的袋足。纹饰以绳纹为主，其次为篮纹，其他如附加堆纹、方格纹、刻划纹、旋纹、乳丁纹等均较少。部分出自墓葬的壶、盆、豆、盘等器物上有烧后绘画的鲜艳彩绘，如著名的蟠龙纹陶盘和云雷纹陶壶即其代表。陶器的器类较为丰富，主要有釜灶、斝、鼎、甗、鬲、鬶、瓮、缸、罐、壶、尊、盆、钵、盘、豆、碗、瓶、觚、杯和器盖等（图三七）。

　　客省庄二期文化的陶器，关中东西部之间存在着较大差别，东部以灰陶为主，红陶极少，这与前述几支文化相同；向西去灰陶逐渐减少，红陶增多，两者数量相当甚至红陶占据多数。制作方法以手制为主，轮制者极少，有模制陶器存在。器表纹饰较多，主要是篮纹和绳纹，方格纹、附加堆纹、弦纹、镂孔等甚少，东西部也存在一定差异，如东部素面磨光者较多，以绳纹为主，篮纹次之，西部则较少素面，纹饰以篮纹为主，绳纹次之。器形主要有单把鬲、罐形斝、甗、盉、平流鬶、有耳罐、瓮、尊、盆、盘、豆、杯和器盖等（图三八）。

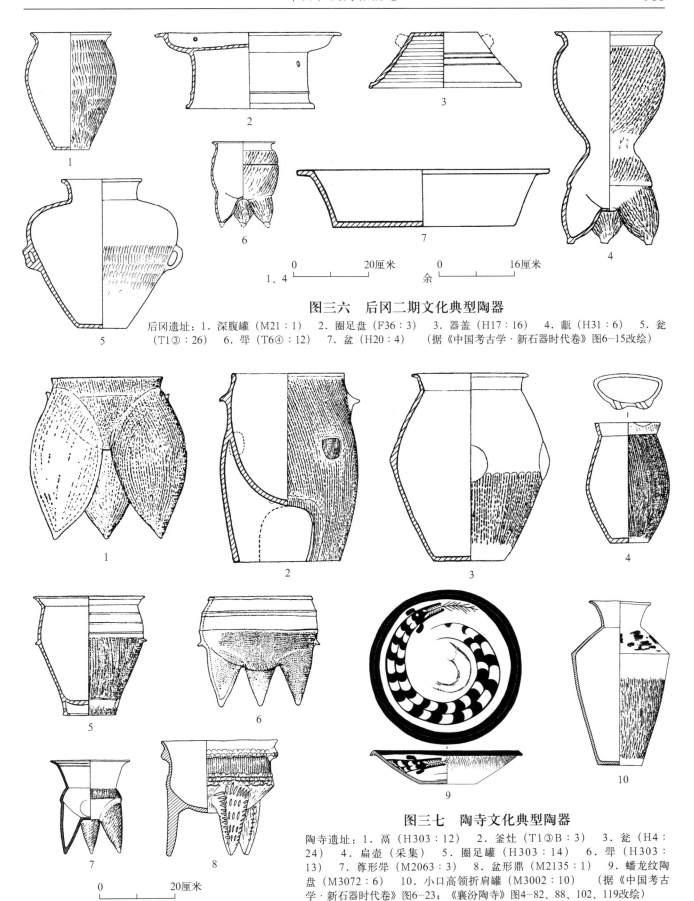

图三六　后冈二期文化典型陶器

后冈遗址：1. 深腹罐（M21：1）　2. 圈足盘（F36：3）　3. 器盖（H17：16）　4. 甗（H31：6）　5. 瓮（T1③：26）　6. 斝（T6④：12）　7. 盆（H20：4）　（据《中国考古学·新石器时代卷》图6-15改绘）

图三七　陶寺文化典型陶器

陶寺遗址：1. 鬲（H303：12）　2. 釜灶（T1③B：3）　3. 瓮（H4：24）　4. 扁壶（采集）　5. 圈足罐（H303：14）　6. 斝（H303：13）　7. 尊形斝（M2063：3）　8. 盆形鼎（M2135：1）　9. 蟠龙纹陶盘（M3072：6）　10. 小口高领折肩罐（M3002：10）　（据《中国考古学·新石器时代卷》图6-23；《襄汾陶寺》图4-82、88、102、119改绘）

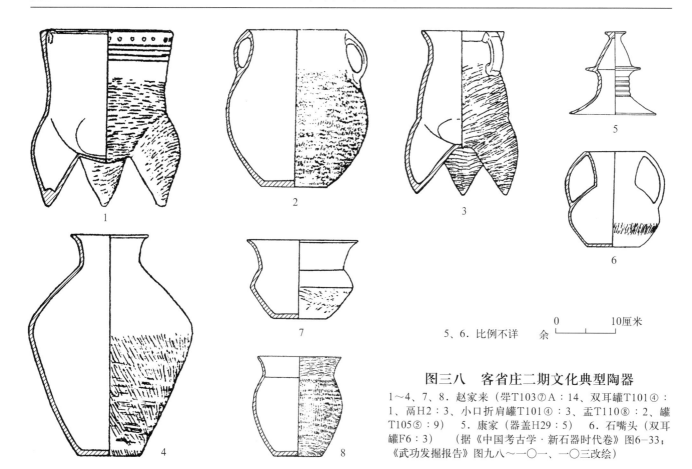

5、6. 比例不详　余 |0————10厘米|

图三八　客省庄二期文化典型陶器

1~4、7、8. 赵家来（鬶T103⑦A：14、双耳罐T101④：
1、鬲H2：3、小口折肩罐T101④：3、盂T110⑧：2、罐
T105⑤：9）　5. 康家（器盖H29：5）　6. 石嘴头（双耳
罐F6：3）　（据《中国考古学·新石器时代卷》图6-33；
《武功发掘报告》图九八～一〇一、一〇三改绘）

　　海岱龙山文化的陶器直接承袭大汶口文化晚期而来，陶器生产已经进入等级较高的成熟专业化
生产阶段。陶器颜色有黑、灰、褐、白等多种，其中绝大多数为黑色陶器。龙山文化的黑陶既有里
外一致，漆黑如墨，表面光洁亮丽者，也有表皮黑内胎灰、褐的"夹心饼干"型，还有半黑半灰的
灰黑色，从区域上看，从东部的海边到西部的内陆，黑陶呈现递减的趋势。龙山文化还存在少量用
高岭土为原料制作的白陶，并且只是用来制作陶鬶一种器形。由于普遍采用了快轮拉坯成型技术，
制作出来的陶器造型规整，棱角分明，线条流畅，陶胎薄而均匀。陶器表面装饰绝大多数为素面磨
光，夹砂陶也是如此，纹饰数量较少，常见的纹样有凹凸弦纹、篮纹、划纹、镂孔、凸棱等，也有
绳纹、方格纹、附加堆纹、刻划纹、镂孔等。十分流行小的装饰附件，如泥饼、盲鼻、齿状泥条、
短泥条等。龙山文化陶器群的器类繁多，以大类计有20余类，以小类计则可多达60余种。造型以平
底器和三足器最多，也有一定数量的圈足器，圜底器基本不见。器形有鼎、鬶、甗、鬲、罐、盆、
杯、壶、匜、盘、豆、罍、钵、觚、尊、碗、盒、瓮、缸、甑、箅子、器盖等。各类器形中，由于
功能、时间和地域的差别，又可以分为诸多不同类别，如鼎类就有罐形鼎、盆形鼎、盘形鼎、釜形
鼎、单耳鼎等，而杯类则有筒形杯、壶形杯、罐形杯、觯形杯、觚形杯、高柄杯以及单耳杯、双耳
杯、平底杯、三足杯、圈足杯等。鸟首形足鼎、白陶鬶、中口罐、蛋壳陶高柄杯、大平底盆、子母
口盒等是其代表性器类（图三九）。

　　甘青地区的马家窑文化又区分为马家窑、半山和马厂三个类型。马家窑文化的陶器有泥质和夹
砂两大类，泥质陶所占比例远高于夹砂陶。陶色以红陶为主，橙黄陶和灰陶次之。制作方法均为手

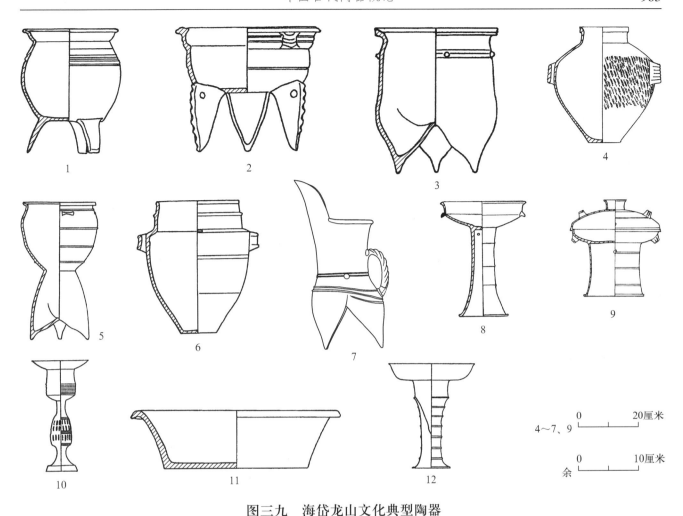

图三九　海岱龙山文化典型陶器

1、8、12. 三里河（罐形鼎M112∶1、豆M134∶3、高柄杯M2100∶5）　2、5、6、11. 尹家城（盆形鼎H555∶4、甗H48∶13、瓮H52∶2、盆F205∶2）　3. 丁公（鬲H1142∶19）　4. 尚庄（罐G1∶13）　7. 西吴寺（鬶H1022∶1）　9. 西朱封（圈足盘M203∶37）　10. 东海峪（高柄杯M303∶1）　（据《中国考古学·新石器时代卷》图6-39、6-41；《兖州西吴寺》图四一改绘）

制，小型器物一般直接捏塑而成，大型器物则采用泥条盘筑法成型，然后进行慢轮修整。器表的普通装饰主要有附加堆纹和绳纹，而彩陶极其发达是马家窑文化陶器的显著特征。马家窑类型的陶器多为橙黄色，彩陶多为单一的黑彩，纹样的基本母题有弧边三角、宽窄不一的各种线条、圆点、同心圆等，组成不同的纹样和图案，如连续的漩涡纹、网格纹、锯齿纹、水波纹等。此外，还有人物和动物形象等。器形种类不多，主要有盆、钵、壶、瓶、罐、瓮、豆等。半山类型的彩陶数量较之此前的马家窑类型显著增多，彩陶占全部陶器的比例高达60%以上，有的甚至达到80%～90%。彩陶流行用黑、红两彩绘制，画面结构严谨，色彩绚丽多姿。花纹主要是由细锯齿边黑彩夹红彩所组成的各种几何形纹样和图案，如连续的漩涡纹、多道锯齿纹、水波纹、葫芦形内填网格纹、棋盘格纹、大圆圈内填网格纹等。器形有壶、罐、盆、钵、豆、杯、瓮等。马厂类型的彩陶以黑彩为主，黑红两彩的复彩纹样数量减少。纹样种类繁多，配置富于变化，图案极其繁缛。马厂类型彩陶的代表性纹样为四大圆圈纹和蛙纹，此外还有折线三角纹、连弧纹、回形纹、菱形纹、网纹、人字纹等。据青海柳湾遗址统计，仅马厂类型的四大圆圈内填充的各种花纹就多达400余种。蛙纹也分为全蛙、半蛙和蛙肢等不同形态。器形有壶、罐、盆、钵、豆、瓮、盂、杯等（图四〇）。

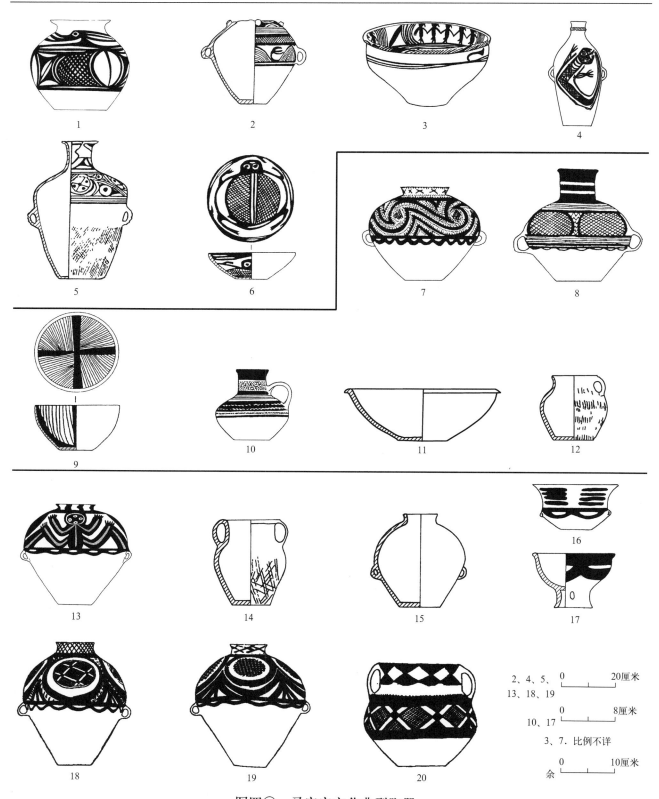

图四○　马家窑文化典型陶器

1~6.马家窑类型：1.天水（罐）　2、5.林家（瓮H55：34、壶H9：1）　3.上孙家寨（盆M384：1）　4.甘谷西坪（瓶）　6.师赵村（钵T244③：16）　7~12.半山类型：7.地巴坪（彩陶瓮M27）　8~12.柳湾（彩陶壶M528：1、彩陶钵M528：2、彩陶壶M528：3、盆M601：2、单耳罐M674：11）　13~20.马厂类型：13~17.柳湾（彩陶壶M578：4、双耳罐M878：1、壶M505：38、彩陶盆M214：4、彩陶豆M619：22）　18~20.土谷台（彩陶壶M7：4、彩陶壶M18：5、彩陶双耳罐M7：3）　（据《中国考古学·新石器时代卷》图4-42、4-43、6-47；《青海柳湾》图二九、三一、三三、七四、八四、八五、八八、九○；《兰州土谷台半山—马厂文化墓地》图九、一一改绘）

　　长江中游继屈家岭文化而起的石家河文化，陶器以泥质灰陶居多，有一定数量的泥质和夹砂黑陶和红陶。制作方法普遍采用了快轮拉坯成型技术，大型器物使用分段轮制然后拼接的工艺。陶器生产已经进入较高层级的专业化商品经济阶段，如石家河三房湾遗址在100左右平方米范围内，有多达数万件同样形制的红陶小杯；邓家湾遗址在一个不到2平方米的灰坑内，竟然出土了上千件各类陶塑动物工艺品。器表装饰以素面居多，纹饰主要有篮纹、方格纹、绳纹，还有弦纹、附加堆纹、镂孔等。这一时期的彩陶，一般是在器表施加红色或白色陶衣，然后在其上绘红彩或红、黑两彩。纹样有网格、棋盘格、平行线、涡纹、圆点、菱形纹等。此外，还有少量彩绘陶。陶器种类繁多，造型复杂，器形主要有宽扁足鼎、高领罐、高圈足豆、擂钵、深腹筒形缸、袋足鬶、釜、瓮、盆、钵、甑、喇叭口杯、碗、壶、盘、盂、器座、陶臼等（图四一）。

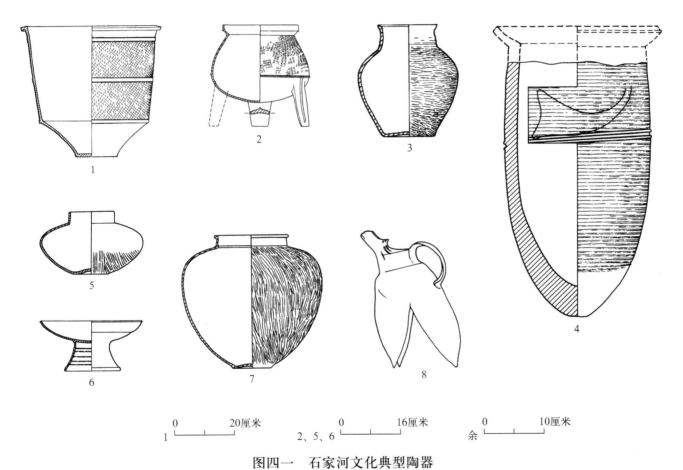

图四一　石家河文化典型陶器

肖家屋脊遗址：1. 陶缸（AT405③：1）　2. 鼎（AT1603④：1）　3. 高领罐（H56：15）　4. 缸（JY7：7）　5. 扁腹罐（H68：60）　6. 豆（H68：76）　7. 瓮（H1：5）　8. 盂（H68：63）　（据《肖家屋脊》图一二二、一三二、一三五、一五三、一八五、一八七、一九一、一九五改绘）

　　良渚文化的制陶业达到环太湖地区有史以来的鼎盛时期。陶器以泥质灰陶和黑皮陶为主，也有一定数量的夹砂红褐陶和灰黑陶。制作方法手制与轮制并存，手制以泥条盘筑法成型，再经慢轮修整，轮制则直接采用快轮拉坯成型，从而使良渚文化的陶器器形规整，陶胎较薄，生产效率也大幅提高。陶器的烧成温度明显高于崧泽文化，达到了900℃～1000℃。器表装饰以素面为主，纹饰主要有刻划纹、印纹、镂孔、锥刺纹、篮纹、绳纹、弦纹、竹节纹和动物形纹等。其中在鼎、豆、壶、阔把杯等器形上精心刻划的鸟纹、变体鸟纹和鸟首盘蛇纹，构图细密繁缛，线条宛转流畅，是不可多得的精品杰作。此外，在部分器物上还刻划有各种符号和原始文字，虽然数量不多，但弥足珍贵。器物造型以三足器、圈足器和平底器为主，器形种类较多，主要有鼎、豆、各种壶、鬶、甗、盉、盆、盘、罐、釜、缸、瓮、圈足盘、碗、簋、钵、盒、尊、匜、杯和器盖等（图四二）。

广富林文化是环太湖地区新确立的一支考古学文化，其存续时间介于良渚文化和马桥文化之间，分为早晚两大期，早期阶段以钱山漾早期遗存为代表，晚期阶段以广富林晚期遗存为代表。早期阶段的陶器中夹砂红陶最多，夹砂灰陶、泥质灰陶、泥质黑陶和泥质红陶次之，有一定数量的夹砂黑陶和棕褐陶。制作方法主要有泥条盘筑法成型加慢轮修整和轮制两种，小型器物用手直接捏制而成。器表装饰以素面占据多数，装饰技法以拍印和刻划为主，纹饰以弦断绳纹和直线刻划纹最多，篮纹、绳纹、水波纹、附加堆纹、方格纹、弦纹各有一定数量，其他纹样较少。器形较为丰富，种类主要有鼎、甗、鬶、罐、盆、壶、尊、瓮、缸、豆、盘、碗和器盖等。晚期阶段的陶器中夹砂陶较多，泥质陶较少，这或许与目前的发现均为居址资料有关。陶色以灰陶最多，黑陶和红褐陶次之。制作方法以轮制为主，故多数器形的胎壁较薄，造型规整，内外表面多有快轮旋转留下的痕迹。器表处理以素面为主，部分陶器表面施加纹饰，其中以弦纹和绳纹的数量最多，还有篮纹、方格纹、菱形纹、条纹、刻划纹、附加堆纹和捺窝等。器物造型以平底器、三足器和圈足器为主，圜底器少。陶器的器形主要有鼎、罐、鬶、盉、瓮、豆、盆、盘、钵、杯和器盖等（图四三）。

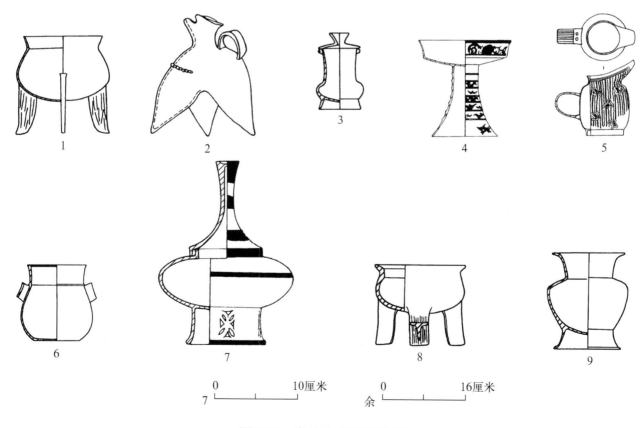

0　　　　10厘米
7

0　　　　16厘米
余

图四二　良渚文化典型陶器

1、4、5、7.福泉山（鼎M126：7、豆M101：90、宽把带流杯M65：2、朱绘带盖壶形器M101：2）　2.寺墩（鬶T8：1）　3.千金角（双鼻壶M7：2）　6.庙前（贯耳壶H2：15）　8、9.徐步桥（鼎M12：4、尊M12：5）　（据《中国考古学·新石器时代卷》图7-11改绘）

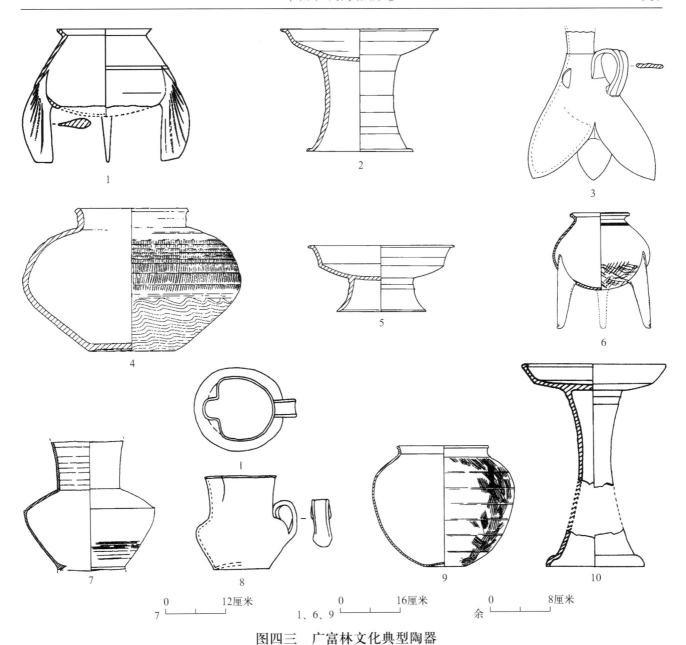

图四三　广富林文化典型陶器

1~5. 钱山漾（大鱼鳍足鼎T101⑦A：40、豆T0901⑧：25、袋足鬶T1001⑧：41、罐T1102⑩：27、圈足盘T0901⑧：21）　6~10. 广富林（小口罐形鼎TD9：5、壶H128：4、平底鬶TD8：1、印纹罐TD5：2、豆H115：1）　（据《浙江湖州钱山漾遗址第三次发掘简报》图一二、一四~一六；《上海松江区广富林遗址2001~2005年发掘简报》图一四、二〇、二一改绘）

（六）衰退期——原史和历史时期的陶器

距今4000年前后，中国多数地区相继进入青铜时代，各主要地区的社会和文化发展格局产生了显著变化。如果说中原地区的二里头文化不是一枝独秀的话，那么其发展水平至少也在相当程度上高于其他地区的同期文化。这一时期能够与二里头文化一争高下而且也在当时实际发生过的，主要是东方海岱地区的岳石文化，而燕辽地区的夏家店下层文化、东南环太湖地区的马桥文化等，则基本上处于一种偏居一隅而独自发展并达到了各自的又一个高潮时期。在中原龙山文化基础上发展起来的二里头文化，进行了更大规模的融合和重组，并且利用这种大集团的优势而日益辉煌起来，并开启了中华古代文化走向一统的脚步。故这一时期又被作为中国国家发展进程中的一个重要阶段——早期王国阶段，这就是中国古史记载中的夏王朝时期，尽管他还只是一个十分弱小的中央王朝，但却开启了一个新时代。

这一时期的周边地区，包括夏王朝直接控制区以外的中原地区，多数还处于古国和方国阶段，而夏王朝在本质上也只是一个领土范围较大、人口数量较多和统治力量较强的较大方国。

进入青铜时代之后陶器就开始衰退，衰退主要表现在：制作渐趋粗糙，工艺不进反退，龙山文化那种"薄、黑、光、亮"的陶器绝迹，不少地区由轮制退回到手制阶段，陶器的胎体变厚，器形的种类逐渐减少，等等。经商周两代的过渡，到汉代以后陶器逐渐成为日用器具的配角。探讨陶器衰退的原因，从深层上分析，均与新材料和新技术的发明、推广和普及有直接关系，主要表现在以下几个方面。

（1）铜器的发明和推广

距今5000年前后，随着社会分层的发展和早期国家的产生，社会内部的结构和礼仪活动越来越趋于复杂化，陶器除了以往的日用器皿和生产工具等普通用途之外，又被赋予了一些新的功能，如各种礼仪活动的用器。特别是作为礼器主要载体之一的用途被放大之后，使陶器的生产和制作技术迅速进入一个极端的发展阶段，表现为制作精良、器类繁多，生产出一些没有实用价值但又极其精美的陶器，如屈家岭文化的蛋壳彩陶和龙山文化的蛋壳黑陶。铜器发明和逐渐普及之后，原来陶器担负的这一部分功能，逐渐地让位于铜器，如礼仪用器。这种现象首先出现于社会上层，然后慢慢向普通的社会群体漫延，最后陶器的礼器性质不断被削弱，从而使陶器的重要性逐渐降低，导致陶器迈出了走向衰退的第一步。当然，在商周两代，作为礼仪用器的陶器还是大量存在，如仿铜陶礼器等。

（2）铁器的发明和使用

铁器在中国的出现大约在商周之际，而真正的发展起来并加以推广使用，则是进入东周以后的事情。铁器的制作和使用，在一些领域逐渐代替了原来陶器的功能，如炊煮的任务自新石器时代以来一直是由陶器担负的，而铁器推广之后，在这一方面迅速取代了陶器，而陶器则逐渐退出了炊煮等日常生活领域。所以，铁器的推广和普及，加快了陶器走向衰落的速度。

（3）瓷器的出现和普及

原始瓷器在夏商时期就已经出现，但因为技术方面的原因，长期没有得到较大发展。战国秦汉时期，瓷器技术日臻成熟，但使用范围还限于社会上层。东汉以后，随着烧制技术的成熟和生产量的扩大，瓷器开始走向民间，并以其优良的品质迅速在食器、水器、酒器、装饰等领域全面取代了陶器。从而使陶器在社会生活中的作用和地位进一步下降。所以，我们在南北朝及其以后的考古发掘中，陶器的数量越来越少，甚至我们都归纳不出一个基本的陶器组合。

（4）漆器的发明和使用

漆器的前身应该是木器，木器的产生和使用甚早。从南方地区饱水环境保存下来的新石器时代木器以及北方地区个别重要遗址的考古发现（如陶寺），表明在新石器时代人们制作和使用了大量木器。只是因为不易保存而无法得到充分的实物证据。人类对漆的认识很早，至少在新石器时代晚期就已经出现，到两周时期，南方楚国的漆器制作工艺和技术已经达到了相当高的水准。而漆器中的一些器形，在功能上与陶器是相通的，故其对陶器的衰落也起到了推波助澜的作用。

陶器作用的下降是呈梯次形态递减的，经历了一个相当漫长的过程。一般说来，二里头文化时期，因为铜器数量较少，陶器的地位和作用依然十分重要。商周两代，进入青铜时代的鼎盛时期，陶器从礼仪用器等领域逐渐退出，陶器的地位开始明显下降。东周以后，随着铁器的普及、瓷器的成熟和漆器的使用，陶器则迅速衰落下去，成为一般的粗大生活器皿，特别是建筑材料、随葬品模型等。

尽管陶器在社会中的地位不断下降、功能逐渐转变，但由于变化快，数量多，特别是在社会不同阶层中运用得不平衡性，陶器仍然是夏商周秦汉时期考古学研究中分期断代的重要依据。以下重点介绍二里头文化、二里冈文化、岳石文化、齐家文化、马桥文化和夏家店下层文化的陶器。

二里头文化的陶系有夹砂陶和泥质陶两大类，两者的数量大体相当，在不同时期略有差别。一期黑灰陶所占比例最高，此后各期陶色均以灰陶为主，有一定数量的灰黑陶、灰褐陶和红褐陶，白陶和黄陶极少。科技检测结果显示，二里头遗址的多数日用陶器是采用普通黏土制作的，而白陶等器皿所选用的高岭土，则非本地所产，应来自其他地区。陶器的制作方法以手制为主，主要采用泥条盘筑法成型，并对口沿部位进行慢轮修整。有少量陶器使用模制法和快轮拉坯成型。器表的处理主要有素面和施加纹饰两种基本方式，所有器物的口沿或口沿到肩部、上腹部都经过抹光处理。泥质陶以素面和素面磨光者居多，纹饰多只局限于器物的某些部位，夹砂陶绝大多数器表都施加纹饰，并且覆盖全部或大部。常见纹饰有篮纹、方格纹、绳纹、附加堆纹、弦纹、刻划纹、指甲纹、圆圈纹等，也有一些特殊的花纹，如云雷纹、回纹、花瓣纹、"S"形纹等。作为主流纹饰的篮纹、方格纹和绳纹，一期篮纹最多，三四期则不见篮纹和方格纹，二至四期绳纹稳居第一纹饰的位置。陶器的器类较之龙山文化时期有所减少，器形有各种罐、鼎、甑、鬲、各种盆、擂钵、豆、各种尊、缸、瓮、鬶、盉、爵、觚、杯和器盖等（图四四）。

二里冈文化的陶器以泥质灰陶和夹砂灰陶数量最多，占比可达90%以上，其他类别的陶器甚少，有个别的硬陶和釉陶。泥质陶器中真正经过淘洗的也只占少数，多经磨光处理。制作方法有模制、轮制和手制三种，手制多以泥条盘筑法成型，多数模制和手制的陶器又经过慢轮修整。分段制作然后再拼接成完整器物的成型方法，广泛于三足器和圈足器以及一些大型陶器。器表处理方法主要是施加纹饰和素面或磨光。素面和素面磨光的陶器约占三分之一，而有纹饰者中以绳纹最多，所占比例在60%以上，其他纹饰数量很少，如弦纹、附加堆纹、戳印圆圈纹、方格纹、篮纹、云雷纹、饕餮纹等。常见陶器造型如圆底器、平底器、三足器和圈足器均有，其中以圆底器和三足器最多。器形种类较之二里头文化有所减少，主要有鬲、鼎、甑、甗、罐、斝、爵、簋、豆、壶、盆、擂钵、大口尊、瓮、缸、钵和器盖等，其中绳纹鬲的数量最多（图四五）。

海岱地区岳石文化的陶器，夹砂陶和泥质陶差别甚大。夹砂陶以各种褐色为主，颜色斑驳不纯，所夹砂粒较粗，有的用小石子和云母作为羼和料，陶胎较厚，多为手制，虽经慢轮修整，但造型欠规整，整体显得粗糙；泥质陶以灰黑陶居多，黄褐色次之，多半采用轮制而成，造型规整，质地细密，虽陶胎偏厚，但尚保持着龙山文化的流风余韵。夹砂陶的粗糙、草率和泥质陶的规整、细密，两种迥然不同的风格共存，是岳石文化陶器的显著特征。器表处理以素面和素面磨光为主，纹饰数量不多，主要有附加堆纹、刻划纹、弦纹、凸棱、细绳纹、方格纹、泥饼、镂孔、之字纹和彩

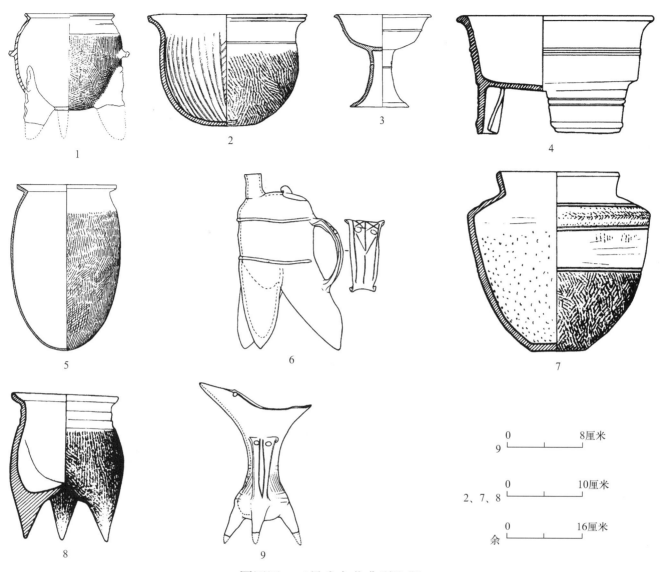

图四四　二里头文化典型陶器

二里头遗址：1. 罐形鼎（D2T5⑤：12）　2. 刻槽盆（H132：28）　3. 深盘豆（H63：32）　4. 瓦足盆（H3：4）　5. 深腹罐（H10：10）　6. 盉（M14：6）　7. 高领尊（H83：34）　8. 侈口鬲（H83：18）　9. 爵（M8：2）　（据《偃师二里头》图32、53、56、59、65、80、81、206、211改绘）

绘等。其中以在附加堆纹上再刻、划、捺、戳各种几何形纹样最具特色。泥质陶器中存在少量彩绘，有红、白、黄三色，在色彩搭配上以红色单彩和红白复彩为主，多为几何形纹样，有条带纹、折线纹、涡纹、卷云纹、云雷纹、夔龙纹等，也有较大面积的涂朱现象。器物种类较之龙山文化明显减少，器形以罐、袋足甗、盆、豆、尊形器、碗、盒和器盖数量最多，还有鼎、盉、钵、瓮、圈足盘、舟形器、碗、斝、鬲等（图四六）。

　　甘青地区齐家文化的陶器绝大多数为红陶和红褐陶，灰陶的数量很少。制作方法以手制为主，次为模制，以泥条盘筑法成型，部分经慢轮修整，轮制陶器较为少见。陶器烧成温度较高，颜色较为纯正，少见器表斑驳不纯的现象。器表处理方式以素面最多，多施加一层陶衣，纹饰以拍印的绳纹和篮纹数量最多，绳纹多施于夹砂陶器，而篮纹则主要见于泥质陶。其他如弦纹、附加堆纹、刻划纹、印纹等均较少。西部分布区有少量彩陶，用黑色或黑、红二色绘制，以黑彩为主，纹样有蝶

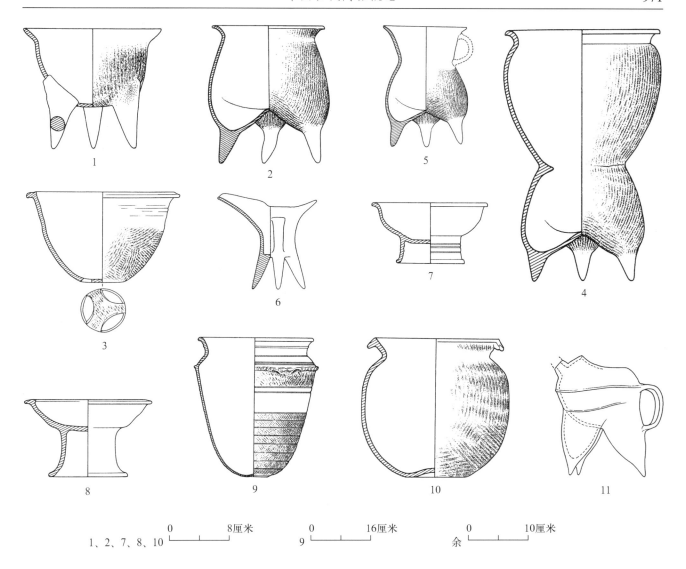

0 8厘米
1、2、7、8、10

0 16厘米
9

0 10厘米
余

图四五　二里冈文化典型陶器

1、7、8、10. 南关外（盆形鼎C5T5②：88、簋C9.1T108③：45、豆C5T50③：16、敛口罐C9.1H118：23）　2~5. 二里冈（鬲C1H9：36、甗C9.1H18：16、甑C9.1H118：24、卷沿斝C1H9：362）　6、11. 郑州商城（爵C8M28：1、盉C8M28：2）　9. 人民公园（大口尊C1H14：75）　（据《郑州商城》图一〇三~一〇五、一〇八改绘）

形纹、蕉叶纹、横人字纹、菱形纹、斜线纹、网格纹、三角纹等。陶器的造型以平底器为主，也有三足器和圜底器。器形种类不多，有钵、碗、盆、豆、罐、壶、杯、斝、盉、鬲、甑、盘和器盖等。罐的种类很多，其中双大耳罐是齐家文化最典型的器类（图四七）。此外，齐家文化还出土一些器体小巧的动物类艺术品，如鸟、狗、羊等禽兽，也有人物像。

　　燕辽地区的夏家店下层文化，陶器以夹砂灰陶和褐陶为主，泥质灰陶次之，泥质黑陶、泥质红陶和夹砂黑陶较少。制作方法绝大多数为手制，采用泥条盘筑法成型，器表普遍保存慢轮修整的痕迹，鬲和甑足则一般使用模制。较大和较复杂的器形多采用分段制作，然后再加以拼接。轮制者较少，只见于罐类器形。器表装饰除了素面磨光陶之外，纹饰以绳纹和绳纹加划纹最多，其他如附加堆纹、弦纹、凸棱纹、圆圈纹、乳丁纹、篦点纹等较少。彩绘陶在居址中较少，墓葬内较多，如大甸子墓地出土的1600多件随葬陶器中，彩绘陶多达420件，约占全部陶器的四分之一。彩绘均以黑灰

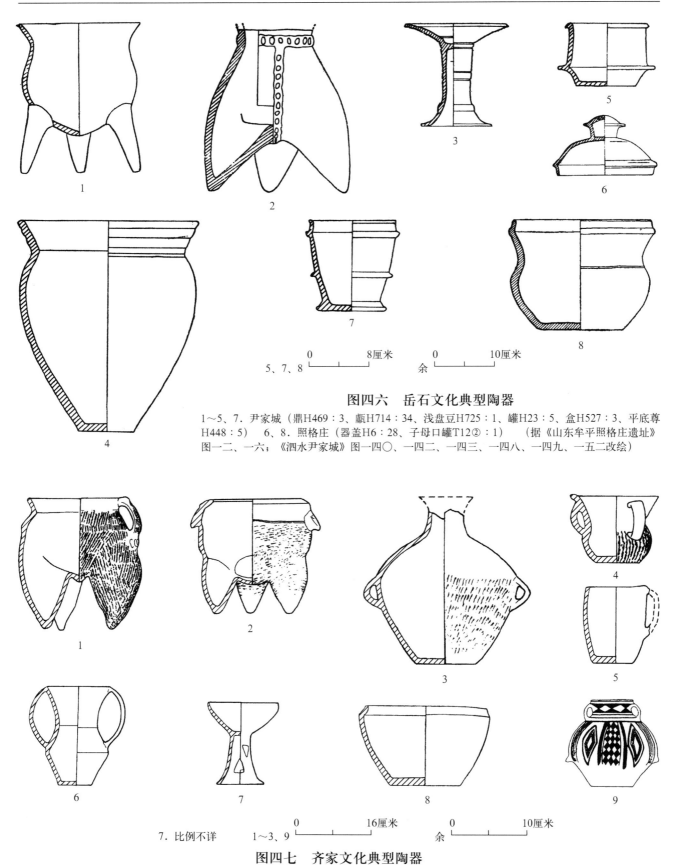

0 ____8厘米   0 ____10厘米
5、7、8   余

图四六　岳石文化典型陶器

1～5、7. 尹家城（鼎H469：3、甗H714：34、浅盘豆H725：1、罐H23：5、盒H527：3、平底尊H448：5）　6、8. 照格庄（器盖H6：28、子母口罐T12②：1）　（据《山东牟平照格庄遗址》图一二、一六；《泗水尹家城》图一四〇、一四二、一四三、一四八、一四九、一五二改绘）

0 ____16厘米   0 ____10厘米
7. 比例不详　　1～3、9   余

图四七　齐家文化典型陶器

1～4. 师赵村（鬲T317③：1、斝T403F25：1、高领罐T307②：9、三耳罐T320F9：1）　5～8. 秦魏家（单耳杯M58：5、双大耳罐M134：4、豆M46：3、盆M89：4）　9. 皇娘娘台（双耳彩陶罐57M9）　（据《中国考古学·夏商卷》图8-27改绘）

陶为底色，用毛笔绘出白、红两色花纹，色彩艳丽夺目，图案繁缛复杂，展开后呈现一横幅条带型画面，内容多为二方连续的图案。大甸子墓地出土的300多件较为清晰的彩绘陶器，整理者辨识出171种样式的花纹。陶器的器形主要有筒腹袋足鬲、肥袋足斝、罐形鼎、鼓腹罐、瓮、壶、盂、盆、钵、盘、豆、尊、鬶、爵等（图四八）。

环太湖地区的马桥文化，陶器分夹砂和泥质两大类别：夹砂陶多为灰褐色和红色，灰陶和灰黑陶有一定数量，采用泥条盘筑法成型加以慢轮修整；泥质陶则以橘红（黄）色、灰色和黑色为主，其他较少，多使用轮制法成型。器表处理方式以素面为主，施加纹饰者也占有较高比例，纹饰以绳纹最多，还有叶脉纹、弦纹、方格纹、篮纹、条格纹、折线纹、席纹、云雷纹等。发现一定数量的刻划符号和陶文。陶器造型以圈足器、三足器、圜底器和凹底器为主，平底器较少，圜底器和凹底器是这一时期极具特色的陶器风格。器形以鼎、斝、罐、豆、盆最为常见，还有擂钵、簋、盘、觯、觚、尊、鸭形壶、盂、杯、碗、支座和器盖等（图四九）。马桥文化陶器生产的另外一项突出成就是推广了硬陶的使用和发明了施釉的原始瓷，前者在陶器中的比例超过了10%，后者的烧成温度接近1200℃，为瓷器的出现奠定了基础。

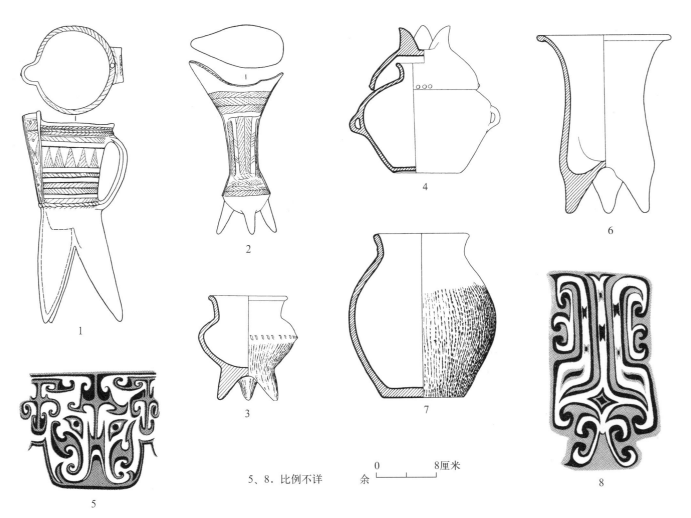

5、8. 比例不详　　余 0 —— 8厘米

图四八　夏家店下层文化典型陶器

大甸子遗址：1. 鬶（M677：2）　2. 爵（M666：8）　3. 鼎（M652：4）　4. 罐（M378：1）　5. 彩绘纹样（M761：1）　6. 鬲（M922：2）　7. 罐（M641：2）　8. 彩绘纹样（M371：7）　（据《大甸子》图三四、四一～四三、四七、四八、五四、五五改绘）

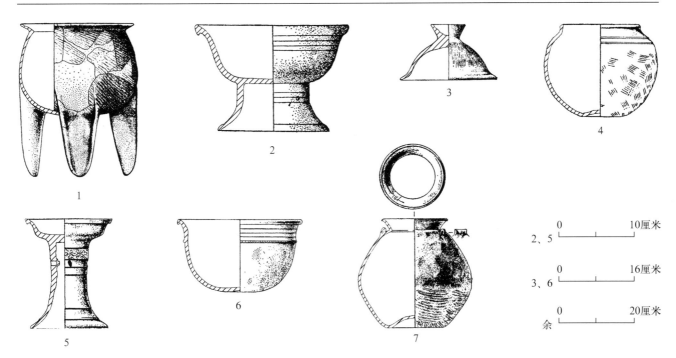

图四九 马桥文化典型陶器

马桥遗址：1. 鼎（T111∶16） 2. 簋（C11∶13） 3. 器盖（C10∶45） 4. 罐（T13∶7） 5. 豆（T1∶5） 6. 盆（T5∶11） 7. 罐（采三∶16） （据《中国考古学·夏商卷》图8-5改绘）

参考文献：

中国社会科学院考古研究所：《中国考古学·新石器时代卷》，中国社会科学出版社，2010年。

李文杰：《中国古代制陶工艺研究》，科学出版社，1996年。

河北省文物管理处等：《河北武安磁山遗址》，《考古学报》1981年第3期。

中国社会科学院考古研究所河南一队：《1979年裴李岗遗址发掘报告》，《考古学报》1984年第1期。

河南省文物考古研究所：《舞阳贾湖》，科学出版社，1999年。

甘肃省文物考古研究所：《秦安大地湾——新石器时代遗址发掘报告》，文物出版社，2006年。

中国科学院考古研究所、陕西省西安半坡博物馆：《西安半坡》，文物出版社，1963年。

中国科学院考古研究所：《庙底沟与三里桥》，科学出版社，1959年。

西安半坡博物馆、陕西省考古研究所等：《姜寨——新石器时代遗址发掘报告》，文物出版社，1988年。

宝鸡市考古工作队、陕西省考古研究所宝鸡工作站：《福临堡——新石器时代遗址发掘报告》，文物出版社，1993年。

河南省文物研究所等：《登封王城岗与阳城》，文物出版社，1992年。

河南省文物考古研究所：《禹县瓦店》，世界图书出版公司，2004年。

中国社会科学院考古研究所安阳工作队：《1979年安阳后冈遗址发掘报告》，《考古学报》1985年第1期。

中国社会科学院考古研究所等：《襄汾陶寺——1978～1985年考古发掘报告》，文物出版社，

2015年。

中国社会科学院考古研究所：《偃师二里头——1959～1978年考古发掘报告》，中国大百科全书出版社，1999年。

中国社会科学院考古研究所：《二里头（1999～2006）》，文物出版社，2014年。

河南省文化局文物工作队：《郑州二里冈》，科学出版社，1959年。

青海省文物管理处考古队、中国社会科学院考古研究所：《青海柳湾——乐都柳湾原始社会墓地》，文物出版社，1984年。

中国科学院考古研究所甘肃工作队：《甘肃永靖大何庄遗址发掘报告》，《考古学报》1974年第2期。

王仁湘：《史前中国的艺术浪潮——庙底沟文化彩陶研究》，文物出版社，2011年。

李水城：《半山与马厂彩陶研究》，北京大学出版社，1998年。

中国社会科学院考古研究所山东队等：《山东滕县北辛遗址发掘报告》，《考古学报》1984年第2期。

山东省文物考古研究所：《大汶口续集——大汶口遗址第二、三次发掘报告》，科学出版社，1997年。

山东省文物管理处、济南市博物馆：《大汶口——新石器时代墓葬发掘报告》，文物出版社，1974年。

山东省博物馆、山东省文物考古研究所：《邹县野店》，文物出版社，1985年。

中国社会科学院考古研究所：《胶县三里河》，文物出版社，1988年。

山东大学历史系考古专业教研室：《泗水尹家城》，文物出版社，1990年。

中国社会科学院考古研究所山东队等：《山东牟平照格庄遗址》，《考古学报》1986年第4期。

湖南省文物考古研究所：《彭头山与八十垱》，科学出版社，2006年。

湖南省博物馆：《湖南石门县皂市下层新石器遗存》，《考古》1986年第1期。

湖南省文物考古研究所：《湖南黔阳高庙遗址发掘简报》，《文物》2000年第4期。

湖南省文物考古研究所：《安乡汤家岗——新石器时代遗址发掘报告》，科学出版社，2013年。

四川省博物馆：《巫山大溪遗址第三次发掘》，《考古学报》1981年第4期。

湖南省文物考古研究所：《澧县城头山——新石器时代遗址发掘报告》，文物出版社，2007年。

中国科学院考古研究所：《京山屈家岭》，科学出版社，1965年。

湖北省荆州博物馆等：《肖家屋脊》，文物出版社，1999年。

浙江省文物考古研究所等：《跨湖桥》，文物出版社，2004年。

浙江省文物考古研究所：《河姆渡——新石器时代遗址考古发掘报告》，文物出版社，2003年。

嘉兴市文化局编：《马家浜文化》，浙江摄影出版社，2004年。

上海市文物保管委员会：《崧泽——新石器时代遗址发掘报告》，文物出版社，1987年。

浙江省文物考古研究所：《南河浜——崧泽文化遗址发掘报告》，文物出版社，2005年。

浙江省文物考古研究所：《良渚遗址群》，文物出版社，2005年。

浙江省文物考古研究所等：《新地里》，文物出版社，2006年。

上海市文物管理委员会：《福泉山——新石器时代遗址发掘报告》，文物出版社，2000年。

浙江省文物考古研究所等：《钱山漾：第三、四次发掘报告》，文物出版社，2014年。

上海博物馆考古研究部：《上海松江区广富林遗址2001～2005年发掘简报》，《考古》2008年第8期。

上海市文物管理委员会：《马桥——1993～1997年发掘报告》，上海书画出版社，2002年。

内蒙古自治区文物考古研究所：《白音长汗——新石器时代遗址发掘报告》，科学出版社，2004年。

辽宁省文物考古研究所：《查海——新石器时代聚落遗址发掘报告》，文物出版社，2012年。

中国社会科学院考古研究所：《敖汉赵宝沟——新石器时代聚落》，中国大百科全书出版社，1997年。

辽宁省文物考古研究所：《牛河梁——红山文化遗址发掘报告（1983～2003年度）》，文物出版社，2012年。

辽宁省文物考古研究所、赤峰市博物馆：《大南沟——后红山文化墓地发掘报告》，科学出版社，1998年。

中国社会科学院考古研究所：《大甸子——夏家店下层文化遗址与墓地发掘报告》，科学出版社，1996年。

（本文是为"国家文物局2009年青州陶质彩绘文物保护培训班"撰写的讲稿，2017年收入秦始皇帝陵博物院"陶质彩绘文物保护国家文物局重点科研基地"编辑的《陶质彩绘文物保护修复二十讲》；由武昊对原图重新进行了绘制、修改和补充，并补加了个别后出文献）

海岱地区史前陶器的精华——彩陶、黑陶和白陶

陶器的发明是人类社会进入新石器时代的一个重要标志。陶器是人类利用黏土的物理性能创造出来的新物品，这一发明堪称人类文化发展历史上的一个创举。而作为人们日常生活必需品的陶器，在整个新石器时代甚至后来的青铜时代，几乎无所不在。

陶器的生产流程包括制作和烧制两大基本环节。陶器制作经历了一个从原始到进步和由低效率到高效率的漫长发展过程，用手直接捏塑成型或泥片贴塑成型、泥条盘筑慢轮成型和快轮拉坯成型是陶器制作技术的三个主要发展阶段。到大汶口文化中期阶段，海岱地区史前文化开始进入陶器生产最为发达的第三个阶段。到龙山文化时期，其制陶工艺登上了人类陶器生产历史的巅峰。

烧制是陶器生产的最后一个环节。火候的高低、颜色的差别等，都是由烧制技术决定的。首先面对的陶器的不同颜色，就是因为陶器入窑后采用了不同的烧制技术所形成的。一般说来，陶器的颜色主要有红、灰、黑三大类，其形成的原因分别是：烧制时不封窑或封窑不严密，使陶器在氧化气氛中烧成，烧出来的陶器就是红陶或红褐色陶；烧制时对陶窑进行密封，在还原气氛中烧成的陶器就是灰色等深色陶器；在烧制灰陶的基础上，再进行渗碳，即把大量含碳物质置于密封的窑的火膛内，使其产生大量浓烟渗透到窑内的陶胎中，烧成的陶器就变成了黑陶。而白陶则是由于采用了与普通陶器不同的原料，即高岭土或其他特殊成分的陶土（如含氧化镁比较多的陶土等）所形成的，与烧制技术无关。

海岱地区史前制陶技术高峰阶段的成就，既可以看作是中国史前文化成就的一个缩影，又当之无愧地代表了中国史前制陶业发展到巅峰时期的真实水平。能够代表海岱地区史前陶器生产技术和工艺并能在一定程度上标识社会发展水平的是彩陶、黑陶和白陶三大类别。

一　彩陶

所谓彩陶，是指陶坯做好尚未入窑烧制之前，用不同的颜料在陶器表面（包括内外壁）绘画各种彩色纹样和图案，然后装入窑中烧成。这样形成的彩色纹样和图案，与陶胎结合紧密，经水洗之后也不易脱落。

彩陶在世界上不少地区的史前文化中多有发现。在中国，发现最早的彩陶是渭河流域的大地湾文化或老官台文化，年代在距今8000年前后。到距今7000年之后的仰韶时代早期，彩陶在渭河流域及周边地区得到长足发展，并逐渐在黄河流域、长江流域和东北地区南部等广大地区出现，成为各区域史前文化中一朵耀眼的奇葩。

海岱地区的彩陶始见于距今7000～6000年之间的北辛文化，一直延续到距今5000年之内的大汶

口文化晚期阶段，前后经历了2000余年的发展[1]。综观海岱地区的彩陶发展历程，可以粗略地划分为三个阶段。

1. 海岱地区彩陶的出现和初步发展时期

约当北辛文化中期到大汶口文化早期前段（约为距今6700～5800年）。这一阶段海岱地区的彩陶数量甚少。如经过较大规模发掘的北辛、大墩子、大汶口等遗址，在北辛文化中晚期阶段发现了极少量彩陶，颜色有黑、红两种[2]。苏北地区多用红彩，鲁南地区以黑彩为主。彩陶的纹样也十分简单，主要是宽、窄不一的带状、折线等几何形纹样，多画在钵、碗等器形的口沿外侧，也有绘在口沿内侧者。这种情形一直持续到大汶口文化早期前段，如大汶口、刘林、野店等遗址就发现有少量彩陶，而王因遗址则基本不见。

2. 海岱地区彩陶的鼎盛时期

约当大汶口文化早期后段到大汶口文化中期前段（约为距今5800～5200年）。从大汶口文化早期后段开始，海岱地区的彩陶数量迅速增多，各种彩陶纹样和图案异常繁荣，很快进入了海岱地区史前彩陶的鼎盛时期。据野店遗址公布的陶片纹饰统计数据，相当于大汶口文化早期后段的ⅡT445第5层（彩陶占5.4%）和ⅣT2148第5层（彩陶占0.65%），彩陶在全部陶片中的比例平均约为2.02%[3]。墓葬随葬陶器中的彩陶比例略高一些，如属于普通聚落的王因遗址第二、三层墓葬，彩陶在全部陶器中的比例约为5.30%[4]。这一比例虽然远远低于同时期的中原地区仰韶文化，但在数量上达到了海岱地区史前时期彩陶的高峰。

这一阶段的彩陶颜色突破了前一阶段的黑、红两彩，新出现了白、褐、黄等颜色，用彩手法则在单彩的基础上，较多地使用了复彩。在彩陶的用彩层次上，广泛使用了施加地色的双层彩甚至三层彩的绘画技法。在色彩的搭配上，有红黑、红白、黑白、红黑白、红白褐、白黑褐等多种表现形式，以达到色彩醒目和艳丽的效果。构成彩陶纹样和图案的基本元素繁多，如三角、垂弧、圆点、圆圈、勾叶、花叶、直线、折线、菱形、八角星、连山、网纹、草木、鱼鳞、水波、涡纹等。把这些元素采用不同的方法组合起来，就可以绘画出各种复杂的图案。这一阶段典型的彩陶图案有回旋勾连、花朵、八角星、太阳、云雷、连山与菱形、斜栅、网纹、勾连涡纹等。

鼎盛时期的彩陶纹样和图案，主要绘于泥质陶器的盆、钵、壶、豆、罐和杯等器物的外表，少数见于口沿和内壁。施彩位置均在人们目所能及的显要部位，如器物外表的腹部及以上、口沿等处。在大汶口、野店、王因、刘林和大墩子等遗址发现了一批典型彩陶器物，如八角星纹和花瓣纹的盆，花瓣纹、回形纹和勾连纹的钵，八角星纹的豆，花瓣纹、连续涡纹和三角形纹的壶等，堪称

[1]　栾丰实：《海岱地区彩陶艺术初探》，《海岱地区考古研究》，山东大学出版社，1997年。

[2]　中国社会科学院考古研究所山东队等：《山东滕县北辛遗址发掘报告》，《考古学报》1984年第2期；南京博物院：《江苏邳县四户镇大墩子遗址探掘报告》，《考古学报》1964年第2期；南京博物院：《江苏邳县大墩子遗址第二次发掘》，《考古学集刊·1》，中国社会科学出版社，1981年；山东省文物考古研究所：《大汶口续集——大汶口遗址第二、三次发掘报告》，科学出版社，1997年。

[3]　山东省博物馆、山东省文物考古研究所：《邹县野店》，文物出版社，1985年。

[4]　中国社会科学院考古研究所：《山东王因——新石器时代遗址发掘报告》，科学出版社，2000年，表五。但据表四的统计，彩陶数量占比为3.43%。

这一阶段彩陶艺术的代表（图一）。这一阶段彩陶艺术的迅速发展和成熟，除了大量吸收中原地区仰韶文化的彩陶成果之外，专业陶工匠的出现无疑是海岱地区制陶业乃至彩陶艺术得到长足发展的内在原因。如大墩子遗址的M102，为一老年男性，墓内出土的20多件随葬品中多数为陶器，其中有5块绘制彩陶的颜料石，经鉴定为天然赭石，研磨后得到的"赭红色粉末，与彩陶上的红色完全一致。"[1]这位年长者生前应为专门从事陶器生产和绘画彩陶的工匠，或者就是一名彩陶艺术家。

1. 大墩子（M33∶8）

2. 王因（M2376∶13）

3. 大墩子（M30∶8）

4. 大汶口（M2007∶32）

7. 大汶口（M1014∶30）

5. 大墩子（M44∶4）

6. 王因（M2326∶4）

8. 大汶口（M2005∶49）

图一　海岱地区第二阶段彩陶

3. 海岱地区彩陶的衰落时期

约当大汶口文化中期后段到晚期前段（约为距今5200～4700年）。海岱地区的史前彩陶经历了前期数百年的繁荣之后，到这一阶段逐渐走向衰落。表现为彩陶数量不断减少，以至在大汶口文化晚期消失。彩陶纹样和图案的种类趋于简单化，绝大多数都是装饰性纹样。表现形式多为宽窄不一的带状，通体画彩的做法已十分罕见。纹样以上下错对三角内填网格纹的纹饰带最为常见，其他还有连续涡纹、网纹、菱形纹、折线纹、三角纹、圆圈纹、水波纹等。而表达特定含义的纹样和图案

[1]　南京博物院：《江苏邳县大墩子遗址第二次发掘》，《考古学集刊·1》，中国社会科学出版社，1981年，第46～48页。

较少。但即使到了这一阶段的后期，仍然存在少量精品彩陶器物，如大汶口遗址M10出土的一对彩陶背壶：通体用黑白两色绘制花纹，口部涂一周黑彩，颈上部绘三个等距分布的黑白彩同心圆圈，肩部饰黑地白彩涡纹，上下以白彩线界隔，腹部满饰交错排列的黑彩白边三角形，上大下小，底部为两周黑地白彩圆点纹[1]。而在器物的腹部饰流畅的多重连续涡纹、大菱形格内置整齐的小菱形纹等，均为此期不可多得的精品（图二）。

海岱地区的彩陶从诞生到消失的两千多年时间中，连绵不绝，传承发展，是构成海岱系新石器文化体系的重要内容之一。特别是在大汶口文化早中期阶段的数百年间，彩陶数量大增，彩陶艺术家们的创作激情勃发，使海岱地区史前彩陶艺术达到了较高的水准，为后世留下一大批精美的彩陶艺术品，从而在整个史前彩陶艺术园地中占有重要的一席之地，为中国史前彩陶艺术的发展做出了独特贡献。同时，随着大汶口文化的崛起并向分布区以外区域的文化扩散，大汶口的彩陶艺术也传播到了更为遥远的长江下游和辽东半岛等广大区域。

1. 五村（M55：2）

2. 大汶口（M3：1）

3. 大汶口（M24：5）

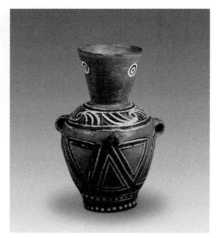

4. 大汶口（M10：57）

图二　海岱地区第三阶段彩陶

[1]　山东省文物管理处、济南市博物馆：《大汶口——新石器时代墓葬发掘报告》，文物出版社，1974年。

二　黑陶

1930和1931年，中央研究院历史语言研究所等两次发掘章丘城子崖遗址，其最重要的收获，就是确立了中国早期历史上一个重要的发展阶段——龙山文化（时代）。龙山文化的成就很多，最引人注目的是这一文化存在着大量光洁朴素、质硬胎薄的黑色陶器，故一度曾与中原地区以仰韶村为代表的彩陶文化相对应，提出了黑陶文化的名称。此后，黑陶就成为龙山文化最典型的特征和代名词，也是龙山文化诸多文化成就中十分突出的一个组成部分。

大汶口文化的发现和确立，在解决了龙山文化来源问题的同时，也将作为龙山文化典型特征的黑陶上溯到了大汶口文化。纵观海岱地区史前时期的黑陶，其发展过程大体上可以分为四个阶段。

1. 大汶口文化早期及其以前阶段

黑陶开始出现，但数量较少，质量也不稳定，绝大多数为黑皮陶，即表面为黑色而内胎为红、褐等颜色，甚至颜色呈现斑驳的多色陶器，这与较为原始的烧制技术密切相关。如王因遗址，在近900座大汶口文化早期墓葬出土的1348件陶器中，主要是红陶和灰陶，基本没有可以称为黑陶的陶器。等级高于王因的野店遗址，大汶口文化早期墓葬的随葬陶器中，黑陶的比例占到了9.15%。而作为等级最高的大汶口遗址，黑陶数量更多一些，但居住遗存中的黑陶比例明显要少于墓葬随葬品。文化层和居住遗迹内发现的黑陶数量很少，在全部陶片中所占比例甚低，早段基本没有，中、晚段则分别为1.87%和4.14%[1]；而同时期的墓葬随葬陶器中，黑陶的数量明显较多，早、中、晚段黑陶所占比例分别为10%、14.23%和26.66%[2]。黑陶在居住遗存和墓葬中的数量都呈现出一个不断增长的发展趋势。这一阶段的黑皮陶绝大多数为泥质陶，夹砂陶中极少见到黑陶，器形主要有觚形杯、高足杯、豆、钵、碟等。

2. 大汶口文化中期和晚期前段

在长期使用慢轮制作和修整陶坯的基础上，发明了快轮拉坯成型的制陶技术，陶器的规整程度明显提高。同时，由于烧制技术的改进，通过充分渗碳以烧制黑陶的技术日渐成熟。所以，这一阶段黑陶的数量进一步增多，质量也得到较大提升，特别是在墓葬的随葬陶器中，黑陶的比例占到了20%～30%，有的甚至更多。如属于大汶口文化中期的野店第四期墓葬，黑陶在全部随葬陶器中的比例达到了27%。黑陶的器形除了前期存在的之外，还新出现了尊、瓶、壶等新器类。

3. 大汶口文化晚期后段到龙山文化早中期

这一阶段生产的黑陶进入其发展史上的鼎盛时期，黑陶的数量达到了空前绝后的境地。到大汶口文化晚期后段，墓葬随葬品中黑陶的数量就超过了50%。如野店第五期墓葬，随葬品中黑陶的比例达到了55%，西夏侯上层墓葬的黑陶（包括灰黑陶）比例为68.7%[3]。进入龙山文化之后，黑陶数

---

[1]　大汶口、龙山文化时期，居址的黑陶数量一直明显少于墓葬，所以在进行比较时应注意这一差别。

[2]　山东省文物考古研究所：《大汶口续集——大汶口遗址第二、三次发掘报告》，科学出版社，1997年，附表七、一〇。

[3]　中国科学院考古研究所山东队：《山东曲阜西夏侯遗址第一发掘报告》，《考古学报》1964年第2期，表二。

量更多，文化层和居住类遗迹中黑陶所占比例也超过了50%。如胶州三里河遗址公布的资料，3个龙山文化灰坑共出土5210片陶片，其中黑陶片为3781片，占比为72.6%。墓葬随葬陶器中黑陶所占比例则更高[1]。

黑陶的制作工艺在大汶口文化中期发明快轮制陶的基础上，这一阶段快轮拉坯成型技术比较广泛地运用到了陶器的制作之中。同时，分工明确的专业化生产程度不断提高。两城镇遗址龙山文化陶器的制作工艺研究表明，当时制作陶器的分工已经十分精细。如制作陶杯把手这一工作，就是采用了批量生产的方法，一次性可以生产出4个、6个甚至更多，极大地提高了陶器的生产效率[2]。同时，快轮拉坯成型技术的逐渐推广和普及，也显著提高了龙山文化黑陶的质量，生产出大批造型优美、陶胎薄而均匀、棱角分明、线条流畅、外表光洁、内表细密的黑色陶器。

这一阶段制作的黑陶，整体特征十分突出，简而言之，可以用五个字来形容，即"黑、光、亮、薄、轻"。黑，是说这一阶段的多数陶器黑如墨，而且多是里外透黑，即不仅陶器的表面漆黑，内胎也是黑色的；光，是说这一阶段的陶器，无论是泥质陶还是夹砂陶，均经过精细打磨，有的还经过抛光处理，器物的表面光洁如玉；亮，是说这一阶段的陶器外表在光线的照射下可以反光，像镜子一样光亮；薄，是说这一阶段的陶器，无论是小型的各式杯、碗、盘、壶等，还是大、中型的瓮、罐、鼎、甗、盆等，其陶胎都很薄，而且各个部位的厚薄均匀，其中杯类陶器的厚度，一般都在1毫米左右，而最薄的蛋壳陶高柄杯，杯口沿位置薄得像刀刃一样，厚度在0.5毫米以下，甚至比鸡蛋壳还要薄；轻，是说这一阶段黑陶的重量很轻，掂到手上的感觉要比常规轻出许多，三里河出土的一件口径14.2、高18厘米的蛋壳高柄杯（M2116：1），最薄处只有0.3毫米，重量还不足40克[3]。

这一阶段的陶器既有平底器、圜底器、圈足器，也有三实足器、三袋足器。这些器物的造型十分复杂，如三足器、圈足器的数量不断增多，并呈现多样化的发展趋势。许多器物上安装了耳、鼻、饼、突、流、把等实用或装饰性附件，这种现象明显多于其他地区的考古学文化。龙山文化陶器的器盖数量甚多，几乎是一器一盖，据此可以认为龙山文化时期的人们十分讲究卫生，才会在日用陶器上出现这种状况。

日用生活中的器皿多为黑陶，陶器的具体器形和式样繁多，后世有的器形龙山文化中差不多全有，仅容器类就有鼎、鬶、甗、瓮、缸、罐、壶、罍、尊、盆、盂、钵、匜、盘、豆、杯、碗、盅、瓶、盒、碟等。而且即使是同一类器形，也会派生出多种式样。如陶杯，就有筒形杯、罐形杯、壶形杯、觯形杯、碗形杯、高柄杯、三足杯等；再如陶盆、盘、盒等器物，均有平底、圈足和三足等多种型式（图三、四）。在使用功能上，又可以分为炊煮用的鼎、甗、鬲、罐等，盛储用的缸、瓮、罐、盆、钵等，作为水器的双耳罐、壶、瓮、缸、匜等，饮食用的盘、豆、碗、杯等。

大汶口文化晚期以来，除了存在大量日用陶器之外，随着社会的分化和分层的发展，开始出现了专门或主要用于礼仪活动的陶器，器形有杯、罍、壶、豆、盆等，其中广为人知的蛋壳陶高柄杯以及鬶、罍等，就是龙山文化专用礼器的代表。

[1] 中国社会科学院考古研究所：《胶县三里河》，文物出版社，1988年。
[2] 范黛华、栾丰实、方辉等：《山东日照市两城镇龙山文化陶器的初步研究》，《考古》2005年第8期。
[3] 中国社会科学院考古研究所：《胶县三里河》，文物出版社，1988年，第92页。

1. 尹家城（M144：1）　　　　2. 尹家城（M138：15）　　　　3. 丁公（H1743：1）

图三　龙山文化黑陶（一）

1. 姚官庄（02）　　　　　　　　　　2. 姚官庄（H77：1）

3. 三里河（M2100：6）　　　4. 两城镇（G4T021G21：10）　　　5. 尹家城（M4：5）

图四　龙山文化黑陶（二）

由以上黑陶的内涵和特征可以看出，大汶口文化晚期后段至龙山文化早中期，黑陶的制作工艺和烧制技术完全成熟，以蛋壳陶为代表的薄胎黑陶器物群，昭示着龙山文化居民制作和烧制陶器的精湛技艺，达到了极高的境界，登上了人类制陶历史的巅峰。

4. 龙山文化晚期和岳石文化阶段

从龙山文化晚期开始，海岱地区盛行了一千余年的黑陶开始走向衰落。其具体表现为，黑陶的数量逐渐减少，黑陶的质量不断下降，不仅薄如蛋壳的高柄杯类陶器逐渐绝迹，薄胎黑陶和里外透黑的陶器也越来越少见。

以往不少学者认为，岳石文化较之龙山文化发生了巨大变化，其表现之一就是龙山文化时期普遍存在的精致黑陶消失了，黑陶数量大减，红褐陶迅速增多，陶胎变厚，而尚存的部分黑陶也基本上是黑皮陶，器物的种类也明显减少。现在看来，上述变化不是在龙山文化和岳石文化交替时突然出现的，而在龙山文化中晚期之交陶器生产就开始产生了重要变化，主要表现在以下几个方面。

黑陶的数量明显减少。龙山文化晚期黑陶在全部陶器中的比例，由鼎盛期的70%以上快速下降到30%～40%。到岳石文化时期，黑陶的比例进一步降低。如胶东地区的牟平照格庄遗址，夹砂陶"以褐色为主，次为灰色及黑色"，"泥质陶中以灰陶最多，次为黑陶"，而黑陶绝大多数是黑皮灰胎或褐胎，"里外透黑的陶器极为少见"[1]。这种情况同样见于尹家城遗址的岳石文化陶器。据该遗址发掘报告公布的资料，属于岳石文化早期的H437等四个单位，共出土了3275片陶片，其中黑陶所占比例为22.5%，与龙山文化相比进一步减少。到了岳石文化晚期，黑陶基本消失了[2]。

陶器制作技术显著衰退。龙山文化晚期，快轮拉坯成型技术仍然被广泛运用，但较之龙山早中期的薄胎陶器，晚期的陶胎明显增厚，不仅薄如蛋壳的陶器消失，普通的薄胎陶器也大大减少。至岳石文化时期，夹砂陶基本采用手制，而泥质陶仍多采用轮制，但陶胎普遍较厚，薄胎陶器完全不见，即使是同类陶器，其厚度也数倍于龙山文化早中期。烧制技术特别是烧制过程中的渗碳技术，完全失掉了龙山文化鼎盛期黑陶的真传。保留下来的黑陶基本上都是所谓的黑皮陶，即外表是黑色的，内胎则或为灰色或为褐色。

陶器的器形减少。龙山文化晚期，陶器的种类就开始减少。到岳石文化时期，较为常见的器形只有鼎、甗、罐、盆、尊、豆、碗、盒、器盖等10种左右，器物种类不足龙山文化鼎盛期的一半。

综上所述，海岱地区史前时期的黑陶，前后延续时间长达3000多年，经历了一个产生、发展、鼎盛和衰落的漫长发展过程，从其变迁的历史轨迹中，揭示并见证了以薄胎黑陶器物群为代表的海岱地区史前陶器生产的辉煌。

三　白陶

白陶的发明是陶瓷生产历史上一项突破性成就。制作陶器的原料一般是黏土，这种黏土的黏性较大，浸水湿润后可塑性很强，故可以做成各种形状的器物。白陶的原料是制作瓷器的高岭土，

---

[1] 中国社会科学院考古研究所山东队、烟台市文物管理委员会：《山东牟平照格庄遗址》，《考古学报》1986年第4期，第452页。

[2] 山东大学历史系考古专业教研室：《泗水尹家城》，文物出版社，1990年，附表一九。

制作的技术要求较高，难度也大，但它耐高温，吸水性差，后来被选为制作瓷器的专用原料。所以，采用高岭土为原料制作的白陶，不仅是人类制陶史上的一大进步，也为以后瓷器的发明奠定了基础。

白陶的主色调为白色，如果进一步细分，则有纯白、淡黄、橙黄、桔红等有所差别的颜色。据近年在日照两城镇仿制龙山文化陶器作坊的烧制实验，同一批原料制作的同一批器物，在同一窑内烧制，出窑后发现其颜色存在着上述差别，究其原因，是因为陶坯在窑内的位置不同。由此看来，白陶颜色上的细微差别，当主要是在烧制过程中由于受火的强弱程度不同所造成的。白陶多经过高温烧制而成（黏土做成的陶器烧成温度一般都在1000℃以下，而白陶的烧成温度可以达到1000℃以上）。白陶器皿的器壁多数薄而均匀，质地坚硬，色泽明丽，扣之则发出清脆的声音。

白陶在海岱地区史前文化中出现较晚，就目前资料而言，出现于大汶口文化晚期早段，到岳石文化时期就已消失。所以海岱地区的白陶主要流行于大汶口文化晚期和龙山文化时期，前后延续了大约1000年的时间[1]。依据白陶内涵的变化和分布特征，可以将其划分为前后两个阶段。

1. 大汶口文化晚期阶段

白陶出现之后，很快就达到其生产的高峰时期。而时代较早的大汶口文化早中期，到目前为止没有确认存在用高岭土制作的白陶。但大汶口文化早期曾经流行彩陶，在各种彩陶的颜色中，白彩较为引人注目。大汶口人对白彩的运用，主要有两种处理方式：一是用白彩打地色，然后在白色的地子上画其他颜色的纹样；二是用白色和其他颜色一起绘画各种复彩的纹样和图案。前一种用白色铺地的彩陶，在某种程度上有白陶的效果。所以，大汶口文化晚期之后流行的白陶，或许与早中期大汶口人较为喜欢白色彩陶有内在联系。

这一阶段白陶的分布规律和特征较为明显，主要表现在以下四个方面。

一是从白陶的分布区域上看，以鲁中南的汶泗流域和鲁东南的沂沭流域数量较多。前者的大汶口、西夏侯、野店、岗上等遗址，均发现一定数量的白陶；后者的陵阳河、大朱村、杭头、丹土、前寨、大范庄等遗址，也出土了数量不等的白陶。而其他地区，如鲁西北、鲁北和胶东半岛等地区，白陶的数量相对较少，还没有发现像大汶口、陵阳河这样出土大批白陶的遗址。

二是等级较高的遗址出土白陶数量较多，而等级较低的遗址发现的白陶较少。如目前所知等级最高的大汶口遗址，属于大汶口文化晚期的25座墓葬共发现198件白陶，占同期墓葬全部随葬陶器的35%，这是迄今为止出土白陶数量最多和在全部陶器中所占比例最高的大汶口文化遗址。在与其相距不远、属于区域中心的野店遗址，在32座大汶口文化晚期墓葬中，只发现了9件白陶，仅占全部随葬陶器的2.7%。等级更低的枣庄建新遗址，白陶数量更少，92座墓葬的1000多件随葬陶器中，则没有明确的白陶。同样的情况也存在于沭河流域的大汶口文化晚期遗址。如等级最高的大型聚落陵阳河遗址，白陶的数量最多[2]，而等级略低的中型聚落大朱村遗址，白陶数量也比较多，但明显少于陵阳河遗址[3]。

[1]　栾丰实：《海岱地区史前白陶初论》，《考古》2010年第4期。

[2]　山东考古所、山东省博物馆、莒县文管所：《山东莒县陵阳河大汶口文化墓葬发掘简报》，《史前研究》1987年第3期。

[3]　山东省文物考古研究所等：《莒县大朱家村大汶口文化墓葬》，《考古学报》1991年第2期。

　　三是在同一遗址内，等级较高的大型墓葬使用白陶较多，等级较低的中型墓葬随葬的白陶一般较少，小型墓葬则没有白陶。如大汶口遗址的25座晚期墓葬，有11座墓葬出土了198件白陶，其中墓室面积在5平方米以上的7座墓葬就出土了175件，占全部白陶的88％。同时，这7座墓葬均有木质葬具，多数还发现有玉钺或石钺、骨牙雕筒等高端器物。再如野店遗址，数量不多的白陶也都出自较大的墓葬之中。所以，可以认为白陶一经出现就被社会上层贵族所垄断，成为身份和地位的标志。

1. 大汶口（M98：14）

2. 大汶口（M47：付20）

7. 陵阳河（79M6：69）

3. 大汶口（M63：1）

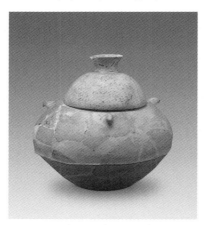

4. 大汶口（M47：35）

5. 大汶口（M126：64）

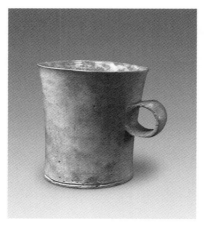

6. 大汶口（M47：40）

8. 大汶口（M47：47）

图五　大汶口文化晚期白陶

四是大汶口文化晚期的白陶既有泥质陶，也有夹砂陶，总体上泥质陶较多，但存在着区域性差别。白陶的器形种类也较多。如大汶口遗址的白陶种类多达11大类，计有鼎、鬶、盉、豆、壶、背壶、罐、杯、高足杯、尊和器盖；陵阳河遗址的白陶器形也有7、8种之多，有鬶、盉、壶、背壶、圈足杯、高足杯、带把碗和器盖等。而西夏侯和野店遗址的白陶器类就少得多，只有3～5种。而像建新、六里井等遗址，则基本没有发现白陶。所以，在大汶口文化晚期，白陶器形种类的多少也与遗址的等级密切联系在一起。随着时间的推移，白陶的器形有逐渐减少的趋势（图五）。

2. 龙山文化时期

进入龙山文化时期之后，白陶仍然是一类重要的陶器，但与大汶口文化晚期相比，产生了一系列新的变化。

在白陶的地域分布上，龙山文化较之大汶口文化时期更为普遍，不仅在海岱地区各个小区内均有发现，在其周边地区，如辽东半岛南部、豫北冀南等地也有发现。但数量都不多，在全部陶器中的比例一般不足1%。

与大汶口文化晚期不同，龙山文化时期的白陶基本上只见于一种特殊的器形——陶鬶，其他类别的白陶器形则极为罕见。造型复杂的陶鬶，堪称东方史前文化的指征性器物。这种陶器的器身修长，上部前端有高耸的流口，下接较长的颈部，与流口相对的一侧有变化多端的大型把手，腹部从浑圆到扁圆以至消失，底部则有三个实足或者空足。此外，其外表还配有线条简洁的纹饰，如圆形泥饼、凹陷的弦纹或凸起的棱线等。鬶的造型十分别致，学者们多认为是模仿鸟类的原型创造出来的。如宁阳磁窑发现的1件大汶口文化式实足鬶，在其腹部左右两侧压印出鸟的两翼羽毛，就是一幅活生生的鸟的形象[1]。所以邹衡先生将其称之为"鸡彝"[2]。东方地区史前居民具有崇拜鸟的文化传统，文献记载东夷首领少昊氏就以各种鸟来命名官员。这种采用特殊陶土做成的特殊器物，应该与当时东方部族的信仰密切相关。

陶鬶在白陶产生之初就已经存在，只是随着时代的变迁其形制也在不断变化。大汶口文化晚期的陶鬶，颈部较细，腹较深，袋足相对较浅。到了龙山文化时期，有款足鬶和袋足鬶之区别。袋足鬶逐渐成为鬶的主流，其颈部越来越粗短，腹部趋于消失，下部有三个肥硕的乳状袋足。同时，器表的装饰也发生了明显变化（图六）。

龙山文化的白陶，除了多数是用高岭土直接做成的之外，还有在红褐陶外表涂抹一层白色陶衣的做法。并且涂白色陶衣的陶器也只见于陶鬶。保存较好的白衣陶鬶，在外观上具有和白陶鬶一样的效果。如西吴寺遗址出土的一件龙山文化中期的白衣红褐陶鬶，由于保存比较好，将其和同类白陶鬶放在一起，完全分辨不出来（图六，4）[3]。所以，可以认为白陶鬶和白衣陶鬶的功能是完全相同的。

龙山文化的白陶，人们赋予了其特殊的社会含义，在当时社会是身份和地位的象征物。白陶在以城址为代表的龙山文化中心性聚落遗址的数量较多，一般的中、小型遗址较少。在同一个遗

---

[1] 刘敦愿：《宁阳磁窑鸟形陶鬶》，《文物天地》1996年第4期。

[2] 邹衡：《试论夏文化》，《夏商周考古学论文集》，文物出版社，1980年，第149页。

[3] 国家文物局考古领队培训班：《兖州西吴寺》，文物出版社，1990年。

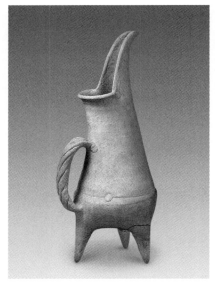

1. 大范庄（LD4：35）　　　　2. 姚官庄（西BT18：33）　　　　3. 姚官庄（H97：6）

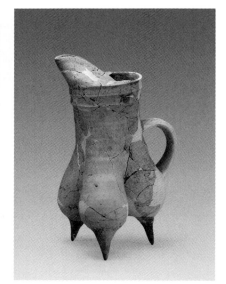

4. 西吴寺（H235：4）　　　　5. 尹家城（M15：19）　　　　6. 尹家城（H472：28）

图六　龙山文化白陶鬶

址中，往往在等级较高的墓葬内出现，而普通的小型墓葬则没有，体现了白陶在当时社会的价值取向。所以，白陶在墓葬中的有无和数量多少，可以看作是社会复杂化进程中衡量社会分化程度的量化指标之一。

（原载《大河上下——黄河流域史前陶器展》，文物出版社，2015年）

海岱地区彩陶艺术初探

所谓彩陶，系指陶器在入窑烧制之前，人们用调好的各色颜料在陶坯上绘画的各种装饰图案。这种特殊的器物在中国新石器文化中，连绵发展了长达数千年之久，是构成中国新石器时代文化的重要特征之一。海岱地区的彩陶始见于北辛文化，主要存在于大汶口文化时期，进入龙山文化时期已经绝迹。到岳石文化时期，则出现一部分彩绘陶（即在烧成出窑的陶器上绘画的各色装饰图案，其特征是易于脱落，这与彩陶一般不易脱落明显不同），虽然数量不是很多，但极富特色。

全面而系统地分析海岱地区彩陶的产生和发展、纹样种类、绘画技法、自身传统的形成、纹样的含义和功能等，对于深入研究海岱地区新石器文化，必将会有一定的推动作用。

一 纹样的母题和图案

为了和海岱地区彩陶的产生、发展和消亡的轨迹相吻合，以下分北辛文化、大汶口文化早期、中期和晚期[1]四个阶段，对海岱地区的彩陶逐一进行考察。

（一）北辛文化时期

北辛文化时期的彩陶发现甚少，在经过发掘的十余处遗址中，仅在滕州北辛[2]、邳县大墩子[3]和沭阳万北[4]等少数几个遗址发现过彩陶，而且彩陶的数量也极少。

北辛遗址在第③、②两层中发现的彩陶，纹样简单，只有带状纹一种，饰于钵的口沿外侧，时代为北辛文化中、晚期。

大墩子遗址下层出土的彩陶，纹样母题除了带状纹之外，还有绘于钵类器物内壁的短直条和弧线纹等（图一，1～3）。时代属于北辛文化晚期。

万北遗址第二期发现的部分彩陶，除了带状纹之外，还有水波纹、网纹等，绘于钵类器物的内壁，布局为两两相对的四组（图一，4、5）。时代亦为北辛文化晚期。

北辛文化时期的彩陶，不仅数量极少，纹样母题也很简单，主要是宽窄不一的带状纹。至于在

[1] 栾丰实：《大汶口文化的分期和类型》，《海岱地区考古研究》，山东大学出版社，1997年。

[2] 中国社会科学院考古研究所山东队等：《山东滕县北辛遗址发掘报告》，《考古学报》1984年第2期。

[3] 南京博物院：《江苏邳县四户镇大墩子遗址探掘报告》，《考古学报》1964年第2期；南京博物院：《江苏邳县大墩子遗址第二次发掘》，《考古学集刊·1》，中国社会科学出版社，1981年。

[4] 南京博物院：《江苏沭阳万北遗址新石器时代遗存发掘简报》，《东南文化》1992年第1期。

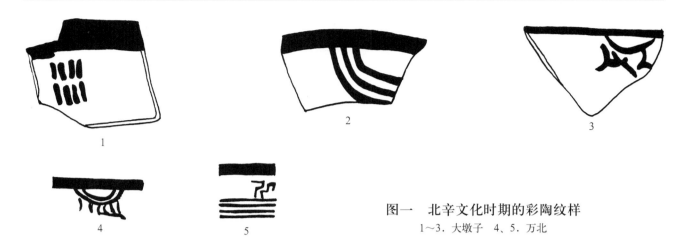

图一　北辛文化时期的彩陶纹样
1~3. 大墩子　4、5. 万北

苏北地区几个遗址出土的内彩彩陶，学术界对其文化性质尚存在不同看法，这一问题将在后面的部分中予以讨论。

（二）大汶口文化早期

大汶口文化早期阶段，在经过发掘的遗址中，或多或少都出土有彩陶，与北辛文化相比，彩陶的数量显著增多。如果再进一步分析则可以发现，早期阶段的前期，彩陶的数量仍然极少。如野店遗址属于此期的ⅡT445第六层，在出土陶片中没有发现彩陶[1]；王因遗址这一时期彩陶也极少，只是偶而见到几件[2]；刘林遗址第二次发掘所获陶片中（其中包括前、后两个时期），彩陶片所占的比例不足0.2%[3]。到早期阶段后期，彩陶的数量虽然有明显增加，但和中原地区同时期的仰韶文化彩陶占陶片总数的1/3以上的情形相比，总量仍然不多，所占比例也明显偏低。如野店遗址ⅡT445第五层，彩陶在全部陶片中的比例，也只有5.4%[4]。

与北辛文化时期相比，这一阶段彩陶纹样的种类经过一段缓慢的发展之后，呈现迅速增多的趋势。下面我们从构成图案的纹样母题和由各种母题组合成的纹样图案两个方面缕析如下。

1. 纹样母题

这一时期彩陶的纹样母题，主要有以下21类（图二）。

（1）弦带。指环绕器物一周的纹饰，又有宽带状和窄条状之分。

（2）垂弧。半圆形，弧形部分朝下。

（3）直边三角。多为空心。

（4）弧边三角。两边或三边为内弧线形，在构图中，又往往分三种形式出现，即单个、顶角尖部相连（或可称为对三角）、一侧边背对（即所谓背三角，有的中间还加一条细线间隔）。此类纹

[1]　山东省博物馆、山东省文物考古研究所：《邹县野店》，文物出版社，1985年。

[2]　中国社会科学院考古研究所山东队等：《山东兖州王因新石器时代遗址发掘简报》，《考古》1979年第1期。

[3]　南京博物院：《江苏邳县刘林新石器时代遗址第二次发掘》，《考古学报》1965年第2期。

[4]　山东省博物馆、山东省文物考古研究所：《邹县野店》，文物出版社，1985年。

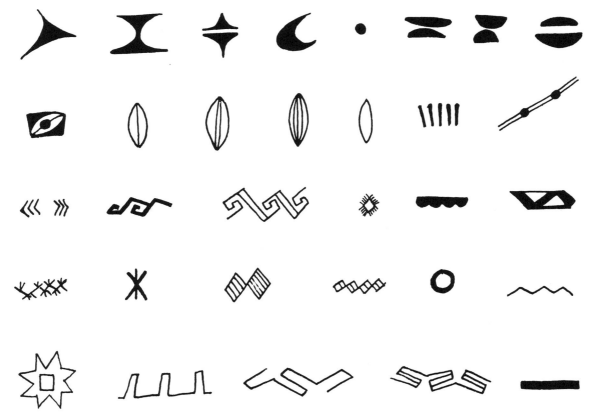

图二　海岱地区彩陶的主要纹样母题

样数量较多，是构成几种主要纹样图案的基本要素。

（5）勾叶。状似月牙，一端多与其他纹样相连，可以看作是弯曲的叶片，这是中国新石器时代彩陶极富有特色的一种纹样母题，以往有涡纹、勾叶、花瓣、回旋勾连纹、云纹、圆曲线、钩羽纹等多种名称，这里暂称为勾叶。在组合上，又有单片勾叶、两只相对勾连的勾叶和并排双勾叶等三种形式。

（6）圆点。圆形或近似圆形。

（7）圆圈。

（8）花叶。状似花瓣或树叶，据其中间填加纹样的情况，又有空白、纵向加单线、加双线、加三线和单线中部加圆点等五种形式。其中以第二、三、四种类型数量最多。

（9）双弧。由两片小于半圆形的弧形组成，又有两种形式，即两条直边相邻的背弧（合起来近似椭圆形或圆形）和两条弧边相邻的对弧。

（10）直（斜）线。多为纵向或斜向，少则一二条，多者可达十余条。

（11）折线。

（12）折括。有双层折括（类似书名号）和三层折括两种。

（13）回纹。亦称为云雷纹。

（14）菱形。除少量一般菱形外，还有一种周边外侧加饰光芒状毛边的特殊菱形。

（15）八角星。方心，每边的外侧突出两个角，俗称八角星。

（16）连山。由"几"字形纹连续组成，或称几字形纹。

（17）双角形。上下、左右有规律地排列，正反单体皆似双角形，故称。这种纹样与连山相似，只是方向不同，细节也有些差别，又分为勾连和不相勾连两种形式。

（18）斜栅形。斜置栅栏状，相互连接。

（19）网纹。

（20）鱼鳞纹。

（21）草木纹。草叶形或树木形。

以上纹样母题中，以圆点、弧边三角、勾叶、短直（斜）线、花叶、弦带和斜栅纹的数量最多，其他种类都为数较少。

2. 纹样图案

彩陶图案中，除了少量简单者之外，绝大多数都是由两种或两种以上的纹样母题组合成连续的带状纹样图案，绘于器物最醒目的肩、腹部位，一般为一条纹样带，个别的为两条纹样带。有的还在盆类器物的宽沿上，加绘一些简明醒目的纹样图案。依其所处位置的重要程度，前者可以称为主体图案，后者可以称为附属图案。为了便于后面的比较，我们把这一时期的纹样图案划分为甲、乙两组。

甲组　主要由圆点、勾叶、弧边三角、花叶、短直（斜）线、对弧等纹样母题组合而成的图案。又分为7类。

（1）回旋勾连图案。这是一种形式活泼而又极富于变化的纹样图案，由弧边三角、圆点和勾叶等基本的纹样母题组合而成。依斜线的有无，分为两小类。

A．图案中加带点的斜线界隔。又有三种。

a．多以双线（也有单线和三线者）把纹样带界隔成若干组，每组规则地排列着由弧边三角衬托的四对环抱圆点的勾叶，可称为对勾。这种对勾图案看起来颇似二月拱日（图三，1）。

b．以单线界隔，在相间的一对勾叶中，于其中一侧的背后再附加一只勾叶，形成三只勾叶和一个圆点的小组合（图三，12）。

c．以单线界隔，仅一只勾叶环抱圆点，可称为单勾。两组单勾之间或加绘一中部有竖线分隔的近椭圆形双弧线（图三，2）。

B．图案中不加斜线界隔。也有三种。

a．对勾。小组合又有一对勾叶环抱圆点、勾叶和弧边三角环抱圆点以及不加圆点而连续排列的勾连纹等三种形式。后一种图案勾连部分的线条较细，与前几种肥、瘦月牙状的勾叶有明显区别，排列组合上也因缺少变化而显得较为简单，也有人将此种勾连图案称为连续涡纹（图三，13、15、14）。

b．双勾叶从一侧环抱圆点（图三，16）。

c．连续的变形对勾图案，构图复杂，但层次分明，组合清晰，似为正倒相间的人面或兽面（图三，17）。

（2）花朵图案。均采用花瓣和圆点（表示花蕊）来表现盛开的花朵，由弧边三角、圆点和斜线

图三 大汶口文化早期甲组图案

1、3、4、6～9、11～19.大墩子 2.野店 5.王因 10.刘林

（或弧线）等纹样母题组合而成。依花瓣的多少和组合情况，又分为三小类。

A．四瓣花朵。数量较多，又有两种。

a．主体花朵呈二方连续排列，上、下两排又连成不完整花朵（图三，3）。花瓣内一般都有纵向的连线（单线、双线或三线，不加连线的空白花朵甚少），在完整的一排花朵中，相邻两朵之间的纵向花瓣，还起分界的作用，这在董东遗址出土的此类纹样上表现得比较清楚[1]。

b．独体花朵，相互之间以大圆圈分界，圆圈内加饰背三角等纹样。有的还在花瓣连线的中部加饰圆点（图三，4）。

B．五瓣花朵。采用巧合手法组织的连接花朵，即其中的某些花瓣为相邻的不同花朵所共有。因花朵相互之间上下错开排列，故显得比较活泼。花瓣内多有纵向的连线（一条或数条），也有空白者（图三，5、10）。

C．四瓣～五瓣花朵。构图方式与B类相同，上、下重复形成两排花朵，上排为五枚花瓣，下排为四枚花瓣（图三，9）。

（3）由对三角、背三角、圆点和勾叶组成的图案（图三，7）。

（4）由对三角和短线组成的图案（图三，6）。

（5）由弧边三角、圆点、直线和背弧组成的连贝纹图案（图三，8）。

（6）由对弧和红黑相间的短直线组成的图案（图三，19）。

（7）由斜对弧边三角构成的叶片（内加斜线圆点者或称为豆荚）和红黑相间的短直线组成的图案（图三，11、18）。

在上述七种图案中，前五种是作为主体图案的装饰，主要见于器物的肩、腹部位，与其相同的纹样母题和相似的整体构图，在中原地区仰韶文化中屡有发现。后两种则是辅助图案，只见于盆类器物较宽的口沿部位，构成此类图案的纹样母题亦见于中原地区仰韶文化。

乙组　此组图案的种类较多，可分为16类。

（1）弦带（弦纹）图案。由一条或数条宽带、窄带环绕器物的周壁构成，有的还在两条弦带之间加饰成组的短斜线。

（2）回纹图案。或称为几何形图案，为一排或上、下分开的两排（图四，1、2）。

（3）双角形图案。为一排或上、下分开的两排（图四，3、4）。

（4）斜栅形图案。多为一排或上、下分开的两排，也有用一排斜栅纹加一排草木纹组合成一条宽带的情况（图四，8）。

（5）八角星图案。在构图上，两个相邻的八角星之间，或再加饰两条平行的短竖线（图八，1）。

（6）连山和毛边菱形图案。由相连接的连续"几"字组成连山，空间再填以光芒状毛边菱形（图四，7）。

（7）菱形图案。由连续的扁菱形尖部相压组成（图四，17）。

（8）由草叶、折括和圆点、连山等纹样带组成的图案（图四，5、6）。

（9）大圆圈图案。有的将圆圈置于界定的长方形框之内（图四，9）。

（10）垂弧图案。在平行弦带的下方，突出均匀的半圆形垂弧（图四，10）。

---

[1]　在章丘市董东遗址发现的彩陶罐，肩、腹部位饰有一排四瓣花朵图案，每只花朵之间有一竖立的花瓣，花瓣内有三条横向短线，显然是起着分界的作用。参见济南市文化局文物处等：《山东章丘县西部原始文化遗址调查》，《海岱考古（第一辑）》，山东大学出版社，1989年。

图四 大汶口文化早期乙组图案

1、8、11、12、14、18. 大墩子 2～4、9. 野店 5、6. 董东 7、10. 王因 13、17. 刘林 15. 邱家庄 16. 西寨

（11）鱼鳞形图案（图四，11）。

（12）折线图案（图四，12）。

（13）网纹内加圆点的图案（图四，13）。

（14）由三角、平行斜线组成的图案（图四，14、15）。

（15）圆点图案。由连续的等距圆点组成（图四，18）。

（16）由弧边三角和圆点组成的图案（图四，16）。

以上列出的乙组图案种类明显多于甲组，并且纹样母题的种类也不少。但是，具体到每一种图案的构成上，不仅纹样母题的种类少，构图也较之甲组图案要简单得多，而且其出现的重复率也较低。同时，乙组图案无论是整体构图，还是基本的纹样母题，均不见或少见于中原地区仰韶文化。其中第（14）～（16）种图案，主要由三角、圆点和斜线等甲组常见母题组成，但图案又与甲组不同，可以看作是一种变体图案。

（三）大汶口文化中期

大汶口文化中期阶段，彩陶在全部陶器中的比例基本上和早期阶段的后期相仿，并呈下降的趋势。如属于此期的野店遗址第四期墓葬，在出土的366件陶器中，共有彩陶18件，约占4.92%[1]；大汶口墓地早、中期墓葬，共出土陶器537件，其中有彩陶24件，约占4.47%，但这些彩陶均出自早期墓葬之中，属于中期的19座墓葬，则没有发现彩陶[2]。

与早期阶段相比，中期阶段的彩陶无论是纹样母题的种类，还是构图的形式和图案，都产生了较大的变化。

1. 纹样母题

这一时期彩陶装饰的纹样母题，与早期阶段的差别主要表现在三个方面。第一，消失了一部分纹样母题（或者可以说目前尚未发现），如早期存在的勾叶、背三角、对弧、连山纹、双角形、折括、鱼鳞纹等，到中期阶段已不再出现。第二，新出现了一部分纹样母题，如水波、连珠、扁"U"字形、纽索和成组的弧线纹等。第三，即使是两期共有的纹样母题，在每期中的持有数量和表现形式上，也存在着较大的差别。如早期十分流行的弧边三角、花叶、圆点等，到中期虽然尚存，但数量甚少，已失去了往日的风采。而早期尚属偶见或少见的网纹、斜栅等，到中期数量增多，尤其是网状纹，早期极其少见，而到中期则成为占绝对优势的纹样，其表现形式也多姿多彩。

2. 纹样图案

纹样图案的种类较多，可以分为17类。

（1）花朵图案。此类图案不仅数量甚少，构图也不如早期阶段的同类图案生动活泼，均由四枚花瓣组成。依圆点和花瓣内连线的有无，又可以分为两小类。一类为有圆点，花瓣内有纵向连线；另一类为空白花瓣，中心也无圆点。与前一阶段相比，此类图案显然是大大地简化了。此外，还有一种由弧边三角和相连的弧线组成近似花朵的图案，构图比较特殊（图五，1、9）。

（2）由弧边三角、圆点、直线和对弧组成的连贝图案。在排列形式上，又有双连和多连之分（图五，2、3、10）。

[1]　山东省博物馆、山东省文物考古研究所：《邹县野店》，文物出版社，1985年。

[2]　山东省文物管理处、济南市博物馆：《大汶口——新石器时代墓葬发掘报告》，文物出版社，1974年。

图五　大汶口文化中期彩陶图案

1、2、4、5、16、23. 野店　3、6、7、9～11、15、19、21. 大墩子　8、12～14、17、18、20、22、24. 大汶口

（3）两个弧边三角斜向相对，之间的阴纹成为叶片，并间以短竖线组成图案。短竖线的数量少则一条，多的有十余条。

以上三类图案，与早期阶段甲组中的同类图案，在构图方式和类别上基本相同，显然存在着继承关系。

（4）斜栅形图案。数量较多，见于多种器物之上（图五，4、5）。

（5）菱形图案。由周边带有光芒状毛边的菱形，间以双竖条而构成（图五，7）。

（6）草木图案。两个草木之间缀以小点（图五，6）。

（7）八角星图案。相邻的两个八角星之间，以内套一排四个圆圈的扁长圆圈相连接（图八，2）。

（8）弦带图案。宽窄不一的弦带环绕器物周壁，个别弦带之下还附加一排小于半圆的垂弧（图八，15）。

（9）圆圈图案。较大的圆圈疏朗地排成一周。

以上六类图案，与早期阶段乙组中的同类纹样图案有联系。如斜栅、弦带、草木与早期的同类图案完全相同；其余三类，基本纹样母题与早期阶段的同类纹样相同，但在与其他纹样母题的搭配上又有所不同。因此，这六类图案是对早期阶段乙组中同类图案的继承和发展。

（10）网纹图案。此类图案的数量甚多，是这一时期最主要的纹样图案。图案形式多样，又可以分为四小类。

Ａ．三角网纹。基本布局是以连续的"之"字形折线或宽带分界，形成上、下错对的三角，三角之内再填以网纹。也有个别三角的顶角上、下相对，中间形成一排菱形地子（图五，17、18）。

Ｂ．带状网纹。为宽窄不一的带状网格环绕器物周壁（图五，19）。此外，还有一种多条斜线有规律地交叉，中间留有菱形空格的纹样，与带状网纹相近（图五，11）。

Ｃ．菱形网纹。在相互连接的菱形格之内，再填以网纹（图五，20）。

Ｄ．半圆形网纹。规整的半圆形内填网纹，并在其上部不平整的空间配以连续的弧边三角，形成协调的图案（图五，21）。

（11）三角图案。此类图案是以连续折线（一条或数条）为界，形成上、下错对的三角，构图手法与（10）Ａ类图案相同。依三角内部情况，又有实三角（全涂彩）、空三角（不涂彩）和填斜线条三角等三小类（图五，12～14）。

（12）水波图案。有单线水波和多线水波之分，后者表现得更为形象（图五，24）。

（13）竖条图案。短竖条在早期阶段就已存在，但只是作为陪衬纹样，这一时期开始用其作为主体图案（图五，22）。

（14）连续"之"字折线图案（图五，23）。

（15）成组弧线图案。以二条或三条纵向弧线为一组，置于直线之下，规律地分布于器物周壁。

（16）索状图案。由两组相反的多道连续折线合成（图五，8）。

（17）编织图案。种类有单体的近"母"字形图案（图五，16）、由席纹和扁"Ｕ"字形纹组成的图案等。

以上八类图案，尤其是第（10）、（11）两类，是大汶口文化中期阶段数量最多的图案，它们基本上不见于早期阶段，可以看作是在其发展过程中创造出来的新图案。

（四）大汶口文化晚期

大汶口文化晚期阶段，许多遗址已不见彩陶，即使有所发现的遗址，彩陶的数量也极少，到大汶口文化转变为龙山文化之前，彩陶就从海岱地区的历史舞台上基本消失了。例如，属于大汶口文化晚期阶段的野店遗址ⅣT2046第四层，在出土的447片陶片中，就没有发现彩陶，同期墓葬随葬陶器多达306件，也没有发现彩陶[1]；而在规格和等级相对较高的大汶口墓地，属于晚期阶段的有25座墓葬，共使用陶器564件，其中仅有8件彩陶，约占全部陶器的1.42%，其比例远远低于前一时期[2]。

伴随着彩陶数量的急剧减少，这一时期彩陶的纹样母题和图案，较之大汶口文化中期阶段迅速衰退，并又有所变化。

1. 纹样母题

这一时期的纹样母题，较之中期阶段大为减少。中期阶段数量较多而富有特色的斜栅图案，到中期偏后时期即已不存，晚期根本不见；中期阶段数量最多的各类网纹，晚期亦未再见到。继续保留下来的有弦带、三角、菱形、圆圈、圆点、斜线等，但其中一些也产生了变化，如菱形纹，采用大菱形内套四个小菱形的形式，排列也很密集。这一时期新出现的纹样母题主要有涡纹。严格地说，涡纹在早期阶段就已存在，如我们在前述分类中所说的勾叶，有的学者就将其称为涡纹，并且在早期阶段的后期，见于大墩子[3]和北庄[4]等遗址的一种线条形单勾连图案，也可以认为是涡纹。中期阶段在大汶口遗址的彩绘陶中，发现有横"S"形的纹饰，也是一种简单涡纹[5]。因此，晚期阶段的涡纹，应该与它们有联系，只是在构图上更为复杂，并成为这一时期最富有代表性的纹样。

2. 纹样图案

主要有以下8类。

（1）弦带、斜线图案。由平行的弦带间以不同方向的成组短斜线组成（图六，1）。

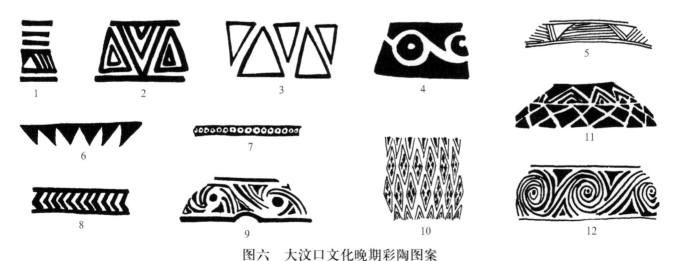

图六　大汶口文化晚期彩陶图案

1、11. 三里河　2. 后胡营　3、5、9、10、12. 大汶口　4. 五村　6. 岗上　7. 尚庄　8. 后承马瞳

[1] 山东省博物馆、山东省文物考古研究所：《邹县野店》，文物出版社，1985年。

[2] 山东省文物管理处、济南市博物馆：《大汶口——新石器时代墓葬发掘报告》，文物出版社，1974年。

[3] 南京博物院：《江苏邳县大墩子遗址第二次发掘》，《考古学集刊·1》，中国社会科学出版社，1981年。

[4] 北京大学考古实习队等：《山东长岛北庄遗址发掘简报》，《考古》1987年第5期。

[5] 山东省文物管理处、济南市博物馆：《大汶口——新石器时代墓葬发掘报告》，文物出版社，1974年，图六二，2。

（2）三角图案。排列形式为上、下错对的三角，作为主体图案，有空心三角、内填横线三角和重叠三角三种（图六，2、3、5）。此外，在岗上遗址曾采集到一件豆，口沿外侧饰连续的垂三角图案[1]（图六，6）。

（3）连珠图案。由密集的单排小圆点或小圆圈组成，虽属独立图案，但一般居于从属的位置（图六，7）。

（4）圆圈图案。

（5）网纹图案。以上五类，在中期阶段中均可找到相同或相似的图案，它们当是中期阶段同类图案的延续和发展。

（6）菱形、三角图案。有两小类。

Ａ．以纵向交错排列的菱形为主体，上、下两边衬以错对的重叠三角（图六，10）。

Ｂ．由上、下两排顶角相对的三角和中间一排菱形组成，之间以细线分界。这种构图方法在中期阶段已经存在（图六，11）。

（7）涡纹图案。有三小类。

Ａ．单线横"Ｓ"形，互相连接的圆圈内加一圆点（图六，4）。

Ｂ．多线横"Ｓ"互相勾连，整体图案富于旋转流动感（图六，12）。

Ｃ．多条弧线勾连，每组涡纹互相不连接（图六，9）。

（8）"人"字形折线图案。与早期阶段的折括相似，但为单排连续排列（图六，8）。

以上两类，（6）Ｂ和（7）Ａ两种图案，中期阶段即已存在，它们之间当有联系。其余四种图案，目前尚未见于早、中期阶段，可以看作是这一时期新出现的纹样图案。

以上我们主要依据考古发掘所获得的彩陶标本，对北辛文化和大汶口文化时期的彩陶，从纹样母题和纹样图案两个方面进行了分类。由各地调查中所采集到的许多零碎彩陶标本可知，大汶口文化的彩陶纹样种类远不只上述所划分的类别。随着今后考古新发现的增多和材料的不断公布，将会逐渐补充和完善我们对海岱地区彩陶纹样母题和图案种类的认识。

二　色彩组合和绘画技法

在初步明确了海岱地区各个时期彩陶纹样的类别之后，下面着重对彩陶颜色的种类、色彩的组合和绘画技法特点等问题，按时期进行分析讨论。

（一）北辛文化时期

北辛文化时期的彩陶，主要有黑、红两种颜色。北辛遗址以黑彩较多，红彩较少。大墩子遗址所公布的资料，则均为红彩。

---

[1]　山东省博物馆：《山东滕县岗上村新石器时代墓葬试掘报告》，《考古》1963年第7期。

这一时期的彩陶纹样均用单色彩，即黑彩或红彩绘成，并且直接绘于原地之上，这样形成的彩陶纹样图案，无论是简单还是复杂，均属于单层彩花纹。画彩的器形均为钵（碗）类，未见其他器类。在画彩部位上，苏北和鲁南地区有所不同，北辛遗址的彩带，皆位于器外壁上端的口沿外侧，大墩子遗址则多为内彩，画于大口钵的内壁顶端及其以下部位。

北辛文化时期已经出现在陶器表面施陶衣的现象，关于陶衣，这里略加说明。在陶器表面的全部或局部施加陶衣的现象产生较早，并且一直持续到现代，其目的有所不同。依其用途，可以分为三类。第一类是起修饰器物的作用。通常是在器物拍打修整完毕时，用毛刷将稀释的泥浆涂于器物表面，形成一层陶衣，从而把制作、修整和晾晒过程中形成的坑点、裂纹等弥合，当然其中也有一定成分的装饰作用，但其主要目的在于完善器物。这种现象在山东地区现代制陶中仍然存在[1]。第二类是起装饰器物的作用。基于这一目的的陶衣，或涂于全器，或只涂于局部。前者如龙山文化全身涂白色陶衣的红陶鬶，追求的是和白陶鬶同样的外在观感，主旨在于装饰；后者数量较多，陶衣只施于局部，即视觉可及的部位，如盆的上半部、豆的内壁、器盖的外表等，并且多和打磨的工序相结合进行。第三类是作为彩陶纹样图案的基础而设置，一般称其为地色。这种陶衣多只施于拟画彩的部位，然后，在形成的地色之上用其他颜色构图，实际上它是彩陶纹样图案的组成部分，其目的、用途与前两类截然不同，应该加以区别。北辛文化时期发现的部分陶衣均为前两类，目前尚未见到属于第三类的地色陶衣。

（二）大汶口文化早期

大汶口文化早期阶段的彩陶，可再细分为前、后两期。

早期阶段前期的彩陶与北辛文化相比，没有大的变化。如彩陶颜色主要有黑、红两种，彩陶纹样一般使用单色彩，即用黑彩或红彩绘成，绝大多数也是直接在原地上画成的单层花纹。所不同的是，彩陶的数量有所增多，纹样母题和纹样图案的种类比北辛文化时期复杂一些。至于烟台市白石村第二期发现的黄、白色彩和用两种以上颜色绘成的复彩图案[2]，其年代应略晚，大体与邱家庄上层、紫荆山下层、北庄第一期时代相当。

到早期阶段后期，大汶口文化的彩陶发生了巨大变化。

首先，彩陶颜色的种类增多了。除了前期已有的黑、红两色之外，新出现了白、褐、黄三色，合计有五种颜色，中国新石器时代诸文化出现的彩陶颜色，至此已全部具备。在这五种颜色中，白、黑、红三种数量最多，几乎见于所有的同时期遗址，黄彩最少，仅在少数遗址，如地处鲁北的章丘董东[3]和胶东半岛北部的福山邱家庄[4]等有少量发现。

其次，在纹样图案的色彩组合上，出现了两种和两种以上颜色的复彩，并且种类繁多。以地色为目可细分为以下类别。

[1] 栾丰实、杨爱国：《山东省莒南县薛家窑村快轮制陶技术调查》，《东南文化》1991年第1期。
[2] 烟台市文物管理委员会：《山东烟台白石村新石器时代遗址发掘简报》，《考古》1992年第7期。
[3] 济南市文化局文物处等：《山东章丘县西部原始文化遗址调查》，《海岱考古（第一辑）》，山东大学出版社，1989年。
[4] 严文明：《胶东原始文化初论》，《山东史前文化论文集》，齐鲁书社，1986年。

（1）原地

即直接在原地之上画彩。色彩组合又有黑色单彩、红色单彩和黑、红复彩三种。此类均为单层彩花纹。

（2）白衣地

即在画彩的部位先涂一层白色陶衣为地，然后画彩。色彩组合为白、黑复彩；白、红复彩；白、褐复彩；白、黑、红复彩；白、黑、褐复彩，计有五种。前一部分中的甲组纹样图案，绝大多数都属于这一类。此类基本上都是双层彩花纹。

（3）红衣地

即在画彩的部位先涂一层红色陶衣为地，然后画彩。色彩组合为红、黑复彩；红、黑、白复彩；红、白、褐复彩；先施红衣地色，再画黑色宽带，并在黑带上用白彩构图；红衣地色上加绘褐色宽带，再在其上用黄、朱红彩构图，计有五种。前三种为双层彩花纹；后两种为三层彩花纹，是大汶口文化彩陶中着色层次最多的一种。三层彩花纹产生于后期之末，采用此类手法绘成的图案相对较为简单，且均用来表现乙组纹样图案。

（4）褐衣地

所谓褐色是指一种颜色介于黑、红之间的色彩，通常又有深、浅之别，因标准不一，描述起来差别较大。色彩组合为褐、白复彩；褐、黑复彩；褐衣地色上加绘黑色宽带，然后在其上用白彩构图，计有三种。前两种为双层彩花纹；后者为三层彩花纹，亦为乙组纹样图案所采用。

上述四类中，第（2）、（3）类运用得比较普遍，发现的数量较多，并且纹样图案各自比较一致。第（1）、（4）类较少。

第三，构图手法和形式多样化。这一时期彩陶纹样的构图，除了一般的表现形式和方法，如对称、错位、连续、反复（同种母题或母题组合）等之外，还有以下具体特点。

（1）着彩层次

除了绘于原地之上的单层花纹之外，还大量采用加绘地色的双层彩花纹，并出现使用三层彩绘成的花纹，即先用红（或褐）彩铺地，再于其上绘黑色彩带，最后在黑色彩带上用白彩等绘画纹样图案。这种表现形式，意在突出花纹的层次，从而产生浅浮雕的效果。

（2）色彩对比

注重色彩的对比，有意识地使用反差大的色彩构图，进而产生亮丽、醒目的纹样图案，是这一时期大汶口文化彩陶区别于其他文化彩陶的重要特征之一。因此，在色调的搭配上，明亮的白色得到了充分利用，运用频率最高的是白红、白红黑和白黑三种色彩组合。如用白、红两色或白、红、黑三色构图，图案鲜艳而瑰丽；用白、黑两色构图，则图案偏于庄重典雅。而进一步发展出来的用白、黑彩勾边的绘画技法，是大汶口文化的一个创造，这种手法把色彩的对比，从整体延伸到了细部，进而使绘画出来的图案更加生动、清晰和醒目，这在同时期其他文化的彩陶中十分罕见。

（3）阴阳结合

由于在彩陶绘画过程中使用了地色，导致了双层乃至三层彩花纹的出现。按绘彩顺序的先后，以地色为主形成的纹样图案，一般叫阴纹，是第一层花纹，而在地色上绘制成的纹样图案，一般叫阳纹，是第二层花纹。这种阴、阳花纹，在大汶口文化彩陶中得到了完美的统一。如花朵图案，全系预留地色形成花瓣，再加绘圆点而成，属第一层花纹；而在地色上绘制的弧边三角、圆点、斜线，也可以构成各种不同的纹样图案（图三，3、4、5、9）。再如回纹图案，作为地色的第一层，是规则的上、下三角勾连图案；最后绘制的第二层，则为连续的回纹（或称为云雷纹）图案（图四，1）。又如弧边三角勾连图案，第一层的地色，形成勾连的横"S"图案；第二层则为连续弧边三角勾连图案（图三，14）。

（4）巧合和重复利用

在构图中，同一纹样母题，既是甲图案的一部分，又是乙图案的一部分，不同的图案之间巧妙地利用某些部件，从而使全图形成一个连续的整体，很难从中断开。这种方法在花朵图案上表现得最为明显。相互界隔的单个花朵排列起来的图案，显得孤立、呆板，过于程式化，如大墩子M30∶8（图三，3）；而以巧合利用的花瓣将相邻的花朵连接起来，呈上、下错位排列，显得生动活泼，给人以连续流动之感，如大墩子M252∶8（图三，9）。此外，如双角形图案、斜栅形图案、勾连图案等，由于共用部件的重复利用，使图案变得比较流畅，增强了整体感。

（5）两种风格并存

这一时期的彩陶艺术，存在着差别明显的两种风格，它们分别以甲组和乙组纹样图案为代表。甲组图案绝大多数选择出露面积较大的白衣地色，配以红、黑两色构图，图案亮丽醒目，线条旋转流畅，富于动感，画面多为宽幅，主次分明；乙组图案多使用红、褐地色，或再填黑色宽带，用占地面积较小的白色线条构图，图案的色彩偏深，显得庄重、典雅，纹样母题比较简单，多为连续反复，画面以窄幅为主，较为单薄。

上述成就的取得，使这一时期大汶口文化的彩陶艺术有了长足的发展，并很快达到海岱地区彩陶史上的高峰。从整体上看，尽管大汶口文化的彩陶产生历史较短，在陶器总量中所占的比例也较低，然而由于其具有鲜明的自身艺术风格和特点，并达到了较高的水平，所以，才能够在中国新石器时代彩陶艺术的百花园中占有一席之地。由大墩子遗址M102的发现可知，这一时期彩陶所使用的颜料，是采自天然的颜料石。而该墓主"随葬品中较多的是陶器，其中有五块是绘制彩陶的颜料石"，将其粗磨所得的红色粉末，"与彩陶上红色完全一致"[1]。多数人认为，此人生前系专事制陶画彩的工匠。诚如是，则这一时期的大汶口文化大墩子聚落，已经出现了专业的制陶工匠，甚至主要从事彩陶图案绘画的原始艺术家。这大概就是大墩子遗址不仅出土彩陶数量多，而且质量也高的原因所在。

（三）大汶口文化中期

大汶口文化中期阶段的彩陶，又发生了较大的变化。如果说早期阶段的彩陶，在数量上是由少到多，那么，这一时期则呈现逐渐减少的趋势。

在颜色的种类上，主要有黑、红、白、褐色四种，其中以黑彩数量最多，本来就很少见的黄彩，这一时期只在鲁北地区的个别彩绘陶上有所发现。黑彩作为用彩上的主色调，使得本期彩陶呈

[1]　南京博物院：《江苏邳县大墩子遗址第二次发掘》，《考古学集刊·1》，中国社会科学出版社，1981年，第46页。

现出颜色偏深，有古朴、庄重之韵味。

在纹样图案的色彩组合方面，仍以复彩为主，但单色彩的数量明显增多。按地色的有无和地色的不同细分，也有四类。

（1）原地

色彩组合又有黑色单彩，红色单彩，黑、红复彩，白、褐复彩等四种。

（2）红衣地

色彩组合有红、黑复彩；红、白复彩；红、黑、白复彩；红、白、褐复彩；先涂红衣，再绘黑色宽带，然后于黑带之上用白彩构图，亦即三层彩花纹。计有五种。

（3）褐衣地

只有褐、白复彩一种。

（4）白衣地

此类地色少见，只在大墩子遗址的一件背壶上见到白衣地的白、红复彩及个别早期阶段遗留下来的纹样图案上有白、黑、红复彩。

以上四类中，红衣地仍较流行，在原地上直接构图的现象又开始增多。白衣地色在早期阶段甚为盛行，并且主要和甲组纹样图案相配，到这一时期，则随着早期甲组纹样图案的消退而迅速衰落。

与早期阶段相比，这一时期的彩陶在构图和绘画手法上，风格单一，继承多于发展。其具体特征为：

（1）**构图布局条带化**

所谓条带化是指器物的肩、腹等主要部位的纹样图案，是由两条或两条以上的带状纹样组合而成的。这种纹样图案的布局模式，早期阶段即已产生，均见于乙组图案。到中期阶段，这种构图手法成为主流。常见的组合带为：网纹带和弧线纹带；两组斜栅纹带；斜栅纹带和草木纹带；斜栅纹带和连贝纹带；网纹带和三角、菱形纹带；半圆网纹、弧边三角纹带和波折纹带；网纹带和涡纹带；网纹带和错对三角网纹带；错对三角网纹带和菱形网纹带；错对三角网纹带和错对空三角纹带；错对三角网纹带和正对三角网纹带；错对三角纹带和弧线纹带（以上为两条纹带）；菱形、竖线纹带、网纹带和斜栅纹带；三组连珠纹带；两组斜栅纹带和一组连贝纹带；一组网纹带和两组弧线纹带；两组斜栅纹带和一组圆圈纹带；两组斜栅纹带和一组八角星、大小圆圈纹带（以上为三条纹带）等。少数高筒形器物，纹样带超过三条，如大墩子M287：1三足缸形器，上部一周黑色宽带，其下为黑带上绘斜栅纹，中部为连贝纹带，其下亦为黑带上绘斜栅纹，底部有一周较窄的白色带，合计多达五条。

（2）**风格单一**

早期阶段以甲组为代表的亮丽、醒目风格的纹样图案，在数量上曾占有相当大的比例，是大汶口文化彩陶艺术成就的突出代表。到中期阶段，这一类风格已经基本消失。相反，以乙组为代表的简单、古朴风格的绘画技法，不仅被继承了下来，而且在某些方面又有所发展。如在陶器原地上直接画彩的现象增多；以深颜色为基调的处理方法得到加强等。应该指出，这一时期彩陶颜色偏向于深而暗，黑彩被大量运用，和当时人们逐渐尚黑的风习有联系。众所周知，东方地区到龙山文化时期黑陶极为盛行，追根溯源，这一现象始自大汶口文化早期阶段，中期阶段有一个大的发展。如黑陶在全部陶器中所占的比例：大汶口文化早期阶段，刘林第二次发掘的墓葬为14%，灰、黑陶合计为19.6%[1]；野店墓葬为9.2%，灰、黑陶合计为39.2%；中期阶段，野店墓葬为26.9%，灰、黑陶合计为50.8%[2]。从总体上看，这一时期的彩陶，除了结构松散、缺乏凝聚力的条带化布局方式有所蔓延之外，其他方面鲜有创新，风格单一，昭示了彩陶的衰退趋势。

（3）作风渐趋草率

这一时期（尤其是此期的偏早时期）的彩陶中，不乏构思严谨、绘画工整的佳品。如大墩子M107：1背壶，在纵向的旋动涡状纹之上，横向叠绘宽带网格纹，构思巧妙，线条也流畅均匀。再如野店M35：2盆，主体纹样图案为互相连接的八角星和内套圆圈的大长圆圈，八角星用白彩画星，红地为心，黑褐彩勾边，圆圈则用白彩勾边，红地为心，黑褐彩填空，上、下各有一条近似黑色的窄带，用白彩于其上绘出排列整齐的连续斜栅图案，使整个图案色彩艳丽，主次分明，比例匀称，是此期彩陶中的精品。但也确实存在一些构思随意、比例失当和绘画很不工整的彩陶作品，作风上呈现出渐趋草率的倾向。如大汶口M18：1罐，在连续的上下错对三角网纹（其中一个尚未完成）中，突然插进一个重圈，显得极不协调；大汶口M11：1背壶，肩和腹部的纹带，严重倾斜，宽窄不一；大汶口M108：1罐、M23：2壶和M63：9壶等，线条歪斜，落笔和起笔处的接头参差不齐，内填网纹的线条也不整齐。

（四）大汶口文化晚期

大汶口文化晚期阶段的彩陶，又产生了一些变化。

彩陶颜色的种类有黑、红和白三种，其中红、黑两种略多，白彩较少。褐彩已不见，黄彩亦仅存于个别遗址发现的彩绘陶之上。

纹样图案的色彩组合以单彩为多，复彩也占有一定比例。若依地色来划分，只有两类，较之中期阶段锐减。

（1）原地

色彩组合有黑色单彩、红色单彩、黑色和白色复彩三种。

（2）红衣地

色彩组合主要有两种，即红、黑、白复彩；红地之上施以黑色宽带，再在其上用白彩构图。

这一时期彩陶的绘画技法，基本上是沿袭于中期阶段，但又略有变化。例如：在图案的布局上，虽仍然存在均等而分散的条带化格式，但又出现重点突出的主体纹样带图案，而辅助性的纹带，仅作为陪衬置于边缘部位。如大汶口M4：9壶，作为主体的涡纹图案，面积加大，占据肩部和鼓腹的显要位置，而属于陪衬的连珠纹带，委屈于因内收较甚而很不显眼的下腹部。出土彩陶的地点和数量及纹样种类少，而且绘画作风草率，是这一时期彩陶行将消失的征候，但在个别遗址，又存在少量制作极其工整考究的彩陶精品。如大汶口墓地M24：5壶，肩腹部所饰黑、白相间的复道菱

[1] 南京博物院：《江苏邳县刘林新石器时代遗址第二次发掘》，《考古学报》1965年第2期。
[2] 山东省博物馆、山东省文物考古研究所：《邹县野店》，文物出版社，1985年，附表一八。

形和三角纹，色彩鲜明，线条工细，上下交错，排列整齐。对此，有的学者认为是"个别地方的少数大墓中作为工艺品随葬，故反而做得特别精致"[1]。

三　外来因素和自身传统

海岱地区的彩陶，就目前的发现而言，始见于北辛遗址第3层，时代属于北辛文化中期。从这时起直到大汶口文化早期阶段前期，海岱地区的彩陶数量少，色彩单调，纹样母题和图案也极其简单。相反，从豫中到关中的黄河中游地区同时期文化，彩陶数量多，颜色丰富多彩，纹样的取材极为广泛，彩陶艺术已达到很高的境界。我们注意到，北辛文化和中原地区（包括豫北冀南地区）仰韶文化之间，已经存在着文化上的联系和交流，表现为各自的文化因素在对方文化中出现。如北辛文化中的婴儿陶棺葬法和细颈瓶等，明确来自中原地区[2]。北辛文化彩陶的主要纹样，即饰于钵（碗）之口沿的带状纹，中原地区仰韶文化多有发现。因此，我们认为北辛文化彩陶的产生，应是由于中原仰韶文化的文化传播而引发的。至于苏北地区大墩子等遗址的器内绘彩的做法，则有两种可能。一是受到淮河流域的影响，因为这种内绘彩的彩陶越往南越多，山东地区尚未发现。二是其来源仍然是中原地区的仰韶文化，半坡类型时期就存在一定数量的内绘彩，并且也有对称、等分排列现象。这一问题因受材料的局限，目前还难以深入分析。总之，彩陶作为一种文化因素在东方地区北辛文化中的出现，应该是受到中原地区仰韶文化的传播或影响的结果，从这一意义上说，它是一种外来因素。

大汶口文化早期阶段的前期，海岱地区的彩陶数量仍然很少，大体上是对前一时期彩陶的继承和发展，似乎没有新的外来因素注入。由于数量甚少且没有形成自己的特色，故还不能作为构成文化的基本要素来看待。因此可以说，这一时期的彩陶在大汶口文化中的地位和作用是微不足道的。

进入大汶口文化早期阶段后期，情况产生了巨大的变化。我们看到的情况是，彩陶的数量、色彩和纹样的种类突然增多，并迅即达到较高的水平。为了便于分析，我们在前述第一部分中，曾将这一时期的彩陶纹样图案划分为甲、乙两组。

关于甲组图案的特点，下面从纹样、器形、绘画技法和分布情况等四个方面进行分析比较。

构成甲组图案的基本纹样母题，如弧边三角、圆点、勾叶、斜线和花叶等，也是中原地区仰韶文化的主要纹样母题，而后者的数量更多。甲组图案中，以作为主体纹样出现的回旋勾连和花朵两种图案最为重要。回旋勾连图案的大量存在，是中原地区仰韶文化中期（即庙底沟类型时期）的基本特征之一，从目前的发现看，以豫西地区数量最多，并且纹样变化多端，结构复杂，有的"每个单元是形态变化互相交插，常常无从断开"[3]。豫中地区的回旋勾连图案，数量亦多，但结构较为简单，缺少变化。大汶口文化的回旋勾连图案，尽管我们划分的小类较多，但从总体上讲，纹样母题的组合和排列极有规律，因而易于按纹样母题组合拆开。其画面的生动、流畅程度，优于豫中地区仰韶文化，几乎可以与豫西地区仰韶文化的同类图案相媲美。不过，在已公布的十余件标本中，没

[1]　苏秉琦主编：《中国通史（第二卷）》，上海人民出版社，1994年。

[2]　中国社会科学院考古研究所山东队等：《山东滕县北辛遗址发掘报告》，《考古学报》1984年第2期。

[3]　中国科学院考古研究所：《庙底沟与三里桥》，科学出版社，1959年，第26页。

有一件与中原地区仰韶文化完全相同者，而只是形似或者神似。因此，目前还不能做出它们是作为成品从中原地区仰韶文化中直接输入的结论。而在前述分类中列入甲组（1）Ｂa小类中的第三种，即简单的连续对勾图案，或许是由回旋勾连图案演化出来的一种变体图案（这种图案在庙底沟遗址也有发现，不过数量甚少，见《庙底沟与三里桥》图版捌，10），其时代可能略晚。花朵图案是中原地区仰韶文化彩陶的另一重要特征，数量较多，型式也复杂。大汶口文化的花朵图案数量不甚多，型式只有四瓣、五瓣和两者兼而有之等三种，但自身特色更明显一些，如多呈相互界隔的规律排列、花瓣内多有纵向连线等。其他几种图案，也都与中原地区仰韶文化的同类图案相似，有的甚至相同。

绘有甲组图案的器形，主要为钵，其次为盆，还有少量的壶、罐等。钵的形态特殊，敛口，沿部或有榫状凸起，宽肩，曲腹，小平底，其中以腹之上部显著外鼓、下腹则向内急收而与众不同。这种形态的钵，和海岱地区固有的钵明显不同，而在中原地区（主要是与大汶口文化邻近的豫中地区）仰韶文化中数量较多。

在绘画技法上，甲组图案有两个显著特点；一是绝大多数铺设白衣地色，即在拟画彩的部位，先涂一层白彩，然后在其上构图；二是注重色彩的搭配，即在白地上，使用红（为主色调）、黑彩绘画，形成色彩鲜艳而协调的画面，从而产生出绚丽夺目的艺术效果。前者与中原地区仰韶文化完全相同；后者虽然也见于仰韶文化，但在中原地区数量不多，所占比例很低，已构成大汶口文化的自身特征。

甲组图案在大汶口文化分布区内的出现频率，以地处西南前沿的鲁南、苏北西部一带较高，鲁北和胶东半岛地区较低。纹样图案的种类也呈现出西南多而东北少的趋向，并逐渐有所简化。鲁中南和苏北地区那种与豫中地区有密切关系的敛口广肩小平底钵，越往鲁东、鲁北方向越少，以至不见。

鉴于上述分析，可以认为，在不排除个别成品系由中原地区输入的前提下，甲组彩陶图案主要是受到中原地区仰韶文化彩陶的文化传播和影响之后，在当地绘制烧成的。并且在制造和使用的过程中，有所创新，从而在基本点上与其母体文化相同的同时，也具有一定的自身特色。

乙组图案的纹样母题、图案和彩陶风格，均与甲组图案显著不同。

乙组图案的纹样母题主要有斜栅、云雷、八角星、双角，菱形和连山等，均不见于甲组图案。纹样图案比较简单，排列规则，多为连续重复的条带格式。在构成同一幅纹样带的图案中，纹样母题多数只有一种，少数有两种，如连山纹的空间插以菱形、八角星和双竖条的组合等，算是乙组图案中比较复杂者，但如果和甲组图案相比，则要简单得多。乙组图案基本上为大汶口文化所特有，中原地区仰韶文化未见，其他地区时代相近的文化中也很少见。如斜栅图案曾在湖北枣阳市雕龙碑第三期中发现过[1]，两者之间是否有联系，还需要进一步研究。八角星作为彩陶纹样母题，在内蒙古敖汉旗白斯朗营子出现过[2]，对此，许多人认为其与大汶口文化的八角星有联系，但两者构图方式有所不同。

乙组图案主要见于盆上，钵、罐、瓠形杯等器形也有少量发现。盆的形制为宽沿，鼓腹，小平

[1]　中国社会科学院考古研究所湖北队：《湖北枣阳市雕龙碑新石器时代遗址试掘简报》，《考古》1992年第7期。

[2]　辽宁省博物馆等：《辽宁敖汉旗小河沿三种原始文化的发现》，《文物》1977年第12期。

底，此类盆也见于中原地区仰韶文化。在这种盆上，腹部多饰乙组图案，宽沿部位则绘甲组（6）、（7）两种辅助图案。这两种辅助图案，绘画手法是先涂白衣地色，然后用成组短竖线和弧边三角或双弧构图，均呈等分排列。绘画中也注意色彩对比，如在多条短竖线中，一般是红、黑相间。以这种组合形式出现的图案，在中原地区仰韶文化中不多见，本地创新成分多一些。

在绘画技法上，也与甲组图案有着极其明显的区别。首先，图案的布局多为窄条带格式，这或许与纹样比较简单有关。其次，地色绝大多数为红衣，白衣地色基本不见，这和甲组图案绝大多数为白衣地色形成鲜明的对照，可谓泾渭分明。第三，产生出一种三层彩的绘画技法，一般为先施一层红衣地色，然后在其上画出一条或二条黑彩带，最后用白色单彩（也有个别用黄色单彩或黄、红复彩者）于黑带上绘出图案。这一技法，既不见甲组图案，也未见于海岱地区之外的其他文化，是一种典型的大汶口文化自身风格。

就目前的发现而言，乙组图案以泗河流域最为丰富，其中一些典型的纹样图案，如双角形纹、斜栅纹、毛边菱形纹等，在泗河流域以外地区很少发现。当然，这种现象也可能与以发掘为主的考古工作开展得不平衡有关。

总之，乙组图案在主要纹样母题、图案、构图布局格式、用彩、绘画技法和彩陶风格等方面，均与甲组图案不同，是大汶口文化在其发展过程中，通过对外来文化因素的学习和借鉴，新创造出来的彩陶艺术，从而在这一领域形成了具有独特风格的自身传统。

乙组中除了双角形等少数图案出现稍早之外，数量较多的斜栅图案和富有特色的八角星、连山、毛边菱形图案以及回形图案等，均始见于大汶口文化早期阶段后期偏晚时期，时代上略晚于甲组图案，即它们是在甲组图案使用了一段时间之后方才出现的，并与之共存。在数量上，乙组图案有逐渐增多的趋势，而甲组图案随着时间的推移，也出现少量不用白地的现象。因此可以认为，在大汶口文化早期阶段前、后期之际，由于强大的庙底沟期仰韶文化的对外扩张，其发达的彩陶艺术也随之传播到海岱地区，具体表现为大汶口文化分布区内普遍发现的甲组彩陶图案。这一外来因素，给海岱地区极不发达的彩陶艺术注入了活力，使其在原有的基础上，逐渐形成具有独自风格的彩陶艺术，这就是乙组彩陶纹样图案。

我们注意到，这一时期大汶口文化的彩陶，还随着区域间的文化交流和影响，向中原→东方的延长线上传播。如在长江下游地区的海安青墩遗址，发现白、黑复彩花朵图案[1]，吴县草鞋山[2]和青浦崧泽遗址发现绘有弧边三角、圆点的彩陶片，其"陶质、陶色以至装饰风格，都与本地习见的彩绘陶不同"[3]。这些彩陶片，无论是纹样母题、纹样图案，还是先上白衣地色然后用黑彩构图的绘画技法，均与大汶口文化甲组图案相同，而崧泽文化中存在的一部分两个弧边三角环抱一个圆点的纹饰（刻划或镂孔），可以看作是这类彩陶纹样图案在陶器装饰中的扩展。再如，在与胶东半岛隔海相望的辽东半岛南部地区，也发现少量彩陶，其中比较清楚的有，出自小珠山中层[4]和郭家村下层[5]

[1] 南京博物院：《江苏海安青墩遗址》，《考古学报》1983年第2期。

[2] 南京博物院：《江苏吴县草鞋山遗址》，《文物资料丛刊·3》，文物出版社，1980年。

[3] 上海市文物保管委员会：《崧泽——新石器时代遗址发掘报告》，文物出版社，1987年，第95页。

[4] 辽宁省博物馆等：《长海县广鹿岛大长山岛贝丘遗址》，《考古学报》1981年第1期。

[5] 辽宁省博物馆等：《大连市郭家村新石器时代遗址》，《考古学报》1984年第3期。

的弧边三角双勾图案、三角与平行斜线图案，前者属于甲组（1）Ｂａ第三种，后者为乙组（13）类。这两类图案，与胶东半岛大汶口文化早期阶段后期的同类图案完全相同，两者之间的关系不言自明。

由上述分析比较还可以得出这样的看法，即彩陶作为一种外来文化因素，其首先进入的地区是汶、泗流域，并由此区再进一步向东、北、南三个方向呈波状传播。而具有大汶口文化自身风格的彩陶艺术，最初也主要是在以泗河中上游为中心的汶、泗流域地区形成的。

大汶口文化中期阶段，彩陶的纹样图案发生了很大变化。前一时期极为重要的甲组图案，除了个别的种类在此期的偏早时期尚有遗存之外，多数已经销声匿迹。相反，乙组图案所代表的绘画技法、基本风格和其中的一些纹样图案，则被继承了下来，并有长足的发展。对此，在前述第一、二部分中已经论及，此不赘述。饰彩陶图案的器形，以壶（包括背壶）和罐最多，还有鼎、盉、豆、杯、器座等。因此，可以这样认为，如果说早期阶段的彩陶是外来因素占上风的话，那么到了中期阶段，此前已经产生的自身传统迅速成长壮大起来，成为大汶口文化彩陶艺术的主体，并将原本十分显赫的外来因素，排挤到了极为次要的位置。

这一时期的彩陶纹样，仍有一些和中原地区仰韶文化相同的因素。比较突出的如：存在相当数量的带状网纹图案，并且均置于壶、罐等器形的颈下；在直线之下加成组的弧线纹（多为三条，个别为二、四条）图案。这两种纹样图案在中原地区同时期仰韶文化中多有发现，并与大汶口文化完全相同。尤其是较具特色的直线和成组弧线图案，中原仰韶文化的种类更多。洛阳王湾第二期的一件陶罐，肩上部饰带状网纹，其下的弧线斜长而弯曲，三条一组，状似飘带，可能直接模仿自某种装饰[1]（图七，1）。如果这一推测成立的话，应是同类纹样的较早形态。仰韶文化中的成组弧线纹样形态较多，长短不一，多数向一侧微弯，在中原地区的荥阳秦王寨，郑州大河村、后庄王和林山砦，禹县谷水河，新郑唐户，长葛石固，临汝大张，偃师高崖、苗湾和酒流沟，洛阳王湾等许多同时期遗址中皆有发现，数量甚多。而这一时期的大汶口文化中，带状网纹有不少发现，而成组弧

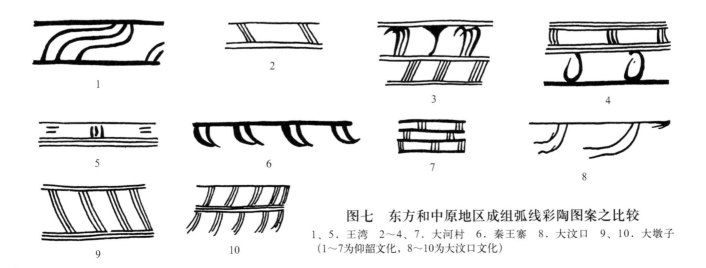

图七　东方和中原地区成组弧线彩陶图案之比较

1、5. 王湾　2～4、7. 大河村　6. 秦王寨　8. 大汶口　9、10. 大墩子
（1～7为仰韶文化，8～10为大汶口文化）

[1] 北京大学考古实习队：《洛阳王湾遗址发掘简报》，《考古》1961年第4期。

线图案为数不多，并且主要发现于汶、泗流域的南部地区，向北向东则甚少。因此，大汶口文化中的成组弧线纹彩陶图案，尽管纹样比较简单，但很有可能是在中原地区仰韶文化的影响之下出现的（图七）。至于带状网纹，由于大汶口文化中数量较多，分布面也较广，并且还存在多种其他网纹图案，以在两地独立产生、发展的可能性最大。另外，中原地区仰韶文化中还有一种六角星图案，或认为其与大汶口文化的八角星图案有联系，对此，我已在别的文章中做过讨论[1]。

大汶口文化晚期阶段的彩陶，发现地点、出土数量和色彩、纹样母题、纹样图案的种类，都较之中期阶段大为减少，到晚期阶段之末已退出了历史舞台。这一时期彩陶的纹样图案，大部分是中期阶段同类图案的延续，只是侧重点有所不同而已，如涡纹的种类和数量稍多等。在绘画技法方面，如以原地和红衣地为主，也有在红衣地色上绘出黑彩带，然后再用白彩构图的三层彩图案等，这些均与中期阶段的彩陶特征相同。因此，大汶口文化晚期阶段为数不多的彩陶，依然是产生于早期阶段并成熟于中期阶段的自身彩陶传统的延续和发展。

四　彩陶纹样的含义

北辛文化时期，在中原地区仰韶文化的影响之下，海岱地区开始出现彩陶，但一直到大汶口文化早期阶段前期，发展较为缓慢。这一时期的彩陶纹样多为宽窄不一的弦带，构图简单，显然仅是一种装饰性图案，其装饰作用主要是通过色彩来表现的。

大汶口文化早期阶段后期，海岱地区突然涌现出构图复杂、色彩艳丽的甲组彩陶图案，其性质主要属于外来因素已如前述。甲组图案以前两类最为重要。第（2）类比较明确，为植物的花卉，采用向周围散开的花瓣中心加一圆点（象征花蕊）的直观手法，表现盛开的花朵。画面上展现的是花冠部分，有四枚花瓣和五枚花瓣两种，它们分别代表着不同的类别。四枚花瓣者应属于十字花科，五枚花瓣者则为豆科或菊科。第（1）类在甲组图案中数量较多，主要以圆点、斜线、弧边三角和勾叶四种纹样母题交叉组合，表现形式犹如行云流水，极为生动活泼。关于这种庙底沟期仰韶文化最为典型的纹样图案，以往的研究者看法不一，主要有两种基本的意见：一种意见认为是花卉，并进一步细分为菊科和蔷薇科两类[2]，或笼统地定为花叶几何形纹[3]；另一种意见认为是鸟纹的简缩，即"正面鸟纹简缩为圆点弧边三角纹"，"侧面鸟纹简缩为钩羽形纹，鸟头简缩为圆点"[4]。这类图案表现得极为简练和抽象化，应是长时期演变的结果，甚至连当时的人们也不一定都能明确其细节的本来含义。当然，我们今天的各种猜测也未必领悟了其真谛，但其具有深刻的寓意则是毋庸置疑的。大汶口文化中的上述两种纹样图案，应是作为一种新奇的装饰而引入的，当不具备其原在中原地区仰韶文化中所持有的那种深刻寓意，这从其在大汶口文化中的数量少之又少可以得到说明。

大汶口文化早期阶段后期及其以后时期，出现并形成了具有独自风格的彩陶艺术。但是，在彩陶总量有限、所占比例尤低的情况下，这一自身传统的彩陶纹样图案，种类过于庞杂，而各种纹样

[1] 栾丰实：《试论仰韶时代东方与中原的关系》，《考古》1996年第4期。
[2] 苏秉琦：《关于仰韶文化的若干问题》，《考古学报》1965年第1期。
[3] 吴山：《中国新石器时代陶器装饰艺术》，文物出版社，1982年。
[4] 张朋川：《中国彩陶图谱》，文物出版社，1990年，第90页。

的数量都不多，图案比较简单，排列上也显得有些松散。因此，没有产生像仰韶文化那种寄托着精神信仰的核心纹样图案，如鱼纹对于半坡类型，花卉纹对于庙底沟类型。大汶口文化中属于自身传统的斜栅、毛边菱形、网纹和旋涡等图案，可能是对某些实物或自然现象的模仿；双角形、连山、回形和折线等图案，则显然是一些规矩的方折几何形图案。它们的功能和作用，主要是装饰，其中唯一具有特色的是八角星图案。

八角星图案分布的区域较广，见于大墩子、大汶口、野店、王因、西夏侯、北庄等遗址。这些遗址多数坐落在汶、泗流域，由于在渤海海峡之中的岛屿上也发现了八角星图案，所以，位置居于它们之间的泰沂山脉北侧和沂、沭河流域的广大区域，也应该存在这种纹样，只是这两个区域基本上没有开展大汶口文化早期阶段遗存的考古工作，故未能发现。八角星图案的出土数量不多，累计不到十例。八角星图案始见于大汶口文化早期阶段后期，延续到中期阶段前期，使用时间估计在三百年左右，这在大汶口文化长达一千五百余年的发展过程中，只能算是一个短暂的时期。早、中期阶段的八角星纹，在用彩、构图方法和图形等方面完全相同。早期阶段的图案以八角星为主体，两星之间以双竖线相隔；中期阶段的图案八角星所占面积减少，其间插进了连续的大圆圈。除了表现为彩陶纹样之外，这种八角星纹还被刻划于陶纺轮之上。关于八角星纹的含义，许多人认为是表示光芒四射的太阳。众所周知，豫中地区仰韶文化中出土过一些六角星彩陶纹样图案，中间为圆圈，有的还在内中加一个圆点，将其定为太阳纹还说的过去[1]。但大汶口文化的八角星与其不同，中间为方心，用方心来表示太阳，令人费解。近年来在安徽含山凌家滩遗址87M4∶30玉版上发现的图案，给我们以极大启示。玉版为长方形，正面中部有一大一小两个同心圆。内外圆之间部分被八条斜线等分为八份，其间各刻有一个向外的箭头，外圆和四角之间又刻有四个箭头。内圆中刻有一个和大汶口文化完全相同的方心八角星[2]（图八，3）。对这件玉版上的图案，不少学者已进行过研究[3]。我推测：内中的小圆圈代表太阳，两重圆圈之间的八条箭头既表现太阳的光芒，也表示八方；外侧的大圆圈象征着天空，其外的四个箭头则表示四方；中心的八角星，中间的方心象征着大地，方心的四条边表示四方，四条边上的八个角则表示八方。外侧为天，内心是地，双重的四面八方，两者合起来就是一个完整的概念——天圆地方。如果这一推测成立的话，则八角星图案的含义非为太阳，而是大地的象征。那么，大汶口文化的居民也是崇拜大地的，而绘有八角星图案的盆、豆等器具，当是一种祭器。

总之，在海岱地区的彩陶纹样中，除了八角星图案有着比较深刻的寓意之外，其余的纹样图案（包括花朵图案和回旋勾连图案在内），主要功能都是起装饰作用的。这大概就是为什么大汶口文化的彩陶数量虽然很少，但纹样图案的种类却繁多，而且构图都比较简单的原因所在。

---

　　[1]　在中原地区仰韶文化中，除了六角星之外，还有数量较多且更为直观的太阳纹，即中心为一小圆圈，圈内或加一圆点，圆圈周围是表示光芒的斜线。这种太阳纹和六角星纹之间是什么关系，还需要进一步研究。参见郑州市博物馆：《郑州大河村遗址发掘报告》，《考古学报》1979年第3期。

　　[2]　安徽省文物考古研究所：《安徽含山凌家滩新石器时代墓地发掘简报》，《文物》1989年第4期。

　　[3]　陈久金、张敬国：《含山出土玉片图形试考》，《文物》1989年第4期；俞伟超：《含山凌家滩玉器和考古学中研究精神领域的问题》，《文物研究（第五辑）》，黄山书社，1989年；饶宗颐：《未有文字以前表示"方位"与"数理关系"的玉版——含山出土玉版小论》，《文物研究（第六辑）》，黄山书社，1990年；吴汝祚：《凌家滩墓地发掘的意义》，《文物研究（第六辑）》，黄山书社，1990年。

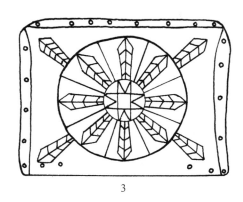

图八　八角星图案
1. 大墩子　2. 野店　3. 凌家滩

附记：

在我从事海岱地区新石器文化的研究过程中，彩陶是较为注意的内容之一。虽然十余年来积累了不少资料，由于自己不谙艺术，故迟迟未敢动笔。1993年末，在与先生的谈话中，偶及此事，当即得到先生的鼓励，并允诺成文后为我把关。1994年，基本上忙于四川省开县三峡工程淹没区的地下文物保护规划工作，1995年又东去日本研访，关于海岱地区彩陶的研究就拖了下来。1995年末到1996年初，终于有时间坐下来完成了这一研究计划。1996年初春，我带着初稿来到先生家，准备请先生审阅斧正，进门一看，家里正在刷房子，屋子乱糟糟的，先生为整理东西而忙得不可开交，善沂、刘陶也一直在里外操持。看到这种情况，我立即投入到整理书籍之中，稿子没好意思拿出来，就又带回去暂时放了下来。

原来，台湾史语所的学者杜正胜先生，拟于3月中旬到聊城参加一个纪念傅斯年先生的会议（傅斯年先生1896年3月生于山东省聊城，该年是其百年诞辰），会前或会后，计划到济南停留并拜访先生。先生1990年8月于济南初识杜先生，两人一见如故。杜先生十分推崇先生在美术考古和古史研究方面的功力。得知先生迄今尚未正式出版自己的文集时，当即主动提出在台湾联系出版，并很快实现了先生这一多年的愿望。因此，先生和师母准备在家中招待杜正胜先生，一来表示感谢，二来也有许多学术问题需要一起探讨（后来因为会议延期，杜先生7月来济，其时先生已因病入院）。

自那以后的近两年来，先生的身体日显衰弱，此事以后，身体更加虚弱，不久便于1996年5月下旬入院治疗。关于彩陶的稿子，原想等先生康复后再呈送教正，但终未能如愿，遂成无法弥补之遗憾。

十几年来，先生对我恩重如山。学术上循循引导，使我逐渐走上轨道；生活上关心备至，为解决我的夫妻两地分居问题，可谓费尽了心思。谨以此文纪念先生（此文同时收入正在编辑的论文集——《海岱地区考古研究》之中）。

1997年4月

（原载《海岱地区考古研究》，山东大学出版社，1997年；又载《刘敦愿先生纪念文集》，山东大学出版社，1998年）

海岱地区史前白陶初论

陶器和农业、定居聚落、磨制石器等要素的出现，标志着人类历史进入了一个全新的时代。在人类发展的历史长河中，陶器扮演了不同角色，其原初功能只是满足人们新的生活需求。随着人类社会的发展，特别是社会分化和社会分层的产生和发展，逐渐地又赋予了一部分陶器礼制载体的功能和内涵。白陶就是这一任务的承担者之一。

综观中国新石器时代的白陶，主要有两个独立产生、发展和向外传播、输出的区域[1]。

（1）湘西的沅水流域及洞庭湖地区

这一地区的白陶产生和盛行于沅水中上游地区的高庙文化，并被洞庭湖地区的汤家岗文化和大溪文化所继承。后来辗转传播和扩散到两广、湖北、陕南和长江下游及环太湖等地区。这一地区的白陶采用白膏泥为原料，成分分析表明其氧化镁的含量较高，这是其独特之处。这里的白陶产生年代较早，延续时间也长，大约在距今7800～6000年之间。

（2）黄淮下游的海岱地区

较之湘西和洞庭湖地区，海岱地区的白陶产生的时间较晚，确凿的资料始见于大汶口文化晚期，盛行于龙山文化，后来被夏商文化所继承。这一地区的白陶原料主要为高岭土，成分中氧化铝的含量较高。存续时间主要在距今5000～4000年之间，夏商时期的少量白陶，是海岱地区白陶向外传播和扩散的结果。

上述两个白陶系统，在分布上各有独立的中心区和扩散范围，并且两者之间相距较远，存续时代一早一晚，前后相差千年之久，并且白陶的具体内容（原料、技术、器类、装饰等）也完全不同。所以，可以认为这两个白陶系统之间似乎没有发生过直接交流和联系[2]，相互之间不存在传承关系，而是各有独立产生、发展和消亡的过程。以下，我们将着重讨论后一个系统即海岱地区史前时期的白陶。

一 关于白陶的考古发现

海岱地区是海岱历史文化区的略称，最早是由高广仁、邵望平两位先生提出来的[3]。目前，这一称谓已经成为学术界的共识。海岱地区的空间范围主要为黄河和淮河下游地区，极盛时期其南界延

---

[1] 甘青史前文化中也有一定数量白陶，其产生、发展和向外传播的轨迹，目前不像前二区那么清楚。

[2] 两个流行白陶地区的中间间隔阶段，即仰韶时代中晚期阶段，在江汉平原经中原地区到海岱地区的彩陶中，都存在用白彩绘制的彩陶纹样和图案，其是否为两者联系的中介，还需要进一步探讨。

[3] 高广仁、邵望平：《中华文明的发祥地之一——海岱历史文化区》，《史前研究》1984年第1期，第7～25页。

伸到长江北岸，东北部则越过了渤海海峡，到达辽东半岛南部一带。这一地区的新石器时代和早期青铜时代经历了长时期发展，目前已知自早至晚依次有后李文化、北辛文化、大汶口文化、龙山文化、岳石文化和珍珠门文化等六个发展阶段。

海岱地区的白陶最早发现于辽东半岛南部的大连地区。1910年10月，日本学者滨田耕作继鸟居龙藏之后，再次发掘旅顺老铁山积石墓。1929年，滨田耕作发表了老铁山积石墓的部分陶器，认为在那里发现的4片白色陶片系用高岭土制作而成，其中3片为鬲形陶器的器体和足部，一片可能为圆筒形容器，并推定其时代约为周代[1]。今天我们知道，所谓的鬲形陶器就是后来中国学者所说的陶鬶，这些积石墓和陶器的时代为龙山文化。

1930和1931年，中央研究院历史语言研究所考古组两次发掘城子崖遗址，在各个文化堆积层中，共发现了258片白陶片，约占全部23591片陶片的1.09%。发掘报告的作者认为，这种白色的"极坚固之质料，极似未敷釉的现代磁"，并"疑其为磁类之先身，故名之曰似磁胎质"[2]。但由于发现的均为碎片，当时并未能有效地辨认出白陶的器形。此外，城子崖遗址的发掘中，也发现了有在红陶器物的外表涂一层白衣的现象，并认为这种白衣是一种附加的装饰。

1936年发掘了位于黄海之滨的日照两城镇遗址，在发现大量精美黑陶的同时，也出土了一定数量的白陶，并且明确知道这一时期的白陶，主要用来制作形制比较特殊的陶鬶。此外，还发现在细砂质红陶器的外表涂抹一层白色陶衣的现象，而且这种做法绝大多数只是见于陶鬶一类器物。

新中国成立之后，随着田野考古工作的恢复，发现的龙山文化遗址成倍增长，相关的考古发掘工作得到了迅速发展，白陶的发现也越来越多。可以说，此地区凡是龙山文化遗址，或多或少都发现有完整或不完整的白陶器物。同时，在新确立的时代早于龙山文化的大汶口文化晚期阶段，发现了更为丰富的白陶，其数量和种类甚至超过了龙山文化，从而使我们有可能较为全面地了解和认识海岱地区史前时期的白陶。

二　白陶的产生和发展

陶器的颜色种类较多，粗分有红、灰、黑、褐、黄、棕、白色等，通常以红、灰、黑三种颜色的陶器最多。目前发现的各种普通陶器颜色，基本都是由于烧制过程中采用了不同的处理方法而形成的，其中唯有白色陶器例外。经检测，海岱地区的白陶是采用高岭土为原料制作和烧制的[3]。

高岭土，或称为瓷土，民间也称为坩子土。据《辞海》的解释，高岭土的"主要矿物成分为高岭石。一般呈白色。是各种结晶岩（花岗岩、片麻岩等）破坏后的产物。"采用高岭土制作的陶器，颜色以白色为主，由于原料的颜色不纯，也有略偏于淡红、橙红、橙黄和绛红的现象。按《大汶口》报告作者的实验，产生颜色方面的细微差别与陶土颜色的纯度有关[4]。但据我们在日照两城镇现代制陶作坊的实地考察，产生纯白、微红等颜色是由于烧制火候的原因形成的，即用同一批原料

[1]　滨田耕作：《旅顺石冢发见土器の种类に就いて》，《人类学杂志》第44卷第6号，1929年。
[2]　傅斯年、李济、董作宾、梁思永等：《城子崖——山东历城县龙山镇之黑陶文化遗址》，1934年，第41页。
[3]　周仁、张福康、郑永圃：《我国黄河流域新石器时代和殷周时代制陶工艺的科学总结》，《考古学报》1964年第1期，第2～4页。
[4]　山东省文物管理处、济南市博物馆：《大汶口——新石器时代墓葬发掘报告》，文物出版社，1974年，第51页。

制作的同一批器物，在同一窑中烧制，由于陈放的位置不同会产生颜色上纯白或偏橙、偏红的细微差别。经检测，龙山文化白陶成分中氧化铝的含量一般在20%以上，远远高于洞庭湖地区大溪文化及其更早阶段以白膏泥为原料的白陶中氧化铝的含量[1]。

就目前资料而言，海岱地区的白陶最早出现于大汶口文化晚期，如大汶口、野店、西夏侯、陵阳河、大朱村、尉迟寺等遗址均出土有这一时期的白陶。属于大汶口文化中期阶段最晚时期的西夏侯M6，出土了4件疑为白陶的器物，如M6：41为泥质橙红陶的圈足尊，还有2件杯，亦为泥质橙红陶和灰白陶[2]。由于没有见到实物，仅凭报告的描述不好贸然确定。所以，目前海岱地区发现的白陶，年代应不早于大汶口文化晚期阶段。

关于大汶口文化的分期，我们曾将其划分为早、中、晚三个发展阶段，每个阶段又可以分为不同的期和段。具体到大汶口文化晚期阶段，可以进一步划分为前、后两期，每期再细分为两段；这样，就形成了两期四段的发展序列，绝对年代推定在距今5000～4600年之间[3]。准此分期和年代，可以确定大汶口文化的白陶出现于大汶口文化晚期第一段，之后一直延续到大汶口文化结束，并被后续的龙山文化所继承。我们也可以笼统地说，海岱地区的白陶产生于距今5000年前后开始的大汶口文化晚期阶段。

在白陶产生之前的大汶口文化早、中期阶段，海岱地区的陶器曾经比较流行彩陶装饰。大汶口文化彩陶的各种颜色中，比较引人注目的是白彩。大汶口人对白色有所偏爱，在彩陶的绘画中主要使用了两种技法，一是涂白色陶衣为地，然后在白地上画黑彩或红彩；二是把白色与其他颜色搭配使用，构成二层甚至三层的复彩[4]。后来白陶的出现，或许与大汶口人喜欢白色图案的彩陶有关。

海岱地区白陶的发展过程有两个比较明显的特点。一是发现白陶的地点和区域不断扩大，大汶口文化晚期，白陶主要发现于汶泗流域和沂沭河流域两个地区，到龙山文化时期，可以说海岱地区内部的所有小区都发现有白陶，当然不同地区和不同遗址的白陶在数量上存在较大差别；二是白陶的器形种类趋于减少，随着时代的推移，用白陶制作的器物种类变得越来越单一；到龙山文化时期，基本上只见于比较特殊的鬶类器物，白陶的数量也逐渐减少。

白陶在海岱地区一直延续到龙山文化最晚期。迄今为止，在龙山文化的后续文化——岳石文化中尚未发现白陶。

综上所述，海岱地区史前时期的白陶产生于大汶口文化晚期偏早阶段，盛行于大汶口文化晚期和龙山文化早、中期，龙山文化晚期逐渐衰落，至岳石文化时期似乎已经消失。前后延续了大约1000年的时间。

三　白陶的分类和特征

大汶口、龙山文化的白陶，质地有夹细砂白陶和泥质白陶两大类别；颜色除了纯白，也有偏红

[1] 任式楠：《论华南史前印纹白陶遗存》，《南中国及邻近地区古文化研究》，香港中文大学出版社，1994年，第305页，附表。

[2] 中国科学院考古研究所山东队：《山东曲阜西夏侯遗址第一次发掘报告》，《考古学报》1964年第2期，第86、97、98页。

[3] 栾丰实：《大汶口文化的分期和类型》，《海岱地区考古研究》，山东大学出版社，1997年，第69～102页。

[4] 栾丰实：《海岱地区彩陶艺术初探》，《海岱地区考古研究》，山东大学出版社，1997年，第168～176页。

色和偏橙色者，故在一些报告中将其描述为橙红陶、橙黄陶等。从整体上说，夹细砂白陶的数量较多，泥质白陶的数量较少。如果用动态的观点分析，则可以发现，较早时期泥质白陶的数量较多，夹砂白陶略少，如大汶口墓地发现的198件白陶中，泥质白陶多达187件，而夹砂白陶只有区区11件[1]。后来，随着白陶器形种类的减少并趋向固定于陶鬶一种器物，夹砂白陶的数量逐渐占据了绝对优势，泥质白陶较少。

白陶的器形较多，类别有十余种，主要包括鬶、鼎、盉、罐、壶、背壶、豆、尊、杯、高足杯、碗、盒和器盖等（图一～八）。

（1）鬶

鬶是白陶最基本的器形，其存续时间贯穿了海岱地区白陶的始终（图一；图四，1～6；图五～七）。白陶鬶以夹细砂者为主，泥质陶较少。颜色则有纯白、橙红、橙黄、淡红等。在强调白陶多数时间与鬶类器形有不解之缘的同时，应该说明的是，其实在陶鬶的产生和发展历程中，始终存在着不同陶土制作的不同颜色的陶鬶。在大汶口文化早中期阶段，陶鬶基本是红陶或红褐陶，出现白陶的大汶口文化晚期和龙山文化时期，除了龙山文化早期和中期偏晚阶段曾以白陶为主之外，其他时间都是各种颜色并存，而龙山文化中期偏早阶段，甚至出现了一个以红陶加白衣为主的短暂时期。到了龙山文化晚期，白陶鬶的数量明显减少。

（2）鼎

白陶鼎只发现3件，并且均出自大汶口墓地最大的M10。鼎的个体均较小，高度不足10厘米，应为明器（图三，10）。

（3）盉

数量略多，个体也较大，均为大汶口文化晚期。在形制上又有平底盉和三足盉两个类别（图三，11、12；图四，10）。

（4）豆

数量不多，均属大汶口文化晚期。有两类：一类为普通的钵形细柄豆；另一类为浅盘粗筒形镂孔圈足豆，这一类形制较为特殊，数量较少（图三，5）。

（5）壶

数量较多，个体较大，有高、矮、胖、瘦的差别，均为大汶口文化晚期。可分为双耳壶和无耳宽肩壶两类（图二，1～5、12、13）。

（6）背壶

数量较多，均为大汶口文化晚期。见于大汶口、野店、大朱村等多处遗址（图二，6～8；图四，11）。

（7）罐

数量不多，均为大汶口文化晚期。形制有圆腹罐、折腹罐和双耳盉形罐等，以大汶口遗址发现最多（图二，9～11）。

（8）杯

数量较多，均为大汶口文化晚期。形制有筒形单耳杯、壶形单耳杯、镂孔圈足筒形杯、矮圈足

---

[1] 山东省文物管理处、济南市博物馆：《大汶口——新石器时代墓葬发掘报告》，文物出版社，1974年，第135页，表12。

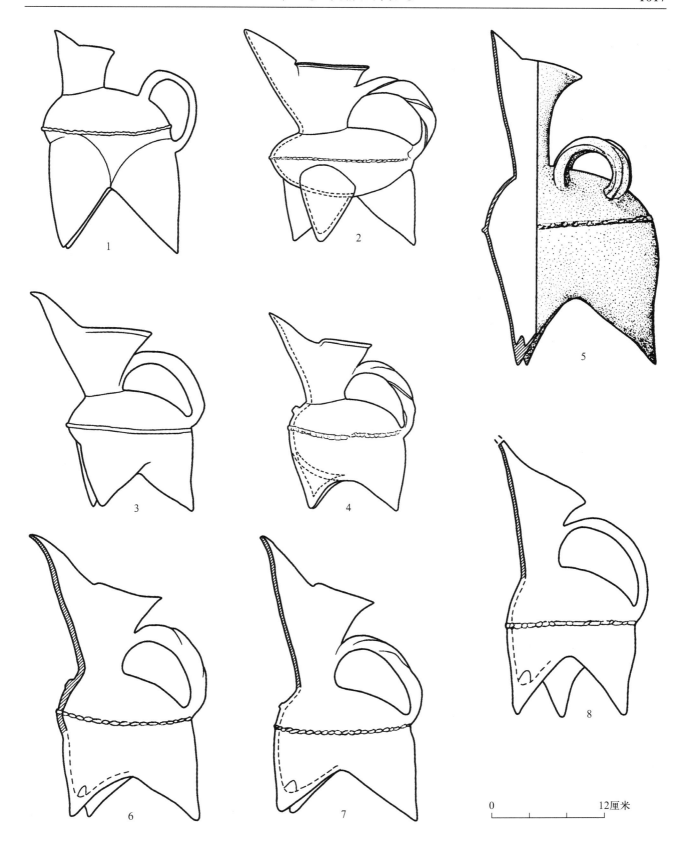

图一　汶泗流域大汶口文化白陶鬶

1、3、5. 野店（M66：2、M73：2、M51：50）　2、4. 大汶口（M47：付24、M117：45）　6~8. 西夏侯（M14：18、M26：6、M12：19）

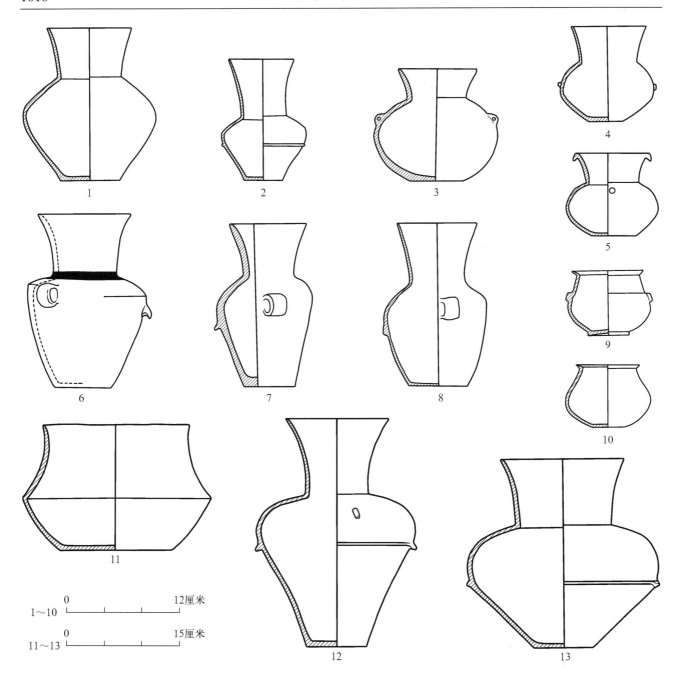

图二　汶泗流域大汶口文化白陶壶和罐

1~3、5、6、9~13. 大汶口（M47：5、M64：1、M72：16、M126：3、M117：60、M72：8、21、M47：付23、M60：20、M127：5）
4、7. 野店（M84：2、M62：1）　　8. 西夏侯（M26：2）

筒形杯等，有的还附白陶器盖（图三，3、4；图四，7）。

（9）高足杯

数量甚多，均为大汶口文化晚期。形制较为一致，上为较浅的碗形杯体，下附较高的喇叭形圈足，圈足多有成列的镂孔（图三，6~9；图四，8、9）。

（10）尊

数量不多，均为大汶口文化晚期。形制有平底尊和圈足尊两种（图三，1、2）。

（11）碗形器

数量甚少。碗形，一侧有单把，下附三足。

（12）盒

数量甚少，见于龙山文化时期。细泥白陶，子母口，平底（图八，6）。

（13）器盖

数量较多。形制较为复杂，主要有覆豆形、覆碗形、覆盘形（或碟形）和鬶盖四种，前三种主要见于大汶口文化晚期，鬶盖多见于龙山文化时期（图八，1～5）。

从海岱地区白陶的产生、发展和消失的过程看，大汶口文化和龙山文化两个时期的白陶在器物

0   12厘米

图三 汶泗流域大汶口文化白陶鼎、尊、杯、豆和盉

1. M47：付22 2. M72：4 3. M117：41 4. M25：19 5. M126：64 6. M47：21 7. M10：45 8. M117：33 9. M25：43 10、11. M10：11、10 12. M47：付20 （均为大汶口遗址）

种类上，既有传承和发展，也存在着明显的差别。

　　大汶口文化时期，白陶数量和种类相对较多。如大汶口墓地晚期25座墓葬，共发现白陶198件，占同期墓葬出土陶器的35%，这是迄今为止出土白陶绝对数量最多和所占比例最高的一处遗址。白

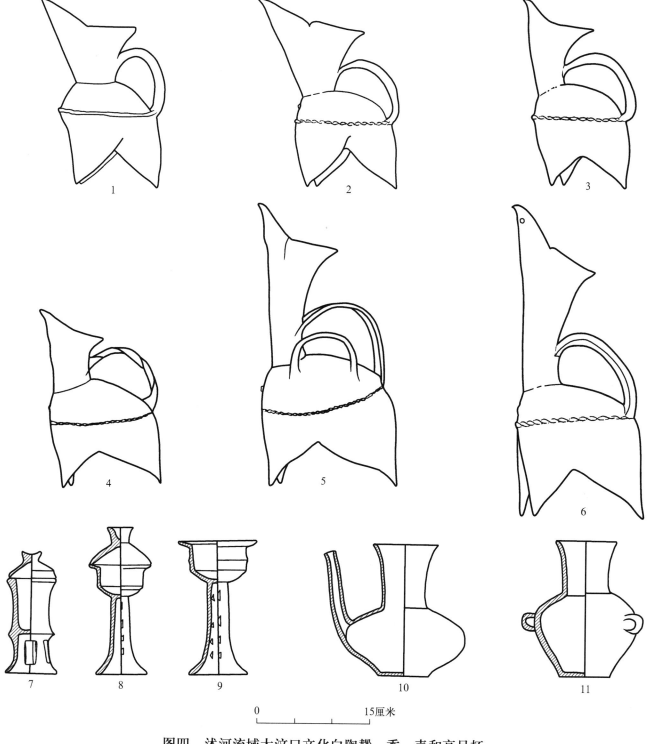

图四　沭河流域大汶口文化白陶鬶、盉、壶和高足杯

1、7. 陵阳河（M24∶32、M25∶43）　　2、3、6、8～11. 大朱村（M15∶2、M8∶12、M18∶56、M04∶46、41、M02∶33、4）　　4、5. 杭头（M4∶9、M3∶17）

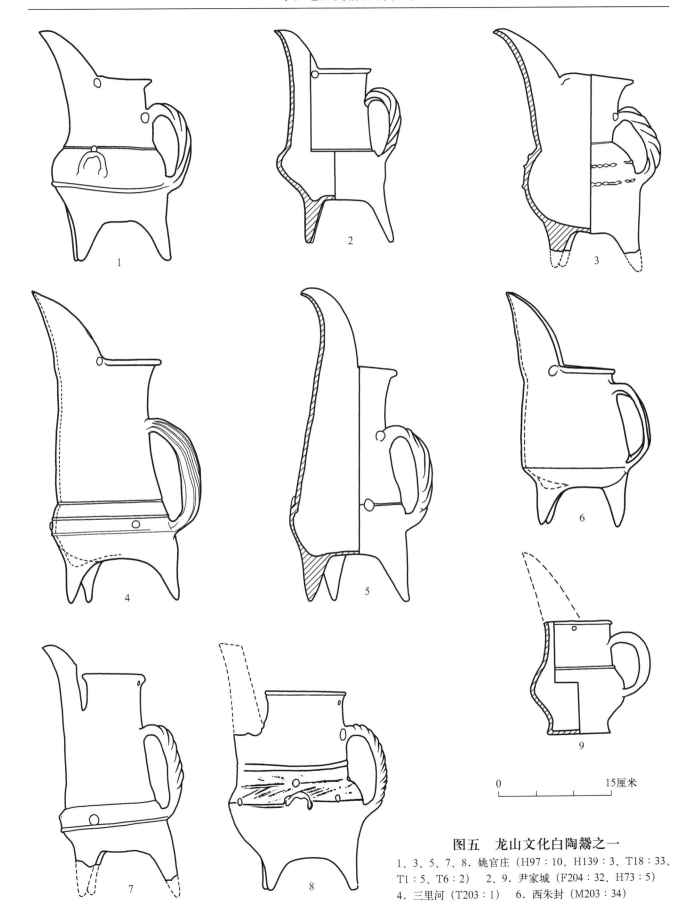

图五　龙山文化白陶鬶之一

1、3、5、7、8. 姚官庄（H97：10、H139：3、T18：33、
T1：5、T6：2）　2、9. 尹家城（F204：32、H73：5）
4. 三里河（T203：1）　6. 西朱封（M203：34）

0　　　　　　　　　　　　15厘米

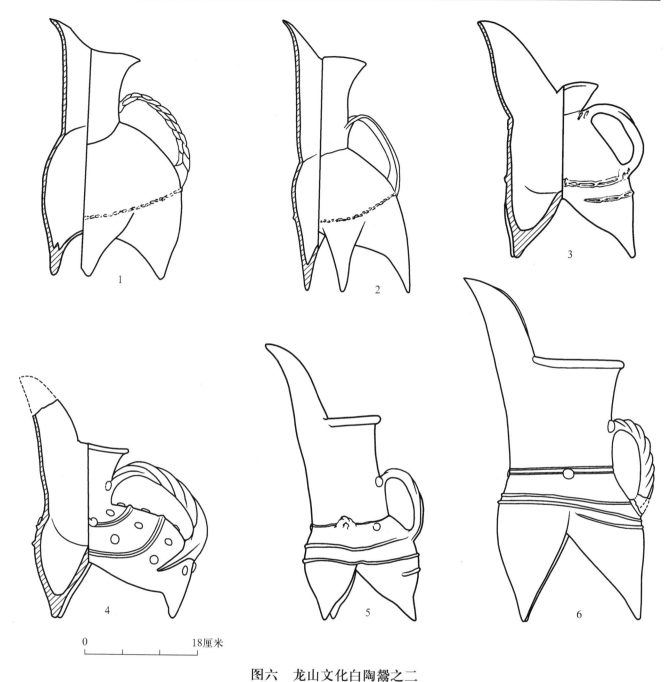

0 _____ 18厘米

图六 龙山文化白陶鬶之二
1、2. 大范庄（M26：11、M14：4） 3～5. 姚官庄（H117：5、H97：6、H81：5） 6. 西吴寺（H203：33）

陶中既有泥质陶，也有夹砂陶，器形多达11大类，有鼎、鬶、盉、豆、壶、背壶、罐、杯、高足杯、尊和器盖，这种现象迄今为止尚未见于其他遗址。在相距不远、同属较高等级的野店遗址，同一时期32座墓葬只发现9件白陶，只占同期随葬陶器总数的2.7%，器形也只有鬶、壶和背壶三类[1]，数量和器形种类远远无法与大汶口遗址相比。位于泗河流域的西夏侯遗址，出土的白陶数量略多，器形种类有鬶、壶、背壶、尊和高足杯等5种，由于资料发表的不完全，无法做确切的统计。而汶泗

[1] 山东省博物馆、山东省文物考古研究所：《邹县野店》，文物出版社，1985年，第150、151页，附表一八。

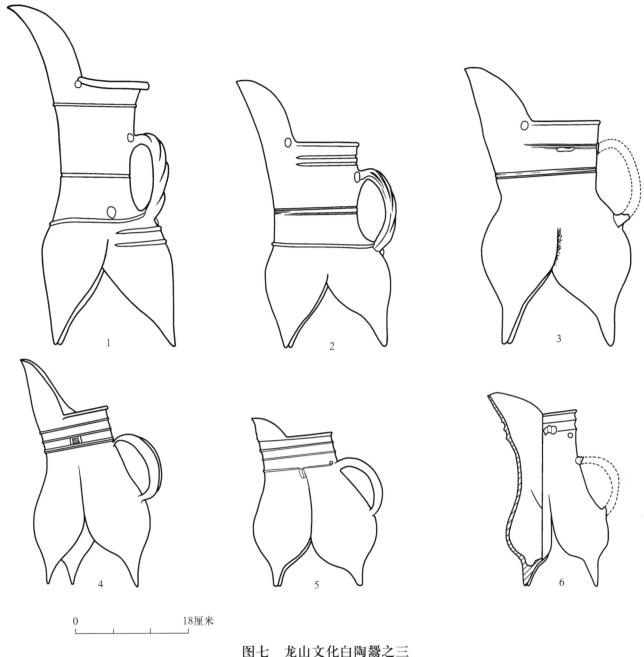

0 _____ 18厘米

图七 龙山文化白陶鬶之三

1~3. 西吴寺（H160∶11、H705∶2、H652∶6） 4~6. 尹家城（M15∶19、H26∶3、H472∶28）

流域其他一些规模较小的遗址，出土白陶的数量和种类都甚少。

地处鲁东南的沂沭河流域，是另一个出土白陶较为集中的区域。莒县陵阳河、大朱村、杭头和日照的丹土、尧王城以及诸城前寨等遗址，都发现了比较丰富的大汶口文化晚期遗存，尤以墓葬为多，随葬品中有一定数量的白陶。这一地区的白陶以夹砂陶为主，泥质陶较少。器形有鬶、盉、壶、背壶、圈足杯、高足杯、带把碗和器盖等，数量和种类仅次于汶泗流域地区。

进入龙山文化以后，白陶的数量及其在全部陶器中的比例均有所减少，器物种类也基本上只有陶鬶一种。但与大汶口文化时期相比，发现白陶的地点比较均衡，从苏皖北部到辽东半岛的广大地

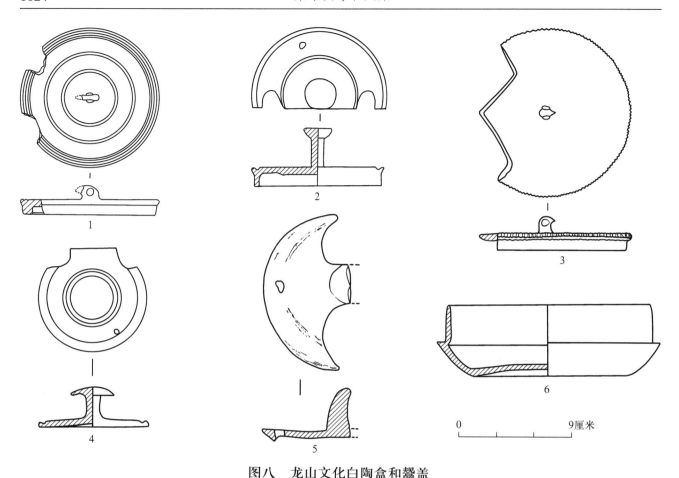

图八　龙山文化白陶盒和鬶盖

1、3. 西吴寺（H662：6、H652：19）　2、4～6. 尹家城（T322：34、M15：20、H472：34、H71：5）

区，几乎所有的龙山文化遗址都或多或少出土过白陶。在龙山文化白陶的发展过程中，还出现过一个短暂的用白衣陶代替白陶的时期。

四　白陶的功能和社会意义

白陶作为陶器中一类比较特殊的新类别，存在着具体的实用价值，而更多的或者说更重要的可能是体现在它的社会功能和意义方面。

作为陶器，它必定有陶器的具体用途和功能。目前发现的所有类别的白陶和具体形制，均是大汶口、龙山文化陶器群的组成部分，也就是说，白陶拥有的器形，在红陶、灰陶和黑陶等类别中都有，甚至更多。所以，在具体用途和功能上，用白陶制作的器物与其他颜色的同类器形没有什么不同。从目前发现的情况分析，白陶器形主要有实用器和非实用器两种情况。一些个体较大或遗留有使用痕迹的器形，当为实用器。例如，我们发现一些陶鬶的三足内表沉淀附着有水垢遗存，有的足下部外表遗留有烧过的痕迹，这些现象可以用来说明陶鬶的用途和具体的使用状况。一些大的背壶、壶、豆、盉、尊、单耳杯等，当属此列。而另外一些器形，个体矮小并且也没有使用痕迹，则可能为明器。如大汶口M10出土的3件白陶鼎，高度不足10、口径只有6厘米。而大汶口、陵阳河等遗址发现的高足杯，杯体矮而浅，有效容积甚小，并且多在墓葬内大量使用，这些显然都不是当时的生活实用器。

大汶口文化的白陶尚未做过使用功能方面的科学检测和分析，故以往关于其用途仅依器物的形制加以推定。龙山文化时期的白陶基本上只有陶鬶一种器形，以往曾有人推测其为水器和酒器。近年我们对日照两城镇遗址出土的陶鬶的残留物进行了化学分析，检测结果表明，其曾盛放过用稻米、蜂蜜、水果和添加树脂及香草酿造的混合型古酒[1]。由此可知，陶鬶主要是用来盛放酒类饮料的器皿。当然，如果进一步分析其功能和用途则可能与宴享、祭祀等多种礼仪活动有关。这一分析和推测也与目前白陶鬶的发现相吻合，如多出现在规格较高的墓葬内，等级较高的遗址发现的数量较多等。

白陶较为流行的大汶口文化晚期和龙山文化时期，即距今5000～4000年前后，是中国早期国家的产生期，当时的社会已经陆续进入了分层社会阶段。白陶作为陶器中新出现的并且别具一格的类别，其数量始终甚少，是社会发展到一定程度时才出现在历史舞台上的，所以白陶在很大程度上又被赋予了社会方面的属性和功能。这一点，我们可以由以下的统计分析得到说明。

大汶口文化晚期阶段的白陶，目前所知以汶泗流域和鲁东南沿海两个区域较为集中，数量也多。但鲁东南地区多数遗址的资料未经系统发表，特别是等级最高的陵阳河遗址资料不全，难于进行详细的统计分析。这里仅以汶泗流域为例，从中选择大汶口、野店和建新三个不同层次的遗址进行分析。

大汶口是大汶口文化目前所知等级最高的遗址之一。1959年发掘的大汶河南岸堡头墓地（一般称为大汶口墓地），报告分为早、中、晚三期，早、中期相当于大汶口文化中期阶段，晚期相当于大汶口文化晚期阶段。晚期的25座墓葬中，有11座墓葬出土了198件白陶，其中墓室面积在5平方米以上的7座墓葬，均使用了白陶，合计达175件，占全部白陶的88%，平均每墓25件[2]。这7座墓葬均有木质葬具，多数还发现有玉钺或石钺、骨牙雕筒和猪头或猪下颌骨等贵重物品（表一）。由此看来，白陶一出现就被社会上层贵族所垄断。

野店位于大汶口之南的泗河流域，从遗址面积较大和发现的等级较高的墓葬等情况分析，这里应该是一处略逊于大汶口的区域性中心聚落遗址。在大汶口文化中期阶段，这里就发现了一些规模超群的较高等级墓葬。晚期阶段，甚至出现了一棺一椁的大型墓葬。属于晚期阶段的32座墓葬，共出土了9件白陶，占全部334件陶器的比例不足3%，绝对数量及其在全部陶器中的比例均与大汶口遗址相去甚远。9件白陶中有7件可以确定出土单位，均出自墓室面积较大、随葬品较多、社会地位较高的墓葬。如墓室面积10平方米左右、随葬品在50件以上、并且均有一椁一棺的M51和M62，各有2件白陶[3]。

同一地区的枣庄建新遗址，面积只有3万多平方米，从聚落和墓地两个方面的资料看，该遗址在鲁中南地区的大汶口文化晚期等级相对较低。建新遗址发现了92座墓葬，其中绝大多数属于大汶口文化晚期阶段。在全部墓葬出土的一千余件陶器中，虽然发掘报告明确说晚期出现了少量白陶，但报告公布的资料中没有白陶[4]，说明该遗址白陶的数量甚少，这种情况与该遗址的等级正相符合。

[1] 麦戈文等：《山东日照市两城镇遗址龙山文化酒遗存的化学分析——兼谈酒在史前时期的文化意义》，《考古》2005年第3期，第73～85页。

[2] 另外出土白陶的4座墓葬，有2座（M72和M127，两墓分别出土16和3件白陶）受到严重扰乱破坏，面积不详。如果将这2座墓葬计入，则98%的白陶出自大、中型墓葬之中。参见山东省文物管理处、济南市博物馆：《大汶口——新石器时代墓葬发掘报告》，文物出版社，1974年。

[3] 山东省博物馆、山东省文物考古研究所：《邹县野店》，文物出版社，1985年。

[4] 山东省文物考古研究所、枣庄市文化局：《枣庄建新——新石器时代遗址发掘报告》，科学出版社，1996年。

表一　大汶口墓地晚期墓葬统计表

墓号	白陶	墓室面积	随葬品	陶器	玉石钺	雕筒	龟甲器	猪头	猪下颌	葬具	备注
1	3	3.5	58	10			龟甲2			无	
2		1.54	13	5						无	
3	1	3.36	29	21					1	无	被扰
4		1.85	67	11		1	龟甲2		1	无	
5		1.41	17	6						无	
10	29	13.44	132	93	玉钺1	3			15	有	鳄鱼板2堆
15		1.12	8	6						无	
17		2.48	78	13	1	1			5	无	
24		2.57	30	16					7	无	
25	28	7.29	85	57	6	5		1	2	有	
47	16	5.49	77	57			龟甲1	1		有	
60	26	13.86	41	38				0.5		有	无骨架
64	6	6.3	18	10			龟甲1			无	
72	16	0.95	41	22				2		无	扰乱严重
77		1.06	13	3		1				无	
100		2.02	8	7						无	
104		4.44	19	12		1				有	
105		1.74	11	4						无	
117	34	7.22	76	54	玉钺1	3				有	
122		2.51	9	7	1					无	
123		0.87	13	10	1					无	
124		2.09	12	9	1					无	
125		4.41	78	19	1				1	无	
126	36	14.4	84	71		3			2	有	
127	3	?	8	6	1					无	无骨架
合计	198	平均4.41	平均41	平均22.68	14（2）	18	6	7.5	31		

说明：表中项目的单位，除了墓室面积为"平方米"之外，余者均为"件"。

　　上述情况在鲁东南的莒县盆地也存在，这里发现的40余处大汶口文化晚期遗址，在聚落规模和等级上明显可以区分为大、中、小三个等级，最高等级的遗址只有陵阳河一处，第二等级的中型遗址则有大朱村、杭头等五六处，余下的均为小型遗址。三个等级遗址的结构和数量关系呈金字塔状分布[1]。这里发现的白陶在数量和种类上也有与汶泗流域类似的情形。如陵阳河遗址的大型墓葬均出土较多白陶[2]。属于第二等级的大朱村遗址，历年共发掘了35座大汶口文化晚期墓葬，在出土的1012件陶器中，白陶大约为有41件，所占比例为4.05%[3]。白陶绝大多数出自大、中型墓葬，如出土11件白陶的M04，墓室面积达10.55平方米，随葬品多达141件。再如出土7件白陶的M02，墓室面积9.88平方米，随葬品共148件。这两座墓葬出土的白陶超过整个遗址中这类器物的40%。

由上述分析可以看出，白陶不仅在遗址内部不同规格和等级的墓葬之间存在着有无和多少的差别，而不同等级的聚落遗址之间，也存在着巨大的差异。就是说，在同一时期，白陶存在的数量和遗址的等级成正比，等级越高，出土白陶的数量就越多，反之越少。而在同一个遗址之内，社会地位越高的人，使用的白陶就越多，反之则较少以至完全没有。由此看来，拥有白陶的多寡可以作为一个具有指标意义的衡量社会分化的量化数据。

五　白陶的变迁和扩散

与长江中游地区的高庙文化、汤家岗文化、大溪文化相比，海岱地区史前白陶产生的时代较晚，目前确知者最早为大汶口文化晚期偏早时期，到龙山文化末期已十分稀少，进入岳石文化之后，白陶似乎在海岱地区消失了。

在海岱地区白陶存续的1000年左右的时间里，经历了一个从无到有，由少到多，再到少以至消失的过程。而且，白陶分布的区域在不断扩大，同时又随着自身文化向域外发展而扩散和传播到了许多不同的文化和新区域之中。

（一）关于白陶的发展和变迁

1. 关于白陶器物群的变化

白陶器物种类的变迁，在总体上呈现一个逐渐减少的发展趋势。大汶口文化晚期阶段前期，即以大汶口墓地M47和M10为代表的前后两个小阶段，是目前所知白陶器物种类最多的时期。如大汶口M47、M10和M72等，发现的白陶都在8种以上。而到了大汶口文化晚期阶段的后期（以大汶口M117和野店M51为代表的前后两小段），白陶的种类开始减少到5种以下，并且各个地区都开始向鬶类器物集中。大汶口文化晚期之末和龙山文化时期，用高岭土制作的白陶基本上只有陶鬶一种，其他器形即使有也属偶尔一见，数量极少。如果说龙山文化早中期的陶鬶相当多数尚为白陶，那么，到了龙山文化晚期，即使是陶鬶，用白陶制作的现象也大大减少，形成了一个黑陶、灰陶和褐陶等不同

[1]　栾丰实：《日照地区大汶口、龙山文化聚落形态之研究》，《中国考古学跨世纪的回顾与前瞻（1999年西陵国际学术研讨会文集）》，科学出版社，2000年，第227~244页。

[2]　山东考古所、山东省博物馆、莒县文管所：《山东莒县陵阳河大汶口文化墓葬发掘简报》，《史前研究》1987年第3期，第62~82页。

[3]　山东省文物考古研究所等：《莒县大朱家村大汶口文化墓葬》，《考古学报》1991年第2期，第178~206页；苏兆庆、常兴照、张安礼：《山东莒县大朱村大汶口文化墓地复查清理简报》，《史前研究》（辑刊），1989年，第94~113页。后一报告明确出土白陶18件，前一报告的31座墓葬，资料披露的不完整，大体为23件，可能不十分准确，但相差不会太大。

颜色的陶鬶共存的局面。像尹家城遗址龙山文化最晚期的H472出土的一对泥质白陶鬶，是目前发现的时代最晚的龙山文化陶鬶。

2. 白陶器物形制的变化

虽然白陶的原料和色泽与其他陶器明显不同，但就器物的种类和形制而言，并没有超出大汶口、龙山文化的陶器群。换言之，就是没有只见于白陶而不见于其他颜色陶器的器形。从总体上说，白陶器形的出现和消失、具体器物形制的演变与其他颜色的同类陶器同步。如背壶、高足杯、盉等，均与其他颜色的同类器一起，在大汶口文化末期消失。数量最多、延续时间最长的白陶鬶，则与其他颜色陶鬶一起，经历了袋足鬶的完整演变过程。

（二）海岱地区白陶的扩散和传播

海岱地区白陶的扩散是随着大汶口、龙山文化的发展和变化而逐步展开的，这里所说的扩散体现在海岱地区内部和海岱地区之外两个领域。

1. 关于白陶在海岱地区内部的扩散和传播

从理论上讲，白陶的产生可能有多源和单源两种途径：一是从若干个不同地方各自发明出来；二是首先从一个小范围内产生，然后逐步扩散和传播到其他地区。前一种情况是存在的，如长江中游地区的白陶和海岱地区的白陶似乎就没有什么关系，应是各自独立发明的结果。但海岱地区白陶的产生我们倾向于第二种途径，即其首先出现于汶泗流域，并且极有可能最先是从大汶口地区发明出来的，然后扩散到汶泗流域其他地区，第三步才向距离更远的其他文化小区扩散和传播，如鲁东南地区、鲁北地区、苏北和皖北地区等。这一推论与各地区出现白陶的时间基本吻合，而且在器形的种类和数量上，也是以大汶口地区最多，其他地区均相对较少。

2. 白陶向海岱地区以外区域的扩散和传播

白陶向海岱地区以外区域的扩散，是随着人口迁徙和文化的向外传播而展开的（图九）。海岱地区与其他文化区系的文化联系，从仰韶时代之前就已经开始了。进入仰韶时代之后，文化之间的联系在不断地发展和加强。我们曾经总结过海岱地区与几个主要文化区在不同时期文化交流方面此起彼伏的势力消长[1]。大汶口文化时期，海岱地区对外扩散的主要方向是中原地区和辽东半岛一带。到龙山文化时期，除了持续对辽东半岛南部的移民之外，对长江下游地区和华北平原的影响力度迅速加大。这一时期白陶的对外传播和扩散，与上述文化联系的大势是吻合的。

（1）向中原地区的扩散

大汶口文化晚期，伴随着东方移民进入中原地区，白陶被它们的主人一起带到中原。如大汶口

---

[1] 栾丰实：《试论仰韶时代东方与中原的关系》，《大汶口文化与崧泽、良渚文化的关系》，《论城子崖类型与后冈类型的关系》，均载《海岱地区考古研究》，山东大学出版社，1997年。

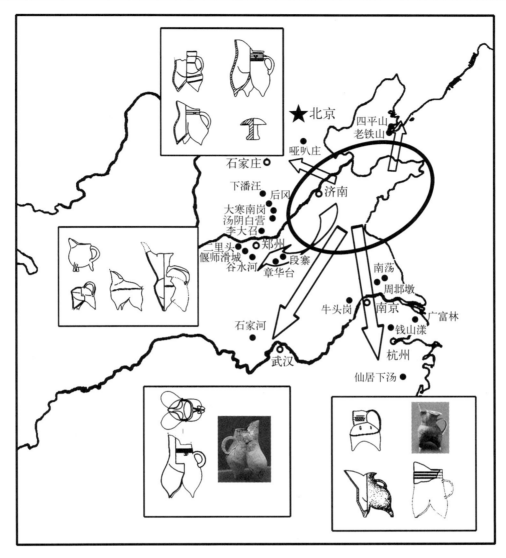

图九　海岱地区史前白陶向域外地区的传播和扩散

文化晚期阶段前期后段（与大汶口M10的时代相当），豫东的郸城段寨遗址发现了与大汶口文化形制完全相同的白陶鬶[1]。稍后，在位置更西一些的河南偃师滑城1座大汶口文化晚期墓葬里，也出土1件黄白陶高足杯[2]。此后的龙山文化和二里头文化时期，中原地区一直有为数不多的白陶存在，而且这些白陶的器形也以陶鬶为主。如登封王城岗遗址龙山文化三期中有"极少量的橙黄陶和白陶"，四期"橙红陶占0.7%"[3]。作为二里头文化最高等级的二里头遗址也是如此，有极少量用高岭土制作的陶器，颜色呈白、橙黄或橙红色，器形除了鬶，也见于盉[4]。最近几年郑州大学历史学院考古系等单位发掘的登封南洼二里头文化遗址，发现了数量可观的白陶。这里的白陶与其他二里头文化遗址相比，不仅数量多（个别单位白陶在全部陶片中的比例可达到2.7%），见于文化层、灰坑、墓葬等

[1] 郸城县文化馆：《河南郸城段砦出土大汶口文化遗物》，《考古》1981年第2期，第187、188页。
[2] 中国科学院考古研究所洛阳发掘队：《河南偃师"滑城"考古调查简报》，《考古》1964年第1期，第34、35页。
[3] 河南省文物研究所等：《登封王城岗与阳城》，文物出版社，1992年，第73、92页。
[4] 中国社会科学院考古研究所：《偃师二里头——1959～1978年考古发掘报告》，中国大百科全书出版社，1999年，第46、93、115、116、132～134、300、345页。

不同的遗迹单位，而且器形种类也明显较多，除了常见的鬶之外，还有爵、觚等，甚至发现了用白陶制作的网坠[1]。故可以认为，中原地区龙山文化和二里头文化的白陶，与东方海岱地区有密不可分的渊源关系。即使到了商代，白陶也是贵族才能够拥有的珍品。由于白陶制品在中原地区具有与东方海岱地区相同的功能，所以，我们认为白陶和其他礼制载体一样，同属从东方海岱地区复制和扩散到中原地区的，然后一代一代地予以传承和发展。当东方海岱地区白陶消失之后，其以另一种方式在中原地区的夏商文化中得到传承。

（2）向河北省中南部和河南省东北部一带的扩散

这一地区明确有东方文化因素并出土了白陶的遗址，南部有新乡李大召，往北依次有辉县孟庄、汤阴白营、安阳大寒南岗、后冈、磁县下潘汪等，最北发现的一处则为任邱哑叭庄遗址。这一地区发现的东方文化因素，显然要比黄河以南的中原地区晚了许多。大体说来，这一地区发现的东方文化因素主要是龙山文化中晚期阶段遗存。李大召遗址的白陶极少，发表的陶系统计表中甚至没有涉及白陶，这里的白陶均为鬶的残片，其形制属于龙山文化晚期[2]。孟庄遗址因为发现了龙山文化的城址，故应是一处等级较高的中心聚落。但城址内出土陶器中的白陶数量极少，并且仅见于个别陶鬶残器[3]。白营遗址的白陶主要见于中晚期，数量甚少，器形为陶鬶和鬶盖，有趣的是，不仅鬶的形制与海岱地区龙山文化同期陶鬶完全一样，就连鬶盖的形制也完全相同，所以不能排除其为舶来品[4]。安阳一带的龙山文化遗址也有白陶，如大寒南岗[5]和安阳后冈遗址，时代为龙山文化中晚期，知道器形者均为鬶，但数量也甚少，后冈的白陶比例为0.27%[6]，这一数据可能比较符合实际。河北省中部偏南的任邱哑叭庄遗址，曾经发现了极为丰富的龙山文化遗存，其中存在相当数量典型的海岱龙山文化陶器，时代主要为龙山文化晚期。该遗址也发现少量白陶鬶残片[7]。这一地区多数龙山文化中晚期遗址都有海岱龙山文化的文化因素，原汁原味的白陶鬶跟随着其他文化因素被一起传播过来也是十分自然的事情，只是数量更少而已。

（3）向长江下游和环太湖地区的扩散

这一地区自古以来就与海岱地区关系密切，良渚文化时期曾经强烈地影响了大汶口文化，以至于在海岱地区南部的一些遗址发现了浓厚的良渚文化因素。到龙山文化时期，随着良渚文化的消失和广富林文化的出现，来自北方的强势影响似乎无处不在，甚至可以找到一条清楚的文化扩散的路线。江淮之间的高邮周邶墩和南荡、上海郊区的松江广富林和太湖南侧的浙北吴兴钱山漾遗址，已经发现了丰富的具有龙山文化因素的遗存，甚至位置更靠南的浙中地区，在仙居下汤遗址也出土过典型的龙山文化陶鬶[8]。周邶墩和广富林遗址发现了少量属于龙山文化晚期的白陶，其器形无一例外都是陶鬶。周邶墩遗址在灰坑出土的4470片陶片中，白陶占0.3%[9]，这一比例与后冈基本一致。而位

[1] 郑州大学历史学院考古系等：《河南登封南洼遗址2004年春试掘简报》，《中原文物》2006年第3期，第4～12页。

[2] 郑州大学历史学院考古系：《新乡李大召——仰韶文化至汉代遗址发掘报告》，科学出版社，2006年，第139、140页。

[3] 河南省文物考古研究所：《辉县孟庄》，中州古籍出版社，2003年，第152页。

[4] 河南省安阳地区文物管理委员会：《汤阴白营河南龙山文化村落遗址发掘报告》，《考古学集刊·3》，中国社会科学出版社，1983年，第15～30页。

[5] 中国社会科学院考古研究所安阳队：《安阳大寒村南岗遗址》，《考古学报》1985年第1期，第49、51页。

[6] 中国社会科学院考古研究所安阳队：《1979年安阳后冈遗址发掘报告》，《考古学报》1985年第1期，第55～58页。

[7] 河北省文物研究所、沧州地区文物管理所：《河北省任邱市哑叭庄遗址发掘报告》，《文物春秋》1992年增刊，第181、192页。

[8] 台州地区文管会、仙居县文化局：《浙江仙居下汤遗址调查简报》，《考古》1987年第12期，第1057～1061页。

[9] 南京博物院考古研究所等：《江苏高邮周邶墩遗址发掘报告》，《考古学报》1997年第4期，第485～489页。

置更南的广富林遗址，白陶的数量更少，只发现过少量龙山文化晚期的白陶鬶残片[1]。

（4）向长江中游江汉地区的扩散

较之前三个地区，江汉地区与海岱地区的距离更为遥远，但两个地区之间的文化联系和交往，至迟在大汶口文化中晚期就已经开始了，而与属于汉水流域的河南南阳地区的联系可能时代更早。如在枣阳雕龙碑遗址第二期遗存中，就发现过典型的大汶口文化中期阶段的斜栅纹彩陶[2]；到屈家岭和石家河文化时期，文化的联系可能更多一些，如肖家屋脊遗址发现的刻有各种符号的大口尊（原报告称为臼），普遍认为与大汶口文化晚期的同类器形及刻符存在联系。江汉地区到石家河文化时期已经基本不见白陶，但却在肖家屋脊遗址石家河文化晚期灰坑中发现1件泥质白陶鬶，这件鬶与石家河文化早期的长颈鬶没有继承关系。而其整体造型及中高流、平沿有凹槽、粗颈外有成组凸棱、乳状袋足前小后大、桥形鋬手等各部位特征，却与海岱地区龙山文化晚期前段的同类鬶完全相同，显然直接来自海岱地区龙山文化[3]。

此外，东北方向的辽东半岛与海岱地区的联系更为紧密，甚至可以认为这一地区的南部，到龙山文化时期已经成为海岱地区的一个组成部分[4]。那么，在这里出现一定数量的白陶自然在情理之中了。

由以上分析可知，海岱地区大汶口、龙山文化的白陶，随着对外文化交流的发展而向域外地区传播和扩散，先后到达长江下游、长江中游、黄河中游、华北和辽东半岛等广大地区，为各地史前文化的繁荣和发展做出了自己独特的贡献。

（原载《考古》2010年第4期）

[1] 上海博物馆考古研究部：《上海松江区广富林遗址1999～2000年发掘简报》，《考古》2002年第10期，第31～48页。

[2] 中国社会科学院考古研究所湖北队：《湖北枣阳市雕龙碑新石器时代遗址试掘简报》，《考古》1990年第7期，第589～606页。

[3] 湖北省荆州博物馆、湖北省文物考古研究所、北京大学考古学系石家河考古队：《肖家屋脊》，文物出版社，1999年，第258页。

[4] 栾丰实：《辽东半岛南部地区的原始文化》，《海岱地区考古研究》，山东大学出版社，1997年，第375～407页。

中国史前文化中的八角星图案初探

一 史前八角星图案的发现和分布

八角星图案，或称为八角星纹，其基本形制为中部有一个封闭的心，围绕着中心向周边伸出八个呈放射状的锐角，是一种主要见于陶器外表的图案或纹样。

八角星图案最早发现于江苏省北部的邳州大墩子遗址。1963年对该遗址进行了发掘，在属于大汶口文化早期阶段的M44中，出土了一件完整的彩陶大口盆（M44：4），器表中部以上位置绘画了一周7个八角星图案，图案范围用粉红彩铺地，其上等距绘出留有红心的白色八角星图案，每个图案之间还以两条短竖线界隔，显得简约而典雅[1]。

后来，随着考古工作的广泛开展，陆续在一些同时期遗址发现同类图案。除了仍有绘制的彩陶图案之外，刻划八角星图案发现得也越来越多，如刻划在陶容器和陶工具（主要见于纺轮）的表面等。同时，也有在玉器上刻出同类图案的现象。

此外，在一些同时期遗址中还发现与八角星图案相近或相关的图案，这些图案有助于我们对八角星图案性质和功能的认识，故本文将一并予以讨论。

就目前的发现而言，八角星图案的分布范围极为广阔，包括了长江、淮河、黄河、辽河流域在内的大半个中国。从发现数量来看，淮河下游和长江下游地区是其中心分布区，即考古学上所说的海岱地区和环太湖地区，其他地区的数量相对较少，而且多是上述区域八角星图案的变体。

（1）海岱地区

这一地区发现八角星图案的遗址有：山东泰安大汶口[2]、兖州王因[3]、邹城野店[4]、曲阜西夏侯[5]、长岛北庄[6]、江苏邳州大墩子等。安徽蒙城尉迟寺遗址也发现了类似的图案[7]。从分布情况

---

[1] 南京博物院：《江苏邳县四户镇大墩子遗址探掘报告》，《考古学报》1964年第2期，第18页，图八，3；第32~34页，图二六，4，彩版一，2。南京博物院：《江苏邳县大墩子遗址第二次发掘》，《考古学集刊·3》，文物出版社，1981年，第39页，图一四，24、26。

[2] 山东省文物管理处、济南市博物馆：《大汶口——新石器时代墓葬发掘报告》，文物出版社，1974年，第114页，图九三，图版一〇六。山东省文物考古研究所：《大汶口续集——大汶口遗址第二、三次发掘报告》，科学出版社，1997年，第142页；第162、163页，图一一八，1、3，图版七二，1，彩版一，1。

[3] 中国社会科学院考古研究所：《山东王因——新石器时代遗址发掘报告》，科学出版社，2001年，第138页（地层出土仅文字无图像）；第260、261页，图二二一，3，图版一〇八，2。同类盆10件，但不知其他是否也有八角星纹图案。

[4] 山东省博物馆、山东省文物考古研究所：《邹县野店》，文物出版社，1985年，第63页，图四〇；图版四〇，3，彩版一，1。

[5] 中国社会科学院考古研究所山东工作队：《西夏侯遗址第二次发掘报告》，《考古学报》1986年第3期，第312、313页，图六，7。

[6] 北京大学考古实习队、烟台地区文管会、长岛县博物馆：《山东长岛北庄遗址发掘简报》，《考古》1987年第5期，第390、394页，有文字描述，未发表线图和照片。

[7] 中国社会科学院考古研究所：《蒙城尉迟寺——皖北新石器时代聚落遗存的发掘与研究》，科学出版社，2001年，第166页，图123，1、4、9；中国社会科学院考古研究所等：《蒙城尉迟寺（第二部）》，科学出版社，2007年，第274页，图204，三角至九角均有。

看，海岱地区的八角星图案主要分布在泰沂山以南地区，特别是汶泗河流域较多，泰沂山以北地区发现较少。海岱地区东南部的沂沭河流域至今尚未发现，可能与这一地区大汶口文化早中期遗址发现较少有关。

（2）环太湖地区

该地区发现八角星图案的遗址有上海青浦崧泽[1]、闵行马桥[2]、江苏武进潘家塘[3]、苏州绰墩[4]和澄湖前后湾[5]。这一地区发现的八角星图案主要分布于太湖的东、北两侧，从分布区域偏于北侧来看，与北方可能存在内在联系。南京北阴阳营遗址也发现有类似于八角星的图案[6]。

（3）江淮之间

这一地区的八角星图案见于江苏海安青墩[7]、安徽含山凌家滩[8]、怀远双墩[9]等遗址。在长江以南的江西靖安郑家坳墓地[10]，也发现了完全一样的图案。苏、皖两省的江淮之间，在新石器时代是一个比较特殊和敏感的区域，该地区在地理位置上是南北和东西几大文化区的联系通道和文化交流的走廊，客观上起着文化纽带的作用。所以在这一地区出现一定数量的南北共有文化因素，是很容易理解的现象。此外，在江苏高邮龙虬庄[11]、安徽宿松黄鳝嘴[12]和郑州大河村等遗址[13]，也发现有类似的角星图案。

（4）北方地区

是指以西辽河和大小凌河等为主的燕辽地区，这一地区的八角星图案仅见于小河沿文化的内蒙古敖汉旗南台地遗址[14]。

[1] 上海市文物保管委员会：《崧泽——新石器时代遗址发掘报告》，文物出版社，1987年，第54页，图四二，2，图版三〇，1，豆之圈足底部刻一周八角星图案，未公布数量，从图上看估计不少于7个；第70、71页，图五四，7，壶之底部压划八角星图案。张明华，王惠菊：《太湖地区新石器时代的陶文》，《考古》1990年第10期，第904页，图二，11、12。

[2] 上海市文物管理委员会：《马桥——1993~1997发掘报告》，上海书画出版社，2002年，第49、52页，图四八，3，彩版三，3。

[3] 武进县文化馆、常州市博物馆：《江苏武进潘家塘新石器时代遗址调查与试掘》，《考古》1979年第5期，第405、406页，图一，18。

[4] 苏州市博物馆、昆山市文物管理所、昆山市正仪镇政府：《江苏昆山绰墩遗址第一至第五次发掘简报》，《绰墩山——绰墩遗址论文集》，《东南文化》2003增刊1，第16、17页，图二七，3。

[5] 南京博物院等：《江苏吴县澄湖古井群的发掘》，《文物资料丛刊·1》，文物出版社，1985年，第7、8页，图一一，5，图版壹，6。张明华，王惠菊：《太湖地区新石器时代的陶文》，《考古》1990年第10期，第904页，图二，11、12。

[6] 南京博物院：《北阴阳营——新石器时代及商周时期遗址发掘报告》，文物出版社，1993年，第60、62页，图三〇，10；第82、83页，图四七，7。

[7] 南京博物院：《江苏海安青墩遗址》，《考古学报》1983年第2期，第177、178页，图二八，2、3。

[8] 安徽省文物考古研究所：《凌家滩——田野考古发掘报告之一》，文物出版社，2006年，第47~49页，图二八，1，图版二〇，1；第209页，图一六二，2，彩版一六五，1、2；第248、249页，图二〇二，彩版二〇一。

[9] 安徽省文物考古研究所、蚌埠市博物馆：《蚌埠双墩——新石器时代遗址发掘报告》，科学出版社，2008年，第205~210、237~242页。

[10] 江西省文物工作队、靖安县博物馆：《江西靖安郑家坳新石器时代墓地清理简报》，《东南文化》1989年第4、5期（合刊），第4、11页，图五，17。

[11] 龙虬庄考古队：《龙虬庄——江淮东部新石器时代遗址发掘报告》，科学出版社，1999年，第254~257页，图三六一，1、3，彩版四，6。

[12] 安徽省文物考古研究所：《宿松黄鳝嘴新石器时代遗址》，《考古学报》1987年第4期，第456页，图九，1、3；第464页，图一五，8；图版拾贰，3。

[13] 郑州市文物考古研究所：《郑州大河村》，科学出版社，2001年，第196页，图一〇九，13（八角星图案）；第192页，图一〇六，3、4（六角星图案），1、9（太阳纹图案）。

[14] 辽宁省博物馆、昭乌达盟文物工作站、敖汉旗文化馆：《辽宁敖汉旗小河沿三种原始文化的发现》，《文物》1977年第12期，第13页，图二六，2，图二八。

（5）西北地区

在以甘青为主的西北地区，也发现个别八角星图案，如青海的柳湾[1]、贵南尕马台[2]、甘肃武威皇娘娘台遗址[3]。

（6）长江中游地区

长江中游目前发现八角星图案的遗址主要分布在洞庭湖及其周边地区，如湖南洪江高庙[4]、安乡汤家岗[5]和划城岗[6]、岳阳坟山堡[7]等。其中汤家岗遗址发现的一件为典型的八角星图案。

以上发现八角星图案的遗址，主要集中在两个区域：

一是从泰沂山经淮河、长江到太湖东侧一带，南北基本连成一片；

二是洞庭湖周边及沅水流域。其他地区发现的数量甚少，均属于零星发现（图一）。

自20世纪60年代大墩子等遗址陆续发现八角星图案以来，最初并未引起大家的特殊注意，认为其不过是新石器时代陶器的众多纹样中的一种而已。1987年，安徽省文物考古研究所对安徽含山凌家滩墓地进行了第二次发掘，在87M4出土的大量玉器中，发现了一件夹于玉质的龟背甲和腹甲之间的长方形玉版，玉版正面刻有一组完整而结构紧凑的图案，图案的中心为一八角星。这一特有的图案加上其夹在玉质龟的背甲和腹甲之间的出土环境，使许多学者立即认识到其重要性，并从各自的角度进行了探讨，进而得出各种不同的结论[8]。

稍后，在长江中游的洞庭湖及沅水流域也相继发现了相同或相似的八角星图案，而且其时代明显比东部地区要早。引起了人们对八角星图案的进一步关注，并就其原本含义、不同地区同类图案之间的关系等问题展开了新的讨论[9]。

---

[1]　青海省文物管理处考古队、中国社会科学院考古研究所：《青海柳湾——乐都柳湾原始社会墓地》，文物出版社，1984年，第146页，图谱一，218、219；第99页图七三，4；图版六八，4、5。

[2]　青海省文物管理处考古队：《青海省文物考古工作三十年》，文物编辑委员会编《文物考古工作三十年（1949～1979）》，文物出版社，1979年，第162页，图版拾肆，4。

[3]　甘肃省博物馆：《武威皇娘娘台遗址第四次发掘》，《考古学报》1978年第4期，第432页，图一八，5；图版叁，11。

[4]　湖南省文物考古研究所：《湖南洪江市高庙新石器时代遗址》，《考古》2006年第7期，第11页。

[5]　湖南省博物馆：《湖南安乡县汤家岗新石器时代遗址》，《考古》1982年第4期，第347、350页。

[6]　湖南省文物考古研究所、常德市文物处、安乡县文物管理所：《湖南安乡划城岗遗址第二次发掘报告》，《考古学报》2005年第1期，第73、75页，图二二，13。

[7]　岳阳市文物工作队、钱粮湖农场文管会：《钱粮湖坟山堡新石器时代遗址试掘报告》，《湖南考古辑刊（6）》，1994年，第30～31页，图十六。

[8]　陈久金、张敬国：《含山出土玉片图形试考》，《文物》1989年第4期，第14～17页；俞伟超：《含山凌家滩玉器和考古学中研究精神领域的问题》，《文物研究（第五辑）》，黄山书社，1989年，第57～63页；饶宗颐：《未有数字以前表示"方位"与"数理关系"的玉版》，《文物研究（第六辑）》，黄山书社，1990年；钱伯泉：《凌家滩新石器时代遗址出土的玉制式盘》，《文物研究（第七辑）》，黄山书社，1991年，第152～156页；王育成：《含山玉龟及玉片八角形来源考》，《文物》1992年第4期，第56～61页；王育成：《含山玉龟玉片补考》，《文物研究（第八辑）》，黄山书社，1993年，第28～36页；李学勤：《论含山凌家滩玉龟、玉版》，《走出疑古时代》，辽宁大学出版社，1994年，第113～124页；栾丰实：《海岱地区彩陶艺术初探》，《海岱地区考古研究》，山东大学出版社，1997年，第156～180页；杨泓：《含山玉器留下的许多待解之谜》，《中国文物报》1999年1月31日；张忠培：《窥探凌家滩墓地》，《凌家滩玉器》，文物出版社，2000年，第141～153页；方向明：《试论镯式琮——关于良渚文化玉琮的起源及其后续的思考》，《浙江省文物考古研究所学刊（第六辑）》，杭州出版社，2004年，第122～137页；李修松：《试论凌家滩玉龙、玉鹰、玉龟、玉版的文化内涵（代序）》，《凌家滩文化研究》，文物出版社，2006年，第1～7页；方向明：《凌家滩遗址出土玉器和纹饰的相关问题讨论》，《凌家滩文化研究》，文物出版社，2006年，第190～202页；沈建华：《殷代卜辞中的东、西与阴、阳方位》，《东方考古（第4集）》，科学出版社，2006年，第218～226页。

[9]　牟永抗：《试论长江流域史前时期的白色陶器》，《长江中游史前文化暨第二届亚洲文明学术讨论会论文集》，岳麓书社，1996年，第273～279页；贺刚：《中国史前艺术神器的初步考察——〈中国史前艺术神器〉纲要》，《长江中游史前文化暨第二届亚洲文明学术讨论会论文集》，岳麓书社，1996年，第280～305页；李立新：《甲骨文"贞"字新释》，《考古与文物·2005年古文字论集（三）》，第16～22页。

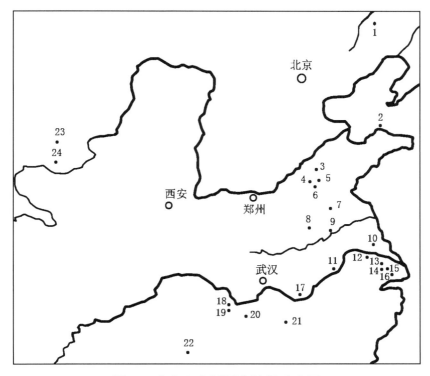

图一 出土八角星图案遗址分布图

1. 南台地 2. 北庄 3. 大汶口 4. 王因 5. 西夏侯 6. 野店 7. 大墩子 8. 尉迟寺 9. 双墩 10. 青墩 11. 凌家滩 12. 潘家塘 13. 绰墩 14. 澄湖前后湾 15. 崧泽 16. 马桥 17. 黄鳝嘴 18. 汤家岗 19. 划城岗 20. 坟山堡 21. 郑家坳 22. 高庙 23. 皇娘娘台 24. 柳湾

二 八角星图案的分类与年代

（一）分类

八角星图案是由中部的封闭图形和周边外伸的角星两个部份组成。依中心部和四周角星的表现形态，八角星图案可以划分为两大类：

中心部分为方框，方框的每一条边上有两两相对而外伸的直角三角形，即直角边在外侧，斜边相对，整体上分布得对称而不均匀，为了行文方便称为A类[1]，这是本文讨论的八角星图案的主体，或可称为典型的八角星图案。

中心部分为圆形，圆边上等距或基本等距分布着八个外伸的锐角，像放射的光芒状，八个角则分布得比较均匀，称为B类。

A类数量较多，分布上也相对比较集中，并且这种图案具有固定的结构，昭示着人们赋予其特殊含义，是我们讨论的主要对象。B类数量较少，分布范围广而比较散乱，是我们讨论八角星图案的功能和用途时的重要参照。另外，下文中提及的一些与八角星图案有关的图案，如太阳图案等，是为了更好地认识它们之间的联系和区别，以探索古人的原始意图，称为其他相关图案。

---

[1] 此类有两个例外，一是大汶口遗址彩陶盆（M1018：32）上的一组八角星图案，中心是圆形心；二是凌家滩玉鹰（M29：6），中心部分是一个圆圈。此两例的角星部分与A类完全相同。

1. A类

依其绘画（或刻划）方式和载体，可以分为四小类，分别为彩陶绘画、陶容器刻划、陶纺轮刻划和玉器刻划。

（1）彩陶上绘画的八角星图案

彩陶上的八角星图案见于大墩子、王因、野店、大汶口、北庄、西夏侯、南台地和柳湾遗址（图二），除了南台地和柳湾遗址之外均属于黄淮下游的海岱地区。

图案的载体以陶盆最多，其次是豆，南台地则发现于器座的腰部。均绘于器外表显要的上腹部，排列形式为环绕一周，陶盆上一般为对称的4个，也有7个者（如大墩子），陶豆上则为5个，中间多以简单的短竖条（多见两或三竖条，也有其他复杂图案者，如野店M35∶2，为长圆形中间排列若干白色圆圈）相间隔。色彩的使用基本一致，但略有差别，总体上是先用红彩打地色（有的是通体施红色陶衣），然后在设计好的位置用白彩绘出方框以外的角星部分，方框内心则保留着红彩地色，多数还用黑或褐色（或紫褐色）线条描绘角星的边缘，形成由三种色彩构成的复彩图案。

南台地F4∶3的八角星图案位于器座的束腰处，亦环绕一周且对称排列。与海岱地区相比有三点不同：一是每个八角星图案在器物上均为斜置；二是中部没有明显的方框；三是辅助纹饰比较繁杂，中部有半封闭的长方形，八角星图案之间的间隔除了4条竖线外，中间2条之间还填以细密的折线纹。看起来与海岱地区的同类图案既有相同之处，也有不少差别。

柳湾遗址马厂类型出土的彩陶纹样种类繁多，其中也发现有两种与上述八角星图案相近的图案。

（2）陶容器上刻划的八角星图案

陶容器上的八角星图案共有4个遗址出土5例（图三），即汤家岗、崧泽（2例）、马桥和澄湖前后湾。

汤家岗遗址的M1∶1，位于粗矮圈足盘的底部。图案的结构也有所不同，总体来说是相对更复杂一些。如中心的方框内、八个角星的内外侧均填以各种折线纹和弧线纹，中间相连的方框略小，位于角星直角边的连线内侧，而两面相对的直角边并不完全相连接。

崧泽遗址发现2例，分别为壶和豆。M33∶4为壶，八角星图案位于极矮的圈足底部，中心方框内部还有一个转动45°的内弧边四边形。T2∶7为豆，一周八角星图案整齐的排列于圈足的下部，报告未公布数量，从排列的情况看很有可能是8个。中间的方框内刻一"×"形符号。

马桥遗址发现的八角星图案刻于阔把杯（M204∶3）的宽把手正面中部，在刻划方法上，先是正刻一个"井"字，然后再刻一个转动45°的"井"字，两个井字叠在一起，形成八角星图案。由于井字的笔画长短不整齐，所以有的边线伸出了角外，有的因为边线较短而未将角星封闭，整体显得比较潦草和随意。

苏州澄湖前后湾古井J127∶1，为良渚文化的贯耳壶（原报告称为鱼篓形罐），腹部有一行四个刻划符号，或认为是4个文字，其中第一个就是八角星图案。该图案的刻法与以上均有所不同，细审之，是四个底边在外且顶角两两相对的等腰三角形组合在一起（也可以认为是两个五字转动90°排列），构成一个八角星图案。所以，其中部的方框内交织着8条射线，整体上显得比较凌乱。

图二　彩陶上的A类八角星图案

1. 大墩子（M44∶4）　2. 西夏侯（H5∶3）　3、4. 柳湾　5. 王因（M188∶2）　6、8~10. 大汶口（M1018∶32、M1013∶1、1959采集、M2005∶49）　7. 野店（M35∶2）　11. 南台地（F4∶3）

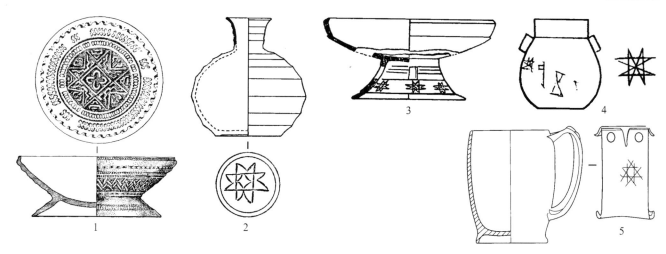

图三　陶器上刻划A类八角星图案

1. 汤家岗（M1：1）　　2、3. 崧泽（M33：4、T2：7）　　4. 澄湖（T129：1）　　5. 马桥（M204：3）

（3）陶纺轮上刻划的八角星图案

纺轮上的八角星图案，共有6个遗址7例，即大墩子、青墩、潘家塘、绰墩、凌家滩和郑家坳等遗址（图二）。图案多数位于纺轮较小的一面，个别在较大一面上，如绰墩M19：3。均系刻划而成，形状与彩陶上的同类图案完全一样。由于没有色彩配合，所以显得比较简单，有的做得还相当潦草。如郑家坳M8：2，笔画不连贯而潦草（图四，6）；青墩M17：5，只完成一半多，另一半没有全部画完（图四，3）。

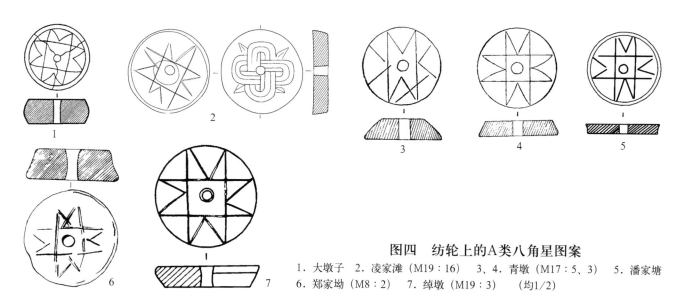

图四　纺轮上的A类八角星图案

1. 大墩子　2. 凌家滩（M19：16）　3、4. 青墩（M17：5、3）　5. 潘家塘
6. 郑家坳（M8：2）　7. 绰墩（M19：3）　　（均1/2）

（4）玉器上的八角星图案

玉器上的八角星图案只在凌家滩遗址发现2例（图五）。

一为87M4：30，长方形玉版，长11.0、宽8.2、厚0.2～0.4厘米。玉版上的图案比较复杂，分解开来，从内到外有八角星的方框、八角星、圆圈、八个箭头（每个前头之间有斜线界隔）、圆圈、四个箭头和玉版的方边等七个部分。可以看出来，其核心部分是一个标准的八角星图案。

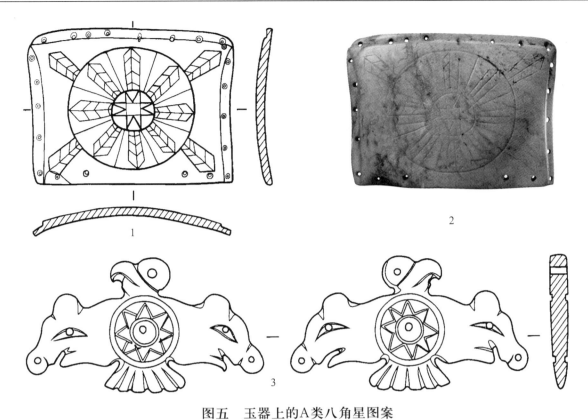

图五　玉器上的A类八角星图案

1～3. 凌家滩（87M4：30、87M4：30、98M29：6）

二为98M29：6，鹰形玉器，双翅为兽首形。器身正背两面有相同的八角星图案，表现形式为内外各刻有一周双线圆圈，中部为刻划八角星图案，角星的形状与A类相同，每个角星均为直角，排列上则两两相对，共有四组，中心则为圆形，属特例。

2. B类

可以分为三小类，分别为彩陶绘画、陶器刻划和其他类别。

（1）彩陶上绘画的八角星图案

彩陶上的八角星图案不多，见于青海柳湾等遗址，柳湾公布资料的有两例，均在大口盆的内底和内壁（图六，1、2）。M888：4，中心为较大的重环，周壁有呈放射状的八角星；M91：1，较为

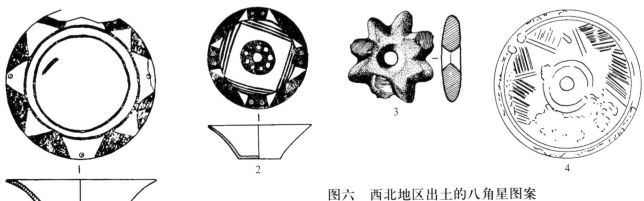

图六　西北地区出土的八角星图案

1、2. 柳湾（M888：4、M91：1）　3. 皇娘娘台（T4：13）　4. 尕马台（M25）

复杂，中心为圆环形，环绕中心小圆的周围有9个小圆圈，圆环之外为方框，再以长短不一的短线外延，最后围成一圆形。其外为八角星，八个角亦为直角三角形，两两以直角边相对，呈不等距分布，两个直角边之间，各有两个小圆圈纹。

（2）陶器上刻划的八角星图案

陶器上刻划八角星图案的地域分布比较散乱，淮河流域和长江流域都有发现。

湖南高庙、坟山堡、划城岗等遗址所出均为此类（图七，1～3、9）。高庙公布了2件，均刻划于罐类器物的颈下。一件图案为中部刻划一圆圈，圆圈内刻有内弧的四边形，圆圈外围是齿状八角星图案；另一件没有内心的四边形。划城岗T25⑤：8为豆的残片，其上所刻八角星图案，与高庙后一件相同。坟山堡H13上：8为一件圈足钮器盖，八角星图案位于盖面上，系压划而成，与其他同类图案不同的是，其八个角均为直角三角形，并且依次按顺时针方向倾斜排列，角星边线以外范围压划直线纹。

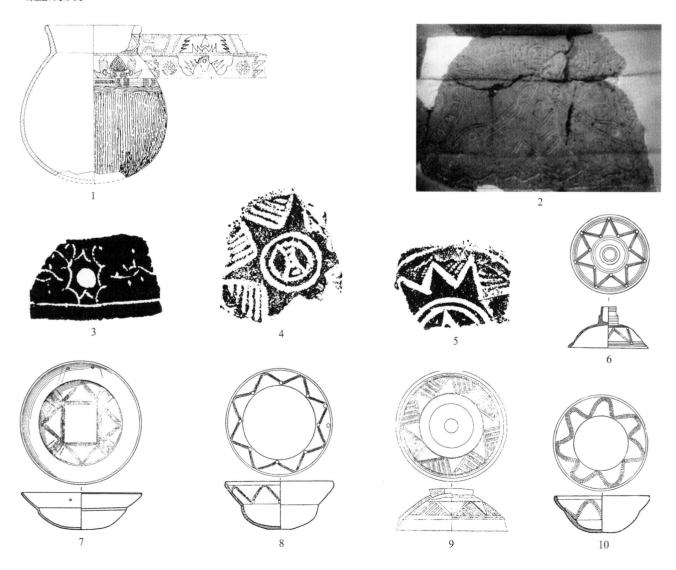

图七　B类八角星及相近图案

1、2. 高庙　3. 划城岗（T25⑤：8）　4～6、8、10.（黄鳝嘴T1②：7、T7②：5、M16：4、M4：1、M14：1）　7. 北阴阳营（M51：3）
9. 坟山堡（H13上：8）

安徽黄鳝嘴遗址发现的1件压划或刻划B类八角星图案，位于大口折腹盆（M4∶1）的内壁（图七，8），周壁折线以上压划有八个匀称的角星，角部尖锐，转折处多加饰小圆圈，整体上俯视盆内壁折线处即为一周圆圈。

与黄鳝嘴遗址的发现相似，南京北阴阳营遗址也有1件相同的大口折腹盆（M51∶3），在内壁下半部刻划出内外两个交错的四边形，内四边形的四个角外，刻划出向外突出的部分，整体上近似八角星图案（图七，7）。

安徽怀远双墩遗址陶器圈足底部极为流行刻划各种符号，其中四边形的数量较多，也有个别交错重置两个四边形而形成近似八角星的图案（图八，2、4）。

安徽蒙城尉迟寺遗址比较流行在陶纺轮上刻划角星图案，从三角到九角都有，其中个别为B类八角星图案（图九）。

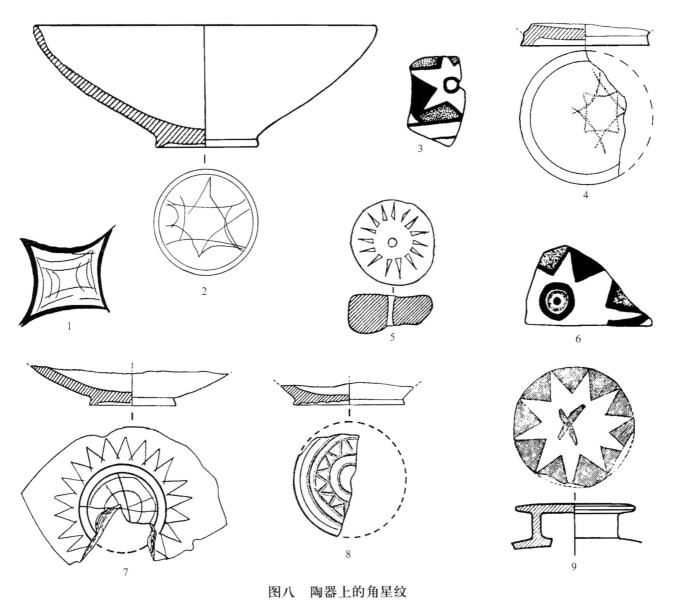

图八　陶器上的角星纹

1、2、4、7、8.双墩（T0819⑮∶122、T0819⑲∶44、T0819⑲∶91、T0621⑨∶109、T0721㉙∶52）　3、6.大河村　5.大墩子（M25∶1）　9.北阴阳营（采集）

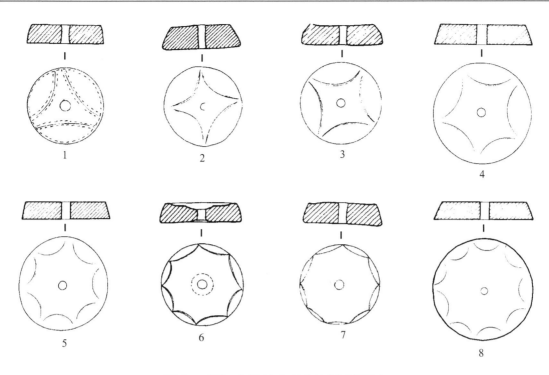

图九　尉迟寺纺轮上的刻划角星图案

1. T4115⑥：2　2. T3912⑦：10　3. T411④2：3　4. T2220③：1　5. T3615③：3　6. T4013⑧：2　7. T4119⑤：2　8. T3810
③：1

（3）其他类别的八角星图案

其他类八角星图案不多，见于石质和铜质材料（图六，3、4）。石质如甘肃省武威皇娘娘台遗址T4：13，为八角形石器，中部有一圆孔，周边修整做成八角星状。铜质如出自青海贵南尕马台齐家文化墓葬（M25）的铜镜，背面有图案，图案的中心为圆环，周边为角星，角星的外侧填以不同方向的斜线。铜镜表面锈蚀较甚，可清楚辨认者为五个角，锈蚀严重而看不清楚的位置约占全部的三分之一，所以估计完整时可能为八个角星，即为八角星图形。

3. 其他相关类别的图案

指与八角星图案相近的图案。此类不属于八角星图案，为了叙述方便，列于此一并予以简单讨论。

（1）太阳纹图案

与八角星图案同时存在的还有一种太阳纹图案（图一〇）。太阳纹图案在各个区域均有发现，但数量不多，因为本文主旨不是讨论这一类纹样图案，所以只挑选部分实例予以说明。

跨湖桥T202②：9等，为彩陶纹样，绘于罐类器物的肩、腹部，先用红彩绘地色，然后用白彩画出一个圆圈，圆圈内有一白色圆点，圆圈周围用白彩画出长短、粗细、间隔均不一致的放射状射线，一望便知是太阳的形象。相似的图案还有一些（图一〇，1～3）[1]。

双墩T0819⑲：121、T0723㉗：23，均刻划于器物圈足的底部，中部为圆圈，周围是或疏或密的

---

[1]　浙江省文物考古研究所等：《跨湖桥》，文物出版社，2004年，第58、59、62页，图四一，1～3；图四二，11。

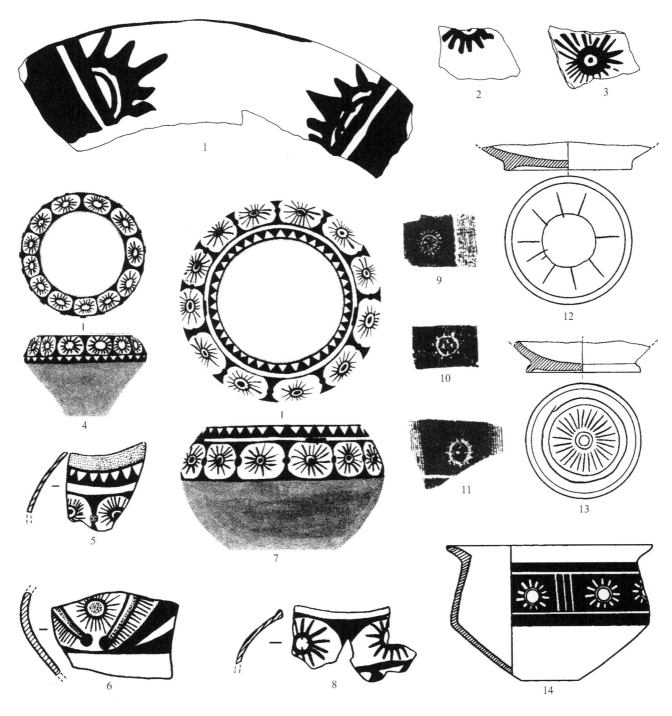

图一〇 陶器上的太阳纹

1～3.跨湖桥 4～8.大河村 9～11.划城岗（T15③：4、T21③：5、F11：25） 12、13.双墩（T0819⑲：121、T0723㉗：23）
14.王因（M2514：9）

放射状射线，可归入太阳图案一类（图一〇，12、13）。

王因M2514：9，彩陶盆，形制与绘八角星图案的盆相近。盆之上腹显要位置绘有一周三组共九个太阳纹图案，每组三个，组与组之间用三条短竖线间隔（图一〇，14）。

划城岗在发现B类八角星纹的同时，也发现多件刻划太阳纹图案。如T15③：4、T21③：5和

F11：25，中部为一圆形，周围有数量不等的甚短戳印纹，圆圈中部也有少量戳点（1～5个不等），发掘报告将其称为太阳纹（图一〇，9～11）。

河南中部仰韶文化的太阳纹图案略多，如大河村遗址就发现过多件彩陶太阳纹图案，位于钵类器形的上腹部，目前发表的2件完整器，均为一周12个。图案的中心部分为圆圈，四周呈放射线状，而中心的圆圈内则有空白和加圆点的区别（图一〇，4～8）。

相似的太阳纹图案也见于黄河上游和长江中游等区域。

（2）其他多角星图案

除了太阳图案之外，与八角星相似的图案还有其他多角星图案，其中以四角者最多。这些多角星图案普遍见于黄河流域和长江流域等广大地区，各地区的构图方式和表现手法也不完全相同，主要有刻划和用彩色颜料描绘两种，例如：

安徽双墩遗址发现有从三角到近二十角星的刻划图案（图八，1、7、8）；南京北阴阳营遗址陶器盖上的彩陶十角星图案（图八，9）；邳州大墩子遗址陶纺轮上刻划的十五角星图案（图八，5）；高邮龙虬庄遗址陶钵内底的多角星彩陶图案（残破不全，从保存的数量推算可能也是十角）[1]；青海柳湾马厂类型的彩陶五角星、六角星图案等；安徽黄鳝嘴薛家岗文化发现的七角星和多角星图案，M16：4为一杯形钮覆盆形器盖，盖面上部和下部分别有三、四周圆圈，中部则刻划七个匀称的锐角，所有的转折处还戳印一个小圆圈（图七，6）。该遗址出土的陶器残片上也有类似的压划角星纹，数量上既有少于八个角也有多于八个角的现象（图七，4、5）；安徽尉迟寺遗址的纺轮上发现刻划的三角到九角不等的角星图案；郑州大河村仰韶文化三期发现有彩陶五角或六角星图案（图八，3、6）；上海马桥良渚文化圈足盘底部的刻划五角星图案，等等。

这些角星图案分布广泛，形式多样，并且角星的数量并不固定，载体、刻划和绘画的技法也各不相同。所以可以认为，它们性质属于装饰性图案。

（二）年代

1. A类八角星图案的年代

各地区发现的A类八角星图案，多数有明确的出土地点和具体出土单位，所以它们的时代比较明确。

海岱地区6个遗址发现的八角星图案均为A类，除了野店和西夏侯两遗址出土八角星图案的单位为大汶口文化中期之外，其余4个遗址所出均为大汶口文化早期阶段，如果进一步细分，则为早期后段。按目前的编年体系，海岱地区发现的八角星图案大体可以确定在距今5800～5000年之间。

太湖地区有5个遗址发现A类八角星图案，其中崧泽遗址2件，1件出自M33，属崧泽遗址的崧泽文化中期，另一件出自地层。绰墩和潘家塘的2件均属于崧泽文化。上海马桥和苏州澄湖前后湾出土

---

[1] 龙虬庄考古队：《龙虬庄——江淮东部新石器时代遗址发掘报告》，科学出版社，1999年，第254～257页，图三六一，1、3，彩版四，6。

的2件，均属于良渚文化，其中马桥1件较早，澄湖1件略晚。所以，目前太湖地区发掘的八角星图案主要属于崧泽文化和良渚文化，依我们对该地区史前文化年代的认识，其上限不超过距今5800年，下限则可以晚到距今5000年前后，整体上与海岱地区的发现年代相当或略晚。

淮河中下游发现的几例A类八角星图案，年代基本一致。东部的青墩出土者属于崧泽文化晚期（或称为龙虬庄文化）。中部的凌家滩出土的3件分别出自3座墓葬，即M4、M19和M29，时代大体与崧泽文化晚期相当。江西郑家坳墓地，位置偏西，出土陶器多与薛家岗文化相近[1]，并且与崧泽文化也有许多共性因素，所以其时代也应大体相当[2]。总体上均在海岱地区和太湖地区所出同类图案的年代范围之内。

北方内蒙古敖汉旗南台地遗址属于小河沿文化。关于小河沿文化的年代，学术界存在不同看法，或认为较早，或认为较迟。从小河沿文化中存在部分大汶口文化中期的文化因素来看，其年代上限可早到大汶口文化中期。从这一视角来认识南台地的八角星图案的年代，大体上属于大汶口文化中期阶段，即距今5500~5000年之间，其在燕辽地区的出现或许与大汶口文化的影响有关。

西北地区发现的个别A类八角星图案，文化属性为马厂类型，年代明显偏晚，绝对年代已经落在了龙山文化的积年范围之内。

洞庭湖地区汤家岗遗址发现的A类八角星图案，属于大溪文化早期或汤家岗文化，其年代在距今6000年之前，这是目前发现的A类八角星图案中年代最早的一件。

综上，目前所发现的A类八角星图案，年代最早的出自长江中游洞庭湖地区的汤家岗遗址，在距今6000年之前。然后是从黄淮下游的海岱地区到太湖地区，年代约在距今6000~5000年之间，东北燕辽地区的发现也大体在这一年代范围之内。西北地区的个别发现年代最晚，绝对年代在距今5000~4000年之间。

2. B类八角星图案的年代

B类八角星图案的年代跨度较大。这类图案年代最早的是湖南沅水流域的高庙文化，绝对年代在距今7000年前后甚至更早，淮河流域的双墩文化，年代也在距今6000年之前。黄鳝嘴的发现，则在距今6000~5000年之间。而尉迟寺、柳湾、尕马台、皇娘娘台的B类八角星图案，则已进入了距今5000~4000年的区间，有的甚至更晚。

B类八角星图案以洞庭湖西南的沅水中游地区出现最早，约在距今7000年以前。有意思的是，后来持续使用并且被神化的兽面纹也在这一地区同时出现。随后波及到洞庭湖周围一带，如划城岗、坟山堡的发现等。位置更东的安徽宿松黄鳝嘴的B类八角星图案，时代已经在距今6000年以后。安徽北部尉迟寺遗址的发现，则已经进入距今5000年之内。而其他地区的发现，数量少且时代更晚，如甘青地区的少量同类图案，时代已经晚到距今4000年前后。需要说明的是，皖北双墩遗址虽然发现了个别时代较早的B类八角星图案，但其结构与其他遗址出土者明显不同（用两个四边形错位叠在一起），应另当别论。

---

[1] 刘诗中、李家和：《郑家坳墓地陶器分析》，《文物研究（第六辑）》，黄山书社，1990年，第76~80页。

[2] 或认为郑家坳墓地的遗存属于樊城堆类型，但从郑家坳墓地出土的有把鼎、钵形豆、壶等器物看，显然要早于樊城堆类型。参见李家河、刘林、刘诗中：《樊城堆文化初论——谈江西新石器时代晚期文化》，《考古与文物》1989年第2期。

三　各类图案和纹样之间的关系

1. A、B两类八角星图案的关系

A、B两类八角星图案之间的差别十分明显，主要表现在以下四个方面：

一是图案的中心部分显著不同。A类为方形框，B类为圆圈（或数重圆圈）。

二是周边的角星有明显区别。A类的八个角星，每一个都是不等边的直角三角形，而B类的角多为等腰的锐角。

三是角星的排列方式不同。A类的八个角星分成四组，每一组都是直角边在外而斜边在内的两两相对排列，每一组对应着中心方框的一条边。B类的角星基本是呈等距离的排列形式，角星之间没有规则的分组，而且，角星与中部圆圈的连接也比较随意。

四是八角星的载体有所不同。A类主要见于盆、豆、壶、纺轮和玉器，B类的载体则比较散乱，盆、钵、罐、碗、器盖和纺轮等均有，以器盖的数量略多。

A、B两类八角星图案的共同之处主要表现在宏观上，如均分为中心和四周两个部分，四周均为角星、均采用绘画、刻划等手法做成等。

由以上分析可知，A、B两类尽管都称为八角星图案，实际上它们之间的差别大于共性，本质上应属于两种不同的图案。当然，不排除它们存在一定的联系，如大汶口的彩陶盆中心为圆点和凌家滩玉鹰中心为双重圆圈，似乎是两类图案的结合。

2. 八角星图案和太阳纹的关系

不少学者认为，八角星图案就是象征太阳的纹样，与太阳崇拜有关。对此，我认为需要区别对待，首先应该辨明两种图案之间的关系，之后才好进一步探讨其功能和意义。

上文分类一节述及，太阳纹图案在各地区的新石器文化中也有所见，如跨湖桥、双墩、王因、大河村等遗址。它们的基本结构是中心有一圆圈，四周为均匀的放射状射线，中部的圆圈内或有点，或有晕色，应为不同的表现形式。这一类图案应该是太阳的直接摹画，历史时期也是这样的表现形式，所以这一类图案表现的是太阳在学界没有异议。

如果比较太阳图案和A、B两类八角星图案，就可以发现：太阳图案和A类八角星图案完全不同。首先，八角星图案的中心位置是一个方框，与象征太阳形象的圆圈或圆点迥异；其次，即使认为向外辐射的角星是四射光芒的另一种表现形式，而A类八角星图案也与之不同，他的角星是分成规律的四组，并非等距排列。因为太阳的光芒是向四周均匀分布照射的，故才有彩陶和陶器刻划纹样中的典型太阳纹图案。所以，我认为A类八角星图案在具体形象和照射的光芒两个方面所表现的都不是太阳。

B类八角星图案与太阳图案之间确实有一些共同之处：首先其中心的部分均为圆圈；其次，八角星图案的角星向四周呈放射状均匀分布；第三，呈角星状分布的图案不限于八角，也有数量更多或更少的角，如从三角到更多的角的情况都存在。所以，角星的数量并不固定在八角，可多可少，如尉迟寺遗址的纺轮上的刻划图案有三、四、五、六、八、九个角，大河村遗址陶钵上的彩陶图案是五个角（残片上有六角或更多角存在），黄鳝嘴遗址的器盖和陶片上的压划图案是七个角（有一件残片复原后应超过八个角），北阴阳营器盖上的彩陶图案是十个角，双墩不完整器底上的刻划图案已多达十七个角，复原后应超过二十个。这样看来，B类八角星图案与太阳图案之间应该有一定的共性和内在联系，至少其在不同的功能中有表示太阳的含义，这从后世如汉代的"日光镜""昭明镜"多采用连弧形八角图案中可以得到旁证。

在多角星图案中，有一种四角（一般称为四边形）图案十分流行。这种四边形图案的四个边并不平直，一般做内弧线状，内弧的程度有所不同。各个区域的许多遗址都有发现，如高庙罐上八角星内圈之内的图案、双墩钵类器物的器底（T0721㉙：39等）、大墩子的纺轮（M288：7）、尉迟寺的纺轮（T3912⑦：10、T4112④：3）、崧泽觚的底部（M97：5）等。陵阳河、大朱村等遗址发现的一种大汶口文化晚期四边形图像文字，就与这种四边形图案完全相同。不同区域和不同文化发现的这种图案，隐含于其中的意义是不是一致，很值得推敲，不能轻易下结论。

综上所述，可以认为，A、B两类八角星图案的差别是主要的，而共同因素则是宏观的和次要的，所以，它们应该是两类性质不同的图案。A类八角星图案和太阳图案则是完全不同的两类图案，相互之间不存在内在联系。B类八角星图案和太阳图案之间可能存在一定的联系，即B类八角星图案也有表示太阳的寓意，而且这种联系不仅仅限于八角星，其他多角星图案应该具有同样的功能。至于比较特殊的四边形图案，则是完全不同的两类。

四　八角星图案的含义与解释

关于A类八角星图案的含义，目前存在着诸多不同的解释：

第一种观点认为，这一图案的方心表示的是太阳，八角代表着太阳辐射出来的光芒[1]；表现的是太阳崇拜和原始巫术用于祭祀和占卜的一种特殊符号，即"贞"字的初始形态[2]。

第二种观点认为其体现了天圆地方和表示方位的概念，并且认为其与后来铜镜上出现的"规矩纹"是一脉相承的[3]。或认为这是最早的式盘[4]。

第三种观点认为可能是用来测日测星定时的原始日晷[5]。

第四种观点认为其形状与同时期的龟甲器有关[6]。

第五种观点认为，这种八角星图像是"织机上具代表性部件——卷经轴的端面形象"，两端各有一个，作用是"搬动他可将经线卷紧或放松"[7]。

以上的解释中以太阳崇拜、巫术活动和表示方位的说法较为流行。如前所述，八角星图案的中

　　[1] 陈久金、张敬国：《含山出土玉片图形试考》，《文物》1989年第4期；俞伟超：《含山凌家滩玉器和考古学中研究精神领域的问题》，《文物研究（第五辑）》，黄山书社，1989年，第57～63页。

　　[2] 李立新：《甲骨文"贞"字新释》，《考古与文物·2005古文字论集（三）》，第18、19页。

　　[3] 一部分人持这一观点，如，饶宗颐：《未有数字以前表示"方位"与"数理关系"的玉版》，《文物研究（第六辑）》，黄山书社，1990年；李学勤：《论含山凌家滩玉龟、玉版》，《走出疑古时代》，辽宁大学出版社，1994年，第113～124页。

　　[4] 钱伯泉：《凌家滩新石器时代遗址出土的玉制式盘》，《文物研究（第七辑）》，黄山书社，1991年，第152～156页。

　　[5] 李斌：《史前玉瑁初探——试释含山出土玉片图形的天文学意义》，《东南文化》1993年第1期，第237～243页。

　　[6] 王育成：《含山玉龟及玉片八角形来源考》，《文物》1992年第4期，第56～61页。

　　[7] 沈从文编著：《中国古代服饰研究》，上海书店出版社，2005年，第25、26页；王孖：《八角星纹与史前织机》，《中国文化》1990年第2期。

心为方形、周边的角星不呈放射状等基本的形态特征，证明其非为太阳之象形，而同时期存在着相当数量的太阳纹图案，甚至同一遗址同时存在着八角星图案和太阳纹图案则可以作为佐证，这些现象表明A类八角星图案不是表示太阳，因而八角星图案的含义也就不大可能是太阳或太阳崇拜。

对于不同载体上的八角星图案应该结合其出土背景和拥有者的状况分别予以讨论。八角星图案的载体主有彩陶、陶容器、玉器和陶纺轮四大类别。

彩陶上的八角星图案主要见于海岱地区的大汶口文化，其他地区均为零星发现。大汶口文化彩陶上的八角星图案，数量也不多，出自墓葬的完整器目前只见于大汶口、野店、王因、大墩子等4处遗址，均位于海岱地区南部的汶、泗流域。这些彩陶上的八角星图案有以下特点：

一是多出自所在遗址或墓地中等级较高、随葬品较多的大墓富墓之中。如大汶口遗址发现的4例，M2005是该遗址大汶口文化早期最大最富的高等级墓葬。再如大墩子的M44，也是墓地中最大最富之墓。其他几例，虽然地位不像上述两例那么显赫，但在同时期的墓葬中，也均属于中等以上。

二是在性别上不限于男性或女性，目前发现的5例，性别明确的为2男2女。但男性的2例分别是该墓地最大最富之墓，而女性则相对差一些。

三是八角星图案主要见于盆和豆两类器形，并且均绘于器物比较显眼即容易看到的位置，如盆在上腹部向外突出的部位，豆则绘于豆盘外壁上。八角星的个体较大，是带状图案中的主体。

玉器上的八角星图案仅两例，均出自安徽中部的凌家滩遗址。1件是87M4：30，为一长方形玉版，出土时套在玉质的龟背甲和腹甲之间。玉龟甲的形制与同时期大汶口文化墓葬中发现的真龟甲形制完全相同，如均在背甲的一端穿4个呈方形排列的小圆孔。所以，凌家滩与大汶口文化的八角星图案之间，从形式到内容、功能方面均应有密切的内在联系。另1件是98M29：6，在一件玉鹰形器的两侧刻有八角星图案。这2座墓葬在凌家滩墓地中，整体上均属于前几名的大型墓葬。

以上特点表明，彩陶和玉器上的八角星图案，在它们各自的遗址和墓地中具有举足轻重的地位。

那么，八角星图案的含义究竟是什么呢？从广义上我赞同其为表示方位和天圆地方的意见。其实，完整而繁复的表现形式是凌家滩玉版上的图案。前面说过，玉版上的图案实际上有七重，最外玉版边缘和内中均为方形（或近似方形的长方形），而内圈和方心之间、内圈和外圈之间均为八个角星或箭头，玉版方边与外圈之间有四个箭头。如果按照古人天圆地方的传统观念，以方形代表大地，圆圈表示苍天，我推测，凌家滩玉版上的图案就是从内到外和从外到内的两重天圆地方。需要指出来的是，这里着重强调的是方形的地，即大地。到大汶口文化阶段，农业生产在经历了数千年的发展之后，已经达到了相当高的水平，成为人们生业经济的主要来源和基本保证。所以，祭祀土地和土地神的风俗可能成为最重要的祭祀活动之一，社稷成为国家的代名词，也大概是从这一时期开始的。稍晚的大汶口文化晚期，在陵阳河遗址发现的图像文字中，有一种为在高台上植一大树，或认为就是古代的"社"。

总之，大汶口文化彩陶和凌家滩玉器上的八角星图案，从出土背景看多为所在遗址的社会上层人物所拥有，应该是他们执掌权力进行特定的祭祀活动的重要法器。

陶容器上的八角星图案也不多，目前只发现5例分别出自4处遗址，分属于环洞庭湖地区的汤家岗文化和环太湖地区的崧泽、良渚文化。如果分析出自墓葬内的八角星图案，则有以下特点。

　　首先是出土八角星图案的墓葬，在各自遗址的墓地里多属于中等水平，没有发现像彩陶和玉器上八角星图案那样的墓室面积较大、随葬品较多的现象。汤家岗遗址的1例，没有墓坑（同时发现的墓葬均未做出墓坑），随葬品只有5件，在墓地中属于中等。崧泽遗址有1件出自墓葬，为中年女性，墓室面积和随葬品数量为中等。马桥遗址良渚文化墓葬发现的1件，没有墓坑，6件随葬品在同时发现的12座墓葬中虽然数量最多，但如果放在同时期的良渚文化里则微不足道，且构图较小、刻划极为草率。

　　其次是图案的位置不固定。除了时代较晚的良渚文化的2件刻于器表（马桥的刻于杯的把后正面），并且也比较潦草之外，崧泽的1件刻于豆柄下部（出自文化层），汤家岗的1件刻于圈足盘的底部，崧泽的另1件刻于壶的矮圈足底部。后2件只有将器物倒置或者吊挂起来才能够看到。所以，我认为其在各自的遗址和文化中的作用应该不是那么重要，至少没有像在大汶口文化和凌家滩文化中那样被重视。

　　陶纺轮上的八角星图案数量不多，仅见于6处遗址，但分布的范围较广，从山东的大汶口文化、江淮之间的龙虬庄文化、凌家滩文化到江南的崧泽文化都有发现。综观这些发现有以下特点。

　　一是这些刻有八角星图案的纺轮的出土背景或拥有者，从墓葬综合水平所反映的墓主身份、地位远远无法和上述彩陶和玉器的拥有者相比，它们在各自的遗址和墓地中，均出于中等或中等以下规模的墓葬之中，墓主的身份和地位当属于普通的部族成员类别。

　　二是纺轮上的八角星图案均为刻划而成，图案相对比较潦草，有的甚至尚未完成。就器形而言，纺轮主要是一种用于纺线的生产工具，说这些制作粗糙、刻划潦草的纺轮也是法器，恐怕难以成立。

　　综上所述，可以认为纺轮与玉器、彩陶等器物上的同类图案在功能上应有明显区别，前者装饰的成分可能更多一些。有学者曾指出国家博物馆的1件清代蜀锦织机藏品上，安装有类似的木质织机部件，但是否可以证明其与五千年以前的同类纹样具有相同的功能，还需要提出时代更早的证据。

　　（原载台南《南艺学报》创刊号，2010年）

论大汶口文化的刻画图像文字

大汶口文化是分布于中国东方海岱地区一支重要的新石器文化。经过考古工作者四十多年的努力，调查发现的大汶口文化遗址已超过700处[1]，其中经过发掘的就多达60余处。这些遗址遍布海岱地区，其中不少做过大面积的揭露，累有重要发现，陶器刻画图像文字就是备受学术界关注的内容之一。在调查发掘工作日益扩大的同时，大汶口文化的研究也全面展开，研究的领域涉及分布范围、文化特征、分期和年代、地方类型的划分、生态环境、社会生产、埋葬习俗和制度、来源和去向、社会性质、族属、特殊器物和风俗习惯等方方面面。其中关于陶器图像文字的研究，格外受到学术界的重视。下面就大汶口文化陶器图像文字的发现、分布、年代、分类、研究现状及其反映的社会关系进行讨论和分析。

一　发现和分布

最近40年以来，在山东省东南部和安徽省北部地区的考古调查、发掘中，多处遗址发现有大汶口文化的陶器刻画图像文字标本。

（1）陵阳河遗址

位于山东省莒县县城东南7千米处，属沭河流域，前后共发现陶器图像文字13个。1960年首先在这一遗址采集到有图像文字的大汶口文化大口尊1件，为"日、火、山"图像。1962年又在这里采集到大口尊3件，共有4个图像文字，分别为"日、火"、锛的象形、钺的象形和内刻四个圆圈的台形图像（后两者刻于同一器之上）[2]。1963年和1979年，山东省博物馆先后对陵阳河遗址进行了三次发掘，共清理大汶口文化墓葬45座[3]。1979年发现和收集大汶口文化陶器图像文字8个，其中3个为采集品，1个发现于M11的扰乱土之中，其余4个分别出自M7、M17、M19和M25等4座墓葬之内。

（2）大朱家村遗址

南距陵阳河遗址约7千米，共发现陶器图像文字5个。1966年，莒县文化馆的张安礼在大朱家村遗址采集到1件大口尊，颈部刻有1个图像文字[4]。1979年，山东省博物馆对大朱家村遗址进行了发

[1]　据统计，在已公开发表的资料中有大汶口文化遗址458处，另外还有相当数量的大汶口文化遗址尚未进行报道，据我所知，目前已发现的大汶口文化遗址超过700处。

[2]　于省吾：《关于古文字研究的若干问题》，《文物》1973年第2期；山东省文物管理处等：《大汶口——新石器时代墓葬发掘报告》，文物出版社，1974年。前者考释了第一种，并认为其是相当于夏代的龙山文化时期；后者公布了前四种图像的拓片。

[3]　山东考古所、山东省博物馆、莒县文管所：《山东莒县陵阳河大汶口文化墓葬发掘简报》，《史前研究》1987年第3期；王树明：《陵阳河墓地刍议》，《史前研究》1987年第3期；王树明：《谈陵阳河与大朱村出土的陶尊"文字"》，《山东史前文化论文集》，齐鲁书社，1986年。

[4]　苏兆庆等：《莒县文物志》，齐鲁书社，1993年，第43页。

掘，清理大汶口文化墓葬31座。发现陶器刻画图像文字3个，其中1个为采集品，另外2个分别出自M17和M26之内[1]。1982～1985年莒县博物馆在这里先后抢救性清理大汶口文化墓葬4座，在M04内又发现一件刻有图像文字的大口尊[2]。

（3）前寨遗址

位于泰沂山系北侧的潍河上游地区，西南到陵阳河遗址的直线距离50余千米。1973年在诸城市前寨遗址的调查中，从采集的大口尊陶片上发现1个残缺不全的刻画图像，图像仅存下部的五峰山右侧和中部火的右半，左半和上部的圆圈（日）缺失[3]，与陵阳河采集的第一种图像应属于同一类。1980年，北京大学考古系对前寨遗址的大汶口文化墓地进行了较大面积的发掘，没有发现图像文字[4]。

（4）杭头遗址

东距陵阳河遗址约2千米。1983～1987年，山东省文物考古研究所和莒县博物馆在该遗址抢救清理4座大汶口文化晚期墓葬，其中M8出土的一件大口尊外表刻有1个锛的象形（"斤"）[5]，与陵阳河出土者完全相同。

（5）尧王城遗址

位于日照市西南，西北至陵阳河遗址的直线距离约50千米。1993年，中国社会科学院考古研究所和日照市博物馆对该遗址进行了发掘，在最早的地层中发现两块大口尊陶片，其上各刻1个残留部分线条的图像文字。其中1个与陵阳河M17出土者极为相似[6]。

（6）丹土遗址

位于两城镇遗址西北，1995年以来，山东省文物考古研究所多次发掘该遗址，发现大汶口文化和龙山文化的城址。2000年春的发掘中，在两件篮纹大口尊的残片上发现残存的刻画图像线条[7]。

（7）尉迟寺遗址

位于安徽省蒙城县东北，东北至陵阳河遗址直线距离约315千米。1989年以来，中国社会科学院考古研究所安徽工作队多次发掘该遗址。在尉迟寺遗址大汶口文化的大口尊上，发现了7个刻画图像文字[8]。

此外，在大汶口文化分布区以外的地区或部分传世玉器上，也发现有少量与大汶口文化相同或相似的刻画图像文字。

具有确凿出土地点和层位关系的只有南京市北阴阳营遗址一例。该遗址共发现新石器时代灰坑3个，时代最晚的H2出土了4件可基本复原的陶器。1件长颈瘦袋足鬶（H2：2）属良渚文化，1件弧

---

[1] 山东省文物考古研究所等：《莒县大朱家村大汶口文化墓葬》，《考古学报》1991年第2期。对于大朱家村遗址发现的一件有图像的陶尊（上为日，中下均为火），有报道说出自大朱家村H1，本报告则注明系采集品。

[2] 苏兆庆等：《山东莒县大朱村大汶口文化墓地复查清理简报》，《史前研究》（辑刊），1989年。

[3] 任日新：《山东诸城前寨遗址调查》，《文物》1974年第1期。

[4] 前寨遗址大汶口文化墓地的发掘资料尚未发表，可参阅杜在忠：《论潍、淄流域的原始文化》，《山东史前文化论文集》，齐鲁书社，1986年，第135页。

[5] 山东省文物考古研究所等：《山东莒县杭头遗址》，《考古》1988年第12期。

[6] 中国社会科学院考古研究所：《尧王城遗址第二次发掘有重要发现》，《中国文物报》1994年1月23日第1版。

[7] 山东省文物考古研究所：《五莲丹土发现大汶口文化城址》，《中国文物报》2001年1月17日第1版。

[8] 1989～1995年的发掘中，至少发现5件刻画图像文字标本，2002年春季尉迟寺遗址的发掘中又发现2件。参见中国社会科学院考古研究所：《蒙城尉迟寺——皖北新石器时代聚落遗存的发掘与研究》，科学出版社，2001年。

裆袋足鬻和1件大口浅腹篮纹盆为典型的大汶口文化器形。特别值得注意的是1件饰篮纹的大口圜底尊，有的学者认为其属于良渚文化[1]，而报告作者则认为，"无论从形制上还是纹饰特点上都和山东莒县陵阳河大汶口文化遗址出土的同类器极为一致"[2]。所以，这件大口尊应属于大汶口文化。大口尊外表刻画的图像文字，与陵阳河遗址出土的同类图像基本相同。由此看来，以往将北阴阳营H2定为良渚文化的看法是不确切的。成组的典型良渚文化遗存在南京地区并不多见，而以大汶口文化遗物为主的灰坑在这里出现，当有其特殊意义。因为这一问题涉及南京地区从大汶口文化末期到龙山文化时期考古遗存的若干问题，容另文探讨。

在传世玉器上刻有与大汶口文化相同或相似图像文字的主要有以下几例。

一是美国弗里尔美术馆购藏有若干件中国史前玉器，其中4件有与大汶口文化相同或相似的刻画图像[3]。一件为玉镯，在外表相对应的位置刻有两个图像，其中一个上为圆圈、下为"火"形组合而成（图一，5），与陵阳河B类图像相同。其他三件为玉璧，两件上刻鸟立阶形高台之上的图像。另一件玉璧上有四种图像：上面是著名的鸟立阶状高台之上，或释为"岛"字；台形中刻一内填涡纹的圆圈，其下有窄新月（图一，1），两者组合在一起与陵阳河B类图像相同；在璧的边缘有两两相对的图像，一为单只飞鸟，另一为树形图像（图一，2），后者与陵阳河M25出土的图像基本相同，相近图像也见于余杭县南湖发现的良渚文化陶罐之上[4]，也有学者将此类图像释为水栖动物或鱼类。

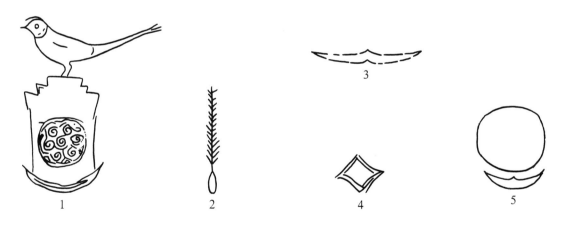

图一　良渚文化玉器上的图像

1、2. 弗里尔美术馆玉璧图像　3. 上海博物馆玉琮图像　4. 台北"故宫博物院"玉琮图像　5. 弗里尔美术馆玉镯图像

二是中国历史博物馆收藏的一件大型玉琮。该玉琮纹饰达19节之多，通高49.2厘米，其上端正中刻有与陵阳河第二种（即B类）相同的图像文字。同时，在底端内壁还刻有一斜三角图像[5]。

三是首都博物馆收藏的一件玉琮，高度较历博的略矮，通高38.2厘米，上端两面正中各有一个图像，其中一个为鸟立阶形高台之上[6]。

[1]　林巳奈夫：《中国古代の酒瓮》，《考古学杂志》（日）第65卷第2号，1979年。
[2]　南京博物院：《北阴阳营——新石器时代及商周时期遗址发掘报告》，文物出版社，1993年，第87页。
[3]　（美）朱莉亚·凯·默里著，苏文译：《新石器时代的中国玉器——谈美国佛里尔艺术馆玉器藏品》，《东南文化》1988年第2期。
[4]　余杭县文管会：《余杭县出土的良渚文化和马桥文化的陶器刻划符号》，《东南文化》1991年第5期。
[5]　石志廉：《最大最古的〇纹碧玉琮》，《中国文物报》1987年10月1日。
[6]　薛婕：《馆藏文物精品"鸟纹大玉琮"》，《首都博物馆国庆四十周年文集》，中国民间文艺出版社，1989年。

　　四是上海博物馆收藏的两件玉器上刻有图像。一件是玉琮，通高39.3厘米，在最上部正面刻有一个"火"形（或认为是鸟形）图像[1]（图一，3），与陵阳河M7出土图像的下部相似。另一件是玉璧，一面边缘上刻有极浅的鸟立阶形高台之上的图像[2]。

　　五是台北"故宫博物院"所藏的两件玉器上刻画的图像。一件是玉璧，边缘刻有鸟立阶形高台的图像，由于磨蚀，鸟的形象已不全。另一件是玉琮，与历博所藏玉琮相仿，通高47.2厘米，上端外表一侧刻有与陵阳河、大朱家村（边缘略内弧的四边形）相同的图像[3]（图一，4）。后一类图像在良渚文化甚至更早的菘泽文化的陶器上也有发现[4]。

　　此外，在台湾个人的收藏及国外一些博物馆、美术馆的藏品中，也有类似的玉器图像[5]。

　　上述玉琮、玉镯和玉璧，多数学者认为器形属于良渚文化，而器物上刻画有与大汶口文化相同的图像，或认为出自大汶口人的手笔，即图像是在良渚文化的玉器落入大汶口人手中之后又加刻上去的[6]，或认为在同一件玉器上对应的位置刻有良渚和大汶口的图像的现象，是"显示了属于不同文化的氏族之间友好的例证"[7]。

　　截止目前，已发现的大汶口文化陶器刻画图像文字至少有32个[8]，其中20个有明确的层位关系，另外12个为采集品。此外，还在良渚文化的玉、陶器上发现若干个与大汶口文化相同的刻画图像文字。

　　以上所列8处出土刻画图像文字资料的遗址，有7处在公认的大汶口文化分布区内，属大汶口文化无疑。另1处分布于长江南岸的南京（图二），这一地区虽然已不属于大汶口文化的分布区域，但从图像文字的载体和共存关系来看，又有着复杂的背景，它极有可能是伴随着大汶口人的南迁而出现在这一地区的。出土刻画图像的遗址，有6处集中在山东省的东南部，即沭河上游莒县盆地及其周围地区。因此，可以认为这一地区是大汶口文化刻画图像文字的主要分布区。而皖北尉迟寺遗址的发现，则与大汶口人沿着淮河干支流向西迁徙和拓展有关。从另外一层意义上说，出土相同的刻画图像文字又昭示着鲁东南和皖北两个地区之间的大汶口文化具有深层次上的内在联系。

二　年代分析

　　图像文字年代的确定在其全面研究中的作用和重要性是不言而喻的。尽管学术界基本认同了图像文字属于大汶口文化晚期阶段的看法，但目前仍然存在着一些不应该存在的模糊认识。如在最近几年出版的论著中，关于大汶口文化图像文字的年代或认为在"公元前2500～前2000年之间"[9]，或

　　[1]　上海博物馆：《上海博物馆》，1983年，第215页；图像拓片据林巳奈夫《良渚文化和大汶口文化中的图像记号》，《东南文化》1991年第3、4期，图十二。

　　[2]　上海博物馆：《上海博物馆中国古代玉器馆》，1996年。

　　[3]　邓淑苹：《故宫博物院所藏新石器时代玉器研究之二——琮与琮类玉器》，《故宫学术季刊》第6卷第2期，1988年。

　　[4]　栾丰实：《海岱地区考古研究》，山东大学出版社，1997年，第139页。

　　[5]　详见邓淑苹：《刻有天象符号的良渚玉器研究》，《石璋如院士百岁祝寿论文集——考古·历史·文化》，南天书局，2002年。

　　[6]　牟永抗：《试论良渚文化和大汶口文化的关系》，《中国考古学会第七次年会论文集》，文物出版社，1992年；杜金鹏：《关于大汶口文化与良渚文化的几个问题》，《考古》1992年第10期。

　　[7]　林巳奈夫先生除了前一种看法之外，又提出了"异族通婚"、"对等的虚拟血缘关系"等多种推测，参见《良渚文化和大汶口文化中的图像记号》，《东南文化》1991年第Z1期，第157～162页。

　　[8]　其中包括2002年春安徽省尉迟寺遗址新发现的2件，资料尚未发表。

　　[9]　王蕴智：《史前陶器符号的发现与汉字起源的探索》，《华夏考古》1994年第3期，第97页。

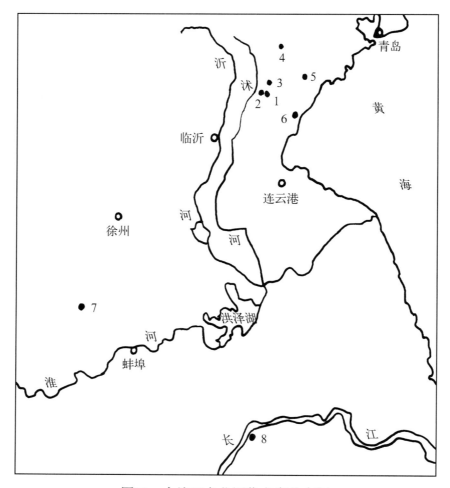

图二　大汶口文化图像文字分布图

1. 陵阳河　2. 杭头　3. 大朱家村　4. 前寨　5. 丹土　6. 尧王城　7. 尉迟寺　8. 北阴阳营

认为在"距今5500～5000年"之间[1]。基于此，我认为有必要对大汶口文化图像文字的年代作一全面而细致的考察分析。大汶口文化刻画图像文字的年代可以通过两条途径来获得：一是对有明确层位关系和共存关系的图像文字逐一进行分析，以获得这部分图像文字较为准确的年代；二是对出土图像文字的遗址（包括发掘品和采集品）的大汶口文化遗存进行分析，获得一个目前所发现图像文字的最大可能年代范围。两者对照起来便可以解决大汶口文化图像文字的年代问题。

在具有层位关系和共存关系的20个标本中，有6个目前尚未发表资料，余下14个标本，分别出自11座墓葬、1座祭祀坑和1座灰坑，另有1件残片出自文化层中。

按学术界较为一致的看法，大汶口文化始于刘林早期墓葬、大汶口第4D层、野店第一期墓葬和王因第4层，而结束于东海峪下层之末。关于大汶口文化的分期，我曾将其划分为早、中、晚三个大的发展阶段、六期和十一段。早期阶段约在距今6100～5500年之间。中期阶段约在距今5500～5000年前后。晚期阶段又可细分为两期（即第五期、第六期）四段（即第8段至第11段），就目前资料而言，第11段还有早晚的差别，这里暂以第11段早晚别之，晚期阶段的年代约在距今5000～4600年之

[1]　李学勤主编：《中国古代文明与国家形成研究》，云南人民出版社，1997年，第5页。

间[1]，第五、第六两期的分界约在距今4800年前后。

现有出土地点并确知地层单位的14个图像文字标本分别出自陵阳河、大朱家村、杭头、尉迟寺和北阴阳营等5处遗址。

陵阳河遗址的4个图像文字分别发现于M19、M25、M7和M17四座墓葬之中。M19和M25均随葬有大批陶器，其中M25简报中发表的数量较多，特征较为明显，属于大汶口文化晚期阶段第六期第10段。M9发表的器物较少，发掘简报将其与M25定为同一期，暂从其说。M7和M17的出土物较多且特征清楚，年代较为接近，简报将其定为一期，属于上述划分的大汶口文化晚期阶段第六期第11段偏早。此外，在M11的扰土中还发现一件图像文字残片，因为M11是一座遭受破坏的墓葬，这件标本也有可能是该墓所出。M11与M7、M17年代相若。这样陵阳河遗址有出土单位的图像文字，分属于大汶口文化晚期阶段第六期的前后段。其他采集品尽管失却了原生层位和单位，但就陵阳河遗址的具体情况而言，一般应在上述四件标本的年代范围之内。当然，也不排除有早到晚期阶段第五期的可能，由于陵阳河遗址没有发现更早的大汶口文化遗存，所以其不可能早到大汶口文化中期阶段。

大朱家村遗址的3个图像文字分别出自M17、M26和M04[2]。M17在该墓地中属于第3段，M26则属于第4段，分别相当于大汶口文化晚期阶段第六期的第10段和第11段偏早[3]。M04出土了5件细长颈矮分裆白陶鬶和其他富有特征的一大批器物，组合及特征与陵阳河晚期墓、大朱家村晚期墓（1979年发掘）相同，故其亦属于大汶口文化晚期阶段第六期的第11段偏早。另外，1979年在大朱家村采集的1个图像文字，大口尊的形制与M17：1（即刻有图像文字者）基本相同，两者时代应属于同一时期。如是，大朱家村遗址发现的5个图像文字标本，其中4个可以确定时代，即分属于大汶口文化晚期阶段第六期的第10段和第11段偏早。

杭头遗址共清理4座大汶口文化墓葬，发现的图像文字出自M8之内。杭头的4座墓葬，可以分为两小组。M3和M8为一组，分别出土19件和6件柄部密布小圆形镂孔的薄胎高柄杯。M4和M5为一组，不见前一种高柄杯，而只是各出一件柄部有细弦纹和稀疏的长条形镂孔的薄胎高柄杯，其他器形也与前一组既有联系又略有差别。因此，这两小组代表了前后紧密相联的两个小的时间段。前一组出土的器形，如细长颈矮分裆鬶、侈沿长颈盉、鼎、大口尊、盆、豆、单耳杯等，都可以与陵阳河、大朱家村晚期比较。后一组的组合和特征，则与日照东海峪M311[4]、诸城石河头M2[5]、苍山庄坞M1[6]等相同。从而表明将它们区分开来在鲁东南地区较大的范围内具有分期意义。我们还注意到，M4、M5组不少器形与龙山文化早期有着十分密切的关系，如高柄杯上新出现的作风恰是龙山文化最早时期的典型特征等。故可以认为这一组已发展到了大汶口文化晚期阶段之末，即将进入龙山文化时期了。这样，就把大汶口文化和龙山文化自然地衔接起来，形成一个完整的连续发展过程。M8和他所出土的图像文字一起，属于大汶口文化晚期阶段第六期的第11段偏早。

---

[1] 栾丰实：《海岱地区考古研究》，山东大学出版社，1997年，第69页。

[2] 大朱家村遗址1983年发现的一件有图像文字的标本的单位，在《山东莒县大朱村大汶口文化墓地复查清理简报》一文中，正文记述出自M04，而插图说明则注为M02，见《史前研究》（辑刊），1989年，第98、111和108页。这里以正文的记述为准。

[3] 参见栾丰实：《大汶口文化的分期和类型》，《海岱地区考古研究》，山东大学出版社，1997年，第81页。

[4] 山东省博物馆、日照县文化馆东海峪发掘小组：《一九七五年东海峪遗址的发掘》，《考古》1976年第6期。

[5] 诸城县博物馆：《山东诸城史前文化遗址调查》，《海岱考古（第一辑）》，山东大学出版社，1989年。

[6] 苍山县图书馆文物组：《山东苍山县新石器时代墓葬清理简报》，《考古》1988年第1期。

尉迟寺遗址经过大规模发掘，不但发现数量可观的大汶口文化墓葬，还发现保存极佳的大汶口文化房址若干。据发掘报告分析，这里的大汶口文化遗存可以分为早中晚三期[1]，早期约当大汶口文化晚期阶段第五期偏晚，中晚期属于大汶口文化第六期。5个刻画图像中有3个刻于三座儿童瓮棺葬的葬具之上，均为晚期，亦即大汶口文化第六期第11段。1件出自T3828第⑤层，查这一探方邻近探方的地层介绍，知第④层至第⑨层为大汶口文化堆积，那么第⑤层出土的刻画图像陶尊残片，应与瓮棺葬的时代大致相同。另1件出自一个祭祀坑内（JS4），该坑开口于T2825第⑥层，与房址的层位相同，时代略早，但显然不是尉迟寺遗址最早时期，按发掘报告的分期，属于尉迟寺遗址的早期，其年代约在第五期偏晚或第六偏早阶段。因此，尉迟寺遗址发现的大汶口文化图像文字，时代肯定在大汶口文化晚期阶段之内，并且很可能属于大汶口文化第六期的第10至第11段。

北阴阳营H2出土4件可复原的陶器。盆为大口浅腹，具大汶口文化末期风格；大口尊为平折沿，无颈，亦为大汶口文化晚期之末的特征；鬶为粗颈弧裆，与东海峪M311：11基本相同，据此可定其时代为大汶口文化晚期阶段第六期的第11段偏晚。另一件长颈陶鬶亦属于良渚文化晚期的形态[2]，可为佐证。因此，北阴阳营遗址的图像文字和海岱地区所出土者的年代基本相当而略晚。

其他尚未公布资料的遗址，可从各遗址的文化内涵来大致推定图像文字的年代。

前寨遗址经过数次调查，由发表的资料可知[3]，该遗址的大汶口文化遗存与陵阳河、大朱家村的大汶口文化特征相同，年代基本一致。其上限不超出大汶口文化晚期阶段第五期，下限可到第六期第11段偏早。因此，该遗址出土的图像文字标本应属于大汶口文化晚期阶段，很可能与陵阳河等遗址出土者为同一时期。

尧王城遗址的文化内涵以龙山文化为主，大汶口文化遗存甚少。该遗址与日照沿海地区的其他遗址（如东海峪、苏家村等）一样，均只有极少量的大汶口文化晚期阶段第六期第11段时期的遗存。因此，尧王城遗址刻画图像文字的时代不会超出陵阳河墓地的年代范围。

丹土遗址的情况与尧王城相似，文化内涵以龙山文化为主，但大汶口文化遗存相对较为丰富。从总体上分析，丹土的大汶口遗存仍属于大汶口文化晚期偏晚，即上述分期的第六期，其出土的刻画图像残片不会早于这一时期，也不会晚到龙山文化时期。

以上我们逐个分析了出土图像文字的遗址及其具体单位的时代，从大的年代范围讲，所有的图像文字皆出自大汶口文化晚期阶段，即距今5000～4600年之间。如果再细化一点，有明确出土单位的均限于大汶口文化晚期阶段第六期之内，即在距今4800～4600年之间。

三　图像文字的一般性特征

目前所知出自8个遗址的32个大汶口文化的图像文字标本，对其一般性特征可作以下归纳。

图像文字比较集中地出现于山东省的东南部，即沭河上游的莒县盆地及其周围地区，目前确知

---

[1] 中国社会科学院考古研究所等：《蒙城尉迟寺——皖北新石器时代聚落遗存的发掘与研究》，科学出版社，2001年。

[2] 良渚文化的陶鬶主要有两种基本形式，即矮颈肥袋足和高颈瘦袋足。笔者以为前者早、后者晚，详见栾丰实：《良渚文化的分期与分区》，《东方文明之光》，海南国际新闻出版中心，1996年。

[3] 任日新：《山东诸城县前寨遗址调查》，《文物》1974年第1期；诸城县博物馆：《山东诸城史前文化遗址调查》，《海岱考古（第一辑）》，山东大学出版社，1989年。

的8处遗址中有6处位于这一区域[1]。此区以外只是在皖北和南京个别地点有少量发现。从大汶口文化的遗址分布和发掘工作的开展情况分析，沂沭河流域其他地区和东部沿海一带，因为工作做得很少，今后在这些地区大汶口文化晚期阶段的大遗址中，极可能还会有新的发现，如日照的东海峪和临沂地区的一些大遗址。而其他地区，特别是大汶口文化的另一个更重要的中心分布区——汶泗流域，发现这类刻画图像文字的可能性比较小。因为这一区域经过正式发掘的遗址较多，其中不乏堪称一方中心的大遗址，如泰安大汶口、邹县野店等。在这些遗址中发现不少与陵阳河同时期的大、中型墓葬，如大汶口M10、M25、M60、M117、M126和野店M51、M62等，但均没有出土陶器刻画图像文字。在大汶口M75出土的一件背壶上曾发现一例朱绘图像，唐兰先生认为是一个图像文字，并认为其"像花朵形"[2]。该图像与陵阳河等遗址出土的刻画图像在载体、写法等方面明显不同，并且时代属于大汶口文化中期阶段，早于陵阳河等遗址的刻画图像文字。

完全相同或基本相同的图像文字在不同的遗址中反复出现，这些遗址有的相距甚远。如"日、火、山"组合成的图像文字见于陵阳河、前寨和尉迟寺遗址，台形图像也见于陵阳河、大朱家村和尉迟寺遗址，前寨和尉迟寺两地之间的直线距离约370千米。而出土类似"羽冠"图像的有陵阳河、尧王城和北阴阳营三处遗址，从陵阳河到北阴阳营的直线距离则将近400千米。更有甚者，在一些良渚文化的玉器上也发现与大汶口文化相同的图像文字，如由"日、火"组成的图像、台形图像和高台上的植物图像等。从而表明对这些图像的含义，不同地区甚至不同文化的人们也是明白的。

图像文字存在和使用的时间并不很长。凡是有明确出土单位的图像文字均属于大汶口文化晚期阶段的后半段，绝对年代约在距今4800~4600年之间。另有近半数因没有具体的出土层位而难以确指其年代，但从这些遗址的文化内涵和载体的形制分析，肯定都不超出大汶口文化晚期阶段的范围，即距今5000~4600年之间。

除个别残片或残器发现于地层和灰坑之内外，多数图像文字系出自墓葬之中。据查，除尉迟寺遗址多为幼儿瓮棺葬的葬具之外，其余凡使用有刻画图像文字的大口尊随葬的墓葬，均为大、中型墓，其墓室面积较大，有木质葬具，随葬品的数量多、品种全、质量优，一望便知是各自墓地中的佼佼者。如陵阳河的4座墓葬，在全部45座墓葬中属于最大的7座之内；大朱家村的3座墓葬，在全部35座墓葬中属于最大的5座之内；杭头的1座则是该遗址发现的4座墓葬中最大的，面积超过其他墓葬数倍。这些墓葬除了使用大量陶器和其他器具外，绝大多数还有多寡不一的作为财富的象征的猪下颌骨。从而昭示着他们的拥有者生前绝非一般的社会成员，而是当时社会中地位显赫、手握权力和拥有较多财富的上层人物。

在12座出土有刻画图像文字的大口尊的墓葬中，除3座为婴儿瓮棺、1座未做鉴定和2座因人骨保存不好而无法鉴定之外，其余6座的墓主皆为成年男性（表一）。未能鉴定的是陵阳河M17、大朱家村M17和M04等3座。从墓葬的随葬品分析，大朱家村M17出有作为武器的穿孔石钺及锛等加工木料

[1] 据说，1959年在莒县东北25千米处的仕阳遗址，曾采集到一件有刻画图像文字的大汶口文化的大口尊，后因"文化大革命"动乱而遗失，参见苏兆庆等：《莒县文物志·仕阳遗址》，齐鲁书社，1993年，第50页。如果加上此处，海岱地区发现刻画图像文字的大汶口文化遗址就达到了7处。

[2] 唐兰：《从大汶口文化的陶器文字看我国最早文化的年代》、《中国奴隶制社会的上限远在五、六千年前》，均载于《大汶口文化讨论文集》，齐鲁书社，1979年。

的工具，墓主为男性的可能性较大。其余2座；陵阳河M17在该墓地中，墓室面积和随葬品的数量与最大的M6不相上下，随葬品中有加工木料的工具石凿，墓主可能也是男性；大朱家村M04，墓室面积超过10平方米，为该墓地最大者，随葬品的数量也仅次于M02，查M02使用石钺、石矛等，其墓主以男性的可能性较大，而M04则有石纺轮而无武器和木工工具，其墓主有可能为女性[1]。尽管如此，说使用有图像文字的大口尊的墓主们基本上或绝大多数为男性，应该是没有什么疑问的。

表一　大汶口文化图像文字出土情况一览表

遗　址	单位	性别	文字类型	部位	涂朱	墓葬规模	随葬品数量	备　注	资料出处
陵阳河	M19	男	E	上半		3.3×1.76	陶66，其他10		史前87/3
陵阳河	M25	男	F	上半		3.4×1.45	陶73，其他11		同　上
陵阳河	M7	男	Ba	？		3.9×2	陶43，其他6	墓残较甚	同　上
陵阳河	M17	？	Ga	上半	涂朱	4.6×3.23	陶157，其他35		同　上
陵阳河	M11	男	Ga	？		3.4×1.8	陶21，其他3	出自扰土	同　上
陵阳河	采		Aa	上半				1960采	大汶口
陵阳河	采		Bb	上半				1962采	大汶口
陵阳河	采		Bc	？				1979采	大汶口
陵阳河	采		D	上半				1962采	大汶口
陵阳河	采		C	上半				1962采，两者为同一件	山东史前
陵阳河	采		Hb	上半	涂朱				
陵阳河	采		E	近底				1979采，两者为同一件	
陵阳河	采		Hb	上半	涂朱				
大朱家村	M17	？	Ha	上半	涂朱	3.3×1.95	陶64，其他9		学报91/2
大朱家村	M26	男	E	近底		3.85×1.73	陶52，其他11		同上
大朱家村	采		Ab	上半				1979采	同上
大朱家村	M04	？	Bb	上半		3.35×3.15	陶134，其他7		史前1989
大朱家村	采		Hb	上半	涂朱			1966采	莒县文物志
杭　头	M8	男	D	上半		3.35×2.95	陶59，其他19	玉钺1、璧1	考古88/12
前　寨	采		Aa	？				1973采	文物74/1
尧王城	地层		Ga	？				大口尊残片	文报94/4期

---

[1]　这里只是作为一种分析和推测。陵阳河M42也出有石纺轮和坠饰等，但经鉴定墓主为男性。

尧王城	地层	？	？			大口尊残片	文报94/4期
丹 土	灰坑	？	？				文报01/0877期
丹 土	地层	？	？				文报01/0877期
尉迟寺	M96	2岁	Aa	上半		瓮棺葬具	蒙城尉迟寺
尉迟寺	M177	？	Ac	上半	涂朱	瓮棺葬具	蒙城尉迟寺
尉迟寺	M215	？	Ab	上半		瓮棺葬具	蒙城尉迟寺
尉迟寺	JS4		Aa	上半	涂朱	出自祭祀坑	蒙城尉迟寺
尉迟寺	5层		Hb	？		大口尊残片	蒙城尉迟寺
北阴阳营	H2		Gb	上半		出自灰坑	北阴阳营

说明：1. 墓葬规模的单位为米，随葬品数量为件。2. 资料出处：史前为《史前研究》；山东史前为《山东史前文化论文集》；学报为《考古学报》；文报为《中国文物报》。

全部图像文字均刻于一种形体硕大的陶器外表，习称大口尊（也有人称其为大口缸、大口瓮等）。其基本形制为大口，筒形，又有整体肥胖圆底、整体瘦削尖底和整体介于两者之间而底部甚小（矮圈足或假圈足）三型，外表全部或局部饰有粗篮纹。图像文字多数刻于器体外表的上半部即颈部或颈部以下最显眼的部位，只有两例刻于器物的近底部，并且图像也相同，一例为大朱家村M26，另一例为陵阳河采集品（其上刻有2个图像，另一个图像位于颈下）。大口尊在墓葬内的位置比较固定，陈放于北侧、西北侧和西侧，亦即下肢前或下肢右侧。

所有图像均系在陶器未入窑之前刻画而成。绝大多数为一器一个图像，仅有两例为一器两个图像，且均出自陵阳河遗址，系采集品。部分图像有烧后涂朱的现象。如陵阳河M17出土的大口尊，在刻画图像文字的范围内涂以朱彩；陵阳河的其他几件采集品、大朱家村1966年采集品和尉迟寺祭祀坑的一件也有涂朱的现象。这些涂朱的图像除了陵阳河M17的一件为G类（羽冠形）之外，其余几件均为H类图像。

图像文字基本上都是以实物为原型摹画的，但又因为进行了不同程度的省减和抽象化，故与实物并不完全相同。某些图像之间具有明显的联系，这种联系显然是约定俗成的。如A、B两类图像，其上部完全相同；G、H两类图像，后者只是前者的一部分。因此，从可以记事和传递信息的角度看，其无疑是文字而非为狭义的符号。

图像文字与商代的甲骨文和商周金文的结构相近，特别是与商周金文中族徽一类文字更为接近，一望便使人产生两者之间有渊源关系的感觉。

四 图像文字的分类

已发现的32个图像文字标本，就比较完整的图像而言，可以根据其形态分为八类，有的类别又有不同的变化形式。

A类 共7个。上、中、下由圆圈和其他图形组合成的图像。依其构成要素的繁简和差异，又可分为三小类。

Aa 共4个。自上而下由圆圈、火的图形和平底五峰山图形等三部分组成。陵阳河（图三，4）、前寨（图三，7）各见一例，尉迟寺遗址发现二例（M96、JS4）。前寨的图像底部完整，缺失上方的圆圈和左侧的山峰、火形，应与陵阳河的同类图像相同。尉迟寺的图像下部图形多少有些变形，形态似介于"山"和"火"之间（图三，1、2）。

Ab 共2个。自上而下由圆圈、月牙和火焰图形等三部分组成。尉迟寺M215出土一例，大朱家村遗址采集1件（图三，5、6）。

Ac 1个。出自尉迟寺M177，自上而由圆圈、火的图形和H类图形三部分构成。下部图形发掘报告认为是"三叉形器"。细审之，其实仍然是高台的摹画，只不过上部两侧各有一个椭圆形长孔，与大朱村M17的同类图像基本一致（图三，3）。此类复合图像是首次发现，它的存在表明B类图像不是A类图像的简体或简化。

B类 共4个。上、下由圆圈和火的图形（或月牙）两部分组成。据下部图形的异同，又可分为三小类[1]。

Ba 1个。上为圆圈，下似为月牙，月牙的两侧缺失。出自陵阳河M7（图三，9）。

Bb 共2个。上为圆圈，下为火的图形。与Ba小类的区别在于月牙内弧边的中部上凸。见于大朱家村M04和陵阳河采集品（图三，10）。

Bc 1个。上为圆圈，下为左右排列的两股状似飘带的图形。此图像为陵阳河采集，局部缺失（图三，8）。

A、B两类图像之间具有共性，即上部均为圆圈，中部图形基本相同，B类没有下部的山或火形图形。这两类图像可能表示着既有联系又有区别的含义。

C类 1个。带柲玉石钺的摹画。钺为长方形，有孔，直柲，尾端有方形突起。采集于陵阳河遗址（图四，1）。完整的同类实物标本曾见于江苏海安青墩遗址[2]。与图像完全相同的玉石钺在陵阳河、大朱家村、杭头等遗址多有发现，多数报告称其为铲，不确，应为钺。

D类 共2个。带柄锛的摹画。锛身较厚，单面刃（偏锋），柄略弯曲，后端有圆形或半圆形饰物。见于杭头M8和陵阳河采集品（图四，2、3）。

C、D两类图像均为具体器物的摹画，钺为武器，锛为加工用具，两者之间既有联系又有区别。

E类 共3个。内弧边四边形。一侧连接处线条衔接不严密。2件采集于陵阳河遗址（图五，3），1件出自大朱家村M26（图五，6）。

F类 1个。高台正中有一植物。从上、下两部分的比例看，植物与台子的高度相若而略高，植物应是树木。出自陵阳河M25（图五，8）。

G类 共4个。羽冠状图像。两侧各插两片向外弯曲的羽毛，正中有一呈阶形内收的高台状饰物，顶端正中上凸。也可分为两小类。

---

[1] 4个B类图像中有2个是陶尊残片，不排除其下部还刻画有其他图形的可能（即下有山或火的图形），因此，这里只是根据目前所能见到的部分加以归类。

[2] 南京博物院：《江苏海安青墩遗址》，《考古学报》1983年第2期。

图三 A、B类图像

1~3、5. 尉迟寺（M96：2、JS4：1、M177：1、M215：1） 4、8、10. 陵阳河采集 6. 大朱家村采集 7. 前寨采集 9. 陵阳河M7

Ga 共3个。像羽毛插于阶状扁座两侧之形，外伸部分状似勾叶。分别出自陵阳河M17、M11扰土和尧王城地层之中（图四，4、5）。陵阳河M11扰土和尧王城地层所出均已残破不全。陵阳河M17出土者最为完整，上部刻画并涂朱，下部再朱绘出一个略似倒梯形的长方形。

Gb 1个。见于北阴阳营H2，图像的中左部有缺失，两侧外伸的图形呈飘带状（左侧缺失一片），底部内中刻画有两竖排六个小圆圈（图四，6）。

H类 共5个。台形图像。形似有肩铲，呈阶状内收，顶端中部向上尖凸。此类图像多半涂朱，

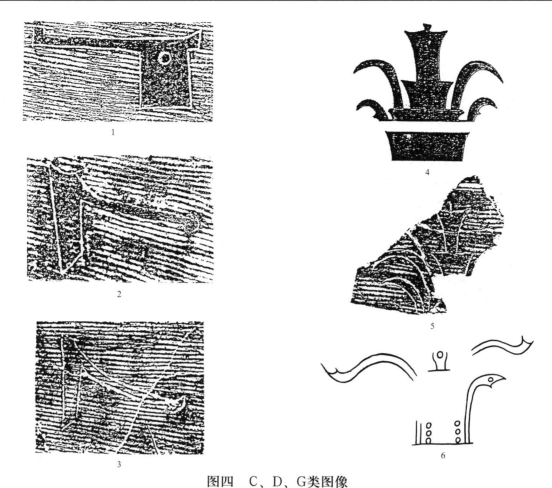

图四　C、D、G类图像

1、2. 陵阳河采集　3. 杭头 (M8：49)　4、5. 陵阳河 (M17：1、M11)　6. 北阴阳营 (H2：1)

且其内刻画有数量不等的圆圈。又可分为两小类。

Ha　1个。台形下部又加出内收的一节，中部内刻画有两串两两相连的圆圈。出自大朱家村M17（图五，5）。

Hb　共4个。下部为倒梯形，上部作圭首形，内刻画有数量不一的圆圈。陵阳河采集两例（图五，1、4）、大朱家村采集一例（图五，5）和尉迟寺地层内出土一例（图五，2）。

G、H两类图像之间有着密切联系。主要表现在H类图像与G类图像正中部分相同（区别仅在于是否内置圆圈）。H类图像在G类羽冠图像中位居显要而突出的部位，应是其核心部分。

以上我们将大汶口文化发现的图像文字分为八类，如按图像形态和内容还可进一步归并为五大类，即AB、CD、GH各自之间具有较密切的联系。

五　图像文字释义

自20世纪70年代初以来，学术界就开始了关于大汶口文化图像文字的讨论。特别是1979年陵阳河和大朱家村大汶口文化墓地的发掘，发现了一批有具体出土单位的图像文字资料，不少学者把图像文字的研究和大汶口文化社会性质的探讨结合起来，从而使这些图像文字的含义得到了进一步的阐释。

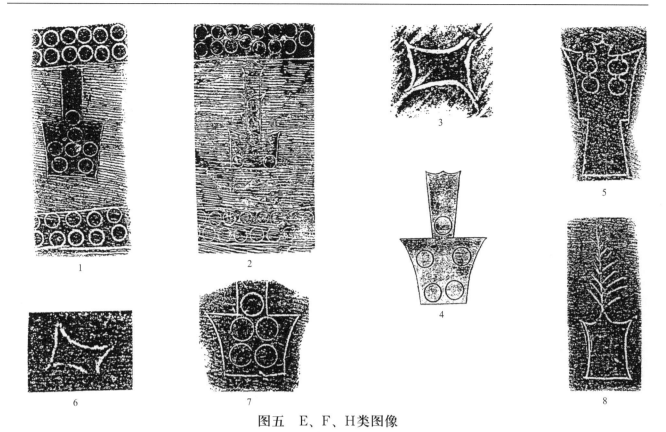

图五　E、F、H类图像

1、4. 陵阳河采集　2. 尉迟寺（T3828⑤：1）　3、8. 陵阳河（M19：40、M25：1）　5~7. 大朱家村（M17：1、M26：3、采集）

1973年，于省吾先生首先对大汶口文化的"日、火、山"图像进行考释，并采用了将图像文字与甲骨文、商周金文相比较的研究方法。于先生认为半坡类型的刻划符号是"文字起源阶段所产生的一些简单文字"，而大汶口文化的图像文字则"是原始文字由发生而日趋发展的时期"[1]。

1975~1978年，唐兰先生除了对已发现的大汶口文化图像文字进行隶定和考释之外，更重要的是把这一研究延伸到大汶口文化的社会性质、族属，并由此来探讨中国文明社会的形成问题，提出了一系列新颖的见解[2]。

1979年以来，林巳奈夫先生将大汶口文化的陶尊图像文字与北阴阳营陶尊及良渚文化玉器上的图像进行比较，开阔了视野，拓宽了研究的领域[3]。1982~1987年，李学勤先生在大汶口文化图像文字的研究中，进一步将其与太湖地区良渚文化玉器上的图像文字、纹样结合起来，从而得出了许多崭新的认识[4]。后来，杜金鹏先生在这一基础上，又多有阐发[5]。

[1]　于省吾：《关于古文字研究的若干问题》，《文物》1973年第2期，第32页。

[2]　唐兰：《关于江西吴城文化遗址与文字的初步探索》，《文物》1975年第7期；唐兰：《从大汶口文化的陶器文字看我国最早文化的年代》、《再论大汶口文化的社会性质和大汶口陶器文字》、《中国奴隶制社会的上限远在五、六千年前》，均载于《大汶口文化讨论文集》，齐鲁书社，1979年。

[3]　林巳奈夫：《中国古代の酒瓮》，《考古学杂志》（日）第65卷第2号，1979年；林巳奈夫著、黎忠义译：《关于良渚文化玉器的若干问题》，《史前研究》1987年第1期。

[4]　李学勤：《重新估价中国古代文明》，《人文杂志》专刊，《先秦史论文集》，1981年；李学勤：《考古发现与中国文字起源》，《中国文化研究集刊》第2辑，复旦大学出版社，1985年；李学勤：《论新出大汶口文化陶器符号》，《文物》1987年第12期。

[5]　杜金鹏：《关于大汶口文化与良渚文化的几个问题》，《考古》1992年第10期；杜金鹏：《说皇》，《文物》1994年第7期，第56页。

1986年，陵阳河大汶口文化墓地的发掘者王树明先生，对陵阳河及周围地区新出土和以前发现的图像文字进行了全面而深入的研究。在研究中，除了结合考古资料及甲骨、金文资料进行分析之外，还特别注意相关的古代文献记载，从而形成了自己对大汶口文化图像文字的系统看法[1]。

此外，还有不少学者在探索和研究大汶口文化图像文字的基础上，对大汶口文化图像文字在汉字的产生发展过程中的作用和地位给予了充分肯定。例如：裘锡圭先生比较早地指出大汶口文化的图像文字"不是非文字的图形，而是原始文字"，它和甲骨、金文之间"存在着一脉相承的关系"[2]。张光裕先生认为大汶口文化的图像文字是"一种成熟的陶文"，而陶文的来源，除了大汶口文化本身的发展之外，还与受到"仰韶文化的影响"有关[3]。高明先生认为陵阳河等遗址出土的陶文是时代"最早的陶文"，"它已具备了汉字应有的各种因素"，"故将其列入汉字的系统"[4]。当然，也有少数学者对大汶口文化的图像文字持非文字论的观点，可以汪宁生先生为代表。他将是否具备记录语言的功能作为文字形成的必备条件，认为只有"表音的象形文字才算是最早的文字"，所以，"不仅半坡陶器上的刻符根本不算文字，即大汶口陶器上的四种图形，也还不能认为就是文字的开端"[5]。

以下我们来讨论各类图像的释读和含义。

（1）A类图像

关于图像上部的圆圈是日的象形，学术界的看法比较一致。Aa小类下部是五峰山形，分歧也不大[6]。关键是中部的图形，由于其内弧边中部上凸而导致了一些不同看法：或认为是云气；或认为是火；或认为是新月；或认为是飞鸟；或认为是三峰的山，等等。基于上述分歧，对Aa类图像的释读自然就产生出多种意见。

于省吾先生释为"旦"，认为是"用三个偏旁构成的会意字"[7]。裘锡圭先生从于说释旦，并认为"是表示器物主人的族氏的"，A、B两类"是同一族名的繁简两体"[8]。邵望平先生亦认为"以释旦为是"，其意为祭日出、祈丰收[9]。王树明先生释为"烒"即"炟"，是"旦"的繁体。认为其表示"春秋两季，早晨八九点钟，太阳从正东升起，高悬于主峰之上"，"寓义为春季日出正东"。并认为A、B类图像"应是大汶口人用火或即'燔柴'祭天这一事实的摹写"[10]。

唐兰先生释为"炅"的繁体，认为"上面是日，中间是火，下面是山，像在太阳光照下，山上

[1] 王树明：《谈陵阳河与大朱村出土的陶尊"文字"》，《山东史前文化论文集》，齐鲁书社，1986年。

[2] 裘锡圭：《汉字形成问题的初步探索》，《中国语文》1978年第3期，第166页。

[3] 张光裕：《从新出土材料重新探索中国文字的起源及其相关问题》，《香港中文大学中国文化研究所学报》第12卷，1981年，第131～133页。

[4] 高明：《论陶符兼谈汉字的起源》，《北京大学学报（哲学社会科学版）》1984年第6期，第52页。

[5] 汪宁生：《从原始记事到文字发明》，《考古学报》1981年第1期。此外还有一些学者持大汶口文化图像文字非文字论观点，如李先登：《试论中国文字之起源》，《天津师范大学学报》1986年第4期；王恒杰：《从民族学发现的新材料看大汶口文化陶尊的"文字"》，《考古》1991年第12期。

[6] 也有个别不同看法，如何新认为"可能是海波之形"，安立华也说"是海浪四溅的符号化表现"。参见何新《诸神的起源》，生活·读书·新知三联书店，1986年，第111页；安立华：《"金乌负日"探源》，《史前研究》（辑刊），1990-1991年，第140页。

[7] 于省吾：《关于古文字研究的若干问题》，《文物》1973年第2期，第32页。

[8] 裘锡圭：《汉字形成问题的初步探索》，《中国语文》1978年第3期，第165、166页。

[9] 邵望平：《远古文明的火花——陶尊上的文字》，《文物》1978年第9期。

[10] 王树明：《谈陵阳河与大朱村出土的陶尊"文字"》，《山东史前文化论文集》，齐鲁书社，1986年，第250、256页。

起了火"[1]。李孝定先生认为A类图像"是由日、火、山三个象形字所组成的会意字，是毫无疑问的。"但对唐兰先生关于读音为热的看法，认为没有证据[2]。李学勤先生认为是两个字，释为"炅山"[3]。

此外，还有众多的不同看法和见解，例如：或认为是"作器者的一种氏族标记"[4]；或认为是"记录时辰的会意字"[5]；或将其释为"日、月、山"图符或纹饰，其意是日月山川崇拜[6]；或认为是"日出旸谷""皆载于鸟"神话的缩写[7]，其"真正内涵，应仍为'负日神鸟'或'有翼太阳'"[8]；或认为其有"代表天下和宇宙"、"表示匠人所在地望"、"祭日出"、"祈日月山川之佑"等含义[9]，等等。

Ab小类与Aa小类的区别有二。一是中间的图形为月牙状，内弧边不上凸；二是下部图形为圜底，两侧的尖峰小而外伸，中部三峰间用圆滑的弧线相连，极像火焰升腾之状而与Aa类的五峰山相去较远。这一图像李学勤先生仍释为"炅山"，王树明先生则释为"炅"的繁体，隶定为"㷒"。

（2）B类图像

此类图像与A类相似而简单，即缺少下部的图形，在释读上主要有四种基本意见。

于省吾、裘锡圭等先生释为"旦"，并认为是A类图像的简体。

唐兰先生释为"炅"，并认为是A类图像的简体。李学勤先生亦认为是"炅"字。王树明先生在释为"炅"的基础上，进一步认为是"太阳高照于南天，表示炽热季节或夏季之义"[10]，以与A类图像相区别。

田昌五先生释为"昊"，认为A、B两类图像"是一个氏族部落标志，完整地作日月山，山上有明月，月上有太阳；简单地作日月而省去山，其意应是太暤和少暤之暤字，有如后来的族徽"[11]。杜金鹏先生也持"族徽"说，并认为以"释昊为宜"[12]。

认为B类图像是像"日月"之形。持此种看法的学者中又有不同的解释。或认为反映了"日月婚媾的神话"，"是祭祀求育的产物"[13]；或认为是"日月相会的天文历法的一种记录"[14]；或认为是

[1] 唐兰：《关于江西吴城文化遗址与文字的初步探索》，《文物》1975年第7期，第72页；唐兰：《从大汶口文化的陶器文字看我国最早文化的年代》，《光明日报》1977年7月14日，又见于《大汶口文化讨论文集》，齐鲁书社，1979年，第80页。

[2] 李孝定：《再论史前陶文和汉字起源问题》，《中央研究院历史语言研究所集刊》第50本，1979年，第447页。

[3] 李学勤：《重新估价中国古代文明》，《人文杂志》专刊，《先秦史论文集》，1981年；李学勤：《考古发现与中国文字起源》，《中国文化研究集刊》第2辑，复旦大学出版社，1985年；李学勤：《论新出大汶口文化陶器符号》，《文物》1987年第12期，第72页。

[4] 汪宁生：《从原始记事到文字发明》，《考古学报》1981年第1期。

[5] 杨文山：《释𤈷、𤈷》，《河北师范大学学报》1982年第1期。

[6] 李茂荪：《从文字和神话看大汶口文化"日月（山）"纹饰》，《史前研究》（辑刊），1990-1991年，第137页；苑胜龙：《试释"𤈷"》，《泰山研究论丛（第五辑）》，青岛海洋大学出版社，1992年，第199页。

[7] 安立华：《"金乌负日"探源》，《史前研究》（辑刊），1990-1991年。

[8] 邓淑苹：《中国新石器时代玉器上的神秘符号》，《故宫学术季刊》第10卷第3期，1993年；邓淑苹：《由考古实例论中国崇玉文化的形成与演变》，《中国考古学与历史学之整合研究》，台湾史语所，1997年，第800页。

[9] 王恒杰：《从民族学发现的新材料看大汶口文化陶尊的"文字"》，《考古》1991年第12期。

[10] 王树明：《谈陵阳河与大朱村出土的陶尊"文字"》，《山东史前文化论文集》，齐鲁书社，1986年，第256页。

[11] 田昌五：《古代社会断代新论》，人民出版社，1982年，第53、54页。

[12] 杜金鹏：《关于大汶口文化与良渚文化的几个问题》，《考古》1992年第10期，第921页。

[13] 宋兆麟先生认为A、B两类图像含义是相同的，参见《巫与民间信仰》，中国华侨出版公司，1990年，第18～26页。

[14] 刘斌：《大汶口文化陶尊上的符号及与良渚文化的关系》，《青果集——吉林大学考古专业成立二十周年考古论文集》，知识出版社，1993年，第117页。

"明"字[1]。此外，还有一些其他的不同解释[2]。

关于A、B两类图像的释读，尽管众说纷纭，但都是围绕着"天空中的太阳"这一要素而展开的。从时间、空间及文化的背景、发展水平诸方面综合分析古史传说，并与目前所知的考古学文化进行比较，可以清楚地发现大汶口文化与两昊族系有着密不可分的关系[3]。因此，我认为这类图像应是大汶口人将自己的祖先和太阳紧密地结合起来的具体体现。从这一意义上讲，B类图像以释"昊"为是，而A类图像则与B类图像既有联系，也存在区别。

最近公布的Ac小类图像，上、中部分与B类相同，下部则为高台形图像（H类），其意应是在高台之上举行祭祀祖先的活动。由此看来，A类图像的含义也是如此，只不过举行活动的地点是在山上。与莒县相邻的沂南县，曾在罗圈峪西北山上发现了一组包括4件牙璋和玉镯、玉锛在内的一组玉石器，由于山上并无聚落遗址，所以报告者认为这是一处祭祀遗迹[4]。如果此说成立，这种祭祀活动与Aa小类图像的含义应是相同的。因此，A类图像表现的是一种祭祀祖先和天神的活动或仪式，应释读为两个字。Ac小类图像的发现，使A、B两类图像是同一字的繁简两体的说法不能成立。

（3）C类图像

象带柲玉、石钺之形，唐兰先生释为"戉"，亦即"钺"，学术界均从此说，无异议。

钺是从工具中分化出来的兵器，其功能与斧、铲截然不同[5]。从刻画图像和发现的实物的比例看，钺为一种短柄武器。刻画图像的柄长（特指钺以后部分，下同）是钺宽的2.2倍。陵阳河大墓中出土的玉石钺，一般长14、宽10厘米左右。在莒县仕阳遗址采集的一件大石钺，长28.8、宽约16厘米[6]。以此度之，图像钺的全长不足40厘米。时代略早的浙江反山M14和瑶山M7（两者均属良渚文化早期偏晚），曾各发现一件带柄玉钺的实物，全长（加两端饰件）分别为70余厘米和80厘米。柄长分别为钺宽的6倍和5倍强[7]（图六，3、4）。时代再早一些的江苏海安青墩遗址，在T10的中层发现一件陶质带柄钺模型，全长18.3厘米，柄长约是钺宽的3.5倍[8]（图六，2）。与青墩中层时代相若或略早的河南临汝阎村仰韶文化遗存中发现的"鹳鱼石斧图"，石斧的装柄方法、柄端饰物及柄和斧的长短比例与青墩陶钺基本一致[9]（图六，1）。在海岱地区，钺产生于北辛文化晚期，以后渐多。小型石钺是一般的常用兵器，而那些制作精良并且没有使用痕迹的玉钺和大型石钺，如陵阳河大墓出土者和仕阳、大朱家村等遗址的采集者则应为权杖，是拥有军事权力和尊贵身份的象征，

[1]　李茂荪：《从文字和神话看大汶口文化"日月（山）"纹饰》，《史前研究》（辑刊），1990-1991年，第135页。

[2]　何新：《诸神的起源》，生活·读书·新知三联书店，1986年，第111页；萧兵：《楚辞与神话》，江苏古籍出版社，1987年，第120、144页；周谦、吕继祥：《大汶口文化陶文浅释》，《中国文物报》1998年9月30日第3版。

[3]　唐兰：《中国奴隶制社会的上限远在五、六千年前》，《大汶口文化讨论文集》，齐鲁书社，1979年；栾丰实：《太昊和少昊传说的考古学研究》，《中国史研究》2000年第2期。

[4]　于秋苇、赵文俊：《山东沂南县发现一组玉、石器》，《考古》1998年第3期。报告者把这组玉、石器的时代定为龙山文化。不过从其中一件玉镯（YL：1）的形制与胶州三里河大汶口文化晚期墓葬出土的一件相同，而龙山文化中目前尚未发现同类玉镯。所以，我认为这组玉、石器的时代很有可能属于大汶口文化晚期。如是，则与图像文字的时代相同。

[5]　栾丰实：《试论新石器时代石器的定名及其用途》，《纪念山东大学考古专业创建20周年文集》，山东大学出版社，1992年。

[6]　现藏于莒县博物馆，参见《莒县文物志》，齐鲁书社，1993年，第166页。

[7]　浙江省文物考古研究所反山考古队：《浙江余杭反山良渚墓地发掘简报》，《文物》1988年第1期，第15页；浙江省文物考古研究所：《余杭瑶山良渚文化祭祀遗址发掘简报》，《文物》1988年第1期，第43页。

[8]　南京博物院：《江苏海安青墩遗址》，《考古学报》1983年第2期。

[9]　临汝县文化馆：《临汝阎村新石器时代遗址调查》，《中原文物》1981年第1期。

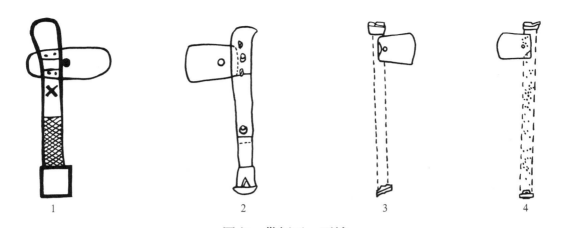

图六　带柄玉、石钺

1. 阎村采集　2. 青墩（T10∶30）　3. 瑶山（M7∶32）　4. 反山（M14）

林沄先生曾据甲骨、金文资料论证"王字之本形是像不纳秘之斧钺"[1]，已成为不易之论。我们注意到，在甲骨、金文中，除了表示族徽者之外，带秘的斧钺均为竖置，与大汶口文化横置者略有区别。因此，我认为大汶口文化的C类图像应是"王"和"戉"字的共同初文，甲骨文中较早的王字是将秘的两端截去，而只保留着靠近钺的部分，从中还可以看到由带秘钺演变而来的痕迹。诚如是，则表明至迟到大汶口文化晚期阶段，已经出现了掌握军事统率权的核心人物——"王"。

（4）D类图像

像带柄锛之形，唐兰先生释为"斤"，是一种工具。认为其功能"可以砍树木，也可以砍人"，"兵"在古文字里"就是两只手捧一个斤"。所以斤也"是最早的兵器"[2]。邵望平先生则认为D类图像是"锄的象形字"，是一种农具[3]。从发现的两例图像看，前端的锋刃为偏锋，且单面刃位于内侧，可知其不是用来入土的工具，锛的功能主要是用来加工木头，也可能和军事活动有关。从发现此类图像的遗址等级分析，D类图像的拥有者较之C类图像的主人应低一个层次。

（5）E类图像

李学勤先生认为这类图像也见于商代的甲骨、金文，是人名或族名[4]。王树明先生认为其"字形与甲骨文、金文中的凡字相同"，所摹画的是"用于军事方面的吹奏乐器"[5]。杜金鹏先生则认为其与陵阳河M17出土图像"下部的方框有关"[6]。

此类图像在两个遗址重复出现，其中有2个是刻画于器物的近底部位置，显然应有特殊的含义。按王树明先生所说，此图像与甲骨、金文中的"凡"字相同，"凡"又可假为"风"。我认为鲁东南地区曾是东夷太昊部族的主要分布区域之一[7]，而太昊族为"风"姓，如王说可信，那么，E类图像就是这一区域大汶口文化居民的族姓。

[1] 林沄：《说王》，《考古》1965年第6期。

[2] 唐兰：《中国奴隶社会的上限远在五、六千年前》，《大汶口文化讨论文集》，齐鲁书社，1979年，第13页。

[3] 邵望平：《远古文明的火花——陶尊上的文字》，《文物》1978年第9期。

[4] 李学勤：《论新出大汶口文化陶器符号》，《文物》1987年第12期，第78页。

[5] 王树明：《谈陵阳河与大朱村出土的陶尊"文字"》，《山东史前文化论文集》，齐鲁书社，1986年，第261、262页。

[6] 杜金鹏：《关于大汶口文化与良渚文化的几个问题》，《考古》1992年第10期，第920页。

[7] 栾丰实：《太昊和少昊传说的考古学研究》，《中国史研究》2000第2期。

（6）F类图像

王树明先生释为"南"，认为"是陵阳河人社坛植树的图像文字，或称为社祭图像"[1]。严文明先生持相似的意见，认为"或是古代的社主"[2]。李学勤先生认为此图像从丰从土，释为"封"[3]。杜金鹏先生则认为"可能也是羽冠的摹画"[4]。

此类图像较为直观，下部为封土高台，正中植一植物，显然是一种具体场合的摹画。在陵阳河遗址曾采集到数件与下部图形相似的玉片（图七），可能两者间有联系。自新石器时代之初产生农业以来，经过数千年的发展，人们对农业、对土地已形成了一种不可分离的依赖关系，从某种意义上说，土地已成为维系居民生存的主要生产要素和社会生活的基本保障。随着人口的增殖，土地所有权可能和财富等一起成为导致战争的诱因。人们为了生存而争夺土地并祈求农业丰收，祭祀土地神和五谷神的仪式逐渐产生。F类图像所描绘的场景，大约就是《周礼·地官》"设其社稷之，而树之田主"之"社稷"。如是，则陵阳河地区的大汶口人祭祀"社稷"的活动和仪式已经基本具备。

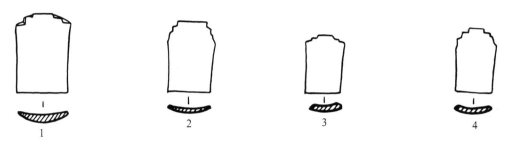

图七　陵阳河遗址采集的玉片（原大）

（7）G、H类

G、H两类图像有内在联系，故放在一起讨论。李学勤先生认为G类图像"可能是一种饰有羽毛的冠"，而H类图像"可能是不加羽饰的冠"，并认为"原始的'皇'或许就是一种用羽毛装饰的冠"[5]。杜金鹏先生在此基础上作了进一步阐发，认为G类图像是"以鸟羽为饰的皇王冠冕"，陵阳河M17图像下方的朱绘倒梯形为"神人面庞的轮廓"，H类图像则是冠徽[6]。牟永抗先生曾将G类图像与河姆渡文化的象牙蝶形器、陶片上的刻画图形、良渚文化的玉器神徽中神人冠戴等联系起来分析，认为它们具有相似的社会功能，是信仰或崇拜对象的头部饰物[7]。刘斌先生认为H类图像是台形"祭祀场所的一种摹画"[8]。王树明先生在解释这两类图像时则走向了另一个方向。他释H类图像为"享"，并认为是耒耜一类工具的象形，"是大汶口人祭祀、崇拜的酒神"。他释

[1]　王树明：《陵阳河墓地刍议》，《史前研究》1987年第3期，第55页。

[2]　苏秉琦主编：《中国通史·第二卷》远古时代，上海人民出版社，1994年，第279页。

[3]　李学勤：《论新出大汶口文化陶器符号》，《文物》1987年第12期，第78页。

[4]　杜金鹏：《关于大汶口文化与良渚文化的几个问题》，《考古》1992年第10期，第920页。

[5]　李学勤：《论新出大汶口文化陶器符号》，《文物》1987年第12期，第79、80页。

[6]　杜金鹏：《说皇》，《文物》1994年第7期，第56页。关于M17图像下部的朱绘倒梯形图形为人面的轮廓，笔者数年前就有此看法，可谓与杜金鹏先生不谋而合。

[7]　牟永抗：《试论良渚文化和大汶口文化的关系》，《中国考古学会第七次年会论文集》，文物出版社，1992年，第54页。

[8]　刘斌：《大汶口文化陶尊上的符号及与良渚文化的关系》，《青果集——吉林大学考古专业成立二十周年考古论文集》，知识出版社，1993年，第118页。

G类为"滤酒图像"，并认为M17下部的朱绘倒梯形为接酒的盆类器物[1]。王震中先生认为Hb类图像可从王说"释为享"，而Ha类图像则是圈足的杯、尊、豆类器皿中挂有两串玉，是最早的"礼"字[2]。

从图形上看，H类图像是G类图像核心部分——冠徽的放大。H类图像为内收的阶状台形，相似形状的实物曾有发现。在莒县博物馆的陈列品中，有四件器体扁薄、高2.1～2.7、宽1.3～1.8、厚约0.15厘米的呈阶状内收的台形玉片（图七，1～4），据苏兆庆先生介绍系采自陵阳河遗址。这种玉片形制特殊、制作精致，应包含有特定含义。完全相同的玉片则见于浙江遂昌好川良渚墓葬。如果将其与良渚文化发现的阶状祭坛、玉璧玉琮上的同类图像（即被一些学者释为"岛"字的下半部分）联系起来考虑，其意义就比较清楚了。因此，我赞成这类图像是摹画自阶状高台形祭祀场所的意见。

G类图像的基本形制相同，下部为阶状内收的扁冠体，两侧各有两支羽毛，正中显赫位置是H类图像，总体应是插有羽毛的冠冕的摹画。特别是陵阳河M17出土的一件十分完整，下部还朱绘出一个倒梯形，与良渚文化"神徽"图案中神人的面部轮廓基本一致。所以，其为人面部轮廓的看法是正确的。如是，这就是一幅形象的人戴羽冠的图像。《礼记·王制》："有虞氏皇尔祭。"郑玄注："皇，冕属也，画羽饰焉。"郭沫若先生也认为"皇字的本义原为插有五彩羽的王冠"[3]。由此看来，G类图像为皇字初文可定，"是身份与地位的标志"。最近在安徽省尉迟寺遗址大汶口文化晚期堆积中发现一件奇特的陶制品，器形由三部分组成：下部为圆筒形，平底，圆筒的顶端外侈，有四个两两相对的圆孔，外表饰浅篮纹；中部为内空的高圆锥体，两侧下部各有两片外伸的弯叶（状似羽毛），根部有一圆孔；顶端立一鸟[4]。这一造型的整体与G类图像基本相同，应有同种寓义。

六　陵阳河地区大汶口文化的社会形态

以上比较系统地分析了目前所发现的大汶口文化的图像文字。研究这些图像文字无疑具有多方面的价值和意义，除了研究汉字的起源之外，最重要的莫过于通过它们进而探讨当时的社会结构和社会形态。

经由图像文字来探讨社会结构和社会形态，我想应从三个方面展开。即探讨图像文字的含义，除了将其与商周时期甲骨、金文中的相关文字结合起来分析之外，还应通过与同时期或不同时期相关遗存的比较研究等途径进行；分析图像文字所依存的具体单位及其与其他单位之间的关系；研究图像文字中心分布区（即陵阳河地区）的社会文化背景。

关于第一个方面已在上节中作过一些论述，现予以归纳。

G类图像是羽冠（或称皇冠、王冠）的摹画，可确知其为"皇"字初文。以羽冠来表示身份和地位，应是经过相当一段时间的发展之后才形成的。我认为这个过程大致包括了三个阶段，即由部落

[1] 王树明：《谈陵阳河与大朱村出土的陶尊"文字"》，《山东史前文化论文集》，齐鲁书社，1986年，第268～281页。
[2] 李学勤主编：《中国古代文明与国家形成研究》，云南人民出版社，1997年，第161页。
[3] 郭沫若：《长安县张家坡铜器群铭文汇释》，《考古学报》1962年第1期。
[4] 王吉怀、陶威娜：《大汶口文化惊现罕见器物》，《中国文物报》2002年5月1日第1版。

酋长到初期古国的皇王进而逐渐演变为商周时期及其以后的王和皇帝。郭沫若先生在解释郑玄之注时认为，"画羽饰之冕亦是后起之事，古人当即插羽于头上而谓之皇。原始民族之酋长头饰亦多如此。故于此可得皇字之初义，即是有羽饰的王冠。"[1]从考古资料上看，在宁绍平原的河姆渡文化中曾发现过刻划有类似图像的陶片，或认为与羽冠有关。分析河姆渡文化的社会发展水平及其刻划陶片与大汶口文化陶尊上图像的异同，可知两者之间既有内在联系又有质的区别。

C类图像是带柲钺的摹画，是为"戉"字，同时也是"王"字的初文。在河南临汝阎村遗址出土的一件陶缸上，画有著名的"鹳鱼石斧图"[2]。石斧的图形与大汶口文化C类图像基本相同，唯石斧的形状窄长，两端呈弧形，与大汶口文化有所不同。严文明先生曾推测葬于这个硕大陶缸内的主人，可能就是建立仰韶文化庙底沟期伊洛－郑州部落联盟（阎村类型的分布区内）的第一任酋长，而绘画的石斧是"作为权力标志"，并代表其"身分和权威的"[3]。不容否认，这时的石斧图与商周时期甲骨金文上的"王"字，在核心含义上是有联系的，两者之间存在着源流关系。阎村陶缸的年代相当于仰韶文化庙底沟期，较之陵阳河大汶口文化墓地至少要早500年以上。无论是生产力水平还是墓葬之间的两极分化程度，两者都不可同日而语。因此，和"皇"字一样，"王"字的含义也经历了三个阶段，即原始部落酋长、初期古国的军事首领和商周时期的王。大汶口文化C类图像所代表的阶段正好相当于中间阶段。

F类图像已如前述，其下的高台形物应是用土堆起来的祭坛，其上的植物形物是社树，整体图像表示"社祭"的场所，或许"社稷"的概念已经产生。H类图像呈阶状内收，其上部与F类图像有相似之处，如中间位置都上凸，有的H类图像也似插有一物。如果将其与良渚文化玉器上的同类纹样和阶状内收的祭坛联系起来考虑，两者的内在含义应是相同的。只不过目前我们还没有发现大汶口文化的这一类祭祀遗迹。

A、B两类图像有多家释读意见，以"族徽说"更为可信，可释为"昊"字。从传说地望、文化特征等方面考虑，我进一步认为鲁东南地区应是太昊族文化的分布区。如果E类图像确像有的学者所认为的那样是"凤"字，则又为太昊族系说增加了一项证据。A、B两类图像的核心是太阳，而古文献中记载的太昊氏是崇拜太阳的。对此，杜金鹏先生曾作过论证[4]。据此可以认为，A、B两类图像既可以看作是大汶口人的族徽，也可以认为是大汶口人所崇拜的天神。那么，如果将其作为祭祀对象，就有祭祖和祭天两重含义。

综上所述，陵阳河地区发现的大汶口文化图像文字又可以归并为两套。一套是身份、地位和权力的标志，如G、C、D三类；另一套是用于祭祀的，也有表示身份、地位的作用，如A、B、E、F、H五类。下面再结合具体的墓葬进行分析。

G类图像仅见于陵阳河和尧王城。尧王城遗址的主要遗存属于龙山文化，面积达50余万平方米，并有城墙[5]，是东部沿海一个范围不小的区域的中心，虽然刻有图像的残片出自文化层内，但说明

[1] 郭沫若：《长安县张家坡铜器群铭文汇释》，《考古学报》1962年第1期。

[2] 临汝县文化馆：《临汝阎村新石器时代遗址调查》，《中原文物》1981年第1期。

[3] 严文明：《鹳鱼石斧图跋》，《文物》1981年第12期。

[4] 杜金鹏：《关于大汶口文化与良渚文化的几个问题》，《考古》1992年第10期，第921、922页。

[5] 笔者1995年12月对尧王城遗址进行过调查，在遗址西北角的一条深沟内，从西、北两壁的剖面上发现夯土堆积，据其范围、宽度和走向，判定其为城墙的西北部。1998年经日照市博物馆的钻探，这一看法得到确认。

该遗址在大汶口文化末期或龙山文化早期已初具规模和等级。陵阳河遗址初步调查面积约15万平方米，三次发掘共清理墓葬45座，以部分墓葬规格较高和墓葬之间的差别十分显著而引人注目。该遗址发现的图像文字多数为采集品，表明还有相当多的高规格墓葬或被破坏或尚未发掘。一件G类图像出自M17，该墓属于陵阳河墓地的晚期，墓室面积达14.86平方米，20倍于同期最小的墓葬，随葬品多达192件，其中包括33件猪下颌骨，随葬品总数和猪下颌骨的数量在全墓地中是最多的。此外还使用了具有礼器性质的高柄杯80余件。墓主因骨骼不全而未作鉴定，不过从出石凿而无坠饰看，以男性的可能性较大。另外，也未使用石或玉钺，当非专门的军事首领。从整体上权衡，把该墓主定为陵阳河地区最高一级的统治者应无问题。这样，M17墓主的身份与其所使用的羽冠图像是十分相称的。因此，可以认定该墓主生前是头戴羽（皇）冠、大权在握的陵阳河古国的一代国王。M11扰土内出土了一件G类图像残片，图像的尚存部分与M17出土者相同，但我们无法确定其原本是否属于M11。就墓室面积而言M11也算是一座中型墓葬，但随葬品仅20余件，显然比M17低一个层次。

与M17规格相当的是与其相隔一排的M6。该墓的墓室面积为17.29平方米，随葬品多达190件，其中包括21件猪下颌骨和石钺、石璧、骨雕筒等。M6没有出土图像文字资料。察发掘简报知，M6墓坑深只有23厘米，该墓出土的2件大口尊均残。因此，我们不知道该墓葬是原来就没有使用带图像文字的陶尊，拟或是有图像文字而被后来所破坏了。M6随葬的石钺制作精致，并且没有使用痕迹，可确知不是实用器，应作为权杖之用；随葬的乳白色石璧，直径16.5厘米，应是祭祀的重器；雕有凸弦纹的骨雕筒1枚，或认为是旄柄饰物，或认为是宗教法器。综上，M6与M17等级相当，为陵阳河墓地最大最富的2座墓葬之一，并且是掌握军事权力的最高统治者。据简报发表的少量器物，可初步判定M6和M17是时代略有差别的两代"皇"、"王"一级的墓葬。

出土D类图像的杭头遗址M8，墓室面积9.9平方米，使用一椁一棺，随葬品共78件，其中包括7件猪下颌骨及小型玉钺、方形石璧、7块鳄鱼骨板等。鳄鱼骨板在个别同时期或略晚的重要遗址的大型墓葬中有所发现，如大汶口M10、陶寺大墓和尹家城M15等，其作用应是蒙鼓。杭头遗址东距陵阳河遗址不足2千米，其性质或是陵阳河的一个卫星遗址，也可能就是陵阳河遗址的一部分。杭头M8的时代相当于陵阳河墓地的晚期，其规格较之陵阳河M6、M17要低一个层次，随葬品表明该墓主有浓厚的军事色彩，身份应是二级聚落的首领或陵阳河古国级别较高的官员。

陵阳河M19、M25和M7三座墓葬分别出土E、F、B类图像文字。这三座墓葬的墓室面积约在5～8平方米之间，有木质葬具，墓主均为男性，随葬品大致在50～80件之内，都有为数不多的猪下颌骨。M19还使用了没有使用痕迹的石钺、陶质牛角号和骨雕筒等，墓主生前应是领军人物。这三座墓葬，M7为晚期，另两座为中期（相当于大汶口文化晚期阶段第六期前段）。全面衡量可以确认，以上三座墓葬的规格大致相当，较之M6、M17低一个层次，属于古国内级别较高的官员。基于此，我们推测中期的"皇"、"王"之墓尚未发现。

大朱家村M17、M26和M04三座墓葬分别出土H、E、B类图像文字。除M04的墓室较大（10.5平方米）、随葬品较多（共141件）之外，其余两座与陵阳河M7等相若。综合平衡他们的身份，应与杭头M8、陵阳河M19等大致相当，而明显低于陵阳河M17，属二级聚落首领和一级聚落高级官吏的层次。大朱家村遗址西南距陵阳河遗址约7千米，面积约6万平方米，属中等规模的遗址。该遗址共发现大汶口文化墓葬35座，墓室面积在6平方米以上的共有五座，分属中（2座）、晚期（3座），三座出土图像文字的均在这五座之内。其中属于晚期偏晚的两座墓葬（M04、M02）面积在10平方米左右，随葬品也多达140余件。这一现象表明作为次级中心的二级聚落，随着财富的集中，社会分化也呈现日益加剧的趋向。

以上分析表明，"皇"、"王"两类图像文字，只见于陵阳河和尧王城这样少数几个地区性的中心聚落遗址，并且出土这类图像文字的墓葬规格最高，应是当时的"王"墓，在社会分层中属于最高的一级。而其他类的图像文字，或见于地区性中心遗址的第二等级墓葬之内，或见于作为次级中心的第二级聚落的最高等级的墓葬之内，属于社会分层的第二级。

沭河上游的莒县地区，四面有低山丘陵环绕，形成一个河谷盆地的地貌，陵阳河遗址大约在莒县盆地的中心位置。历年考古调查成果显示，仅在莒县就发现大汶口文化晚期遗址42处[1]（图八）。这42处遗址可以划分为三个层次或等级。

第一级，1处，即陵阳河遗址。遗址西距沭河约5千米，地势平坦而开阔，向东不远即进入丘陵地区。陵阳河遗址的范围东西约500、南北约300米，面积约15万平方米。因为陵阳河遗址没有进行过系统的钻探，也没有对居住区进行发掘，所以我们对于陵阳河遗址的了解是很不全面的。此外，在以陵阳河遗址为中心的半径5千米的范围内，就有大汶口文化遗址11处，如果将半径扩大到10千米，遗址的数量就增加到25处。这显然是一个以陵阳河遗址为中心的遗址群。对陵阳河遗址的了解主要是通过部分墓葬的发掘而获得的。发掘的墓地位于遗址的东、北部边缘，主要部分处于现今陵阳河河道之内。已发掘的45座墓葬均属大汶口文化晚期阶段，在空间分布上可以划分为四组。

第一组位于遗址北部，在陵阳河河道偏南的河滩之内。此组共有25座墓葬，排列比较整齐，可以分为九排，每排最多4座，最少1座，一般为2、3座。从年代上看，中部以西的墓葬较早，中部以东的墓葬较晚，除了个别墓葬微有打破关系外，多数间隔距离较为适中。陵阳河遗址已发现的长度在3米以上的19座大、中型墓葬均属于此组。第二组东南距第一组50余米，共10座。第三组位于遗址的东北部，西北距第一组60余米，共6座。第四组分布于遗址的东部偏南，西北距第一组150余米，共3座。第二、三、四组均为小型墓葬。陵阳河的大汶口文化墓葬属家族墓地性质，从墓葬规模、葬具、猪下颌骨的有无和多少以及随葬品数量、质量等方面分析，这一时期的社会成员占有财富的急剧分化，不仅表现在家族与家族之间，而且也出现在家族之内。

陵阳河遗址周围（大约半径5千米范围）还分布着11处同时期的大汶口文化遗址。其中北侧的略庄、西侧的杭头和西南方向的张家葛湖3处遗址，面积在6万～9万平方米之间，它们的规格和等级应在陵阳河之下，而又高于其他小聚落。因为这些遗址距离陵阳河遗址甚近，可能是在陵阳河的直接控制之下。

第二级，6处，分别是大朱家村、八里庄、仕阳、前牛店、古迹崖和后果庄。这些遗址分布于陵阳河遗址的周围，距离在30千米之内，面积在6～10万平方米之间。同时，这些遗址的周围还有多少不一的面积更小的遗址，可划分为六个小区。因此，我们把这一类遗址称为第二级的小中心。这六个小区都围绕着陵阳河遗址，即使中心遗址的规模和等级也都明显低于陵阳河遗址。因此，我认为陵阳河遗址与这六个小区之间存在着主从关系，这种关系具有统治与被统治的性质。除以上六个小

---

[1]　这里采用了莒县博物馆的调查资料，详见《莒县文物志》，齐鲁书社，1993年，第39～62页。

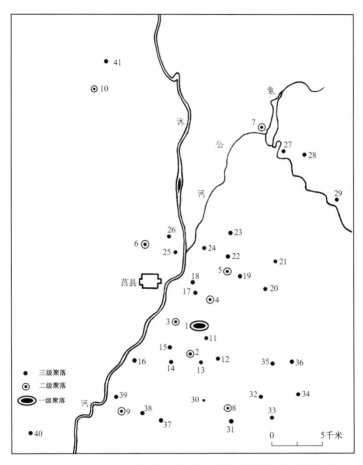

图八　陵阳河区大汶口文化晚期聚落遗址分布图

1．陵阳河　2．张家葛湖　3．杭头　4．略庄　5．大朱村　6．八里庄　7．仕阳　8．前牛店　9．古迹崖　10．后果庄　11．西山河　12．王标大前　13．项家官庄　14．北台子　15．孙家葛湖　16．前夏庄　17．张家围子　18．大宋家村　19．小朱村　20．周家庄　21．徐家村　22．东沟头　23．前集　24．李家城子　25．魏家村　26．沈家村　27．桑庄　28．三角山　29．寨村　30．春报沟　31．陡崖　32．小窑　33．孙由　34．河峪　35．南楼　36．西涝坡　37．杨家崮西　38．公家庄　39．前李官庄　40．刘家苗蒋　41．官家林

区之外，我推测在陵阳河的东西两侧还应有数个这种性质的小区，这需要通过今后有针对性的考古调查工作来加以证实。

　　陵阳河地区，是指以莒县盆地为主并包括东、西、南侧邻近地区，总面积估计在2000平方千米左右。大汶口文化时期的陵阳河地区存在着三个等级的聚落。属于第一级的聚落仅有陵阳河一处，其面积在15万平方米左右。从墓地显示的贫富分化和等级差别，特别是发现了相当于"皇"、"王"一级的墓葬，并且创造和使用了反映不同身份、地位及包含不同内容的图像文字，我们有理由认为陵阳河遗址是一个地区性的中心聚落，如果说得更直接一点的话，那它就是最初的"国都"遗址。第二级聚落有9个甚至更多，分属两种情况，邻近陵阳河遗址的3个，可能与陵阳河是一个群体，合成一个大的聚落群。而分布于外围的6个（或许可能再加上几个），各为一个小区的中心，其性质约略相当于后来的"邑"。这种小区的范围相差不会太大，一般统辖有5至10个小聚落，其面积可能与现在的大乡镇相当或略大。第三级聚落的数量较多，现在已经调查到的遗址，陵阳河地区有30余个，实际上要超过此数。按我们近年来在日照地区的调查经验，估计陵阳河地区第三级聚落的数量当在60处以上，甚至更多。

　　陵阳河地区的晚期大汶口文化，已经形成了以家族为核心，以家庭、家族和宗族为基本社会结构的新型社会形态。而不同的宗族又结合成大小不一的宗族联盟网络体系，陵阳河聚落就是居于网络顶端的权力中心。表现在聚落空间分布形态方面的特点，就是不同级别聚落的数量结构呈金字塔状排列，大、小中心聚落似乎都占据着交通便利、地势相对开阔、资源较为丰富的有利位置。这样一种社会结构的地区，较之以往的平等社会发生了质的变化，我认为它已经建立了早期国家并进入了文明时代。有鉴于此，我们可以将这一地区称之为"陵阳河古国"。

　　（原载《桃李成蹊集——庆祝安志敏先生八十寿辰》，香港中文大学中国考古艺术研究中心，2004年）

海岱龙山文化的陶器成型技术研究

陶器的发明和使用是人类进入新石器时代的重要标志之一。经过近万年的发展，至新石器时代晚期，人类制作陶器的技术得到充分发展，开展步入陶器生产历史上的巅峰时期。

就陶器生产的程序和工艺而言，至少包括了选择陶土、加工陶土、陶器成型、修整、施加装饰、晾晒和入窑烧成等一系列工序。应该说，这其中的每一道工序都是不可缺少的。但从制作陶器的目的和使用功能而言，陶器成型和烧制两道工序属于陶器生产的关键性或核心技术。

探讨和认识去今已久的新石器时代的陶器成型技术和工艺，首先要依据各个时期遗留下来的陶器实物资料，利用各种方法观察陶器的各个部位，从而推断其成型及修整的技术和工艺。在这里，推断的重要参考甚至可以说是依据主要来自近现代不同民族和不同区域的手工制陶技术和工艺、实验考古及相关的文献记载。

一　中国新石器时代陶器成型技术的发展过程

自人类发明陶器之后，在整个新石器时代，陶器一直是最重要的手工业生产部门。不同时期的人们在陶器生产上倾注了大量人力和物力，从而使陶器的制作技术和工艺不断发展并走向成熟，生产规模越来越大，陶器的种类和形态不断地趋于复杂化，其直接结果是极大地丰富了人们的物质生活和精神生活。

就陶器生产过程中的核心技术——陶器成型技术和工艺的发展历程而言，陶器发明以来大体经历了模制法、泥条盘筑法、轮制法等发展阶段，这样的认识在19世纪就已经出现。在这一基础上，有学者提出中国新石器时代初期可能存在着一种直接成型的技术，随后，发明了泥片贴筑成型技术，后来逐渐被泥条盘筑法所取代[1]。

就目前所知，模制法确实出现比较早一些，泥条盘筑法和轮制法出现较晚。但是，新石器时代早期的陶器并不全是模制法，而泥条盘筑法也应用于轮制阶段。所以，本文采用手制和轮制两大阶段来概括中国新石器时代陶器生产技术和工艺的发展过程，即人力转动轮盘发明之前的阶段均归为手制阶段，轮制技术产生之后则统一称为轮制阶段。

（一）手制阶段

所谓手制阶段，是指人类发明轮盘之前的陶器成型技术阶段，也是陶器生产的早期阶段。这一

---

[1]　俞伟超：《中国早期的"模制法"制陶术》，《古史的考古学探索》，文物出版社，2002年。

阶段尚未发明可以转动的轮盘，人们直接用手辅之以简单的工具来制作各种陶器。手制又可细分为各种不同的具体方法，如捏塑法、模制法、泥片贴筑法、泥条盘筑法和泥圈套接法等。

捏塑法：用手直接捏塑成需要的器形，一般用于小型陶器，特别是一些人物、动物、玩具和明器等。这种方法制作出来的陶器往往不甚规整，如石家河文化发现的大量各种小动物，多采用捏塑法制成。

模制法：在做陶器之前先做一个内模，然后通过模子来做出陶器的既定造型。这种方法多应用于一些较为简单的器形、特殊的器类或器物的某些部分。如安阳后冈遗址曾发现过制作龙山文化鬲足的内模。

泥片贴筑法：所谓泥片贴筑是指在陶器成型时，先把调制好的泥土切成小块，拍打成薄片状，然后一块一块粘贴起陶器的器形。采用这种方法也需要有一个预先做好的模子，所以也可以说是模制的方法。泥片贴筑法目前只见于距今7000年之前的新石器时代前期阶段。

泥圈套接法：与泥条盘筑类似，只是把预先准备好的泥料搓成长短适中的泥条，围成若干个泥圈，然后把它们叠摆起来，用手抹平内外壁，并加以拍打成器。20世纪50～70年代，一些学者在云南调查记录的佤族、沧源傣族等少数民族的制陶技术，其中一部分就是采用此法[1]。而我国北方一些年代较早的考古学文化，如后李文化、兴隆洼文化等也发现采用此法制作的陶器。

泥条盘筑法：这是一种重要的手制陶器的成型方法，实际上轮制陶器最初的步骤也有采用这种方法的情况。在陶器成型时，把准备好的泥料搓成细长的泥条，然后把泥条连续地盘绕着向上堆砌起来，最后用手抹平内外壁并加以拍打，做出所需要的器形。

（二）轮制阶段

所谓轮制，是在手制的基础上利用了半机械性的轮盘转动，借助其旋转的速度而产生的离心力来制作陶器。其实轮制的前半部分也是手制的过程，即用泥条盘筑的方法做出雏形，然后利用轮盘旋转的速度进行修整或拉坯（提拉）成型。轮制可以分为两个阶段或类型，即慢轮盘筑成型、修整与快轮拉坯成型。

慢轮盘筑成型和修整：慢轮成型和修整属于轮制的早期阶段，它所实施的对象基本上是手制出来的。但这种方法的实施，表明已经发明了可以转动的轮盘，只是转动的速度较慢。从民族学调查资料来看，泥条盘筑和泥圈套接法均有在慢轮上实施的实例，如云南景洪傣族就是采用这种方法来制作陶器[2]。

慢轮技术较多地运用于陶器的整形和修整上。把基本成型的陶器置于轮盘之上，转动轮盘，对其进行整形和做局部的修整，使之比较规矩和符合要求，更加美观。因为这一工作是在旋转的轮盘上进行的，所以，往往可以在被修整过的陶器上留下转动时形成的旋痕，只不过因为轮盘旋转的速

[1]　李仰松：《云南省西盟佤族制陶概况》，《考古通讯》1958年第2期；林声：《云南傣族制陶术调查》，《考古》1965年第12期，第647页。

[2]　林声：《云南傣族制陶术调查》，《考古》1965年第12期，第650、651页；傣族制陶工艺联合考察小组：《记云南景洪傣族慢轮制陶工艺》，《考古》1977年第4期。

度较慢，轮旋的痕迹也比较粗疏。于是，陶器外表有无旋转的痕迹是判别是否进行过慢轮修整的直接依据。

慢轮修整的工艺至迟出现于新石器时代后期前段，即距今7000年前后，在北辛文化、仰韶文化半坡类型、马家浜文化的陶器上，都出现了慢轮修整的现象。

快轮拉坯成型：快轮制陶是指在轮盘快速转动的情况下，陶工匠用双手提拉陶土使之形成预期的器物形态。一个熟练的陶工匠，在极短的时间内，可以随心所欲地把陶土拉成想要的各种形状，其拉坯的手法之灵活和速度之快，不亲临其境是难以想象的。据调查，山东的即墨、莒南、临沂和泗水等地，在20世纪80年代还存在着快轮制陶的手工作坊[1]。同样的技术也见于云南一些地区[2]。在这些手工作坊中，一个熟练的陶工匠一天可以制作数百件普通的罐、盆类器物，效率是手制的数十倍。这样，我们就可以理解轮制技术成熟期的龙山时代，遗址里发现的陶器数量较之以前出现了成数十倍的增长这一现象。

采用快轮拉坯成型技术生产的陶器，器形规整，棱角分明，器壁薄而匀称，器身从上到下都遗留有平行而细密的轮旋痕迹（特别是内壁修整不到的位置更为清楚，外壁有时候被修整时打磨掉），器底则有偏心切割螺线。轮制技术产生于距今5000年之前的仰韶时代晚期，盛行于龙山时代，特别是海岱地区的龙山文化，达到了陶器轮制技术的巅峰状态，进入青铜时代以后陶器生产技术逐渐衰退。

综上所述，距今7000年以前的新石器时代前期，中国各地区的陶器成型技术以各种方法的手制为主，轮制技术似乎尚未发明。进入距今7000年以后的仰韶时代，首先产生的是慢轮制陶，这种方法既用于陶器的成型，也用于成型之后的修整，而在成品上容易观察到的往往是后者。大约在距今5500年前后的仰韶时代晚期，在长期使用慢轮的基础上，发明了快轮拉坯成型的制陶技术，从而进入陶器生产历史上最为辉煌的阶段。距今4000年以后，尽管多数地区仍然保持和使用快轮制陶技术，但由于人类手工业技术重心逐渐向青铜器和铁器等生产领域转移，陶器生产的地位不断下降，相应地陶器制作技术也逐渐衰落。

以上所述是中国新石器时代以来陶器生产技术的发展过程和演化趋势。应该指出的是，在陶器制作技术的长时段发展过程中，不同地区之间对陶器制作技术的掌握和运用是很不平衡的。

二　海岱龙山文化陶器的制作工序

海岱地区是中国新石器时代至青铜时代早期几个主要文化区系之一。在经历了新石器时代早期（沂源县扁扁洞一类遗存，距今10000年前后）、后李文化（约距今9000～7000年）、北辛文化（约距今7000～6100年）、大汶口文化（约距今6100～4600年）之后，海岱地区进入其发展历史上最为

[1]　刘敦愿：《论（山东）龙山文化陶器的技术和艺术》，《山东大学学报（历史版）》1959年第3期；栾丰实、杨爱国：《山东省莒南县薛家窑村快轮制陶技术调查》，《东南文化》1991年第1期；栾丰实、方辉、杨爱国：《山东省泗水县柘沟镇快轮制陶技术调查》，《考古与文物》1992年第6期。

[2]　汪宁生：《云南傣族制陶的民族考古学研究》，《考古学报》2003年第2期；李汝恒、陈凤梅、李晓岑：《云南省剑川县甸南镇白族传统制陶业调查》，《广西民族大学学报（自然科学版）》2008年第4期。

辉煌的龙山文化时期。海岱龙山文化的年代大约在距今4600～4000年之间[1]，属于新石器时代最晚的一期，之后，则进入青铜时代早期的岳石文化阶段。

陶器生产有着完整的工作流程，这当中的每一道工序都有相应的专业技术。结合现代制陶的人类学或民族学调查，我们可以大体复原海岱龙山文化陶器的生产过程和相应的技术规范。

1. 选择陶土

挑选合适的陶土是制陶工序的第一步，并不是什么样的土都可以用来制作陶器，而是要选择合适的黏土。据山东地区即墨西城汇、莒南薛家窑、临沂岗头和泗水柘沟等现代制陶地点的调查，他们采用的都是一种黏性较大且比较细腻的黏土。如莒南县的薛家窑村，陶土埋藏于村西北500米之外的农田之下，陶土层距地表1～2米，为一种细腻纯净的棕褐色黏土，含沙和杂质极少，这种黏土取来即可直接用于制作陶器。而泗水县柘沟镇一带，陶土的蕴藏量极其丰富，在方圆20平方千米的范围内，埋藏着巨量适于制作陶器的黏土，其不足之处是杂质略多，需要进行特殊处理。即墨西城汇的陶土层埋藏于村西南，距地表0.5米，为一种带有油脂状光泽的乌黑色黏土，质地极为细腻，杂质极少，可以直接用于制作陶器。云南地区历年调查的各个少数民族制陶地点也是如此。如西盟佤族自治县的科来，陶土选自距村寨4千米的江边，景洪曼德寨的陶土取自寨西1.5千米处的江边高地，其他村寨也都是挑选符合要求的陶土来制作陶器。

龙山文化时期已经进入新石器时代末期，人类制作陶器的历史已有万年之久，当时的陶工匠对陶土的认识水平已经达到了相当高的程度。以两城镇遗址为例，我们曾对遗址及周围15千米内现代制陶场的取土点进行了调查，发现两城镇遗址有三个地点的黏土适合做陶器：遗址西部"大窑沟"的陶土呈黄褐色，含大量石英砂，黏性好；遗址南部有一种"黑泥"，黏性、颗粒度都很好，无需淘洗即可用来制作陶器；两城五村附近有适合做白陶的陶土。范黛华等曾对两城镇遗址的部分陶片进行过电子束微探针分析，发现陶土中以二氧化硅（SiO_2）所占比例最大，约为62%～65%；其次为三氧化二铝（Al_2O_3），约占28%～30%；另外还包含1.3%～1.7%的三氧化二铁（Fe_2O_3）、二氧化钛（TiO_2）和氧化钾（K_2O），以及更少量的氧化钙（CaO）和氧化镁（MgO），约占0.7%～0.8%。遗址东部和东南部的洼地或沼泽地，由于水的作用，使得包含有大量混合物的黏土得以自然形成[2]。由此看来，两城镇遗址龙山文化陶土应取自聚落内或附近，今天一些仿制龙山黑陶的作坊就是采用上述地点的陶土来制作陶器，效果相当不错。

此外，当时的陶工匠们不仅能够选择好的黏土用作制作陶器的原料，而且还能够根据需要来选择陶土。如制作一般陶器用优质的黏土，又专门挑选了后来做瓷器的"高岭土"来制作龙山文化特有的白陶。

2. 加工陶土

加工陶土是制作陶器的一个重要环节。从现代制陶调查的结果来看，对陶土的前期处理主要有

---

[1]　"中华文明探源工程"项目开展以来，重新测定的大量数据表明，龙山文化的绝对年代可能整体后延200年左右，即在距今4400～3800年前后。在未重新调整中国新石器时代的整体年代框架之前，这里仍然延用传统的年代数据。

[2]　范黛华、栾丰实、方辉、于海广、蔡凤书、文德安：《山东日照市两城镇龙山文化陶器的初步研究》，《考古》2005年第8期。

三种基本方式：一是把陶土晒干、打碎后，直接加水浸泡，不需要做其他的处理，如剔除杂质、添加各种羼和料等；二是把陶土舂碎后泡软再加细沙，土和沙的比例不等，根据需要来确定；三是对陶土进行特殊加工，又可分为干处理和湿处理两种情况。所谓干处理是把土晒干后舂碎，用过筛的方法去掉陶土中的杂质，然后加水揉成泥团备用。湿处理则是将晒干的陶土置于专用泥池或大型容器之内，加水搅拌稀释，使土中的杂质沉淀，从而将其过滤掉，此法或称为淘洗陶土。龙山文化的高柄杯、薄胎杯、各种盒、鬶、豆等细泥质陶器，要经过反复淘洗才能够达标。

采用上述第二种方法做成的陶器，相当于龙山文化陶器中的夹砂陶，这里的夹砂陶是广义的，除了砂粒之外也有掺加其他羼和料的，如云母碎末、滑石粉、植物秸秆、蚌贝壳碎末等，统称为夹砂陶。龙山文化的夹砂陶器，羼和料绝大多数是细小砂粒，少有粗大的砂粒，一些夹细砂陶如果不仔细辨别甚至会与泥质陶搞混。龙山文化夹砂陶的数量较多，大约可以占到陶器总数的一半左右。

第三种方法制作的陶器，属于龙山文化陶器中的泥质陶，这种方法过滤或筛掉了陶土中的杂质，只剩下纯净的泥土，此种陶土做出来的陶器手感细腻，最适合用于饮食器。龙山文化中的泥质陶器多半做得极为精致，手感特别细腻，显然是这一道工序做得好。在一般的统计数字中，龙山文化泥质陶的比例与夹砂陶大致相当，也占陶器总数的一半左右。

第一种方法生产的陶器更接近于泥质陶，但较泥质陶略粗一些，这种情况在龙山文化陶器中不好分辨，一些夹砂极少的夹砂陶，有可能是采用这种方法做成的。

我们在山东地区调查的一些现代制陶作坊，对经过前处理的陶土还要做进一步的加工。主要有练泥（人打赤脚在浸泡好的泥料上来回踩踏，一般需要均匀地踩五、六遍）和陈腐（练好的泥要放一些时间，类似于做馒头时和好的面要发酵一样，不能调和好以后马上拿来制作陶器）两道工序。此后，才可以进入陶器成型的生产阶段。从龙山文化陶器的精细程度看，其对陶土的处理过程至少不会比现代制陶中的复杂者简单。

3. 制作陶坯

我们之所以说成型技术是陶器生产的核心技术，是因为它决定着陶器的品质和生产效率。就生产效率而言，其与手制陶器的差别如同人工用铁锹翻地和用拖拉机耕地一样明显。龙山文化遗址中巨量陶器和陶片的存在，一方面是因为陶器的胎壁较薄而容易损坏，另一方面也与龙山文化时期极高的陶器生产效率密切相关。

在大汶口文化中晚期发明并逐渐推广快轮制陶技术的基础上，至龙山文化时期，快轮拉坯成型技术已经达到了极为纯熟的程度。具体的分析将在后续第三部分中展开。

4. 修整和施纹

修整器物和施加装饰纹样可以说是制作陶坯工序的延续或完善，特别是修整，甚至可以认为是陶器成型过程中的一个组成部分。修整的方式主要有刮、拍打和打磨，其目的主要有二：一是使陶器的形态更加符合人们预期，比如有一些陶器的腹部是在修整时刮或拍打出来的；二是使陶器更结实、实用和美观，如拍打陶胎，不仅使之更加致密和结实，而由此形成的拍印纹饰，也起着装饰的作用。

　　观察龙山文化的陶器，修整的技法大体有轮修、刮修和拍打等。顾名思义，轮修是在转轮上进行，修整遗留下来的痕迹多呈同心圆状，细密而清晰（图一）。当然，后面要说的磨光也多是在轮盘上进行，这种方法运用得最为普遍。刮修则要用工具，遗留下来的痕迹规则性较差。如龙山文化晚期常见的一种细密的篦纹，就是用一种有细密小齿的工具刮出来的（或认为这种篦纹是由于木质工具上的年轮所致）。拍打也是修整陶坯常用的方法，陶工通常左手执陶垫放在陶坯的内壁，右手持有纹样的陶拍置于陶坯的外壁，两相对应，有节奏地拍打陶胎。龙山文化部分陶器上的篮纹、绳纹和方格纹，多半是采用这种方法做出来的。从观察到的现象看，拍印纹饰之前，也是先用快轮拉坯成型，然后再拍印纹饰，这样外表的纹饰就会叠压轮旋痕迹，并且每拍纹饰之间会有重叠，而内壁则有垫痕（图二）。但从整体上看，龙山文化的中、小型陶器，多采用轮制方法直接做成，较少使用拍打成型的方法，这从龙山文化绝大多数陶器的外表少见拍印纹、内里也不见垫痕、而许多器物的内壁留有细密的轮旋痕迹中可以得到证明。

　　龙山文化一些陶器有在器表施加一薄层陶衣的现象。从现代制陶调查的情况看，施加陶衣是在陶器半干时进行的。施加陶衣可以抹平陶胎表面存在的一些砂眼和小的缝隙，使陶器的表面更加均匀和一致。

　　打磨器物表面（俗称磨光）是龙山文化陶器的器表处理方式中最重要的手法，几乎百分之百的陶器经过了磨光处理。从绝大多数陶器只是打磨器物外表视线所及的位置来看，磨光工序似乎主要

图一　龙山文化陶器内外壁的细密轮旋痕迹

1、3. 罐（H915、T1705⑥a）　2、4. 盆（H1692）　5. 碗（H976）　6. 杯（H152）（均为丁公遗址出土）

图二　龙山文化陶罐内外壁的垫痕和拍印纹
1、2. H106　3、4. H211　5、6. T2108⑤c　　（均为丁公遗址出土）

出于装饰和美观的考虑。如罐、瓮、缸等有一定高度的器形，通常只是打磨外表的上半部及内侧的口沿一带，这一点与时代更早的彩陶的绘画位置极为相似。但也有一些用于盛放食物的器形，如大口浅腹的盆、各种盘、豆盘、碗、钵、匜、盒等，器物的内外表均经磨光处理。这或许具有防渗透的实用目的。一些泥质陶器烧成温度不高、渗水率高，经打磨以后，会提高器物表面的致密度，从而降低陶器的渗水率，集实用和美观于一体。

除了一般的磨光处理之外，有的在磨光过程中可能还施加了特殊的材料。如在两城镇遗址发现过一种表面有银灰色光泽的陶器，这就不仅仅是打磨可以获得的效果。从现代制陶调查资料中，我们也发现这样一些现象。如莒南薛家窑在陶坯完成之后，除了打磨之外，还在器物表面擦一遍滑石粉，即墨西城汇则用一种名为"老鸦金"的矿石粉末擦抹陶坯表面。采用这种方法处理过的陶坯，烧成后往往会在器表呈现出一种"又亮又白"的银灰色光泽（图三）。范黛华根据美国西南部现代制陶的一些做法，甚至认为两城镇遗址的龙山文化陶器的器表被涂抹过少量猪油，以增加陶器表面的光亮度。

也有学者认为龙山文化陶器中的精品，如高柄杯、罍等漆黑光亮的器物，烧成之后还经过了进一步的抛光处理[1]。在一些地区的现代制陶中有类似的实例[2]。

[1]　吴汝祚：《试论龙山文化的蛋壳陶杯》，《史前研究》1987年第1期。

[2]　杨原：《云南元谋苴林的慢轮制陶工艺》，《考古》1987年第9期；李月英：《汤堆村藏族黑陶技艺》，《今日民族》2006年第7期。

龙山文化的陶器以素面磨光为主，纹饰所占比例较低，这与其他文化区的同时期考古学文化之间存在着显著差别。龙山文化陶器施加的纹饰中，数量最多的是各种粗细和疏密不一的凹凸弦纹，这与龙山文化普遍采用快轮成型和修整技术密切相关。至于陶器表面存在的篮纹、方格纹和绳纹等，既是加固陶胎的需要，也在某种程度上起着装饰的作用。其他如数量不多的附加堆纹和环络纹，既可以加固陶器，也有装饰效果。至于只起装饰作用的纹饰，如采用刻划、戳印、镂孔、贴塑等技法做出来的纹饰，在龙山文化的陶器中数量较少，不占装饰的主流。

5. 晾晒

陶坯做好之后，要放到屋外的专用平场上晾晒，有的作坊为了晒到器物的底部，还特意修筑出斜坡式的场地。小型器物一次性做好就可以放到外面晾晒。分段制作的大型器物，则是先做

图三 打磨陶坯（山东即墨西城汇）
（据刘敦愿先生文章）

好靠近底部的一段就要搬到屋外晾晒，待其硬化以后再搬回屋内继续接续上面的一段，循环往复，直到全器完成。晾晒陶坯时要注意不能曝晒，以防止出现裂纹。在陶胎尚未全部干燥时就要搬回屋内，置于通风处阴干。

6. 烧制

入窑烧制是陶器生产最后一道工序，也是最后一个关键性步骤。目前经过发掘的海岱龙山文化遗址已经多达100余处，面积超过1000平方米的也不在少数，但只有两三处遗址发现了龙山文化的陶窑。一处是丁公遗址，共发现4座[1]，另一处是教场铺遗址，发现多座[2]。从发现的陶窑结构看，大体有横穴窑和近似于竖穴窑两种。窑的面积都不大，窑室直径一般在1米左右。丁公遗址发现的横穴窑，据窑室内火道排列方式的差别分为两类：一类为多条平行火道，另一类则为"北"字形火道。

海岱龙山文化的陶器以黑陶为主，红或褐色陶器甚少。其烧制陶器的窑室结构与其他地区的同时期文化大同小异，没有本质区别，但烧出来的陶器颜色却相差甚大，即黑陶的数量明显多于其他各个区域。形成龙山黑陶居多的原因既有技术的原因，也有审美观的因素。从技术上讲，是在烧制过程的后期采用了渗碳技术。莒南薛家窑的做法是，陶工在陶器"烧熟"时，把一定数量的柴禾（过去是松柴，后来是麦秸等）迅速放入火膛，不等其燃烧就将窑门用土完全封闭起来，使柴禾在窑内产生大量烟雾，从而把产生的碳素渗透到已经"烧熟"了的陶胎中。现在一些仿制龙山文化黑

[1] 栾丰实：《邹平县丁公新石器时代至汉代遗址》，《中国考古学年鉴·1990》，文物出版社，1991年。

[2] 贾笑冰、周海铎：《鲁西教场铺龙山文化遗址发掘获重要收获》，《中国文物报》2001年9月2日第1版。

陶的工场，或使用沥青来渗碳，既省事效果也好。

如果仔细看龙山文化的陶器，其实颜色并不单一，那种陶胎里外透黑的标准黑陶在龙山文化中并不是特别多，相当多的陶器内外表为黑色，而陶胎的中心部位则为灰、褐等颜色，形成所谓的"夹心饼干"式的三层陶色。产生这种现象的原因，大约还是与烧制过程中渗碳的浓度、时间以及对火候的把握等有密切关系。

海岱龙山文化陶器的烧成温度相对较高，总体上在700℃～1050℃。从我们所做的检测结果看，夹砂陶的烧成温度较高，而泥质陶的烧成温度相对低一些。

三　海岱龙山文化陶器的成型技术和工艺

龙山文化陶器的成型方法，除了个别小器物用手直接捏塑和个别部件（如袋足等）采用模制法之外，普遍运用了快轮成型技术和工艺。下面我们结合现代快轮制陶的人类学或民族学调查资料来探讨龙山文化的陶器成型技术和工艺。

（一）陶轮及其安装

20世纪80年代以前，山东地区农村的现代制陶作坊所采用的轮制陶器设备，除了制作陶坯时进行刮、抹、拍、印、切割等工作的各种小型工具之外，最重要和最大的设备就是陶器成型环节必须使用的陶轮。陶轮主要由轮盘和木轴两个部分组成。轮盘为圆饼形，多采用韧性好不易变形的枣木做成，也有使用铁质轮盘者。轮盘的直径一般在0.8～1米之间，厚8厘米左右，盘底面用木条和铁丝加固。底部中间附加一厚重的横木或方木框，中心部位相当于圆心的位置钻出一个较大的筒形圆孔，正好将木轴的上部套入其中。木轴顶端中心位置或镶一颗突出的大钢珠，或在轮盘中心安装一铁制圆锥形突起，置于木轴中心的圆窝内，这样既有利于轮盘的旋转，也可以减少磨擦损耗，延长木轴和轮盘的使用寿命（图四）[1]。

陶轮一般安置在房内靠近门处的右侧（如果是朝南的正屋就在门内西侧），修建时先在规划好的位置挖一直径略大于轮盘的圆形坑，深度为0.5～0.7米，将木轴埋于坑的正中，用土夯打结实，使木轴竖直固定。然后把轮盘套置于木轴之上，轮盘和地面持平或略低于地面。

云南地区少数民族的手工制陶，多数是在慢轮上完成的，工作时只需要一个人即可操作。但也有少数村寨采用快轮成型技术制作陶器，如勐海县的曼德等村寨，使用的轮盘呈倒置的圆台形，面大底小，面径为30～40、底径20～30、厚18～20厘米。轮盘底部正中有方孔，其中插入一段竹筒，套到埋在地下的圆木柱上端，这样轮盘就可以转动（图五）。

到目前为止，我们还没有在龙山文化遗址的发掘中发现轮盘、木轴等实物，可能由于北方气候比较干燥的原因，这些埋藏在地下的木质器具用不了很长时间就会腐烂，从而无法保存下来。但我们相信龙山文化时期的快轮制陶设备，与上述情况不会相差很远。至于埋设陶轮的圆形坑，其形状

---

[1]　邓聪：《中华文明探源与辘轳机械的发现》，《澳门黑沙玉石作坊》，澳门特别行政区民政总署文化康体部，2013年。

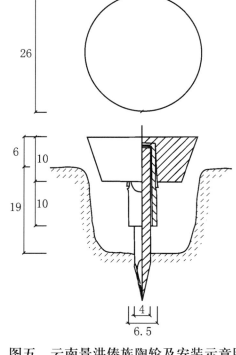

图四　山东泗水柘沟的现代制陶作坊的陶轮
（据邓聪先生文章）

图五　云南景洪傣族陶轮及安装示意图
（据傣族制陶工艺联合考察小组的论文）

和结构极像房子的柱坑和柱洞，所以今后在考古发掘中应注意这一类遗迹现象，将其从柱坑柱洞中分辨出来。

（二）陶轮的使用

山东地区调查的4处现代制陶地点，用陶轮制作陶坯时均需要两个人同时工作，即一人专事蹬转轮盘，一人在轮盘上制作陶坯。制作陶坯的师傅是主角，坐在轮盘的内侧，面向门口保持着较好的光线。蹬转轮盘则是辅助性的工作，这一工作通常由制陶作坊中的学徒工或师傅的晚辈（以十几岁的男性少年为主）来承担，站立在师傅对面的门旁，侧向轮盘，一手扶门（或用手拽着从门框上引出的一段绳索）以保持身体的平衡，右脚用力向后蹬轮盘的边缘，使轮盘顺着逆时针方向快速旋转，每分钟可达到100圈以上。蹬轮盘的工作看似简单，但也要有相当经验，他要熟悉陶坯的制作过程，行、止、疾、徐有度，与师傅制作陶坯的动作互相配合（图六）。

云南地区的快轮制作陶坯的操作程序，与山东地区的做法大同小异。轮盘往往由陶工匠自己用手急转，有时也由一小女孩在旁边帮助转动轮盘，这小女孩多半是陶工匠的女儿或孙女，既是帮工，也是向其传授制作陶器技术的机会。轮盘为顺时针方向转动，这与山东地区几个手工制陶作坊均为逆时针方向转动不同，应该与操作方式的不同有关。由于轮盘直径较小，转动的速度可以达到每秒钟3～5圈[1]，明显快于山东地区陶轮的旋转速度。

---

[1]　汪宁生：《云南傣族制陶的民族考古学研究》，《考古学报》2003年第2期，第249页。

图六　二人合作制作陶坯（山东即墨西城汇）
（据刘敦愿先生文章）

（三）制坯

制作陶坯是陶器生产的关键环节之一。现代制陶的调查资料显示，不管地处北方的山东地区，还是相距万里的西南边陲，快轮陶器成型技术的方法和步骤大同小异，具有很大的共性。

山东的即墨西城汇、莒南薛家窑、临沂岗头和泗水柘沟等四处现代制陶作坊，据地方志记载和民间传说，在当地各有数百年甚或更长的制陶历史。柘沟地区的陶器制作，见于宋代的记载，迄今至少已有上千年的历史，这里生产的"鲁柘砚"久负盛名。他们那些保留着古老传统的陶器生产方式和方法，在某种程度上可以帮助我们了解和复原更为久远的龙山文化时期陶器的快轮成型技术和工艺。

综合山东地区四处现代制陶作坊的陶器成型技术，可以细分为三道基本工序，即首先在慢轮上采用泥条盘筑法做出一个粗糙的泥筒，再在快速旋转的轮盘上挤压提拉使之成型，最后经刮抹或拍打定型。其中的关键步骤是中间的拉坯成型。关于拉坯成型技术的运用，大体可以归纳为以下几种情况。

1. 一次拉坯成型

一次拉坯成型的技术适用于一般的中、小型陶器，成型过程是：取一块陶土置于轮盘中心，用手拍打成圆饼状，陶工手沾泥浆压住泥饼中心，随着轮盘的转动向外边推压，这样就会在陶坯的底部留下旋转的痕迹（这种痕迹在龙山文化的陶器内部器底上经常可以见到）。在放陶土之前，有的还先在轮盘上撒一些草木灰，以防止陶坯与轮盘粘连的过于紧密。然后把搓好的长泥条沿坯底边缘向上盘筑，如果是较大器物所用泥条较长，薛家窑的做法是由辅助人员提着泥条的另一端，而柘沟则是由制陶师傅把泥条担在自己的肩上。盘筑到需要的高度后停止，师傅一手拿皮子，一手执破布，沾水后内外相对挤紧胎壁，而另一人则用脚蹬转轮盘。利用轮盘快速转动的惯性和离心力，师傅不断地用两手内外挤压和提拉陶坯，随着陶轮的反复旋转，陶坯在其手中时高时低，时厚时薄，使陶坯更加致密和结实，基本成型后再做出口沿。在陶坯的制作过程中，直腹、鼓腹，折沿、卷沿、圆唇、方唇等具体样式，全在师傅的手指掌握之中，其速度之快，变化之大，可谓是随心所欲。做一个中等大小的盆、罐类器物，只需几分钟即可完成。最后用钢丝将陶坯底部割开，切割时，只有采用有起伏的钢丝在快速转动的轮盘上切割，才会在器物底部产生偏心螺线。完毕后为避免陶坯太软而变形，先把盆圈垫在陶坯内，然后搬到屋外晾晒。

2. 多次拉坯成型

适用于个体较大的大型陶器。我们调查发现有两次成型和三次成型两种情况，其成型过程是：先做出器底及下半部，方法与一次拉坯成型相同，但不做口沿，搬到屋外晾晒半天，使其硬化。再搬回屋内接着做上半部，先将泥条贴在下半部的内壁，依次向上盘筑，到一定高度后，快速转动轮盘拉坯成型，最后做出口沿。特大型器物则再重复一遍第一次的过程。这样做的目的，主要是因为器物个体太大，如果采用一次成型，因坯体太软而极易破损，分次做成则可以提高陶坯的成品率。为了调节干湿度，在外面晾晒时，时常在陶坯内外表面刷泥浆。同时，用工具刮修陶坯。晾到一定程度时，用陶拍子和垫板内外结合拍打陶坯，使之最后定型。

在龙山文化的一些大型陶器中，多数会发现腹中部有接合的痕迹，并且接合部位会明显比上下略厚一些。这样的陶器显然是经过两次拉坯做出来的（图七）。

1	2	3
4	5	6

图七　龙山文化陶罐二次拉坯成型的衔接痕迹
1、2. H126　3、4. H301　5、6. T1410⑥a　（均为丁公遗址出土）

3. 分部制作、组装成型

分部制作适用于造型较为复杂的陶器。在现代制陶调查中，陶器的器形多数相对比较简单，但也有一些略显复杂的器形，如薛家窑村制作的有流和提梁及盖的壶。制作陶壶时，先轮制壶身，初步成型和修整定型分两次完成，然后分别做出管状流、环形提梁和圆形壶盖，并将流和提梁粘接到壶身相应的位置之上（图八）。

图八　薛家窑现代制陶作坊生产的陶壶

与现代陶器的种类和形制相比，龙山文化的陶器要复杂得多，不仅种类远远多于现代陶器，形制也极为复杂。在龙山文化的陶器中，不仅存在着大量有附件的陶器，如一般的罐、瓮、壶、盆、盘、盒、钵、匜、杯、器盖等，都有数量不一的耳、把、鼻、饼等附件，这些附件都是单独做好后又粘接到器物的相应位置。同时，龙山文化陶器的制作中，还存在着陶器的主要部分分部制作，然后组装的现象。如由两个部分组装粘接的器物有高柄杯、豆、圈足盘、圈足盆、鼎、三足盘（盆）、三足盒、大型罐、瓮、缸、带钮器盖等；由三个部分或三个以上部分组装粘接的器物有鬲、甗、鬶等。

这些分部制作再进行粘接的器物，在相应的位置往往会留下粘接的痕迹，最容易观察到的是，粘接的位置明显变厚，有附加泥条或手抹的痕迹，如鬶的腹与足相接的位置、甗的甑部与鬲部之间及鬲腰与三袋足之间的位置等（图二四）。

（四）龙山文化快轮拉坯成型陶器举例

龙山文化快轮拉坯成型的陶器，虽然大部分轮制证据已经在后期的打磨和抛光等修整过程中被消除掉，但局部遗留下来的快轮成型或修整痕迹在龙山陶器上仍然随处可见。如陶器内壁表面（特别是深腹器物靠近底部不易被整修掉的位置）快轮成型时留下的旋痕，外表细密的旋转痕迹（有些特别细密的应该是指纹的痕迹），器物底部快速旋转时的切割偏心螺线等（图九）。以下举罐、鼎、杯、圈足盘、豆和鬶等数量较多或造型较为复杂的器形为例予以说明。

（1）罐

是龙山文化数量最多的器形。据泗水尹家城遗址统计，在可复原的1000余件龙山文化陶容器中，各种罐的比例高达17%[1]。与形制复杂的鬶等器物相比，罐是一种造型相对比较简单的器形，有多种形制，有的肩或腹部有双横耳，其中数量最多的是中口罐。除了个别较小的器形，均采用快轮拉坯成型技术制作。不少陶罐（也包括盆、罍等器形）的外表和内壁下半部，还保留着较密的轮旋痕迹（图一〇～一二）。

（2）鼎

是龙山文化数量最多的器形之一，出土龙山文化陶容器较多的泗水尹家城遗址，鼎的比例约占10%左右。主要有罐形和盆形两种基本形制。两种鼎的共同点是，均先轮制好鼎身，再将单独做好的三个鼎足粘接到器腹与器底的转折处。两种形制的鼎，鼎身外表面多保存着轮制遗留下来的轮旋痕迹和快轮修整形成的粗细凹凸弦纹（图一三、一四）。

[1]　山东大学历史系考古专业教研室：《泗水尹家城》，文物出版社，1990年。

图九　龙山文化陶器底部的切割螺旋纹

1～4.罐底（丁公H1、H455、H450、两城镇H205：4）　5、6.罐形杯底（两城镇H302：6、T2399：14）（均为两城镇遗址出土）

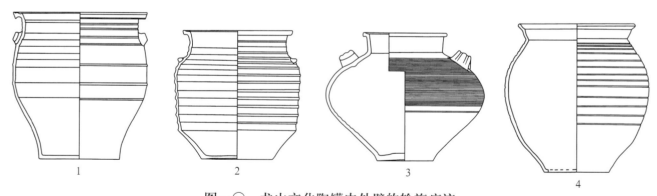

图一〇　龙山文化陶罐内外壁的轮旋痕迹

1.H31：203　2.H31：149　3.H135：14　4.H102：2　（均为两城镇遗址出土）

（3）杯

是龙山文化数量最多的器形之一，在全部陶容器中的比例与鼎相若，也在10%左右。形制有筒形杯、罐形杯、觯形杯、壶形杯、高柄杯、盘口杯等多种，其中筒形单耳杯的数量最多。部分筒形单耳杯的内外壁遗留有粗细不一的轮旋痕迹。需要提出来的是，筒形杯的条形耳也是先采用轮制法做一个圆筒，再纵横切割成若干等份，每一份为一个把手。由此，可显著地提高陶器生产的效率（图一五～一九）。

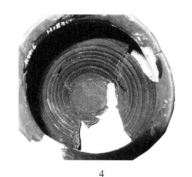

图一一　龙山文化陶罐内外壁的轮旋痕迹

1～3. 罐（F52：2、G7：11、G1：23）　4. 鼓腹杯（H183：7）　（均为两城镇遗址出土）

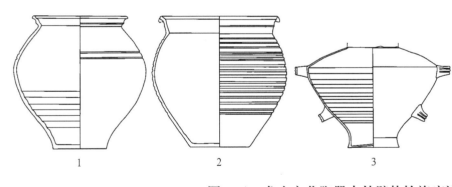

图一二　龙山文化陶器内外壁的轮旋痕迹

1、2. 罐（H44：1、H401：17）　3. 甗（H358：1）　4. 盆（H41：2）　（均为两城镇遗址出土）

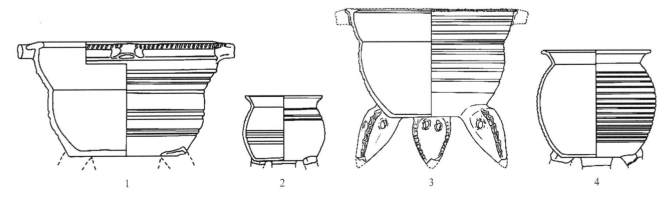

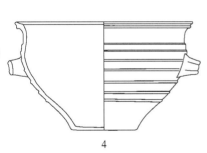

图一三　龙山文化陶鼎内外壁的轮旋痕迹

1、3. 盆形鼎（H416：22、H307：2）　2、4. 罐形鼎（H422：1、H238：14）　（均为两城镇遗址出土）

1　　　　　　　　　　　　　　　2　　　　　　　　　　　　　　3

图一四　龙山文化陶鼎外壁的轮旋和粘接痕迹

1、2. 罐形鼎（两城镇 H238∶14、G18∶6）　3. 鼎底部接足处的划痕（丁公 T2110⑥a）

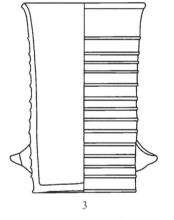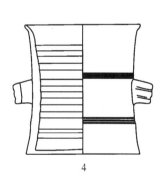

1　　　　　　　　　2　　　　　　　　　3　　　　　　　　　4

图一五　龙山文化陶杯内外壁的轮旋痕迹

1. M68∶1　2. H280∶2　3. F54∶21　4. H31∶134　（均为两城镇遗址出土）

1　　　　　　　　　　　　　　2

图一六　龙山文化陶杯内外壁的轮旋痕迹

1、2. 尹家城 M125∶4　3、4. 两城镇 G22∶11

3

4

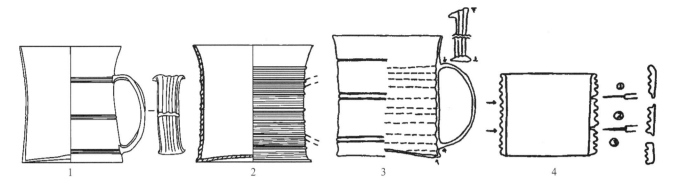

图一七 龙山文化陶杯的轮旋痕迹及把手制作示意图

1. 两城镇H135：8   2. 尹家城H31：45   3、4. 陶杯把手示意图   （据范黛华）

图一八 龙山文化蛋壳陶高柄杯

1、2. 尹家城M144：1、M138：15

    1   2

    1   2   4

图一九 龙山文化高柄杯的轮旋痕迹

1、2、4. M49：3   3. T021：91 （均为两城镇遗址出土）

（4）圈足盘和豆

是龙山文化陶容器中数量相对较少的器形，其形制特点是，上部为一浅盘，下部为高圈足，盘外壁或有双横耳（盲鼻）。盘部和圈足系分别轮制，然后粘接。在盘底部粘接的位置，往往先用锥状工具刻划出若干不规则的沟槽，然后将圈足粘接于其上，并在内外敷以泥条密合，从而强化两者之间的粘合度，使圈足不易从粘接处脱落（图二〇、二一）。

图二〇　龙山文化圈足盘的制作示意和轮旋痕迹

1．圈足盘上下拼接示意（据范黛华）　2．尹家城M4：19　3、4．尹家城H605：1、H28：7

图二一　龙山文化陶豆的轮旋痕迹

1～3．两城镇（H484：39、H48：14、H76：4）　4．丁公（H1743：1）

（5）鬶

在龙山文化陶容器中所占比例不高，但却是龙山文化中最特殊和最重要的一种器形。鬶既是所有陶容器中造型最为复杂的器形，也是因为选用了高岭土为原料，烧成品呈现为独特的白色，在黑陶占主流的龙山文化陶器群中颇有鹤立鸡群的感觉。鬶是典型的分部制作、然后组装起来的陶器。从制作程序的角度看，它可以分为五个部分，即流口、颈腹部、三袋足、足尖和把手（图二二）。

其中颈腹部、三个大的袋足和把手为轮制，多数袋足的内壁遗留有清晰的轮旋痕迹（图二三）。袋足之间及其与腹部的接合处存在明显粘接痕迹，这种现象不仅存在于鬶，其他袋足类器物如甗和鬲的制作也是如此（图二四、二五）。

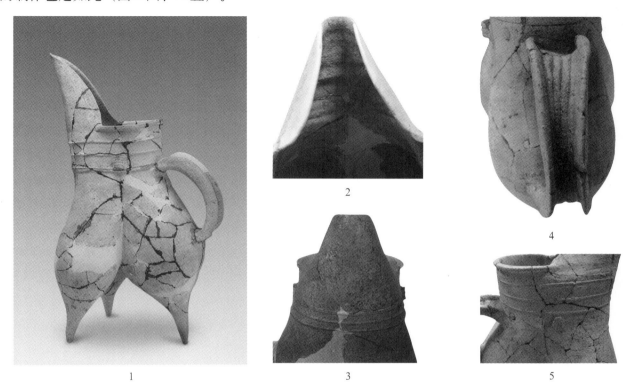

图二二　龙山文化陶鬶整体及各部分特征
1. M15：19　2～5. M133：8　（均为尹家城遗址出土）

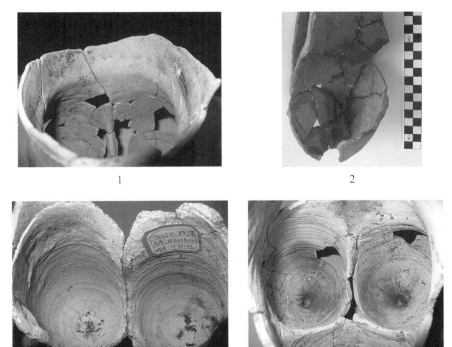

图二三　龙山文化陶鬶袋足内壁轮旋痕迹
1. H34：2　2. H215：1　3、4. H31：33、92　（均为两城镇遗址出土）

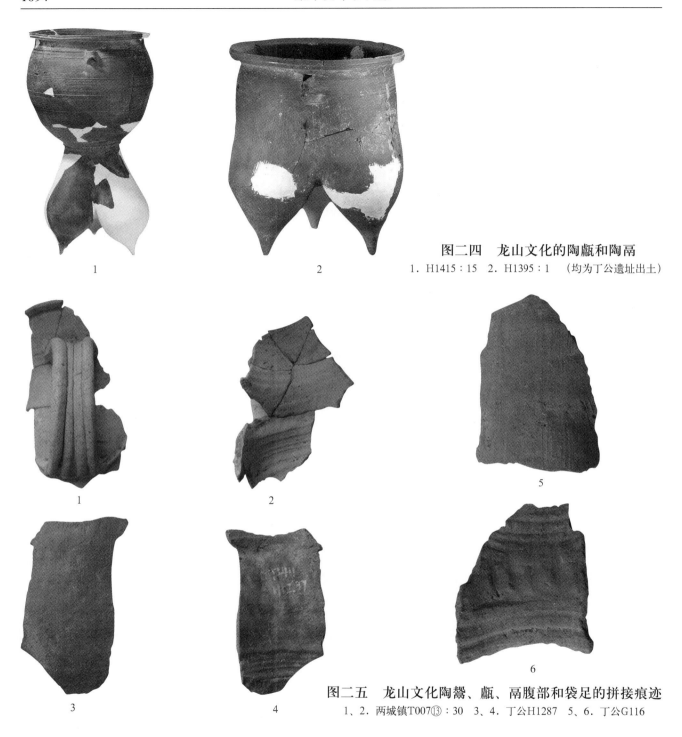

图二四　龙山文化的陶甗和陶鬲
1. H1415∶15　2. H1395∶1　（均为丁公遗址出土）

图二五　龙山文化陶鬶、甗、鬲腹部和袋足的拼接痕迹
1、2. 两城镇T007⑬∶30　3、4. 丁公H1287　5、6. 丁公G116

　　综上所述，海岱龙山文化的陶器，不仅以黑陶所占比例最高、器形种类最多在距今4000年前后的中国新石器时代同期文化中独树一帜，而其纯熟和精湛的快轮成型及修整技术的普遍运用，使得海岱龙山文化的陶器生产登上了中国乃至世界陶器生产历史上的高峰。

　　（原载《澳门黑沙史前轮轴机械国际会议论文集》，澳门特别行政区民政总署文化康体部，2014年）

山东省莒南县薛家窑村快轮制陶技术调查

陶器在考古学文化研究中占有极为重要的地位。为了正确理解与研讨远古居民的制陶技术工艺，1988年5～7月，我们赴泗水县柘沟镇、莒南县薛家窑村和临沂市岗头村三地，对现代制陶作坊的快轮制陶技术进行了实地考察，获得了丰富的第一手资料。现将我们在莒南县薛家窑村调查的情况报告如下，临沂市岗头村的情况较为简单，附于本文之后同时报告。

一　概况

薛家窑村位于莒南县大店镇北1千米，南去莒南县城（十字路镇）23千米，北距莒县城33千米，薛家窑村的制陶业历史悠久，据村民传说已有数百年的历史。《重修莒志》卷二十三《舆地志·物产·矿石类》记载：“陶土，南北各乡均有之，可制盆瓮等，质坚耐久。”薛家窑村北数百米处，发现一较大的龙山文化遗址，龙山文化时期的居民是否就已利用这里的陶土资源，尚待以后的工作才能知晓。

薛家窑全村500余户，2000多口人。现有陶窑13座，直接和间接从事陶器生产、销售的人员占全村男劳力的90%左右，可谓以陶为业。薛家窑的13座陶窑均归村里集体所有，从业人员以小联合体的形式承包使用，一般一个单位（当地称为“伙”）4～6人，三伙合用一座陶窑。生产的陶器行销北到胶县、平度、莱西，南至江苏连云港市的南北狭长地带。此外，该村还有200～300人常年在河北、辽宁、黑龙江、吉林、内蒙古、山西等地的城市郊区进行陶器生产，产品以花盆为主。

二　制陶工具

薛家窑村各窑口制陶工具的种类和功能基本相同，仅质料、形制有细微之别。工具种类有：陶轮、铁铲、皮子、“鞋底”、碌碡、钢丝、陶拍、陶垫、刮子、弓子、磨石、竹启锥、印花模、掀板等，另外还有一些辅助工具如破布、条帚、支棒、盆圈等。

（1）陶轮

陶轮由轮盘和木柱组成。轮盘有枣木和铁质两种，直径1米左右。盘底面用木条和铁丝加固，中间置一厚重横木，横木中心钻有一圆孔，用以和木柱相套合，并增加轮盘旋转时的稳定性。在地下挖一直径略大于轮盘的土坑，中间埋一木柱，夯实，将轮盘套置其上。轮盘和地面持平或略低。

（2）铁铲

铁质。“工”字形，把手上缠布条，以防伤手。其作用是在拌泥和揉泥条时用来切泥料（图一，1）。

（3）皮子

一长方形塑料片。其作用是提拉陶坯时，以之靠坯，避免陶土中的砂子伤手（图一，6。）

（4）"鞋底"

用陶土烧制而成。锐角折尺状，一面平滑，握手部分有双孔或一个半孔，使用时将食指和中指插入孔内。其作用是制坯时，以之压坯底。

（5）碌碡

陶质。形状和压谷物的有槽碌碡相同而小，两头有窝，以铁丝夹之。陶坯制成后用它做花边，装饰附加堆纹时亦可用它做花纹（图一，11）。

（6）钢丝

钢丝拧成或用弹簧拉成锯齿状，陶坯制成后，用它将陶坯从陶轮盘上割下，这样，坯底下面就留有和陶轮旋转方向相反的偏心旋转切割痕迹（图一，2）。

（7）陶拍

枣木制成，拍部为圆角扁方体，有柄。拍面刻有排列整齐的斜行凹槽，可以拍印出成组的篮纹装饰（图一，3）。

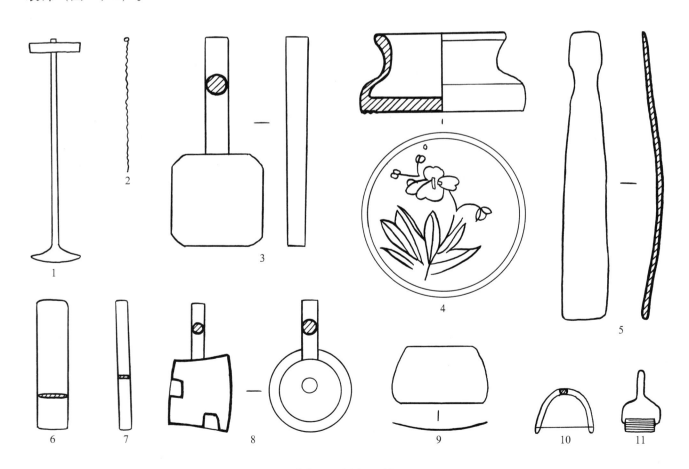

图一　制陶工具

1. 铁铲　2. 钢丝　3. 陶拍　4. 印花模　5. 掀板　6. 皮子　7. 竹启锥　8. 陶垫　9. 刮子　10. 弓子　11. 碌碡　（1为1/13　4为1/3　余为1/7）

（8）**陶垫**

木质，状似木榔头，剖面呈梯形。大面光滑，小面刻有一小窝，使用时，食指按在窝内，以助用力。一般与陶拍配合使用，即当拍打陶坯时，将陶垫紧贴陶器内壁，以承受陶拍击打器表的作用力（图一，8）。

（9）**刮子**

用旧铁皮制成。抹角梯形，略有弯曲，单面刃。一般上长10、刃长14、高4厘米。其作用是当陶坯做成后用来刮磨内壁，使之成型，可以将斜直的腹壁刮成微鼓或鼓腹（图一，9）。

（10）**弓子**

用树枝和钢丝制成，形类弓而小。安壶嘴时用来切斜口（图一，10）。

（11）**磨石**

天然鹅卵石，形状不规整，一面光滑。青灰陶盆坯做成晾晒至一定程度时，用它磨坯，方法是将器坯置于轮盘中心，蹬转轮盘，以石靠坯内壁上下移动，这样在器壁上就留下了光滑的打磨痕迹，极似战国陶器上的暗带纹。

（12）**竹启锥**

竹片削成，长短、大小不一。陶坯做成后，用来刮外壁，以使之平滑。（图一，7）。

（13）**印花模**

陶质。状似公章而大，且把手处中空，面上刻有一朵花纹，有向日葵、牡丹、双喜字等。只印在灰陶缸、罐的外壁（图一，4）。

（14）**掀板**

长条弧形木板。器坯晾干往屋内搬运时，用它拍打坯底，令中部略内凹，以加强器物放置时的稳定性（图一，5）。

三　原料和加工过程

薛家窑村的陶土埋藏于村西、北的农田之下，距离地表深1～2米，陶土层厚2米左右，再下为黄生土、砂子。陶土呈棕褐色，细腻纯净，含砂极少。

陶土的加工方法是，挖出陶土，就地晒干、砸碎，然后运至作坊前的场地上，堆成30～40厘米厚的土堆。加水浸泡一夜，次日清晨，用铁锹将已融化之陶土翻一遍。为免陶土粘地，事先在地上撒一层细黄砂。人赤脚在其上有规律地来回踩数遍，并随时把由脚触到的小砂粒拣出，后用铁铲将其切成块扛进屋内，再均匀地踩三遍。至此，陶土即加工完毕。用时，一人将其切块并加工成粗长泥条以备使用。

四　成型过程

薛家窑村的陶坯制作可分为一次成型和二次成型两种，前者一般用于制造中、小型器物，后者则是制造大型器物的成型方法。现以红陶盆、缸、灰陶盆、烧水壶为例分别简要介绍如下。

红陶盆坯成型过程：一次成型。先取一块陶土置于轮盘中部，用于拍打成坯底，然后用泥条沿底边向上盘筑，盘筑时，另一人提住泥条的另一头慢慢往下输送，不像柘沟镇所看到的那样泥条担在师傅肩上。筑到一定高度即止。师傅一手拿皮子，一手执破布（前者在内，后者在外），沾水提拉陶坯，一人不停地蹬转轮盘，师傅一遍一遍地向上提拉，使之初成坯型。然后用"鞋底"压坯壁与底的接合部位，使之紧密，再用手指做出口沿，折沿还是卷沿，方唇还是圆唇，全凭手指掌握。一个盆坯仅需几分钟即可制成。最后用钢丝将坯割下，用盆圈垫在坯内，将其抱到屋外场地上晾晒。晾晒过程中用刮子刮盆内壁，使之更加平整、光滑，并成微鼓腹

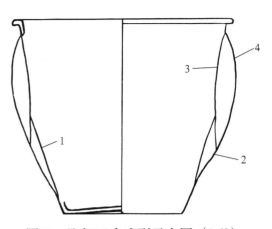

图二　陶缸二次成型示意图（1/9）
1. 第一次成型的下半部　2. 用刮子修整后
3. 第二次成型接起上半部　4. 刮、拍后定型

状。还要用竹启锥刮磨外壁。花盆坯做法与此相类，只是坯形略有不同，且花盆坯做成后一般要用碌碡将口沿滚成花边。大型花盆腹部有的还要附加泥条。

红陶缸坯成型过程：二次成型，先做出下半部，方法与做盆相类，唯不做口沿。第二天接上半部，先用泥条沿下半部口内壁向上盘筑至一定高度，然后再提拉成型，做出口沿，至此，一个缸坯即告做成。将缸坯抬出晾晒、修整。先在结合部位刷泥浆，使之保持同样的干湿度，然后用刮子和竹启锥分别刮修内外壁。晾到一定程度时，用陶拍和陶垫拍打器腹，使之紧密并略成鼓腹。最后刷一层红泥浆陶衣（图二）。

灰陶盆的成型过程和红陶盆一样，只是修整多了打磨和擦滑石粉两道工序，这两道工序都是在陶坯基本晾干后进行的。

烧水壶的成型过程：二次成型。其制作工作比较复杂。做法是先用陶土在轮盘上做壶坯，与其他器物不同的是壶坯的口朝下，底朝上，使中心显著下凹，腹微圆鼓，然后抱出去晾晒。次日下午再在轮盘上加工陶坯，这时口朝上，伙计蹬转轮盘，师傅用手将腹部向外挤出广肩，做出口沿，壶的主体即告完成。然后分别做出壶嘴、壶盖和壶把，并将壶嘴和壶把粘接到相应部位。制做水壶的程序比较复杂，器胎也很薄，因此，需要有经验的师傅才能胜任，他们做起来相当快捷，据介绍一人一天可做200余件。

五　陶窑结构

薛家窑村的13座陶窑结构相同，唯大小有别。陶窑分为窑基、窑门、火膛、烟道、窑顶等几个组成部分。现以我们实测的一座陶窑为例简要介绍如下。

窑基是在现地面挖出一椭圆形的基坑，整平底部，垫两层土坯，再铺上细土即成。基面和窑外的地面大致持平。窑壁内砌两层土坯，外包草拌泥，上部渐向内收，壁厚1.2米左右

窑门为券式，底宽0.75、高1.2米左右。

火膛在窑门之下，膛底低于地面约0.5米，膛底自窑门口向外呈斜坡状。

烟囱位于窑后面，与窑门相对。烟道呈圆锥状，下大上小。烟道和窑室相接部分口宽0.25、高0.8，烟道底部直径1.3，上口部直径0.2米左右。这种烟道的优点是抽风拔火，节约燃料。

窑顶为平顶式，上有通风口，口径为0.7～0.8米。装窑时可由此装陶坯；出窑时可由此出陶器（图三）。

薛家窑村的13座陶窑中有8座分两组连体，一组4座，平面呈菱形分布，这样有利于保持窑内温度，节约燃料。

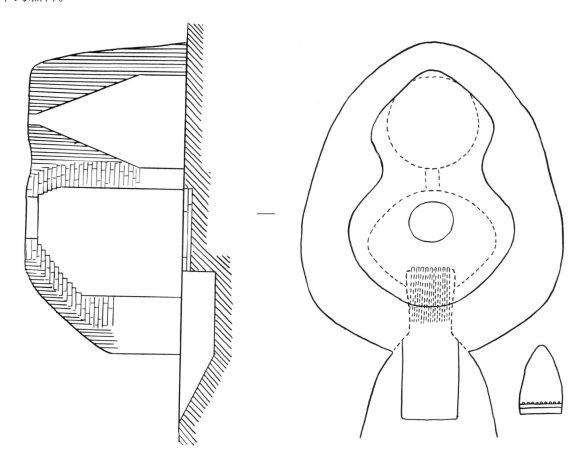

图三　薛家窑村陶窑平、剖面示意图（1/70）

六　装烧过程

陶坯经晾晒、风干后，即可装窑。装窑通常是在下午进行。这里没有专门装窑的师傅，各人陶器各人装。装的时候是大器套小器向上叠，但不分组，上下坯之间用陶片垫起，因陶窑大小有别，一窑器物的数量相差也很多。一般中等窑装红陶器500～600件，其中缸124套，一套4件，外加若干小盆、花盆。

傍晚装完窑之后随即点火，烧麦秸的窑和烧煤的窑点火方式不同。烧麦秸的窑是先用碎砖砌一框，准备以后封窑，然后直接在火膛底点火，不用炉条，炉灰自行散发，不用往外出。烧煤的窑是先支上炉条，在其上铺一层拣来的煤碴和松枝，以之点火。先是用温火烘一夜，一边烘一边封窑门和窑顶通风口，直至次日清晨，窑门和通风口皆封毕，大火烧一天，灭火后用土封门，封两夜一天，第四天清晨拆门出窑。这样，从装窑到出窑前后整3天时间。

上述乃烧红陶器的过程，烧灰陶与此小有不同。点火和烘坯是一样的，烧到大约28～30小时后，窑内温度约在800℃左右，从眼孔向内视，陶器发白，视觉很嫩，这时停止添煤或麦秸，将火膛外的斜坡用土填平，然后由数人轮流从火孔向内填松枝约200～300斤，不使其燃烧而令其生烟。松枝填完后，先封住烟道口，再将窑门口未封严处仔细封严，不得有一处漏气漏烟，封的过程中不停地往封土堆上泼水，以确保其严密。30小时后可出窑。这样烧成的陶器，颜色呈青灰色，或可称为黑灰陶。从总的时间看，烧灰陶和烧红陶所用的时间相同，前后都是3天。

七　陶器的形制、装饰和用途

薛家窑以前都是烧灰陶，最近几年由于外地消费者喜欢红陶，他们才开始改产红陶，并且已逐渐超过灰陶，13座中只有两、三座仍烧灰陶，余皆烧红陶。

薛家窑的陶器不仅颜色上分红陶和灰陶，而且器形亦因色质不同而有别。后起的红陶只有套缸（4件）、小盆、花盆三类器物，装饰很简单，三类器壁都涂一层红陶衣，缸外壁中部饰篮纹，花盆口沿饰花边。缸最大者高46、最小者高仅26厘米。

传统的灰陶形制有：缸、盆、大罐、小罐、花盆等，这是常见者，另外还有较少使用的燎壶、水壶和罐、喜盆、炭炉、钱闷子、烟管、瓦墩、工艺品等，器表装饰因器形不同而异。

缸　形制和红陶缸极似，但不拍篮纹而是用印花模在上腹部印上一周花纹，如葵花、双喜、牡丹等，个数不定，八个、十个都可以。其作用和红陶缸同（图四，4）。

盆　一套5件。最大者口径62、高25厘米；最小者口径32、高11厘米。素面或有打磨留下的暗环带纹。

大罐　实为带流罐。肩部安双耳，一侧有管状短流，近底部和流相对的一侧有一鼻，倒水时可以手提之。一般口径21、高29厘米。用作担水罐（图四，1）。

小罐　双耳，素面，制作较粗。口径21、高20厘米。用作尿罐（图四，2）。

花盆　有大、中、小之分。大者除口沿饰花边外，腹部饰有两道附加堆纹，中者一道。堆纹上往往也用碌碡滚出花形或刻上几何纹饰。小者唯口沿部饰花边（图五，1、2）。

燎壶　又称快壶。有提梁和管状短流。小口，广肩，急收腹，底内凹极深，中心部分离壶口仅有4厘米的间距，而壶身高9.8厘米。素面。燎壶用于烧水，因其底内凹极甚，受火面大，器壁又仅有3毫米左右厚，烧水速度很快。一壶水和一保温瓶水正好相当（图五，6）。

水壶　当地称"水嘟噜"，实为茶壶。其状与市场上销售的紫砂壶相类（图五，3）。

和罐　分二型。一型呈罐形，小口，鼓腹，平底。器高50厘米左右。上腹部饰附加堆纹一周，堆纹上用碌碡滚出花纹。这种和罐用于盛面。二型实际上是子母口相扣的盆。盆内壁一般刻一对鲤鱼，底刻双喜，外壁刻花朵，如菊花之类。有的盖外壁也刻有花纹。和罐乃当地旧俗中结婚用物（图四，3）。

喜盆　形制和普通中型灰陶盆相同，只是在口沿、内壁、底上刻有花纹。一般口沿上随便刻点

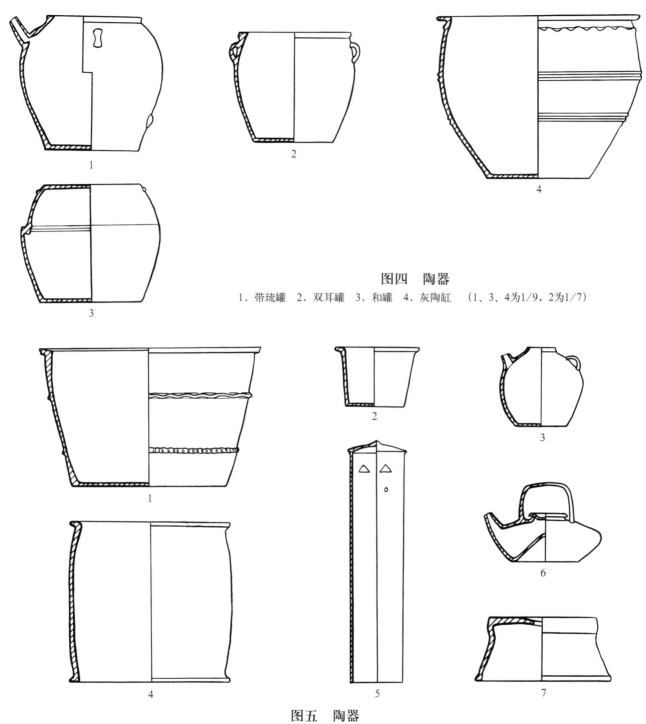

图四　陶器
1. 带琉罐　2. 双耳罐　3. 和罐　4. 灰陶缸　（1、3、4为1/9，2为1/7）

图五　陶器
1、2. 花盆　3. 水壶　4、5. 烟管　6. 燎壶　7. 瓦墩　（5为1/15，余均1/9）

小花纹，壁刻一对鲤鱼，底刻双喜。它也是结婚用物，与和罐均象征"喜庆有余"之意。

炭炉　实为一提梁小罐，上加一镂孔盖。老人冬天以之盛炭暖手。

钱闷子　即扑满。呈葫芦状，上刻梅花，外形极美观。用来存硬币。

烟管　有粗细两种；粗者短而细者长，农家用来砌烟囱（图五，4、5）。

瓦墩　喇叭状，内空，面平滑，用为板凳（图五，7）。

工艺品　为了迎接年、节的到来或为了哄小孩，薛家窑村的制陶师傅还做一些粗而不精的工艺品，以小狗为最多，偶有其他动物。小狗一般做成坐状，颈部套环。

八　岗头村快轮制陶技术及与薛家窑村之比较

岗头村位于临沂城西近郊，新建的工厂已发展到村子附近。该村分前后村，共五六百户人家，村民祖辈以烧制陶器为业，近年来城市工业兴起，农村政策放宽，使传统陶器制造业呈明显衰退趋势。

岗头村的制陶工具有：陶轮、铁铲、切锥、"鞋底"（当地称"印底"）、陶拍、陶垫、碌碡等。其中陶轮、"鞋底"、陶拍、陶垫、碌碡和薛家窑村相同。

铁铲　当地称"泥锥"、"泥铲"。为一长铁锥，上部安装有直短木柄。

切锥　铁锥状。用于切削坯底外多余之泥。

岗头村的陶土埋藏于地表1米以下，为棕色黏土，当地称生瓣子土。陶土的加工方法和薛家窑村相同，先将陶土挖出晒干、砸碎，然后运回作坊前用水浸泡，适宜后，切块运入屋内用脚踩制，前后凡五、六遍即可使用。

岗头村陶器的成型过程和薛家窑村的红陶差不多。唯大缸略有不同，柘沟和薛家窑的缸都是二次成型，这里的缸因为个体较大，所以采用三次成型，即做完下部后，向上接两次才算完成。

岗头村的陶窑结构和薛家窑村差不多，唯该地陶窑为半地穴式，即窑室有一半深入地下。烟囱在后略高于窑顶出气口。

岗头村陶器装烧过程是这样的，用大缸套小器物相叠而成，一窑只装30个大缸。当地烧陶器的燃料为麦秸，每窑约需1500～2000斤。一般下午3～4点钟点火，至半夜12点闭窑，只需8小时左右就烧成了。熄火后闷一天一夜，第三天早晨即可出窑。

岗头村的陶器种类有：缸、盆、罐、花盆、花苗盆五种，前三种为灰褐陶，后二种为红陶。除缸、罐腹部有拍印的篮纹，缸、盆的内壁涂一层白陶衣，花盆和花苗盆口沿饰花边外，没有其他装饰。

九　结语

莒南县薛家窑村的制陶业历史悠久，当地村民长期以来以烧制和运销陶器为业。详细考察这里的陶器生产之后，我们发现，在陶器的生产过程、制陶工艺以及使用的制陶工具等方面，基本上保留了原始的手工快轮制陶工艺，这对于我们正确理解和复原古代社会的陶器生产过程和工艺，无疑有许多新的启示与帮助。

（1）在考古发掘品中，常可见到一些夹细砂的陶器。一般认为这种细砂为羼和料，是人们制陶时有意识掺进泥料中去的。薛家窑村的陶土加工过程表明，这种认识未必尽然。有些地方的细砂当不是有意加入，而是在练治泥料时，为了防止陶土粘在地上而撒于地表的"隔离层"。这样，在较长时间的反复练治过程中，大量的细砂被掺进了陶土之中，用此种陶土做成的陶器自然便成了夹细砂陶器。

（2）陶器的成型是整个陶器生产过程的关键环节，采用何种成型技术也是区别制陶工艺先进与落后的主要标志。快轮手工制陶采用的是提拉成型技术，这种成型技术可以分解为三个步骤，即首先采用慢轮泥条盘筑法做成一粗糙的泥筒，再快轮提拉成器坯，最后以刮抹或拍打定型。根据器物的大小和复杂程度，成型过程又分为一次成型，二次成型和三次成型。简单而矮小的器物，一般一次成型；较高大或较复杂的器形，则多采用二次成型；特高大型器物需要三次才能成型，如岗头村的大缸系采用三次成型。成型技术与成型过程几个步骤的区分，使我们对古代陶器上的许多疑团，如许多陶器内壁的泥条和刮痕，大型陶器腹部往往存在上下不协调的现象等问题迎刃而解。

（3）在古代陶器的表面往往有各种各样的装饰，这些装饰一般被称为纹饰。通过对制陶过程的实地考察，我们认为，陶器表面的装饰，按其形成与用途可分为三大类。第一类是制作和修整器坯时留下的痕迹。例如瓦棱纹，是制坯时师傅留下的指痕；器底的螺旋纹，是将陶坯切离轮盘时留下的痕迹，所以在有关文献中称为切割螺线，但需要特别指出的是，并不是用任何线在轮盘转动时切割都会留下这种螺旋纹，据观察，只有在用于切割的细线有一定起伏时才能形成这种具有特色的螺旋纹；篮纹是拍打陶坯时陶拍子留下的印痕；环带状暗纹则是用河卵石在轮盘快速转动时打磨陶坯的磨痕。第二类是出于实用目的的装饰。例如大型器物腹部的附加泥条，尽管有的还将其压刻出齿状、索状等各种式样，但其本意在于加固器物。第三类是纯粹的装饰。如花边、刻划的网纹、鱼纹和水波纹、拍印的花卉和双喜字样等。古时的彩陶、彩绘、刻划纹、镂孔、盲鼻、泥条，泥饼等当属此类。前两类主要属于制作工艺的范畴，第三类才是体现制陶者乃至当时社会一定精神文化的装饰艺术。

（4）莒南县薛家窑村、临沂市岗头村和泗水县柘沟镇的制陶历史都比较久远，三地相距最远者约150千米，最近者只有50千米，但却互不相知。它们各自拥有的技术传统并不完全一致，所制器物的种类与形制亦有一定差异，尤其烧制技术差别较大，柘沟镇每窑火烧时间分别是薛家窑的4倍、岗头的6倍。

（5）在我国古代陶器中，红褐陶和灰陶是两个最常见的陶系。薛家窑村的陶器烧制工艺告诉我们，红褐陶和青灰陶不同陶色的形成，根本原因不在于火候的高低和烧制时间的长短。如果熄火之时只是简单地封闭窑门和窑顶通风口，不封烟囱口，窑内陶器为红褐色。如果在熄火时另加几百斤松柴，不使其燃烧而只是产生浓烟，同时迅速将窑门、窑顶通风口和烟囱口封严，所成陶器即为青灰色。

本项目承山东大学青年科研基金资助。在调查过程中，得到临沂地区文管会、莒南县文管所、大店镇和薛家窑村领导以及部分窑口群众的大力支持，在此一并表示衷心的感谢。

（原载《东南文化》1991年第1期，与杨爱国合作撰写）

山东省泗水县柘沟镇快轮制陶技术调查

山东地区的制陶业，早在史前时期的龙山文化时期，就曾以其精美绝伦的蛋壳黑陶制作技术闻名于世。进入历史时期。这一地区的制陶业趋于衰落，但始终没有绝迹。虽然在长达数千年的发展过程中，制陶技术发生了不少变化，但在一些处于偏僻之域的农村，仍然延续和保留下某些原始、古老的制陶方式。1988年5～7月山东大学历史系考古教研室的三位同志，对泗水县柘沟镇、莒南县薛家窑村和临沂市岗头村三地的当代快轮制陶技术进行了实地考察。获得大量的第一手资料。现将我们在泗水县柘沟镇调查的情况报告如下。

一 概况

《中国古今地名大辞典》柘沟条下曰："在山东泗水县西北。有柘沟河经此南流入泗水，其地产赤植、镇人制为陶器，多摹仿古鼎式。定价颇廉，贩运入京师。有获利百倍者，亦可制砚，光润如石。谓之柘砚。""赤植"，即红色陶土。现日本人仍称陶器为植轮。可见柘沟镇烧陶历史非常悠久。文物普查发现。该镇及其周围分布有自大汶口文化至汉代遗址多处。是否那时的人们已经认识到埋藏于此的陶土原料并加以开发利用？现在尚不得而知。但据顺治年间《泗水县志》卷三"土产"条下所载"陶之类为柘砚、瓮、甀、盆"知，柘沟制陶至少亦有三四百年历史了。尽管现在制陶业的规模已不如先前。全镇现仍有陶窑160余座。直接从事陶器生产的人员达700余人，其中除了近年县、镇在这里兴建的几座规模稍大的制陶工厂人数较多之外，绝大多数是小规模的家庭私营作坊和小联合体，每个单位有陶窑一座，从业人员4～5人。运销人员主要来自附近各乡。当地土质甚黏，不宜农耕，粮食不能自给，长期以来制作陶器的收入是这里居民的重要经济来源。

二 制陶工具

柘沟镇各窑口的制陶工具种类、用法大致相同，唯质料和形制略有差别。工具种类有陶轮、铁铲、弓子、砸底锤、蝨锥、陶拍、陶垫、刮子等。另外还有一些辅助工具如扫帚、破布等。现分别加以介绍。

（1）陶轮

由轮盘和木柱组成。轮盘有枣木和铁质两种。直径1米左右。盘底面用木条和铁丝加固。中间置一厚重横木，横木中心钻有一圆孔。用以和木柱相接并增加轮盘旋转时的稳定性。在地下挖一直径略大于轮盘的土坑，中间埋木柱，夯实。将轮盘套置在木柱上。轮盘和地面持平或略低于地面。

（2）铁铲

铲部和铁柄长60、铲宽15厘米左右。弧刃、两头上翘。安装有木把，长约10厘米，其作用是在拌泥和揉搓泥条时用以切陶土泥料（图一，2）。

（3）弓子

用树枝和钢丝制成。形类弓，故名。大小有别，形状相同。大弓子用来刮泥料。以剔除其中所含砂粒；小弓子用于安罐、壶口嘴时切削斜口（图一，1）。

（4）砸底锤

由枣木制成。锤部为圆角扁方体。锤面光滑。有柄。用来砸制平底器类的底坯。锤面宽14、长17厘米左右（图一，4）。

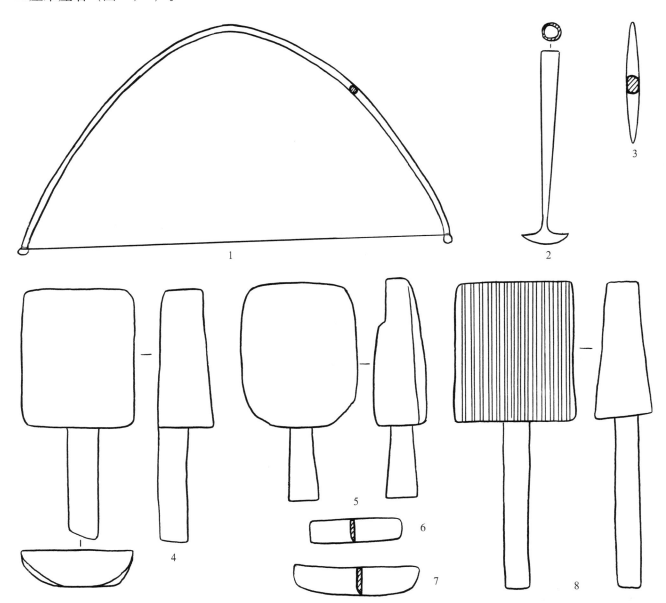

图一　制陶工具

1. 弓子　2. 铁铲　3. 蠡锥　4. 砸底锤　5. 陶垫　6、7. 刮子　8. 陶拍　（2为1/12，余为1/5）

（5）**劙锥**

铁质。剖面为圆形，两头尖，中间鼓，一般长约10厘米，作用是在坯底做出后，用来割去周边多余的泥料（图一，3）。

（6）**陶拍**

质料、形状与砸底锤同。拍面刻有排列整齐的竖行凹槽。可以拍印出成组的篮纹装饰（图一，8）。

（7）**陶垫**

质料、形状与砸底锤和陶拍相同。垫面光滑而外鼓，一般与陶拍配合使用，即当拍打陶坯时，将陶垫紧贴于陶坯内壁，以承受陶拍击打器表的作用力（图一，5）。

（8）**刮子**

用木板刮削而成，亦有以铁皮为之者，形状有长方形和半月形两种，单面刃。一般长17、高7厘米。其作用是当陶坯做成后用来刮磨内壁，使之成型，将斜直的腹壁刮成微鼓或鼓腹（图一，6、7）。

三　原料和加工过程

柘沟镇的陶土储藏量很大，以镇区所在地为中心，东西长约10、南北宽约2千米的范围内，均有埋藏，经地质部门勘探，深度达430米。陶土呈层状堆积，各层颜色不同，有红、白、黄、绿等数种，每层厚10～35厘米不等。

陶土的加工方法是，挖出陶土，晒干、砸碎，装入缸内，加水使之成浆状，并用木锨搅拌，使陶土中的粗砂沉淀，再把泥浆倒入事先挖好的沉淀池内，待风干裂成块后搬入屋内。

在屋内，将经过淘洗的陶土再次加水，并以壮劳力踩之，适中后将泥料垛成矮墙，用弓子刮至少三遍，以剔除陶土中残留的砂粒。经过这些工序，就可得到理想的泥料了。一般说来，三个人要用一天的时间才能加工好一窑陶器所需的原料。

四　成型过程

陶坯制作可分为一次成型和二次成型两种方法。前者一般是制造中、小型器物的成型方法，后者则适用于制造较大型的器物。现以盆、缸为例。分别介绍如下。

（1）**盆坯成型过程**

切下作器底的泥料拍打成圆饼状，置于撒有草木灰的轮盘中心，用砸底锤砸实，一人将轮子蹬转，制陶师傅手沾泥浆把圆饼压平整，方法是将手心压在泥饼中心，缓慢地往边上推压，这样就会在底坯上留下与轮盘旋转方向相反的指纹。压成后，将劙锥置于固定位置，利用旋转力量，切去不齐部分，使坯底符合所要求的器底直径。将轮盘停住，制陶师傅用已搓好的泥条进行捏塑盘筑。泥条直径约为5厘米。盘筑时将长泥条担在肩上，沿底坯边缘捏塑，至一定高度，再次蹬转轮子。制陶师傅用手和破布沾泥水挤压提拉筑成的泥筒，使之成坯型，最后用手指做口沿。器坯呈折沿还是卷沿，方唇还是圆唇，全凭手指掌握。前后仅需几分钟，一个盆坯就做成了。将器坯移至屋外晾晒，然后用刮子刮盆坯内壁，使之更加平整、光滑，并成微鼓腹状。外壁不再加工，这样，在外壁就留下了提拉器坯时的压印手指纹，与我们描述古代陶器时通常所称的瓦棱纹非常相似。用这种一次成型法制作的器物还有罐、酒壶和瓮盖等。

（2）缸的成型过程

分二次进行。先做出下半部，方法和上述一次成型法相类，唯不做出口沿，而是做成敞口深腹盆状坯，然后移至屋外晾晒，大约半天的时间，再抬回屋内轮盘上续接上半部。制法是用泥条沿下半部口内壁向上捏塑，这样，接口处即呈重叠状。塑到一定高度，再用手挤压提拉成型，做出口沿，抬到屋外场地上晾晒。晾坯时常在坯内外表刷泥浆，使之保持相同的干湿度，以避免在一件陶坯上出现干湿不匀的现象。同时用刮子修刮不平整处。晾到一定程度时，用陶拍和陶垫拍打器坯，使其最后定型，同时也使胎壁更加紧密。一般一器至少要拍打三、四遍。在拍打过程中要注意以下三点：1、拍子的落点要和器内壁置垫处相一致，以免器坯被拍打破碎或变形；2、拍打时，拍和垫要不时沾水或往上面吐唾沫，使其表面光滑，以免长时间拍打后表面发涩，沾带下器坯泥料；3、拍打时脚步的移动要有规律，有节奏，和手的拍打动作相呼应，这样才能保证拍打后的器坯匀称、规整。采用这种二次成型法制作的器物还有瓮、特大盆等。

需要特别加以说明的是，器坯最后是鼓腹，还是斜壁，瓮是圆肩还是折肩，不是制坯过程中决定的，而是拍打器坯时才定形的。这一点同我们在莒南薛家窑和临沂岗头村两地调查所看到的情况是一致的。

五　陶窑结构

柘沟镇的一百多座陶窑结构完全相同，只有大小和窑门方向上的差别。现以我们实测的一座陶窑为例，介绍如下。

该窑窑门朝南，分窑屋和窑室两部分。窑屋为窑的附属建筑，和窑门相连，用来堆放燃料，遮风避雨。窑室分为窑基、窑门、火膛、窑顶、烟道等几个组成部分。窑基是将地整平，垫上两层土坯，再铺上细土即成。窑基面一般高出地面40厘米左右，窑基平面形状有圆形和椭圆形两种。窑壁用砖垒砌，呈拱形，内壁涂草拌泥，外包以石头、砖块，以泥土封严，厚1～2米。窑基至窑顶高5.5米左右。

窑门为券式，下部宽1、高1.9米。火膛在窑门之下，系沿着窑壁外边向下挖成，四壁用砖垒砌。长1.9、宽0.75、深1.1米（从窑基面计算）。

烟道口位于窑后面，与窑门相对。建于窑基之上，两烟道口相距2.4米。烟道口形状与窑门相似，但远小于窑门。底宽35、总高65厘米，下宽上窄，向上斜收。两烟道在高出地面4.5米的窑外壁与窑顶相接处形成的台面上汇成一个出口，出口长40、宽35厘米。

窑顶为穹窿式，高100厘米左右，厚约20厘米。窑顶同窑壁相交处的外侧形成宽约75厘米的平台，上可行人，用以盖掩烟道出口和窑顶中部的通风口。窑顶亦用草拌泥涂抹，顶端有一方形通风口，宽约30厘米，装窑后封上，出窑时拆开，以通风散热（图二）。

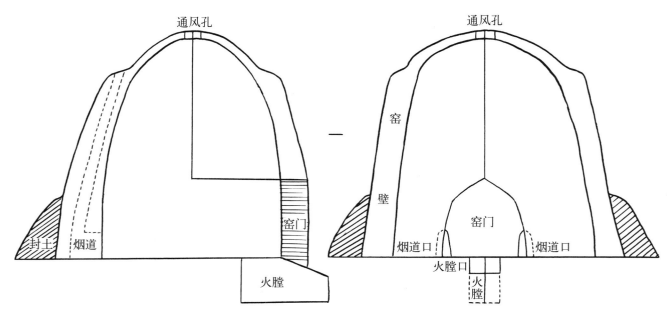

图二　陶窑结构示意图（1/100）

六　装烧过程

陶坯晾晒、风干后，即可装窑。装窑通常是在下午，一般一窑能装大缸63、一号盆36、二号盆36、三号盆36、小盆100、深腹盆26、油盆13、大瓮13、二号瓮26、三号瓮12、酒壶10、小罐500、瓮盖40、大小器坯共911件，装坯方法是：一组七个缸、一个斗盆、内套若干盆、瓮、罐。由下而上，一组缸口朝下，用陶片、支钉支起；二组缸口朝上，立于一组缸底之上，缸底之间垫以陶片。这一组的缸内装瓮、罐、盆之类；三组缸口朝下，立于二组缸口，以陶片支垫。四、五、六、七组缸、盆口皆朝下，套住下面的器底。装到一定高度，装坯者脚踏瓦墩而上。每组之间的较大空隙处塞以瓮盖、罐、小盆、酒壶等小件器物。

装窑的师傅非常有经验，他们对什么器物套什么器物，一窑陶坯整体上如何布局才能一方面做到多放，一方面又保证火力通达和安全等非常熟悉，可谓了如指掌。

装完陶坯后，用泥将窑顶通风口和窑门封住，目的是防止凉气入窑。冷热气流相交于器坯上，能致使陶坯破裂。

陶坯在窑内温放一昼夜，第二天傍晚点火。点火时，在窑门的封墙上开一个小洞，约30厘米见方，洞外支上小炉条，用麦秸引火，将煤点燃，火通过小洞入窑内。这时火力极小，旨在烘坯。如此烘烤四至五天，再将窑门封土拆去，用大火在火膛上连续烧两天，此时窑内温度可达800℃～900℃，一窑陶器即烧成，然后将通风口打开，凉两天，第三天清晨，趁天凉出窑。烧一窑陶器，从装窑到出窑，前后需约10天时间。

在烧制过程中，窑内温度要靠有经验的烧窑工掌握。此外，还要注意风向的变化，刮哪个方向的风，就要用破缸片在哪个方向挡住烟道出口，防止烟往窑内倒抽，影响烘烧效果。

柘沟镇烧窑的燃料，现在均用煤炭。但据了解，几十年以前较多的是用木材和柴草。

七 陶器形制、装饰和用途

柘沟镇的陶器，大致上可分为缸、瓮、罐、盆、酒壶、瓦墩等数种。都是细泥质陶，陶色甚杂，以灰褐陶为最多，次为红褐陶和红陶等。不少器物是一器多色，这都是烧制过程中窑内温度不均所致。高温处呈灰揭色，次为红褐色，低温则出红色陶。

柘沟镇的陶器装饰很简单，多为素面，仅二次成型的缸、瓮、大盆等器表拍印有篮纹，刷有一层彩色泥浆做成的陶衣。另外，在酒壶上饰鸟头，也较有特色。

柘沟镇陶器的用途因形制不同而有差别。现择其要者加以介绍。

大缸　当地人称"花腰"，名由何而得，不可详知。口径94、高75厘米。可用来储存粮食或盛水，也可用来腌制酱菜（图三，4）。

瓮　当地人称"鬆"，有大、中、小等数种型号。大者可储粮、盛水，小型者在家庭里多用作咸菜坛（图三，5）。

罐　亦有大小之别。大者可用来担水；小者可以之盛油、盐之类。罐一般有双耳。可以绳系之（图三，9）。

盆　盆的型号最多，可分为一号盆（当地俗称"斗盆"）、二号盆（"面盆"）、三号盆、小盆、深腹盆（"烧搭"）和油盆等六种，其中斗盆、烧塔、油盆为大。口径一般可达80、高30余厘米，为油坊、豆腐坊等作坊常用之物。二号盆，俗称面盆，用途自明。三号盆及小盆多为农村日常生活所用（图三，1、7）。

烟壶　俗称"酒髑髅"，其形为三系带流盘口壶，与流相对的一系为一鸟首形（图三，6）。

瓦墩　有高矮之分，高者被用作装坯时的踩垫之物，矮者可做凳子之用（图三，2、8）。

此外，还有瓮盖，各种型号的花盆等陶器种类。

八 结语

柘沟镇有着比较久远的制陶历史，生产的陶器行销鲁、苏、豫、皖、冀等广大地区。详细考察这里的制陶工艺与生产过程，我们发现，在原料加工、陶器成型和烧制等方面，基本保留了手工制陶技术。这对于正确理解和复原古代先民的陶器生产，无疑有许多新的启示。

（1）史前期的制陶业，在成型的基本方法上主要经历了三个阶段，即泥片贴塑法、慢轮泥条盘筑法和快轮提拉成型法。后两种方法亦分别被称为手制和轮制。这三个阶段大致与新石器时代早、中、晚三个时期相当。柘沟镇的快轮制陶技术，与新石器时代晚期的龙山时代快轮制陶技术十分接近。因此，我们可以通过柘沟镇的陶器生产状况，进而推定龙山时代陶器制作方法、技术与其他相关问题。

（2）制作陶器的原料，虽然不像制瓷原料要求那么严格，但也需具备一定的条件，并不是所有黏土都可以用作陶土的。柘沟镇一带蕴藏着丰富的陶土原料，这也是柘沟制陶业历久不衰、制陶技术世代相传的基本条件之一。而周围数十里之内的部分窑口，则需到这里采买原料，运回当地生产。

柘沟镇的陶窑绝大多数生产泥质陶器，从原料的挖取到练成，有一整套的加工过程，包括晾

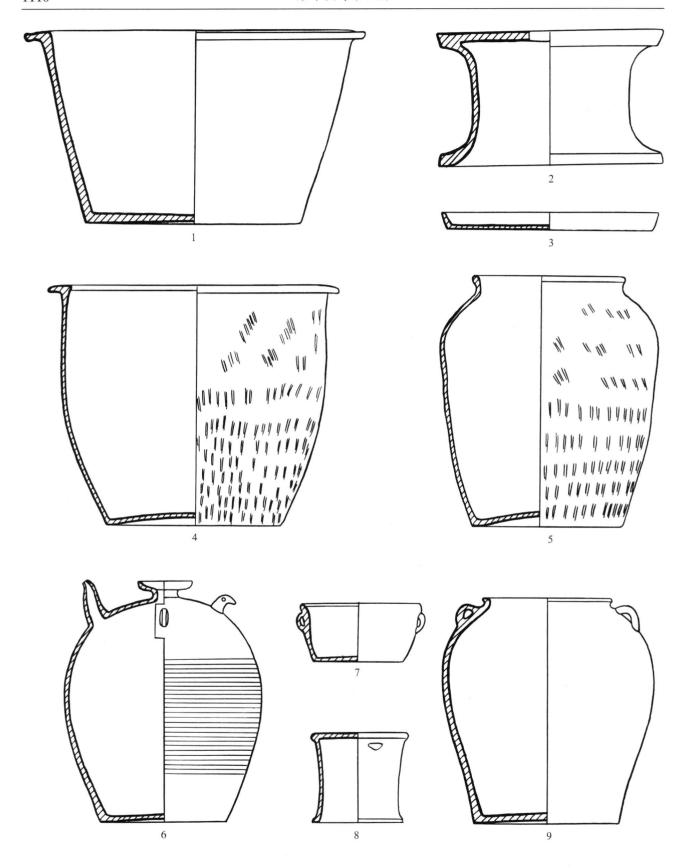

图三　陶器形制

1、7. 盆　2、8. 瓦墩　3. 瓮盖　4. 大缸　5. 瓮　6. 酒壶　9. 罐　（4、5为1/12，余为1/5）

干、打碎、加水搅拌、沉淀、风干等步骤，这无疑有助于我们了解和复原古代泥质陶的原料提取和淘洗工艺。

（3）快轮制陶的提拉成型技术，是在慢轮泥条盘筑法的基础上发展起来的，二者之间有着密切的联系。陶器的制成过程，可分为依次相连的三个环节，即慢轮泥条盘筑成坯、快轮提拉成型和修刮或拍打成器。慢轮泥条盘筑和快轮提拉成型两个环节是前后紧密相联并融为一体的。同时，大型器物需分两次或多次做成，而较复杂的器物则分别制作部件，然后粘接。这样，我们就可以对古代轮制陶器上的许多现象给予合理的解释。如大型器物腹部的内凹现象，部分器物内壁的泥条痕迹，器物表面的旋痕与弦纹、器底的弯曲螺线等。此外，轮盘的快速转动依靠辅助劳力的脚蹬，当是对古法的继承。

（4）柘沟所见的器表装饰，有篮纹、瓦棱纹等，这种装饰方法自新石器时代就已流行，可见其源远流长。更值得注意的是，这里仍有用鸟头做装饰的习惯，鸟的两眼为小圆泥饼状，与山东龙山文化同类者别无二致。当然，生活于相距四、五千年之遥的人们对此会有不同的理解，现代的人们不会再有象龙山先民那样把鸟看作图腾崇拜物而加饰在陶器上的做法，但作为一种民俗现象所具有的强烈的继承性，于此亦可见一斑。

本项目承山东大学青年科研基金资助。在调查过程中，得到柘沟镇政府和部分窑口群众的大力支持与协助，在此谨表衷心感谢。

（原载《考古与文物》1992年第6期，与方辉、杨爱国合作撰写）

0

试论新石器时代石器的定名及其用途

马克思主义认为，推动社会发展的基本力量是社会基本矛盾，即生产力与生产关系之间的矛盾运动，在这里，起主导作用的是生产力，而生产工具又是生产力水平发展的标志。因此，要研究新石器时代产生的一系列社会变化与社会变革，研究生产工具的重要性是不言而喻的。

新石器时代的工具中，石器最具有代表性，下面就石质工具的定名和用途问题谈一点不成熟的看法，请关心于此的同志指正。

一

新石器时代常见的石器种类有斧、锛、凿、锯、钻、铲、镬、镰、刀、锄、耘田器、犁、钺、镢、矛、石磨盘、石磨棒、臼、杵、石球、弹丸、网坠、纺轮等二十余种，并有一定数量的打制石器和细石器。其中多数可与青铜时代及其以后的工具相对应，如斧、镰、镢等，一部分则根据器物的用途或形状命名，如石磨盘、石球、盘状器等。现就易于混淆的斧、钺、锛、凿、锯、铲、镰、刀、锄、镬、犁等器物进行讨论。

1. 斧

《说文》云："斧，斫也。"《易·旅》注说："斧，所以斫除荆棘以安其舍者也。"斧是一种多用途的工具，尤其是在新石器时代早期，既是工具，又是武器，其主要用途则为伐树斫木。在工具分类中，或将其视为农业工具，或归为加工工具，看法不一。我认为，新石器时代的石斧，固然也用于"垦荒"意义上的伐木，但在主体上还是作为加工和生活方面的砍伐用具较为合理。日本的绳纹文化时期尚未产生农业，但从早到晚都有一定数量的石斧存在。在我国也有这方面的例证，如黑龙江密山县新开流新石器时代遗址，大家公认其尚处在渔猎经济阶段，其下层出土10件石器中，就有4件为石斧，上层比例更高，42件石器中，有24件是石斧[1]。这些文化中石斧的用途是显而易见的。

《管子》说："一农之事，必有一耜一铫一镰一耨一椎一铚。"春秋战国是农业大发展的时代，但也未提到农夫必备的工具要有斧。新石器时代遗址中都发现有一定数量的石斧，其存在是与当时大量使用木材分不开的，如建造房屋、制作各种木质器具和棺椁、烧制陶器以及做饭取暖等，都要耗费大量的木材。因此，石斧应是以砍伐树木和加工木材为主要用途的加工工具。石斧的安装

[1] 黑龙江省文物考古工作队：《密山县新开流遗址》，《考古学报》1979年第4期。

使用方法如同许多人所指出的那样，斧顶端装在凿孔的木柄之内，并加以绑缚使之牢固，斧刃与柄平行，使用时抡动木柄，利用其惯力增强力度[1]。石斧的器体厚重，平面略呈长方形或梯形，横断面多近似椭圆形，弧形或斜弧形两面刃，有使用痕迹者常见崩损的疤痕。石斧自新石器时代早期即已出现，当导源于旧石器时代的砍砸器，到新石器时代中晚期开始分化，形式也逐渐固定下来。

2. 钺

《说文》云："戉，大斧也。"在古代文献中往往斧钺连称，两者关系比较密切。从发生学角度分析，钺应是从斧中分化出来的一种新器类，后来成为主要的兵器，或称战斧，其出现稍晚。石钺均为扁薄体，平面多呈梯形或长方形，器身有孔。石钺的装柄方法与石斧基本相同，刃部与柄平行，只是多在柄上刻槽，将钺背嵌入槽内并加以绑缚。海安青墩[2]、临汝阎村[3]和莒县陵阳河[4]分别见到这种做法的陶模型、图画和文字，而余杭反山M14则发现玉钺使用这种装柄方法的实例[5]。

3. 铲

《说文》云："铲，鏶也。"《说文段注》说："广韵曰：铲，平木器也。"这里说的铲不是考古文献中的铲。考古学上的铲类器形，应是文献中常见的钱、镈、铫、耜之类，也就是鏟，今日农村多叫做锹或锨。石铲产生于新石器时代早期，为主要农具之一，用于翻土、挖土和松土。《诗》《毛传》等释镈为锄类，石铲或许也用于耘田除草。铲的形状多为扁薄长方形或梯形，单面刃，经使用者刃部多有磨蚀痕迹，器身则多遗有与长轴平行的擦痕。石铲的安柄方法与耒耜相同，长柄直缚。使用时上下用力，向前翻动，故单面刃。

斧、钺和铲三类器物平面形状相同或相似，考古文献中相互混淆的现象较多。在明了它们的基本用途之后，三者的形态界限还是相当分明的。斧是厚身，双面刃，无穿孔；钺为扁体，双面刃，有穿孔；铲则为薄体，单面刃，无穿孔。

4. 锛

《说文》无锛字，有"斤，斫木也。"《说文段注》说："斫木之斧名谓之斤。"王筠《说文释例》云："斤之为器，今无此名，即鐼字也，字又作锛。"于省吾认为："斤锛叠韵，故通用。"斤锛为同一器类，已无异议。锛与斧外形近似，用途相同，关系密切。因此，在古文献中往往并提连用，如《孟子·梁惠王》有："斧斤以时入山林，材木不可胜用也。"山东莒县陵阳河大汶口文化陶器上的图像文字中有刨锛之象形[6]，而甲骨文中的锛（即斤）则是其省减与进化。由此可确认其安装柄的方法与斧钺不同，而与今日之锛大同小异，即锛的短轴与柄垂直相接。锛主要用于

[1] 李仰松：《中国原始社会生产工具试探》，《考古》1980年第6期；佟柱臣：《仰韶、龙山文化的工具使用痕迹和力学上的研究》，《考古》1982年第6期。

[2] 南京博物院：《江苏海安青墩遗址》，《考古学报》1983年第2期。

[3] 临汝县文化馆：《临汝阎村新石器时代遗址调查》，《中原文物》1981年第1期。

[4] 山东省文物管理处、济南市博物馆：《大汶口——新石器时代墓葬发掘报告》，图九四，文物出版社，1974年。

[5] 浙江省文物考古研究所反山考古队：《浙江余杭反山良渚墓地发掘简报》，《文物》1988年第1期。

[6] 王树明：《谈陵阳河与大朱村出土的陶尊"文字"》，《山东史前文化论文集》，齐鲁书社，1986年。

上下运动的砍截和前后斜行运动的修理加工。锛的平面多呈梯形或长方形，体较斧钺为小，斜长单面刃，背面较平直，自中部向刃部开始微内收，有使用痕迹者，刃部多留下崩损的疤痕。

5. 凿

《说文》云："凿，穿木也。"《说文段注》说："穿木之器曰凿。"凿是一种木工必备的专业工具，用途比较单一，即在木材上打孔。凿的出现，是新石器时代木器制作的一个重要里程碑，而斧、锛、凿和锯的配合使用，为中国古代土木建筑的发展开辟了广阔的道路。凿的形状，平面均为长条形，横断面多近方形，单面刃，刃面斜长，刃部锋利。使用时其顶端应与短木复合。

只要把握住斧、锛、凿的使用特征，三者极易区分。斧体厚重，双面刃（正锋）；锛体较轻，单面刃（偏锋）；凿体窄长，单面刃（偏锋）。笔者曾请几位木工师傅看过我们发掘工地出土的几种主要石器类型，他们一望便知，决不混淆。

6. 锯

《列女传·仁智》云："锯者，所以治木也。"锯作为一种加工木材的工具，主要功能为截割木料（也有用于截割骨、角、蚌类的，但甚少），对此似无异议。锯产生于新石器时代，由于材料本身的局限性，数量一直不多。石锯多为长条形，直刃者较多，弧刃者较少，齿牙较大，排列比较规则，大小和间距均较接近。

7. 镰

《说文》云："镰，锲也。"《说文段注》锲下："方言曰：刈鉤，江淮陈楚之间谓之铫，或谓之鐹。自关而西或谓之鉤，或谓之镰，或谓之锲。"《国语·齐语》和《管子·小匡》注皆说："刈，镰也。"《国语·鲁语》注："芟草曰刈。"可见镰、锲、铫、刈、鉤等名虽异，实为同一器物，即今日之镰。刈则是动词的名词化，现今日本语中还称用镰砍割为"刈"。镰的用途为割削当无疑问，将其归为农业收获工具为世所公认，但随着家畜饲养业的发展，其作为割取饲草的工具也是很重要的一个方面。石镰在我国新石器时代较早时期的裴李岗文化即已出现，经过较长时间的发展之后，到龙山文化时期又复增多，究其原因，恐怕前后用途有一定的区别。石镰外形变化较小，呈尖头长条形，拱背直刃或刃部内凹，后端宽大以便缚柄，柄与镰身长轴垂直相交，适于手持柄以由前向后用力。作为兵器的石戈，是从石镰中分化出来的。

8. 刀

石刀是新石器时代最常见的收获工具，与通常所说的刀相去较远，实际上就是文献中记载的铚或铚镰。《说文》云："铚，穫禾短镰也。"《诗·周颂·臣工》有："奄观铚艾。"《传》曰："铚，穫也。"《书·禹贡》有："二百里纳铚。"刘熙《释名》说："铚，穫黍铁也。铚铚，断黍穗声也。"由此可知，铚是一种割取禾穗的专用工具，即刀。在新石器时代，这种无柄石刀直接系握在手上，在割（抃）禾穗的劳动中较之带柄的镰更为便利和实用，工作效率也高。故今日北方许多农村在割取谷子、黍子和高粱（胡秫）等作物的穗时，仍在使用与新石器时代长方形石刀相同的铁制抃刀，俗称"爪（铚）镰。"如果不是已经习惯成俗，这种割取禾穗的石刀倒应称之为铚。石刀主要有两大类：一类是长方形石刀，又有两侧带缺口和器身穿孔两种形制，前者习见于仰韶文化，后者广泛流传于龙山时代；一类是半月形石刀，弧背直刃或弧刃直背，多穿有双孔，刃部往往有崩蚀的牙痕。半月形石刀出现较长方形石刀为晚，主要流行于岳石文化、湖熟文化、二里头文化及其以后时期。

镰和刀是最主要的两种收获农具。石刀以割穗为主，或是在农田里先行割下禾穗，秸秆暂置田中，待农事毕再行处理；或是将收下的作物连秆带穗全部运回村落，再行加工。石镰主要用于收获带秸秆的农作物，也可用来割取饲草。龙山时代石镰制作的定型和数量的增多，似表明已经出现无需割穗的作物，这类农作物很可能是麦和稻。后者在栖霞杨家圈遗址有所发现[1]，前者尚未见到实物例证。石镰正是应这种需要而产生的。同时，我们还认为，石刀和石镰作为收获农具，用途有别。不能说石镰增多是生产力水平提高的结果，如果讲劳动效率，对于亩产较低的旱田小麦，用手拔的效率远远高于使用粗笨的石镰收割。这从现今农村的旱田小麦还是以手拔为主（俗称"薅麦子"）可得到证明。因此可以认为，石镰的出现只是从农作物种类增多方面反映了农业的发展。而石镰数量的增加，一方面表明农作物种类的构成比例有所变化，从而对了解当时人们的食物结构有所帮助；另一方面，是否说明家畜饲养业也得到了迅速发展。

在新石器时代遗存中，还存在一定数量的齿刃石镰和少量石锯，对二者的区别，最近有人撰文进行过专门探讨，指出：内弧刃或直刃、刃薄而锋利、齿牙小而不均匀、可竖行装柄者是齿刃镰；直刃或外弧刃，刃部较厚、齿牙较大且均匀、适于横向装柄者为锯[2]。其说法是正确的。

9. 锄

《说文》云："鉏，立薅所用也。"《说文段注》依广韵改"所用"为"斫"，并说："斫者，斤也，斤以斫木，此则斫田草也。"《说文》还说："薅，拔去田草也。"锄的主要功能为松动土壤和中耕除草当无疑问。锄的出现，反映了农业生产水平的提高和田间管理工作的发展。锄的安柄方法与锛相同，亦呈拐尺状，但角度较小，向怀内方向用力。由于锄的用力方向、作用对象和装柄方式，其必须具备单面刃、体扁薄和适于安装柄（如有肩）。按我们目前的认识水平观察，新石器时代的锄类工具尚未分化定型，其源于石铲类工具当无大错，或许可将有肩石铲中的一部分称为锄。

10. 钁

《说文》云："钁，大鉏也。"钁在安装木柄、用力方向和部分用途方面与锄相同，可能是许慎将两者归为一类的原因。钁的主要用途是翻土、松土，也用于清除杂草，尤其是在干旱坚硬的场合。钁的外形窄长，体较厚，单刃面。窄利于入土，厚则增加抗折能力和重量，使用时产生较大的惯力。因材料的局限性，如岩石的韧度差易折易损，体厚不利入土等，故在新石器时代虽间或发现有钁类器物，但毕竟不多。

---

[1]　山东省文物考古研究所、北京大学考古实习队：《山东栖霞杨家圈遗址发掘简报》，《史前研究》1984年第3期。

[2]　云翔：《锯镰辨析》，《文物》1984年第10期。

11. 犁

《说文》云："犁，耕也。"《释名·释用器》说："犁，利也，利发土绝草根也。"犁耕和牛耕是一个相当复杂的问题，考古界和农史界长期聚讼不决，拟另文探讨。石犁产生于新石器时代晚期，例如在红山文化中就有发现。石犁平面略呈梭形，一端为锐角尖头，器体较薄，形体略大。其主要功能为破土开沟和松土，也可以用于清除杂草等田间管理。

锄、钁、犁为农业生产工具，考古发现的数量均较少。锄与铲易于混淆，称呼也乱，铲的范围较宽，锄则较窄，只是有肩石铲中的一部分。至于石犁，或认为是石耜，其实耜属铲、锹类工具，与犁无涉。

其他器类，如矛、镞、石球、网坠、磨盘、磨棒、臼、杵和纺轮等，形态比较固定，用途也明确，一般不易混淆，故这里从略。

二

新石器时代的石器种类繁多，有必要将其整理分类，以利于研究的深入。

1. 按各种石器的作用力特点、运动方向、装柄方式以及由此产生的刃部特征可分五大类

（1）**斧钺类**

纵向或斜向用力，成弧线运动，器与柄的结合为侧折式，双面刃（正锋）。

（2）**锛钁类**

正向上下或向斜后方用力，器与柄的复合为前折式，单面刃（偏锋）。锄归此类。

（3）**铲凿类**

正向上下用力，竖行直柄，单面刃（偏锋）。石刀归此类。

（4）**犁矛镞类**

向前方用力，起划破穿刺作用，故具尖头，两侧边亦有薄刃。

（5）**其他类**

不属前述四类者暂归于此。

这种划分法主要是从力学角度上观察分析工具之间的横向关系，可能对探讨各种工具的演变规律有所帮助。这里只是作为粗线条的归纳提出来。

2. 按用途归类

生产工具和人们的社会生产、日常生活密切相关，武器则直接反映部落战争的状况。因此，比较确切地将各种工具和武器按用途归类，对史前社会经济活动和政治变革的研究与认识，会有一定裨益。

（1）**农业工具**

主要有铲、犁、钁、锄、镰、刀六种工具组成。按管理程序，史前农业的耕作可分为耕种、田间管理（中耕除草）和收获三个环节，这在上述六种农具的用途上已有体现。这三个环节在新石器

时代偏早的裴李岗文化时期就已出现，并随着生产力水平的提高和生产技艺的进步而不断完善。此类工具在全部石器中所占比例的高低，一定程度上反映了农业经济在整个社会经济中的比重。我们曾对海岱文化区的一些遗址做过统计，这一比例在大汶口文化时期约为10%～25%，龙山文化时期为25%～35%，岳石文化时期则高达40%以上[1]。同时还应该指出，在新石器时代的农业活动中，石质工具在数量上似不占优势，而当时大量使用的恐怕是木质工具（也包括骨蚌质工具）。这在河姆渡等南方水乡遗址多有发现，因客观条件的限制，北方地区木质工具发现甚少。但是，如果从许多遗址遗留下来的工具痕迹（如庙底沟遗址）、陶寺遗址发现的高超木作技术以及近代部分少数民族的农耕活动材料看，这种推测大概不会相去太远。关于这个问题，陈文华曾做过精辟的论述[2]。

（2）砍伐加工工具

斧、锛、凿、锯等均属此类。锛、凿、锯三种工具为手工加工工具，学术界看法比较一致。分歧较大的是斧，不少同志将其归为农业工具，主要理由是斧可用来伐树垦荒。诚然，斧的用途比较广泛，尤其是在新石器时代，但究其主要用途，应是伐木以及加工木材，属手工工具的范畴，对此前已述及。在新石器时代，自然生态保持较好，树木繁茂充裕，人们的生活大到建房造屋，小至日用器具、篱栅薪柴，都必须与木头打交道，其需求量之大是可以想见的。例如在河姆渡遗址，仅一座干栏式建筑，所用木材就要若干方，这些木材从伐取到粗加工都离不开斧头。手工工具的产生、发展和定型化（近年有人又提出，应从斧、锛中分离出"石楔"和"石扁铲"两种手工工具[3]），从一个侧面反映了新石器时代居民物质文化水准和社会生产力水平的不断提高。

（3）生活加工工具

主要包括石磨盘、石磨棒、石臼和石杵四种。这四种工具，目前一般都认为是农业工具，并以此来说明农业生产的发达程度。我们认为，石磨盘等四种工具主要是用来加工粮食等的生活用具，如同釜、鼎、甗等可以用来炊煮粮食一样，其固然也从一个方面反映了农业的存在，但毕竟属于粮食加工的范畴，而不是粮食生产的环节。因此，有必要将这一类工具单独列出，以示区别。石磨盘和石磨棒，主要见于裴李岗时代[4]，以后逐渐减少以至消失。这类器具主要用于谷物脱壳，也用于采集品的加工，这从尚未产生农业的日本史前绳纹时代也存在一定数量的石磨盘可得到旁证。臼、杵出现稍晚，应是石磨盘和石磨棒的替代物，但这方面的考古发现甚少，可能与地臼、木杵的使用有关（《易·系辞》有："断木为杵，掘地为臼，臼杵之利，万民以济"的记载）。

（4）渔猎工具

镞、石球、弹丸、网坠等在此之列，其中以各类石镞数量最多。狩猎作为一种经济活动，是和人类的诞生与进化相始终的。到旧石器时代晚期，弓箭的发明，不但标志着狩猎水平的大幅度提高，并且表明人们第一次创造出靠机械力传动的远射工具，在某种意义上讲，是可以和现代的航天技术相提并论的成就。摩尔根曾将弓箭的出现作为蒙昧时代高级阶段的标志。捕鱼也产生于旧石器时代。在国外，中石器时代的北欧已出现用柳树纤维编织的网具，相当于我国龙山时代的埃及古王

---

[1] 栾丰实：《山东龙山文化社会经济初探》，《山东龙山文化研究文集》，齐鲁书社，1992年。

[2] 陈文华：《试论我国农具史上的几个问题》，《考古学报》1981年第4期。

[3] 杨鸿勋：《石斧石楔辨——兼及石锛与石扁铲》，《考古与文物》1981年第4期。

[4] 按年代序列和总体文化特征，我们把中国新石器时代再划分为四个时期，即前裴李岗时代、裴李岗时代、仰韶时代和龙山时代。

国的墓葬壁画中，就有用网捕鱼的画面。在我国的新石器时代遗存中，虽然尚未发现渔网实物，但由网坠的出现可推定已启用渔网来捕鱼，仰韶文化半坡类型中的彩画人面鱼纹盆，更为我们提供了先民张网捕鱼的生动场面。网具的使用，是新石器时代捕鱼业达到一个新水平的标志。渔猎经济在整个新石器时代一直不同程度地存在着，就是农业最发达的长江黄河中下游地区也不例外。此外，在一些新石器时代遗址内，尤其是北方地区，往往伴出一定数量的细石器，它们基本上属于渔猎工具的范畴。

（5）武器

主要有钺、矛、镞、戈等。新石器时代晚期，正值古史传说的黄帝、炎帝、唐尧、虞舜时期，部落之间的战争不断，战争规模也越来越大。与这种需要相适应，武器渐渐从生产工具中分化出来。钺与戈的产生、镞的数量的迅速增多，表明战争已经常化，甚至成为一种职业。结合龙山时代多处城址的发现，确实使我们感到，"在新的设防城市的周围屹立着高峻的墙壁并非无故，它们的壕沟深陷为氏族制度的墓穴，而它们的城楼已经耸入文明时代了。"[1]这和"今大道既隐，天下为家。……城郭沟池以为固"[2]的记载多么吻合啊！同时应该承认，在新石器时代，武器作为一大门类专职用具有一个形成过程。在这一过程中，其始终带有一器多用的色彩，即既用作武器，也用作狩猎的生产工具。

以上我们对新石器时代几种主要的生产工具，就其定名、用途和分类进行了初步探讨。这一问题的最终解决，还有待于广大考古工作者的共同努力。

作为新石器时代开端标志的"农业革命"，是人类历史上一个极其伟大的进步。如果说"就世界性的解放作用而言，摩擦生火还是超过了蒸汽机，因为摩擦生火第一次使人支配了一种自然力，从而最终把人类同动物界分开"[3]的话，那么，"农业革命"则使人类彻底摆脱了对大自然施舍的依赖。人们不用再坐吃山空到处迁徙，而可以利用自己一双具有无限创造能力的双手，变攫取为生产，从必然王国向自由王国踏踏实实地迈出了一大步。这一成就奠定了人类生存和发展的基础，而村落、城市、私有制、阶级、国家，以及手工业、家畜饲养业、商业、文字、科学等等，都是在这个坚实的基础上产生、发展和成长壮大起来的。

（原载《纪念山东大学考古专业创建20周年文集》，山东大学出版社，1992年）

[1] 恩格斯：《家庭、私有制和国家的起源》，《马克思恩格斯选集》第四卷，人民出版社，1995年，164页。
[2] （汉）郑玄注：《礼记•礼运》，中华书局，2015年。
[3] 恩格斯：《反杜林论》，人民出版社，2015年。

尹家城遗址石质工具的考古学观察

考古遗址出土的生产工具历来被考古工作者所重视，这是因为通过生产工具的研究，不但可以了解一个社会的生产力水平，也是探索远古社会的内部分工、社会结构、经济类型以及各类经济所占比例状况及变化的一条重要途径。因此，对于生产工具，或就其工艺，或从其使用方法与效能，或观其全体而论概貌，或专门研讨某一种工具类型的兴衰，都有人进行过探讨。本文拟以尹家城遗址发掘出土的石器资料为基础，从制作过程、使用情况、器类的变化及其反映的社会问题诸方面做一简略的统计和分析。

尹家城遗址位于山东省南部泰沂山区与鲁西平原结合地带的泗水县。1973、1979和1981年的三次发掘表明，这是一处延续时代较长、出土遗物十分丰富的古遗址。该遗址的主要遗存可以分为两大期，第一期属于山东龙山文化，第二期为尹家城二期文化[1]。三次发掘共出土石质工具200余件，从中挑选出较为完整的86件标本进行了仔细观察、对比和统计。

尹家城遗址石质工具的制作程序，大致可以分为四个环节，即选择石料、打制成坯、琢制成型和磨制成器。此外，有不少器物还施行了穿孔的工序。这样就构成了一个完整的石器制作程序。下面依次予以论述。

1. 选择石料

尹家城一带地处鲁中南丘陵地区，山背和河之两岸均有岩层裸露，比较容易获取各种制作石器的石料。目前已发现石器的岩性，经鉴定有十几种之多，常见的有闪长岩、灰绿岩、板状泥灰岩、页状泥灰岩、千枚岩、燧石、蛇纹岩、凝灰岩、角闪岩、大理岩、砂岩等，硬度多在摩氏4～7度之间。经过长期的生产实践，人们对当地这些岩石的硬度、韧性等特点已经有清楚的认识，表现在石器制作上就是根据生产工具的不同用途来选择不同岩性的石料。如石斧、长方形石锄等较厚重的器物，多采用闪长岩、灰绿岩为原料，扁薄的石铲均使用板状泥灰岩制成，石锛、石凿等绝大多数取材于质地坚硬的燧石、页状泥灰岩等。这种对原料有所选择的情况，在旧石器时代就已经产生，到了新石器时代晚期，伴随着人类的生产活动越来越复杂化和多样化，对制作石器的石料岩性的细分和选择更加系统和具有针对性。

2. 打制成坯

就是将选择好的石料，用石锤进行粗加工，打出要制作器物的雏形，即毛坯，以此作为进一

---

[1]　最初，主持尹家城遗址第一、二次发掘的蔡凤书先生主张把晚于龙山文化的这一类遗存称之为"尹家城二期文化"，并曾专门撰文予以讨论。高广仁和严文明等先生在这之前则把同类遗存命名为"岳石类型"或"岳石文化"。后来在尹家城遗址第三次发掘简报中，我们将此类遗存改称为岳石文化。撰写本文时笔者还是将这一类遗存称为"尹家城二期文化"。

步加工的基础。当然，也有打制出基本形状之后就直接使用的例子，不过数量极少。打制毛坯的方法，绝大多数是采用直接打击法来完成，其具体做法有所不同。如石斧，将选好的原材料先敲打成背端微窄、刃部略宽的梯形，然后从确定为刃的端部向两面剥片，使其具有两面刃的雏形。再如石铲，把选好的扁石板截打成适合做石铲的长方形石块，一般长13、宽8～10厘米，背端保持原样，其他三边均加以打击，方法都是由边缘向两侧后方错向打片，打出一个粗糙的刃部。例如标本T225⑦：17，石铲毛坯，长13.5、宽8.5～10厘米，背端平直无加工痕迹，其余三边均经过错向加工，由剥落石片后保留的短而宽的石片疤，可知其采用了直接打击法进行粗加工，而底端两角则修整成圆角形状，整体略呈长方形（图一，1）。

3. 琢制成型

琢制这一道工序不是每一件器物都采用过的，或者说并不能够在每一件器物上都能观察到。它一般用于适合琢制的石料和器形，也就是说，用闪长岩、灰绿岩为原料做成的厚重或比较厚重的器物，如斧、铲、锄、刀、镰等，几乎都有琢制的痕迹，而板状泥灰岩、页岩等石料制成的扁薄石铲、石刀、纺轮等器物，琢制的痕迹极为罕见。由此可见，琢制是把经过粗加工的厚体毛坯加以较为细致的整修，使之便于磨制的一道工序。据保留下来的琢痕观察，琢制大致有两种情况：一种是粗琢，就是只把有明显凸起的部位琢平，因而其保留下的琢痕稀疏，琢制的麻点较大。例如标本T289⑦：9，为尚未最后完成的石斧，在打制的基础上施加粗琢，每平方厘米有琢点2～3个，琢点直径2～2.5毫米。另一种是细琢，琢痕密集，琢点较小，例如标本T302⑦：10，长方形大孔石锄，器体稍厚，琢制精细，基本看不到上一步打制工序留下的痕迹，每平方厘米有琢点6～8个，多者可达10个以上，琢点直径一般1毫米左右。以上两种情况采用的均为间接琢制法（图一，2）。

4. 磨制成器

磨制技术最初发现于旧石器时代晚期的装饰品之上，新石器时代开始运用到生产工具和武器的制作之中，到新石器时代晚期，这种技术得到了广泛运用。尹家城遗址出土的石器绝大多数都是经过磨制的。砥磨的材料是砂岩块：一种是形体较大磨石，利用其自然面来砥磨；一种是较小的扁棱柱状砂岩块。二者均有砥磨的痕迹，用途当有所区别。磨制石器依其磨制部位可分为二种情况：一种只是刃部磨光，器体部位不磨或稍加磨制，这种现象多见于石斧和大型的石铲。如标本T209⑧：21，石斧，平面略呈梯形，刃部磨制精细，并有轻微的崩损痕迹，器体部位保留着清晰的琢制痕迹，这种主要存在于刃部的磨痕不排除是使用所致（图一，3）。二是通体磨光，普遍见于较为扁薄的铲、刀、镰、锛、凿、镞和纺轮等器物，如标本H73：6，系由蛇纹岩制成的石镰，背部穿有双孔，通体磨制光亮，粗看似为玉器，确为石质工具中的精品（图一，4）。

5. 穿孔技术

尹家城遗址出土的石器约有四分之一施行穿孔，其基本方法有三种，就是琢穿、锃穿和管穿。琢穿是使用工具从拟穿孔的位置两面对琢，孔的外围和边缘很不规整，并保留着琢打的痕迹。所谓锃穿，就是使用实心钻头穿孔，这种方法钻出来的孔，特点是形状较为规整，一端较粗，而另一端

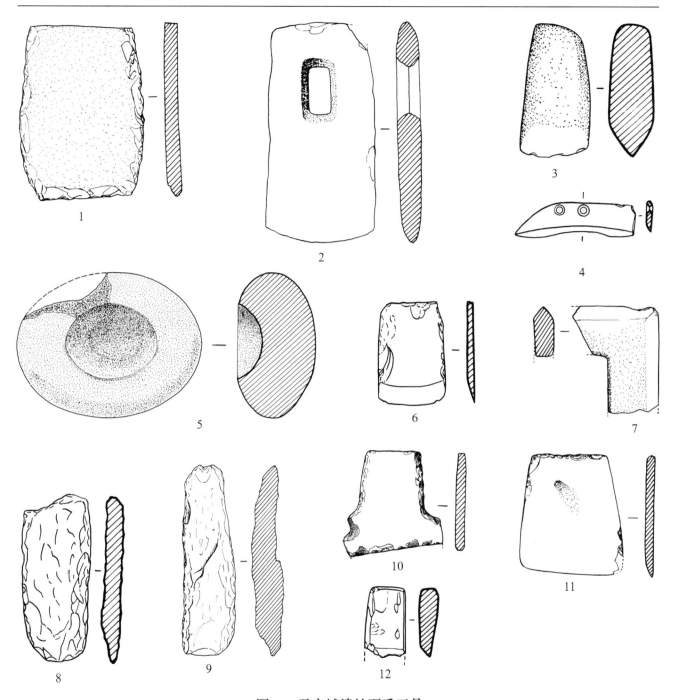

图一　尹家城遗址石质工具

1、3. 石斧（T225⑦：17、T209⑧：21）　2. 大孔石铲（T302⑦：10）　4. 石镰（H73：6）　5. 石臼（T228⑦：35）　6、8、9. 石铲（T219⑧：10、T302⑧：29、T277⑦：31）　7. 石锄（T228⑦：85）　10. 有肩石铲（T205⑦：55）　11. 扁薄石铲（T205⑦：65）　12. 石锛（T249⑧：18）

略细，这是由于使用的钻头所致。管穿是使用不同质料的管状物穿孔，这种方法做成的孔两端基本相等，孔壁很直。以上三种方法往往配合使用，以先琢打后铤钻者多见。绝大多数为对面施行穿孔。穿孔器物主要见于刀类，并且均为双孔。此外，还有少量的穿孔石钺、镰等。孔的形状有圆形和长方形两种，后者仅见于尹家城二期文化才出现的大型石锄之上，这应是便于绑缚木柄，并使之牢固的一种做法。

综观尹家城遗址的石器制作，并非每一件器物都同时运用以上方法，而是根据器物形状和要求以及所选材料的质地特点，经过了全部或其中部分制作工序。统计分析表明，主要有以下五种情况。

一，单纯打制的器物，数量很少，见于石斧、石铲，多没有使用痕迹，很可能是制作过程中的毛坯（半成品）。

二，琢制的器物，数量很少，仅见于石臼等特殊器形，如标本T228⑦：35（图一，5）。

三，先打制后琢制的器物，数量亦少，见于长方形大孔的石锄（图一，2）。

四，先打制后磨制的器物，就是将选好的石料粗经打制后，直接磨光。这类器物数量较多，主要器形有板状泥灰岩制成的扁薄石铲和石刀，在放大镜下观察尤为清晰，手感也很明显。例如标本T219⑧：10，虽然已经磨制光滑，但两侧边缘还保留着打制的石片疤（图一，6）。

五，打制、琢制和磨制结合制作的器物，即先打制，继之以琢制，最后磨制刃部或通体磨光，数量也比较多。主要见于闪长岩、灰绿岩和角页岩制成的斧、铲、锄、刀等器物。例如T209⑧：21，石斧，为先打再琢，最后磨制刃部（图一，3）。再如T228⑦：85，石锄，则是打琢之后施以通体磨光（图一，7）。

现将上述五种情况在标本中的所占比例统计如表一。

表一　尹家城遗址石器制作工序统计表

	打制	琢制	打、琢	打、磨	打、琢、磨		通体磨光	合计
					刃部磨	通体磨		
数量	5	1	2	36	8	23	11	86
比例	5.8%	1.2%	2.3%	41.9%	9.3%	26.7%	12.8%	100%

注：通体磨光一栏指的是现在已经不能确指其为五种中的哪一种情况。

观察尹家城遗址出土石质工具的平面、剖面、长宽厚之间的比例以及刃部的形状，可以认为，在新石器时代晚期各类器物的形状已经固定下来，其形状与用途和功能紧密相联。例如，砍伐类的斧类器物，均为双面刃，器身厚重；挖掘、铲土用的铲类器物，全为单面刃，器身扁薄，其中一类，如标本T302⑧：29和T227⑦：31，器身纵长，就是今日之锸类器物的祖型（图一，8、9）。而另一类有肩的铲，如T205⑦：55，应是原始的锄类器物（图一，10）。在木材上打孔用的凿，亦为单面刃，但刃部斜长，器身平面为窄长条形，横截面则近方形。加工木材的锛，整体上略呈双面刃，但两面的刃部不同，一面斜长，另一面短而微斜。凿和锛这两类器物，我们请从接触过文物标本的现代木工师傅观看，他们一眼就可以从众多石器中挑选出来。刀、镰类器物，都是单面刃，多有孔，器身窄长扁平，应与其主要用于割、砍有关。用于远射的镞，形式多样，各具特色，其中绝大多数前锋较锐利，尾端有铤，器身横截面或为三角形，或为菱形。这些工具，各个部位的比例适当，用途固定，并能根据要求选用不同硬度的石料，已经规格化和定型化。今天还在使用的部分相应工具，只是根据金属材料的特点，对其稍加改进而已，而基本的形状则是在这个时期甚至更早时期奠定的。

尹家城遗址的石质工具，几乎都留有轻重不一的使用痕迹。这些痕迹的差异，则反映了作用对象的不同。例如，斧类器物，一般崩损较甚，有的刃部几乎蚀平，如标本T302⑧：7，据刃部崩损的痕迹情况可知，其作用对象既非太硬，也不是很软，当主要为植物类木料。铲类器物遗留下来的主要是磨蚀痕迹，刃部较少出现崩损的现象，例如标本T205⑦：65扁薄石铲，刃的中间部位已经磨的微内凹，与铲身长轴平行的磨蚀纹理肉眼下就清晰可见（图一，11）。凿和锛类器物，多在刃部留有一些小的疤痕，缺边掉角的现象习见，如T249⑧：18，刃部两角均崩损较甚（图一，12）。刀类器物，按传统说法是收割工具，一般应留下磨蚀的痕迹，但是尹家城遗址的石刀往往在刃中部留有齿状痕迹，半月形石刀上尤为常见，在同时期的其他遗址也发现有类似的情况。因此，我们认为石刀类器物的用途还需要结合微痕观察和实验考古来详加探讨。

至于石质生产工具的装柄、使用方法和效能诸问题，学界已多有论及，在未完成实验之前，这里不做过多的推测。

山东龙山文化和尹家城二期文化，在尹家城遗址延续的时间较长，遗址出土木炭标本的碳-14测年数据表明，至少经历了800年以上的时间（公元前2550～前1750年）。在这一漫长的发展过程中，人们在这里代代相传，继承并根据需要不断地改进前人的生产工具，提高生产技能。众所周知，山东龙山文化以其高超的制陶术而闻名于世，而对其农业生产的发达也是毋庸置疑的，或有人径直认为山东龙山文化时期已经跨进了文明社会的门槛。对于尹家城二期文化，学术界刚刚提出来不久，还在认识和讨论之中，不可否认，其制陶技术较之龙山文化大为逊色，对此做何解释呢？正式或非正式的见解多种多样：或认为其技术重心发生转移，不再放在陶器的制作上；或认为其讲究实用，陶器做的比较厚重；或认为这一时期的社会生产力发生了较大的倒退；或认为是落后部族对先进居民的征服，不一而足。这里，仅仅根据尹家城遗址出土的石质生产工具，将二者做一对比分析，可以看出其中反映的几个问题。

一，关于农业在社会经济中的比重。根据学界公认的农业生产工具（主要是铲、刀、镰）在全部石质工具中所占比例的变化情况，来讨论和说明农业在社会经济中所占比例的增减，这种方法虽然不能说是十分精确，但不会有太大的出入和误差。尹家城遗址龙山文化时期以刀、镰、铲为代表的农业生产工具，在全部石质工具中约占34.4%。这在山东地区其他同类遗址中也有类似的情况。如潍坊姚官庄遗址的龙山文化遗存中，共出土石器194件，其中刀、镰、铲类农业工具有70件，约占全部石器的36.1%[1]。诸城呈子遗址龙山文化遗存中发现石器116件，其中刀、镰和铲类农业工具为32件，约占全部石器的27.6%[2]。一般说来，石质农业工具在龙山文化时期的石器中所占比例大约在30%左右。尹家城遗址的尹家城二期文化共出土石器108件，其中刀、镰、铲、锄等石质农业工具为62件，在全部石器中约占57.4%。属于同一文化类型的平度东岳石遗址，共发现石器20件，其中农业工具为9件，约占全部石器的45%[3]。由此看来，尹家城二期文化时期农业工具在全部石器中所占比例约在50%左右。

从以上农业生产工具在整个工具中所占比例的变化可以看出，社会经济各部门随着时间的推移

[1]　昌潍地区文物管理组、诸城县博物馆：《山东诸城呈子遗址发掘报告》，《考古学报》1980年第3期。

[2]　山东省文物考古研究所等：《山东姚官庄遗址发掘报告》，《文物资料丛刊·5》，文物出版社，1981年。

[3]　中国科学院考古研究所山东发掘队：《山东平度东岳石村新石器时代遗址与战国墓》，《考古》1962年第10期。

也在发生变化。也就是说，尹家城二期文化时期，农业在整个社会经济中的比重较之龙山文化时期有了很大提高。

二，关于社会经济中的狩猎成分问题。石镞自其产生直到青铜时代初期，主要是作为狩猎工具在使用，当然，新石器时代晚期也经常用于敌对部落之间的战争。因此，石镞数量的多少和所占比例的高低，也在一定程度上反映了狩猎活动在社会经济中的地位。尹家城遗址发现的龙山文化石镞数量较多，占全部出土石器的23.4%，而在同类龙山文化遗址中，如姚官庄和呈子遗址，石镞分别占33%和24.1%。就是说，山东地区龙山文化时期的石镞，所占比例大致在25%左右。到了尹家城二期文化时期，尹家城遗址发现的108件石器中，只有6件石镞，约占全部石器的5.6%。同类文化类型的东岳石遗址，石镞在全部石器中的比例仅为5%。据此可以认为，尹家城二期文化时期，石镞在全部石器中的比例约为5%左右。当然，还应该考虑到这一时期已经进入青铜时代初期，不少地区开始制作和使用铜镞，尹家城遗址就出土了一件铜镞，但其数量应该不会太多则是可以确定的。

狩猎工具的数量和比例变化表明，狩猎这种传统的经济部门，到尹家城二期文化时期，在整个社会经济中所占的比重大大降低了。这与前面所论述的农业生产在社会经济中的地位不断上升是一致的。

三，关于新器类的出现与制作技术的提高。尹家城遗址龙山文化和第二期文化制作石器的石料基本相同，主要的器物种类也差不太多，只是到了尹家城二期文化时期，新出现了一种长略大宽的长方形石锄，三边有刃，中间有长方形大孔，经过讨论我们初步认为这是一种耘田的工具。在石器制作技术方面，如果说钻孔代表一种进步倾向的话，二者稍有差异。龙山文化钻孔器物在全部石器中的比例约为15.6%，而到尹家城二期文化时期，这一比例增加了一倍，达到31.5%。后者还新出现了一种长方形大孔，这无疑是一种进步。

根据以上统计分析，可以认为山东龙山文化时期，农业已经成为社会经济的主要部门，但是不可否认，狩猎（还有采集和渔捞等）在当时的社会经济中还占有相当大的比重，至于其究竟占多大比例，这还要统计尽可能多的有效发掘资料后才能够做出，目前尚难蠡测。社会发展到尹家城二期文化时期，农业在社会经济中的地位显著上升，伴随着青铜器的发明和使用，这一时期的生产力水平有了较大提高，而与之相适应的生产关系也必将有一个变革。这一时期，社会经济中的狩猎成分较之龙山文化时期明显降低了，这除去随着农业工具的改进和生产技术的不断进步而带来收获量的增加等因素，也可能与生态环境的变化有密切关系。

附记：我于1982年春开始参加尹家城遗址发掘资料的整理，并重点整理了石器等小件遗物。本文是在整理过程中写成的第一篇文稿，完成于1982年冬。现在看来，当时的想法较为简单，特别是对石镞功能的认识也有一定偏面性。

大汶口文化的骨牙雕筒、龟甲器和獐牙勾形器

大汶口文化是一支分布于黄淮下游地区的晚期新石器文化。这一文化的居民，不仅创造了灿烂辉煌的物质文化，如发达的农业、兴旺的家畜家禽饲养业和技术进步的手工业。同时，也拥有一套独具风格的信仰与习俗，它们往往是透过物质遗存或明或暗地表现出来。例如，大汶口文化墓葬中经常可以见到的骨牙雕筒、龟甲器、獐牙勾形器、手握獐牙和猪牙、以犬和猪随葬以及拔牙、头骨人工变形等。

下面拟对标志人的身份和地位的骨牙雕筒、龟甲器、獐牙勾形器三类遗物，做一粗浅的分析和讨论。

一　骨牙雕筒

在大汶口文化中，曾发现一部分用大型哺乳类动物肢骨和象牙材料制成的筒状器物，并加以精工细雕，有的还施以钻孔和镶嵌绿松石，俗称骨牙雕筒。除了个别情况之外，骨牙雕筒均出自墓葬之中。据统计，在经过发掘的2000多座大汶口文化墓葬中，有36座墓共出土49件骨牙雕筒。此外，还在滕州岗上遗址还采集到1件[1]，合计共得50件。兹将这36座墓葬的主要项目列简表如下（表一）[2]：

按骨牙雕筒的形态和纹饰特征，可以将其划分为五类，每类定为一型，是为五型。

A型　平面为梯形，器表上、下两端均刻有凹弦纹。又分为3式：

Ⅰ式　上、中、下各刻一周凹弦纹。刘林M118：1，骨质，上端穿双孔，两端刻短斜线或折线纹。高6.3厘米（图一，1）。

Ⅱ式　器体细高，上、下各刻有三周凹弦纹。尚庄M30：1，骨质。高9.2厘米（图一，2）。

Ⅲ式　器体粗矮，上、下各刻有两周凹弦纹。野店M61：3，象牙质。高4厘米（图一，3）。

B型　平面近长方形，一端刻一组凹弦纹。又分为2式：

Ⅰ式　上端刻浅凹弦纹并穿孔若干。大汶口M109：4，骨质。高5.5厘米（图一，5）。

[1]　中国社会科学院考古研究所山东队等：《山东滕县古遗址调查简报》，《考古》1980年第1期。

[2]　表中资料出自以下报告：南京博物院：《江苏邳县刘林新石器时代遗址第二次发掘》，《考古学报》1965年第2期；南京博物院：《江苏邳县大墩子遗址第二次发掘》，《考古学集刊·1》，中国社会科学出版社，1981年；山东省文物管理处、济南市博物馆：《大汶口——新石器时代墓葬发掘报告》，文物出版社，1974年；中国科学院考古研究所山东工作队等：《山东曲阜考古调查试掘简报》，《考古》1965年第12期；山东省文物考古研究所：《茌平尚庄新石器时代遗址》，《考古学报》1985年第4期；山东省博物馆、山东省文物考古研究所：《邹县野店》，文物出版社，1985年；山东考古所、山东省博物馆、莒县文管所：《山东莒县陵阳河大汶口文化墓葬发掘简报》，《史前研究》1987年第3期；中国社会科学院考古研究所：《胶县三里河》，文物出版社，1988年；山东省文物考古研究所等：《莒县大朱家村大汶口文化墓葬》，《考古学报》1991年第2期；苏兆庆、常兴照、张安礼：《山东莒县大朱村大汶口文化墓地复查清理简报》，《史前研究》（辑刊），1989年。

表一　出土骨牙雕筒的大汶口文化墓葬统计表

遗址	墓号	期别	墓主	墓室面积（平方米）	随葬品件数	骨筒	牙筒	陈放位置	备注
刘林	118	早期	女，20岁		10	1			
大墩子	273	早期	男，成年		7	1			
	104	中期	女，中年		27	1			
	138		男，壮年		8	1			
	157		男，壮年		30	1			獐牙勾形器1
	160		男，老年		13	1			獐牙勾形器1
	209		男，成年		4	1			
	234		男，壮年		11	2			獐牙勾形器1
	316		男，中年		16	1			獐牙勾形器1
	317		？		28	2			
大汶口	13	中期	男，女，成年	6.46	47		1	头上方	男女各1合葬
	26		成年	2.17	78	2		头上1，双腿间1	龟甲1副
	38		成年	2.40	15	1		右腰下	
	59		男，成年	2.83	38		1	左腰	
	63		成年	1.67	19	1		骨盆右	
	109		男，成年	1.53	9	1		右腰	
	112		男，成年	1.37	11	1		左腰	
	4	晚期	成年	1.85	68	1		左腰	龟甲2副
	17		成年	2.48	78		1	左腰	
	25		成年	7.29	86	5		腰4，身下1	扰乱，疑为大墓
	77		成年	1.06	13		1	腰部	
	104		成年	4.44	19	1		右腰	
	10		女，成年	13.44	205	1	2	牙2，置头上骨筒置右腰	
	117		男，未成年	7.21	76	1	2	牙，右腰骨，腿旁；	
	126		？	14.4	83	1	2	牙，墓底中部骨，葬具外东南角	只有少数人骨

东魏庄		中期	?		15		1	右手旁	
尚庄	30	中期	?	1.24	2	1			
野店	49	中期	?	10.33	28	1		腰旁	人骨已乱
	50		男，成年	3.84	56		1		
	61	晚期	儿童	1.12	5		1	腰部	
	62		男，成年	10.55	80		1	腰部	
陵阳河	19	晚期	男	5.81	76		1	右臂下	
	6		男	17.29	180		1		
三里河	266	晚期	男，成年	1.80	3		1		
	26		男，成年	6.66	63		1	两股骨之间	
大朱村	02		?	9.88	131		1	头部	

Ⅱ式　上端刻有宽而深的凹槽数周，无孔。野店M49：16，骨质。高5.2厘米（图一，4）。

C型　平面多数为长方形，少数为梯形，器表剔地雕出凸弦纹，多为凸弦纹带。又分为4式：

Ⅰ式　粗矮筒形，器表雕成竹节状。大汶口M13：付4，象牙质。高约6厘米（图二，1）。

Ⅱ式　平面为梯形，器表上、中、下各有一组凸弦纹带，有孔。大汶口M4：10，骨质，器身孔内镶嵌绿松石圆饼。高7.7厘米（图二，2）。

Ⅲ式　筒形略粗，器表上、中、下各有一组凸弦纹带，有孔。大汶口M10：1，象牙质。高约14.4厘米（图二，3）。东魏庄残墓出土，象牙质。高12.4厘米（图二，4）。

Ⅳ式　筒形较细，器表上、中、下各有一组凸弦纹带，有孔。野店M62：47，象牙质，器身的两对孔内镶嵌绿松石圆饼，出土时已脱落。高9.2厘米（图二，5）。

D型　束腰筒形，器表剔地雕出一组凸弦纹带。又分为4式。

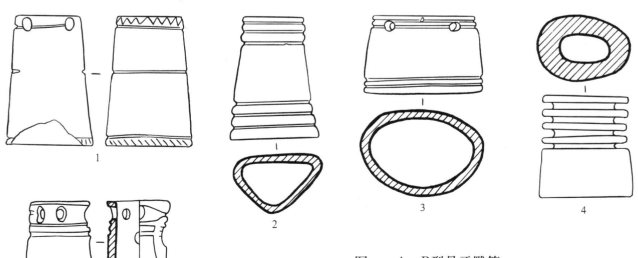

图一　A、B型骨牙雕筒

1. 刘林（M118：1）　2. 尚庄（M30：1）　3、4. 野店（M61：3、M49：16）
5. 大汶口（M109：4）

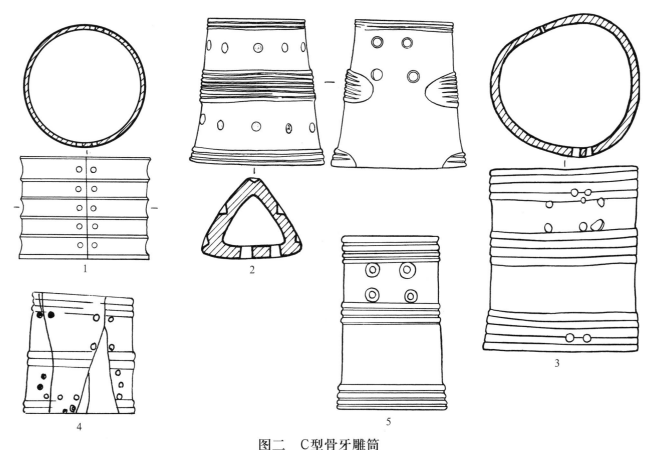

图二　C型骨牙雕筒

1～3. 大汶口（M13：付4、M4：10、M10：1）　4. 东魏庄残墓　5. 野店（M62：47）

I式　弦纹带密集居于中部。大汶口M17：2，象牙质。高4.6厘米（图三，1）。

II式　弦纹带密集偏于上部。陵阳河79M19：23，骨质，出土时内有朽木残迹。高4.5厘米（图三，2）。

III式　弦纹带较疏居上。大汶口M25：56，骨质，底面涂朱。高6.3厘米（图三，3）。陵阳河79M6：138，骨质，筒腔为双圆形，出土时内有朽木残迹。高4.5厘米（图三，4）。

IV式　弦纹带稀疏位居上端。三里河M266：1，骨质。高5.6厘米（图三，5）。

E型　其他类。筒形，雕花或镂孔，器表无弦纹带。大汶口M59：11，象牙质，周身透雕规则而连续的花瓣纹。高9.7厘米（图三，7）。大汶口M112：4，骨质，一端穿有数组成对的圆孔。高8.6厘米（图三，6）。

上述五类骨牙雕筒，就其基本的装饰方法而言，A、B两型属于一大类，C、D两型属于一大类。前者为挖刻凹弦纹或凹弦纹带，后者则采用减地雕刻技法，在凸出的宽带上再挖刻凹弦纹。E型雕筒数量甚少，不成系列，当非雕筒的主流。由各型、式雕筒的伴出器物可知，A型雕筒时代最早，出现于大汶口文化早期阶段，流行于中期阶段，晚期阶段少见。B型雕筒主要存在于大汶口文化中期阶段。C型雕筒始见于大汶口文化中期阶段，盛行于晚期阶段。D型雕筒目前只在大汶口文化晚期阶段中发现。从总体上看，A、B型时代较早，C、D型时代较迟，两大类中间有一定的交错，但其递嬗关系是十分清楚的。兹将各型骨牙雕筒的存在时间列表如下（表二）。

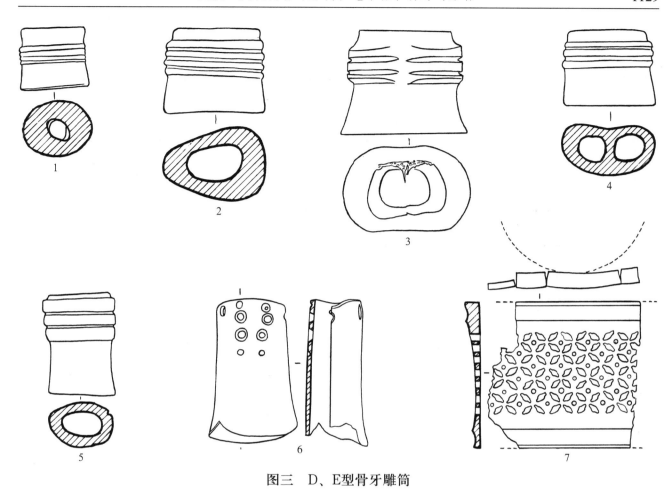

图三　D、E型骨牙雕筒

1、3. 大汶口（M17：2、M25：56）　2、4. 陵阳河（79M19：23、79M6：138）　5. 三里河（M266：1）　6、7. 大汶口（M112：4、M59：11）

表二　各型骨牙雕筒存在时间示意

存在时间 期别 分型	早期阶段	中期阶段	晚期阶段
A型			
B型			
C型			
D型			
E型			

　　可以认为，骨牙雕筒产生于大汶口文化早期阶段，盛行于中、晚期阶段，而在大汶口文化的继承者——龙山文化之中，至今尚未发现。

　　在地域上，骨牙雕筒不出大汶口文化的分布圈，并以鲁中南、苏北的汶河、泗河流域地区发现最多，其他地区则比较少见。这里有两种现象需要注意。一是在大汶口文化内不同的小区（亦称为地方类型）之中，同是等级较高的中心遗址，出土骨牙雕筒的数量和质量相差甚大。例如大汶口和陵阳河两个墓地，前者在133座墓葬中，有15座墓共出26件骨牙雕筒，而后者在45座墓葬中，只有2座墓共出2件骨牙雕筒，并且雕筒的质量也远逊于前者。二是在同一文化小区之内，骨牙雕筒的出土数量、质量与遗址的等级直接相关。例如在汶、泗流域文化小区，等级最高的大汶口遗址，骨牙雕筒不仅出土数量多，而且质量也多属上乘。等级稍低一些的遗址，如野店、岗上、东魏庄等，发现的数量就较少。而等级最低的普通聚落遗址，如西夏侯、南兴埠、泗水天齐庙和微山尹洼等遗址，则尚未发现骨牙雕筒。因此，骨牙雕筒存有数量的多寡和质量的优劣，既有地域方面的因素，也有遗址等级上的原因。

骨牙雕筒的质料有象牙和大型哺乳类动物的肢骨两种。象牙雕筒一般制作相当精致，形态也规整固定，多数为正圆筒形。骨雕筒则往往迁就骨料，横断面或为圆形，或为椭圆形，或为并列双圆形，或为圆角三角形，形态差异稍大一些。雕筒的大小比较一致，高度一般在4.5～6.5厘米之间，早期阶段个别矮小一些，中、晚期有少数超过10厘米。

绝大多数骨牙雕筒器体穿有圆形孔，数量有2、4、6个不等，多者可达10余个。圆孔的位置多在雕筒的上半部，也有居于两组弦纹带之间的空白部位者。大汶口和野店遗址还发现在圆孔内镶嵌绿松石饼的做法。如大汶口M4：10，上、下两排各有5个圆孔，孔内镶嵌着绿松石圆饼，显得十分别致精美。

凹凸弦纹带是骨牙雕筒的主要装饰图案，分别有一、二、三组不等，每组的条数也不相同，少者只有一条，多者可达六七条。早、中期阶段的雕刻技法以凹刻为主，并在中期阶段出现用减地法雕刻者，但数量很少。晚期阶段两种技法往往并用，单纯的凹刻者已经极为罕见。此外，还发现个别雕筒有涂朱的现象。

骨牙雕筒的拥有者，绝大多数为成年男性，女性和儿童的数量甚少。在经过性别与年龄鉴定的21座墓葬之中，男性为18座，约占85.7%，未成年者为2座，约占6.7%。

随葬骨牙雕筒的墓葬，在各自的墓地中多数为大、中型墓葬，而且其他随葬品的使用数量也较多。例如，在大汶口墓地，出骨牙雕筒的15座墓葬中（其中一座被扰乱），随葬器物在60件以上的有7座，约占一半。陵阳河的2座墓葬，随葬器物均在70件以上。

骨牙雕筒在墓葬中的陈放位置比较固定，多数在腰部及其周围，少数位于头的上方。在记录并公布了确切位置的33件骨牙雕筒中，有23件置于腰部，4件发现于腿间和手旁，5件位于头的上方，1件散落于葬具之外。

骨牙雕筒是一种比较特殊的器具，其功能与用途，曾引起许多人的关注。以往的各种意见归纳起来，主要有以下四种看法。

（1）认为是"旌旗类器物的柄饰，或称旌柄"[1]，或认为是"斧柄之尾饰件"[2]。

（2）认为"是一种精美的人体装饰品"[3]。

（3）认为"象牙雕筒是与占有较多财富的富裕者相联系着的"[4]。

[1]　王树明：《大汶口文化中骨、牙雕筒用途的推测》，《考古与文物》1991年第3期。
[2]　于中航：《新石器时代有孔石斧的柄尾装饰物》，《中国文物报》1988年8月26日第3版。
[3]　李永宪、霍巍：《大汶口文化的骨牙雕筒不是斧柄尾饰》，《中国文物报》1988年10月14日第3版。
[4]　吴汝祚：《大汶口文化獐牙勾形器和象牙雕筒文化含意考释》，《东南文化》1988年第1期。

（4）认为"是一种宗教礼器"[1]，"或即巫觋手中的法器"[2]。或认为"可能也是与神柱、图腾柱崇拜或藉以通天地鬼神信仰有关"[3]。

骨牙雕筒中不少采用罕见而珍贵的象牙为原材料，使用了在当时堪称尖端工艺的雕镂技术，施以精雕细琢。有的骨牙雕筒内还装有刻槽骨签，显然不是普通的装饰与器具。尤其是有些骨牙雕筒还涂朱、镶嵌绿松石圆饼，给人以威严庄重之感，应是非同寻常的重器。因此，我认为大汶口文化的骨牙雕筒，主要是一种用于宗教活动的礼器，即巫师或祭司沟通天神、祭天祭祖的法器。此外，不排除那些形制简单、器体较小和器身无孔的D型雕筒，有用于某些特殊器具饰物的可能。但这类雕筒的内径过于细小，如大汶口M17：2，筒之内径仅有1.5厘米左右，有的还为自然的双圆形，如陵阳河79M6：138。并且雕筒内侧形状多不规整，如何使用令人费解。

在与大汶口文化时代相当的诸文化中，良渚文化的玉琮与骨牙雕筒十分相似。以下对两类器物的异同试做比较。

（1）玉琮产生于良渚文化早期，盛行于中、晚期。骨牙雕筒出现时间稍早一些，两者流行的时间基本一致。

（2）早期阶段的玉琮均为圆筒形（内圆外方的方柱形是晚出形态），器表刻有成组的弦纹，与骨牙雕筒相同。此外，两者的大小尺寸也相近。

（3）两者均以弦纹为界，上、下分节。并且都有早期阶段器体较矮，中、晚期逐渐变高的现象。

（4）两者均出自大、中型墓葬和随葬品比较丰富的墓葬之中，其拥有者生前的社会地位较高。

（5）两者在墓中的陈放位置相同，绝大多数置于墓主腰部及其周围，生前当主要佩挂于腰际之间。

骨牙雕筒和玉琮也存在一些差异，最显著的一点是，玉琮器表均雕有成组的繁简不一的"神徽"（即通常所说的神人兽面纹），而骨牙雕筒则没有。但是，骨牙雕筒多穿有成对的圆孔，有的还在圆孔中镶嵌绿松石饼，与玉琮上的"双目"十分相似。玉琮的研究者颇多，其功能与用途学术界看法不一，综合各家意见，主要有以下几种。

（1）认为是巫师"贯通天地的一项手段或法器"[4]。

（2）认为是"用作神祇或祖先的象征"[5]。

（3）认为"琮是巫师们用以通神的工具，施刻于琮上的徽像，应该是巫师们要沟通的神或要在作法中表现的神的形象"[6]。

我认为骨牙雕筒的用途、功能与玉琮相同，主要是一种巫师用来通神的工具和祭天祭祖的法器。如是，则对进一步确定玉琮的用途和功能会有所帮助。从这一意义上讲，骨牙雕筒应称为骨琮和象牙琮。

骨牙雕筒拥有者的身份比较复杂，据骨牙雕筒出土墓葬的情况分析，大致有以下几种可能。首先，可以肯定他们都是部落集团（或方国）内的祭司或巫师。其次，在这些人当中，有的身份很

[1] 栾丰实：《花厅墓地初论》，《东南文化》1992年第1期。
[2] 杜金鹏：《关于大汶口文化与良渚文化的几个问题》，《考古》1992年第10期。
[3] 牟永抗：《试论良渚文化和大汶口文化的关系》，《中国考古学会第七次年会论文集》，文物出版社，1992年。
[4] 张光直：《谈"琮"及其在中国古史上的意义》，《文物与考古论集》，文物出版社，1986年。
[5] 邓淑苹：《新石器时代的玉琮》，《故宫文物月刊》34，1986年。
[6] 刘斌：《良渚文化玉琮初探》，《文物》1990年第2期。

高，应该是部落集团的首领，同时兼任祭司之职，成为集军政和宗教大权于一身的统治者。如陵阳河79M6、大汶口M25和M126、野店M49和M62等。第三，普通的祭司和巫师。其社会地位显然要低于部落集团的首领，但又远远高于一般的氏族成员甚至低级官员。第四，从少量未成年男性亦随葬骨牙雕筒的现象看，祭司或巫师一职在当时很可能是世袭的。

二　龟甲器

在大汶口文化中，有一种用龟的背甲和腹甲制作成的器具，我们称之为"龟甲器"。将龟甲器随身带入墓葬之中，是一种罕见的文化现象。这种情况以大汶口文化发现的数量最多，在经过发掘的2000多座墓葬中，共有41座墓葬出土龟甲器。为了便于分析讨论，特将这41座墓葬的简况列表如下（表三）[1]。

表三　出土龟甲器的大汶口文化墓葬统计表

遗　址	墓　号	期　别	墓　主	随葬品件数	龟甲器	陈放位置	备　注
王因	2151	早期	男，30岁	16	1副	内置骨锥7枚	
	2301		男2，成年	24	1副	腰部，内置骨锥12枚	
	2514		男5，	53	1副	腰部，内置骨锥25枚	2号人骨，20～22岁
刘林	2	早期	女，30岁	15	1副		
	7		男，30～40岁	15	3副	头右1，右胫骨右侧2	
	18		？	5	1副	右胸前	獐牙勾形器2，狗1
	25		男，30～40岁	10	1副	骶骨上	獐牙勾形器2，狗1
	57		2人合葬	6	1副		
	88		女，15岁左右	8	2副		
	100		男，30～35岁	10	1副		
	158		男，12岁左右	1	1副		
	182		男，15岁左右	32	2副	右臂内1，腿裆部1，内均有小石子10余枚	獐牙勾形器1

[1]　有关大汶口文化的龟甲器资料见于：高广仁、邵望平：《中国史前时代的龟灵与犬牲》，《中国考古学研究》，文物出版社，1986年；江苏省文物工作队：《江苏邳县刘林新石器时代遗址第一次发掘》，《考古学报》1962年第1期；南京博物院：《江苏邳县刘林新石器时代遗址第二次发掘》，《考古学报》1965年第2期；南京博物院：《江苏邳县四户镇大墩子遗址探掘报告》，《考古学报》1964年第2期；《江苏邳县大墩子遗址第二次发掘》，《考古学集刊·1》，中国社会科学出版社，1981年；山东省博物馆、山东省文物考古研究所：《邹县野店》，文物出版社，1985年；山东省文物管理处、济南市博物馆：《大汶口——新石器时代墓葬发掘报告》，文物出版社，1974年；山东省文物考古研究所：《茌平尚庄新石器时代遗址》，《考古学报》1985年第4期。

	21		男，40余岁	1	1副	套在右侧肱骨上	
	44	早	男，约30岁	55	2副	左、右腹各1	獐牙勾形器1，狗1
	53		男，中年	35	1副	右腰	獐牙勾形器1
	67		女，壮年	11	1副	右肱骨上	獐牙勾形器1
大	86		男，中年	11	1副	腹下	獐牙勾形器1
	102	期	男，约30岁	28	1副		
墩	171		男，？	8	1副		
	249		男，壮年	9	1副		獐牙勾形器
	55	中	男，50岁	14	1副	右腰	
子	58		？	4	1副		狗1
	63		男，约30岁	22	1副	内置小石子6颗	
	65		？	8	1副		
	109		女，壮年	7	1副		獐牙勾形器2
	110	期	？	2	1副		狗2
	207		男，？	9	1副		獐牙勾形器1
野	88	早期	男，壮年 女，青年	14	1副	腰部	成年男女合葬墓
店	84	晚期	男，中年	11	1	头端墓边	仅为背甲中脊
	19	中	成年	44	2副	右腰1，心窝1	
大	26		成年	76	1副	右腰	骨雕筒2
	69		2人，成年	8	1副	右腰	
	106	期	成年	45	3副	脚下	
	110		成年	19	2副	左腰	
汶	1	晚	男女各1，成年	58	2副	男女右腰各1	成年男女合葬
	4		成年	68	2副	右腰1，右膝旁1	骨雕筒1
	12		成年	22	1副	右腰	
口	47	期	成年	72	1副	右腰	
	64		成年	18	1副	右腰	
	40	？	成年	10	1副	左腰	
尚庄	25	晚期	男，约25岁	16	1副	骨盆上	

上述41座出土龟甲器的墓葬，尽管在已经发现的2000多座大汶口文化墓葬中所占比例不高，但是，这对于我们全面了解、认识大汶口文化的社会结构和社会生活，则具有比较重要的价值。综合分析这些随葬龟甲器的墓葬，可以从中归纳出以下特点。

（1）出土龟甲器的墓葬，在空间上主要分布于鲁中南和苏北的汶、泗河流域地区，这一范围之外，仅在邻近的茌平尚庄遗址发现一例。就具体遗址的分布而言，大汶口发现11座，约占大汶口墓地全部墓葬的8.3%，比例最高。王因的899座墓葬中，只有3座墓出土龟甲器，不足0.5%，比例最低。

（2）在时间上，龟甲器始见于大汶口文化早期阶段，并一直延续到大汶口文化晚期阶段。龙山文化时期仅在兖州西吴寺遗址发现1件，并且不是出自墓葬之中[1]。大汶口文化早期阶段，在刘林和大墩子两遗址的383座墓葬中，有17座墓使用龟甲器，约占4.4%。中期阶段，在大墩子和大汶口两遗址的249座墓葬中，有12座墓随葬龟甲器，约占4.8%。晚期阶段，大汶口遗址的25座墓葬，其中5座随葬龟甲器，占20%。从以上三处遗址的统计数字看，早、中期阶段龟甲器所占的比例变化不大，晚期阶段则显著增多。考虑到大汶口不是一般的聚落遗址（前述中期阶段的249座墓葬中，大汶口遗址有93座，其中6座墓出龟甲器，所占比例高于大墩子遗址），况且像野店大汶口文化晚期阶段的32座墓葬，仅有1座墓出土龟甲，西夏侯的20余座墓葬均未见龟甲器。因此，目前还不能得出大汶口文化晚期阶段出土龟甲器的墓葬显著增多的结论。

（3）龟甲器均由龟之背甲和腹甲合成，并且经过特殊的加工处理。加工方法主要有两种。一是截磨，均施于腹甲，就是将部分腹甲的一端截去并磨平。此法见于野店和大墩子遗址。二是钻孔，多施于背甲，腹甲上较少。有趣的是在多数背甲的一端或两端，各钻四个一组的小圆孔。四个小孔的位置呈方形排列，当有其特定的含义。这种排列方式的钻孔，在刘林、大墩子、野店和大汶口等遗址，多次重复出现，无疑是一种具有普遍意义的现象（图四）。即使是西吴寺龙山文化时期的龟甲器，形制亦基本相同。此外，还往往在背甲的边缘钻孔，其中以一端边缘钻孔者居多，孔的数量有1～12个不等。还发现腹甲上有"O"、"X"状摩擦痕迹和背甲涂朱的现象，前者如大墩子M44：26和M44：13，原报告作者认为"X"状痕迹"是为了便于穿扎绳索或系缀流苏之用"，环形痕迹则"可能为一种饰品的磨痕"[2]。涂朱见于大汶口M47：27。如是，这些经过特殊加工的龟甲器之上，可能还配有其他的装饰。

（4）龟甲器在出土时，多内盛骨锥、骨针和小石子。如王因发现的三副龟甲器之内，分别装有7、12和25枚骨锥。大墩子第一次发掘共得三副龟甲器，M21一副，"其中还有许多小石子"，"M44出土两副，一副……内装骨锥6枚"，另一副"内装骨针（Ⅱ式）6枚"。第二次发掘获得13副龟甲器，有的"内装小石子四颗或六颗，有的内装骨针六枚"[3]。刘林第二次发掘的M182，"两副龟甲内均盛有小石子"[4]。大汶口"标本47：18与47：28甲壳内各有砂粒数十颗，小的如豆，大的

[1]　西吴寺遗址的龟甲器出自 J 4002的底部，时代不晚于龙山文化中期。龟甲器系采用地平龟的背、腹甲做成，背甲近一端钻有四个小孔，呈方形排列，腹甲一端正中钻有一孔。见国家文物局考古领队培训班：《兖州西吴寺》，文物出版社，1990年，图版八〇。

[2]　南京博物院：《江苏邳县四户镇大墩子遗址探掘报告》，《考古学报》1964年第2期。

[3]　南京博物院：《江苏邳县四户镇大墩子遗址探掘报告》，《考古学报》1964年第2期；《江苏邳县大墩子遗址第二次发掘》，《考古学集刊·1》，中国社会科学出版社，1981年。

[4]　南京博物院：《江苏邳县刘林新石器时代遗址第二次发掘》，《考古学报》1965年第2期。

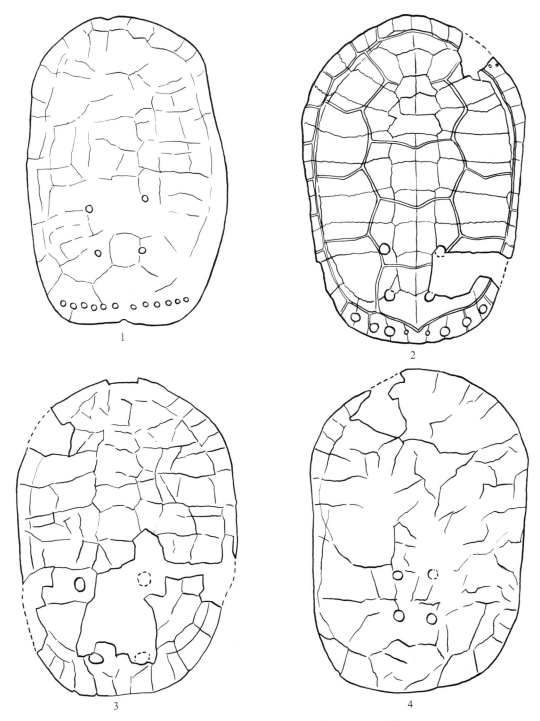

图四　大汶口文化和龙山文化出土的龟甲器

1. 刘林（M7）　2. 大墩子（M44：26）　3. 野店（M88：1）　4. 西吴寺（J4002）

如樱桃"[1]。由此可见，在龟甲器之内放置骨锥、骨针和小石子，是一种比较普遍的现象。

（5）拥有龟甲器的墓主人，绝大多数为成年男性。在大汶口文化41座随葬龟甲器的墓葬中，26座经过了性别鉴定，其中有龟甲器的男性为21人[2]，约占78%，女性6人，约占22%。在进行过年龄

---

[1]　山东省文物管理处、济南市博物馆：《大汶口——新石器时代墓葬发掘报告》，文物出版社，1974年。

[2]　在多人合葬墓中，这里仅以随葬龟甲器的个人进行统计。

鉴定的35名龟甲器拥有者中，成年人为32名，约占91%，12~15岁的少年有3人[1]，约占9%。

（6）龟甲器在墓中的位置，绝大多数在死者的腰部及其周围，与骨牙雕筒的陈放位置相同。在出土位置明确并有据可查的25座墓葬随葬的30副龟甲器中，置于右侧腰部者13副，放在左侧腰部者3副，置于腰、腹和骨盆部位者5副，放在右臂处者3副，置于右膝者2副，其他部位者4副。放在腰部及其周围的约占80%，其中置于人体右侧的则有20副，约占67%。

（7）出土龟甲器的墓葬，以中、小型墓葬最多，较大型墓也占有一定比例，而特贫墓（指墓坑狭小并没有随葬品的墓葬）的数量甚少。在41座出土龟甲器的墓葬之中，随葬品在50件以上的有6座，约占15%，20~50件者有8座，约占19%，10~20件者有11座，约占27%，10件以下者有16座，约占39%，其中包括2座仅出龟甲器而没有其他随葬品的墓葬。

除了龟甲器之外，在大汶口文化中期阶段，还发现一些仿龟陶器，器形以陶鬶为主，见于大汶口、岗上和三里河等遗址。从崇龟的习尚角度讲，它们与龟甲器有一定的联系，但用途和功能似与龟甲器无涉。

龟甲器的分布、存在时间和其他一般性特点明确之后，其用途、功能和拥有者的身份、地位等问题，就比较容易确定了。

关于龟甲器的用途和功能，许多人进行过研究，归纳起来，主要有以下几种意见。

（1）认为是"系在皮带或织物上作为甲囊使用"[2]。

（2）认为是"套在人的右肱骨上"，"起护臂的作用"[3]。

（3）认为是"当作装饰品"来使用的[4]。

（4）认为"是从事医巫占卜者身份的标志"[5]。

（5）认为"当与医、巫有关，或具有原始宗教上的其他功能，是死者生前佩带的灵物"[6]。

上述五种意见，除了第二、三两种之外，余者均有一定的合理成分，但又似乎都不很确切。

龟在动物分类学上属于爬行纲，是一种寿命很长的动物。据此，古代的人们将其演绎得神乎其神，或说其寿命在千年以上。由考古发掘到的龟之遗骸可知，这种被人们推崇为"神灵"的动物，在大汶口文化及其之前的海岱地区并不罕见。如早在北辛文化时期，就在北辛遗址发现有"现生种的乌龟腹甲"[7]。汶上县东贾柏遗址的一个灰坑内还整齐地堆放着若干枚龟甲[8]。大汶口文化时期，刘林遗址第一次发掘时收集的652件动物骨骼标本中，龟甲达33片之多。即使到龙山文化时期，海岱地区仍有龟甲出土，如泗水尹家城遗址就发现过[9]。由于古人不理解龟为什么长寿的生理特征，而对其产生神秘感，将其与人的寿命以及影响人寿命的因素相联系，进而赋予其延年益寿、驱除病魔的

[1] 其中包括刘林第二次发掘的M182。M182原报告鉴定为15岁左右，据公布的平面图计算，其高度达1.75米以上，年龄似有误。

[2] 南京博物院：《江苏邳县刘林新石器时代遗址第二次发掘》，《考古学报》1965年第2期。

[3] 南京博物院：《江苏邳县四户镇大墩子遗址探掘报告》，《考古学报》1964年第2期。

[4] 叶祥奎：《我国首次发现的地平龟甲壳》，山东省文物管理处、济南市博物馆：《大汶口——新石器时代墓葬发掘报告》，文物出版社，1974年，附录二。

[5] 逄振镐：《论东夷埋葬龟甲习俗》，《史前研究》（辑刊），1990-1991年。

[6] 高广仁、邵望平：《中国史前时代的龟灵与犬牲》，《中国考古学研究》，文物出版社，1986年。

[7] 中国社会科学院考古研究所山东队等：《山东滕县北辛遗址发掘报告》，《考古学报》1984年第2期。

[8] 中国社会科学院考古研究所山东队：《山东汶上县东贾柏村新石器时代遗址发掘简报》，《考古》1993年第6期。

[9] 山东大学历史系考古专业教研室：《泗水尹家城》，文物出版社，1990年，附录一。

"职能"。龟的"神灵"之气恐怕概由此而产生。《诗·鲁颂·閟宫》中有"奄有龟蒙"的诗句，记载奄国境内有龟山，可知龟山之名由来已久。汶河、泗河自古以来就是两岸人们赖以生存的命脉，两水之源被称为龟山，我认为其与这一区域人们食龟、崇龟的习俗有内在联系。至于龟能预"知吉凶"的文化属性，则更是逐渐积累演变出来的，在时间上，恐怕要晚到许久之后的岳石文化时期。

我们认为，大汶口文化的龟甲器，是一种巫医行医的工具，即巫医施展法术驱除病魔的作法之器。同时，平常也利用其盛放医用器具。龟甲之内的骨锥、骨针，均制作比较规整，应是简单的医疗器具。至于是否还有类似于草药的药品，则不得而知。不过，从历史记载的神农氏尝百草为医药以治疾病的传说看（传说中的神农之时，大致相当于大汶口文化某一时期），这一时期发现和使用草药也并非完全没有可能。龟甲器内盛放的小石子，则应为巫医施展法术时所使用，藉以驱除病魔。如果允许设想的话，那么当时的情况很可能是，身着盛装的巫医，手持内置小石子的"灵龟"（即龟甲器），在烟雾缭绕之中摇将起来，响声阵阵，口中并念念有辞，类似于后世的"跳大神"。在邹平丁公和章丘城子崖龙山文化遗存中，曾发现一种腹腔中空的陶龟，内置小石子若干颗。由于陶龟内的小石子系制作时装入的，故烧成后倒不出来。这种状况与大汶口文化的龟甲器内置放小石子的现象十分相似，两者之间应有渊源关系，用途和功能也应该是相同的。因此，这些置于龟甲器之内的小石子，似乎不大可能是用于占卜或其他活动。

龟甲器的用途和功能明确之后，其拥有者的身份也就清楚了。他（她）们应是当时社会上的巫医。行医是一种特殊的社会职业，因为与人们的身体健康有直接的关系，故历来受到社会的重视和尊敬。行医者的社会地位，尽管远远不如部落或部落集团的首领和显贵，也不如骨牙雕筒的拥有者，但是与普通的社会成员相比，则要高出许多。这与考古发现的实际情况，即龟甲器多出自中、小型墓葬之中，是颇为吻合的。

三　獐牙和獐牙勾形器

在大汶口文化的墓葬之中，十分流行死者手握獐牙的习俗，这种现象一直持续到龙山文化时期[1]。同时，在大汶口文化中，还发现一种形制奇特的复合工具——獐牙勾形器。这种器具主要见于墓葬之中，居址的文化堆积内也有少量发现。与单枚獐牙相比，獐牙勾形器不仅存在时间短，流行区域也十分狭小，两者之间的区别是显而易见的。

所谓"獐牙"，均为雄性獐之犬齿，其中不少齿根部经过磨制加工，有的则保持齿根原貌。墓主手握獐牙的习俗，遍及大汶口文化分布区，尤以汶、泗流域地区为盛。同时，在海岱地区各文化小区之间分布得不平衡性也十分明显。例如，在汶、泗流域地区，刘林、大墩子遗址属于大汶口文化早期阶段的383座墓葬中，有88座墓出土獐牙（不包括獐牙勾形器），约占23%[2]。大汶口遗址属

---

[1]　海岱地区继龙山文化而起的是岳石文化。岳石文化时期是否还存在手握獐牙的埋葬习俗，由于目前尚未发现岳石文化的墓葬，故这一问题暂无法断定。

[2]　高广仁、邵望平：《中国史前时代的龟灵与犬牲》，《中国考古学研究》，文物出版社，1986年；江苏省文物工作队：《江苏邳县刘林新石器时代遗址第一次发掘》，《考古学报》1962年第1期；南京博物院：《江苏邳县刘林新石器时代遗址第二次发掘》，《考古学报》1965年第2期。

于大汶口文化中、晚期的133座墓葬，其中有88座墓随葬獐牙，约占66.2%[1]。而在其他区域，这一比例要低得多。如胶莱平原的三里河遗址，在66座大汶口文化中、晚期阶段的墓葬中，只有8座墓出土獐牙，约占12.1%。与手握獐牙相比，这里更为流行的是手握蚌片[2]。再如沂、沭河流域的大朱村和陵阳河遗址，在76座大汶口文化晚期阶段的墓葬中，仅有1座墓随葬獐牙。到龙山文化时期，手握獐牙的埋葬习俗，在汶、泗流域显著减少，而其他地区则有所上升，各文化小区之间的分布趋于平衡。如泗水尹家城遗址，在66座龙山文化墓葬中，只有11座墓出土獐牙，约占17%[3]。沂、沭河流域的大范庄遗址，第一次共发掘26座龙山文化墓葬，其中有7座墓随葬獐牙，约占27%[4]。胶莱平原的三里河遗址，在99座龙山文化墓葬之中，有23座墓使用獐牙，约占23%。

上述统计分析表明，墓主手握獐牙的埋葬习俗，在存在时间上，以大汶口文化中、晚期阶段最为盛行，而地域分布上，又以汶、泗流域地区最为集中，这里是当之无愧的流行手握獐牙习俗的中心区。

出土獐牙的墓葬之中，既有墓室较大、棺椁齐备和使用大量精美随葬品的大、中型墓，也有墓室狭小、一贫如洗、仅有一枚或数枚獐牙的小墓，如大汶口M62、M83、M113即是。反之，不使用獐牙的墓葬，既有小墓、贫墓，也不乏大墓、富墓。如大汶口遗址M117，墓室面积达7.2平方米，随葬了包括18件白陶、2件彩陶和玉钺、骨牙雕筒等在内的70多件精美器物，但没有獐牙。因此，我认为墓葬内死者手握獐牙的现象，是一种具有悠久历史的传统习俗，不具有表示身份、地位标志的作用。其功能和用途主要是辟邪厌胜，而其最初或许还有财富象征的含义，这从不少大汶口文化墓葬同时还使用猪牙可以得到佐证。

獐牙勾形器已见于报道者共有93件，除了滕州岗上遗址发现的5件为采集品[5]和刘林遗址文化层内出土了1件之外，余者均出自墓葬之中，分别见于刘林、大墩子和大汶口三处遗址。为了便于分析，兹将出土獐牙勾形器的69座墓葬列简表如下（表四）：

表四　出土獐牙勾形器的大汶口文化墓葬统计表

遗址	墓　号	期别	墓　主	随葬品件数	獐牙勾形器	獐　牙	石　钺	备　注
刘 林	18	早 期	？	5	2		1	龟甲1，狗1
	25		男，40～50岁	10	2		1	龟甲1，狗1
	47		女，40～50岁	6	1	2		
	84		男，40岁	4	2			
	104		男，30岁	5	1	2		

[1] 山东省文物管理处、济南市博物馆：《大汶口——新石器时代墓葬发掘报告》，文物出版社，1974年。

[2] 中国社会科学院考古研究所：《胶县三里河》，文物出版社，1988年。

[3] 山东大学历史系考古专业教研室：《泗水尹家城》，文物出版社，1990年。

[4] 临沂地区文物组：《山东临沂大范庄新石器时代墓葬的发掘》，《考古》1975年第1期。

[5] 山东大学滕县考古调查小组：《滕县新石器时代遗址调查》，《文物参考资料》1958年第1期。

	109		男，40～45岁	6	1	1		
刘	111		男，30岁	5	1	1		
	113		男，20岁	2	1	1		
	117		男，40岁	4	2			
	127		男，20～25岁	6	1			
	169		男，50岁	6	1			
	170		男，35岁	10	1			
	176	早	男，12岁	8	1			
	182		男，15岁	32	1			龟甲2
林	187	期	男，？	11	1			
	193		男，35岁	10	1			
	203		女，35岁	5	1			
	207		女，30岁	8	2		1	
	211		女，25岁	10	1	1	1	
	215		男，35岁	13	2		1	
	217		女，60岁	6	1	1		
	218		男，30岁	13	1		1	
大	44		男，30岁	53	1	4	1	龟甲2 狗1
	53		男，中年	34	1	4	1	龟甲1
	67	早	女，壮年	11	1			龟甲1
	86		男，中年	11	1			龟甲1
	113		男，壮年	12	2		2	
墩	222		男，中年	12	1			
	224		男，壮年	1	1			
	227		男，40岁	8	1			
	228		男，40岁	3	1			
子	229	期	男，壮年	12	1			
	245		男，30岁	12	1		1	
	248		男，中年	9	1			

大墩子	早期	249	男，壮年	9	1		1	龟甲1
		251	女，中年	13	1			
		254	男，中年	4	1			
		293	男，13岁	2	1			
		324	男，壮年	7	1			
		335	男，老年	3	1			
		336	女，老年	10	1		1	
	中期	38	男，40岁	55	1	5		
		42	女，50岁	23	1		3	
		46	女，30岁	10	1			
		59	男，50岁	8	1	1	1	
		60	男，中年	9	1		1	钺为玉
		64	女，老年	6	1			
		72	女，壮年	9	2	2		
		91	男，壮年	12	1		1	
		103	男，中年	21	1		2	
		105	？	7	1		1	
		107	男，50岁	18	2	1	1	龟甲1
		109	女，壮年	7	2			
		117	男，40岁	43	3	3	4	
		119	？	6	1	1	1	
		128	男，30岁	17	1			
		156	男，壮年	15	4	2	1	
		157	男，壮年	30	1	2	2	骨雕筒1
		160	男，老年	13	1		1	骨雕筒1
		161	男，30岁	21	2			
		183	男，成年	10	1		1	
		207	男，？	9	1		1	龟甲1
		211	男，30岁	11	1		1	

	234		男，壮年	11	1			骨雕筒2
大	301	中	女，25岁	17	1			
墩	302		男，30岁	10	1			
子	314	期	男，？	7	2		1	
	316		男，中年	17	1		1	骨雕筒1
大汶口	6	中期	成年	10	1		1	

根据上表各项目的统计资料，我们可以对獐牙勾形器的流行区域、存在时间、形制特征和出土状况等基本要素做出以下归纳。

（1）獐牙勾形器主要发现于泗河中游一带。具体地说，北起山东省的滕州，南到江苏省的邳县，范围狭小。这一地区也是手握獐牙埋葬习俗的重点流行区域。这一范围之外，仅在大汶口遗址发现一件。

（2）目前见于报道的獐牙勾形器，在时间上均限于大汶口文化早、中期阶段之内，绝对年代在距今6100～5000年之间。分而言之，早期阶段略少，中期阶段略多。例如，在刘林和大墩子遗址，属于大汶口文化早期阶段的383座墓葬中，有41座墓出土獐牙勾形器，约占10.7%。属于中期阶段的156座墓葬，有27座墓出土獐牙勾形器，约占17.3%。如果考虑到还存在一些已经腐朽了的木柄者，这一比例还会再高一些。此外，由于在这一较小的范围之内，还很少发掘到大汶口文化晚期阶段的墓葬，所以，目前还不能认为大汶口文化晚期阶段不存在獐牙勾形器。上述统计数字所显示的趋势，也很明确地告诉了我们这一点。

（3）獐牙勾形器为复合器具，它由骨、角质的柄和两枚雄性獐之犬齿组合而成。柄长一般在11～17厘米之间，柄之前端两侧各挖有一个长方形槽，多数已经穿透，柄身往往刻有多种纹饰带，尾端多数穿有一个圆孔，个别的刻有一周凹槽，以利于用绳穿、系，便于随身携带。獐牙经过加工，尖端锐利，内凹之侧面有锋刃，牙根部分的内凹一侧多刻有齿牙，一般为3个，多者可达7个，用于嵌入柄内时绑缚结实，以防止使用时獐牙脱落（图五）。

（4）獐牙勾形器的拥有者以青、壮年男性为主，女性拥有者较少，其中不少人还随葬石（玉）钺。69座随葬獐牙勾形器的墓葬，有65座经过性别鉴定，其中51座墓为男性，约占78.5%，14座墓为女性，约占21.5%；63座经过年龄鉴定，其中老年者5人，约占7.9%，30岁～50岁者55人，约占87.3%，12岁～15岁者3人，约占4.8%。此外，在69座墓葬中，还有30座随葬石（玉）钺，约占45%。

（5）出土獐牙勾形器的墓葬，其他随葬品的拥有数量多寡不一。从总体上看，数量偏少者居多，在墓葬分类上，以中型偏小或小型墓占绝大多数。据统计，在69座拥有獐牙勾形器的墓葬中，随葬品在20件以上者有9座，约占13%，11件～20件者有20座，约占29%，6件～10件者有28座，约占40.6%，5件以下者有12座，约占17.4%。各种类型的墓葬均发现有獐牙勾形器，其中、小型墓所占的比例超过半数。

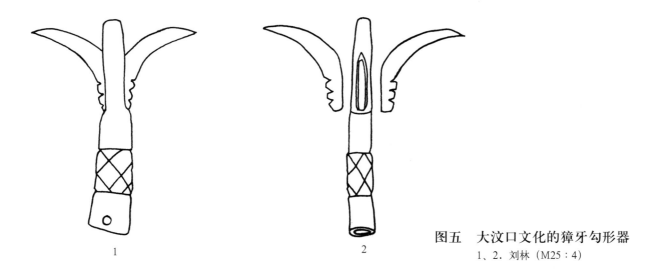

图五　大汶口文化的獐牙勾形器
1、2. 刘林（M25：4）

　　（6）獐牙勾形器在墓中的陈放位置比较固定，一般握于墓主手中，或在右手，或在左手，或一手一件，其中以置于右手者数量较多。獐牙勾形器的使用数量，多为一墓一件，少数两件，个别墓可多达三四件。

　　（7）随葬獐牙勾形器的69座墓葬之中，有17座同时还随葬1枚～5枚獐牙，约占24.6%。这一比例，与刘林、大墩子两遗址随葬獐牙墓在全体墓葬中所占的比例基本相当。这对于讨论獐牙勾形器的用途，无疑具有一定意义。此外，在不出獐牙的墓葬之中，还有8座墓随葬猪牙，其用途当与獐牙类似。

　　以上是大汶口文化獐牙勾形器的基本情况。下面，我们来分析其功能和用途。

　　关于獐牙勾形器的用途，学术界主要有以下三种意见。

　　（1）生产工具说。认为他"可以用来勾割，可能为收割谷物的工具"[1]。

　　（2）瑞符说。认为他"是由对獐牙崇拜而衍生出来的护身或压胜之类的瑞符"[2]。

　　（3）信物说。认为是一种表示"社会地位的信物"[3]。

　　收割工具之说，吴汝祚、王永波两先生曾做过详细的分析讨论，其大小、质量和角度，均不适合向怀中方向做较大幅度动作的勾割，似不成立。后两者虽然都有一定的道理，但若仔细推敲，也颇有可疑之处。如果是表示社会地位的信物，数量则嫌过多，中期阶段几达20%，而在男性中所占比例更高。作为一种瑞符，又嫌过于复杂，尤其是与具有辟邪厌胜功能的獐牙重复。

　　獐牙勾形器的双牙，前端尖锐，刃部锋利，可以作小范围的刺、割。尾部刻齿，便于嵌入柄内捆扎结实，以求坚固耐用。柄之后半部多较粗，适合于用手把握，柄尾多穿有一孔，便于穿绳携带。从其结构和特征看，显然尚具有实用价值。因此，我认为獐牙勾形器是一种随身携带的防身武器，也是一种小巧灵活的多用工具。尽管不排除其后来有一定的辟邪含义，但其护身的功能，主要还是来自这种器具的实用性。

---

[1]　南京博物院：《江苏邳县四户镇大墩子遗址探掘报告》，《考古学报》1964年第2期。

[2]　王永波：《獐牙器——原始自然崇拜的产物》，《北方文物》1988年第4期。

[3]　吴汝祚：《大汶口文化獐牙勾形器和象牙雕筒文化含意考释》，《东南文化》1988年第1期。

獐牙勾形器的数量较多，半数以上出自随葬品在10件以下的小型墓葬之内，显然不是社会地位显赫的标志。獐牙勾形器的拥有者绝大多数为青壮年男性，女性者甚少，其中不少墓还随葬有武器——石（玉）钺。有鉴于此，我认为拥有獐牙勾形器的这一部分人，应是部落或部落集团内战争任务和狩猎活动的主要担负者，其身份绝大多数为普通的社会成员。

四　结论

以上我们分别讨论了大汶口文化骨牙雕筒、龟甲器、獐牙勾形器的发现和分布、形制和分类、基本特征用途和功能等。它们的拥有者是当时社会中身份、职业各不相同的三种人，即祭司或巫师、巫医和战士。从三类遗物的持有情况来看，它们之间的重合率很低。如在35座出土骨牙雕筒的墓葬中，只有4座出獐牙勾形器和2座出龟甲器。而41座出土龟甲器的墓葬中，只有9座出獐牙勾形器和2座出骨牙雕筒。

骨牙雕筒的拥有者为祭司或巫师，他们在部落或部落集团内具有较高的社会地位，其中一些人本身就是部落首领或显贵。如大汶口遗址墓室面积最大的6座墓葬中，除了1座（M60）为无人墓外，余下的5座均出土骨牙雕筒，其中M25一墓就多达5件。野店遗址2座墓室超过10平方米的大墓，也都出土骨牙雕筒。陵阳河最大的6座墓葬中，2座发现有骨牙雕筒。上述墓葬中，有些就是由部落首领亲自兼任祭司或巫师的，类似的情况在民族志中多有记载。

龟甲器的拥有者为巫医。由于其职责的实用效能，这一部分人在部落或部落集团内也具有比较高的社会地位，其中少数人可能是部落显贵，如大汶口M47，墓室面积达5.49平方米，随葬有包括15件白陶和4串头、颈饰品在内的70多件器物。然而多数龟甲器出自中、小型墓，他们在部落或部落集团内的地位，显然要低于骨牙雕筒的拥有者。

獐牙勾形器的拥有者人数众多，且绝大多数为成年男性，相当多的此类墓同时还随葬有武器，他们构成了部落或部落集团的主体和基干，但身份只是普通的社会成员。在当时的社会中，地位不仅低于骨牙雕筒的拥有者祭司或巫师，也低于龟甲器的拥有者巫医。

上述三类人的身份和社会地位的解明，对于我们认识大汶口文化乃至同时期海内诸文化的社会结构、生产关系、战争和生产活动，展现当时社会的主体画面，把握中国古代社会由野蛮向文明发展的进程，会有所启示和帮助。

同时我们还注意到，在大汶口文化时期，泰山南侧的汶、泗流域确实是海岱文化区的中心区域。这不仅从农业、家畜饲养业和手工业的发展水平方面有所表现，而且在作为大汶口文化基本要素的组成部分——骨牙雕筒、龟甲器、獐牙和獐牙勾形器方面，也可以清楚地看出，它们的渊源和主要分布区都在汶、泗流域地区。这种具有博大文化内涵的历史背景和传统优势，与后来在汶、泗流域地区产生、发展和壮大起来的中国传统文化的核心——以孔孟学说为代表的儒家文化，以及墨子、老庄文化等，恐怕不能说没有渊源关系。

（原载《故宫文物月刊》142、143、144，1995年；后收入《海岱地区考古研究》，山东大学出版社，1997年）

简论桓台史家岳石文化木构遗迹

　　史家遗址位于山东省桓台县史家村西南，相当部分压在村庄之下，由于取土、建房和烧砖等人为原因，遗址受到严重破坏。据调查，至迟从1964年以来该遗址就陆续出土商周青铜器，许多还带有铭文，如济南市博物馆收藏的铜觚和铜爵，其上皆有铭文[1]。1995年冬，县文管所在该村征集到一部分修地下管道时挖出的青铜器和玉石陶器，引起有关部门重视。在复查的基础上，1996年春至1997年春，淄博市文物局、市博物馆和桓台县文物管理所组队对史家遗址进行了三次抢救性发掘，发现龙山文化、岳石文化、商代和汉代等几个不同时期的遗存。其中特别引人注目的是发现了一座保存较好的岳石文化木构遗迹[2]。

　　史家遗址原为一高出地面6～7米的高埠，南北500余米，东西400余米。据报道，在遗址的四周发现了龙山文化、岳石文化和商代三个时期的城壕和夯土。对此，发掘者最初认为："该遗址可能是一座始建于龙山文化晚期、岳石文化时期和商代继续加补使用的城址"[3]。后来的研究确认这里是一处环壕聚落，"环壕位于高埠遗址的南部偏西，平面呈圆角方形，以外沿为准东西220、南北200米，面积44000平方米。环壕口宽8～10、现深3.5米"，"壕内堆积分三大期，下层属龙山文化晚期，中层属岳石文化期，上层属商文化期"[4]。如果和历年群众挖出的近20件商代有铭青铜器结合起来分析，史家确实是一处十分重要的古遗址。下面着重讨论岳石文化的木构遗迹。

一　木构遗迹的层位关系和建造、废弃顺序

　　史家遗址发现的岳石文化木构遗迹位于遗址的中部偏北处，由于这里正好处于砖窑的取土场，其上的文化堆积已被破坏殆尽。木构遗迹的坑口平面为不甚规则的长方形，略向下收缩为近似椭圆形口，周壁略向内斜收，平底，现存部分打破生土（图一）。

　　关于木构遗迹内部的层位关系及其建造、废弃顺序，已有学者发表了个人的见解。发掘者认为，木构遗迹分三步建成：先挖圜底坑；再用木板构筑井字形木架，并且是上下分七层内外同时建成，即建一层木架，内放置器物，外则用土夯实，循此依次向上，为了放置器物，从第二层开始用木板和树皮搭建支撑架，器物置于架上，以和木构架、架外填土保持一致；最后在上面建造坑上建

[1]　韩明：《山东长清、桓台发现商代青铜器》，《文物》1982年第1期。
[2]　淄博市文物局等：《山东桓台史家遗址岳石文化木构架祭祀器物坑的发掘》，《考古》1997年第11期。
[3]　光明等：《桓台史家遗址发掘获重大成果》，《中国文物报》1997年5月18日第1版。
[4]　张光明：《山东桓台史家遗址发掘收获的再认识》，《夏商周文明研究》，中国文联出版社，1999年。

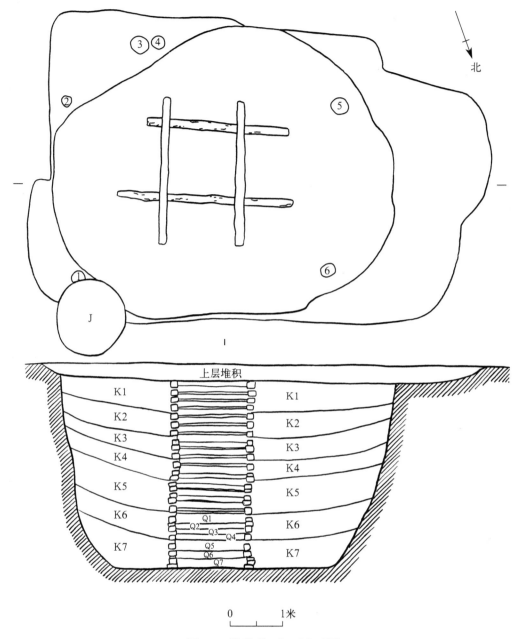

图一　器物坑平、剖面图

1～6. 硬土　J. 井　Q1. 第1层器物　Q2. 第2层器物　Q3. 第3层器物　Q4. 第4层器物　Q5. 第5层器物　Q6. 第6层器物　Q7. 第7层器物　K1. 灰褐色花土　K2. 黄褐色土　K3. 红褐色土　K4. 灰黑色土　K5. 灰褐色土　K6. 灰白色土　K7. 浅黄色土

筑[1]。也有学者认为："祭坑很深，估计垒叠木架、坑外填土、放置祭品和坑内填土等工序，是交互进行的。最后在坑口以上即基坑的上层部分，用灰土封填，经夯实。"[2]对此，我认为还有必要作进一步的分析。

　　木构遗迹及与之相关的堆积，可以粗略地划分为5个堆积单元，按先后顺序依次是：

[1]　淄博市文物局等：《山东桓台史家遗址岳石文化木构架祭祀器物坑的发掘》，《考古》1997年第11期。

[2]　张学海：《史家遗址的考古收获与启示》，《中国文物报》1998年2月4日第3版。

表面灰土（分布较广，大部分遭受破坏）
　　↓（箭头表示叠压，下同）
坑上层堆积（叠压在木构遗迹以上的堆积层，范围限于坑内）
　　↓
木构遗迹内上层堆积（木构架之内的上部，无包含物且松散的黄褐色填土）
　　↓
木构遗迹内下层堆积（器物密集层，即图一Q1～Q7层）
　　↓
木构遗迹外侧堆积（分层，无包含物的较硬填土，即图一K1～K7）。

以上五个堆积单元应是依次形成的，除了这些堆积之外还有两个单元，即木构架本身和为建造木构架而挖的坑。从形成的年代顺序上说，木构架本身与木构架外侧的人工填土可能是交替形成的，它们都晚于所挖的坑。

层位关系清楚了就可以进一步来讨论木构遗迹的建造程序。从建造的阶段性分析，主要有以下几个步骤。

首先是在选定的地段内按要求挖一个大坑。这个大坑就保存的现状看，口部长9.05、宽约7[1]、深约4米。去掉上层堆积，口部变成椭圆形，大小也随之缩小，长轴约6.7、短轴约5.6、深3.7米。按现在保存的大小计算，其挖出的土方量在130余立方米，如果折算成活土，则约为200立方米。

其次是将准备好的木材构筑井字形的木框架。因为现场判断这些木材是板材（方木），在这之前要有一道把圆木加工成板材的工序，并且四角交叉垒叠处为扣压结构[2]，这项工作显然要由木工来完成。井字形木构架呈方形，如果以内净尺寸计算，东西约1.31、南北约1.25米。上下使用27层板材垒叠而成，总深度3.7米，平均每块厚13.7厘米。所用木材长度在2.9～3.3米之间，两端相当长一部分伸出框架之外，经土掩埋并夯实后，可使之更加坚固。

第三，在木构架外侧填土并进行加工，这也是为什么每层土均较为坚硬的原因所在。除最上一层有少量岳石文化遗物之外，其以下六层均无任何人工制品。按逻辑推理，这些填土应来自挖坑产生的土的回填，通常情况下应与墓葬的填土相似，为花土堆积。但这里分层明显，并且土色各不相同。

按常规分析，第二、三两个程序应是交替进行的，即随着木构架的增高而分段填土并夯实。

第四，形成木构架内的下层堆积。这一层堆积厚约1.1米，又分为七个小层，每层内都出土大量完整陶器，还有少量工具、骨骼等遗物，两层之间也发现有木头痕迹。发掘者和不少学者用祭祀来解释这种现象，对此，我们有些不同看法，将在后面予以专门讨论。

第五，形成木构架内的上层堆积。这一层堆积厚达2.6米，发掘简报说这一堆积为"黄褐色土，土质松散，夹有黄土块，无其他包含物"。由此可知，这一深达2.6米的堆积并不分层，应是一次性堆积起来的；并且，堆积较为松散，似乎也没有经过刻意加工处理。

第六，在整个大坑的范围内覆盖了上层堆积。由现存状况分析，这一层堆积不一定是原貌的完

---

　　[1]　查发掘简报的平面图，按比例计算应是6米，可能有误。
　　[2]　发掘简报认为交接处是卯榫结构，考虑到四角木料外伸较长（如有的长达1米），不太可能是卯榫结构，而可能是对交接处做简单加工的扣压结构。

整保存。上层堆积厚约0.3米，中间是质地较软的深灰色土，四周为土质较硬的黄褐土。因为中间部位恰好是木构架的位置所在，这里的土质土色及硬度与四周的土不同，是否属于同一层次值得深思。

第七，最上一层堆积是灰土。这一层堆积已遭受破坏，范围不详，因为这一层灰土堆积叠压在木构遗迹之上，所以如果弄清楚此层的年代，对于确定木构遗迹的相对年代应有帮助，可惜已公布的资料中没有披露这一方面的信息。

二　关于木构遗迹的年代

多数学者认为史家遗址木构遗迹十分重要，在国内同期文化中尚未发现。那么，首先要解决的就是其年代问题。对此已有不少学者发表了自己的见解。

发掘者认为，"器物坑的相对年代处于山东龙山文化晚期和殷墟一期之间"，具体说"属岳石文化晚期阶段，与二里冈下层文化大致相当"[1]。至于木构遗迹的绝对年代，张光明先生后来依据史家遗址测定的三个碳-14数据认为，约在距今3500～3400年左右[2]。

张学海先生则在已有的将岳石文化分为四期的基础上[3]，认为史家木构遗迹属于晚于第四期的遗存，并将其定为岳石文化第五期[4]，绝对年代则依据几个测年数据，认为距今3400～3300年，"可能接近祭坑陶器的年代，祭坑可能处于公元前14世纪前半期，离岳石文化的终止还有段短暂间隔"[5]。

任相宏先生认为"史家岳石'祭坑'的年代难以与二里冈文化下层甚至上层同时，只能与小双桥的相当"，并认为张学海先生将"祭坑"的年代推断在公元前14世纪前半期，"是较可信的"[6]。

关于史家遗址木构遗迹的相对年代，从前述的层位关系看，它上部堆积已被全部破坏，不知是否被商代遗存所叠压，而木构遗迹打破的是生土，没有与龙山文化层发生直接关系，所以，发掘本身并没有提供层位关系方面的直接证据。在同一遗址另外的位置，发现了龙山文化晚期、岳石文化和商代晚期三个时期堆积的叠压关系。据发掘者分析，木构遗迹内出土的岳石文化遗物与遗址岳石文化地层中的出土物可以比较，两者特征基本一致，由此，可以间接证明史家木构遗迹的相对年代晚于当地的龙山文化晚期，而早于商代晚期。关于木构遗迹内出土的大量遗物，大家一致认为其属于岳石文化偏晚时期，因此，它在年代关系上与龙山文化相去较远。要确定其较为具体的年代，首先要涉及与商代遗存的关系问题。

有论者认为，史家遗址的商代遗存最早可到殷墟一期，而这里的岳石文化又是较晚时期的遗存，于是就出现一种史家木构遗迹年代在殷墟一期之前夕的观点。这种观点认为，史家遗址以木构遗迹为代表的岳石文化遗存的发现，为商文化东渐的年代提供了证据。且不说史家遗址的商代遗存是否可以早到殷墟一期[7]，即使早到殷墟一期，也对确定岳石文化木构遗迹的年代没有什么大的帮助。

[1]　淄博市文物局等：《山东桓台史家遗址岳石文化木构架祭祀器物坑的发掘》，《考古》1997年第11期。
[2]　张光明：《山东桓台史家遗址发掘收获的再认识》，《夏商周文明研究》，中国文联出版社，1999年。
[3]　栾丰实：《岳石文化的分期和类型》，《海岱地区考古研究》，山东大学出版社，1997年。
[4]　张学海：《试析岳石文化的年代》，《中国文物报》1999年2月3日第3版。
[5]　张学海：《史家遗址的考古收获与启示》，《中国文物报》1998年2月4日第3版。
[6]　任相宏：《泰沂山脉北侧商文化遗存之管见》，《夏商周文明研究》，中国文联出版社，1999年。
[7]　被许多人定为殷墟一期的商代较粗体铜觚，2000年4月陪李学勤先生去桓台参观时，李先生认为可能较晚，应属殷墟二期以后。

层位关系可以为具体的考古遗存提供一个相对年代，却无法给出较为具体的年代。如史家岳石文化遗存在层位关系上晚于龙山文化晚期，如果这里的龙山文化最晚期可以晚到距今4000年，那么，是否就可以认为史家岳石文化遗存能早到接近4000年呢，并且和层位关系提供的证据也不矛盾，但显然我们不能这么认为。同理，也不能仅据层位关系就把史家岳石文化遗存定为殷墟一期前夕。所以，具体年代的确定还是需要通过类型学的比较并结合碳-14测年数据的分析来实现。如果现在条件还不具备，也不必过于勉强，非说出一个绝对年代不可。

史家遗址木构遗迹内出土了大量陶器，可供我们认识其文化面貌和特征，进而通过横向的分析比较，以确定与邻近地区岳石文化遗存的年代对应关系。

木构遗迹内出土陶器的种类太少，不好作器类方面的比较。就总体特征而言，绝大多数为灰黑皮陶，器表一般都经过了磨光处理，制作方法也以轮制为主。器表装饰以较细的绳纹为大宗，据可复原的128件陶罐统计，其中72件饰绳纹，占56%。绳纹的纹路以横向和斜向为主，印痕一般略深。这些特征与同处鲁北地区的青州郝家庄岳石晚期[1]、邹平丁公岳石晚期[2]、章丘王推官庄岳石文化遗存[3]基本相同。

如果比较具体的典型器物，史家木构遗迹与上述几个遗址的岳石文化遗存的共性就会看得更为清楚（图二）。例如：

B型豆　形制为大敞口，内壁近中部有一周凸棱，喇叭形圈足近下部外壁亦有一周凸棱，与郝家庄岳石文化三期豆（T10②B：15）、王推官庄岳石文化豆（⑥：1、⑥：4）等基本一致。

平底尊形器　腹壁下部内收较甚，形制与郝家庄岳石文化三期的尊形器（T12②B：5）、下庙墩遗址的同类尊形器[4]相同。

泥质小鼎　折沿，圜底，椭圆锥形足的正面有一条纵向凹槽，与郝家庄岳石文化二期的同类小鼎（H6：65）相似。

小盂（原报告称为碗）　卷沿，平底较小，与郝家庄岳石文化三期的盂（H4：10）、王推官庄岳石文化的盂（H60：1）基本一致。

基于上述，可以认为，史家遗址岳石文化木构遗迹与以郝家庄岳石文化三期、丁公岳石文化晚期、王推官庄岳石文化遗存的时代大体相当，属于岳石文化第四期的范畴之内。考虑到史家木构遗迹的年代跨度不一定很长，有可能相当第四期的后半段。至于绝对年代，就目前所测数据分析，当晚不到距今3400年以后。

三　木构遗迹性质的讨论

史家岳石文化木构遗迹发现之后，就开始了对其性质的讨论。在口头讨论中，学术界有祭祀、窖藏和水井三说，但到目前为止，见之于文字的文章均认为木构遗迹为祭祀坑。再进一步分析，多

[1] 吴玉喜：《岳石文化地方类型初探——从郝家庄岳石遗存的发现谈起》，《考古学文化论集（三）》，文物出版社，1993年。
[2] 山东大学历史系考古专业等：《山东邹平丁公遗址试掘简报》，《考古》1989年第5期。
[3] 山东省文物考古研究所：《山东章丘市王推官庄遗址发掘报告》，《华夏考古》1996年第4期。
[4] 南京博物院：《江苏赣榆新石器时代至汉代遗址和墓葬》，《考古》1962年第3期，图三，4、7。

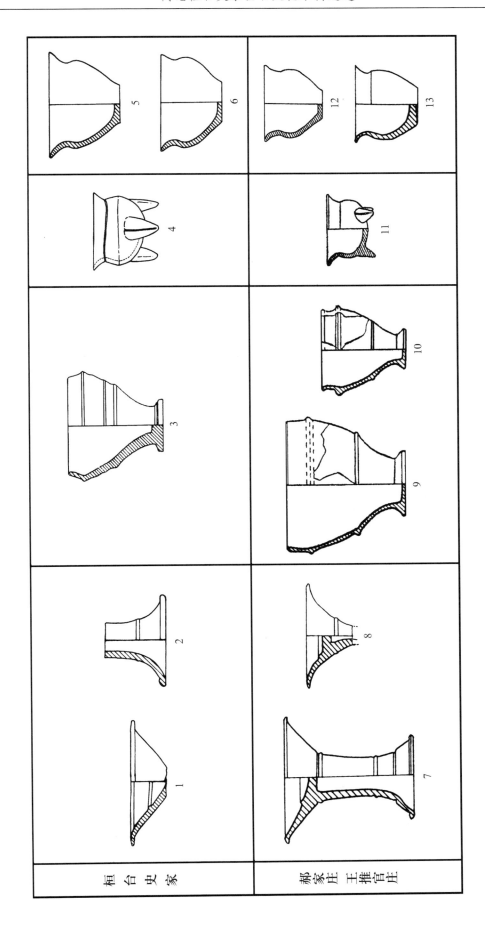

图二　史家和郝家庄、王推官庄岳石文化陶器比较图

1、2、7、8. 豆（史家96HSF1H：145、史家96HSF1H：19、王推官庄T10②B：15）　3、9、10. 平底尊（史家96HSF1H：77、郝家庄T12②B：5、下庙墩）　4、11. 鼎（史家96HSF1H：180-1、郝家庄H6：65）　5、6、12、13. 盂（史家96HSF1H：221、史家96HSF1H：229、郝家庄H4：10、王推官庄H60：1）　（比例均约为1/6）

数人只是在提到木构遗迹时名之为岳石文化祭祀坑或祭坑，有的人还加上了引号，有存疑之义。如田昌五先生在《夏商周文明研究——'97山东桓台中国殷商文明国际学术研讨会论文集》的序言中就作如是处理。专门论述史家岳石文化木构遗迹性质的只有为数不多的几篇文章。

张国硕结合《周礼·大宗伯》、《公羊传》、《礼记·郊特牲》等文献的相关记载，在认为史家木构遗迹是祭祀坑的基础上，进一步提出"史家遗址木构架祭祀坑祭祀对象是土地"，至于祭祀者的族属，提出了两种可能，一是岳石文化的东夷族人，二是向东发展的商族人[1]。

杨良敏则认为，史家遗址的木构遗迹"应系与农业祭祀有关的遗存"，并认为"这种祭法类似于文献中所说的'瘗埋'"[2]。

当然，也有学者提出了一些疑问，如张学海先生说："如此祭祀遗迹，不仅岳石文化是首次发现，就是其他时期也未曾见过，那么，祭祀的对象是什么？谁进行的祭祀？如果是史家岳石聚落的祭祀，但该聚落规模并不大，和祭坑恢宏的气势很难协调。如果是当时这一带的一个政治实体进行的祭祀，史家遗址显然不是中心，那么该中心又在什么地方？史家遗址又是个什么地点呢？"[3]这一系列问题如果循着祭祀坑的思路是很难回答的。

要解决史家遗址岳石文化木构遗迹的性质问题，还是要从木构遗迹的内部分析开始，并与国内已发现的相关遗迹进行比较。经过长时期的思考和认真的分析、比较，我认为史家遗址岳石文化木构遗迹的性质应是一眼水井，理由如次。

（1）挖坑方式

原始的井（指机械化方式出现之前的井）可以有多种多样的形制，如圆形、方形、长方形、椭圆形等，但就基本类别而言，主要有二。

一是土井（个别也有石井），即直接挖、凿而成，所挖、凿的坑就是井体。这种井出现早，并一直流传使用到当代；数量多，特别在先秦时期，是水井的主要形态。此类井的优点是投入人力物力相对较少，建造的速度较快，缺点是耐久性相对较差，因为井壁长期受水浸泡而易于坍塌。如已发现的一些龙山文化至商代的水井，在判断其是水井还是筒形灰坑时，一个很重要的指标就是，看其周壁适当的位置是否存在一圈或数圈由水长期浸泡而向外剥蚀或坍塌的痕迹，如果没有这种痕迹，定其为水井就缺乏说服力。

二是用各种材料构筑的井。此类井在建造时的一个共同特点是，必须先挖、凿一个大于井体的井坑，然后再在其中用不同的材料构筑。井坑挖得大还是小，是由当地的土质和所选用的筑井材料以及构筑技术等不同因素决定的。汉代常见的以陶井圈为材料构筑的水井，如果土质好，只需要挖凿一个略大于井圈的井坑。而一般用石、砖、木材等材料构筑，井坑则一般要大一些。如泗水尹家城遗址发现的战国时期石砌水井（J101），井口直径只有1.45米，而挖的井坑则是一个口部边长为12～12.5米的方形大坑[4]，这样的水井，井体虽小，井坑却很大。当然，井坑的大小与水井的深度也有关系，一般说来，水井越深，井坑越大，同时，也与筑井方式密切相关。

[1] 张国硕：《史家遗址岳石文化祭祀坑初探》，《中国文物报》1998年5月27日第3版。
[2] 杨良敏：《试析山东桓台县史家遗址木构器物坑的性质》，《史学集刊》1998年第3期。
[3] 张学海：《史家遗址的考古收获与启示》，《中国文物报》1998年2月4日第3版。
[4] 山东大学历史系考古专业教研室：《泗水尹家城》，文物出版社，1990年。

史家遗址木构遗迹建造的第一步是先挖一个大坑，其上部的长方形浅坑，很可能是遭受破坏之后的残留。由此可见，它的挖坑方式与第二种形式的筑井方法相同。

（2）木架结构和构筑方式

作为上述第二种类型井的结构和构筑方式，在早于岳石文化的龙山文化中就有发现。如河南汤阴白营遗址龙山文化早期的水井，其构筑方法就是先挖一个方形深井坑，井坑分上下两部分，上部较大，口长5.8、宽5.6米，下部向内收缩，口部长3.8、宽3.6、通深11米。井体使用圆木垒成井字形，四角交接处采取扣合叠压的工艺处理，上下共有46层之多。木构架壁与生土壁之间的空隙宽约40厘米，填以黄色生土，井内则为较纯净的黄褐色土（图三）[1]。史家遗址岳石文化木构遗迹的木架与白营水井的木架在结构上完全相同，区别仅在于，白营的木架采用圆木，四角外伸部分较短，只有13～17厘米，而史家的木架采用的是方木，外伸部分较长，约在40～100厘米左右。

史家遗址木构遗迹的构筑方式应为：在挖好的井坑底部，先行垒叠木架到一定高度（至少在1米以上）；接着从四周坑外向木架外侧的空间填土，并进行加工处理；然后再继续垒叠木架、填土并夯实；以此循环进行，直到完成为止，由空间填土分为七大层可知，现存部分是经过七次完成的。从发表的资料中可以发现，每层填土的表面均不水平，而是呈现近四周生土壁处高、近中部木架边缘处低的缓坡状，并且每层的表面没有留下坚硬平整的活动面。因此，可以认定，在木架每次垒叠到一定高度之后，就从四周坑外向下推土，这样自然

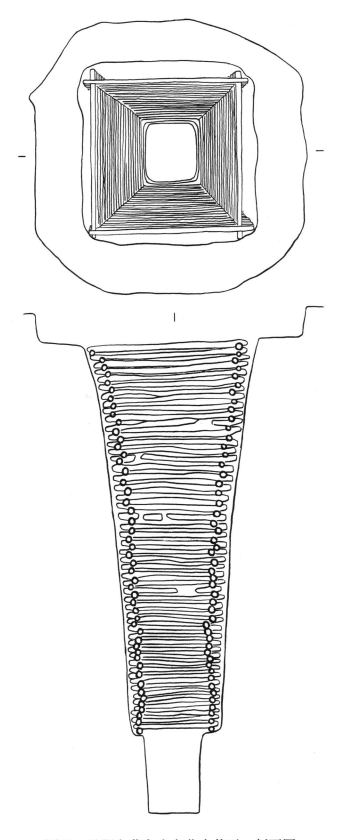

图三　汤阴白营龙山文化水井平、剖面图

[1]　河南省安阳地区文物管理委员会：《汤阴白营河南龙山文化村落遗址发掘报告》，《考古学集刊·3》，中国社会科学出版社，1983年。

会形成近处填土厚、远处填土薄的坡状，经过粗略地加工处理，随即又向上垒叠木架，填土，一直持续到最上部。而最上一层较为平整，表面土层薄而易碎，可能是活动面。以上分析的情况表明，史家遗址的木构遗迹虽然可以分解成连续的七个小过程，但它们中间没有时间上的较长间隔，在整体上属于一次性建成。

至于木构遗迹内部，在出器物的层次之上有深达2.6米的堆积，均为结构松散的黄褐色土，不分层，显然为一次性填土。如果像报告所说的那样，木架内的七层器物与木架外的七层填土对应进行，并且每层器物之上有木架支撑，支撑的木架腐烂塌陷后，上层空间的土必然下落，这样，在上部2.6米的空间就不会只是一种土，而是必有外部的土下沉到木架之内来。

（3）木构遗迹内出土遗物的分析

木构遗迹内的出土遗物对于确定其性质是至关重要的。

首先，木构遗迹内底部的器物层厚度为1.1米，分七层，大部分器物交错叠压，层次间的分界并不十分明显，如第2、3层和第6、7层就无法区分。因此，很难说它们是分七次形成的。

其次，在出土遗物中，有相当多的陶器是残损器物。据统计，在全部334件陶器中，完整和可以复原的器物144件，所占比例不到一半。特别是一些重要器物，如豆，出土了15个个体，但没有1件完整或可复原者。再如簋，只有一个下半部，而甗和瓮只发现很碎的残片。很难想象，一个极为重要的祭祀坑里使用着大量残破陶器和陶片。

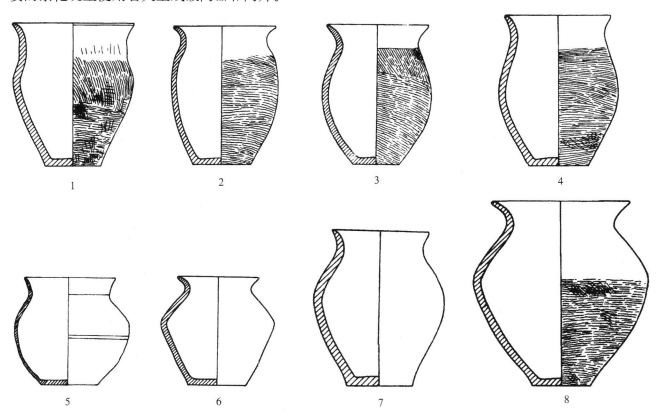

图四　出土陶罐

1. A型Ⅰ式罐（96HSF1H：23）　　2. A型Ⅲ式罐（96HSF1H：92）　　3. A型Ⅱ式罐（96HSF1H：23）　　4. B型Ⅲ式3罐（96HSF1：H4-1）　　5. F型Ⅱ式罐（96HS1H：1）　　6. N型罐（96HS1H：127）　　7. D型罐（96HS1H：81-2）　　8. E型Ⅱ式罐（96HS1H：82）（均为1/5）

第三，岳石文化中存在一定数量的彩绘陶器，以往在居住址的发掘中，发现的基本上都是残片，纹样也残缺不全，难以窥其全貌。根据内蒙古大店子夏家店下层文化墓地的考古发现，我们曾经合理的推测，如果将来发现岳石文化的墓葬和祭祀遗迹，一定会发现大量的彩绘陶器。所谓彩绘，是专指陶器烧成后再用不同颜色的颜料于陶器表面绘画各种纹样和图案的装饰现象，由于是烧后绘彩，故其不能用水涮洗，也就不能作为日常生活器皿使用。因此，一般认为它是一种礼仪祭祀用器。但在史家岳石文化木构遗迹内发现的300多件陶器中，没有一件彩绘陶器。

第四，陶器的种类过于单调。木构遗迹内出土的陶器数量甚多，但种类较少。并且在出土的所有完整、可复原和不可复原的334件陶器中，形制比较简单的各种罐多达296件，占全部陶器的88.6%（图四）。笔者曾仔细观察过几件陶罐，有的在沿下磨光的表面有一周磨蚀痕迹，应为长期被某种纤维质材料摩擦所致。据此，可以认为这些陶罐主要为汲水器。

综上所述，史家遗址的岳石文化木构遗迹，不是祭祀坑而是一眼水井。我认为，这眼水井是花费了较多人力物力建造的，它对于我们了解岳石文化居民的建筑技术、社会生活方式等，同样具有十分重要的价值和意义。

最后，为了使学术界取得共识，我还建议对史家岳石文化木构遗迹的出土物做一些自然科学方面的检测工作。如木构架的木材种类，发掘者推测是松柏之属，如果是水井，更可能是柳、榆等类木材；再如，发掘报告说有些罐中盛有谷物，是否请农学家对这些谷物做一下鉴定，看看到底是不是谷物？是什么谷物？等等。这样，或许有助于对其性质的正确理解。

（原载《齐鲁文博——山东省首届文物科学报告月文集》，齐鲁书社，2002年）

论"夷"和"东夷"

一

古代文献中记载的"夷"，作为古代民族的名称有泛称和专称之分。泛称的夷[1]是指以黄河中游为核心的中原地区以外的区域和民族，这一认识始于周代，"明王慎德，四夷咸服"（《尚书·周书·旅獒》）和"天子失官，学在四夷"（《左传·昭公十七年》）中的"夷"，就是此意。随着"中国"这一概念的出现[2]和发展，夷又指中国的外围区域和民族，如"莅中国而抚四夷"（《孟子·梁惠王上》）、"中国失礼，求之四夷"（《后汉书·东夷传》）和汉武帝"外事四夷，东平两越、朝鲜，西讨贰师、大宛，开邛苲、夜郎之道"（《三国志·魏书·乌桓鲜卑东夷传》），等等。这种泛称的夷（四夷）的概念，是对北狄、东夷、南蛮和西戎等四边地区的总称[3]。而在较为具体的称谓上则往往使用"蛮夷"（或"夷狄"），"蛮夷"始见于《左传》等[4]，其泛指中原地区的四周（四夷）及其居民。到了近代，"夷"的外延进一步扩大，泛指外国，如外国人称为"夷人"，洋务称为"夷务"，向外国学习先进技术称为"师夷长技"，等等。

专称的"夷"是指古代东方居民，故又称为东夷。《礼记·王制》："东方曰夷。"《说文》："夷，从大从弓，东方之人也。"甲骨、金文中的"人"或"尸"字，作侧面人形[5]。傅斯年先生说："殷墟卜辞中每言伐人方，此人字实当释为夷字"[6]。郭沫若先生认为"尸字，假为

---

[1] 泛称的夷往往与华、夏对举。如"蛮夷猾夏"（《左传·僖公二十一年》），"裔不谋夏，夷不乱华"（《左传·定公十年》）。所以，泛称的夷又可以认为是指华夏诸国的外围地区及其居民。

[2] "中国"一词始见于周初。如1965年在陕西宝鸡市新发现的"何尊"，其铭文中有"佳珷王既克大邑商，则廷告于天曰：余其宅兹中或（国）……"。这里的中国，论者多以为是指周王朝疆域的中心，或认为就是指洛邑。参见唐兰《何尊铭文解释》；马承源《何尊铭文初释》，均见《文物》1976年第1期。

[3] 《后汉书·东夷传》："凡蛮、夷、戎、狄总名四夷者，犹公、侯、伯、子、男皆号诸侯云。"蛮、夷、戎、狄见于先秦文献，如《国语·楚语上》："蛮、夷、戎、狄，其不实也久矣，中国所不能用也。"《礼记·曲礼下》："其在东夷、北狄、西戎、南蛮，虽大曰子。"《礼记·王制》："中国、戎夷，五方之民，皆有性也，不可推移。东方曰夷"，"南方曰蛮"，"西方曰戎"，"北方曰狄"。以四方配"夷、蛮、戎、狄"，显然是经过了人为的整齐化，不过从各个地区部族的主体看，也大致不错。史书关于四方地区的记载，《史记》中始立"西南夷列传"，《汉书》因之。《后汉书》增加了"东夷列传"、"南蛮西南夷列传"、"西羌传"和"西域传"。成书早于《后汉书》的《三国志》，始立《乌桓鲜卑东夷传》。《晋书》立"四夷列传"，其下分"东夷"、"西戎"、"南蛮"、"北狄"。《隋书》、《旧唐书》和《新唐书》则完整地表述为"北狄传"、"东夷传"、"西戎传"和"南蛮传"。五代以后，则称之为"外国"或"外夷"。

[4] 如《左传·僖公二十一年》："蛮夷猾夏"；《史记·五帝本纪》："蛮夷率服"；《公羊传·隐公七年》："不与夷狄之执中国也。"《论语·八佾》："子曰：夷狄之有君，不如诸夏之亡也。"也有非泛指者，如《国语·周语上》："夫先王之制：……蛮夷要服，戎狄荒服"。

[5] 晚商甲骨卜辞中的人写作"𠂉"，西周金文中的人写作"𠃌"。

[6] 傅斯年：《新获卜辞写本后记跋》，《安阳发掘报告》第二期，1930年，第383页。

夷"[1]。直到今天，山东省东部沿海地区的居民仍读"人"为"yen（印或寅）"，还保留着古音。而夷和人的古音"也只是一声之转"[2]。所以，东夷就是"东人"，亦即东方之人。东夷的称谓应是随着中原地区成为中国古代的政治、经济、文化中心而出现的，他是居住在中原地区的人们对东方及其居民的称谓，而不是一个统一的部族。东周以后，黄淮下游地区逐渐与中原地区在政治、经济、文化上融为一体，"秦并六国，其淮、泗夷皆散为民户"（《汉书·东夷传》），夷或东夷的名称随即在这一地区消失了。对于东北地区的居民，《史记》在叙述时用"蛮夷"而不用"东夷"，如《史记·朝鲜列传》曰："朝鲜王满者，故燕人也。……燕王卢绾反，入匈奴，满亡命，聚党千余人，魋结蛮夷服而东走出塞，渡浿水，居秦故空地上下鄣，稍役属真番、朝鲜蛮夷及故燕、齐亡命者王之，都王险。"《汉书》沿袭《史记》的"西南夷传"而未立"东夷传"，但在涉及东北地区时已有"东夷"的称谓[3]。如《汉书·武帝本纪》云："东夷薉君南闾等口二十八万人降，为苍海郡。"《后汉书》始立"东夷传"[4]，其记述的内容主要是东北地区、朝鲜半岛和东方海外的民族和国家，如夫余、挹娄、高句丽、东沃沮、濊、三韩、倭等。另外，东南沿海地区及其外围岛屿上的居民，也被称做夷或东夷，如台湾最初就被称为夷州。《晋书》设"四夷传"，其下有"东夷""西戎""南蛮""北狄"。《隋书》、《旧唐书》和《新唐书》中仍立"东夷传"，记述区域限于东北亚，内容则以现今朝鲜半岛和日本列岛为主[5]。宋代以后，在正史中就以外国或外夷代替了东夷。

二

　　在周代的传世文献和西周早期的青铜器铭文中，涉及东方地区时，主要有两种基本的称谓。

　　一为"殷东国"和"东国"。"殷东国"是指殷都以东的地区和国度，西周早期铜器铭文中有此类称谓，如：

　　《保卣》："乙卯，王令保及殷东或（国）五侯，……"[6]。

　　"东国"的外延较"殷东国"为宽泛，使用时有广义和狭义之分，狭义的东国与殷东国大体相同，广义的东国大约是站在周天子直接管辖的丰镐地区而言及东方，如《周书·康诰》："周公初基，作新大邑于东国洛，四方民大和会。"而文献和西周早期（成康昭穆四代）铜器铭文中的"东

---

　　[1]　郭沫若在《卜辞通纂·考释》中说："旧多释尸为人，余谓当是尸字，假为夷"。"则尸方当即东夷也。征夷方所至之地，有在淮河流域者，则殷代之尸方乃合山东之岛夷与淮夷而言。"

　　[2]　唐兰：《中国奴隶制社会的上限远在五、六千年前》，《大汶口文化讨论文集》，齐鲁书社，1979年，第135页。

　　[3]　从新石器时代中期，东北地区开始与山东地区有了文化上的联系。随着时间的推移，这种联系日益加强，至迟到大汶口文化时期，就出现了向东北地区的人口迁徙。龙山文化和岳石文化阶段，山东和辽东半岛南部地区在文化上已经基本上融为一体。商周两代，仍然保持着密切联系。后来商人东渐和周灭商后的多次东征，可能有不少东夷人浮海去了东北地区。如有的学者认为，夫余就是蒲姑亡后部分遗民逃往东北的名称，《三国志·魏书·乌桓鲜卑东夷传》夫余条云："国之耆老自说古之亡人。"参见徐中舒《先秦史论稿》，巴蜀书社，1992年，第83～89页；唐嘉弘：《东夷及其历史地位》，《东夷古国史论》，成都电讯工程出版社，1989年。故后来一直在这一地区保留着"东夷"的名称。

　　[4]　成书早于《后汉书》的《三国志》，在《魏书》中立"乌桓鲜卑东夷传"。"东夷"目下有夫余、高句丽、东沃沮、挹娄、濊、韩和倭等条。

　　[5]　《隋书·东夷传》下有高丽、百济、新罗、靺鞨、流求、倭国。《旧唐书·东夷传》下有高丽、百济、新罗、倭国、日本。《新唐书·东夷传》下有高丽、百济、新罗、日本、流鬼。

　　[6]　郭沫若：《保卣铭释文》，《考古学报》1958年第1期。

国"，则多指"殷东国"，如：

《诗·小雅·小谷序》："大东，刺乱也，东国困于役而伤于财。谭大夫作是诗以告病焉。"

《鲁侯尊》："唯王命明公遣三族，伐东或（国）……。"（《三代》6·49·2）

《宜侯夨簋》："佳四月辰才丁未，□省斌成王伐商图，徧省东或（国）图……"[1]。

《班簋》："佳八月初吉，才宗周，……王令毛公以邦冢君、徒驭、戜人伐东或（国）……三年静东或（国）……"[2]。

"东国"和"东土"（即东方的领土）所指的地域是大体相同的。《左传·昭公九年》："及武王克商，蒲姑、商奄，吾东土也"。这里所说的东土，和上文引述的铜器铭文中的"东国"，属于同一地区。武王灭商之后，周王朝在观念上似乎已将东方的主要地区视为自己的领土范围。正因为如此，周王朝才不能容忍夷人在东方造反。故有西周早期对东反夷的大规模征伐，平定了他们的反抗，稳定了局势，最终将以齐鲁（曾经是蒲姑、商奄统治的区域）为主的东方地区已完全纳入自己的控制之下。此后提到的"东国"，大约都是此义，如：

《史密簋》："佳十又二月，王令师俗、史密，曰东征，戜南夷。卢虎会杞夷、舟夷、雚不阶，广伐东或（国）。齐师、族土、述人……"[3]。

此外，在文献中还有大东和小东的提法。如"小东大东，杼轴其空"（《诗·小雅·大东》）；"奄有龟蒙，遂荒大东"（《鲁颂·閟宫》）。傅斯年先生认为"大东所在，即泰山山脉迤南各地，今山东境，济南泰安迤南，或兼及泰山东部"，"小东当今山东濮县河北濮阳大名一带，自秦汉以来所谓东郡者也"[4]。如是，则大东与东国所指范围相若。

二是"东夷"、"东反夷"，个别也称"反夷"，传世文献和铜器铭文中均有所见。如《史记·周本纪》："成王既伐东夷，息慎来贺"[5]。《吕氏春秋·古乐》："商人服象，为虐于东夷，周公遂以师逐之，至于江南。"传世和出土的西周早期铜器铭文中多次记载征伐东夷的战争，如：

《𤲸方鼎》："佳周公于征伐东夷，丰伯、尃古咸斩……。"（《断代》一，168页）

《小臣𧫝簋》："叔东夷大反，白懋父以殷八自征东夷，唯十又一月……。"（《三代》9·1～12·1）

《䇅鼎》："佳王伐东夷……。"（《三代》4·18·1）

《保卣簋》："佳王既燎，斥伐东夷。在十又一月，公返自周……"[6]。

《旅鼎》："佳公太保来伐反夷年，在十又一月，庚申……。"（《三代》4·16·1）

《𪇱鼎》："王令𧻚戜东反夷，𪇱肇从𧻚征……。"（《捃古》2—3·79）

《宗周钟》："王肇遹眚文武，堇疆土南或（或）……南夷、东夷具见，廿又六邦。佳皇上帝

[1] 陈梦家：《宜侯夨簋和它的意义》，《文物参考资料》1955年第5期；陈邦福：《夨簋考释》《文物参考资料》1955年第5期；唐兰：《宜侯夨簋考释》，《考古学报》1956年第2期。

[2] 《西清古鉴》卷一三，第二十页；郭沫若："班簋"的再发现》，《文物》1972年第9期。

[3] 张懋镕、赵荣、邹东涛：《安康出土的史密簋及其意义》，《文物》1989年第7期；吴镇烽：《史密簋铭文考释》，《考古与文物》1989年第3期。

[4] 傅斯年：《大东小东说——兼论鲁燕齐初封在成周东南后乃东迁》，《中央研究院历史语言研究所集刊》第二本第一分，1930年5月。

[5] 此次所征伐的东夷，或作淮夷，如《尚书·蔡仲之命》："成王东伐淮夷，遂践奄，作《成王政》。"

[6] 张光裕：《新见保卣簋铭试释》，《考古》1991年第7期。

百神，保余小子……"[1]。

从总体上看，东国是一个区域的名称，东夷则是一个具有密切联系的部族群的名称（有时也用于指区域），在周代，东夷的外延更为宽泛一些。所以，在有的铜器铭文中两者对举，如：

《禹鼎》："……亦唯噩（鄂）侯驭方率南淮夷、东夷，广伐南或（国）、东或（国），至于歷寒……"[2]。

《禹鼎》的年代属于西周略晚时期，"东夷"和"东国"已有所分化，在这里，东国有东土的含义，东夷则指比东国更大一些地区的部族[3]。比较有关文献记载，在较早时期，东夷往往可以包括淮夷，其外延似乎更宽泛一些。西周中期以后，随着东夷被镇服，文献（包括金文）中淮夷多见，而东夷则只是偶有提及[4]，东夷和淮夷的分野开始明确，故出现两者并存对举的现象。与东夷所居之地为东国相类，淮夷所居区域又往往称之为南国，而淮夷有时也名之为南淮夷。

三

记述商代晚期历史的文献中，偶见东夷一词。如"商纣为黎之蒐，东夷叛之"（《左传·昭公四年》）；"纣克东夷，而陨其身"（《左传·昭公十一年》）；"商人服象，为虐于东夷"（《吕氏春秋·古乐》）。但这些都是周代人在追述往事时所言，而非商人对夷人的称谓，商人称东夷为"尸方"或"人方"（夷方）。史载，晚商时期的帝乙、帝辛（纣王）曾多次征伐东夷，故有"纣克东夷，而陨其身"之说，这从殷墟出土的甲骨卜辞中可以得到证明[5]。但卜辞中均记述为"尸方"或"人方"（夷方），而不称东夷，如：

"癸亥卜，黄，贞王旬亡祸。在九月，正尸方，在雇。"（《合集》第十二册，第36487片）

"癸巳卜，贞王旬亡祸，在二月，在齐㽙，隹王来正尸方。"（《合集》第十二册，第36493片）

"……癸未王卜，贞旬亡祸，王来正尸方……。"（《合集》第十二册，第36497片）

上海博物馆收藏的一片卜辞提到"人方伯"[6]，这可能指的是某一具体的国度。

同时，在晚商时期的铜器铭文中也是如此，如：

《小臣艅尊》："丁已，……隹王来正尸方。隹王十祀又五，肜日。"（《捃古》2—3·46）

其实，在晚商较早的武丁时期就出现征伐夷的军事活动，卜辞中有武丁亲征夷和派遣其他将领征伐夷的记载。不过，这一时期仅称为"夷"，而不做"夷方"，如：

[1] 郭沫若：《宗周钟考释》，《两周金文辞大系图录注释（六）》，科学出版社，1958年，第51页。

[2] 徐中舒主编：《殷周金文集录》，四川辞书出版社，1986年，第130页，第288器。

[3] 黄盛璋先生认为"东国与东夷有别"，"东国是周人视作自己的本土以外的领土，……至于东夷皆为本土，包括方国和部族，至少名义上臣服于周"。见《西周征伐东夷、东国的铜器年代、地理及其相关问题综考》，《河洛文明论文集》，中州古籍出版社，1993年，第311页。

[4] 如《左传·僖公四年》："陈辕涛涂谓郑申侯曰：'师出于陈、郑之间，国必甚病。出于东方，观兵于东夷，循海而归，其可也。'"《左传·僖公十九年》："宋公使邾文公用曾子于次睢之社，欲以属东夷。"《左传·襄公四年》："杞，夏余也，而即东夷。"

[5] 殷墟甲骨卜辞中有不少关于征伐"尸方"的记载，仅第五期就有近30片，参见《甲骨文合集》第十二册，第36482～36508片。

[6] 沈之瑜：《介绍一片伐人方的卜辞》，《考古》1974年第4期。

"今载王其步伐夷。"（《合集》第6461片）

"侯告征夷。"（《合集》第6457片）

"王叀妇好令征夷。"（《合集》第6459片）

此外，也有征伐东土的记载，如：

"贞，令单伐东土。"（《合集》第7048片）

商代中期，在有的后世文献中也偶见关于"夷"的记载。如"至于仲丁，蓝夷作寇"（《后汉书·东夷传》），故《竹书纪年》有"仲丁即位，征于蓝夷"（《后汉书·东夷传》注引）和"河亶甲整即位，自嚣迁于相。征蓝夷，再征班方"（《太平御览》卷八三引）的记载。从而夷人"自是或服或畔，三百余年"（《后汉书·东夷传》）。

四

在为数不多的反映夏代史实的文献中，有关夷夏关系的记述占有重要位置，但在称谓上绝不见"东夷"一词，如：《尚书·禹贡》将东方青、徐二州的居民称为"莱夷""嵎夷""淮夷"[1]。夏初曾一度夺取夏王朝政权的后羿，也称为"夷羿"。在后羿和寒浞代夏以后的夷夏关系中，《竹书纪年》等有较多关于夷的记载[2]，如：

后相即位，二年，征黄夷（《太平御览》卷八二引《竹书纪年》为："后相二年，征风夷及黄夷。"）。七年，于夷来宾。

少康即位，方夷来宾。

柏杼子征于东海及王寿，得一狐九尾。（《山海经·海外东经》注所引）

后芬即位，三年，九夷来御，曰畎夷、于夷、方夷、黄夷、白夷、赤夷、玄夷、风夷、阳夷。（《太平御览》卷七八〇引）

后荒即位，元年，以玄珪宾于河，命九（夷）东狩于海，获大鸟。（《北堂书钞》卷八九引）

后泄二十一年，命畎夷、白夷、赤夷、玄夷、风夷、阳夷。

后发即位，元年，诸夷宾于王门，诸夷入舞。

在夏代之前的古史传说中，尚未见"夷"的称谓，只记载着一些属于东夷族系的著名人物。如伯益（或作伯翳、柏翳）、皋陶、蚩尤、少昊和太昊等，当然，他们实际上大都不是具体的个人，而是代表着存在于一定时期和活动于一定区域的早期东方部族。

综上所述，所谓"夷"，是夏商周三代中原地区的居民对以海岱地区为主体的东方地区（或这一地区的居民）[3]的称谓，夏称"九夷"，商曰"夷"或"夷方"，入周以后始名之为"东夷"。夏代之前，似乎尚未出现"夷"的名称，而秦统一之后，随着海岱地区和中原地区在政治、经济、文

---

[1]　《尚书·禹贡》虽成书较晚，但其反映的史实甚早，有的学者认为，九州"是公元前二千年前后黄河、长江流域实际存在的、源远流长、自然形成的人文地理区系"，参见邵望平《〈禹贡〉九州的考古学研究》，《九州学刊》第2卷第1期（总第5期），第10页。

[2]　以下未加说明者，皆引自《后汉书·东夷传》之注。

[3]　广义的东方包括从东南沿海到东北的广大区域，这一区域的居民都曾被称为夷，如《尚书·禹贡》把冀、青、兖、扬诸州的居民分别称为鸟夷、嵎夷、莱夷、淮夷、岛夷。东周以后，夷的名称在海岱地区消失了，而其以北、以南地区的居民仍有夷的称谓。所以，即使按狭义的东方为夷的说法，"夷"的外延仍是相当宽泛的。

化上的全面融合（亦即东夷族和华夏族的融合），“东夷”的称谓在海岱地区逐渐消失，而主要转移到了远离华夏的东北亚一带。

就文化的亲缘关系和发展谱系而言，海岱地区的新石器文化和夏代的夷人文化是一脉相承的，而夏商周三代的夷人文化又有着不容置疑的内在继承关系。因此，我认为可以把海岱地区新石器时代至夏商时期考古学文化的族属定为东夷族。西周以后，随着外族迁入的增多和文化融合步伐的加快，东夷的土著文化特色渐次减弱，最终从海岱地区的历史舞台上消失了。

在本文的写作过程中，山东大学考古学系马良民先生给予了许多帮助，特致谢忱。

（原载《中原文物》2002年第1期）

太昊和少昊传说的考古学研究

太昊和少昊是中国古史传说时期两个十分重要的人物，代表着上古时代两个显赫的部族或部族集团。根据文献记载，他们居住在东方，属于夷人集团系统。

关于太昊和少昊的时代、地望、社会发展阶段及相互关系等，曾有不少学者进行过探讨。本文拟在前人研究的基础上，从梳理关于太昊和少昊的文献记载入手，结合传说地望内的考古发现和考古学文化的变迁，进而对太昊和少昊的相关问题进行探索。

一 关于太昊和少昊的传说

先秦两汉文献中，有不少关于太昊和少昊的记载，下面分而述之。

（一）太昊

先秦时期关于太昊的记载，主要有以下几条：

太皞氏以龙纪，故为龙师而龙名。（《左传·昭公十七年》）

陈，大皞之虚也。（《左传·昭公十七年》）

任、宿、须句、颛臾，风姓也，实司大皞与有济之祀，以服事诸夏。邾人灭须句。须句子来奔，因成风也。成风为之言于公曰："崇明祀，保小寡，周礼也；蛮夷猾夏，周祸也。若封须句，是崇皞、济而修祀、纾祸也。"（《左传·僖公二十一年》）

自太皞以下，至于尧、舜、禹，未有一姓而再有天下者。（《逸周书·太子晋解》）

有木，青叶紫茎，玄华黄实，名曰建木，百仞无枝，有九㭜，下有九枸，其实如麻，其叶如芒，大皞爰过，黄帝所为。（《山海经·海内经》）

西南有巴国。大皞生咸鸟，咸鸟生乘釐，乘釐生后照，后照是始为巴人。（《山海经·海内经》）

何世而无嵬，何世而无琐，自太皞燧人莫不有也。（《荀子·正论篇》）

历大皓以右转兮，前飞廉以启路。（《楚辞·远游》）

孟春之月，日在营室，昏参中，旦尾中，其日甲乙，其帝太皞，其神句芒。（《逸周书·月令篇》）

汉代成书的《淮南子》，在《天文训》中说："东方，木也，其帝太皞，其佐句芒，执规而治春，其神为岁星。"与《逸周书·月令篇》、《吕氏春秋·孟春纪》、《礼记·月令篇》等基本相同。

综合以上文献所记内容，我们可以对太昊作出以下总结：

（1）太昊不是某一个具体人物的名称，应是具有密切关系的若干部族的联合体，可称之为太昊系部族。其时代早于颛顼、尧、舜等，而与黄帝、炎帝、共工、少昊等并列，属于传说时代的偏早时期。

（2）太昊被后世尊为东方之帝，表明其事迹和活动区域与东方相关。

（3）太昊系部族所在的地望，主要有三个区域：

一是豫东。"太昊之虚"在陈，陈在豫东淮阳一带，广义上可以认为在河南省的东部地区。

二是鲁西南。任、宿、须句三个小国是太昊的后裔。任之所在，杜注："任城县也"，即今之山东省济宁市，无异议；须句，杜注："在东平须昌县西北"，即今之山东省东平县东南（或西北）；宿的问题比较复杂，需要作简单的分析。

《春秋·隐公元年》："九月，及宋人盟于宿。"杜注："宿，小国，东平无盐县也。"按一般的看法，宿在今之山东省东平县东南，与须句的位置相近。另《春秋·庄公十年》记载："三月，宋人迁宿。"《元和郡县图志》"泗州宿迁县"条下云："春秋时宋人迁宿之地"[1]。从地理位置和当时的政治形势分析，以上两个宿，显然不是一地，杨伯峻先生也认为"此宿恐非隐元年经之宿"[2]。以宋国（商丘一带）与宿迁的相对位置及宋国的势力度之，宋人所迁之宿，以在靠近宋国的鲁西南豫东皖北一带较为合理。而鲁宋所盟之宿，很可能是鲁国西北边界上的一个邑。如以上所议可从，那么，作为太昊之后裔的宿国就应在鲁西南或豫东皖北地区。

此外还有商周时期的郜国。郜在甲骨卜辞和金文中多作"告"，告与郜同。郜与皞音近义通，皆可通皞、昊，如《楚辞·远游》太昊即为"大皓"。郜国，按《左传·僖公二十四年》所载："……郜……，文之昭也"，为文王之子的初封之地，其国商代已有，周初分封因之，徐中舒先生认为："皞即商代郜国，属于商之田服"[3]。《春秋·隐公十年》："六月壬戌，公败宋师于菅。辛未，取郜。"杜注："菅，宋邑。……济阴城武县东南有郜城。"《春秋·桓公二年》："夏四月，取郜大鼎于宋。"由上述几条记载可知，郜地近宋，初为宋所灭，国之重器归于宋，春秋早期为鲁所取，其地在今之鲁西南的成武和单县之间，旧注多以为在成武县东南的郜鼎集一带。近年，菏泽地区博物馆在郜鼎集西北的城湖发现两周时期古城遗址，应为郜国都城所在[4]。

三是蒙山以东地区。颛臾是和任、宿、须句并列的四个太昊后裔小国之一。杜注："颛臾，在泰山南武阳县东北。"《论语·季氏》："夫颛臾，昔者先王以为东蒙主，且在邦域之中矣。"其地在山东省费县和平邑县之间。

此外，夏之"风夷"和商之"风方"，亦为太昊之后裔。按丁山先生的考证，"风夷故地，当求诸汉六安国之安风县"，在今之安徽省的江淮之间一带[5]。这里与太昊之虚的豫东邻近，或许是太昊的后裔迁居之地。

---

[1]　（唐）李吉甫：《元和郡县图志》，中华书局，1983年，第231页。

[2]　杨伯峻：《春秋左传注》，中华书局，1981年，第181页。

[3]　徐中舒：《先秦史论稿》，巴蜀书社，1992年，第19页。

[4]　郅田夫：《郜国都城探略——试论成武县城湖故城国属》，《东夷古国史研究（第二辑）》，三秦出版社，1990年。

[5]　丁山：《甲骨文所见氏族及其制度·风方》，中华书局，1988年，第149页。

简而言之，太昊的传说及其后裔小国分布的地域，主要在豫东、鲁西南和皖北及其周围地区，此外，在蒙山一带也有踪迹。

（二）少昊

先秦时期关于少昊的记载略多，主要有以下几条：

秋，郯子来朝，公与之宴。昭子问焉，曰："少皞氏鸟名官，何故也？"郯子曰："吾祖也，我知之。

昔者黄帝氏以云纪，故为云师而云名；炎帝氏以火纪，故为火师而火名；共工氏以水纪，故为水师而水名；太昊氏以龙纪，故为龙师而龙名。我高祖少皞挚之立也，凤鸟适至，故纪于鸟，为鸟师而鸟名：

凤鸟氏，历正也；玄鸟氏，司分者也；伯赵氏，司至者也；青鸟氏，司启者也；丹鸟氏，司闭者也。

祝鸠氏，司徒也；鴡鸠氏，司马也；鸤鸠氏，司空也；爽鸠氏，司寇也；鹘鸠氏，司事也。五鸠，鸠民者也。

五雉为五工正，利器用、正度量，夷民者也。

九扈为九农正，扈民无淫者也。

自颛顼以来，不能纪远，乃纪于近。为民师而命以民事，则不能故也。"

仲尼闻之，见于郯子而学之。既而告人曰："吾闻之，'天子失官，学在四夷'，犹信。"（《左传·昭公十七年》）

少皞氏有不才子，毁信废忠，崇饰恶言，靖谮庸回，服谗蒐慝，以诬盛德，天下之民谓之穷奇。（《左传·文公十八年》）

少皞氏有四叔：曰重，曰该，曰修，曰熙；实能金、木及水。使重为句芒，该为蓐收，修及熙为玄冥，世不失职，遂济穷桑，此其三祀也。（《左传·昭公二十九年》）

分鲁公以大路、大旂，夏后氏之璜，封父之繁弱，殷民六族，条氏、徐氏、萧氏、索氏、长勺氏、尾勺氏，使帅其宗氏，辑其分族，将其类丑，……因商奄之民，命以伯禽，而封于少皞之虚。（《左传·定公四年》）

及少皞之衰也，九黎乱德，民神杂糅，不可方物。……颛顼受之，乃命南正重司天以属神，命火正黎司地以属民，使复旧常，无相侵渎，是谓绝地天通。（《国语·楚语下》）

昔天之初，□（诞）作二后。乃设建典，命赤帝分正二卿，命蚩尤于宇少昊，以临四方。司□上天未成之庆。蚩尤乃逐帝争于涿鹿之河，九隅无遗。赤帝大慑，乃说于黄帝，执蚩尤，杀之于中冀，以甲兵释怒。……乃命少昊清司马鸟师，以正五帝之官，故名曰质。天用大成，至于今不乱。（《逸周书·尝麦解》）

长留之山，其神白帝少昊居之。其兽皆文尾，其鸟皆文首，是多文玉石。（《山海经·西山经》）

东海之外大壑，少昊之国。少昊孺帝颛顼于此，弃其琴瑟。（《山海经·大荒东经》）

有襄山，又有重阴之山，有人食兽，曰季釐。帝俊生季釐，故曰季釐之国。有缗渊。少昊生倍伐，倍伐降处缗渊。有水四方，名曰俊坛。（《山海经·大荒南经》）

有人一目，当面中生，一曰威姓，少昊之子，食黍。（《山海经·大荒北经》）

少昊生般，般是始为弓矢。（《山海经·海内经》）

少昊金天氏，邑于穷桑，日五色，互照穷桑。（《太平御览》卷三引《尸子》）

少昊邑于穷桑以登帝位，都曲阜，故或谓之穷桑帝。（《帝王世纪》）

孟秋之月，日在翼，昏斗中，旦毕中。其日庚辛，其帝少皞，其神蓐收。（《逸周书·月令篇》）

此外，《吕氏春秋·孟秋纪》、《礼记·月令篇》等也有类似的记载。

总结上述关于少昊的记载，可得出以下认识：

（1）少昊不是一个明确可指的具体人物，而应是若干部族的联合体，本文称之为少昊系部族。由"及少昊之衰也，……颛顼受之"（《国语·楚语》）和"少昊以前，天下之号象其德，百官之号象其徵。颛顼以来，天下之号因其地，百官之号因其事"[1]可知，少昊的时代早于颛顼，更早于尧、舜、禹，而与黄帝、炎帝相若，蚩尤属少昊时期。

（2）关于少昊系部族的分布区域，主要有二：

一是以曲阜为中心的鲁中南地区。《左传·昭公元年》："周有徐、奄"。杜注："二国皆嬴姓。"《说文》："嬴，少昊氏之姓"。徐、奄是商代和周初的东夷土著民族的国家，皆少昊氏之后裔。周初成王分封，鲁公"因商奄之民"而"封于少皞之虚"，杜注："少皞虚，曲阜也，在鲁城内。"鲁初封于商奄之地，亦即少昊氏的中心区域。关于徐的地望，《春秋·僖公三年》："徐人取舒。"杜注："徐国在下邳僮县东南。"今人多据此认为徐国在洪泽湖北侧一带，这大约是遭受西周征伐之后的徐国地望。《尚书·费誓》序云："鲁侯伯禽宅曲阜，徐夷并兴，东郊不开。"由此可知徐国最初在曲阜之东不远，徐旭生先生认为"徐国在周初当在今山东东南部曲阜县附近，以后才迁到南方数百里外"[2]。泗水县文物管理所的赵宗秀同志经过调查，认为商末周初的徐国就在泗水县东南的汉舒村古城一带[3]。因此，以徐、奄为主的东夷旧国之地，即今之鲁中南的汶河和泗河流域一带，是少昊系部族的主要分布区域之一。

位于山东省莒县的另一少昊后裔的嬴姓大国莒国，是西周偏晚时期才由外地迁到这里来的。而商代的莒国，或依据传出于费县的一组商代有铭青铜器，认为其地就在山东费县一带[4]，紧邻泗河流域。至于鲁东南的郯城一带，由于郯子自称为少昊之后，故其地也有可能属于少昊系部族，但由于时代久远，郯国又是小国，我们不能断定，郯子的祖先是自少昊时期就世代居于此地，拟或是后来从其他地区迁入的，只是还保留着自己祖先的传说。

齐地中心区域也是少昊系部族重要的分布区。《左传·昭公二十年》记载了晏子对齐地历史沿革的追述："昔爽鸠氏始居此地，季萴因之，有逢伯陵因之，蒲姑氏因之，而后太公因之。"爽鸠

---

[1]　（唐）贾公彦：《周礼正义序》，《十三经注疏》，中华书局，1980年，第663页。

[2]　徐旭生：《中国古史的传说时代》，文物出版社，1985年，第167页。

[3]　赵宗秀：《试论商末周初徐国之所在》，《东南文化》1995年第1期。

[4]　孙敬明：《莒史缀考》，《东夷古国史研究（第二辑）》，三秦出版社，1990年。

氏，杜注："少皡氏之司寇也。"齐初的封地，东不过潍坊，西不到济南，大约在这一范围之内。由此可知，鲁北中部地区，也属于少昊系部族的分布区域之一。

此外，《史记·封禅书》云："秦襄公既侯，居西垂，自以为主少皡之神，作西畤，祠白帝。"为什么秦襄公被周王列为诸侯后，马上想到要祠白帝少昊呢！这还要从秦人的来源寻找原因。《史记·秦本纪》："太史公曰：秦之先为嬴姓。"嬴姓来自秦人先祖大费，即辅佐虞舜的柏翳，其"子孙或在中国，或在夷狄"。至周孝王时，"邑之秦，使复续嬴氏祀，号曰秦嬴。"《国语·郑语》也说："嬴，伯翳之后也。"韦注："伯翳，虞舜官，少皡之后伯益也。"由此知秦人之姓"嬴氏"系来自其祖先柏翳。柏翳，亦写作伯翳、伯益，是虞舜时期东方夷人的重要代表人物，为少昊之后，这样，秦人也自然就是少昊的后裔了。正因为如此，秦襄公立下攻戎救周之功，被始列为诸侯，在这秦人发展的历史上出现重大转折之际，立即隆重地祭祀其祖先白帝少昊，这一举措可能具有告慰先祖并继续企求得到先祖保佑的多重意义。那么，既然秦人系出自东方的少昊氏，为什么会委身于西方戎狄之间呢？他们又是如何由东方辗转迁徙到西北地区的呢？文献没有留下明确的记载。所以近人对此颇有异辞。对此，傅斯年先生在六十多年前曾指出："秦赵以西方之国，而用东方之姓者，盖商代西向拓土，嬴姓东夷在商人旗帜下入于西戎"[1]。在此基础上，有学者对夷人西迁的时间、路线、原因等问题进行了系统而深入的探讨[2]，其论据是有说服力的。另外，相应的考古发现也提供了这一方面的线索。如陕北神木县石峁遗址发现的玉器中，时代较早的（属于龙山时代）双孔钺、牙璋、牙璧等[3]，在当地找不到来源，而和山东地区海岱龙山文化的同类器相同。据此可以推测，在龙山文化时期，有一部分东方居民辗转迁徙到了西方地区，他们只是带去了自己比较贵重的玉礼器。随着时间的推移，虽然物质文化已与当地完全融合，但关于自己祖先的传说仍保留在记忆之中，始终没有泯灭。至于少昊氏在周汉时期的一些典籍中，被尊为西方之神，主秋和日入，当另有原因，容另作讨论。

（三）太昊和少昊的关系

关于太昊和少昊的关系，近人多有论及，归结起来，主要有三种基本意见：

第一种观点认为太昊的时代较早，少昊的时代较迟。如傅斯年先生认为："太皡少皡皆部族名号，……至于太少二字，金文中本即大小。大小可以地域大小及人数众寡论，如大月氏小月氏，然亦可以先后论，如大康少康。今观太皡少皡，既同处一地，当是先后有别。且太皡之后今可得而考见者，只风姓三四小国，而少皡之后今可考见者，竟有嬴己偃允四箸姓。当是少皡之族代太皡之族而居陈鲁一带"[4]，"东土的系统""当是大皡，少皡，殷"[5]。唐兰先生也认为："太昊和少昊，

[1]　傅斯年：《夷夏东西说》，《庆祝蔡元培先生六十五岁论文集》（下），1935年，第1121页。

[2]　段连勤：《关于夷族的西迁和秦嬴的起源地、族属问题》，《先秦史论文集》，《人文杂志》增刊，1982年；陈平：《从"丁公陶文"谈古东夷族的西迁》，《中国史研究》1998年第1期。

[3]　戴应新：《陕西神木县石峁龙山文化遗址调查》，《考古》1977年第3期；戴立新：《神木石峁龙山文化玉器》，《考古与文物》1988年第5、6合期；戴立新：《神木石峁龙山文化玉器探索》，《故宫文物月刊》126、128、130，1993年。

[4]　傅斯年：《夷夏东西说》，《庆祝蔡元培先生六十五岁论文集》（下），1935年，第1120、1121页。

[5]　傅斯年：《新获卜辞写本后记跋》，《安阳发掘报告》第二期，1930年，第364页。

都是国家的名称。太和少等于大和小，是相对的。这两个称为昊的国家，可能有先后之分，在少昊强盛的时期，太昊已经衰落了"[1]。"太昊大概在少昊前，所以关于少昊的文献比较多。……少昊之国在黄河与淮河之间，又继承太昊炎帝之后，所以发达得比较早"[2]。夏鼐先生也曾认为太昊和少昊"似为有承继关系的前后两个氏族"[3]。王树明先生则进一步认为："大汶口文化、山东龙山文化，就是这两个不同发展阶段在物质文化上的反映"[4]。

第二种观点认为太昊和少昊是同时并存的。如刘敦愿先生认为："大皞少皞两族都是风姓，也就都以凤鸟为其氏族图腾，氏族图腾相同，也就说明有着共同的起源，大皞、少皞是相对的称谓，所谓大（太）与少，也就是大与小，长与幼，两者是兄弟部落的意思非常明显。现代原始社会史的研究认为，氏族的起源，最初总是表现为'二元组织'的（或名之为'两合组织'的），原始部落最初由两个原始氏族组成，在以后的发展中，由两个胞族组成。……风姓大皞少皞两族的关系也是这种'二元组织'关系的表现"[5]。

第三种观点认为少昊较早，太昊在陈地之虚是昊族向豫东迁徙发展形成的。如徐中舒先生认为："少皞氏故地在鲁，太皞氏在陈，这是皞族迁徙于不同地区而得名的。古史中称一些民族原住地多称为'少'，少即'小'，是指该族早期人口稀少势力弱小时期。'太'即'大'，乃该族后来迁徙新地人口众多，势力强大时的称号"[6]。

管见太昊和少昊两大部族不是前后相继的传承，而主要是一种时代相重叠的并列关系。有以下四证。

（1）古代文献记载往往将太昊和少昊并列。如《左传》中所载黄帝氏以云纪，炎帝氏以火纪，共工氏以水纪，太昊氏以龙纪，少昊氏以鸟纪；《礼记》和《吕氏春秋》中春天之帝太昊，夏天之帝炎帝，秋天之帝少昊，冬天之帝颛顼；《淮南子》中尊太昊为东方之帝，炎帝为南方之帝，黄帝为中央之帝，少昊为西方之帝，颛顼为北方之帝。当然，《礼记》、《吕氏春秋》和《淮南子》等所配备的春夏秋冬或东南中西北的帝名，显然是人为地整齐化了，是当时（或略早）人编纂出来的，并不完全可信，如其中的颛顼就明显较晚，但还是将他们并列。

（2）太昊为风姓，少昊为嬴姓，两者姓氏有所区别。太昊之后一直存续，如：唐尧之时，有不服领导（"为民害"）的"大风"，"尧乃使羿……缴大风于青邱之泽"（《淮南子·本经训》；在夏代，有后相二年征伐的"风夷"和后泄二十一年所命六夷之中的"风夷"；到商代，有见于甲骨卜辞"……卜其皿（盟）风方……"（《殷契粹编》，1182）的风方；此外，《楚辞·远游》在大皓（太昊）之后还提到"风伯"，亦为太昊之后；而任、宿、须句、颛臾等周代小国，直至灭亡都保持着风姓。少昊的后裔如徐、奄、秦等，一直到周秦时期还保持着嬴姓，历二三千年而不变。他们的区别是显而易见的，所以太昊和少昊不是时代有先后的同一族系的部族。至于他们都崇拜

[1] 唐兰：《中国奴隶制社会的上限远在五、六千年前》，《大汶口文化讨论文集》，齐鲁书社，1981年，第127、128页。

[2] 唐兰：《从大汶口文化的陶器文字看我国最早文化的年代》，《大汶口文化讨论文集》，齐鲁书社，1981年，第81~83页。

[3] 刘敦愿：《古史传说与典型龙山文化·后记》，《美术考古与古代文明》，台湾允晨文化实业股份有限公司，1994年，第398页。

[4] 王树明：《谈陵阳河与大朱村出土的陶尊"文字"》，《山东史前文化论文集》，齐鲁书社，1986年，第265页。

[5] 刘敦愿：《古史传说与典型龙山文化》，《山东大学学报》1963年第2期。

[6] 徐中舒：《先秦史论稿》，巴蜀书社，1992年，第19页。但徐中舒先生在阅读《中国史稿》的批语中又说："太者，大也，远也。太昊应在少昊之前。"见本书第349页。

鸟，或以鸟为图腾，说明两者关系比较密切，或许他们是由同一祖先繁衍分化出来的。

（3）由前述分析可知，太昊的分布区域以豫东、鲁西南和皖北为主，个别在沂蒙地区，而少昊的分布区域主要在鲁中南地区的汶河和泗河流域，部分在鲁北中部地区。两者很少有重叠分布现象，或者说，两者的主要分布区处于相邻的不同区域。这是他们非为前后关系而为同时并存关系的坚强证据之一。

（4）在所有的文献中，没有太昊早于少昊或太昊发展为少昊的记载。当然，由于远古文献保存下来的极少，如果仅此一条，并不能作为谁早谁晚或者同时的证据。但可以作为上述三条的补充或者反证。

因此，我认为姓氏不同且分布区域有别的太昊和少昊主要是一种同时并存关系，是可以成立的。

在基本理清了太昊和少昊的关系及其各自的主要分布区域之后，就可以从各地发现的考古学遗存中来分辨"太昊文化"和"少昊文化"了。

二　关于太昊的考古遗存分析

从太昊氏风姓诸后裔的分布，我们将太昊系部族的主要活动区域限定在豫东、鲁西南和皖北一带。这一地区的考古学文化，就目前所知，自早至晚依次有小山口下层一类遗存、石山子一类遗存、大汶口文化中晚期遗存、龙山文化王油坊类型和岳石文化。综观这一考古学文化序列，它前后分属于两个文化系统，即以大汶口文化的出现为界，此前的小山口、石山子等为同一谱系的文化，而大汶口、龙山、岳石文化则为另一谱系的文化。这两个文化系统基本上是一种替代关系，即在大汶口文化中期阶段，东方居民渐次西迁，最终融合和取代了当地的土著文化，成为东方海岱系文化一个新的分布区。

根据考古学文化的横向比较和碳-14测年，前一系统大约在距今5300年之前，其上限可达距今8000年前后。由于年代久远，并且在自身的发展过程中又被外来的文化所同化和取代，所以其族属问题没有线索可寻，很可能已经在历史的记忆中泯灭。后一系统则因为年代较近，且文献中保留着许多传说，可以大致按时代进行分析对应。

这一地区的岳石文化基本上属于夏代时期，它是夏代东夷部族所创造的文化，从族系的渊源关系上讲，应是太昊之后裔所遗留下来的物质文化。根据文献记载，我们还认为这一地区的部分岳石文化遗存，是殷之先公时期的商人所创造的，故又可称为"先商文化"[1]。

对于地处豫东、皖北、鲁西南地区的龙山文化王油坊类型的文化性质，学术界的看法不一。由于受先入为主的认识所影响，不少人仍坚持其属于"中原龙山文化"系统。对此，我们曾作过专门的辨正，认为其属于东方的海岱龙山文化系统[2]，近年来，越来越多的人加入到这一行列之中。关于王油坊类型的族属，或认为是先商文化[3]，或认为"可能就是传说中的有虞氏文化"[4]，对此暂不置

[1]　栾丰实：《试论岳石文化与郑州地区早期商文化的关系——兼论商族起源问题》，《华夏考古》1994年第4期。
[2]　栾丰实：《龙山文化王油坊类型初论》，《考古》1992年第10期。
[3]　20世纪七八十年代，有不少学者持这一观点，恕不一一列举。
[4]　李伯谦：《论造律台类型》，《文物》1983年第4期。

评。其相对年代是明确的，即大约相当于尧舜时期，时代显然晚于太昊。

再往前推就是大汶口文化。按照我们对大汶口文化的统一分期度之，豫东、皖北和鲁西南地区的大汶口文化，主要属于晚期阶段，少数可以早到中期阶段后段，如亳县傅庄的大汶口文化墓葬[1]。从时间和空间两个方面分析，豫东、皖北和鲁西南地区的大汶口文化和传说时期的太昊氏文化相当。故我个人认为，豫东、皖北和鲁西南地区的大汶口文化，其负载体就是文献中记载的太昊系部族[2]。

如上所述，这一地区本来并不属于大汶口文化的地盘，只是由于携带着自身文化的大汶口人的大量涌入，才使其成为大汶口文化一个新的分布区。那么，我们要问，这些大汶口人来自何地？又是什么原因导致了他们迁徙到这里来的呢？这就需要从这一地区大汶口文化的特征谈起。

豫东、皖北和鲁西南地区的大汶口文化，具有显著的自身特色，择其要者如下：

（1）遗址大多位于高出地面的岗、丘和堌堆之上。

（2）房屋建筑以连间排房最具特色。

（3）墓葬中有一定数量的瓮棺葬。

（4）偏早阶段（如亳县傅庄）有一定数量的多人同性合葬墓，流行拔牙习俗，其特殊之处是上下牙齿都拔。

（5）陶器中有一部分少见于山东地区大汶口文化的器形，如瓦足盆形鼎、双曲腹浅盘豆、粗高颈罐、高颈鼓肩壶（罐）、瘦长背壶等。

（6）存在图像文字，并且都刻于大口尊的外表，一器一字，有的还涂朱。

上述特色，第（1）条是该地区地势低洼、易受水患的特殊地理环境使然；第（2）、（3）、（5）条，与其他地区的大汶口文化不同，或是受到西部或南部地区的影响，或是还在一定程度上保留着该地区早期文化的流风余韵；第（4）、（6）条是追寻这一地区大汶口人来源的重要线索。

皖北豫东与东部其他的大汶口文化分布区，距离较近的是鲁中南的汶泗流域，而这一带也是大汶口文化遗存分布得最为密集的地区。鲁中南地区已发现的多处大汶口文化中期墓葬中，迄今尚未见到多人同性合葬墓；而流行的拔牙习俗，则基本上都是拔除一对上侧门齿；到目前为止还没有在陶器上发现刻划图像文字。

与上面的情况不同，在距离皖北豫东稍远的鲁东地区倒是可以见到这些现象。如大汶口文化中晚期阶段，诸城呈子[3]、潍坊前埠下[4]和栖霞杨家圈[5]等遗址都曾发现过多人同性合葬墓；胶州三里河[6]和莱阳于家店[7]有拔除上下颌牙齿的习俗；在莒县陵阳河[8]、大朱村[9]、杭头[10]、诸城前寨[11]、日

---

[1] 杨立新：《安徽淮河流域的原始文化》，《纪念城子崖遗址发掘60周年国际学术讨论会文集》，齐鲁书社，1993年。

[2] 由于鲁西南地区经过发掘的大汶口文化遗址甚少，故以下所归纳的这一地区大汶口文化的特征，资料主要取自皖北和豫东地区。

[3] 昌潍地区文物管理组、诸城县博物馆：《山东诸城呈子遗址发掘报告》，《考古学报》1980年第3期。

[4] 山东省文物考古研究所：《配合潍莱高速公路考古发掘获重要成果》，《中国文物报》1998年3月8日第1版。

[5] 山东省文物考古研究所、北京大学考古实习队：《山东栖霞杨家圈遗址发掘简报》，《史前研究》1984年第3期。

[6] 中国社会科学院考古研究所：《胶县三里河》，文物出版社，1988年。

[7] 严文明：《胶东原始文化初论》，《山东史前文化论文集》，齐鲁书社，1986年。

[8] 山东考古所、山东省博物馆、莒县文管所：《山东莒县陵阳河大汶口文化墓葬发掘简报》，《史前研究》1987年第3期；王树明：《谈陵阳河与大朱村出土的陶尊"文字"》，《山东史前文化论文集》，齐鲁书社，1986年。

[9] 山东省文物考古研究所：《莒县大朱家村大汶口文化墓葬》，《考古学报》1991年第2期。

[10] 山东省文物考古研究所等：《山东莒县杭头遗址》，《考古》1988年第12期。

[11] 杜在忠：《论潍、淄流域的原始文化》，《山东史前文化论文集》，齐鲁书社，1986年。

照尧王城[1]等遗址出土的陶器上，发现有多例刻画图像文字，有的还涂朱，与皖北地区发现的完全相同。因此，我认为皖北豫东地区的大汶口文化与鲁东地区的大汶口文化，较之鲁中南地区更为接近一些。两者之间必有更为密切的关系。这就为寻找皖北豫东地区大汶口文化的来源提供了极为重要的线索。

需要进一步分析的是陶大口尊上的图像文字。其中两地均见的由"日""火""山"组成的图像，对于了解它们的关系具有十分重要的价值和意义。这种图像是由三个部分上下排列组合成一个完整图形的，上部为一圆圈，下部为五个向上的锐角，其分别表示太阳和山，对此，大家无异辞。问题是中间的月牙状图形，或释作"火"，或释作"月"，或释作"鸟"。因为这种图像的上侧中部均有一个向上凸起的尖，所以与新月有明显区别。陵阳河遗址出土的一件简化此类图像（省去了下面的山形），太阳下方的图形显然不是月亮，像火之形。故以释为火较为合理。由"日"、"火"、"山"或简化为"日"、"火"所组成的图像，在具体的释读上有多种不同意见，或作旦[2]，或作昃[3]，或作昃山[4]，或作炟[5]，或作昊。这一图像的直观含义并不复杂，它就是太阳高高悬于空中之摹画。田昌五先生将其与古史中的"昊"联系起来，认为该图像"是一个氏族部落标志，完整地作日月山，山上有明月，月上有太阳；简单地作日月而省去山，其意应是太皞和少皞之皞字，有如后来的族徽"[6]。这是一种极有见地的解释，其说可从。那么，分居于皖北豫东和鲁东两个地区持有这种族徽的昊族居民只能属于太昊系部族。

因为我们已经确知皖北豫东地区的大汶口文化来自东方，并且它们和鲁东地区的大汶口文化又有这么多更为接近的因素，那么，是否可以认定前者就是从后者分迁出去的呢？我认为还不能下这种结论。

我们注意到，从皖北到鲁东有一个相对较大的间隔地带，即江苏省的淮北地区（以下简称苏北），这三个地区在地理上同属于淮河流域，且均位于淮河的北侧支流发育区：皖北豫东地区位于颍、涡、浍、沱河流域；苏北地区处在泗、沂、沭河流域下游；鲁东地区的南部则居于沂、沭河流域中上游。下面我们按早、中、晚三个阶段[7]来考察大汶口文化在这三个小区域的分布情况。

早期阶段：苏北地区有较多发现，如邳县刘林、大墩子，沭阳万北，灌云大伊山，新沂小林顶等；鲁东地区的南部据说有所发现，但为数不多，并且迄今未见正式发表的资料；皖北豫东地区这一时期主要属于石山子、双墩一类遗存的偏晚时期，与大汶口文化分属于不同的文化谱系。

中期阶段：苏北地区仍然有较多的发现，如徐州高皇庙，邳县大墩子上层，新沂花厅，沭阳万北等；鲁东地区南部的发现仍然不多，属于这一时期的遗址。迄今为止还没有一处经过正式发掘；

[1] 中国社会科学院考古研究所：《尧王城遗址第二次发掘有重要发现》，《中国文物报》1994年1月23日第1版。

[2] 于省吾：《关于古文字研究的若干问题》，《文物》1973年第2期。

[3] 唐兰：《关于江西吴城文化遗址与文字的初步探索》，《文物》1975年第7期。

[4] 李学勤：《考古发现与中国文字起源》，《中国文化研究集刊》第2辑，1985年；李学勤：《论新出大汶口文化陶器符号》，《文物》1987年第12期。

[5] 王树明：《谈陵阳河与大朱村出土的陶尊"文字"》，《山东史前文化论文集》，齐鲁书社，1986年。

[6] 田昌五：《古代社会断代新论》，人民出版社，1982年，第53、54页。

[7] 大汶口文化延续的时间长达一千五六百年之久，目前学术界一般将其划分为早、中、晚三个大的阶段，参见栾丰实：《海岱地区考古研究》，山东大学出版社，1997年，第69～113页。

皖北豫东地区在这一时期的晚段开始有零星发现，如亳县付庄和周口市区烟草公司仓库等[1]。前者发现的大汶口文化遗存中有较多的本地因素，后者中的非大汶口文化因素则更为显著。此外，在郑州大河村仰韶文化遗址中，也发现有个别的大汶口文化墓葬[2]，其存在表明大汶口人已经来到郑州一带，但并没有改变这里原有文化的文化性质。

晚期阶段：苏北地区的大汶口文化遗址甚少，比较明确的，只有苏北边缘地区发现的少数几处，如洪泽湖西北的泗洪县赵庄和连云港市郊区的二涧村等。中期阶段的一些遗址，一进入晚期就基本消失了；鲁东地区南部的大汶口文化遗址则迅速增多，如陵阳河、杭头、大朱村、东海峪等，还有许多没有作过发掘的遗址大都属于这一阶段；皖北豫东地区的大汶口文化遗址也呈现迅速增多的趋势，如宿县芦城孜、小山口、古台寺，萧县花甲寺，蒙城尉迟寺，永城黑堌堆，鹿邑栾台，淮阳平粮台，郸城段寨，商水章华台等，均属于这一阶段。

分析大汶口文化三个阶段的遗址在苏北、皖北豫东和鲁东南部三个地区分布的变化趋势，我认为，皖北豫东地区的大汶口文化遗存最有可能是从苏北地区迁徙而来的。同时，鲁东沂、沭河上游一带的大汶口文化晚期阶段遗存，其中一部分也有可能来自苏北地区。

基于上述，将文化内涵方面的共同特征和遗址分布规律方面的变动趋向结合起来分析，可以认定，皖北豫东地区的大汶口文化遗存，是在大汶口文化中期晚段开始渐次从苏北地区迁徙而来的。

以上我们论定了皖北豫东地区的大汶口文化系来自苏北地区，那么，又是什么原因导致了这种迁徙呢？以往基本上没有人涉及这一问题。我曾经推测可能是由于大汶口文化人口增多、势力膨胀而进行的向外扩张[3]，现在看来并非完全如此。应该作进一步的探讨。

地处大汶口文化分布区南部的苏北一带，与长江下游地区的太湖文化区相邻，两大文化区系之间一直存在着文化上的交往和联系。对于两者的交往，我们曾作过比较详细的分析[4]，双方关系的趋势是：大汶口文化早期阶段到中期前段，两个地区之间的联系比较平稳，由各自文化中对方文化因素的内容和数量可知，双方互有影响；大汶口文化中期中后段，良渚文化在南方迅速崛起，其分布区的北界已扩展至淮河故道一线，这已为在淮河故道南岸发现多处良渚文化遗址所证实。与此同时，在大汶口文化的分布区内普遍感受到了来自良渚文化的影响。这种影响明显地呈波状分布，即苏北地区极为强烈，鲁南地区比较明显，鲁北和胶东半岛地区较弱。另外，以文化交流为主的交往方式也发生了很大变化，从花厅遗址显示的情况看，双方之间至少是在苏北地区采用了战争的形式[5]。即良渚文化在完全占领了本不属于其分布区的苏中地区之后，继续北上，在苏北地区和大汶口文化的居民展开了一定时期的争夺，结果是两败俱伤。此后，即大汶口文化晚期前段开始，苏北地区基本上没有发现大汶口文化的遗址，应与大汶口文化中期后段这一地区发生过大规模的部落战争有直接关系。与此相联系，皖北豫东开始出现大汶口文化遗存，沂、沭河上游地区的大汶口文化遗址也明显增多，在这种历史背景和区域格局之下，他们的来源地只能是苏北地区。

[1] 周口市文化局文物科：《周口市大汶口文化墓葬清理简报》，《中原文物》1986年第1期。

[2] 郑州市博物馆：《郑州大河村遗址发掘报告》，《考古学报》1979年第3期。

[3] 栾丰实：《海岱地区考古研究》，山东大学出版社，1997年。

[4] 栾丰实：《良渚文化的北渐》，《中原文物》1996年第3期；栾丰实：《大汶口文化与崧泽、良渚文化的关系》，《海岱地区考古研究》，山东大学出版社，1997年。

[5] 严文明：《碰撞与征服——花厅墓地埋葬情况的思考》，《文物天地》1990年第6期。

当然，也可能有另外一种原因，即水患。淮河下游地区地势低洼，排水比较困难，洪水可以给生活在这一地区的人们造成极大不便。但促使人们远离故土迁徙他方，绝不是一般意义上的洪水。我想只有一种可能，即黄河改道至淮河下游一带入海。因为当时还不可能有大规模地依靠人力来治理河道，这样就会造成大面积的水灾，使人们原本平稳的生存空间遭到人力无法挽回的破坏，从而导致大量的人口外徙。诚然，在没有得到第四纪地貌学方面的可靠证据之前，这一设想还只能说是一种假说，但其可能性是存在的。

综上所述，太昊系部族最初活动于鲁东和苏北地区，后来迫于良渚文化的压力或水患，才举族西迁到了皖北、豫东和鲁西南地区，其时约当大汶口文化中期后段和晚期阶段。由于这一地区地处中原、东方和南方几大区域的中间地带，地理位置十分重要，与各大区系的文化交流和接触较为频繁，故保留下来的传说也相对较多。而仍然留在东方地区的太昊系部族其他支系，尽管也创造了较高的文化，但因为偏居海隅，在历史发展的长河中逐渐被人们淡忘了。不过，太昊后裔之一的颛臾仍居于沂沭河谷的西部，并为东蒙主，或许还与其远祖太昊氏有关。此外，后世一直遵太昊为东方之帝，很可能与太昊氏最初居于东方相关。至于说太昊后裔较少，少昊后裔较多，则可以从太昊西迁之后，相当一部分与中原地区的华夏族融合[1]，而少昊系部族偏居于东方得以相对独立地繁衍发展中得到合理的解释。

三　关于少昊的考古遗存分析

少昊系部族分布的地望，主要在泰山以南的汶、泗流域，鲁北的济、淄流域也是其重要分布区之一。这一地区内已发现的考古学文化，自早至晚依次为后李文化、北辛文化、大汶口文化、龙山文化、岳石文化、商代文化、周代文化。在这一长串考古学文化中，从北辛文化到岳石文化已被学术界公认为属于同一谱系，其创造者是时代有先后的同一族系的人们。我们仍然自后向前按时代逐一进行分析比较。

属于周代的考古遗存发现较多，以曲阜为中心的汶泗流域地区属于鲁文化系，以临淄为中心的鲁北中部地区属于齐文化系。它们周围同时还各自存在着一些或臣服于鲁、齐，或相对独立的小国家。如果没有出土特殊的确凿证据（如铜器铭文等），仅凭它们所遗留下来的物质文化遗存，几乎没有办法将其一一区分开来。

商代遗存也比较丰富，从已有的发现看，起于二里冈上层时期，止于殷代末期。如与文献记载的史实相联系，汶泗流域的商代文化遗存主要应属于商奄和徐夷，鲁北地区则主要属于蒲姑（薄姑），奄、徐、蒲姑，均为商代时期的嬴姓大国，属于东夷土著，系少昊氏之后。汶泗流域的商代遗存与殷墟商文化最为接近，变化也同步，典型的夷人土著遗存在这里基本不见。因此，我认为这一地区和商王朝有着非同一般的关系，这从其名为"商奄"、鲁城内有"亳社"和周灭商后，商奄

---

[1]　大汶口文化向西迁徙，侵占了皖北豫东鲁西南一带，成为太昊系部族新的领地，而还有相当数量的大汶口文化居民继续西进，来到郑州、禹县、平顶山一线，有的甚至到达洛阳盆地和豫南鄂北一带，他们在较长时期内还顽强地保留着自身的文化传统，但是随着时间的推移，最终被当地的华夏文化所同化，成为后来夏文化的重要来源之一。参见杜金鹏：《试论大汶口文化颍水类型》，《考古》1992年第2期。

趁政局未稳，率先在东方带头闹事可以得到旁证。与汶泗流域相比，鲁北地区的商代遗存与殷墟商文化的差别较大，具有鲜明的自身特色，其中最显著的特征就是在商代遗存中，还保留着极为浓厚的夷人的土著文化因素。当然，在整个商代时期，鲁北和汶泗流域还同时存在着许多小国，它们或夹杂在这些大国之间，或散布于周边，形势与周代相差不大。

岳石文化在两个地区均有发现。笼统地讲，它们的族属应与《后汉书》提到的"九夷"中一部分相对应[1]，至于具体属于哪一分支的"夷"，则无法确定。在汶泗流域，滕州一带夏商时有薛，《左传·定公元年》："薛之皇祖奚仲居薛，以为夏车正，奚仲迁于邳。仲虺居薛，以为汤左相。"泗水一带夏商时有卞，《吕氏春秋·离俗》云："汤将伐桀，因卞随而谋。"卞国春秋属鲁，《春秋·僖公十七年》："会齐侯于卞。"杜注："卞，今鲁国卞县。"今泗水县泉林镇有古城，是卞国故城。因此，薛和卞都是夏代和商初汶泗流域有一定影响的国家。《左传·昭公二十年》晏婴所述齐地沿革，鲁北地区在蒲姑之前为逄伯陵，杜注："逄伯陵，殷诸侯，姜姓。"其时代排在晚商时期的蒲姑氏之前，《续修济阳县志·沿革篇》云："殷，青兖之域汤隶有逄伯陵"，按此推算，其时代至晚相当于岳石文化晚期。《山东通志》认为"逄陵城在今山东淄川废治西南四十里。"《中国历史地图集》（第一册）将其标于今青州之西。近年在济南之北的济阳县刘台子西周贵族墓地中屡见有"夆"铭铜器，如M6出土7件有铭文的铜器，其中6件为"夆"器，"夆"即逄、逢，此墓为一代"夆"公无疑[2]。因此学术界认为刘台子是西周时期的逄国墓地，如是，则西周时期逄国的地望可能在鲁北中部偏西一带。由此也可知，晏子所讲述的齐地，是指以临淄为中心的鲁北中部地区。而被取代者，很可能是离开此地而迁居他方。

龙山文化遗址在泰山南北地区发现较多。刘敦愿先生曾将其考定为两昊部族的文化遗存。把整个中国上古史与已发现的考古学文化对应，龙山文化大约相当于尧舜时期和夏初。如作纵向比较，尧舜晚于少昊已如前述。另外，按晏子讲述的齐地沿革，鲁北地区"逄伯陵"之前是"季蒫"，杜注："季蒫，虞、夏诸侯，代爽鸠氏者。"那么，"季蒫"所处的虞夏时期就大致相当于龙山时代。夏初的重要国家有穷，其君后羿，亦作"夷羿"，属东夷部族。与有穷关系密切的寒、斟灌、浇、戈等，都在鲁北地区，且《水经·河水注》载："大河故渎，……西流迳平原鬲县故城西。《地理志》曰：鬲津，王莽名之曰河平亭，故有穷后国也。"所以有穷大约就在鲁北的中西部。夏初的后羿是灭国之君，其国可上溯到帝喾时期，尧时之羿亦甚为显赫，《淮南子·本经训》记载较详："逮至尧之时，十日并出，焦禾稼，杀草木，而民无所食。猰貐、凿齿、九婴、大风、封豨、修蛇，皆为民害。尧乃使羿诛凿齿于畴华之野，杀九婴于凶水之上，缴大风于青丘之泽，上射十日而下杀猰貐，断修蛇于洞庭，禽封豨于桑林，万民皆喜，置尧以为天子。于是天下广狭、险易、远近，始有道里。"从两者均善射来看，应属于同一族系的先后不同时期。尧的时代约当龙山文化早期，羿所射杀的大风、凿齿亦为东方夷族。青丘或认为在广饶县内[3]。《山海经》和《淮南子》所记载的"凿齿民"或"有人曰凿齿"，应为有拔牙习俗的东方居民，而非"齿长三尺"（或云五六

---

[1]　《后汉书·东夷传》云："夷有九种，曰畎夷、于夷、方夷、黄夷、白夷、赤夷、玄夷、风夷、阳夷。故孔子欲居九夷也。"

[2]　山东省文物考古研究所：《山东济阳刘台子西周六号墓清理报告》，《文物》1996年第12期。

[3]　顾祖禹：《读史方舆纪要·青州府》乐安县条。

尺）的怪物[1]，其地望只能从流行拔牙的鲁中南和胶东半岛西南部求之。由此看来，尧时羿的地望也在鲁北中部地区。此外，为恢复夏王朝立过大功的有鬲氏，通常认为在鲁西北的平原县东南，从近年来在鲁北西部地区的龙山文化晚期遗址中发现大量的素面陶鬲看。有鬲氏的取名或与大量使用陶鬲相关。

汶泗流域，则应是皋陶、伯益的居地。皋陶的记载见于多种古籍。《论语·颜渊篇》曰："舜有天下，选于众，举皋陶。"《史记·夏本纪》云："皋陶作士以理民。……帝禹立而举皋陶荐之，且授政焉，而皋陶卒。"关于皋陶的事迹，《尚书·尧典》、《礼记》、《论语》、《墨子》、《淮南子》、《史记》等多种文献有载，应实有其人，或者也代表一个部族。《帝王世纪》说："皋陶生于曲阜。曲阜，偃地，故帝因之而以赐姓曰偃。尧禅舜，命之作士。舜禅禹，禹即帝位，以皋陶最贤，荐之于天，将有禅之意。未及禅，会皋陶卒。"（《史记·夏本纪》正义引）偃与嬴乃一声之转，多数学者认为"皋"即"皞"，再加上居地都在曲阜一带。所以，皋陶和少昊应属于同一族系，只是时代一早一晚而已。

关于伯益的记载更多，见于《尚书》、《竹书纪年》、《国语》、《墨子》、《孟子》、《战国策》、《吕氏春秋》、《淮南子》、《史记》等。伯益，亦作"伯翳"、"柏翳"、"柏益"、"后益"、"益"等。其事迹主要有掌山林、驯鸟兽、作井、占岁等。其时代晚于皋陶而与禹、启同时。如《史记·夏本纪》云："帝禹立而举皋陶荐之，且授政焉，而皋陶卒。……而后举益，任之政。"不少文献说伯益为皋陶之子，我们固然不必拘泥于这种狭义的父子说，但无论从哪一个方面看两者出自同一族系应无问题。皋陶卒，禹仍在皋陶的同系东方部族中寻求合作者，继皋陶而起的益应是东方部族的首领。那么，伯益所属部族的地望又在何地呢？《今本竹书纪年》曰："帝启二年，费侯伯益出就国。"《史记·秦本纪》云："大费拜受，佐舜调驯鸟兽，鸟兽多驯服，是为柏翳。"看来伯益、大费、费侯为一人，其来自费地。《尚书·费誓》序："鲁侯伯禽宅曲阜，徐夷并兴，东郊不开。作《费誓》。"周初的费地在曲阜之东，或认为即今费县西南七十里的费城。如是，则伯益所居之费[2]与皋陶所居之曲阜相距甚近，均在少昊系部族活动的范围之内。由此看来，龙山文化时期的汶泗流域，主要是少昊后裔皋陶、伯益等部族的生存空间。

早于龙山文化的大汶口文化时期，鲁北中部地区应是晏子所述的爽鸠氏的居地。或者说，鲁北地区中部的大汶口文化是由少昊系部族之支系爽鸠氏创造的。另外，一般认为古史传说中的另一著名东夷部族——蚩尤，其居地就在鲁西北一带。据《逸周书·尝麦解》的记载，蚩尤属于少昊时期。因此，鲁北地区西部的大汶口文化则应是由蚩尤部族创造的。史载，蚩尤曾和炎黄联军大战于涿鹿之野，结果是蚩尤战败，从此一蹶不振。从目前的考古发现看，鲁西北地区的龙山文化遗址绝大多数为晚期，属于龙山早期和大汶口文化晚期后段的遗址甚少，产生这一现象的原因，或许可以

---

[1]　参见严文明：《大汶口文化居民的拔牙风俗和族属问题》，《大汶口文化讨论文集》，齐鲁书社，1981年。海岱地区从北辛文化至龙山文化时期，居民都有拔牙的现象。如细观之，海岱地区之内的各个小区有较大差别。从总体上讲，以汶泗流域最为流行，潍坊以东次之，鲁北地区较少。

[2]　《孟子·万章上》："禹荐益于天，七年禹崩，……益避禹之子于箕山之阴。"（《史记·夏本纪》为"益让帝禹之子启，而辟居箕山之阳。"）有学者认为山东省益都有箕山，伯益所居之地就在益都一带。参见王永波：《"己"识族团考——兼论其、并、己三氏族源归属》，《东夷古国史研究（第二辑）》，三秦出版社，1990年；王永波、张光明：《益都得名与伯益古族新证》，《管子学刊》1992年第1期。

用蚩尤战败而导致人口锐减来加以解释。诚如是，则可以从另一角度证明蚩尤存在于大汶口文化晚期，进而表明少昊氏的年代下限也当在大汶口文化和龙山文化之际。

汶泗流域是大汶口文化重要的中心分布区，也是目前发现大汶口文化遗址最多的地区，这里的大汶口文化自早至晚连绵不断，清楚地展现了大汶口文化发展变化的完整过程。与其他地区相比，这一地区的大汶口文化发展水平较高，并且具有鲜明特色，择其要者如：

（1）聚落遗址的面积大小相差明显，在数量上呈金字塔状分布。大者几十万甚至近百万平方米（如大汶口遗址），小者数万甚至不足一万平方米。同时，还发现大汶口文化晚期阶段的城址[1]。

（2）墓葬发现较多，同性多人合葬墓消失得较早，而成年男女双人一次合葬墓先于其他地区出现，数量也多。到中晚期阶段，墓葬之间在墓室的大小、葬具的有无、随葬品数量的多少和质量的优劣等方面的差距迅速扩大，从而表明阶级已经产生。

（3）盛行拔牙、头骨枕部人工变形和死者手握獐牙的习俗，其所占比例远远高于其他地区的大汶口文化，将石、陶质小球置于口中而导致齿弓严重变形的现象，仅见于这一地区。

（4）大汶口文化的一些特殊器物，如骨牙雕筒、龟甲器和獐牙勾形器等，主要见于这一地区，其他地区数量很少或根本不见。

（5）彩陶艺术较为发达，彩陶在全部陶器中所占的比例远远高于其他地区的大汶口文化。

此外，在其以东的沂沭河流域和西南方的皖北地区频频发现的陶器刻画图像，这一地区至今没有发现。考虑到汶泗流域地区经过发掘的大汶口文化遗址数量最多，出土物最为丰富，并且时代有早、中、晚期，遗址等级有高、中、低级，所以不应是由于发掘的遗址分布偏颇所造成的，当另有原因。

如与古史传说的族属相联系，从时间和空间两个方面分析，这一地区的大汶口文化只能和少昊系部族相对应，即少昊系部族创造了汶泗流域地区的大汶口文化。如与鲁豫皖地区太昊系部族大汶口文化遗存相比较，保存下来的少昊氏传说，在时间上大约与大汶口文化中、晚期阶段遗存最为接近。当然，汶泗流域大汶口文化早期阶段遗存和更早的北辛文化遗存，毫无疑问与少昊系部族属于同一谱系。只是由于年代过于久远，保留下来的传说更少，我们已无法再具体的一一指对。

四　结语

以上，我们对古史传说中关于太昊和少昊的记载进行了梳理，并将其与目前掌握的考古材料进行了比较，简而言之，有以下结论。

（一）太昊和少昊是传说时期东方夷人的较早阶段，他们之间既有密切联系又有明显区别，从文献记载的共有崇鸟习俗（以鸟为图腾）和物质文化遗存的接近程度看，他们应是同源的。但相互之间又不是直接的前传后承的关系。综合文献记载和考古发现，可以认为太昊和少昊两大系部族时代相若（至少在相当长时期内两者共存过），分布邻近，文化相似，属于海岱系（或称东方系统）

---

[1]　山东省文物考古研究所鲁中南考古队等：《山东滕州市西康留遗址调查、发掘简报》，《考古》1995年第3期；张学海：《浅说中国早期城的发现》，《长江中游史前文化暨第二届亚洲文明学术讨论会论文集》，岳麓书社，1996年。

文化的两大分支。

（二）豫东、皖北和鲁西南地区的大汶口文化，可以和古史传说记载的太昊系部族相联系。由这一地区大汶口文化遗存的年代可知，文献中关于太昊的传说不会早于距今5000年太远。豫东、皖北和鲁西南地区的大汶口文化是由东方迁徙来的，从其与汶泗流域大汶口文化的关系较远，而与沂沭河流域大汶口文化的关系较近分析，他们很可能是来自苏北和鲁东南地区南部。至于其向西迁徙的原因，则有人为原因（战争）和自然原因（洪水）两种可能性。

（三）经过年代学方面的分析比较，我认为少昊系部族所处的时代与大汶口文化（至少是其晚期）相当，他们所创造的物质文化应从大汶口文化中去寻找。如果说的更明确一点，泰山南北地区的大汶口文化中晚期遗存应是少昊系部族所创造的文化。从传说和考古发现两个方面看，少昊系部族的主要活动区（或者说中心分布区），大约是在自泰安到徐州一线的汶泗流域地区。

（原载《中国史研究》2000年第2期）

商时期鲁北地区的夷人遗存

　　鲁北地区，系指山东省的泰沂山系北侧地区，自西而东包括聊城、德州、济南、淄博、滨州、东营、潍坊、青岛、烟台和威海等十个地市。这一地区的地貌主要有丘陵和平原两种类型。胶莱平原以东的胶东半岛以低山丘陵为主。胶莱平原以西的地形特点是，南依泰沂山脉，北侧面向渤海，总体上呈南高北低的趋势，河流多为由南向北或自西南向东北流入渤海，南部为低山丘陵，中部为山前平原，北为众多大小河流形成的冲积平原。基于这种特殊的地理环境，该地区自古以来的文化传统大势是东西之间的联系比较紧密，而与泰沂山以南地区的文化差别相对较大。

　　东周时期，鲁北地区基本上是齐文化（由齐国及其附属小国所构成）的分布区，文化面貌有较多的共性。西周时期，鲁北中西部是周齐文化的分布区，东端则以莱国土著文化为主。在周代之前的商代，情况就比较复杂，其中较为突出的是，这一地区还比较普遍地存在着东夷土著文化或其文化因素。

　　关于夏商两代的分界，随着"夏商周断代工程"的启动和研究工作的深入，学术界的认识逐渐趋向一致，即以偃师商城的始建作为夏商分界的界标。在这一认识的基础上，商文化的考古学遗存可以划分为早、晚两大期，早期以二里冈期文化为代表，晚期以殷墟期文化为代表[1]，其中二里冈期又分为二里冈下层和二里冈上层两段。以下，我们分二里冈下层、二里冈上层和殷墟期三个阶段来考察鲁北地区的夷人文化遗存。

一

　　在二里冈下层时期，鲁北地区是岳石文化的分布区。

　　依据近几年的研究成果，岳石文化可以划分为连续的四期[2]，其中第四期与二里冈下层大体同时。属于第四期的遗存，就目前所见以鲁北地区数量最多，并且主要见于济南市及其以东地区，济南以西的聊城地区尚不清楚。其中以青州郝家庄岳石晚期[3]、邹平丁公岳石晚期[4]和章丘王推官岳石

　　[1]　关于商文化的分期，由于郑州小双桥遗存的发现，近年来有的学者倾向于将其划分为早商、中商和晚商三大期，但各家关于中商所包含的时间略有不同。参见陈旭：《郑州小双桥商代遗址的年代和性质》，《中原文物》1995年第1期；董琦：《关于中商文化研究的几个问题》，《中国文物报》1998年第59、61、63期。根据鲁北地区的具体情况，这里仍然采用了早、晚两大期的意见。

　　[2]　王迅：《东夷文化与淮夷文化研究》，北京大学出版社，1994年，第7～13页；栾丰实：《岳石文化的分期和类型》，《海岱地区考古研究》，山东大学出版社，1997年；方辉：《岳石文化的分期与年代》，《考古》1998年第4期。

　　[3]　吴玉喜：《岳石文化地方类型初探——从郝家庄岳石遗存的发现谈起》，《考古学文化论集（三）》，文物出版社，1993年。

　　[4]　山东大学历史系考古专业等：《山东邹平丁公遗址试掘简报》，《考古》1989年第5期；山东大学历史系考古专业：《山东邹平丁公遗址第四、五次发掘简报》，《考古》1993年第4期。

晚期[1]较具代表性。其他还有章丘城子崖和马彭北[2]、昌乐邹家庄[3]、平度东岳石[4]、桓台史家[5]和济南大辛庄[6]等。其中史家和大辛庄两遗址的情况需要略加说明。

史家遗址位于桓台县城西北，西距丁公遗址约15千米。1996～1997年，淄博市文物局等单位对其进行了较大面积的发掘，发现龙山文化、岳石文化和商代等时期的堆积。在岳石文化遗存中，比较重要的是一座木构方形大坑（编号96HSF1），坑内出土陶器多达334件，此外还有骨、角、蚌器和卜骨等。史家遗址的岳石文化堆积分为3层，其下有龙山文化晚期的遗存，其上有约当殷墟第一、二期的商代文化遗存。由于砖瓦窑场的破坏，木构方坑的具体层位（这里指与岳石文化3层堆积之间的关系）不详。木构方坑的时代，发掘简报认为"相对年代处于山东龙山文化晚期和殷墟一期之间"，并具体推定为"与二里冈下层文化大致相当"[7]。但也有人将其年代定得较晚，认为其处于"二里冈上层晚段与殷墟早期阶段"之间，绝对年代则"可能处于公元前14世纪前半期"[8]。

史家遗址的木构方坑出土陶器甚多，上下分七层置于坑内，其时代也略有差别[9]。总的来讲，上层较晚，下层略早。下层中出土的特征比较明显的器物，如泥质小鼎（F1H：180-1，出自第⑥、⑦层）、盘内带突棱的豆（F1H：145，出自第⑤层）、蘑菇纽器盖（F1H：180-2，出自第⑥、⑦层）、子母口罐（F1H：101、230，出自第⑤层和第⑥、⑦层）等，均与岳石文化第四期的同类器相近。上层出土器物中，如大口小底的平底尊（F1H：11，出自第①层），与岳石文化第四期的同类器相比，子口内敛较甚，底部内收的更为显著，似乎更晚一些。因此，我认为史家遗址岳石文化木构方坑有一定的年代跨度，其下层约属于岳石文化第四期，而上层略晚于目前所划分的第四期。

大辛庄遗址位于济南市近郊，自20世纪30年代以来，各路学者曾对其做过多次调查和发掘。大辛庄是一处以商代文化遗存为主而兼有龙山文化、岳石文化和周汉时期遗存的遗址。在1984年的发掘中，虽然没有发现早于商代的地层堆积，但在商代晚期的地层中，确发现过龙山文化的鸟首形鼎足和"属岳石文化的典型器物"的"平顶蘑菇状纽盖和底边突出的盖杯（即平底尊形器——引者注）"[10]。因此，大辛庄遗址"还有早于商代的岳石文化和龙山文化遗存"[11]。

大辛庄遗址的岳石文化遗物主要有：平底尊、蘑菇形盖纽、甗和半月形石刀等（图一，1～4）。平底尊的近底部较粗，蘑菇状纽的顶面平而微下凹，棱线清晰，为岳石文化第二期的特征。甗为调查所得，仅存下半部，锥形袋足，素面[12]，与郝家庄晚期的同类器相近，应属于岳石文化第四期。此外，一件出土于大辛庄遗址商代略晚时期地层中的筒形素面鬲，与该遗址的商式绳纹

[1] 山东省文物考古研究所：《山东章丘市王推官遗址发掘报告》，《华夏考古》1996年第4期。

[2] 济南市文化局文物处等：《山东章丘马彭北遗址调查简报》，《考古》1995年第4期。

[3] 北京大学考古实习队等：《山东昌乐邹家庄遗址发掘简报》，《考古》1987年第5期。

[4] 中国科学院考古研究所山东发掘队：《山东平度东岳石村新石器时代遗址与战国墓》，《考古》1962年第10期。

[5] 淄博市文物局等：《山东桓台县史家岳石文化木构架祭祀器物坑的发掘》，《考古》1997年第11期。

[6] 山东大学历史系考古专业等：《1984年秋济南大辛庄遗址试掘述要》，《文物》1995年第6期。

[7] 淄博市文物局等：《山东桓台县史家岳石文化木构架祭祀器物坑的发掘》，《考古》1997年第11期。

[8] 张学海：《史家遗址的考古收获与启示》，《中国文物报》1998年第9期第3版。

[9] 该木构方坑的年代和其性质密切相关。不少学者认为其为祭祀遗迹，故其应是一次性所形成。笔者认为这是一座木构水井，其中不同堆积层中的陶器的时代有所差别。

[10] 徐基：《从济南大辛庄遗址的第二类遗存探索岳石文化的发展去向》，《辽海文物学刊》1990年第1期，第68页。

[11] 山东大学历史系考古专业等：《1984年秋济南大辛庄遗址试掘述要》注2，《文物》1995年第6期，第26页。

[12] 蔡凤书：《济南大辛庄商代遗址的调查》，《考古》1973年第5期。

鬲、"第二类遗存"的素面鬲及其他遗址的夷人土著遗存的鬲，均显著不同，而与这一地区龙山文化晚期的筒腹素面鬲极为相似（图一，5~7）。因此，我认为这种鬲应属于岳石文化时期，是直接由龙山文化的同类鬲发展而来的。

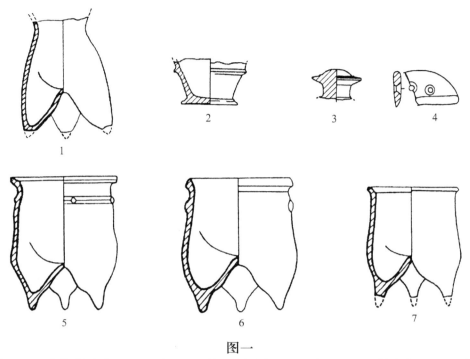

图一

1. 甑（大辛庄采）　2. 平底尊（大辛庄2T29③：5）　3. 器盖纽（大辛庄84采：16）　4. 石刀（大辛庄2T27④：6）　5~7. 鬲（丁公H1142：19、尹家城H728：1、大辛庄Ⅲ6T78⑧：1）

　　与二里冈下层大体同时的岳石文化第四期，基本文化面貌仍然是岳石文化的延续，但和前几期相比已产生明显变化。如在陶器方面黑陶的数量减少，灰陶增多；附加堆纹减少，绳纹增多，彩绘基本不见；器物的种类也逐渐减少，如盒、双腹盆、舟形器等已消失，平底尊、鼎、蘑菇纽器盖等则显著减少。因此，这一时期的鲁北地区与夏代时期一样，仍然是东夷文化的分布区。其文化面貌方面的变化，主体上是在没有外力干扰的情况下自身发展运动的结果。

二

　　二里冈上层时期，情况产生了一些变化。

　　在邹平和章丘之间的长白山以西的济南地区，开始出现与中原地区商文化相同或相似的商文化因素。以济南大辛庄遗址为例，在相当于二里冈上层的大辛庄第一、二、三期，商文化因素和类似于岳石文化的夷人土著文化因素的变化趋势呈反向运动，即随着商文化因素逐渐增多而夷人土著文化因素则渐次减少。

　　大辛庄商代第一期，按简报所述有"Ⅲ6⑪、⑩层、2⑤层及其下压的2J2、6G24等单位"[1]。从

---

[1]　山东大学历史系考古专业等：《1984年秋济南大辛庄遗址试掘述要》，《文物》1995年第6期，第15页。

层位关系上看，压在最下面的6G24时代最早，6G24的出土遗物特色鲜明，类似岳石文化因素的器物较多，如鼎（6G24∶12）、甗（6G24∶10）、大沿罐（6G24∶11）、瓮（6G24∶20、32）、盆（6G24∶14、25）等，以致有学者认为其属于岳石文化[1]。而同属第一期的2H100，出土遗物中商式或接近于商式的器物较多，而属于"第二类遗存"的器物较少。因此，具有岳石文化风格的因素在不同单位中所占的比例是有区别的。查公布的层位关系知，时代较早的第⑧～⑪层堆积，仅分布于T75～T77、T86等少数几个探方。比较上述两个单位，我认为6G24的时代可能略早，而2H100略晚。同时，我们还注意到土著文化因素有以下三种不同的表现形式，别为三类：

（1）甲类

风格类似于岳石文化，并且与商文化完全不同。如半月形双孔石刀、素面褐陶鼎、素面褐陶袋足甗、卷沿罐和卷沿盆等（图二，1、2、4、6～8）。此类是典型的夷人土著文化因素。

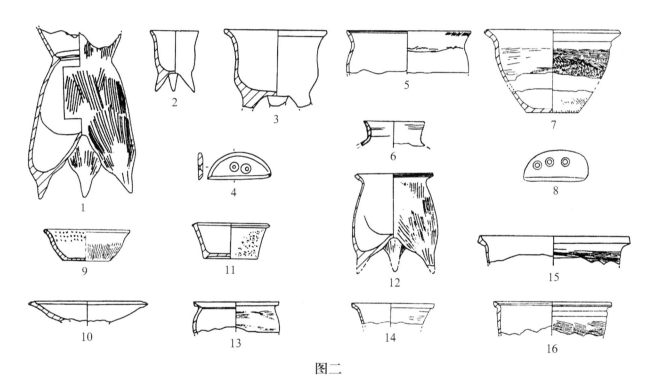

图二

1. 甗（6G24∶10）　2、3. 鼎（2J2∶16、6T76⑦∶35）　4、8. 石刀（6T77③∶15、6H77∶4）　5、6、13、16. 罐（2H95∶23、Ⅳ11M15∶1、4H30∶8、2J2∶9）　7、9、11、14、15. 盆（Ⅲ6G24∶94、96、Ⅲ2T18④∶1、2T28④∶45、地层出土、2H71∶6）　10. 豆（11T12③∶17）　12. 鬲（2J2∶8）　（均为大辛庄遗址）

（2）乙类

总体风格是土著形式的，而只是某些部位吸收了商式作风。如夹砂褐陶方唇鬲、方唇甗和罐等（图二，12、13、16）。此类器物更接近于甲类因素，可视为夷人土著文化对商文化的部分模仿和吸收。

（3）丙类

器物形制和装饰是商式的，而陶质则是当地的红褐陶系，如夹砂红褐陶绳纹鬲和泥质红褐陶簋

[1]　方辉：《岳石文化的分期与年代》，《考古》1998年第4期，第57页。

等。此类可以看作是商文化地方化的产物。

据以上分析，我们可以进一步认为，大辛庄遗址商文化因素的到来和固有文化性质的改变，呈现的是渐进式和融合式的方式，而不是简单的替代。换言之，这一地区考古遗存文化面貌的改变是一个夷人后裔逐渐商化的过程。

大辛庄商代第二、三期，从发展变化的趋势上看，属于典型土著文化的甲类因素（图二，3、5、9~11）和以土著文化因素为主的乙类因素（图二，14、15）逐渐减少，而以商文化为主导的丙类因素迅速增多。如果以考古学文化的标准来衡量，大辛庄商代早期（至少是在其第二、三期）遗存中商文化因素已经占据主导地区，因此在文化定性上可以将其划归商文化的范畴。

章丘以东地区，由于工作开展得不充分，相当于二里冈上层时期的文化面貌尚不清楚。如前所述，桓台史家木构方坑上层的年代可能会晚到这一时期前段。诚如是，则广大的东部地区还是岳石文化的分布区，但又与大辛庄遗址的"第二类遗存"明显不同。因此，这一问题的最后解决还有待于今后的进一步工作和深入研究。

三

殷墟期阶段的鲁北地区，情况变得更为复杂一些，自西而东可以划分为三个不同的小区域，即长白山以西地区、孝妇河至淄河流域和白浪河以东地区。

（一）长白山以西地区

这一地区经过发掘的晚商时期遗址主要有茌平南陈庄[1]、平阴朱家桥[2]、济南大辛庄和章丘城子崖[3]、王推官、宁家埠[4]等。

在上述晚商时期的遗存中，商文化和近似商文化的文化因素已占据绝对的主导地位。而土著文化因素方面，除了一些习俗方面还顽强地保存着自身因素和存在少量当地固有的传统工具（如半月形有孔石刀）之外，在最能反映物质文化面貌和特征的陶器方面，前述甲、乙两类土著文化遗存已经基本消失[5]，丙类因素则还一直存在着，甚至有所增加。这种情况在此区的西部和东部略有区别，即东部的土著文化因素略多于西部，如在西部的南陈庄、朱家桥和东部的城子崖、王推官、宁家埠所看到的那样。此外，在此区偏东部的章丘一带开始出现少量鲁北地区特有的新因素，如器形不大而陶胎特厚的粗绳纹筒状圜底（或尖底）尊形器等，反映了土著文化因素在新形势下的变化。

[1] 山东大学历史系考古专业等：《山东省茌平县南陈庄遗址试掘简报》，《考古》1985年第4期。
[2] 中国科学院考古研究所山东发掘队：《山东平阴朱家桥殷代遗址》，《考古》1961年第2期。
[3] 傅斯年、李济、董作宾、梁思永等：《城子崖——山东历城县龙山镇之黑陶文化遗址》，中央研究院历史语言研究所，1934年。
[4] 山东省文物考古研究所：《章丘宁家埠遗址发掘报告》，《济青高级公路章丘工段考古发掘报告集》，齐鲁书社，1993年。
[5] 在这一地区的偏东部地区，仍可看到个别甲类土著文化因素，如图三，6。

（二）孝妇河至淄河流域

这一地区经过发掘的同时期遗址主要有邹平丁公[1]、桓台史家、广饶五村[2]、青州杨家营[3]、苏埠屯[4]、赵铺[5]、寿光古城[6]等。

此区西部的孝妇河流域，在丁公、史家等遗址发现属于殷墟第一、二期的商式器物，而东部的淄、淄河流域，则仅见属于殷墟第三、四期的商式器物。与长白山以西地区不同的是，这一地区的晚商遗存中仍然保留着浓厚的夷人土著文化因素，概括起来有以下四类。

（1）甲类

具体特征与岳石文化相去甚远，与前一个时期的甲类遗存差别也很大，但风格与前两者相似。如陶器的陶质均为夹砂红褐陶，器表装饰多为素面，有的有篦状刮抹痕迹等。器形种类不多，主要是素面袋足鬲和各种罐（图三，1～5、7、8）。这类器物与商文化的同类器风格迥异，而与胶东半

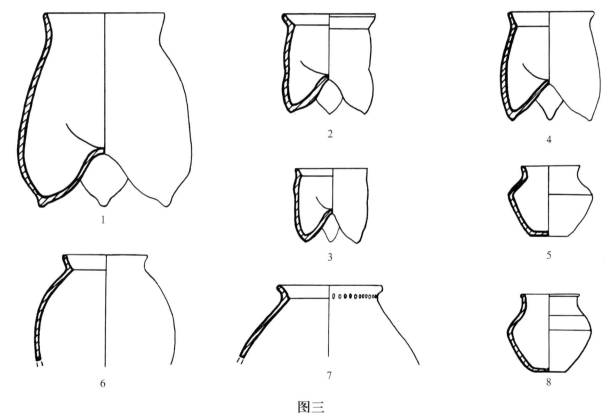

图三

1～4．鬲（赵铺采、达子刘采、赵铺M24∶1、M1∶2）　　5～8．罐（赵铺M1∶3、王推官H131∶13、凤凰台H620∶2、赵铺M2∶1）

[1] 山东大学历史系考古专业等：《山东邹平丁公遗址试掘简报》，《考古》1989年第5期；《山东邹平丁公遗址第二、三次发掘简报》，《考古》1992年第6期。

[2] 山东省文物考古研究所等：《广饶县五村遗址发掘报告》，《海岱考古（第一辑）》，山东大学出版社，1989年。

[3] 山东省文物考古研究所等：《青州市凤凰台遗址发掘》，《海岱考古（第一辑）》，山东大学出版社，1989年。

[4] 祁延霈：《山东益都苏埠屯出土铜器调查记》，《中国考古学报（即田野考古报告）》第二册，1947年；山东省博物馆：《山东益都苏埠屯第一号奴隶殉葬墓》，《文物》1972年第8期；山东省文物考古研究所等：《青州市苏埠屯商代墓地发掘报告》，《海岱考古（第一辑）》，山东大学出版社，1989年。

[5] 青州市博物馆：《青州市赵铺遗址的清理》，《海岱考古（第一辑）》，山东大学出版社，1989年。

[6] 寿光县博物馆：《山东寿光县新发现一批纪国铜器》，《文物》1985年第3期。

岛地区的同期遗存相同。因此，可知此类是晚商时期典型的夷人土著文化因素。

（2）乙类

总体风格与甲类因素相同，如陶器颜色为红褐色、器表多为素面等。器形主要有少量的鬲和簋等。其与前一时期的乙类因素属于同一性质。

（3）丙类

与前一时期的丙类因素相同，即器形和装饰是商式或近似于商式的，而陶色则为红褐色，与土著因素相似。这是一种含有土著因素的商文化遗存。

（4）丁类

鲁北地区晚商时期新出现的一类因素，在商文化和夷人土著文化中都很少见。如陶器中的大口盆形鼎、甗、斝、厚胎圜底尊、尖顶草帽状器盖等（图四）。

以上四类因素中的后三类，过去我们曾将其笼统地称为非商非夷或亦商亦夷的文化因素[1]。现在看来它们的主要来源有所不同，在性质上也并不属于同一类，因而有必要将其做上述的分解。

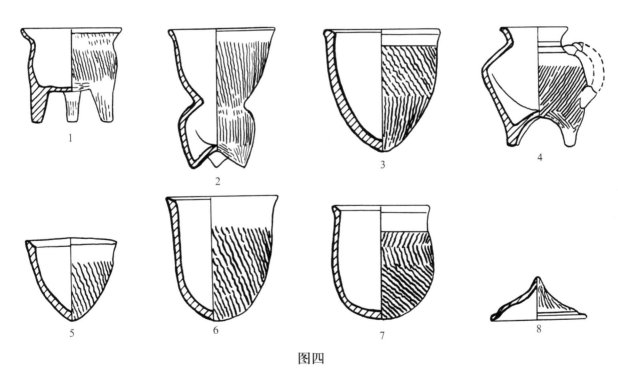

图四

1. 鼎（丁公H214：1）　2. 甗（寿光古城采）　3、5～7. 尊（王推官H148：2、凤凰台T624④：4、赵铺T4②：1、丁公T2⑤A：1）　4. 斝（苏埠屯M11：1）　8. 器盖（寿光古城采）

（三）胶东半岛地区

这一地区在晚商时期是珍珠门文化的分布区，范围以胶东半岛及其沿海岛屿为主。经过发掘的

---

[1]　关于海岱地区的商代中晚期遗存，过去我曾提出主要是由商文化、夷人土著文化和非商非夷文化（或谓亦商亦夷）三种基本文化因素构成的。参见栾丰实：《东夷考古》，山东大学出版社，1996年，第九章，第339、340页。

晚商时期遗址有长岛珍珠门[1]、烟台芝水[2]和潍坊会泉庄[3]等。

　　20世纪80年代初发掘的珍珠门和芝水遗址，初步揭示了胶东半岛地区晚商时期考古遗存的基本文化面貌和特征，并证实了这一类遗存是在岳石文化的基础上发展起来的。后来，这一类遗存被命名为珍珠门文化。1997年发掘的会泉庄遗址，出土遗物的基本特征与珍珠门文化相同，两者应属于同一文化。会泉庄遗址位于潍河以西，联系到以往曾在昌乐县西李家庄遗址的调查中发现比较单纯的土著因素陶器[4]，我认为珍珠门文化的西界应在潍河和淄河之间，如果说得具体一点，可大体定在潍坊市的白浪河西侧一带。

　　珍珠门文化的主体面貌与商文化迥然不同，如陶器绝大多数为夹砂红褐陶，颜色多斑驳不纯，一器多色现象比较普遍。器表装饰以素面为主，纹饰的种类和数量均少。器形有鼎、甗、鬲、罐、盆、簋、碗、豆等（图五）。在最能反映珍珠门文化特征的陶器方面，无论是总体风格还是具体特征，都与岳石文化有着密切关系，所以学术界普遍认为珍珠门文化是岳石文化直接而自然的继承者。那么，可以说在晚商时期，胶东半岛是目前所知唯一一块保持着比较纯洁的岳石文化后裔文化的区域。

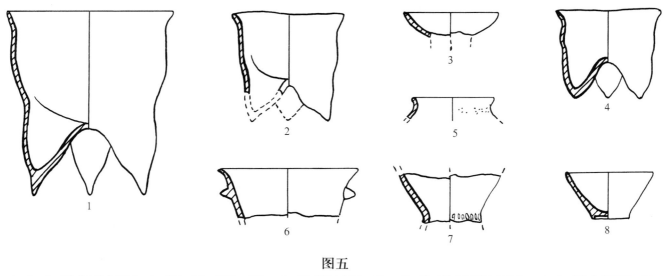

图五

1、2、4. 鬲（珍珠门H11：1、H2：36、H32：32）　　3. 豆（芝水H11：8）　　5. 罐（珍珠门T16Ⅱ⑤）　　6. 盆（珍珠门H26：3）
7. 甗（珍珠门H11：44）　　8. 碗（珍珠门H26：4）

　　当然，在胶东半岛地区的珍珠门文化中，也存在着少量商文化因素，如部分遗址发现的商式铜器和绳纹灰陶系陶器等。不过，它们的数量甚少，与这一地区大量的土著文化因素相比，简直可以说是微不足道的。

　　[1]　北京大学考古实习队等：《山东长岛县史前遗址》，《史前研究》创刊号，1983年；《长岛县珍珠门遗址》，《中国考古学年鉴·1984》，文物出版社，1984年。
　　[2]　张江凯：《烟台市芝水商代遗址》，《中国考古学年鉴·1984》，文物出版社，1984年。
　　[3]　刘延常：《潍坊会泉庄遗址考古发掘的意义》，《中国文物报》1998年第23期第3版。
　　[4]　潍坊市博物馆等：《山东昌乐县商周文化遗址调查》，《海岱考古（第一辑）》，山东大学出版社，1989年。

四

以上我们按时期和分小区讨论了商时期鲁北地区夷人遗存的表现形式及其发展变化的轨迹。归纳起来有以下认识。

(1) 二里冈下层时期

虽然鲁北地区的东、西部有一定差别，但基本文化面貌一致，都属于岳石文化。

(2) 二里冈上层时期

情况产生了很大变化。长白山以西地区出现商文化因素并很快占据主导地位，而与之共存的夷人土著文化因素则逐渐减少。长白山以东地区，则很可能还是岳石文化或岳石文化后续文化的分布区。

(3) 殷墟晚商时期

典型的夷人土著文化因素在鲁北西部地区已不复存在，鲁北中部地区典型的夷人土著文化因素和商文化因素共存，而胶东半岛地区则是岳石文化的继承者——珍珠门文化的分布区。

通过对鲁北地区商时期考古遗存的文化因素分析，我们认为，商文化进入这一地区并逐渐在西、中部占据主导地位，是经由当地夷人文化商化[1]的途径实现的。在文化变迁的过程中，尽管不排除商人对这一地区曾发动过短时间的武力征伐和派遣来少量的移民，但有商一代当地的居民主要还应是世代相居的东夷人，文化面貌的改变主要是通过和平的融合方式完成的。我们不赞同这样的观点，认为这一地区考古遗存文化性质的改变，是商人的某一支系举族侵入将当地土著赶尽杀绝取而代之的结果。因为这种说法无法解释商代遗址中典型夷人土著文化因素的存在并逐渐减少以至消失的事实。

同时，我们还注意到在鲁北地区商化过程中几个带有趋向性的问题。

(1) 关于**地域差异**问题

在鲁北地区内部，由于地理位置的不同而商化的程度有明显差别。从大的方位上讲，商文化的大本营在中原地区，即位于鲁北地区之西。因此，距离商文化本土的路程与商化的程度之间有着密切的联系。换言之，位置越西，商化的程度越深，相反则商化的程度较浅乃至没有受到商文化的影响。从考古学上讲，商文化东渐是可以成立的。就已有资料而言，商文化的东渐呈波浪式扩展的方式，有高潮也有低潮。长白山、淄河、白浪河是几条具有意义的空间分界线。

(2) 关于**时间差异**问题

在同一地区，由于时间的不同而商化的程度也存在着显著差异。一般地说，时间越早，商化的程度越浅甚至没有受到商文化的影响，随着时间的推移，商化程度逐渐加深，而商化的区域不断扩大。在时代较早的二里冈下层时期，鲁北地区基本上没有受到商文化的影响。二里冈上层时期，鲁北地区西部开始商化，而中、东部地区尚未受到较大影响。到殷墟时期，一方面鲁北西部商化程度大大加深，另一方面，商化的区域向东越过长白山，越过淄河，到达淄河流域一带，而其影响更深入到胶东半岛及其沿海岛屿。从时间上看，商文化呈现跳跃式的东渐，二里冈上层、殷墟一期和殷

---

[1] 这里所谓的"商化"，是指在考古遗存的文化面貌上表现为与商文化趋同的现象，这一过程有武力征服，而更多的是"和平演变"，具体表现为商文化因素逐渐增多，土著文化因素不断减少。

墟三期是几条时间分界线。

从鲁北地区商化过程中所反映出来的空间和时间差异，推而广之，同样也适用于商王朝本土周围的其他地区和商以后的其他王朝。他反映了一个强大的政治、高度发达的经济和文化中心对周边相对落后的地区，具有难以抵御的辐射影响能力和凝聚作用。从某种意义上说，中国古代文明社会的形成和发展也是这种凝聚作用的结果。

（3）关于遗址等级的差异问题

在鲁北地区土著文化的商化过程中，遗址等级的高低和商化程度的深浅有着密切联系。一般地说，在同一地区，等级较高的中心遗址商化程度较深，而等级较低的边远聚落遗址则商化程度较浅。如同在青州地区，等级较高的苏埠屯商代墓葬，从墓葬形制、埋葬习俗到出土遗物，多数已与商文化相同或相似；而与苏埠屯相距不足10千米的一般性聚落赵铺遗址，不仅在葬俗上还保留着古老的东夷人手握獐牙的习俗，随葬品也多为典型的夷人土著文化遗物，如夹砂褐陶素面鬲、褐陶素面罐等。同时，我们注意到，即使是在公认的等级较高的中心遗址，如苏埠屯、益都侯城，在出土遗物中仍然存在着相当数量的土著文化或具有土著文化风格的遗物，并且这类遗物主要属于日用陶器类。因此，这些居住于中心遗址之内并统治着一方百姓的贵族们，在政治上可能已臣服于商王朝，而其族属则是地道的东夷族。

上述现象或可说明，在亲商的夷人分布区，占据统治地位的夷人上层与中原地区商王朝的统治者们来往密切，接触频繁，文化上受商人的直接影响较多，其商化具有一定主动性，因而商化的步伐较快，程度也较深。居于被统治地位的下层社会的夷人，较少或者根本就没有与中原地区商文化直接接触的机会，只是通过本地上层人物而间接、被动地接受商文化的影响，故其商化的速度较慢，并且商化程度也较上层社会为浅，保留着更多的夷人土著文化因素。

（原载《三代文明研究（一）——1998年河北邢台中国商周文明国际学术研讨会论文集》，科学出版社，1999年）

关于连云港地区东夷文化研究的几个问题

非常感谢连云港市社会科学联合会提供了这次到连云港市考察和学习的机会。昨天我们实地考察了藤花落遗址、将军崖和孔望山石刻等重要遗迹，刚才又听了许多学者关于连云港地区考古研究的许多见解，深受启发。下面，我想就连云港地区史前考古和东夷文化研究的相关问题谈四点看法。这些看法和意见是初步，其中可能存在错误，希望在座诸位给予指正。

一 对连云港地区史前考古工作的认识

连云港地区在地理位置上处于南北方的中界地带，是东部沿海南北方文化交流的必经之地。所以这一地区的古代文化从很早时期开始就带有强烈的南北方文化特色。连云港地区的新石器文化开始得很早，而且考古发掘工作开展得也比较早，一直受到学术界的关注。我从开始学习考古学的时候就比较注意鲁东南到连云港一带，后来在自己的研究中也多次涉及这一地区的新石器文化遗存。但第一次到连云港来却迟至2004年，当时受南京博物院考古研究所林留根先生的邀请，前来参观藤花落龙山文化城址的发掘现场，也是这一次，使自己有机会亲身实地考察连云港地区的古遗址和出土文物，从而对过去只是从书本上接触的本地区资料有了更为深切的体验。今天下午，连云港市博物馆的刘洪石先生从宏观上叙述了连云港地区的古代文化遗存，其中也涉及苏北淮海地区史前文化性质的归属问题。这是一个在学术界存在争议和不同意见的研究课题，应该从不同的层面上来理解和把握。从目前中国境内主要地区大的文化区系来考虑，我的意见是将其归入到海岱系文化之中，其属于海岱文化区，这样的归属从新石器时代较早阶段一直到龙山文化，甚至到更晚的岳石文化时期都应该没有问题。为什么这么说呢，我们可以从两个方面来看。首先，大家注意从连云港到徐州的地理地貌，苏北和山东的南部地区之间没有自然的地理屏障，连云港地区一些不高的山脉（如马陵山等）实际上都是鲁中山地（沂山和蒙山等为主的山脉）的向南延伸，而水系也同属于沂河和沭河流域，两地在自然地理上是紧密相连的；其次，就文化面貌而言，两个地区的文化要素主体始终是同大于异，从目前所知最早的北辛文化时期直到青铜时代的岳石文化，莫不如此。基于以上两个方面，我们怎么能够依据现在的行政区划把两者分成不同的文化区系呢？至于再往南去的淮河干流以南地区，情况就比较复杂。淮河是一条界河，为中国南北方地区的分界，这主要是从自然地理和气候方面来说的，最近有学者提出淮系文化的观点，把淮河流域的古代文化作为一个独立的文化系统或者体系来对待，对此，还需要开展进一步的讨论和研究。

苏北淮海地区史前考古的发现和研究，对于海岱地区新石器和早期青铜时代文化谱系的建立和完善有着极为重要的贡献。目前，海岱地区已经初步建立起比较完善的古代文化发展谱系，由早及晚依次为后李文化、北辛文化、大汶口文化、龙山文化和岳石文化，而岳石文化的晚期已经在一定程度上和商代早期平行。这一连串的考古学文化，除了后李文化目前还只是在泰沂山以北地区有所发现之外，其余的四支考古学文化，应该说有三支都是首先在苏北地区被发现的。例如：连云港市郊区的二涧村遗址是最早经过发掘的北辛文化遗址，所以有学者认为，如果开始的时候就将这一时期的文化遗存定名为"二涧文化"，或许也是可以被接受的。位置略西的新沂市花厅遗址，1952年就进行过发掘，可以说是最早发现和发掘的大汶口文化遗址，即使到现在，还有人把大汶口文化前后三个发展阶段中的中期阶段称之为"花厅期"，只是由于与青莲岗文化纠缠在一起，错失了单独命名的机遇。而赣榆下庙墩则是一处比较早的发现有岳石文化遗存的遗址，其发掘时间比东岳石遗址还早一年，该遗址的发掘意义有二：一是发现了后来称之为岳石文化的遗存；二是这里存在着明确的龙山文化在下、岳石文化在上的层位关系，为解决龙山文化和岳石文化的相对年代关系提供了层位证据。因此，可以说海岱地区的新石器和早期青铜文化，除了后李文化目前在泰沂山以南没有发现和早年发现的龙山文化外，其余三支都是在苏北地区最先被发现的。苏北地区一些重要遗址的发掘工作，如二涧村、大村、大伊山、刘林、大墩子、花厅等，对于海岱地区新石器时代文化谱系及年代学的建立和完善，均有重要的价值。即使是后来发现和发掘的一些遗址，如赵庄、万北、藤花落、梁王城等，对于丰富海岱地区新石器文化的认识也是功不可没。所以，我认为包括刘洪石先生在内的连云港地区多数学者，把连云港地区的史前文化归入海岱文化区的观点是符合客观实际的，也基本上被国内外学者所接受。

二　关于藤花落遗址

藤花落遗址的发掘可以说是近些年来连云港地区乃至苏北地区史前考古的一个亮点。上午林留根先生全面而系统地介绍了该遗址几年来的发掘资料，应该说从一个点上揭示了连云港地区丰厚的古代文化积淀。同时，对于文明起源和形成的研究，连云港也是一个十分重要的地区。藤花落遗址的发掘不仅被评为当年全国十大考古新发现，而且获得了国家文物局颁发的田野考古发掘质量二等奖，考古学界更看重的是后者，因为获得这一奖项相当不容易，说明他们的工作做得十分细致，水平很高，得到了国家文物局专家们的认可。藤花落的收获是多方面的，从大局上看，我认为藤花落的发掘在以下三个方面代表了中国考古学的发展方向。

一是以聚落考古的思想方法来指导发掘工作。聚落考古学可以追溯到20世纪40年代，首先在美洲兴起，后来向各地发展。在中国主动开展聚落考古则是从1984年张光直先生在北京大学和山东大学所做的专题演讲（随后文物出版社以《考古学专题六讲》为题于1986年出版）以后。最近十年来，大家越来越重视聚落考古方法的探索和实践。从宏观上说，中国史前城址已经发现了很多，至少有50多座。这些古城址，现在所知基本上都是一个城圈，而城内的布局和相关聚落遗存所知较少。这种现象也可以说是关于文明起源和形成研究迟迟得不到突破的原因之一。藤花落的发掘除了发现了两重城圈之外，还在城内做了大量工作，如发现了不同时期的房址和其他遗存，对房址的分布和相互关系有了比较深入的了解和认识，城外还发现稻田等。这也是专家们在众多城址中看重藤花落的主要原因。

二是采用多学科相结合的方法开展资料的收集和研究，以获取尽可能多的各种信息。随着考古学的发展，现代自然科学技术不断地被运用到考古学研究之中，特别是运用到田野考古调查、考古勘探和考古发掘之中。在国外，现代科学技术手段和方法的使用已经成为考古学不可分割的组成部分，但目前在国内并没有得到普及。藤花落的发掘中就主动地运用了多项自然科学技术进行探索，如采用遥感的方法进行勘探，对土样进行水洗浮选以发现各种炭化植物遗存，对土样进行植硅体的分析，采用新的方法寻找水田等。通过多学科的参与来获取各种有用的资料和信息，进而来复原和研究古代社会，是当今考古学发展的趋势。藤花落的发掘工作较好地顺应了这一时代潮流。

三是将文化遗产保护的理念融入到考古发掘和研究之中。文化遗产是一个比较新的概念，特别是随着世界遗产热的形成，从国家到普通公民越来越重视文化遗产的保护问题。我们所接触的考古遗存就是地地道道的文化遗产，我想以后我们甚至有可能会把过去称为文物、遗迹等概念逐渐地上升或转变为文化遗产。我们从事考古发掘和研究的最终目的是什么？就是为了科学地解释古代社会，使整个民族、整个社会和所有的人对自身历史有一个正确的认识。因此，我们在发掘之前就要树立起保护的意识，在保护的基础上，充分利用我们发掘出来的文化遗产的展示、宣传、教育等功能，使更多的人接受教育和增长知识，这也就是所谓的公共考古学。在这里，应该说有没有文化遗产保护的观念十分重要。藤花落的发掘就很好地体现了这一新的理念。

以上三个方面在一定程度上代表了中国考古学的发展方向。我想用不了很长时间，国家文物局就会来考虑这些问题，提出明确的要求。当然我并不是说藤花落的发掘工作就没有需要改进和发展的地方了，只是从基本面上来讲，他代表了一种新的观念和发展趋向，从而值得学习和仿效。

三　连云港古代文化在中国古代文化发展进程中的地位和作用

刚才很多先生都讲了，连云港是一个很重要的地区，孕育和发展出了灿烂辉煌的古代文化，这些古代文化的地位很重要。那么，它们为什么重要，应该怎么理解，也就是如何估量连云港古代文化在中国古代历史发展进程中的地位和作用。我个人赞同这样的观点，研究一个区域的文化，应该站得高一些，面向的范围应该大一些，甚至需要面向全国。也就是说，既不能封闭在一个小环境里自高自大和自我欣赏，觉得什么我都是第一，什么都是从我这里发展起来并传播出去的，也不能妄自菲薄，觉得自己什么都不行，别人的文化都比自己好。研究连云港地区的古代文化恐怕也应该采取这样的一种方法和心态。现在有一种不好的倾向，什么都要最早的，最大的，最好的，许多地方喜欢把黄帝、炎帝、大禹甚至三皇五帝搬到自己的家里。其实不然，这样做也未必奏效，甚至会适得其反。关键要用事实来说话，要有充足的证据。考古学的基础就是讲证据，有一份材料说一份话，不能放空炮。

首先，我们应该怎么来认识连云港地区古代文化的地位和作用呢？简单地说，连云港地区的古代文化对中华古代文化的形成做出过自己的贡献。关于中国早期国家的起源和形成，多数人赞同"多元一体"的理论或模式，就是说中国古代文化的产生是多元的，其发展则是一个不断汇集和融合、由松散到密切逐渐走向一体化的过程，最终形成一个以中原地区为核心的多元一体结构。这一发展过程是漫长的，大体经历了四个阶段：开始阶段可以称为多元演进阶段，各个区域文化各自产生并相对独立地向前发展，当然，在发展过程中慢慢地有了接触和交流，而交流的频率和力度也在不断地加大；到距今四五千年前后，随着北方红山文化、东南方良渚文化和南方石家河文化的相继衰落，出现了一个以夷夏东西二元对立为主导的阶段，这一阶段持续了很长时期，甚至文献记载的夏代从考古学上来看也可以放到这一阶段里；之后，则进入以商周王朝为核心的阶段，商王朝的崛起速度很快，在早商时期，其势力和影响就大大地超过了夏代，向南直抵长江沿岸，往东到达山东中部，而周代在商王朝的基础上又有较大发展；最后，以秦汉帝国的建立为标志，中国进入了大一统的帝国时代。

以上述所划分的四个发展阶段来看待连云港地区的古代文化，我们发现，其在前两个阶段表现得比较抢眼。一是第一阶段，距今六七千年前后的北辛文化时期，连云港及周围地区这一阶段的文化遗存十分丰富。如经过发掘的遗址就有二涧村、大村、藤花落下层、大伊山、万北和大墩子下层等，其中大伊山发现的60余座石棺墓，其规模为国内同一时期所仅见。二是第二个阶段，主要是龙山文化时期，可以藤花落龙山文化城址为代表，进入连云港历史上最为辉煌的时期。经过偏早阶段新石器文化的长期发展，到距今4000多年以前出现规模可观的城址，表明连云港地区与其他比较先进的地区一样，比较早地开始了向早期国家的发展。

那么，藤花落龙山文化城址是不是代表着一个早期国家呢？对此我们目前还不能做出最后的结论。要考察一个地区是否进入了早期国家阶段，如果从考古学的角度来看，需要从聚落形态上分析其所反映的社会组织结构。具体说要从微观和宏观两个方面入手。微观上是考察不同层级聚落遗址的内部结构和发展状况。经过多次发掘之后，我们大体知道了藤花落这个最高等级的城址内部的布局和基本结构，横向比较后可知它初步具备了早期都城的性质。而周边地区的中、小型遗址内部的情况如何，目前还没有开展相应的田野工作，情况自然就不甚清楚。当然我们可以援引其他地区中、小型遗址的例证，但终究不如同一地区相关资料更有说服力。宏观方面，如果作为一个早期国家，它应该有一定的控制区域，即所谓的"领土"，要了解生存在这些土地上的人们之间的关系。在考古学上就表现为一定的聚落形态，即在中心或者都城藤花落的周围还会有许多低一些层级的聚落遗址，这些聚落遗址应该是分层次地拱卫着等级最高的藤花落城址。在藤花落城址周围到底有多少与其同时的龙山文化遗址，这些遗址与藤花落城址之间是一种什么性质的关系，从聚落结构上看是二层，还是三层，甚至四层。只有这些问题明确之后，我们才可以做出最后的结论。所以，我建议今后需要在连云港地区，特别是围绕着藤花落遗址开展有针对性的区域系统调查工作，调查清楚这一地区到底有多少新石器时代遗址，把它们的位置、立地环境、面积、时代、文化内涵情况等一一摸清。从纵向（历史变迁）和横向（空间分布形态）两个层面研究本区域古代文化的发展变化，最终解释为什么会在龙山文化时期出现偌大的一个城址以及这个城址的功能和性质。从目前的资料看，连云港地区北辛文化时期的遗址数量较多，而大汶口文化的遗址偏少，形成这种现象的原因也是需要分析研究的。

此外，我们大家都看到了将军崖的刻划图像资料，这是一个十分重要而有意义的发现。俞伟超先生过去将其时代定为商代，也有人认为可能早一些。从图像内容所反映的文化内涵和当时作画者的意识来看，似乎有更早一些的可能。要解决这一问题，不能孤立地看待刻石本身，因为这里没有可以确定年代的直接证据。我们应该将其与周围考古调查发现的聚落遗址和文化遗存结合起来考察、分析。我认为其时代有两种可能，一是龙山文化时期，二是北辛文化时期，因为这两个时期是连云港地区早期历史上最为发达的阶段，只有这两个阶段才会产生出如此规模的石刻图像。

其次，是关于古代中国内部的东西方文化问题。本次会议的题目是"夏暨东夷文化研讨会"，为什么把夷和夏都放到连云港地区来共同讨论和研究呢？到今天才知道了是怎么一回事。从古史和考古学两个方面来说，夏就是夏，夷就是夷，两者的界限是比较清楚的。过去傅斯年先生曾写过一篇名文——《夷夏东西说》，说的是夷和夏以及它们之间的关系。东方为夷，这没有什么争议。如果从出土和传世的文献来看，夷的称谓最早出现于夏代，到晚商仍以夷的称呼为主，甲骨文中偶见东夷，西周时期东夷的名称得到广泛使用。所以，整个黄河和淮河下游地区在三代时期应该是夷或东夷的分布区。由于文化上存在着密切的渊源关系，三代之前的居民则应该是夷人的祖先，从这一意义上说，也可以把三代之前的东方看作是东夷族群的居住地，他们创造了史前时期灿烂发达的东夷文化。至于夏，或单称，或与华连称为华夏，其主要活动区域在黄河中游的中原地区。华夏与东夷，分布的区域不同，所创造的文化也存在着相当大的差别，不应混为一谈。所以，应该研究东夷文化对华夏文明形成的作用和贡献，而不必把两者都安排到同一个地区之内。

连云港地处黄海之滨，是东夷文化的分布区之一，甚至可以说是比较单纯的东夷文化分布区，市里领导提倡和本地学者们身体力行地开展东夷文化研究，实在是一件很好的事情，希望能够把东夷文化的研究持续地开展起来。过去山东方面从省里到一些地市，不止一次地做过东夷文化的研究，成立了一些组织，也召开过若干次会议。如山东省历史学会下设立过"东夷古国史研究会"，济宁市成立过"东夷文化研究会"，但是都没有坚持下来。我们希望连云港市能够把东夷文化的研究发扬光大，研究的范围也不要局限于连云港的行政区域，应该向北扩大到山东，至少应该包括鲁南和江苏的淮北地区。

四　建议和希望

这次到连云港来才知道，有名的淮盐产地不在苏中的盐城，主要在连云港市沿海地区，而且有着很长的生产和外销历史。盐是一种十分重要的战略物资，历朝历代都极为重视对盐业生产和流通的控制。最近几年，关于盐业的考古发掘和研究开始受到学术界的重视。如北京大学和美国加州大学在重庆市忠县合作开展盐业的考古发掘和研究，山东大学和山东省文物考古研究所等也在鲁北地区的临莱州湾一带开展了海盐生产的考古调查和发掘工作，取得了一些初步的成果。商代晚期，商人的触角经泰沂山北侧直抵沿海地区，有人将其与甲骨文中所记载的商人东征联系起来。那么商人为什么沿着泰沂山北侧一线向东突进呢？许多学者认为是为了获取海盐资源。过去学术界十分重视商王朝对铜矿资源的控制、获取和利用，今天看来，盐是另外一种可以和铜相提并论的战略物资。至于商代之前人们是怎么获取食用盐，迄今为止我们还不清楚。连云港作为淮盐的主产地，从汉代以来就有着发达的盐业生产，最近编辑出版的连云港丛书中，也有专门论述当地海盐生产、流通的章节。这些叙述多以文献记载和晚期口述资料为限，缺乏科学的调查、记录和研究，还不能算是科学的结论。而且，连云港地区的海盐生产到底开始于什么时间，目前是否还保留着古代海盐生产的遗存，它们的具体情况如何等，都不明确。所以，盐业考古在连云港地区应该是大有作为的。基于上述，我建议连云港市能够把淮盐的产生、发展和生产、流通列为一个专门的研究课题，有计划地开展相关的考古调查和研究。假以时日，必定会做出令人瞩目的成果。

2002年，山东大学组建成立了一个考古学研究机构，取名"东方考古研究中心"。所谓东方，顾名思义，是指中国的东方地区，当然，也可以理解为世界的东方，即以东亚为主的东方地区。我们编辑出版了一本不定期的学术年刊——《东方考古》，现已出版了两集，以后计划每年出版一集，我们欢迎来自连云港地区的研究文章。连云港市的赣榆县和东海县，与山东毗邻，从旧石器时代晚期开始，两地之间的古代文化就密不可分。所以我们有一个愿望，就是希望有机会能够到连云港地区来做一些田野考古调查、发掘和研究工作，共同推进连云港地区史前考古和东夷文化的研究。希望得到江苏省文物局、南京博物院和连云港市相关领导的支持。

（本文系2005年12月27日在连云港市"夏暨东夷文化研讨会"上的发言，会后根据记录稿整理而成）